顧宏義 注譯

新譯景德傳燈錄

（下）

三民書局

新譯景德傳燈錄 目次

下冊

卷二二

青原行思禪師下七世中

前杭州龍華寺靈照禪師法嗣……一五八五
台州瑞巖師進禪師（一五八五）／台州六通院志球禪師（一五八六）／杭州雲龍院歸禪師（一五八八）／杭州餘杭功臣院道閑禪師（一五八八）／衢州鎮境遇緣禪師（一五八九）／福州報國院照禪師（一五八九）／台州白雲迺禪師（一五九〇）
前明州翠巖令參禪師法嗣……一五九一
杭州龍冊寺子興禪師（一五九一）／溫州佛嶴院知默禪師（一五九二）
前福州安國院弘瑫禪師法嗣……一五九三
福州白鹿師貴禪師（一五九三）／福州羅山義聰禪師（一五九四）／福州安國院從貴禪師（一五九五）／福州怡山藏用禪師（一五九七）／福州永隆院彥端禪師（一五九九）／福州林陽山志端禪師（一五九九）／福州興聖滿禪師（一六〇三）／福州仙宗院明禪師（一六〇四）／福州安國院祥和尚（一六〇四）
前漳州保福院從展禪師法嗣……一六〇五
泉州招慶院省僜禪師（一六〇六）／漳州保福院可儔禪師（一六〇九）／舒州白水如新禪師（一六一〇）／洪州漳江慧廉禪師（一六一一）／福州報慈院文欽禪師（一六一三）／泉州萬安院清運禪師（一六一四）／漳州報恩院道熙禪師（一六一六）／泉州鳳凰山從琛禪師（一六一七）／福州永隆院瀛和尚（一六一九）／洪州清泉山守清禪

師（一六二〇）／漳州報恩院行崇禪師（一六二一）／潭州嶽麓山和尚（一六二二）／朗州德山德海禪師（一六二三）／泉州後招慶和尚（一六二四）／朗州梁山簡禪師（一六二五）／洪州建山澄禪師（一六二五）／福州康山契穩禪師（一六二六）／潭州延壽寺慧輪大師（一六二七）／泉州西明院琛禪師（一六二八）

前南嶽金輪可觀禪師法嗣……一六二八

後南嶽金輪和尚（一六二九）

前泉州睡龍山道溥禪師法嗣……一六二九

漳州保福院清豁禪師（一六二九）

前韶州雲門山文偃禪師法嗣上……一六三二

韶州白雲祥和尚（一六三二）／朗州德山緣密禪師（一六三五）／潭州南臺道遵禪師（一六三九）／韶州雙峰山竟欽和尚（一六四一）／韶州資福和尚（一六四三）／廣州黃雲元禪師（一六四五）／廣州龍境倫禪師（一六四五）／韶州雲門山爽和尚（一六四七）／韶州白雲聞和尚（一六四八）／韶州披雲智寂禪師（一六四九）／韶州淨法章和尚（一六四九）／韶州溫門山滿禪師（一六五〇）／岳州巴陵顥鑒大師（一六五一）／連州地藏院慧慈大師（一六五三）／英州大容諲禪師（一六五三）／廣州羅山崇禪師（一六五五）／韶州雲門寶和尚（一六五六）／郢州林溪竟脫和尚（一六五七）／廣州華嚴慧禪師（一六五八）／韶州舜峰韶和尚（一六五九）／隨州雙泉師寬禪師（一六六〇）／英州觀音和尚（一六六二）／韶州林泉和尚（一六六三）／韶州雲門煦和尚（一六六三）／益州香林院澄遠禪師（一六六四）

卷二三

青原行思禪師下七世下

前韶州雲門山文偃禪師法嗣下……一六六九

南嶽般若寺啟柔禪師（一六六九）／筠州黃蘗山法濟禪師（一六七〇）／襄州洞山守初大師（一六七一）／信州康國耀和尚（一六七六）／潭州谷山豐禪師（一六七七）／潁州羅漢匡果禪師（一六七七）／朗州滄溪璘和尚（一六七九）／筠州洞山清稟禪師（一六八〇）／蘄州北禪寂和尚（一六八一）／洪州泐潭道謙禪師（一六八二）／廬州南天王永平禪師（一六八二）／湖南永安朗禪師（一六八三）／湖南湘潭明和尚（一六八四）／金陵清涼明禪師

（一六八五）／金陵奉先深禪師（一六八五）／西川青城乘和尚（一六八六）／潞府妙勝臻禪師（一六八六）／興元府普通封和尚（一六八七）／韶州燈峰淨原和尚（一六八八）／韶州大梵圓和尚（一六八九）／澧州藥山圓光禪師（一六八九）／信州鵝湖山雲震禪師（一六九〇）／廬山開先清耀禪師（一六九一）／襄州奉國清海禪師（一六九三）／韶州慈光和尚（一六九四）／潭州保安師密禪師（一六九四）

前台州瑞巖師彥禪師法嗣……一六九五

南嶽横龍和尚（一六九五）／溫州瑞峰院神祿禪師（一六九六）

前懷州玄泉彥禪師法嗣……一六九七

鄂州黃龍山誨機禪師（一六九七）／洛京柏谷和尚（一七〇〇）／池州和龍和尚（一七〇〇）／懷州玄泉第二世和尚（一七〇一）／潞府妙勝玄密禪師（一七〇二）

前福州羅山道閑禪師法嗣……一七〇二

洪州大寧院隱微禪師（一七〇三）／婺州明招德謙禪師（一七〇五）／衡州華光範禪師（一七一二）／福州羅山紹孜禪師（一七一三）／西川慧禪師（一七一四）／建州白雲令弇和尚（一七一五）／虔州天竺義澄禪師（一七一六）／吉州清平惟曠禪師（一七一七）／婺州金柱義昭和尚（一七一八）／潭州谷山和尚（一七一九）／湖南瀏陽道吾山從盛禪師（一七一九）／福州羅山義因禪師（一七二〇）／灌州靈巖和尚（一七二一）／吉州匡山和尚（一七二二）／福州興聖重滿禪師（一七二三）／潭州寶應清進禪師（一七二四）

前安州白兆山志圓禪師法嗣……一七二四

朗州大龍山智洪禪師（一七二四）／襄州白馬山行靄禪師（一七二五）／郢州大陽山行沖禪師（一七二六）／安州白兆山懷楚禪師（一七二六）／蘄州四祖山清皎禪師（一七二七）／蘄州三角山志操禪師（一七二八）／晉州興教師普禪師（一七二九）／蘄州三角山真鑒禪師（一七二九）

前潭州藤霞和尚法嗣……一七三〇

澧州藥山第七世和尚（一七三〇）

前潭州雲蓋山景和尚法嗣……一七三一

衡嶽南臺寺藏禪師（一七三一）／幽州潭柘水從實禪師（一七三三）／潭州雲蓋山證覺禪師（一七三三）

前廬山歸宗懷惲禪師法嗣……一七三四
歸宗第四世弘章禪師（一七三四）
前池州嵇山章禪師法嗣……一七三五
隨州雙泉山道虔禪師（一七三五）
前洪州雲居山懷岳禪師法嗣……一七三六
揚州風化院令崇禪師（一七三六）／澧州藥山忠彥禪師（一七三七）／梓州龍泉和尚（一七三八）
前筠州洞山道延禪師法嗣……一七三八
筠州上藍院慶禪師（一七三九）
前襄州鹿門山處真禪師法嗣……一七三九
益州崇真和尚（一七四〇）／鹿門山第二世住持譚和尚（一七四〇）／襄州谷隱智靜大師（一七四一）／廬山佛手巖行因禪師（一七四二）
前撫州曹山慧霞禪師法嗣……一七四四
嘉州東汀和尚（一七四四）
前華州草庵法義禪師法嗣……一七四五
泉州龜洋慧忠禪師（一七四五）
前襄州含珠山審哲禪師法嗣……一七四七
洋州龍穴山和尚（一七四七）／唐州大乘山和尚（一七四八）／襄州延慶院歸曉大師（一七四八）／襄州含珠山真和尚（一七四九）
前鳳翔府紫陵匡一禪師法嗣……一七五〇
并州廣福道隱禪師（一七五〇）／紫陵第二世微禪師（一七五一）／興元府大浪和尚（一七五一）
前洪州鳳棲山同安威禪師法嗣……一七五二
陳州石鏡和尚（一七五二）／中同安志和尚存目（一七五二）
前襄州石門山獻禪師法嗣……一七五二
石門山第二世慧徹禪師（一七五三）
前襄州廣德義和尚法嗣……一七五四
襄州廣德第二世延和尚（一七五四）
前隨州隨城山護國守澄禪師法嗣……一七五六
隨州智門守欽大師（一七五七）／護國第二世知遠大師（一七五七）／安州大安山能和尚（一七五八）／潁州薦福院思禪師（一七五九）／潭州延壽和尚（一七五九）／護國第三世志朗大師（一七六〇）

前蘄州烏牙山彥賓禪師法嗣……一七六〇
安州大安山興古禪師（一七六一）／蘄州烏牙山行朗禪師（一七六一）
前鳳翔府青峰傳楚禪師法嗣……一七六二
西川靈龕和尚（一七六二）／京兆紫閣山端己禪師（一七六三）／房州開山懷晝禪師（一七六三）／幽州傳法和尚（一七六四）／益州淨眾寺歸信禪師（一七六五）／青峰第二世清免禪師（一七六六）

卷二四

義存禪師法嗣法系表（三）……一七六九
石頭宗法系表（五）……一七七一
雲門宗法系表（下）……一七七二
曹洞宗法系表（三）……一七七二
法眼宗法系表……一七七三
青原行思禪師下八世
前漳州羅漢院桂琛禪師法嗣……一七七五
金陵清涼院文益禪師（一七七五）／襄州清溪山洪進禪師（一七九三）／金陵清涼院休復禪師（一七九五）／撫州龍濟紹修禪師（一七九九）／杭州天龍寺秀禪師（一八〇四）／潞州延慶院傳殷禪師（一八〇五）／衡嶽南臺守安禪師（一八〇六）
前福州仙宗契符禪師法嗣……一八〇七
福州仙宗洞明大師（一八〇七）／泉州福清行欽禪師（一八〇八）
前杭州天龍重機禪師法嗣……一八〇九
高麗雪嶽令光禪師（一八〇九）
前婺州國泰瑫禪師法嗣……一八一〇
婺州齊雲寶勝禪師（一八一〇）
前福州昇山白龍道希禪師法嗣……一八一一
福州廣平玄旨禪師（一八一一）／福州白龍清慕禪師（一八一二）／福州靈峰志恩禪師（一八一三）／福州東禪玄亮禪師（一八一四）／漳州報劬院玄應禪師（一八一五）
前泉州招慶道匡禪師法嗣……一八一七
泉州報恩院宗顯大師（一八一七）／金陵龍光院澄忋禪師（一八二〇）／永興北院可休禪師（一八二一）／郴州

太平院清海禪師（一八二二）／連州慈雲慧深大師（一八二二）／郢州興陽山道欽禪師（一八二三）
前婺州報恩寶資禪師法嗣……一八二四
處州福林澄和尚（一八二四）
前處州翠峰從欣禪師法嗣……一八二五
處州報恩守真禪師（一八二五）
前襄州鷲嶺明遠禪師法嗣……一八二五
襄州鷲嶺第二世通和尚（一八二六）
前杭州龍華志球禪師法嗣……一八二六
杭州仁王院俊禪師（一八二六）
前漳州保福可儔禪師法嗣……一八二七
漳州隆壽無逸禪師（一八二七）
前漳州延壽寺慧輪禪師法嗣……一八二八
廬山歸宗道詮禪師（一八二八）／潭州龍興裕禪師（一八三二）
前韶州白雲祥和尚法嗣……一八三二
韶州大歷和尚（一八三二）／連州寶華和尚（一八三三）／韶州月華和尚（一八三五）／南雄州地藏和尚（一八三七）／英州樂淨含匡禪師（一八三八）／韶州後白雲和尚（一八四一）
前朗州德山緣密禪師法嗣……一八四三
潭州鹿苑文襲禪師（一八四三）／澧州藥山可瓊禪師（一八四三）
前西川青城香林澄遠禪師法嗣……一八四四
灌州羅漢和尚（一八四四）
前鄂州黃龍誨機禪師法嗣……一八四五
洛京紫蓋善沼禪師（一八四五）／眉州黃龍繼達禪師（一八四六）／東樹第二世和尚（一八四七）／興元府玄都山澄和尚（一八四八）／嘉州黑水和尚（一八四八）／鄂州黃龍智顒禪師（一八四九）／眉州昌福達和尚（一八五〇）
前婺州明招德謙禪師法嗣……一八五一
處州報恩契從禪師（一八五一）／婺州普照瑜和尚（一八五三）／婺州雙溪保初禪師（一八五四）／處州涌泉究和尚（一八五四）／衢州羅漢義和尚（一八五五）
前朗州大龍山智洪禪師法嗣……一八五六
大龍山景如禪師（一八五六）／大龍山楚勛禪師（一八五七）／興元府普通院從善禪師（一八五八）
前襄州白馬行靄禪師法嗣……一八五九

襄州白馬智倫禪師（一八五九）
前安州白兆山懷楚禪師法嗣……一八六〇
唐州保壽匡祐禪師（一八六〇）
前襄州谷隱智靜大師法嗣……一八六一
谷隱知儼禪師（一八六一）／襄州普寧院法顯禪師（一八六二）
前廬山歸宗弘章禪師法嗣……一八六三
東京普淨院常覺禪師（一八六三）
前襄州石門山慧徹禪師法嗣……一八六六
石門山紹遠禪師（一八六六）／鄂州靈竹守珍禪師（一八六九）
前洪州同安志和尚法嗣……一八七〇
朗州梁山緣觀禪師（一八七〇）
前襄州廣德延和尚法嗣……一八七二
襄州廣德周禪師（一八七二）

卷二五

青原行思禪師下九世上
前金陵清涼文益禪師法嗣上……一八七五
天台山德韶國師（一八七五）／杭州報恩寺慧明禪師（一九〇〇）／漳州羅漢智依大師（一九〇四）／金陵章義道欽禪師（一九〇六）／金陵報恩匡逸禪師（一九〇九）／金陵報慈文遂導師（一九一一）／漳州羅漢院守仁禪師（一九一六）／杭州永明寺道潛禪師（一九一九）／撫州黃山良匡禪師（一九二四）／杭州靈隱山清聳禪師（一九二五）／金陵報恩山玄則禪師（一九二九）／金陵報慈行言導師（一九三三）／金陵淨德智筠禪師（一九三六）／高麗道峰山慧炬國師（一九三九）／金陵清涼泰欽禪師（一九四〇）／杭州寶塔寺紹巖禪師（一九四八）／金陵報恩院法安禪師（一九五〇）／撫州崇壽院契稠禪師（一九五三）／洪州雲居山清錫禪師（一九五五）／洪州百丈山道常禪師（一九五六）／天台山般若寺敬遵禪師（一九六〇）／廬山歸宗寺策真禪師（一九六二）／洪州同安院紹顯禪師（一九六四）／廬山棲賢寺慧圓禪師（一九六五）／洪州觀音院從顯禪師（一九六七）／廬州長安院延規禪師（一九六九）／常州正勤院希奉禪師（一九七〇）／洛京興善棲倫禪師（一九七三）／洪州新興齊禪師（一九七四）／潤州慈雲匡達禪師（一九七五）

卷二六

青原行思禪師下九世下

前金陵清涼文益禪師法嗣下……一九七七

蘇州薦福院紹明禪師（一九七七）／澤州古賢院謹禪師（一九七七）／宣州興福院可勳禪師（一九七八）／洪州上藍院守訥禪師（一九七九）／撫州覆船和尚（一九八〇）／杭州奉先寺法瓌禪師（一九八一）／廬山化城寺慧朗禪師（一九八二）／杭州永明寺道鴻禪師（一九八二）／高麗靈鑒禪師（一九八四）／荊門上泉和尚（一九八四）／廬山大林寺僧遁禪師（一九八五）／池州仁王院緣勝禪師（一九八六）／廬山歸宗寺義柔禪師（一九八六）

前襄州清溪洪進禪師法嗣……一九九〇

相州天平山從漪禪師（一九九〇）／廬山圓通院緣德禪師（一九九一）

前金陵清涼休復禪師法嗣……一九九三

金陵奉先寺慧同禪師（一九九四）

前撫州龍濟山紹修禪師法嗣……一九九五

河東廣原和尚（一九九五）

前衡嶽南臺守安禪師法嗣……一九九五

襄州鷲嶺善美禪師（一九九五）

前漳州隆壽院無逸禪師法嗣……一九九六

漳州隆壽法騫禪師（一九九六）

前廬山歸宗寺道詮禪師法嗣……一九九八

筠州九峰義詮禪師（一九九八）

前眉州黃龍繼達禪師法嗣……一九九八

黃龍第二世和尚（一九九八）

前朗州梁山緣觀禪師法嗣……一九九九

郢州大陽山警玄禪師（一九九九）

青原行思禪師下十世

前天台山德韶國師法嗣……二〇〇二

杭州永明寺延壽禪師（二〇〇二）／溫州大寧院可弘禪師（二〇〇七）／蘇州長壽院朋彥大師（二〇〇八）／杭州五雲山志逢大師（二〇〇九）／杭州報恩法端禪師（二〇一四）／杭州報恩紹安禪師（二〇一四）／福州廣平院守威禪師（二〇一六）／杭州報恩永安禪師（二〇一八）／廣州光聖師護禪師（二〇二一）／杭州奉先寺清昱禪師（二〇二三）／天台山普聞寺智勤禪師（二〇二三）／

溫州雁蕩山願齊禪師（二〇二五）／杭州普門寺希辯禪師（二〇二六）／杭州光慶寺遇安禪師（二〇二八）／天台山般若寺友蟾禪師（二〇三一）／婺州智者寺全肯禪師（二〇三二）／福州玉泉義隆禪師（二〇三三）／杭州龍冊寺曉榮禪師（二〇三四）／杭州功臣院慶蕭禪師（二〇三六）／越州稱心敬璡禪師（二〇三六）／福州嚴峰師朮禪師（二〇三七）／潞州華嚴慧達禪師（二〇三八）／越州清泰院道圓禪師（二〇三八）／杭州九曲慶祥禪師（二〇三九）／杭州開化寺行明大師（二〇三九）／越州開善寺義圓禪師（二〇四一）／溫州瑞鹿寺遇安禪師（二〇四一）／杭州龍華寺慧居禪師（二〇四二）／婺州齊雲山遇臻禪師（二〇四四）／溫州瑞鹿寺本先禪師（二〇四六）

前杭州報恩寺慧明禪師法嗣……二〇五六

福州保明院道誠大師（二〇五六）

前杭州永明寺道潛禪師法嗣……二〇五七

杭州千光王寺瓌省禪師（二〇五七）／衢州鎮境志澄大師（二〇五九）／明州崇福院慶祥禪師（二〇六〇）

前杭州靈隱寺清聳禪師法嗣……二〇六一

杭州功臣院道慈禪師（二〇六一）／秀州羅漢院願昭禪師（二〇六一）／處州報恩院師智禪師（二〇六三）／衢州瀫寧可先禪師（二〇六三）／杭州光孝院道端禪師（二〇六四）／杭州保清院遇寧禪師（二〇六四）／福州支提山辯隆禪師（二〇六五）／杭州瑞龍院希圓禪師（二〇六六）

前金陵報慈行言導師法嗣……二〇六七

洪州雲居山義能禪師（二〇六七）

前金陵清涼泰欽禪師法嗣……二〇六八

洪州雲居山道齊禪師（二〇六八）

前金陵報恩院法安禪師法嗣……二〇七一

廬山棲賢寺道堅禪師（二〇七一）／廬山歸宗寺慧誠禪師（二〇七二）

前廬州長安院延規禪師法嗣……二〇七四

廬州長安院辯實禪師（二〇七四）／潭州雲蓋山用清禪師（二〇七五）

青原行思禪師下十一世

前蘇州長壽院朋彥大師法嗣……二〇七七

長壽院法齊禪師（二〇七七）

卷二七

禪門達者雖不出世有名於時者十人……二〇八一

金陵寶誌禪師（二〇八一）／婺州善慧大士（二〇八五）／衡嶽慧思禪師（二〇九二）／天台山智顗禪師（二〇九八）／泗州僧伽和尚（二一一二）／萬迴法雲公（二一一四）／天台豐干禪師（二一一六）／天台寒山子（二一一八）／天台拾得（二一二〇）／明州布袋和尚（二一二二）

諸方雜舉徵拈代別語……二一二六

障蔽魔王覓起處不得（二一二六）／外道問佛（二一二七）／緊那羅王奏無生樂（二一二八）／罽賓國王劍斬師子尊者首（二一二八）／塔頭侍者及時鎖門（二一二九）／或問僧（二一三〇）／樂普侍者問和尚（二一三〇）／兩僧住庵（二一三一）／有婆子請開藏經（二一三一）／誌公傳語思大禪師（二一三二）／修山主問翠巖和尚（二一三二）／有僧親附老宿（二一三三）／僧肇法師遭難（二一三四）／不欺之力（二一三五）／李翱見老宿獨坐（二一三五）／有道流在佛殿前背坐（二一三六）／禪月詩（二一三六）／六通院僧欲渡船（二一三七）／聖僧像被屋漏滴（二一三七）／死魚浮在水上（二一三八）／僧問雲臺欽和尚（二一三八）／江南國主問老宿（二一三八）／南泉和尚遷化（二一三九）／馮延巳遊鍾山（二一三九）／施主婦人行隨年錢（二一四〇）／法燈禪師問新到僧（二一四〇）／僧問仰山和尚（二一四一）／行者向佛而唾（二一四一）／感山主到圓通院（二一四二）／有僧入冥（二一四二）／歸宗柔和尚問僧人（二一四三）／劉禹問先雲居和尚（二一四四）／婆子自逞神通（二一四四）／法眼和尚調小兒（二一四五）／僧問講彌陀經座主（二一四六）／王延彬入招慶院（二一四七）／綱明彈指一聲（二一四七）／每日拈香擇火（二一四八）／雲巖院主遊石室迴（二一四八）／鹽官會下主事僧（二一四九）／老宿去雲巖院迴（二一四九）／臨濟和尚舉起拂子（二一五〇）／閩王送玄沙和尚上船（二一五〇）／如何是密室中人（二一五一）／法眼和尚問講百法論僧（二一五一）／文殊被佛攝向二鐵圍山（二一五二）／大寧院請第二座開堂（二一五二）／洞山和尚行腳（二一五三）／法眼和尚患腳病（二一五三）／九峰和尚入江西城（二一五四）／僧問龍牙和尚（二一五四）／十二時中如何著力（二一五五）／僧問

鼓山和尚（二一五五）／庵主豎火筒（二一五六）／招慶和尚拈鉢囊（二一五六）／雲門和尚以手入木師子口（二一五七）／念彌陀名號（二一五七）／鷂子趁鴿子（二一五八）／悟空禪師問忠座主（二一五八）／僧問老宿（二一五九）／官人問僧（二一五九）／國主出獵（二一五九）／僧辭趙州和尚（二一六〇）／泗州塔前一僧禮拜（二一六〇）／僧問圓通和尚（二一六一）／玄覺和尚聞鳩子叫（二一六一）／保福僧到地藏院（二一六二）／洪塘橋上有僧列坐（二一六三）／人問僧（二一六三）／老宿問僧（二一六三）／有僧與童子上經（二一六四）／一僧注道德經（二一六四）／雲門和尚問僧（二一六五）／法眼和尚問僧（二一六六）

卷二八

諸方廣語……二一六七

南陽慧忠國師語（二一六七）／洛京荷澤神會大師語（二一八〇）／江西大寂道一禪師語（二一八四）／澧州藥山惟儼和尚語（二一八七）／越州大珠慧海和尚語（二一九〇）／汾州大達無業國師語（二二一七）／池州南泉普願和尚語（二二二三）／趙州從諗和尚語（二二三二）／鎮府臨濟義玄和尚語（二二三四）／玄沙宗一師備大師語（二二三六）／漳州羅漢桂琛和尚語（二二三九）／大法眼文益禪師語（二二四四）

卷二九

讚頌偈詩……二二五一

大乘讚十首（二二五一）／十二時頌十二首（二二五八）／十四科頌（二二六四）／頌一首（二二七五）／頌一十九首（二二七六）／無心合道頌一首（二二八四）／頌十八首（二二八四）／頌三首（二二八九）／頌二首（二二九一）／明道頌一首（二二九二）／覺地頌一首（二二九三）／入道淺深頌五首（二二九七）／頌十四首（二二九八）／八漸偈并序（二三〇四）／詩八首（二三〇八）／詩十首（二三一二）／詩三首（二三一八）

卷三〇

銘記箴歌……二三二一

心王銘（二三二一）／信心銘（二三二三）／心銘（二三二

六）／息心銘（二三三二）／菩提達磨略辯大乘入道四行（二三三三）／顯宗記（二三三七）／參同契（二三四一）／五臺山鎮國大師澄觀答皇太子問心要（二三四三）／坐禪箴（二三四六）／證道歌（二三四八）／了元歌（二三五九）／南嶽懶瓚和尚歌（二三六〇）／草庵歌（二三六二）／樂道歌（二三六四）／一鉢歌（二三六五）／浮漚歌（二三七〇）／牧護歌（二三七一）／古鏡歌三首（二三七三）／徧參三昧歌（二三七六）／翫珠吟二首（二三七七）／獲珠吟（二三八〇）／香巖智閑和尚詩二首（二三八一）／心珠歌（二三八三）／魏府華嚴長老示眾（二三八四）

附錄一　景德傳燈錄序……二三九一

附錄二　西來年表……二三九三

附錄三　有關道原禪師史料及景德傳燈錄序跋等……二三九七

卷二二

青原行思禪師下七世中

前杭州龍華寺靈照禪師法嗣

台州瑞巖師進禪師

台州瑞巖師進禪師。師上堂，大眾立久。師曰：「媿諸禪德，已省提持❶。若是徇聲聽響❷，不如歸堂向火。珍重！」

僧問：「如何是瑞巖境？」師曰：「重重疊嶂南來遠，北向皇都❸咫尺間。」僧曰：「如何是境中人？」師曰：「萬里白雲朝瑞岳❹，微微細雨洒簾前。」僧曰：「未審如何親近此人？」師曰：「將謂闍梨親入室，元來猶隔萬重關。」

【注釋】❶提持　提撕禪機、持舉禪法，為禪宗特有的心印傳授之法。❷徇聲聽響　比喻只知琢磨章句語言，而不能悟徹禪機的人。❸皇都　京城。❹瑞岳　即師進禪師所居之瑞巖。

【語譯】台州（今浙江臨海）瑞巖師進禪師。師進有一次上堂時，眾僧站立已久。師進說道：「慚愧諸位禪客大德，已經省悟提撕持舉之法了。如果只是徇聲聽響之輩，那還不如回到僧堂去烤火。各自珍重！」

有僧人問道：「什麼是瑞巖之境界？」師進禪師回答：「重重疊疊的山嶂使南來的道路彎曲遙遠，但北去京城卻只相隔咫尺的距離。」那僧人問道：「什麼是境界中之人？」師進回答：「萬里白雲來朝瑞岳，微細雨灑落於窗簾之前。」那僧人又問道：「不知道怎樣才能親近那個人？」師進說道：「本以為闍梨已經登堂入室了，卻原來還遠隔著萬重關山。」

台州六通院志球禪師

台州六通院志球禪師。僧問：「全身佩劍時如何？」師曰：「落。」僧曰：「當者如何？」師曰：「熏天炙地。」

問：「如何是六通境？」師曰：「滿目江山一任看。」僧曰：「如何是境中人？」師曰：「古今自去來。」僧曰：「離二途，還有向上事也無？」師曰：「有。」僧曰：「如何是向上事？」師曰：「雲水❶千徒與萬徒。」

問：「擁毳玄徒❷，請師指示。」師曰：「紅罏不墜鴈門關❸。」僧曰：「如何是紅罏不墜鴈門關？」師曰：「青霄豈恡❹眾人攀？」僧曰：「還有不知者也無？」師曰：「有。」僧曰：「如何是不知者？」師曰：「金牓❺上無名。」

問：「如何是和尚家風？」師曰：「萬家明月朗。」

問：「如何是第二月？」師曰：「山河大地。」

【注釋】 ❶雲水　即行腳僧人。❷擁毳玄徒　即僧人。❸雁門關　在山西代縣西北三十里雁門山上，東西山巖峭拔，中間一路盤旋崎嶇。唐代於山巖上置關隘，兩山夾峙，形勢雄勝，自古為兵家必爭之地。❹⿰忄谷　悲傷，此為擔心、害怕之意。❺金牓　即「金榜」，古代登錄及第進士姓名的文告。

【語　譯】 台州（今浙江臨海）六通院志球禪師。有僧人問道：「全身都佩帶著寶劍的時候怎麼樣？」志球回答：「掉落。」那僧人又問道：「碰到的人怎麼樣？」志球回答：「熏天烤地。」

有僧人問道：「什麼是六通院之境界？」志球禪師回答：「滿目江山任憑人觀看。」那僧人再問道：「什麼是境界中之人？」志球回答：「古今自來去。」那僧人又問道：「離開了這兩條途徑，可還有沒有向上玄妙的事嗎？」志球回答：「有。」那僧人便問道：「什麼是向上玄妙的事？」志球回答：「行腳僧人千個與萬個。」

有僧人問道：「擁毳玄徒，還請和尚加以指示。」志球禪師回答：「熊熊燃燒的爐子不會墜落在雁門關上。」那僧人便問道：「什麼是熊熊燃燒的爐子不會墜落在雁門關上？」志球回答：「碧空雲霄怎麼會吝於眾人攀爬？」那僧人又問道：「可還有不知道的人嗎？」志球回答：「有。」那僧人便問道：「什麼是不知道的人？」志球回答：「金榜上沒有題名。」

有僧人問道：「什麼是和尚的家風？」志球禪師回答：「萬家明月晴朗。」

有僧人問道：「什麼是第二個月亮？」志球禪師回答：「山河大地。」

杭州雲龍院歸禪師

杭州雲龍院歸禪師。僧問：「久戰沙場，為什麼功名不就？」師曰：「過在遮邊。」僧曰：「還有進處❶也無？」師曰：「冰消瓦解。」

【注釋】❶進處　進身之處。

【語譯】杭州（今屬浙江）雲龍院歸禪師。有僧人問道：「久戰沙場，為什麼功名不能成就？」歸禪師回答：「過失在這一邊。」那僧人又問道：「可還有進身之處嗎？」歸禪師回答：「冰雪消融，土崩瓦解。」

杭州餘杭功臣院道閑禪師

杭州餘杭功臣院道閑禪師。僧問：「如何是功臣家風？」師曰：「俗人東畔立，僧眾在西邊。」

問：「如何是學人自己？」師曰：「如汝與我。」僧曰：「恁麼即無二去也。」師曰：「十萬八千。」

【語譯】杭州餘杭（今浙江餘杭市餘杭鎮）功臣院道閑禪師。有僧人問道：「什麼是功臣院的家風？」道閑回答：「俗人在東邊站立，僧眾站立在西邊。」

有僧人問道：「什麼是學生自己？」道閑禪師回答：「如同你和我。」那僧人便說道：「這樣則沒有不同了。」道閑說道：「相差十萬八千里。」

衢州鎮境遇緣禪師

衢州鎮境遇緣禪師。僧問：「眾手淘金，誰是得者？」師曰：「溪畔披砂徒自困，家中有寶❶速須還。」僧曰：「恁麼即始終不從人得去也。」師曰：「饒君便有擎山力，未免肩頭有擔胝❷。」

【注釋】❶家中有寶　喻指自身具有佛性。❷擔胝　肩頭挑擔形成的老繭。

【語譯】衢州（今屬浙江）鎮境院遇緣禪師。有僧人問道：「眾手淘金，誰是獲得的人？」遇緣回答：「溪流之畔披沙淘金徒然自困，家中自有寶物還須迅速回來。」那僧人便說道：「這樣則始終不從別人那裡得到了。」遇緣說道：「縱然你擁有挑起山峰的勇力，也不免肩頭上留下挑擔的老繭。」

【說　明】遇緣禪師之「饒君便有擎山力，未免肩頭有擔胝」兩句答語，有譏刺問話僧人的意味，即謂其不能迅速接機，當下悟入，卻只是糾纏言句意義，而露出俗念之痕跡。

福州報國院照禪師

福州報國院照禪師。師上堂曰：「我若全機，汝向什麼處摸索？蓋為根器不等，便成不具慚愧，還委得麼？如今與諸仁者作箇入底門路。」乃敲繩牀兩下云：「還見麼？還聞麼？若見便見，若聞便聞，莫向意識裡卜度，卻成妄想顛倒，無有出期。珍重！」

因佛塔被雷霹，有人問：「祖佛塔廟為什麼卻被雷霹？」師曰：「通天作用。」僧曰：「既是通天作用❶，為什麼卻霹佛？」師曰：「作用何處見有佛？」僧曰：「爭奈狼藉何！」師曰：「見什麼？」

【注釋】❶通天作用　此指佛塔有著通達上天的作用。

【語譯】福州（今屬福建）報國院照禪師。照禪師上堂說法道：「我如果全部都說機鋒之語，你們到什麼地方去摸索呢？這是因為各人的根機並不是相同的，就成了不具有慚愧的人，可體悟了嗎？現在我給諸位仁者指出一條悟入的門路。」於是他敲擊了兩下繩牀後說道：「可看見了嗎？可聽見了嗎？如果能看見就去看，如果能聽到就去聽，不要有意識地去推測揣度，卻反而成為妄想顛倒知見，沒有了出頭的日期。各自珍重！」

因為佛塔被雷擊了，所以有僧人問道：「佛祖的塔廟為什麼卻遭雷擊了？」照禪師回答：「因為有通天的作用。」那僧人便問道：「既然有著通天的作用，為什麼卻要雷擊佛呢？」照禪師說道：「作用在哪裡看見了佛？」那僧人說道：「怎奈一片狼藉呢！」照禪師喝道：「看見了什麼？」

台州白雲迺禪師

台州白雲迺禪師。僧問：「荊山有玉❶非為寶，囊內真金❷賜一言。」師曰：

「我家貧。」僧曰：「慈悲何在？」師曰：「空慚道者名。」

【注釋】❶荊山有玉　指產於荊山的和氏之璧。❷真金　比喻真正玄妙的禪法。

【語譯】台州（今浙江臨海）白雲院迺禪師。有僧人請道：「荊山產的玉璧並不算寶物，行囊中的真金還望賜予一句。」迺禪師說道：「我家中貧窮。」那僧人便問道：「和尚的慈悲到哪裡去了？」迺禪師回答：「空自慚愧享有道者之名。」

前明州翠巖令參禪師法嗣

杭州龍冊寺子興禪師

杭州龍冊寺子興明悟大師。僧問：「正位❶中還有人成佛否？」師曰：「誰是眾生？」僧曰：「若恁麼即總成佛去也。」師曰：「還我正位來！」僧曰：「如何是正位？」師曰：「汝是眾生。」

問：「如何是無價珍？」師曰：「卞和❷空抱璞。」僧曰：「忽遇楚王，還進也無？」師曰：「凡聖相繼續。」

問：「古人拈布毛❸意作麼生？」師曰：「闍梨舉不全。」僧曰：「如何舉得？」師乃拈起袈裟。

【注釋】❶正位　即諸佛之位。❷卞和　即在荊山下發現稀世玉璧之人。❸拈布毛　即「布毛示法」，唐代僧人道林禪師用以啟發弟子領悟禪法之事，為禪林著名公案之一。參見本書卷四〈杭州鳥窠道林禪師〉章。

【語譯】杭州（今屬浙江）龍冊寺子興禪師，號明悟大師。有僧人問道：「正位中可有人能成佛嗎？」子興反問：「誰是眾生？」那僧人便說道：「如果這樣則都成佛了。」子興喝道：「還我的正位來！」那僧人便問道：「什麼是正位？」子興回答：「你是眾生。」

有僧人問道：「什麼是無價的珍寶？」子興禪師回答：「卞和徒然懷抱著玉璞。」那僧人又問道：「忽然遇到楚王，可還去進獻嗎？」子興回答：「凡人與聖人相繼續。」

有僧人問道：「古人用手拿起布毛的意思怎麼樣？」子興禪師回答：「闍梨舉說不全。」那僧人便問道：「怎樣才能舉說得全？」子興於是拿起了袈裟。

溫州佛嶴院知默禪師

溫州雲山佛嶴院知默禪師。第二世住。師上堂曰：「山僧如今看見諸上座恁麼行腳，喫辛喫苦❶，盤山涉澗❷，終不為觀看州縣。參尋名山聖迹，莫非為此一大事。如今且要諸人於本參中通箇消息來，雲山敢與證明。非但雲山證明，乃至禪林佛刹亦與證明。」

僧問：「如何是佛嶴家風？」師曰：「送客不離三步內，邀賓只在草堂前。」

【注釋】❶吃辛吃苦　即歷盡辛苦之意。❷盤山涉澗　即「跋山涉水」。

【語譯】溫州（今屬浙江）雲山佛嶴院知默禪師。第二世住持。知默上堂說法道：「山僧現在看見諸位上座這樣來往行腳，吃辛吃苦，跋山涉水，終歸不是為了參觀州縣。你們參拜名山聖人蹤跡，沒有不是為了證明這一件大事。現在姑且讓諸位在本次參問中通上一個消息來，雲山敢為你們作一個證明。不但雲山可以證明，就是禪林佛刹也可以給你們證明。」

有僧人問道：「什麼是佛嶴院的家風？」知默禪師回答：「送客不離三步之內，迎賓只在草堂之前。」

前福州安國院弘瑫禪師法嗣

福州白鹿師貴禪師

福州白鹿師貴禪師，開堂日，有僧問：「西峽一派❶，不異馬頭❷。白鹿千峰，何似雞足❸？」師曰：「大眾一時驗看。」

問：「如何是白鹿家風？」師曰：「向汝道什麼？」僧曰：「恁麼即學人知

時去也。」師曰：「知時底人合到什麼田地？」僧曰：「不可更喃喃地。」師曰：

「放過即不可。」

問：「牛頭未見四祖時，百鳥銜花供養，見後為什麼不來？」師曰：「曙色未分人盡望，及乎天曉也如常。」

【注　釋】❶一派　同一宗派。❷馬頭　山名，因其山形似馬頭，故以名。《增一阿含經》：「去伊沙山更有山，名馬頭山。」❸雞足　山名，在雲南寶川西北一百里。山有一頂而三足，故名雞足山。山頂有迦葉石門洞天，相傳乃佛陀之大弟子迦葉尊者守護佛衣以等待彌勒佛之處。

【語　譯】福州（今屬福建）白鹿山師貴禪師，開堂之日，有一個僧人問道：「西峽一派，不與馬頭山相異。白鹿山千座山峰，與雞足山有什麼相似？」師貴回答：「大眾一起驗證。」

有僧人問道：「什麼是白鹿山的家風？」師貴禪師反問：「向你說什麼？」那僧人便說道：「這樣則學生知道時機了。」師貴問道：「知道時機的人應該到什麼樣的田地？」那僧人回答：「不可以再喃喃亂說。」師貴說道：「放過卻不可以。」

有僧人問道：「牛頭法融和尚沒有參見四祖大師的時候，百鳥銜花來供養，但參見以後百鳥為什麼不再來了？」師貴禪師回答：「曙色未分明以前人們都來觀看，等到天亮太陽升起後卻也平常。」

福州羅山義聰禪師

福州羅山義聰禪師。師上堂，大眾立久，師曰：「若有分付處，羅山即不具眼。若無分付處，即勞而無功。所以維摩昔日對文殊，且道如今會也無？」

僧問：「如何是出窟師子？」師曰：「什麼處不震裂？」僧曰：「作何音響？」師曰：「聾者不聞。」

問：「手指天地，唯我獨尊❶。為什麼卻被傍者責？」師曰：「謂言胡須赤。」僧曰：「只如傍者有什麼長處？」師曰：「路見不平，所以按劍。」

【注釋】❶唯我獨尊　相傳釋迦牟尼誕生時，舉頭遍觀四方，一手指天，一手指地，自稱：「天上天下，唯我獨尊。」唯我獨尊，為唯一真實之意，即「我」與佛性、真如、法身同一意。

【語譯】福州（今屬福建）羅山義聰禪師。義聰有一次上堂，眾僧站立已久，義聰說道：「如果有囑咐之處，那羅山則不具備眼睛。如果沒有囑咐之處，則又是勞而無功。所以從前維摩詰居士應對文殊菩薩的意思，你們姑且說說現在領悟了沒有？」

有僧人問道：「什麼是出了洞窟的獅子？」義聰禪師反問：「什麼地方沒有被震裂？」那僧人便問道：「發出了什麼樣的響聲？」義聰回答：「聾人聽不見。」

有僧人問道：「手指天地，自稱唯我獨尊。為什麼卻被旁觀者責備？」義聰禪師回答：「說是鬍鬚紅。」那僧人又問道：「只是如那旁觀者又有什麼長處呢？」義聰回答：「路見不平事，所以按劍欲相助。」

福州安國院從貴禪師

福州安國院從貴禪師。僧問：「禪宮大敞，法眾❶雲臻。向上一路，請師決擇。」師曰：「素非時流❷。」

師有時上堂示眾云：「禪之與道，拈向一邊著。佛之與祖是什麼？破草鞋❸恁麼告報，莫屈著諸人麼？若道屈著，即且行腳去。若道不屈著，也須合取口始得。珍重！」

又有時上堂曰：「直是不遇梁朝，安國也謾不過。珍重！」

僧問：「請師舉唱宗乘。」師曰：「今日打禾，明日搬柴。」

問：「牛頭未見四祖時如何？」師曰：「香爐對繩牀。」僧曰：「見後如何？」師曰：「門扇對露柱。」

問：「如何是和尚家風？」師曰：「若問家風，即答家風。」僧曰：「學人不問家風時作麼生？」師曰：「胡來漢去。」

問：「諸餘即不問，省要處乞師一言。」師曰：「還得省要麼？」

師下堂曰：「純陀❹獻供。珍重！」

【注釋】❶法眾　僧侶眾多。❷時流　時尚；世俗習慣。❸破草鞋　此指行腳參得之禪機。❹純陀　又作準陀等，意為「妙義」，拘尸那城工匠之子。佛陀自純陀處接受最後的供養。

【語　譯】福州（今屬福建）安國寺從貴禪師。有僧人問道：「禪宮大開，法眾雲聚。向上玄妙的一路，請和尚指示抉擇。」從貴回答：「我平素不入時流。」

從貴禪師有一次上堂指示眾僧道：「禪與道的區別，就放到一邊去吧。佛與祖師的不同是什麼？破草鞋這樣的轉告，不要委屈了諸位嗎？如果說是委屈了，就立即行腳去吧。如果說沒有委屈，也要閉上嘴才行。各自珍重！」

又有一次，從貴禪師上堂說道：「要是沒有遇到梁朝天子，安國也矇騙不了人。各自珍重！」

有僧人請道：「請和尚舉唱宗乘教義。」從貴禪師回答：「今天割稻，明天搬柴。」

有僧人問道：「牛頭和尚沒有參見四祖大師的時候怎麼樣？」從貴禪師回答：「香爐對著繩牀。」那僧人又問道：「參見以後怎麼樣？」從貴回答：「門扇對著露柱。」

有僧人問道：「什麼是和尚的家風？」從貴禪師回答：「如果問到家風，就回答家風。」那僧人又問道：「學生不問家風的時候怎麼樣？」從貴回答：「胡人來，漢人去。」

有僧人請道：「其他就不問了，箇明關鍵的地方請和尚說一說。」從貴禪師反問：「還能得到那箇明關鍵之處嗎？」

從貴禪師在下堂時說道：「這是純陀貢獻出的供養。各自珍重！」

福州怡山藏用禪師

福州怡山長慶藏用禪師。師上堂，眾集，師以扇子拋向地上曰：「愚人謂金是土，智者作麼生？後生可畏，不可總守愚去也。還有麼？出來道看。」時有僧出禮拜，退後而立。師曰：「別更作麼生？」僧曰：「和尚明鑑。」師曰：「千年桃核。」

問：「如何是伽藍？」師曰：「長溪莆田❶。」僧曰：「如何是伽藍中人？」師曰：「新羅白水。」

問：「如何是靈泉正主？」師曰：「南山北山。」

問：「如何是和尚家風？」師曰：「齋前廚蒸南白飯，午後鑪煎北苑❷茶。」

問：「法身還受苦也無？」師曰：「地獄豈是天堂？」僧曰：「恁麼即受苦去也。」師曰：「有什麼罪過？」

【注　釋】❶長溪莆田　宋初福建路的兩個屬縣，長溪屬福州，莆田屬興化軍。❷北苑　唐、宋時期的茶場，位於福建建州城東。北苑茶為當時名茶。

【語　譯】福州（今屬福建）怡山長慶院藏用禪師。藏用有一次上堂，眾僧聚集，藏用把扇子拋在地上說道：「愚蠢的人說金是土，聰明的人怎樣看？後生可畏，不可以一直都守著愚蠢呀。可有領悟的人嗎？站出來說說看。」當時有一位僧人站出來禮拜後，退後站立著。藏用問道：「還要怎麼樣？」那僧人回答：「請和尚明鑑。」藏用說道：「千年桃核。」

有僧人問道：「什麼是伽藍？」藏用禪師回答：「長溪、莆田。」那僧人又問道：「什麼是伽藍中的人？」藏用回答：「新羅白水和尚。」

有僧人問道：「怎樣才是靈泉的真正主人？」藏用禪師回答：「南山北山。」

有僧人問道：「什麼是和尚的家風？」藏用禪師回答：「齋食之前廚房內蒸煮南白飯，午後爐子上煎著北苑茶。」

有僧人問道：「法身是否還要受苦？」藏用禪師回答：「地獄難道會是天堂嗎？」那僧人便說道：「這樣則受苦去了。」藏用問道：「有什麼罪過？」

福州永隆院彥端禪師

福州永隆院彥端禪師。師上堂，大眾雲集，師從座起作舞，謂大眾曰：「會麼？」眾曰：「不會。」師曰：「山僧不捨道法而現凡夫事，作麼生不會？」問：「本自圓成❶，為什麼卻分明晦？」師曰：「汝自檢責看。」

【注釋】❶圓成　成就圓滿。《楞嚴經》：「發意圓成一切眾生無量功德。」

【語譯】福州（今屬福建）永隆院彥端禪師。彥端有一次上堂，眾僧雲集，彥端從法座上起身跳舞，並對眾僧說道：「領會了嗎？」眾僧回答：「沒有領會。」彥端說道：「山僧沒有捨棄佛道禪法而為大家顯現凡夫之事，怎麼還不能領會？」

有僧人問道：「人的本性本來就圓滿自成，為什麼還要分成顯明、晦隱？」彥端禪師回答：「你自己檢查反省看看。」

福州林陽山志端禪師

福州林陽山瑞峰院志端禪師，福州人也。依本部南澗寺受業，年二十四，謁明真大師。一日，有僧問：「如何是萬象之中獨露身？」明真舉一指，其僧不薦。師於是冥契玄旨，乃入室白曰：「適來那僧問話，志端今有省處。」明真曰：「汝見什麼道理？」師亦舉一指，曰：「遮箇是什麼？」明真甚然之。

師上堂，舉拂子云：「曹溪用不盡底，時人喚作頭角❶生，山僧拈來拂蚊子，薦得乾坤陷落。」

問：「如何是西來意？」師曰：「木馬走似煙❷，石人趁不及。」

問：「如何是禪？」師曰：「今年旱去年。」僧曰：「如何是道？」師曰：「冬田半折耗❸。」

問：「如何是學人自己？」師便與一踏，僧作接勢。師便與一摑，僧無對。師曰：「賺殺人！」

問：「如何是迥絕人煙處佛法？」師曰：「巔山峭峙碧芬芳。」僧曰：「恁麼即一真❹之理，華野❺不殊。」師曰：「不是遮箇道理。」

問：「如何是佛法大意？」師曰：「竹筯一文一雙。」

有僧夜參，師曰：「阿誰？」僧曰：「某甲。」師曰：「泉州沙糖❻，船上檳榔❼。」僧良久，師曰：「會麼？」僧曰：「不會。」師曰：「你若會，即廓清五蘊，吞盡十方。」

師開寶元年八月內遺偈曰：「年來二月二，別汝暫相棄。爇灰散四林，勿占檀那❽地。」此偈因侍者傳于外，四眾咸寫而記之。至明年正月二十八日，州民競入山瞻禮，師身無恙，參問如常。至二月一日，州主率諸官同至山，伺經宵，院中如市。二日，師齋罷，上堂辭眾。時有圓應長老出眾作禮，問曰：「雲愁霧慘❾，大眾嗚呼❿。請賜一言，未在告別。」師垂一足，應曰：「法鏡不臨於此土，寶月又照於何方？」師曰：「非君境界。」應曰：「恁麼即漚生漚滅還歸水，師去師來是本常。」師作噓聲。復有僧問數則語，師皆酬答，然後下座歸方丈。安坐至亥時⓫，問眾曰：「世尊滅度，是何時節？」眾曰：「二月十五日子時。」師曰：「吾今日前時⓬前。」言訖長往。

【注釋】❶頭角　本指野獸頭上的角，此引申比喻突出、著名。❷走似煙　形容奔跑迅速。❸折耗　同「折損」。虧折、損失。❹一真　又名「一如」、「一實」，為絕對之真理。一者無二，以平等不二故謂之「一」；真者離虛妄之義，即所謂真如。❺華野　此指文雅與粗俗。❻沙糖　即「砂糖」，沙粒狀的食糖。❼檳榔　檳榔樹多產於熱帶，高三、四丈，五年始結實，形如肉豆蔻，有紫色色紋，味澀微甜，有健胃利便等功用。❽檀那　同「檀越」。即施主。❾雲愁霧慘　形容悲傷至極，連雲霧都憂傷悲哀。❿嗚呼　感歎聲；哭泣聲。⓫亥時　晚上九時至十一時為亥時。十一時至下半夜一時為子時。⓬前時　指世尊圓寂時的子時。

【語 譯】福州（今屬福建）林陽山瑞峰院志端禪師（八九三～九六九年），福州人。志端皈依本地南澗寺出家受業，二十四歲時，去拜謁弘瑫明真大師。有一天，有個僧人問道：「什麼是萬象之中獨露身？」明真大師舉起了一個手指頭，那僧人沒有領悟。志端卻由此暗暗地契悟了玄妙的禪旨，便進入方丈室中對明真大師說道：「剛才那個僧人的問話，志端現在倒有一些省悟的地方。」明真大師問道：「你看見了什麼道理？」志端也舉起了一個手指頭，問道：「這個是什麼？」明真大師很是肯定他的見解。

志端禪師上堂，舉起了拂塵說道：「曹溪和尚用不盡的，當時人稱之為頭角生，山僧卻拿來拂蚊子，弄得乾坤都陷落了。」

有僧人問道：「什麼是祖師西來的意旨？」志端禪師回答：「木馬跑路一溜煙，石人在後趕不及。」

有僧人問道：「什麼是禪？」志端禪師回答：「今年比去年還乾旱。」那僧人又問道：「什麼是道？」志端回答：「冬田半折損。」

有僧人問道：「什麼是學生自己？」志端禪師抬腿就踩他，那僧人便作出接住的樣子。志端再給他一巴掌，那僧人不能應對。志端叫道：「賺煞人！」

有僧人問道：「什麼是迥然隔絕人煙之處的佛法？」志端禪師回答：「山巔陡峭壁峙，碧草芬芳。」那僧人便說道：「這樣則一真之理，文雅與粗俗都沒有區別了。」志端說道：「不是這個道理。」

有僧人問道：「什麼是佛法大意？」志端禪師回答：「竹筷子一文錢一雙。」

有僧人晚上前來參禪，志端禪師問道：「是誰？」那僧人回答：「是某甲。」志端說道：「泉州城裡的砂糖，海船上的檳榔。」那僧人沉默了許久，志端問道：「領會了嗎？」那僧人回答：「沒有領會。」志端就說道：「你如果領會了，則能澄清五蘊，吞盡十方了。」

志端禪師於北宋開寶元年（九六八年）八月間留下遺偈道：「來年二月二日，離別你們暫時相棄去。焚燒成灰燼散置於四方樹林中，而不要占用施主之地。」那首偈頌被侍者傳播在寺外面，四方俗眾都抄寫下來並牢牢記住。到了明年正月二十八日，州城中的百姓競相進入山裡瞻仰禮拜志端禪師，但志端身體並沒有病痛，接受僧俗參拜問難完全如同平常之日。到了二月一日，州郡長官也率領眾屬官一起來到山寺，問詢陪侍了一夜，寺院之內人來人往如同鬧市。二日，志端禪師吃罷齋飯，登上法堂辭別眾人。當時有一位叫作圓應的長老從眾人中站出來施禮，並說道：「雲愁霧慘，大眾嗚呼。請和尚賜一句話，而不在於告別。」志端便垂下了一隻腳，圓應長老問道：「法鏡不照臨這一方土地，寶月又照臨什麼地方？」志端回答：「那不是你的境界。」圓應長老便說道：「這樣則水泡產生水泡滅都回歸於水，和尚離去和尚來自屬本來平常。」志端發出了噓聲。又有僧人提了幾個問題，志端都加以應酬作答，然後走下法座，回到了方丈室。志端禪師端坐到亥時，問眾人道：「世尊圓寂，是在什麼時候？」眾人回答：「在二月十五日子時。」志端便說道：「我今天在那時辰的前面了。」說完就圓寂了。

福州興聖滿禪師

福州興聖滿禪師。師上堂曰：「覿面分付，不待文宣。具眼投機，喚作參玄。上士若能如此，所以宗風不墜。」

僧問：「昔日靈山會裡，今朝興聖筵中，和尚親傳如何舉唱？」師曰：「欠汝一問。」

【語譯】福州（今屬福建）興聖院滿禪師。滿禪師上堂說法道：「當面吩咐，不須等待文字宣示。具備道眼投合機緣，就叫作參問玄義。上等根機之人如果能這樣做，所以宗風就不會墜落。」

有僧人問道：「過去的靈山大會之上，即今天的興聖院法席之中，和尚親自傳授的怎樣來舉唱呢？」滿禪師回答：「欠缺你一個問題。」

福州仙宗院明禪師

福州仙宗院明禪師。師上堂曰：「幸有如是門風，何不烜赫❶地紹續取去？若也紹得，不在三界。若出三界，即壞三界。若在三界，即礙三界。不礙不壞，是出三界，是不出三界？恁麼徹去，堪為佛法種子，人天有賴。」

有僧問：「拏雲不假風雷便，迅浪如何透得身？」師曰：「何得棄本逐末？」

【注　釋】❶烜赫　顯赫。

【語　譯】福州（今屬福建）仙宗院明禪師。明禪師上堂說法道：「幸虧有這樣的門風，為什麼不顯赫地承繼下去？如果能夠承繼，就不在三界了。如果出了三界，就是破壞了三界。如果在三界裡，就是妨礙了三界。不妨礙不破壞，是出三界，還是沒有出三界？這樣悟徹了，就才能成為佛法的種子，人天都有所依賴了。」

有一個僧人問道：「摘下雲彩如不借助風雷，那猛浪怎麼能穿透身子？」明禪師喝道：「為什麼拋棄根本去追逐末節？」

福州安國院祥和尚

福州安國院祥和尚。師上堂，頃間乃失聲云：「大是無端。雖然如此，事不得已。於中若有未覯者，更開方便，還會麼？」僧問：「不涉方便，乞師垂慈。」師曰：「汝問我答是方便。」

問：「應物現形，如水中月。如何是月？」師提起拂子。僧曰：「古人為什麼道水月無形？」師曰：「見什麼？」

問：「如何是宗乘中事？」師曰：「淮軍散後。」

問：「如何是和尚家風？」師曰：「眾眼難謾。」

【語譯】 福州（今屬福建）安國院祥和尚。祥和尚上堂，沉默了片刻後失聲說道：「真是沒有理由。雖然是這樣的，但還是事不得已。你們當中如果還有未能領悟的，就另外給你們開方便法門，可領會了嗎？」有僧人說道：「不涉及方便法門，請和尚慈悲指示。」祥和尚說道：「你問我答就是方便法門。」

有僧人問道：「根據物體而顯現出形狀，就如同是水中的月亮。那什麼是月？」祥和尚舉起了拂塵。那僧人問道：「古人為什麼說水、月沒有形狀？」祥和尚反問：「看見了什麼？」

有僧人問道：「什麼是宗乘中的事？」祥和尚回答：「淮軍潰散之後。」

有僧人問道：「什麼是和尚的家風？」祥和尚回答：「眾人的眼睛難以欺騙。」

前漳州保福院從展禪師法嗣

泉州招慶院省僜禪師

泉州招慶院省僜淨修大師。師初參保福，問答冥符。一日，保福入大殿覩佛像，乃舉手問師曰：「佛恁麼意作麼生？」師對曰：「和尚也是橫身❶。」曰：「一橛我自收取。」師曰：「和尚非唯橫身。」保福然之。

後住招慶。初開堂，升座，少頃曰：「大眾！向後到處遇道伴，作麼生舉似❷？他若有人舉得，試對眾舉看。若舉得，免孤負上祖，亦免埋沒後來。古人道：通心君子，文外相見。還有遮箇人麼？況是曹溪門下子孫，合作麼生理論？合作麼生提唱？」

僧問：「昔日覺城❸東際，象王迴旋。今日閩嶺❹南方，如何提接？」師曰：「會麼？」曰：「恁麼即一機啟處，四句❺難追。未委從上宗門成得什麼邊事？」師曰：「退後禮拜，隨眾上下。」

問：「全提❻不到，請師商量。」師曰：「拊掌得麼？」僧曰：「恁麼即領會去也。」師曰：「莫錯。」

問：「如何得不傷於己，不負於人？」師曰：「莫屈著汝遮問麼！」僧曰：「恁麼上來❼已蒙師指也。」師曰：「汝又屈著我作麼？」問：「當鋒一句請師道。」師曰：「嗄。」僧再問，師曰：「瞌睡漢！」

師問僧：「離什麼處？」曰：「報恩。」師曰：「僧堂大小？」曰：「和尚試道看。」師曰：「何不待問！」

問：「學人全身不會，請師指示。」師曰：「還解笑得麼？」

師又曰：「叢林先達者，不敢相觸忤。若是初心後學，未信直須信取，未省直須省取，不受略虛。諸人本分去處，未有一時不顯露，未有一物解蓋覆得。如今若要知，不用移絲髮地，不用少許功夫，但向博地❽位中承當取，豈不省心力？既能省得，便與諸佛齊肩，依而行之。緣此事是箇白淨❾去處，今日須得白淨身心合他始得，自然合古合今，脫生離死。古人云：識心達本，解無為法，方號沙門。如今諸官大眾，各須體取好，莫全推過師僧分上。佛法平等，上至諸佛，下至一切，共同此事。既然如此，誰有誰無？勤王之外，亦須努力。適來說如許多般，蓋不得已而已。莫道從上宗門合恁麼語話。只如從上宗門合作麼生，還相悉麼？若人有相悉，山僧今日得雪去也。久立大眾，珍重！」

【注釋】❶橫身　從中插身進去。❷舉似　說給人聽。❸覺城　佛成正覺之都城，即摩竭陀國的伽耶城。❹閩嶺　此指福建福州地區。❺四句　指偈頌。❻全提　「全提正令」之略。全提，完全提掇。正令，禪門教外別傳本分之命令，棒喝之外不立一法之謂。即禪宗特有的心印傳授方法。❼上來　以上；上面。❽博地　遍地。❾白淨　形容面容白皙，此指乾淨。

【語　譯】泉州（今屬福建）招慶院省僜禪師，號淨修大師。省僜當初參拜保福從展和尚，於提問答話之間頓然契悟了禪旨。有一天，保福和尚進入大殿觀看佛像，便舉手問省僜道：「佛這個樣子是什麼意思呢？」省僜回答道：「和尚也是插身在內。」保福和尚說道：「這一木橛子我自己會收好的。」省僜說道：「和尚不止是插身在內。」保福和尚也以為然。

省僜禪師後來住持招慶院。初次開堂之日，省僜登上了法座，沉默了片刻後說道：「各位！以後在各處遇到道伴的時候，怎樣來舉說呢？如果有其他人能夠舉說，就試著對大眾舉說看看。如果能夠舉說出，不僅能避免辜負祖宗，也可以避免埋沒後來的人。古人說過：通曉本心的君子，文字以外來相見。可有這樣的人嗎？何況是曹溪和尚門下的徒子徒孫，應該怎樣來討論呢？應該怎樣來接引舉唱呢？」

有僧人問道：「古代覺城的東邊，象王徘徊不前。今天閩嶺的南方，怎樣來提示接引？」省僜禪師反問：「領會了嗎？」那僧人說道：「這樣的話則一個機鋒啟發之處，四句偈頌也難以追逐。不知道從上宗門能成就個哪一邊的事？」省僜便說道：「退後禮拜，跟隨眾人上下法堂。」

有僧人說道：「全提正令不到的地方，請和尚討論。」省僜禪師反問：「拍掌可以嗎？」那僧人便說道：「這樣則領會了。」省僜說道：「不要弄錯。」

有僧人問道：「怎樣才能不傷害自己，又不辜負別人？」省僜禪師答道：「不要委屈了你這一問麼！」那僧人說道：「這樣說來則剛才已承蒙和尚的指點了。」省僜便說道：「你又委屈我作什麼？」那僧人又說道：「當著機鋒的一句話，請和尚說說。」省僜說道：「嘎。」那僧人再問，省僜喝道：「瞌睡漢！」

省僜禪師問一個僧人：「近來離開了什麼地方？」那僧人回答：「報恩院。」省僜問道：「僧堂有多少大小呢？」那僧人說道：「和尚試著說說看。」省僜喝道：「為什麼不等我來問！」

有僧人說道：「學生全部沒有領會，請和尚指示。」省僜禪師反問：「你可懂得笑嗎？」

省僜禪師又說道：「首先抵達叢林的人，不敢觸犯違忤。如果是初心後學，剛入叢林，還沒有相信的就應直接信心進入，還沒有悟入的就應直接領悟體會，不去弄虛作假。各人的本分去處，沒有一個時刻不顯露，沒有一個東西能覆蓋著。現今如果想要知道，不用移動絲毫地方，不用花費一點點工夫，只要向遍地內承當得，難道不省心省力？既然能省悟，就與諸佛平等了，就依照這個而去做。因為這件事是一個乾淨的去處，今天也必須用乾淨的身心去契合它才行，這才能自然契合古今，脫離生死。古人說過：認識自心，悟達本源，懂得無為之法，這才稱作沙門。現今諸位官長、大眾，還須各自體會為好，不要全都把過失推給師僧身上。佛法平等，上至諸佛，下至一切眾生，這事都是同樣的。既然是這樣的，誰擁有誰沒有呢？辛勞地服務王家事務之外，還須自己更加努力。剛才說了這麼多話，也都是不得已而已。不要認為從上的禪門都應該是這樣講說的。只是以前的禪門應該怎樣的，可還能體會到了嗎？如果有人能體會到，山僧今天也得以昭雪了。大眾無事久立，各自珍重！」

漳州保福院可儔禪師

漳州保福院可儔明辯大師。僧問：「如何是和尚家風？」師曰：「雲在青天水在缾❶。」

問：「如何是吹毛劍？」師曰：「瞥落也。」僧曰：「還用也無？」師曰：「莫鬼語。」

【注　釋】❶雲在青天水在缾　含有一切平常自然之意。

【語　譯】漳州（今屬福建）保福院可儔禪師，號明辯大師。有僧人問道：「什麼是和尚的家風？」可儔回答：「雲在青天水在瓶。」

有僧人問道：「什麼是吹毛立斷的寶劍？」可儔禪師回答：「一瞥間就掉落了。」那僧人又問道：「可還有用嗎？」可儔說道：「不要說鬼話。」

舒州白水如新禪師

舒州白水海會院如新禪師。師上堂，良久乃曰：「禮煩即亂。」

僧問：「從上宗乘，如何舉唱？」師曰：「轉見孤獨。」僧曰：「親切處乞師一言。」師曰：「不得雪❶也聽他。」

問：「如何是迦葉頓領底事？」師曰：「汝若領得，我即不恡。」僧曰：「恁麼即不煩於師去也。」師曰：「又須著棒，爭得不煩？」

僧問：「古人橫說豎說，猶未知向上一關棙子。如何是向上一關棙子？」師曰：「賴遇孃生臂短。」

問：「如何是祖師意？」師曰：「要道何難！」僧曰：「便請師道。」師曰：「將謂靈利，又不仙陀。」

問：「羚羊掛角時如何？」師曰：「恁麼來，又恁麼去。」僧曰：「為什麼如此？」師曰：「只見好笑，不知為什麼如此。」

【注釋】❶雪　分辯；辯白。指洗清罪過。

【語　譯】舒州（今安徽潛山）白水海會院如新禪師。如新上堂，沉默了許久才說道：「禮儀一繁多就雜亂了。」

有僧人問道：「從上玄妙的宗乘，怎樣來舉唱呢？」如新回答：「轉而更孤獨。」那僧人便說道：「親近禪法之處，乞請和尚說一句話。」如新說道：「不能辯白就聽他的。」

有僧人問道：「什麼是迦葉尊者頓時領悟的事？」如新禪師回答：「你如果能領悟，我就不傷悲了。」那僧人便說道：「這樣說來就不麻煩和尚了。」如新喝道：「又要挨棒，怎能不麻煩？」

有僧人問道：「古人橫說豎說，還是沒有知道向上的關鍵。什麼是向上的關鍵？」如新禪師回答：「幸虧姑娘生來臂膀短。」

有僧人問道：「什麼是祖師西來的意旨？」如新禪師說道：「要說有什麼難的！」那僧人便說道：「那就請和尚說。」如新說道：「以為你伶俐，卻又不機敏。」

有僧人問道：「羚羊掛角的時候怎麼樣？」如新禪師回答：「這樣來，又這樣去。」那僧人問道：「為什麼這樣？」如新回答：「只看見好笑，不知道為什麼這樣。」

洪州漳江慧廉禪師

洪州漳江慧廉禪師。師初開堂，有僧問：「昔日梵王❶請佛，蓋為奉法之心。

今日朱紫❷臨筵，未審師如何拯濟？」師曰：「別不施行。」僧曰：「為什麼不施行？」師曰：「什麼處去來？」

問：「師登寶座，曲為今時四眾攀瞻，請師接引。」師曰：「什麼處屈汝？」僧曰：「恁麼即垂慈方便，即直下❸不孤人也。」師曰：「也須收取好。」

問：「如何是漳江境？」師曰：「地藏❹皺眉。」曰：「如何是境中人？」師曰：「普賢摻袂。」

問：「如何是漳江水？」師曰：「苦。」

問：「如何是漳江第一句？」師曰：「到別處不得錯舉。」

【注釋】❶梵王　指大梵天王。其深信正法，每逢佛出世，必最先來請轉法輪。❷朱紫　唐、宋時五品以上官穿朱衣，三品以上官穿紫衣。此指高級官員。❸直下　當下；當即。❹地藏　佛教大乘菩薩之一。佛教說地藏是佛滅後至彌勒出世之間，顯身六道、救度天上以至地獄一切眾生的菩薩。並認為其如大地一樣含藏著無量善根種子，故名。

【語譯】洪州（今江西南昌）漳江慧廉禪師。慧廉禪師初次開堂之日，有一個僧人問道：「從前梵王請佛轉大法輪，是因為他具有奉侍正法之心。今天朱紫貴官蒞臨法席，不知道和尚怎樣加以接引拯救？」慧廉回答：「不另外施行。」那僧人便問道：「為什麼不施行？」慧廉反問：「你從什麼地方來的？」

有僧人說道：「和尚登上了寶座，委屈地接受四方大眾的瞻仰矚目，還請和尚加以接引。」慧廉禪師問道：「什麼地方委屈了你？」那僧人便說道：「這樣則請和尚大降慈悲，開示方便法門，即當下不辜負人了。」慧廉說道：「也還要收拾好。」

有僧人問道：「什麼是漳江的境界？」慧廉禪師回答：「地藏菩薩皺眉頭。」那僧人又問道：「什麼是境界中的人？」慧廉回答：「普賢菩薩整理衣襟。」

有僧人問道：「什麼是漳江之水？」慧廉禪師回答：「苦。」

有僧人問道：「什麼是漳江和尚的第一句話？」慧廉禪師回答：「到了別的地方不能說錯。」

福州報慈院文欽禪師

福州報慈院文欽禪師。問：「如何是諸佛境？」師曰：「雨來雲霧暗，晴乾日月明。」

問：「如何是妙覺❶明心？」師曰：「今冬好晚稻，出自秋雨成。」

問：「如何是妙用河沙？」師曰：「雲生碧岫，雨降青天。」

問：「如何是平常心合道？」師曰：「喫茶喫飯隨時過，看水看山實暢情。」

【注釋】❶妙覺　自覺覺他、覺行圓滿而不可思議稱妙覺，即佛果之無上正覺。

【語譯】福州（今屬福建）報慈院文欽禪師。有僧人問道：「什麼是諸佛的境界？」文欽回答：「雨來雲霧暗，晴天日月明。」

有僧人問道：「什麼是妙覺明心？」文欽禪師回答：「今冬晚稻收成好，出自秋雨的功勞。」

有僧人問道：「什麼是妙用如同恆河中的沙粒一樣繁多？」文欽禪師回答：「雲從碧綠的山岫間生長，雨自青天降下。」

有僧人問道：「什麼是平常心合道？」文欽禪師回答：「吃茶吃飯隨時過，看山看水實暢心。」

泉州萬安院清運禪師

泉州萬安院清運資化禪師。僧問：「龍溪一派，晉水分燈。萬安臨筵，如何指示？」師曰：「作麼生折合❶？」僧曰：「未審師還許也無？」師曰：「更作麼生？」僧曰：「昔日龍溪密旨，今朝萬安顯揚。人天側聆，願垂開演。」師曰：「還聞麼？」僧曰：「恁麼即五眾❷已蒙師指的，不異城東十眼❸開。」師曰：「五眾且置，仁者作麼生？」

問：「久處幽冥，今身不會，乞師指示。」師曰：「莫屈著汝問麼！」曰：「恁麼即禮拜，隨眾上下。」師曰：「還許也無？」師曰：「靜處薩婆訶❹。」

問：「諸佛出世，振動乾坤。和尚出世，未審如何？」師曰：「向汝恁麼道？」僧曰：「恁麼即不異諸聖去也。」師曰：「莫亂道！」

問：「如何是萬安家風？」師曰：「苔羹倉米❺飯。」僧曰：「忽遇上客❻來，將何祇待？」師曰：「飯後三巡❼茶。」

問：「如何是萬安境？」師曰：「一塔松蘿❽望海清。」

【注　釋】❶折合　應對；對付。❷五眾　即出家五眾：一為比丘，受具足戒之男子；二為比丘尼，受具足戒之女子；三為式叉摩那，即學法女，將受具足戒而學六法之女子；四為沙彌，出家受十戒之男子；五為沙彌尼，出家受十戒之女子。❸十眼　一為肉眼，能見一切之色；二為天眼，能見一切眾生之心；三為慧眼，能見一切眾生之諸根境界；四為法眼，能見一切法之實相；五為佛眼，能見如來之十力；六為智眼，能見無法；七為光明眼，能見佛之光明；八為出生死眼，能見涅槃；九為無礙眼，能所見無礙；十為即一切智眼，又曰普眼，能見普門之法界。「十眼」之說出自《華嚴經・離世間品》。❹薩婆訶　也作「蘇婆訶」、「娑婆訶」等，為佛教真言之末句。❺倉米　指久貯於糧倉的陳米。❻上客　尊貴的來賓。❼巡　酒席上給座客斟酒一周為一巡。❽一塔松蘿　指形狀長得似佛塔之松蘿。

【語　譯】泉州（今屬福建）萬安院清運資化禪師。有僧人問道：「龍溪那一個宗派，自晉水分傳法燈。萬安和尚臨法席，該怎樣來指示呢？」清運禪師反問：「怎樣來應對？」那僧人問道：「不知道和尚還許可嗎？」清運說道：「又怎麼樣啦？」那僧人說道：「過去龍溪和尚的秘密旨意，今天萬安和尚顯明地弘揚。人天側身聆聽，還願和尚開示演說。」清運問道：「可聽到了嗎？」那僧人說道：「這樣說來則五眾已蒙受和尚指點，不區別於城東十眼開。」清運說道：「五眾暫且放置在一邊，仁者怎麼樣呢？」

有僧人請道：「學生處於幽暗的地方已很久了，現在完全不能領會，乞請和尚加以指示。」清運禪師說道：「不要委屈了你的提問麼！」那僧人便說道：「這樣的話則加禮拜，跟隨眾人上下法堂了。」清運問道：「還許可嗎？」清運接著又說道：「寂靜之處薩婆訶。」

有僧人問道：「諸佛出世，振動了乾坤。和尚出世，不知道又怎麼樣？」清運禪師回答：「對你怎麼說呢？」那僧人便說道：「這樣說來就與諸聖人沒有區別了。」清運喝道：「不要亂說！」

有僧人問道：「什麼是萬安院的家風？」清運禪師回答：「用青苔做菜羹，陳米煮飯。」那僧人又問道：「忽然遇到尊貴的賓客來臨之時，用什麼來招待？」清運回答：「飯後三巡茶。」

有僧人問道：「什麼是萬安院的境界？」清運禪師回答：「一塔松蘿眺望海水清澈。」

漳州報恩院道熙禪師

漳州報恩院道熙禪師，初與保福送書往泉州王太尉處。太尉問：「漳南和尚❶近日還為人也無？」師曰：「若道為人，即屈著和尚。若道不為人，又屈著太尉來問。」太尉曰：「道取一句，待鐵牛能齧草，木馬解含煙。」師曰：「某甲惜口喫飯❷。」太尉良久，又問：「驢來馬來？」師曰：「驢馬不同途。」太尉曰：「爭得到遮裡？」師曰：「謝太尉領話。」

僧問：「名言妙句即不問，請師真實。」師曰：「不阻來意。」

【注釋】❶漳南和尚　即保福從展禪師。❷惜口喫飯　此指禪師教導學僧時以少說為好，小心多說遭報應。

【語譯】漳州（今屬福建）報恩院道熙禪師，當初曾替保福從展和尚送書信前往泉州（今屬福建）王太尉處。王太尉問道：「漳南和尚近來可還接引人嗎？」道熙回答：「如果說他在接引人，就委屈了和尚。如果說他不接引人，又委屈了太尉的提問。」王太尉說道：「就說一句話，以等待鐵牛能吃草，木馬懂得口含煙火。」道熙便說道：「我可是要惜口吃飯。」王太尉沉默了許久，然後又問道：「是騎驢子來的，還是騎馬來的？」道熙回答：「驢子和馬不同路。」王太尉再問道：「那怎麼到達了這裡？」道熙回答：「感謝太尉的問話。」

有僧人請道：「名言妙句就不問了，還請和尚說說真實的。」道熙禪師說道：「不妨礙來意。」

泉州鳳凰山從琛禪師

泉州鳳凰山從琛洪忍禪師。問：「如何是和尚家風？」師曰：「門風相似，即無阻矣。學人不是其人。」僧曰：「忽遇恁麼人時如何？」師曰：「不可預搔而待癢。」

問：「學人根思遲迴，方便門中乞師傍瞥❶。」師曰：「傍瞥。」僧曰：「深領師旨，安敢言乎！」師曰：「太多也。」

師有時上堂，有僧出來禮拜，退後立。師曰：「我不如汝。」僧應諾，師曰：「無人處放下著。」

問：「昔日靈山會上，佛以一音演說❷。今日請師一音演說。」師良久，僧曰：「恁麼即大眾頓息疑網去也。」師曰：「莫塗汙大眾好！」

問：「諸佛皆以大事因緣，故出現於世。未審和尚如何拯濟？」師曰：「大好風涼！」

問：「如何是學人自己事？」師曰：「暗算流年事可知。」

問：「如何是鳳凰境？」師曰：「雪夜觀明月。」

問：「如何是西來意？」師曰：「作人醜差❸。」僧曰：「為人何在？」師曰：「莫屈著汝麼！」

【注釋】❶傍瞥　從旁照顧一眼，此指從旁指點。❷一音演說　指如來佛說法。《維摩經・佛國品》：「佛以一音演說法，眾生隨類各得解。」❸醜差　指面容醜陋。

【語譯】泉州（今屬福建）鳳凰山從琛洪忍禪師。有僧人問道：「什麼是和尚的家風？」從琛回答：「如果門風相似，也就沒有妨礙了。但學僧不是這樣的人。」那僧人便問道：「忽然遇到這樣的人時怎麼辦呢？」從琛回答：「不可以預先搔撓以等待癢發生。」

有僧人說道：「學生根機很淺，思維遲鈍，方便法門中乞請和尚從旁照顧一眼。」從琛禪師說道：「從旁照顧一眼。」那僧人便說道：「深深領受了和尚的法旨，怎敢再說啊！」從琛說道：「太多了。」

從琛禪師有一次上堂，有一位僧人站出來禮拜，然後退下站立。從琛說道：「我不如你。」那僧人答應了一聲，從琛便說道：「在沒人的地方可以放下來。」

有僧人請道：「從前靈山大會上，佛用一音演說法旨。今天也請和尚用一音演說法旨。」從琛禪師沉默了許久，那僧人便說道：「這樣則大眾都頓時消除了疑惘。」從琛喝道：「不要塗抹大眾為好！」

有僧人問道：「諸佛都是為了一件大事因緣，而出現在世上。不知道和尚怎樣來拯濟大眾？」從琛禪師說道：「十分風涼啊！」

有僧人問道：「什麼是學生自己的事？」從琛禪師回答：「暗中計算流年，事情就可知道了。」

有僧人問道：「什麼是鳳凰山的境界？」從琛禪師回答：「雪夜觀賞明月。」

有僧人問道：「什麼是祖師西來的意旨？」從琛禪師回答：「做人醜陋。」那僧人又問道：「那怎樣接引人呢？」從琛喝道：「莫非委屈你了嗎！」

福州永隆院瀛和尚

福州永隆院瀛和尚明慧禪師。師上堂曰：「謂言侵早❶起，更有夜行人。似即似，是即不是。珍重！」

問：「無為無事人，為什麼卻是金鎖難❷？」師曰：「為斷麤纖，貴重難留。」曰：「為什麼道無為無事人，逍遙實快樂？」師曰：「為鬧亂❸且要斷送❹。」

有僧參，師曰：「不要得許多般數，速道！速道！」僧無對。

師有時示眾曰：「日出卯❺用處，不須生善巧。」

問：「如何進向❻，得達本源？」師曰：「依而行之。」

【注釋】❶侵早　清晨。❷金鎖難　佛教認為金鎖與鐵鎖雖然有優劣之差，但束縛人卻是一致的，以此譬喻內執著、外執著有區別，但其為邪法則相同。❸鬧亂　同「惱亂」。煩擾之意。❹斷送　度過；消磨。唐人韓愈〈遣興〉詩：「斷送一生惟有酒，尋思百事不如閑。」❺卯　清晨五時至七時，泛指清晨。❻進向　此為修行之意。

【語譯】福州（今屬福建）永隆院瀛和尚，號明慧禪師。瀛和尚上堂說道：「要說是淩晨起身，卻還有連夜趕路的人。相似是相似，對卻是不對。各自珍重！」

有僧人問道：「無所作為而又無所事事的人，為什麼卻有金鎖的劫難？」瀛和尚回答：「為了截斷粗細，貴重的也難以留下。」那僧人又問道：「那又為什麼說無所作為而無所事事的人，逍遙又確實快樂呢？」瀛和尚回答：「因為惱亂而姑且消磨時光。」

有一個僧人前來參拜，瀛和尚說道：「不要有這麼多的禮數，快說！快說！」那僧人不能應答。

瀛和尚有一次指示眾僧道：「太陽出來是早上的用處，而不必生出機巧之心。」

有僧人問道：「怎樣修行，才能達到本源？」瀛和尚回答：「依照著去做。」

洪州清泉山守清禪師

洪州清泉山守清禪師，福州閩縣人也，姓林氏。出家于巖背山，悟心之後，受請居清泉，玄侶臻集。

問：「如何是佛？」師曰：「問。」僧曰：「如何是祖？」師曰：「答。」

僧問：「和尚見古人得箇什麼，便住此山？」師曰：「情知汝不肯。」僧曰：「爭知某甲不肯？」師曰：「鑑貌辨色[1]。」

問：「親切處乞師一言。」師曰：「莫過此。」

問：「古人面壁為何事？」師曰：「屈。」曰：「恁麼即省心力。」師曰：「何處有恁麼人？」

問：「諸餘即不問，如何是向上事？」師曰：「消汝三拜，不消汝三拜。」

【注釋】❶鑑貌辨色　意同「察言觀色」。

【語譯】洪州（今江西南昌）清泉山守清禪師，福州閩縣（今福建福州）人，俗姓林。守清在巖背山出家，省悟心印之後，接受大眾的迎請而住持清泉山，僧徒自四方雲集於此。

有僧人問道：「什麼是佛？」守清禪師回答：「提問。」那僧人又問道：「什麼是道？」守清回答：「回答。」

有僧人問道：「和尚拜見古人得到個什麼，就住持此山寺？」守清禪師說道：「我很明白你不許可。」那僧人便問道：「怎麼知道我不許可？」守清回答：「察言觀色。」

有僧人請求道：「親近禪機之處，請和尚講說一句。」守清禪師說道：「莫過於此。」

有僧人問道：「古人面壁是為了什麼事？」守清禪師回答：「屈。」那僧人便說道：「這樣則省心省力了。」守清說道：「什麼地方有這樣的人？」

有僧人問道：「其他就不問了，什麼是向上玄妙的事？」守清禪師回答：「接受你的三拜，不接受你的三拜。」

漳州報恩院行崇禪師

漳州報恩院行崇禪師。問：「如何是佛法大意？」師曰：「碓擣磨磨。」

問：「曹溪一路，請師舉揚。」師曰：「莫屈著曹溪麼！」曰：「恁麼即群生有賴。」師曰：「汝也是老鼠喫鹽❶。」

問：「不涉公私，如何言論？」師曰：「喫茶去！」

問：「丹霞燒木佛，意作麼生？」師曰：「時寒燒火向。」曰：「翠微迎羅漢，意作麼生？」師曰：「別是一家春。」

【注釋】❶老鼠喫鹽　唐、宋時歇後語，意為太鹹（閒）了。此謂問話之僧人不悟自心，卻專注於身外之閒事。

【語譯】漳州（今屬福建）報恩院行崇禪師。有僧人問道：「什麼是佛法大意？」行崇回答：「用椎子捶，用磨子磨。」

有僧人請道：「六祖曹溪大師的那一條路子，請和尚舉唱弘揚。」行崇禪師說道：「不要委屈了曹溪大師啊！」那僧人便說道：「這樣則眾生有依靠了。」行崇說道：「你也是老鼠吃鹽。」

有僧人問道：「不涉及公與私，該怎樣議論？」行崇禪師喝道：「吃茶去！」

有僧人問道：「丹霞和尚燒木佛，是什麼意思？」行崇禪師回答：「天寒去烤火。」那僧人又問道：「翠微和尚迎接羅漢像，又是什麼意思？」行崇回答：「又是一家春。」

潭州嶽麓山和尚

潭州嶽麓山❶和尚。師上堂，良久謂眾曰：「昔日毗盧，今朝嶽麓。珍重！」

問：「如何是聲色外句？」師曰：「猿啼鳥叫。」

問：「師唱誰家曲，宗風嗣阿誰？」師曰：「五音六律。」

問：「截舌之句，請師舉揚。」師曰：「日能熱，月能涼。」

【注　釋】❶嶽麓山　在湖南長沙城西，靈秀高聳，下臨湘江，景色奇絕。山上有寺，晉代建，即古麓苑，一名慧光寺。山下有嶽麓書院，北宋初開寶年間建。

【語　譯】潭州（今湖南長沙）嶽麓山和尚。嶽麓山和尚上堂，沉默了許久才對眾僧說道：「從前的毗盧佛，今天的嶽麓山和尚。各自珍重！」

有僧人問道：「什麼是聲色之外的句子？」嶽麓山和尚回答：「猿啼鳥叫。」

有僧人問道：「和尚舉唱誰家的曲調，宗風又承嗣誰的？」嶽麓山和尚回答：「五音六律。」

有僧人請道：「截斷舌頭的句子，請和尚舉唱。」嶽麓山和尚說道：「太陽使人發熱，月亮使人涼快。」

朗州德山德海禪師

朗州德山德海禪師。僧問：「靈山一會，何人得聞？」師曰：「闍梨得聞。」曰：「未審靈山說箇什麼？」師曰：「即闍梨會。」

問：「如何是該天括地句？」師曰：「千界❶搖動。」

問：「從上宗乘，以何為驗？」師曰：「從上且置，即今作麼生驗？」曰：「大眾總見。」師曰：「話墮也。」

問：「如何是祖師西來意？」師曰：「擘❷。」

【注　釋】❶千界　大千世界。❸擘　分開；剖開。

【語譯】朗州（今湖南常德）德山德海禪師。有僧人問道：「靈山大會，什麼人能聽到？」德海回答：「闍梨能聽到。」那僧人又問道：「不知道那靈山大會上說了些什麼？」德海回答：「就是闍梨能領會。」

有僧人問道：「什麼是包括天地的句子？」德海禪師回答：「大千世界搖動。」

有僧人問道：「從上玄妙的宗乘，用什麼來驗證？」德海禪師反問：「從上的暫且放置在一邊，現在的怎樣來驗證？」那僧人回答：「大眾總能看見。」德海說道：「你的話失機鋒了。」

有僧人問道：「什麼是祖師西來的意旨？」德海禪師回答：「剖開。」

泉州後招慶和尚

泉州後招慶和尚。問：「末後一句，請師商量。」師曰：「塵中人自老，天際月常明。」

問：「如何是和尚家風？」師曰：「一缾兼一鉢，到處是生涯。」

問：「如何是佛法大意？」師曰：「擾擾忩忩❶，晨雞暮鐘。」

【注釋】❶擾擾忩忩　紛亂匆忙的樣子。

【語譯】泉州（今屬福建）後招慶和尚。有僧人說道：「最後的一句話，請和尚來討論。」後招慶和尚回答：「塵世中人自老，長天邊月常明。」

有僧人問道：「什麼是和尚的家風？」後招慶和尚回答：「一只瓶子加一只鉢，到處都能度生涯。」

有僧人問道：「什麼是佛法大意？」後招慶和尚回答：「紛亂匆忙，早上雞啼，晚上鐘鳴。」

朗州梁山簡禪師

朗州梁山簡禪師。師問新到僧：「什麼處來？」曰：「藥山來。」師曰：「還將得藥來麼？」僧曰：「和尚住山不錯。」

【語譯】朗州（今湖南常德）梁山簡禪師。簡禪師問新來參拜的僧人道：「從什麼地方來的？」那僧人回答：「從藥山來。」簡禪師再問道：「可帶得藥來了嗎？」那僧人說道：「和尚住山也不錯。」

洪州建山澄禪師

洪州高安縣建山澄禪師，開堂日，有僧問：「牧長❶請命，和尚如何舉揚宗教？」師曰：「還聞麼？」僧曰：「恁麼即大眾有賴。」師曰：「還是不聞。」

問：「如何是法王劍？」師曰：「可惜許。」曰：「如何是人王劍？」師曰：「塵埋牀下履，風動架頭巾。」

問：「一代時教接引今時，未審祖宗如何示人？」師曰：「一代時教已有人問了也。」曰：「和尚如何示人？」師曰：「惆悵庭前紅莧樹，年年生葉不生花。」

問：「故歲已去，新歲到來。還有不受歲者無？」師曰：「作麼生？」僧曰：「恁麼即不受歲也。」師曰：「城上已吹新歲角，窗前猶點舊年燈。」僧曰：「如何是舊年燈？」師曰：「臘月三十日。」

【注釋】❶牧長　古人指州郡長官。

【語譯】洪州高安縣（今屬江西）建山澄禪師，開堂之日，有一位僧人問道：「州郡牧長來請命說法，和尚怎樣舉唱弘揚宗乘教義呢？」澄禪師反問：「可聽到了嗎？」那僧人便說道：「這樣則眾生都有依靠了。」澄禪師說道：「還是沒有聽到。」

有僧人問道：「什麼是法王之劍？」澄禪師回答：「可惜了。」那僧人又問道：「什麼是人王之劍？」澄禪師回答：「塵埃埋沒了牀下之鞋，清風吹動了衣架上的布巾。」

有僧人問道：「一代時教接引今日之人，不知道祖宗怎樣來指示學僧？」澄禪師回答：「惆悵庭院前的紅莧樹，年年生長葉子卻不開花。」

有僧人問道：「舊歲已過去，新歲剛到來。可還有不受年歲影響的人嗎？」澄禪師反問：「怎麼樣呢？」那僧人說道：「這樣則不受年歲的影響了。」澄禪師說道：「城頭上已經吹響了新歲的號角，窗戶前還是點著舊年的燈火。」那僧人問道：「什麼是舊年的燈火？」澄禪師回答：「臘月三十日。」

福州康山契穩禪師

福州康山契穩法寶大師，初開堂，有僧問：「威音王已後，次第相承。未審師今一會，法嗣何方？」師曰：「象骨舉手，龍溪點頭。」

問：「圓明湛寂非師旨，學人因底卻不明？」師曰：「辨得未？」僧曰：「恁麼即識性無根去也。」師曰：「隔靴搔癢❶。」

【注釋】❶隔靴搔癢　比喻文不對題或做事不切實。

【語譯】福州（今屬福建）康山契穩禪師，號法寶大師，當初開堂之日，有僧人問道：「威音王以後，諸聖人按次第相承授。不知道和尚今天的法會之後，法嗣在什麼地方？」契穩禪師回答：「象骨山舉手，龍溪點頭。」

有僧人問道：「圓滿明白、清湛寂滅不是和尚的意旨，學生因此卻有不明之處？」契穩禪師問道：「能分辨了嗎？」那僧人便說道：「這樣則識性無根了。」契穩禪師說道：「隔靴搔癢。」

潭州延壽寺慧輪大師

潭州延壽寺慧輪大師。僧問：「寶劍未出匣時如何？」師曰：「不在外。」曰：「出匣後如何？」師曰：「不在內。」

問：「如何是一色？」師曰：「青黃赤白。」曰：「大好一色。」師曰：「將謂無人，也有一箇半箇。」

【語　譯】潭州（今湖南長沙）延壽寺慧輪大師。有僧人問道：「寶劍沒有出劍匣的時候怎麼樣？」慧輪回答：「不在外面。」那僧人又問道：「出劍匣以後又怎麼樣？」慧輪回答：「不在裡面。」

有僧人問道：「什麼是一種顏色？」慧輪大師回答：「青黃赤白。」那僧人說道：「好一個一種顏色。」慧輪便說道：「還以為沒有人物了，卻也有一個半個的。」

泉州西明院琛禪師

泉州西明院琛禪師。僧問：「如何是和尚家風？」師曰：「竹筯瓦椀❶。」僧曰：「忽遇上客來時，如何祗待？」師曰：「黃虀❷倉米飯。」問：「如何是祖師西來意？」師曰：「問取露柱看。」

【注　釋】❶瓦椀　粗陶碗。❷黃虀　醃鹹菜。

【語　譯】泉州（今屬福建）西明院琛禪師。有僧人問道：「什麼是和尚的家風？」琛禪師回答：「竹筷子與瓦碗。」那僧人又問道：「忽然遇到尊貴的賓客來時，怎樣來招待呢？」琛禪師回答：「黃虀與倉米飯。」

有僧人問道：「什麼是祖師西來的意旨？」琛禪師回答：「去問露柱。」

【說　明】保福從展禪師的法嗣還有福州升山柔禪師、福州枕峰和尚、明州法操禪師、襄州鷲嶺和尚、睦州敬連和尚、潭州谷山句禪師等六人，因無機緣語句，故未收錄。

前南嶽金輪可觀禪師法嗣

後南嶽金輪和尚

後南嶽金輪和尚。僧問：「如何是金輪第一句？」師曰：「鈍漢！」問：「如何是金輪一隻箭？」師曰：「過也。」曰：「臨機一箭，誰是當者？」師曰：「倒也！」

【語譯】後南嶽金輪和尚。有僧人問道：「什麼是金輪院的第一句話？」金輪和尚喝道：「愚鈍的人！」有僧人問道：「什麼是金輪院的一支箭？」金輪和尚回答：「過去了。」那僧人又問道：「臨機鋒的一支箭，誰是碰到的人？」金輪和尚喝道：「倒下了！」

前泉州睡龍山道溥禪師法嗣

漳州保福院清豁禪師

漳州保福院清豁禪師，福州永泰人也。少而聰敏，禮鼓山興聖國師落髮稟具。初謁大章山契如庵主，有語句，如〈庵主〉章出焉。後參睡龍。睡龍一日問曰：「豁闍梨見何尊宿來，還悟也未？」曰：「清谿當訪大章，得箇信處。」睡龍於是上堂集大眾，召曰：「請谿闍梨出，對眾燒香說悟處，老僧與汝證明。」師乃拈香曰：「香已拈，悟即不悟。」睡龍大悅而許之。

上堂謂眾曰：「山僧今與諸人作箇和頭❶，和者默然，不和者說。」有頃間，又曰：「和與不和，切在如今。山僧帶❷些子事。珍重！」

僧問：「家貧遭劫時如何？」師曰：「不能盡底去。」曰：「為什麼不盡底去？」師曰：「賊是家親❸。」曰：「既是家親，為什麼翻成家賊？」師曰：「內既無應，外不能為。」曰：「忽然捉敗，功歸何所？」師曰：「賞亦未曾聞。」曰：「恁麼即勞而無功。」師曰：「功即不無，成而不處。」曰：「既是成功，為什麼不處？」師曰：「不見道『太平本是將軍致，不許將軍見太平❹』。」

問：「如何是西來意？」師曰：「胡人泣，漢人悲。」

師將順世捨眾，欲入山待滅。過苧溪石橋，乃遺偈曰：「世人休說路行難，鳥道羊腸❺咫尺間。珍重苧溪溪畔水，汝歸滄海我歸山。」即往貴湖卓庵，未幾謂門人曰：「吾滅後將遺骸施諸蟲蟻，勿置墳塔。」言訖，潛入湖頭山，坐磐石，儼然長往。弟子戒因入山尋見，稟遺命，延留七日，竟無蟲蟻之所侵食，遂就闍維，散於林野。今泉州開元寺淨土院影堂存焉。

【注釋】❶和頭　雙方妥協做某事。❷帶　連帶；還有。❸家親　自家親戚；家人。❹太平本是將軍致二句　謂天下太平本是因將軍的武功所取得，但因功高蓋主，功成後將軍大都遭天子的猜忌乃至殘害。❺羊腸　即羊腸小道。

【語譯】漳州（今屬福建）保福院清豁禪師，福州永泰縣（今屬福建）人。清豁少年就聰穎敏捷，禮拜鼓山興聖國師出家披剃，接受具足戒。清豁起初拜謁大章山契如庵主，契如庵主有機緣語句，參見本書〈契如庵主〉章。此後清豁再參拜睡龍和尚。睡龍和尚有一天問道：「清豁闍梨拜見了什麼地方的尊宿，可領悟了嗎？」清豁回答：「清豁曾經拜訪過大章山契如庵主，得到個信心悟入之處。」睡龍和尚於是上堂召集眾僧，並招呼清豁道：「請清豁闍梨站出來，對眾人燒香訴說悟入之處，老僧給你作個證明。」清豁於是拿著香說道：「香已經拿好了，領悟卻還是沒有領悟。」睡龍和尚十分高興，並稱許了他。

清豁禪師上堂對眾僧說道：「山僧今天與各位作一個和頭，願和的人沉默，不願和的人說話。」停了一會兒，清豁又說道：「願和與不願和的，關鍵在現在。山僧還有一些兒事。各自珍重！」

有僧人問道：「家中貧寒又遭到搶劫的時候怎麼樣？」清豁禪師回答：「不會全部被搶去。」那僧人便問道：「為什麼不會全部被搶去。」清豁回答：「因為強盜是家人。」那僧人又問道：「既然是家人，為什麼反而成為家賊？」清豁回答：「如果裡面沒有接應，外面就無能為力了。」那僧人問道：「忽然抓住強盜時，功勞歸於什麼地方？」清豁回答：「獎賞還是沒有聽到過。」那僧人說道：「這樣說來就勞而無功了。」清豁說道：「功勞也不是沒有，卻是成功了而不居功。」那僧人問道：「既然已成功了，為什麼不居功呢？」清豁回答：「你難道沒聽說過『太平本是將軍定，不許將軍見太平』。」

有僧人問道：「什麼是祖師西來的意旨？」清豁禪師回答：「胡人哭泣，漢人悲哀。」

清豁禪師將要圓寂、捨棄眾人時，想進入深山等待寂滅。當清豁禪師走過苧溪石橋時，留下了偈頌道：

「世人休說路難行，鳥道與羊腸小道只相隔咫尺之間。珍重道別苧溪溪畔水，你歸滄海我歸山。」隨即前往貴湖建造小庵，不久又吩咐門人道：「我寂滅之後，把遺體施捨給蟲蟻，不要建置墳墓靈塔。」說完後，就悄悄地來到湖頭山，端坐在大磐石上，安然逝世。弟子戒因進入山中尋找到清豁禪師的遺體，遵照遺命，讓遺體在那裡放了七天，竟然沒有蟲蟻來侵食，於是就把遺體火化了，將骨灰散在山林野地中。現今泉州開元寺淨土院還留存著清豁禪師的影堂。

前韶州雲門山文偃禪師法嗣上

【題解】文偃禪師住持韶州雲門山光泰禪院，舉揚一家宗風，後世取其所居山名其宗派曰雲門宗。文偃禪師門下的知名弟子甚多，達百餘人。其宗風特為險峻高古，艱深玄奧，故禪林中向有「雲門一曲」、「雲門天子」之稱。

韶州白雲祥和尚

韶州白雲祥和尚❶實性大師，初住慈光院，廣主❷劉氏召入府說法。時有僧問：「覺華才綻，正遇明時❸。不昧宗風，乞師方便。」師曰：「我王有令。」

問：「教意祖意同別？」師曰：「不別。」曰：「恁麼即同也。」師曰：「不妨領話。」

問：「諸佛出世，普徧大千。白雲一會如何？」師曰：「賺卻幾人來？」曰：「恁麼即四眾何依？」師曰：「勿交涉。」

問：「即心即佛，示誨之辭。不涉前言，如何指教？」師曰：「東西且置，南北作麼生？」

問：「如何是和尚家風？」師曰：「石橋那畔有，遮邊無。會麼？」僧曰：「不會。」師曰：「且作丁公吟。」

問：「衣到六祖，為什麼不傳？」師曰：「海晏河清❹。」

問：「如何是和尚接人一路？」師曰：「來朝更獻楚王看。」

問：「從上宗乘，如何舉揚？」師曰：「今日未喫茶。」

師上堂謂眾曰：「諸人會麼？但街頭市尾、屠兒魁膾❺、地獄鑊湯處會取。若恁麼會，堪與人為師為匠。若向衲僧門下，天地懸殊。更有一般底，只向長連牀上作好人去。汝道此兩般人，那箇有長處？無事，珍重！」

師問僧：「什麼處來？」曰：「雲門來。」師曰：「裡許有多少水牛？」曰：「一箇兩箇。」師曰：「好水牛！」

師問僧：「不壞假名而譚實相作麼生？」僧曰：「遮箇是倚子。」師以手撥云：「將鞋袋來。」僧無對。雲門和尚聞之，乃云：「須是他始得。」

師將示滅，白眾曰：「某甲雖提祖印，未盡其中。諸仁者且道其中事作麼生？莫是無邊中間內外已否？如是會解，即大地如鋪沙。去此即他方相見。」言訖告寂。

【注釋】❶祥和尚　《五燈會元》卷一五作「子祥禪師」。❷廣主　宋人對五代南漢國王的稱呼。❸明時　聖明的時代。❹海晏河清　喻指天下太平。❺魁膾　此指廚子。

【語譯】韶州（今廣東韶關）白雲院子祥禪師，號實性大師，起初住持慈光院，廣主劉氏召請子祥來到王府內說法。當時有一位僧人說道：「覺悟之花剛剛綻開，正好遇到了聖明的時代。不違背宗風，乞請和尚方便接引。」子祥說道：「我王有令。」

有僧人問道：「教義與祖師的旨意是相同的還是不同的？」子祥禪師回答：「沒有區別。」那僧人便說道：「這樣說來則是相同的了。」子祥說道：「不妨礙領會話語。」

有僧人問道：「諸佛出世，遍布大千世界。白雲和尚今天一會又怎麼樣？」子祥禪師喝道：「矇騙了多少人？」那僧人又問道：「這樣的話則四眾將依從什麼人？」子祥回答：「沒有關涉。」

有僧人問道：「即心即佛，是指示教誨的詞語。不涉及前述言語，怎樣來指教呢？」子祥禪師回答：「東西就暫且放置在一旁，南北怎麼樣？」

有僧人問道：「什麼是和尚的家風？」子祥禪師回答：「石橋那邊有，這邊沒有。領會了嗎？」那僧人回答：「沒有領會。」子祥便說道：「姑且仿效丁公吟唱。」

有僧人問道：「衣鉢到了六祖，為什麼不再傳授了？」子祥禪師回答：「大海平靜，黃河水清。」

有僧人問道：「什麼是和尚接引後人的一條路？」子祥禪師回答：「來日再把玉璞呈獻給楚王看。」

有僧人問道：「從上玄妙的宗乘，怎樣來舉唱弘揚？」子祥禪師回答：「今天沒有吃茶。」

子祥禪師上堂告訴眾僧道：「各位領會了嗎？只要從街頭巷尾、屠夫廚子、地獄油鍋之處領會。如果能這樣領會，就可以給人作老師。如果到衲僧的門下，就像天地一樣懸殊了。還有一種人，只在長連牀上做好人。你們說這兩種人，哪一種有長處？無事久立，各自珍重！」

子祥禪師問一位僧人道：「從什麼地方來的？」那僧人回答：「從雲門山來。」子祥便問道：「那裡面有多少頭水牛？」那僧人回答：「一頭兩頭。」子祥喝道：「好水牛！」

子祥禪師問一位僧人道：「不損壞假借的名稱而來談論實相時怎麼樣？」那僧人回答：「這個是椅子。」子祥就用手做出撥弄的樣子說道：「把鞋袋拿來。」那僧人不能應對。雲門和尚聽說後，就說道：「必須是他才行。」

子祥禪師將要圓寂前，告訴眾僧道：「我雖然執掌著祖師之印記，但並沒有完成其中的事業。諸位仁者姑且說說看其中的事業怎麼辦？莫非是無邊之中間內外都已經結束了嗎？如果這樣的理解，即大地如鋪著沙子一樣。離開此地即到另外的地方去相見。」說完就圓寂了。

朗州德山緣密禪師

朗州德山第九世緣密圓明大師。師上堂示眾曰：「僧堂前事，時人知有。佛殿後事作麼生？」師又曰：「德山有三句語：一句函蓋乾坤，一句隨波逐浪，一句截斷眾流。」時有僧問：「如何是透法身句？」師曰：「三尺杖子攪黃河。」

問：「百花未發時如何？」師曰：「黃河水渾流。」曰：「發後如何？」師曰：「幡竿頭指天。」

問：「不犯辭鋒時如何？」師曰：「天台、南嶽。」曰：「便恁麼去如何？」師曰：「江西、湖南。」

問：「佛未出世時如何？」師曰：「河裡盡是木頭船。」曰：「出世後如何？」師曰：「遮頭蹋著那頭軒❶。」

問：「己事未明，如何辨得？」師曰：「須彌山頂上。」曰：「直恁麼去如何？」師曰：「腳下水淺深。」

問：「達磨未來時如何？」師曰：「千年松倒掛。」曰：「來後如何？」師曰：「金剛努起拳。」

問：「師未出世時如何？」師曰：「佛殿正南開。」曰：「師出世後如何？」師曰：「白雲山上起。」曰：「出與未出，還分不分？」師曰：「靜處薩婆訶。」

問：「如何是和尚家風？」師曰：「南山起雲，北山下雨。」

問：「如何是應用之機？」師喝，僧曰：「只遮箇，為復別有？」師乃打之。

問：「大用現前，不存軌則時如何？」師曰：「黑地❷打破甕。」僧退步，師乃打。

問：「佛未出世時如何？」師曰：「猢猻繫露柱。」曰：「出世後如何？」師曰：「猢猻入布袋。」

問：「文殊與維摩對談何事？」師曰：「并汝三人，無繩自縛。」

問：「如何是佛？」師曰：「滿目荒榛。」曰：「學人不會。」師曰：「勞而無功。」

問：「盡大地致一問不得時如何？」師曰：「話墮也。」曰：「大眾總見。」師便打。

【注　釋】❶軒　起飛貌；翹起貌。❷黑地　黑暗中。

【語　譯】朗州（今湖南常德）德山第九世住持緣密禪師，號圓明大師。緣密上堂指示眾僧道：「僧堂前面的事，當時人都知道有。佛殿後面的事又怎麼樣？」緣密又說道：「德山有三句話：一句是函蓋乾坤，一句是隨波逐浪，一句是截斷眾流。」當時有僧人問道：「什麼是透過法身的句子？」緣密回答：「用三尺長的棍子攪動黃河。」

有僧人問道：「百花沒有開放時怎麼樣？」緣密禪師回答：「黃河的流水渾濁。」那僧人再問道：「開放以後又怎麼樣？」緣密回答：「旗幡杆頭指蒼天。」

有僧人問道：「不打擾言辭的機鋒時怎麼樣？」緣密禪師回答：「天台山、南嶽衡山。」那僧人便問道：「就這樣離去時怎麼樣？」緣密回答：「江西、湖南。」

有僧人問道：「佛沒有出世的時候怎麼樣？」緣密禪師回答：「河裡都是木頭船。」那僧人又問道：「出世以後又怎麼樣？」緣密回答：「這頭踩著那頭翹起。」

有僧人問道：「自己的事未能明白，怎樣辨別呢？」緣密禪師回答：「在須彌山頂之上。」那僧人又問道：「直接這樣出去時怎麼樣？」緣密回答：「腳下水淺深。」

有僧人問道：「達磨祖師沒有來的時候怎麼樣？」緣密禪師回答：「千年之松枝倒掛。」那僧人又問道：「來到以後又怎麼樣？」緣密回答：「金剛舉起了拳頭。」

有僧人問道：「和尚沒有出世之時怎麼樣？」緣密禪師回答：「佛殿朝正南開。」那僧人又問道：「和尚出世以後又怎麼樣？」緣密回答：「白雲從山上升起。」那僧人便問道：「出世與不出世，可有沒有分別呢？」緣密回答：「寂靜之處薩摩訶。」

有僧人問道：「什麼是和尚的家風？」緣密禪師回答：「南山升起了雲，北山下起了雨。」

有僧人問道：「什麼是應用之機鋒？」緣密禪師大喝，那僧人便問道：「只有這個，還是另外還有？」緣密就打他。

有僧人問道：「大作用出現於眼前，而不存在規則的時候怎麼樣？」緣密禪師回答：「黑暗中打破了甕。」那僧人便退後一步，緣密就打他。

有僧人問道：「佛沒有出世的時候怎麼樣？」緣密禪師回答：「猢猻繫在露柱上。」那僧人又問道：「出世以後又怎麼樣？」緣密回答：「猢猻鑽進了布袋裡。」

有僧人問道：「文殊菩薩與維摩詰居士對面談論什麼事？」緣密禪師回答：「加上你一共是三人，沒有繩索卻捆住了自己。」

有僧人問道：「什麼是佛？」緣密禪師回答：「滿目荒蕪。」那僧人說道：「學生不能領會。」緣密說道：「勞而無功。」

有僧人問道：「窮盡整個大地提一個問題而沒有回答的時候怎麼樣？」緣密禪師回答：「你的話失機鋒了。」那僧人便說道：「大眾都聽見了。」緣密便打他。

【說　明】禪林盛傳、頗能體現雲門宗之門風的「雲門三句」，其基本思想出自雲門文偃禪師，卻由其弟子德山緣密禪師所完成。雲門禪師曾指示學人道：「涵蓋乾坤，目機銖兩，不涉萬象。」緣密禪師進而提出三句話：涵蓋乾坤，隨波逐浪，截斷眾流。對此三句，緣密禪師作有三首偈頌以為解釋。

對「涵蓋乾坤」句，偈頌曰：「乾坤并萬象，地獄及天堂。物物再真現，頭頭總不傷。」意謂天地及萬事萬物，包括天堂地獄，都為真如之顯現。作為萬物本體之真如，其既產生萬物，也通過萬物以表現。故此無限之真如涵蓋著乾坤。

對「截斷眾流」句，偈頌曰：「堆山積嶽來，一一盡塵埃。更擬論玄妙，冰消瓦解摧。」意謂千山萬嶽不過是能給人以汙染的塵埃。只要悟得玄妙之道，一切塵埃都將冰消瓦解，因為其都具空性。故通常的偏假之識，立即會被玄妙之佛道所截斷。

對「隨波逐浪」句，偈頌曰：「辯口利舌問，高低總不虧。還如應病藥，診候在臨時。」意謂只要悟得玄妙之道，就可截斷眾流。但眾人的根器不一，還須講究善巧方便，以攝化學人。辯口利舌提出的問題，總要給出某種解答或暗示，猶如病人來就診，總要對症下藥。藥到病除後，藥也就不再需要了。

從「雲門三句」之關係來看，大致可將「涵蓋乾坤」句歸入對本體的看法，即宇宙萬物的本體是真如；「截斷眾流」句屬於悟境論，即學人悟徹真如之後，即有截斷眾流之能力；「隨波逐浪」句則是談論教化方便之問題。

潭州南臺道遵禪師

潭州水西南臺道遵和尚法雲大師。師上堂謂眾曰：「從上宗乘，合作麼生提綱？合作麼生言論？將佛法兩字當得麼？真如解脫當得麼？雖然如是，細不通風，大通車馬❶。若約❷理化門❸中，一言啟口，振動乾坤、山河大地，海晏河清。三世諸佛，說法現前，若也分明。古佛殿前，同登彼岸。無事，珍重！」

問：「如何是西來意？」師曰：「下坡不走。」

問：「牛頭未見四祖時如何？」師曰：「著衣喫飯。」曰：「見後如何？」師曰：「鉢盂壁上掛。」

問：「如何是真如含一切？」師曰：「分明。」曰：「為什麼有利鈍？」師曰：「四天❹打鼓，樓上擊鐘。」

問：「如何是南臺境？」師云：「金剛手指天。」

問：「如何是色空？」師曰：「道士著真紅❺。」

問：「十二時中，時時不離如何？」師曰：「諦❻。」

【注釋】❶細不通風二句　謂細密之處連風也不能通過，寬大之處可以通行車馬。禪林以此比喻高僧為啟發學僧，不得不採取語言文字，雖然禪宗主張不立文字，教外別傳。❷約　依據；根據。❸理化門　即禪宗。❹四天　此指四更天。❺真紅　此指大紅顏色的服裝。❻諦　真理；仔細地。此處語含兩義。

【語譯】潭州（今湖南長沙）水西南臺院道遵禪師，號法雲大師。道遵禪師上堂對眾僧說道：「從上玄妙的宗乘，應該怎樣來提舉綱領呢？應該怎樣來議論呢？那佛法兩個字能承當得了嗎？真如解脫能承當得了嗎？雖然是這樣的，細密之處連風也不能通過，寬大之處可以通行車馬。如果依據理化門中，一句話出口，就震動了乾坤、山河大地，大海平靜、黃河澄清。三世諸佛，就在眼前說法，這樣的分明。在古佛殿之前，可同登彼岸。無事久立，各自珍重！」

有僧人問道：「什麼是祖師西來的意旨？」道遵禪師回答：「下坡不用走。」

有僧人問道：「牛頭和尚沒有參見四祖大師的時候怎麼樣？」道遵禪師回答：「穿衣吃飯。」那僧人又問道：「參見以後怎麼樣？」道遵回答：「鉢盂掛在牆壁上。」

有僧人問道：「什麼是真如包含著一切？」道遵禪師回答：「分明。」那僧人又問道：「為什麼又有利與鈍的分別呢？」道遵回答：「四更天打鼓，城樓上擊鐘。」

有僧人問道：「什麼是南臺院的境界？」道遵禪師回答：「金剛用手指著天。」

有僧人問道：「什麼是色與空？」道遵禪師回答：「道士穿著大紅衣服。」

有僧人問道：「在一天十二個時辰中，時時刻刻都不離開佛法時怎麼樣？」道遵禪師回答：「諦。」

韶州雙峰山竟欽和尚

韶州雙峰山興福院竟欽和尚慧真廣悟禪師，益州人也。受業於峨眉洞溪山黑水寺，觀方慕道，預雲門法席，密承指喻。乃開山創院，漸成叢林。開堂日，雲門和尚躬臨證明。

僧問：「如何是佛法大意？」師曰：「日出方知天下朗，無油那點佛前燈！」

問：「如何是雙峰境？」師曰：「夜聽水流庵後竹，晝看雲起面前山。」

問：「如何是法王劍？」師曰：「鉛刀❶徒逞，不若龍泉。」曰：「用者如何？」師曰：「藏鋒猶不許，露刃更何堪！」

問：「賓頭盧應供四天下，還得偏也無？」師曰：「如月入水。」

問：「如何是用而不雜？」師曰：「明月堂前垂玉露，水精殿裡糝真珠。」

有行者問：「某甲遇賊來時，若殺即違佛教，不殺又違王敕，未審師意如何？」師曰：「官不容針，私通車馬。」

廣主劉氏嘗親問法要。至太平興國二年三月，戒門人曰：「吾不久去世，汝可就本山頂預修墳塔。」至五月二十三日功畢，師曰：「後日子時行矣。」及期，會雲門爽和尚、溫門舜峰長老等七人夜話。侍者報三更，師索香焚之，合掌而逝。

【注　釋】❶鉛刀　用鉛做的刀，不鋒利，一般用作裁紙或鎮紙。

【語　譯】韶州（今廣東韶關）雙峰山興福院竟欽和尚（九一〇～九七七年），號慧真廣悟禪師，益州（今四川成都）人。竟欽早年在峨眉洞溪山黑水寺受業，然後四處行腳參禪，嚮慕道法，後來參與雲門和尚的法席，秘密領悟了禪法玄旨。此後便開山創建寺院，逐漸成為著名的叢林。竟欽開堂之日，雲門和尚親自前來給予證明。

有僧人問道：「什麼是佛法大意？」竟欽和尚回答：「太陽出山之後才知道天下已明朗，沒有燈油怎能點燃佛像前的燈火！」

有僧人問道：「什麼是雙峰山的境界？」竟欽和尚回答：「夜間靜聽庵堂後面竹林中的流水聲，白天觀看門前山嶺升起了白雲。」

有僧人問道：「什麼是法王之劍？」竟欽和尚回答：「鉛刀徒然逞雄，還是不及龍泉寶劍。」那僧人又問道：「使用的人怎麼樣？」竟欽回答：「藏起刀鋒尚且不允許，露出刀刃又怎麼可以！」

有僧人問道：「賓頭盧響應四方天下的供養，可還能夠周遍嗎？」竟欽和尚回答：「如同月亮映現在水中。」

有僧人問道：「什麼是使用而不駁雜？」竟欽和尚回答：「明月堂前垂著玉露，水晶殿裡珍珠的光彩燦爛。」

有一個行者問道：「我遇到盜賊來時，如果殺死他就違背了佛的教義，不殺死他又違背了王法，不知道和尚的意思怎麼樣？」竟欽和尚回答：「官法細密，不能容許有針尖一樣的空隙，私底下卻能讓車馬通行。」

廣主劉氏曾經親自向竟欽和尚詢問佛法要旨。到了北宋太平興國二年（九七七年）三月，竟欽和尚告誡門人道：「我不久就將告別人世，你們可以在這山頂上預先修建墳塔。」至五月二十三日，靈塔修築完工，竟欽和尚便說道：「後天半夜子時我要走了。」到了那天，竟欽和尚與雲門山爽和尚、溫門舜峰長老等七人一起夜話。侍者前來報告說已到了三更時分，竟欽和尚就要來香點燃後，便合掌圓寂了。

韶州資福和尚

韶州資福和尚。僧問：「不問宗乘，請師心印。」師曰：「不答遮箇話。」曰：「為什麼不答？」師曰：「不副[1]前言。」

問：「覿面難逢處，如何顧險夷❷？乞師垂半偈，免使後人疑。」師曰：「鋒前一句超調御❸，擬問如何歷劫違？」曰：「恁麼即東山西嶺，時人知有。未審資福庭前，誰家風月❹？」師曰：「領取前話。」

【注釋】❶副　符合。❷夷　平坦。❸調御　即調御師、調御丈夫，為佛的十號之一。因佛能調御一切可度引之丈夫，使之修道，故名。❹風月　美景，此指境界。

【語譯】韶州（今廣東韶關）資福和尚。有僧人請道：「不問宗乘玄妙之意，乞請和尚證明心印。」資福和尚說道：「不回答這個話頭。」那僧人問道：「為什麼不回答？」資福和尚回答：「不符合前面的話。」

有僧人問道：「對面難以相逢之處，怎麼來觀察危險與平坦？乞請和尚垂示半首偈句，免得後人生出疑惑。」資福和尚說道：「機鋒之前的一句話，已經超越了調御師，思慮提問又怎麼能夠經歷劫難？」那僧人便說道：「這樣的話則東山西嶺，當時的人都知道有了。不知道資福院的庭前，又是誰家的風月？」資福和尚回答：「暫且領會前面的話。」

廣州黃雲元禪師

廣州新會黃雲元禪師，初開堂，以手拊繩牀云：「諸人還識廣大須彌之座❶也無？若不識，看老僧。」乃升座。

問：「如何是大漢國境？」師曰：「歌謠滿路❷。」

問：「教云：龍披一縷，金翅不吞。和尚三事❸，全披如何？」師曰：「還免得麼？」

師上堂拈古人語云：「觸目未曾無，臨機何不道？」又云：「觸目未曾無，臨機道什麼？」

【注釋】❶須彌之座　也稱須彌壇，謂形如須彌山之臺座，上安置佛像，即佛座。❷歌謠滿路　形容歌舞昇平的景象。❸三事　即三事衣，也稱三事衲，指五條、七條、九條等三種僧衣。

【語譯】廣州新會（今屬廣東）黃雲元禪師，初次上堂之時，用手撫摸了繩牀說道：「諸位可認識廣大的須彌之寶座嗎？如果不認識，那就看老僧的。」於是登上了法座。

有僧人問道：「什麼是大漢國的國境？」元禪師回答：「歌謠滿路。」

有僧人問道：「教義上說：龍披上一縷僧衣，金翅鳥就不會吞食。和尚的三事衣，全部穿上時怎麼樣？」元禪師回答：「可還免得了嗎？」

元禪師上堂舉示古人的話頭道：「觸目未曾沒有，臨機為什麼不說？」接著又說道：「觸目未曾沒有，臨機說什麼呢？」

廣州龍境倫禪師

廣州義寧龍境倫禪師，初開堂，提起拂子曰：「還會麼？若會，即頭上更增頭。若不會，即斷頭取活。」

問：「如何是大漢國境？」師曰：「亂走作麼？」曰：「恰是雨下天晴。」師便打。

問：「如何是龍境水？」師曰：「腥臊❶臭穢。」曰：「飲者如何？」師曰：「七通八達。」

問：「如何是龍境家風？」師曰：「蟲狼虎豹。」

問：「如何是佛？」師曰：「勤耕田。」曰：「學人不會。」師曰：「早收禾。」

師問僧：「什麼處來？」曰：「黃雲來。」師曰：「作麼生是黃雲郎當❷媚癡❸抹𨇤❹為人一句？」僧無對。

師上堂問眾曰：「作麼生是長連牀上取性一句？道將來！」眾無對。

【注釋】❶腥臊　腥氣與臊氣。❷郎當　失意；困頓。❸媚癡　矯揉造作。❹抹𨇤　也作「抹撻」、「抹搭」，怠慢、懶散的意思。

【語譯】廣州義寧縣（今廣東廣寧東）龍境倫禪師，初次開堂時，舉起拂塵說道：「可領會了嗎？如果領會了，就是頭上再增加一個頭。如果沒有領會，就是斬斷了頭求活命。」

有人問道：「什麼是大漢國的國境？」倫禪師喝道：「亂走做什麼？」那人便說道：「正好是雨過天晴。」倫禪師便打他。

有僧人問道：「什麼是龍境之水？」倫禪師回答：「腥、臊、臭、穢。」那僧人又問道：「來飲水的人怎麼樣？」倫禪師回答：「四通八達。」

有僧人問道：「什麼是龍境的家風？」倫禪師回答：「蛇、狼、虎、豹。」

有僧人問道：「什麼是佛？」倫禪師回答：「勤勉地耕田。」那僧人說道：「學生沒有領會。」倫禪師說道：「早些收莊稼。」

倫禪師問一個僧人道：「從什麼地方來的？」那僧人回答：「從黃雲和尚那裡來。」倫禪師問道：「怎樣才是黃雲和尚失意困頓、矯揉造作、怠慢懶散地接引人的一句話？」那僧人不能應答。

倫禪師上堂對眾僧說道：「怎樣才是長連牀上取性的一句話？說上來！」眾僧不能應對。

【說明】佛教認為一切法平等不二，離開思量分別，稱作「如如」，即「真如」。而一經思量分別，平等不二的「如如」即不復存在，陷入「有」、「無」等執見之中。《楞伽經》指出：諸法不屬於「有」，執「有」為「建立」；諸法也不屬於「無」，執「無」為「誹謗」。故龍境倫禪師認為：若肯定佛法，即執著於「有」，為「頭上更增頭」；若不能領會，又屬「斷頭求活」，無有活路。因此佛家認為，只有不用思量分別的意識，如實地量知諸法現前的實相，才能離絕妄想分別，免於在平等不二的「如如」上妄加增損，而悟徹大道。

韶州雲門山爽和尚

韶州雲門山爽和尚。師上堂，僧問：「如何是佛？」師曰：「聖躬萬歲❶。」

問：「如何是透法身句？」師曰：「銀香臺上生蘿蔔。」

【注　釋】❶聖躬萬歲　皆為古人尊稱天子的敬語。

【語　譯】韶州（今廣東韶關）雲門山爽和尚。爽和尚上堂，有僧人問道：「什麼是佛？」爽和尚回答：「聖躬萬歲。」

有僧人問道：「什麼是透過法身的句子？」爽和尚回答：「銀香臺上生長著蘿蔔。」

韶州白雲聞和尚

韶州白雲聞和尚。師上堂良久，僧出曰：「白雲一路，全因今日。」師曰：「不是！不是！」僧曰：「和尚如何？」師曰：「白雲一路，草深一丈。」問：「學人擬申一問，未審師還答也無？」師曰：「皂莢樹頭懸，風吹曲不成。」

問：「受施主供養，將何報答？」師曰：「作牛作馬。」

【語　譯】韶州（今廣東韶關）白雲聞和尚。聞和尚有一次上堂，沉默了許久，有一位僧人站出來說道：「白雲一條路，全靠今日。」聞和尚說道：「不對！不對！」那僧人問道：「和尚又怎麼樣？」聞和尚回答：「白雲一條路，草有一丈深。」

有僧人問道：「學生打算提一個問題，不知道和尚可還回答嗎？」聞和尚回答：「皂莢在樹枝上懸掛著，風吹來卻不成曲調。」

有僧人問道：「接受施主的供養，拿什麼來作為報答？」聞和尚回答：「做牛做馬。」

韶州披雲智寂禪師

韶州披雲智寂禪師。僧問：「如何是披雲境？」師曰：「白日沒閑人。」

問：「以字不成，八字不是，未審是什麼字？」師說偈答曰：「以字不是八不成，森羅萬象此中明。直饒巧說千般妙，不是謳歌不是經。」

【語　譯】韶州（今廣東韶關）披雲智寂禪師。有僧人問道：「什麼是披雲的境界？」智寂回答：「白天沒有閒人。」

有僧人問道：「『以』字沒寫成，『八』字又不是，不知道是什麼字？」智寂禪師就說了一首偈頌作為回答：「『以』字不是『八』字沒寫成，森羅萬象在此當中顯明。即使巧言善辯說得有千般妙處，既不是謳歌也不是經文。」

韶州淨法章和尚

韶州淨法章和尚禪想大師。廣主劉氏問：「如何是禪師？」師乃良久。廣主罔測，因署其號。

僧問：「日月重明時如何？」師曰：「日月雖明，不鑑覆盆之下。」

問：「既是金山，為什麼鑿石？」師曰：「金山鑿石。」

問：「如何是道？」師曰：「去！去！迢迢❶十萬餘。」

【注釋】❶迢迢　十分遙遠。

【語譯】韶州（今廣東韶關）淨法院章和尚，號禪想大師。廣主劉氏問道：「什麼是禪師？」章和尚沉默許久未予回答。廣主迷惘不解，就封贈他為禪想大師之號。

有僧人問道：「日月同時照耀的時候怎麼樣？」章和尚回答：「日月雖然明亮，但不能照到被盆子覆蓋著的地方。」

有僧人問道：「既然叫做金山，為什麼卻被鑿石？」章和尚回答：「金山鑿石。」

有僧人問道：「什麼是道？」章和尚回答：「去！去！迢迢十萬餘里。」

韶州溫門山滿禪師

韶州溫門山滿禪師。僧問：「如何是佛？」師曰：「胸題萬字❶。」曰：「如何是祖？」師曰：「不遊西土❷。」

有人見壁上畫，問：「既是千尺松，為什麼卻在屋下？」師曰：「芥子納須彌作麼生？」

問：「隔牆見角，便知是牛如何？」師便打。

師與一老宿在國門坐，老宿曰：「紫衣師號又得也，更要箇什麼？」師曰：「要國師。」老宿曰：「佛尚不作，豈況國師？」師乃笑曰：「長老。」

僧問：「如何是和尚家風？」師曰：「汝曾讀書麼？」

僧問：「太子❸初生為什麼不識父母？」師曰：「迥然尊貴。」

【注釋】❶萬字 「卍」形圖案，為印度相傳的吉祥標誌，係佛與第十地菩薩胸上的吉祥相。❷西土 指印度。❸太子 此指釋迦牟尼。

【語譯】韶州（今廣東韶關）溫門山滿禪師。有僧人問道：「什麼是佛？」滿禪師回答：「胸口題寫著萬字。」那僧人又問道：「什麼是祖師？」滿禪師回答：「不去遊歷西土。」

有人看見牆壁上畫的古松圖，就問道：「既然是千尺高的古松，為什麼卻在屋簷下？」滿禪師回答：「芥子容納須彌山又怎麼樣？」

有僧人問道：「隔著牆壁看見了角就知道是牛的時候怎麼樣？」滿禪師便打他。

滿禪師和一位老和尚坐在城門上，那老和尚問道：「紫衣、大師之號又都得到了，還要得個什麼？」滿禪師回答：「要個國師的稱號。」那老和尚說道：「佛尚且不做，何況是國師呢？」滿禪師這才笑著叫道：「長老。」

有僧人問道：「什麼是和尚的家風？」滿禪師反問：「你曾經讀過書嗎？」

有僧人問道：「太子剛出生時為什麼不認識自己的父母親？」滿禪師回答：「特別尊貴。」

岳州巴陵顥鑒大師

岳州巴陵新開顥鑒大師，初在雲門，雲門舉雪峰和尚云「開卻門，達磨來也」，問師：「意作麼生？」師曰：「築❶著和尚鼻孔。」雲門曰：「修羅王❷發業，打須彌山一摑，踍跳❸上梵天❹，報❺帝釋，你為什麼卻去日本國裡藏身？」師曰：「莫恁麼心行好！」雲門曰：「汝道築著又作麼生？」

師住後，僧曰：「祖意教意是同是別？」師曰：「雞寒上樹，鴨寒下水。」

僧問：「三乘十二分教即不疑，如何是宗門中事？」師曰：「不是衲僧分上事。」曰：「如何是衲僧分上事？」師曰：「貪觀白浪，失卻手橈❻。」

師將拂子遺人，人問：「本來清淨，用拂子作什麼？」師曰：「既知清淨，莫忘卻。」 梁山別云：「也須拂卻。」

【注　釋】❶築　撞擊；敲擊。❷修羅王　即阿修羅之王，為十界中之第七界，曾與帝釋天發生戰爭的鬼神。❸踍跳　即跳。❹梵天　色界之初禪天。此天離欲界之淫欲，寂靜清淨，故曰梵天。❺報　告訴；對人說。❻手橈　一種較短的船槳。

【語　譯】岳州巴陵（今湖南岳陽）新開院顥鑒大師，當初在雲門山時，雲門和尚舉出雪峰和尚所說的「打開門，達磨祖師就來了」話頭，問道：「他的意思是什麼？」顥鑒回答：「撞著和尚的鼻孔。」雲門和尚便說道：「修羅王發怒了，打了須彌山一巴掌，跳上梵天，對帝釋說道，你為什麼要到日本國去藏身呢？」顥鑒說道：「不要有這樣的心行為好！」雲門和尚問道：「那你說撞著鼻孔又為什麼？」

顥鑒大師成為住持後，有僧人問道：「祖師的意旨與教義，是相同的還是不相同的？」顥鑒回答：「雞感到寒冷就飛上了樹枝，鴨感到寒冷就跳到了水中。」

有僧人問道：「三乘十二分教則沒有疑問，但什麼是宗門中的事呢？」顯鑒大師回答：「不是衲僧分上的事。」那僧人便問道：「什麼是衲僧分上的事？」顯鑒回答：「貪圖觀看滾滾白浪，而丟失了手橈。」

顯鑒大師把拂塵送人，那人說道：「本來就清淨，用拂塵做什麼？」顯鑒說道：「既然知道清淨，就不要忘記了。」梁山和尚別作回答道：「也應該加以拂拭。」

連州地藏院慧慈大師

連州地藏院慧慈明識大師。僧問：「既是地藏院，為什麼塑熾盛光佛❶？」

師曰：「過在什麼處？」

問：「如何是地藏境？」師曰：「無人不遊。」

【注釋】❶熾盛光佛　金輪佛頂尊的別名。佛身的毛孔放熾盛之光明，故名熾盛光如來，因其本體為金輪佛頂，故名熾盛光佛頂如來。

【語譯】連州（今屬廣東）地藏院慧慈明識大師。有僧人問道：「既然是地藏院，為什麼卻塑造熾盛光佛像？」慧慈大師反問：「過錯在什麼地方？」

有僧人問道：「什麼是地藏院的境界？」慧溪大師回答：「無人不遊覽。」

英州大容諲禪師

英州❶大容諲禪師。師上堂，僧問：「天錫六銖❷披掛後，將何報答我皇恩？」

師曰：「來披三事衲，歸掛六銖衣。」

問：「如何是大容水？」師曰：「還我一滴來！」

問：「當來❸彌勒下生時如何？」師曰：「慈氏❹宮中三春草。」

問：「如何是真空？」師曰：「拈卻拒陽。」曰：「如何是妙用？」師乃握拳，僧曰：「真空妙用，相去幾何？」師以手撥之。

問：「長虵偃月❺即不問，疋馬單槍時如何？」師曰：「麻江橋下。會麼？」曰：「不會。」師曰：「聖壽寺前。」

問：「既是大容，為什麼趁出僧？」師曰：「大海不容塵，小谿多搕𢶍❻。上音罨，下音靸。」

問：「如何是古佛一路？」師指地，僧曰：「不問遮箇。」師曰：「去！」

師與一老宿相期去別處，尋卻因事不去，老宿曰：「佛無二言。」師曰：「法無一向。」

【注釋】❶英州　《五燈會元》卷一五作「黃州」。❷六銖　重量很輕的僧衣。銖，古代重量單位，等於一兩的二十四分之一。佛經說諸天人之衣，重自數銖至半銖不等。❸當來　指應來之世，即來世。❹慈氏　即慈氏佛，指彌勒菩薩。❺長虵

偃月　古代戰陣之名。虵，即「蛇」。❻搕𢶍　搕，用手覆蓋。𢶍，邋遢；穢雜。

【語　譯】英州（今廣東英德）大容諲禪師。諲禪師上堂，有僧人問道：「天子賜下六銖僧衣，和尚將怎樣報答我皇的恩德？」諲禪師回答：「來時披上三事衲衣，歸去掛起六銖僧衣。」

有僧人問道：「什麼是大容之水？」諲禪師喝道：「還給我一滴來！」

有僧人問道：「當來彌勒菩薩出世時怎麼樣？」諲禪師回答：「慈氏宮中三春草。」

有僧人問道：「什麼是真空？」諲禪師回答：「拿起而拒絕陽光。」那僧人又問道：「什麼是妙用？」諲禪師就握緊了拳頭，那僧人再問道：「真空與妙用，相距有多遠？」諲禪師就用手撥開他。

有僧人問道：「長蛇偃月陣就不問了，匹馬單槍時又怎麼樣呢？」諲禪師回答：「麻江橋下。領會了嗎？」那僧人回答：「沒有領會。」諲禪師再說道：「聖壽寺前。」

有僧人問道：「既然是大容，為什麼趕出僧人？」諲禪師回答：「大海不容納塵埃，小溪卻多覆蓋著垃圾。」

有僧人問道：「什麼是古佛一條路？」諲禪師指著地面，那僧人說道：「不問這個。」諲禪師喝道：「去！」諲禪師與一位老和尚相約到其他地方去，偶爾因為有事而不能去，那老和尚便說道：「佛無二言。」諲禪師回道：「法無一定。」

廣州羅山崇禪師

廣州羅山崇禪師。僧問：「如何是大漢國境？」師曰：「玉狗吠時天未曉，金雞啼後五更初。」

問：「丹霞訪居士，女子不攜籃時如何？」師曰：「也要到遮裡一轉。」

問：「如何是羅山境？」師曰：「布水千尋❶。」

【注釋】❶尋 古代長八尺為一尋。

【語譯】廣州（今屬廣東）羅山崇禪師。有僧人問道：「什麼是大漢國的國境？」崇禪師回答：「玉狗吠叫時天還未亮，金雞啼鳴後正是五更之初。」

有僧人問道：「丹霞和尚訪問龐居士，而居士的女兒沒有攜帶籃子的時候怎麼樣？」崇禪師回答：「也要到這裡轉一下。」

有僧人問道：「什麼是羅山的境界？」崇禪師回答：「瀑布之水高千尋。」

韶州雲門寶和尚

韶州雲門寶和尚❶。師上堂示眾曰：「至道無難，唯嫌揀擇。還有揀擇麼？珍重！」

【注釋】❶寶和尚 《五燈會元》卷一五作「常實禪師」。

【語譯】韶州（今廣東韶關）雲門山寶和尚。寶和尚上堂指示眾僧道：「至極之道並不難以企及，只是嫌了選擇。可還有選擇的嗎？各自珍重！」

郢州林溪竟脫和尚

郢州林溪竟脫和尚。僧問：「如何是透法身句？」師曰：「明眼人笑汝。」問：「如何是法身？」師曰：「四海五湖賓。」問：「如何是本來人？」師曰：「風吹滿面塵。」問：「牛頭未見四祖時如何？」師曰：「富有多賓客。」曰：「見後如何？」師曰：「貧窮絕往還。」問：「如何是佛？」師曰：「十字路頭。」曰：「如何是法？」師曰：「三家村裡❶。」曰：「佛之與法，是一是二？」師曰：「露柱渡三江，猶懷感恨長。」問：「如何是無縫塔？」師曰：「復州城。」曰：「如何是塔中人？」師曰：「龍興寺。」

【注　釋】❶三家村裡　此指孤陋寡聞的小村莊中人，禪林中以指稱無知之人。

【語　譯】郢州（今湖北鍾祥）林溪竟脫和尚。有僧人問道：「什麼是透過法身的句子？」竟脫回答：「明眼人在笑你。」

有僧人問道：「什麼是法身？」竟脫和尚回答：「四海五湖的賓客。」

有僧人問道：「什麼是本來之人？」竟脫和尚回答：「風吹滿面灰塵。」

有僧人問道：「牛頭和尚未參見四祖大師的時候怎麼樣？」竟脫和尚回答：「家中富裕而有很多賓客。」那僧人又問道：「參見以後怎麼樣？」竟脫和尚回答：「因為貧窮而斷絕了往來。」

有僧人問道：「什麼是佛？」竟脫和尚回答：「十字路口。」那僧人再問道：「什麼是法？」竟脫回答：「三家村裡。」那僧人又問道：「佛與法，是一致的還是不一致的？」竟脫回答：「露柱渡過三條江水，仍懷著感恨悠長。」

有僧人問道：「什麼是無縫之塔？」竟脫和尚回答：「復州（今湖北天門）城。」那僧人又問道：「什麼是塔中之人？」竟脫回答：「龍興寺。」

廣州華嚴慧禪師

廣州華嚴慧禪師。僧問：「承古人有言，妄心無處即菩提。正當妄時，還有菩提也無？」師曰：「來音已照❶。」僧曰：「不會。」師曰：「妄心無處即菩提。」

【注釋】❶照 洞照。

【語譯】廣州（今屬廣東）華嚴院慧禪師。有僧人問道：「承蒙古人有言，妄念之心沒有之處即是菩提。正當起妄念之心的時候，可還有菩提嗎？」慧禪師回答：「剛才的話音已經洞照了。」那僧人說道：「沒有領會。」慧禪師便說道：「妄念之心沒有之處即是菩提。」

韶州舜峰韶和尚

韶州舜峰韶和尚，初問雲門和尚：「寶月❶為什麼於此分輝❷？」雲門曰：「千光同照。」師曰：「謝和尚指示。」雲門曰：「見什麼？」

僧正❸入師方丈，乃曰：「方丈得恁麼黑？」師曰：「老鼠窟。」僧正曰：「放貓兒入好。」師曰：「試放看。」僧正無對，師拊掌笑。

師與老宿渡江次，師取錢與渡子，老宿曰：「囊中若❹有青銅片❺？」師揖曰：「長老莫笑。」

【注釋】❶寶月　此喻禪法。❷分輝　此處意同「分燈」。❸僧正　僧官之一，始置於東晉十六國的後秦之時。❹若　哪；怎麼。❺青銅片　指銅錢。

【語譯】韶州（今廣東韶關）舜峰韶和尚，當初曾問雲門和尚道：「寶月為什麼要在這裡分些光輝？」雲門和尚回答：「千般光輝同一照耀。」韶和尚便說道：「謝謝和尚的指點。」雲門和尚問道：「看見了什麼？」

僧正來到韶和尚的方丈室裡，便問道：「方丈室怎麼這樣的黑？」韶和尚回答：「是老鼠洞。」僧正便說道：「正好放貓兒進去。」韶和尚說道：「就放進去試試看。」僧正無話應答，韶和尚拍手大笑。

韶和尚與一位老和尚一起渡江之時，韶和尚取出渡錢給撐船的渡工，那老和尚便問道：「行囊中怎麼會有青銅片？」韶和尚作揖說道：「長老不要笑話。」

隨州雙泉師寬禪師

隨州雙泉山師寬明教大師。師上堂，舉拂子曰：「遮箇接中下之人。」時有僧問：「上上人來如何？」師曰：「打鼓為三軍。」

問：「向上宗乘，如何舉唱？」師曰：「不敢。」曰：「恁麼即含生有望。」師曰：「腳下水深淺？」

問：「凡有言句，盡落有無。不落有無如何？」師曰：「東[1]弗于代。」曰：「遮箇猶落有無。」師曰：「支過雪山西。」

僧問洞山：「如何是佛？」洞山云：「麻三斤。」師聞之，乃曰：「向南有竹，向北有木。」

師後住智門，僧問：「不可以智知，不可以識識時如何？」師曰：「不入遮箇野狐群隊。」

問：「如何是定？」師曰：「蝦蟇跳不出斗。」曰：「如何出得？」師曰：「南山起雲，北山下雨。」

問：「北斗裡藏身，意旨如何？」師曰：「雞寒上樹，鴨寒下水。」

問：「豎起杖子，意旨如何？」師曰：「一葉落知天下秋❷。」

師後終於智門。

【注釋】❶東　主人。古代主位在東，賓位在西，故以東稱主人。❷一葉落知天下秋　語出《淮南子・說山》：「以小見大，見一葉落而知歲之將暮。」比喻從事物的某些細微跡象，可以預測事物的發展趨向。也作「一葉知秋」、「葉落知秋」。

【語譯】隨州（今屬湖北）雙泉山師寬禪師，號明教大師。師寬禪師上堂，舉起拂塵說道：「這個接引中下根器之人。」當時便有僧人問道：「上上根器之人來時怎麼樣？」師寬回答：「打鼓是為了激勵三軍士氣。」

有僧人問道：「向上宗乘玄妙的旨意，怎樣來舉唱？」師寬禪師回答：「不敢。」那僧人便說道：「這樣則含有生命者都有指望了。」師寬問道：「腳下的水有多少深呢？」

有僧人問道：「凡是有語句，都落入了『有』與『無』兩方面。不落入『有』與『無』時怎麼樣？」師寬禪師回答：「主人不能替代。」那僧人說道：「這個還是落入了『有』、『無』之中。」師寬說道：「支配去了雪山的西面。」

有僧人曾問洞山和尚道：「什麼是佛？」洞山和尚回答：「麻三斤。」師寬禪師聽說後，就說道：「向南有竹，向北有木。」

師寬禪師後來住持智慧門寺，有僧人便問道：「不可以用智慧去知覺，不可以用意識去識別的時候怎麼樣？」師寬回答：「不到那個野狐狸群裡去。」

有僧人問道：「什麼是禪定？」師寬禪師回答：「蝦蟆跳不出斗。」那僧人又問道：「怎樣才能出來？」師寬回答：「南山升起了雲，北山下起了雨。」

有僧人問道：「在北斗裡面藏身，是什麼意思？」師寬禪師回答：「雞感到寒冷就飛上了樹枝，鴨感到寒冷就跳下了水。」

有僧人問道：「豎起了拂塵，是什麼意思？」師寬禪師回答：「一葉落知天下秋。」

師寬禪師後來在智門寺圓寂。

【說　明】雙泉師寬禪師為雲門宗第二代著名弟子，門下常常聚有數百人眾，而以師戒、子榮、居信、志諲等人為高足。得人之盛，稱譽當時。

英州觀音和尚

英州觀音和尚，因穿井，僧問：「井深多少？」師曰：「沒汝鼻孔。」

問：「牛頭未見四祖時如何？」師曰：「英州觀音。」曰：「見後如何？」師曰：「英州觀音。」

問：「如何是觀音妙智❶力？」師曰：「風射破窗。」

【注　釋】❶妙智　謂佛智之不可思議。

【語　譯】英州（今廣東英德）觀音和尚，在挖水井的時候，有僧人問道：「井有多少深？」觀音和尚回答：「正好淹沒了你的鼻孔。」

有僧人問道：「牛頭和尚沒有參見四祖大師的時候怎麼樣？」觀音和尚回答：「英州觀音。」那僧人又問道：「參見以後怎麼樣？」觀音和尚回答：「英州觀音。」

有僧人問道：「什麼是觀音菩薩的妙智力？」觀音和尚回答：「風吹打著破窗。」

韶州林泉和尚

韶州林泉和尚。僧問：「如何是林泉主？」師曰：「巖下白石。」曰：「如何是林泉家風？」師曰：「迎賓待客。」問：「如何是道？」師曰：「迢迢。」曰：「學人便領會時如何？」師曰：「久久忘緣者，寧懷去住情？」

【語譯】韶州（今廣東韶關）林泉和尚。有僧人問道：「什麼是林泉的主人？」林泉和尚回答：「山崖下的白石頭。」那僧人又問道：「什麼是林泉的家風？」林泉和尚回答：「迎接來賓，招待客人。」

有僧人問道：「什麼是道？」林泉和尚回答：「千里迢迢。」那僧人再問道：「學生就這樣領會的時候怎麼樣？」林泉和尚回答：「很久以來就忘了緣的人，難道會懷著離去、居住之情？」

韶州雲門煦和尚

韶州雲門煦和尚。僧問：「如何是祖師西來意？」師曰：「今是什麼意？」僧曰：「恰是。」師乃喝去。

【語譯】韶州（今廣東韶關）雲門山煦和尚。有僧人問道：「什麼是祖師西來的意旨？」煦和尚反問：「今天是什麼意旨？」那僧人回答：「恰好是。」煦和尚就把他喝出。

益州香林院澄遠禪師

益州青城❶香林院❷澄遠禪師，初住西川導江縣迎祥寺天王院。時謂水精宮。

僧問：「美味醍醐為什麼變成毒藥？」師曰：「導江紙。」

問：「見色便見心時如何？」師曰：「適來什麼處去來？」曰：「心境俱亡時如何？」師曰：「開眼坐睡。」

師後住青城香林。僧問：「北斗裡藏身意如何？」師曰：「月似彎弓，少雨多風。」

問：「如何是諸佛心？」師曰：「清即始終清。」曰：「如何領會？」師曰：「莫受人謾好！」

問：「如何是祖師西來意？」師曰：「蹋步者誰？」

問：「如何是和尚妙藥？」師曰：「不離眾味。」曰：「喫者如何？」師曰：「咂啗❸看。」

問：「如何是室內一燈？」師曰：「三人證龜成鼈。」

問：「如何是衲衣下事？」師曰：「臘月火燒山。」

問：「大眾雲集，請師施設。」師曰：「三不待兩。」

問：「如何是學人時中事？」師曰：「恰恰。」

問：「如何是玄？」師曰：「今日來，明日去。」曰：「如何是玄中玄？」師曰：「長連牀上。」

問：「如何是香林一脈泉？」師曰：「念無間斷。」曰：「飲者如何？」師曰：「隨方❹斗秤。」

問：「如何是衲僧正眼？」師曰：「不分別。」曰：「照用事如何？」師曰：「行路人失腳❺。」

問：「萬機俱泯迹，方識本來人時如何？」師曰：「清機自顯。」曰：「恁麼即不別人。」師曰：「方見本來人。」

問：「魚游陸地時如何？」師曰：「發言必有後救。」僧曰：「卻下碧潭時如何？」師曰：「頭重尾輕。」

問：「但有言句盡是賓。如何是主？」師曰：「長安城裡。」曰：「如何領會？」師曰：「千家萬戶。」

【注釋】❶青城　山名，在四川都江堰市西南。群峰環繞，狀如城郭，故名青城。為道教第五洞天，歷代著名道士如張道陵、范長生等皆棲息於此。❷香林院　北朝周時故寺，唐代重修，改名香林院，入北宋後又易名作香林寺。❸咂咱　品味；體會。❹隨方　到處；各地。❺失腳　走路時不小心跌倒了。

【語譯】益州（今四川成都）青城山香林院澄遠禪師（九〇八～九八七年），起初住持西川導江縣（今四川都江堰）迎祥寺天王院。當時人稱之為水精宮。

有僧人問道：「美味的醍醐為什麼會變成了毒藥？」澄遠禪師回答：「如導江製作的紙張。」

有僧人問道：「見色便見心的時候怎麼樣？」澄遠禪師反問：「剛才你到什麼地方去了？」那僧人又問道：「心與境象都沒有的時候怎麼樣？」澄遠回答：「睜開眼睛坐著睡覺。」

澄遠禪師後來住持青城山香林院。有僧人問道：「在北斗裡面藏身，是什麼意思？」澄遠回答：「月亮像一張彎弓時，就少雨多風。」

有僧人問道：「什麼是諸佛之心？」澄遠禪師回答：「清澈就始終清澈。」那僧人又問道：「怎樣來領會呢？」澄遠回答：「不要被別人矇騙為好！」

有僧人問道：「什麼是祖師西來的意旨？」澄遠禪師反問：「那踏步的是誰？」

有僧人問道：「什麼是和尚醫治世人的神妙之藥？」澄遠禪師回答：「沒有離開各種味道。」那僧人又問道：「吃的人怎麼樣呢？」澄遠說道：「品味一下看看。」

有僧人問道：「什麼是室內的一盞燈？」澄遠禪師回答：「因為有三個人作證，烏龜就被變成了老鱉。」

有僧人問道：「什麼是衲衣下之事？」澄遠禪師回答：「臘月季節用火燒山。」

有僧人說道：「大眾已雲集，請和尚設法接引。」澄遠禪師回答：「三個不等待兩個。」

有僧人問道：「什麼是學生現下之事？」澄遠禪師回答：「恰恰正好。」

有僧人問道：「什麼是玄？」澄遠禪師回答：「今天來，明天去。」那僧人又問道：「什麼是玄中之玄？」澄遠回答：「在長連牀上。」

有僧人問道：「什麼是香林院一脈不絕的泉水？」澄遠禪師回答：「念念沒有間斷。」那僧人又問道：「飲水的人怎麼樣？」澄遠回答：「到處都用斗來秤量。」

有僧人問道：「什麼是衲僧的正法眼？」澄遠禪師回答：「沒有區別。」那僧人又問道：「映照使用之事怎麼樣呢？」澄遠回答：「行路之人失腳了。」

有僧人問道：「萬機全都消失了，方才認識本來之人的時候怎麼樣？」澄遠禪師回答：「清淨的機鋒自然會顯現。」那僧人便說道：「這樣則與人沒有區別了。」澄遠說道：「這才見到了本來之人。」

有僧人問道：「魚兒游上了陸地的時候怎麼樣？」澄遠禪師回答：「說話一定要有後語來補救。」那僧人又問道：「回到碧水潭中時又怎麼樣？」澄遠回答：「頭重尾輕。」

有僧人問道：「只要有言語就都是客人。那什麼是主人？」澄遠禪師回答：「長安城裡。」那僧人又問道：「怎樣來領會呢？」澄遠回答：「千家萬戶。」

卷二三

青原行思禪師下七世下

前韶州雲門山文偃禪師法嗣下

南嶽般若寺啟柔禪師

南嶽般若寺啟柔禪師。僧問：「西天以蠟人為驗，此土如何？」師曰：「新羅人草鞋。」

問：「如何是千聖同歸底道理？」師曰：「未達苦空❶境，無人不歎嗟。」

師上堂，聞三下板❷聲，大眾始集。師因示一偈曰：「妙哉三下板，諸德盡來參。既善分時節，今吾不再三。」

師次住荊南延壽，後住京兆廣教院示滅。

【注釋】❶苦空　有漏果報四相之一。有漏之果報，為三苦八苦之性，故曰苦；無男女、同異等諸實相，故曰空。❷板　指雲板，鑄成雲形的板狀物，故以名，擊打之以報時辰。

【語譯】南嶽衡山般若寺啟柔禪師。有僧人問道：「西天以蠟人為徵驗，此東土怎麼樣呢？」啟柔回答：「新羅人的草鞋。」

有僧人問道：「什麼是千萬個聖人共同歸依的道理？」啟柔禪師回答：「沒有抵達苦空之境界，沒有人不嗟歎。」

啟柔禪師上堂時，眾僧聽到三下雲板之聲，才雲聚在法堂。啟柔因此說了一首偈頌指示道：「真妙啊那三聲雲板，諸位大德都前來參拜。既然善於識別時間，今天我就不再三講說了。」

啟柔禪師接下來住持荊南府（今湖北荊州）延壽院，此後又住持京兆（今陝西西安）廣教院，並在那裡圓寂。

筠州黃蘗山法濟禪師

筠州黃蘗山法濟禪師。僧問：「如何是和尚家風？」師曰：「與天下人作榜樣。」

師上堂示眾曰：「空生大覺中，如海一漚發，各各當人❶。無事。」又上堂，良久曰：「若識得黃蘗帳子，平生行腳事畢。珍重！」

【注釋】❶當人　本人。

【語　譯】筠州（今江西高安）黃蘗山法濟禪師。有僧人問道：「什麼是和尚的家風？」法濟回答：「給天下人做個榜樣。」

法濟禪師有一次上堂指示眾僧道：「空生於大覺悟之中，就如同一個水泡在大海中產生，各自本人承當。無事久立。」法濟又一次上堂時，沉默了許久才說道：「如果能夠認識黃蘗和尚的帳子，平生雲遊行腳的事就算完結了。各自珍重！」

襄州洞山守初大師

襄州洞山守初宗慧大師，初參雲門，雲門問：「近離什麼處？」師曰：「楂度❶。」雲門曰：「夏在什麼處？」師曰：「湖南。」曰：「什麼時離湖南？」師曰：「去秋。」曰：「放❷汝三十棒。」師曰：「過在什麼處？」曰：「江西、湖南便恁麼？」師於言下頓省。

師住後，僧問：「迢迢一路時如何？」師曰：「天晴不肯去，直待雨淋頭。」曰：「諸聖作麼生？」師曰：「入泥入水❸。」

問：「心未生時，法在什麼處？」師曰：「風吹荷葉動，決定❹有魚行。」

問：「師登師子座❺，請師唱道情❻。」師曰：「晴乾開水道，無事設曹司❼。」曰：「恁麼即謝師指示。」師曰：「賣鞋老婆腳趔趄❽。上郎擊切，下七迹切。」

問：「如何是三寶？」師曰：「商量不下。」
問：「如何是無縫塔？」師曰：「十字街頭石師子。」
問：「如何是免得生死底法？」師曰：「見之不取，思之三年。」
問：「離卻心機意識，請師一句。」師曰：「道士著黃瓮裡坐。」
問：「非時親覲，請師一句。」師曰：「到處怎生舉？」曰：「據現定舉。」師曰：「放汝三十棒。」曰：「過在什麼處？」師曰：「罪不重科❾。」
問：「蓮華未出水時如何？」師曰：「楚山頭倒卓❿。」曰：「出水後如何？」師曰：「漢水正東流。」
問：「如何是吹毛劍？」師曰：「金州客。」
尼問：「車住牛不住時如何？」師曰：「用駕車漢作麼？」
問：「如何是衲僧分上事？」師曰：「雲裡楚山頭，決定多風雨。」
問：「海竭人亡時如何？」師曰：「難得。」曰：「便恁麼去時如何？」師曰：「雲在青天水在缾。」
問：「有無雙泯，權實⓫兩忘，究竟如何？」師曰：「楚山頭倒卓。」曰：「還許學人領會也無？」師曰：「也有方便。」曰：「請師方便。」師曰：「千里萬里。」

問：「牛頭未見四祖時如何？」師曰：「楖栗木拄杖。」曰：「見後如何？」師曰：「竇⑫入布衫。」

問：「如何是佛？」師曰：「灼然諦當。」

問：「萬緣俱息，意旨如何？」師曰：「甕裡石人賣棗團⑬。」

問：「如何是洞山劍？」師曰：「作麼？」僧曰：「學人要知。」師曰：「罪過。」

問：「乾坤休著意⑭，宇宙不留心。學人只恁麼，師又作麼生？」師曰：「峴山⑮亭起霧，灘峻不留船。」

問：「大眾雲臻，請師撮其樞要，略舉大綱。」師曰：「水上浮漚呈五色，海底蝦蟇叫月明。」問：「正當恁麼時，文殊、普賢在什麼處？」師曰：「長者八十一，其樹不生耳⑯。」曰：「意旨如何？」師曰：「一則不成，二則不是。」

【注釋】❶楂度　地名。❷放　免除；蠲免。❸入泥入水　謂糾纏不清，拖泥帶水。❹決定　肯定；一定。❺師子座　即「獅子座」。《智度論》稱佛為人中獅子，凡所坐者如牀如地，皆稱作獅子座。❻道情　一種說唱曲藝。淵源於唐代的〈九真〉、〈承天〉等道曲，以道教故事為題材，宣揚出世思想。此借指禪師舉唱佛法。❼曹司　官府機構。❽趯趚　行動敏捷。❾科攤派；徵發。此為懲罰、處罰之意。❿頭倒卓　頭顛倒朝下。⓫權實　適合於一時之法名為權，究竟不變之法名為實。《止觀》曰：「權謂權謀，暫用還廢。實謂實錄，究竟旨歸。」⓬竇　孔穴，引申為穿通。《國語・周語》：「不防川，不竇澤。」⓭東團　一種以東泥做餡子的糕點。⓮著意　同「着意」。有意、有情之意。唐人〈遊仙窟〉詩：「好是他家好，人非着意人。」⓯峴山　在湖北襄陽南九里，一名峴首山，東晉羊祜鎮守襄陽時，好登峴山觴詠風景。及羊祜死，後人立碑於故處，望者悲感，謂之「墮淚碑」。⓰長者八十一二句　此為禪宗西土第十五祖迦那提婆尊者接引梵摩淨德長者的偈頌中之二句。耳，指木耳。參見本書卷二〈第十五祖迦那提婆尊者〉章。

【語　譯】襄州（今湖北襄樊）洞山守初禪師（九一〇～九九〇年），號宗慧大師，起初參見雲門和尚時，雲門和尚問道：「近來離開了什麼地方？」守初回答：「楂度。」雲門和尚問道：「夏天在什麼地方？」守初回答：「湖南。」雲門和尚再問道：「什麼時候離開了湖南？」守初回答：「去年秋天。」雲門和尚喝道：「免除你三十棒。」守初問道：「過錯在什麼地方？」雲門和尚說道：「江西、湖南就這樣嗎？」守初於言語之下頓時省悟。

守初禪師住持後，有僧人曾問道：「迢迢一條長路而去時怎麼樣？」守初回答：「天晴不肯離去，直等待雨水淋到了頭上。」那僧人又問道：「諸位聖人又怎麼樣呢？」守初回答：「拖泥帶水。」

有人問道：「心沒有生的時候，法在什麼地方？」守初禪師回答：「風吹荷葉動搖，肯定有魚兒在游動。」

有僧人說道：「和尚登上了獅子座，請和尚唱道情。」守初禪師回答：「乾燥的晴天開挖排水道，沒有事務時增設官府機構。」那僧人便說道：「這樣則感謝和尚的指示。」守初說道：「賣鞋子的老婆婆腳下敏捷。」

有僧人問道：「什麼是三寶？」守初禪師回答：「討論也不能確定。」

有僧人問道：「什麼是無縫塔？」守初禪師回答：「十字街頭的石獅子。」

有僧人問道：「什麼才是能夠免除生死的法？」守初禪師回答：「看見的時候沒有獲取，此後想了三年。」

有僧人請道：「除去心機意識，請和尚說一句話。」守初禪師回答：「道士穿著黃衣服坐在大甕裡。」

有僧人請道：「不在規定的時間內親自來拜謁，就請和尚說一句話。」守初禪師問道：「到處都是，怎麼舉說？」那僧人便說道：「就依據現在的情況來舉說。」守初喝道：「免除你三十棒。」那僧人問道：「過錯在什麼地方？」守初回答：「罪不重罰。」

有僧人問道：「蓮花沒有出水的時候怎麼樣？」守初禪師回答：「楚山頭顛倒朝下。」那僧人又問道：「出水以後怎麼樣？」守初回答：「漢水正東流。」

有僧人問道：「什麼是吹毛立斷的寶劍？」守初禪師回答：「金州（今陝西安康）客。」

有一位女尼問道：「車停下可牛不停下的時候怎麼樣？」守初禪師反問：「那用駕車的人做什麼？」

有僧人問道：「什麼是衲僧分上的事？」守初禪師回答：「濃雲遮住楚山頭，肯定多風雨。」

有僧人問道：「大海枯竭人死亡的時候怎麼樣？」守初禪師回答：「難得。」那僧人又問道：「就這樣離去時怎麼樣？」守初回答：「雲在青天水在瓶。」

有僧人問道：「有和無都消失了，權與實也都忘記了，究竟之事怎麼樣？」守初禪師回答：「楚山頭顛倒朝下。」那僧人又問道：「可還允許學生領會嗎？」守初回答：「也還有方便法門。」那僧人便請道：「那就請和尚方便接引。」守初說道：「千里萬里。」

有僧人問道：「牛頭和尚沒有參見四祖大師的時候怎麼樣？」守初禪師回答：「榔栗木拄杖。」那僧人又問道：「參見以後怎麼樣？」守初回答：「鑽入布衫裡。」

有人問道：「什麼是佛？」守初禪師回答：「確實恰當。」

有僧人問道：「萬緣全都消失，是什麼意思？」守初禪師回答：「甕裡的石頭人在賣棗團。」

有僧人問道：「什麼是洞山之劍？」守初禪師反問：「做什麼？」那僧人回答：「學生想要知道。」守初便說道：「罪過。」

有僧人問道：「乾坤不要有意，宇宙也不留心。學生就這樣了，和尚怎麼樣？」守初禪師回答：「峴山亭頭升起了霧，灘頭險急留不住船。」

有僧人請道：「大眾已經雲集，請和尚總結佛法要旨，略微舉唱大綱。」守初禪師說道：「水面上浮動著的水泡呈現出五顏六色，海底蝦蟆啼叫月光明亮。」又有一個僧人問道：「正當這樣的時候，文殊、普賢兩位菩薩在什麼地方呢？」守初回答：「長者至八十一歲時，此樹便再不生長木耳。」那僧人便問道：「是什麼意思？」守初回答：「一則不成，二則不是。」

【說　明】洞山守初禪師，為五代末宋初鳳翔府（今屬陝西）人，俗姓傅。其十六歲出家，事渭州（今甘肅平涼）崆峒山志諗禪師為師，成年之後，南遊雲門山參拜文偃禪師，默悟禪旨。後至襄陽，眾人請住持洞山，學侶臻集，聲譽頓起。北宋太平興國六年（九八一年），詔賜紫衣師號。於淳化元年（九九〇年）圓寂，享年八十一歲。有語錄行於世。

信州康國耀和尚

信州康國耀和尚。僧問：「文殊與維摩對譚何事？」師曰：「汝向髑髏後會始得。」曰：「古人道，髑髏裡薦取又如何？」師曰：「汝還薦得麼？」曰：「恁麼即遠人得遇於師去也。」師曰：「莫謾語好！」

【語　譯】信州（今江西上饒）康國耀和尚。有僧人問道：「文殊菩薩與維摩詰居士對面談論什麼事？」耀和尚回答：「你到髑髏後面去領會才行。」那僧人又問道：「古人說，到髑髏裡面去領會，那又怎麼樣呢？」耀和尚反問：「你可還能領會嗎？」那僧人便說道：「這樣說來則遠方的人都能遇到和尚了。」耀和尚喝道：「不要亂說為好！」

潭州谷山豐禪師

潭州谷山❶豐禪師。亦住興元府普通院。僧問：「師唱誰家曲，宗風嗣阿誰？」師曰：「雪嶺梅華綻，雲洞老僧驚。」

師上堂示眾曰：「俊馬機前異，遊人肘後❷懸❸。既參雲外客❹，試為老僧看。」才有僧出，師便打云：「何不早出頭來？」

【注釋】❶谷山　在湖南長沙市西七十里，產青紋花石，可為硯。❷肘後　意同「身後」。❸懸　懸殊。❹雲外客　此指隱居於遠隔人世的深山絕頂之處修行的禪師。

【語譯】潭州（今湖南長沙）谷山豐禪師。也曾住持過興元府（今陝西漢中）普通院。有僧人問道：「和尚舉唱誰家的曲調，宗風又承繼誰人呢？」豐禪師回答：「雪嶺上梅花綻開，隱居於白雲深處巖洞之中的老僧十分驚訝。」

豐禪師上堂，告訴眾僧道：「機鋒在駿馬飛馳來到面前時已有不同，在遊人轉身之間已相差遼遠。既然參拜過雲外禪客，就試著舉說給老僧聽聽。」當時有一位僧人剛站出來，豐禪師就打他道：「為什麼不早點出頭來？」

潁州羅漢匡果禪師

潁州羅漢匡果禪師。僧問：「如何是吹毛劍？」師曰：「了。」

問：「和尚百年後，忽有人問和尚向什麼處去，如何酬對？」師曰：「久後遇作家，分明舉似。」曰：「誰是知音者？」師曰：「知音者即不恁麼問。」

問：「如何是羅漢境？」師曰：「松檜古貌。」

問：「鑿壁偷光❶時如何？」師曰：「錯。」曰：「爭奈苦志❷專心？」師曰：「錯！錯！」

【注釋】❶鑿壁偷光　《西京雜記》載：西漢人匡衡家貧，白天勞作，夜間讀書而無錢買蠟燭，便鑿穿自家牆壁，引鄰家燈光以讀書。❷苦志　刻苦磨鍊意志。

【語譯】潁州（今安徽阜陽）羅漢院匡果禪師。有僧人問道：「什麼是吹毛立斷的寶劍？」匡果回答：「了結。」

有僧人問道：「和尚百年後，忽然有人問起和尚到什麼地方去了，怎樣來應答？」匡果禪師回答：「很久以後遇到行家，就分明舉說給他聽。」那僧人又問道：「誰是知音的人？」匡果回答：「知音的人就不這樣提問。」

有僧人問道：「什麼是羅漢院的境界？」匡果禪師回答：「松樹、檜樹都是很古老的樣子。」

有僧人問道：「鑿壁偷光的時候怎麼樣？」匡果禪師回答：「錯。」那僧人又問道：「怎奈刻苦磨鍊意志以專心攻讀呢？」匡果便喝道：「錯！錯！」

朗州滄溪璘和尚

朗州滄溪璘和尚。僧問：「如何是滄溪境？」師曰：「面前水正東流。」問：「如何是滄溪家風？」師曰：「入東便見。」

問：「是法住法位❶，世間相常住。雲門和尚向什麼處去也？」師曰：「見麼？」曰：「錯！」師曰：「錯！錯！」

問：「如何是西來意？」師曰：「不錯。」

師因事有頌曰：「天地指前徑，時人莫彊移。箇中生解會，眉上更安眉❷。」

【注釋】❶法位　真如的別名。真如為諸法安住之位，故名。又引申為僧位亦稱法位。❷眉上更安眉　意同「頭上安頭」。

【語譯】朗州（今湖南常德）滄溪璘和尚。有僧人問道：「什麼是滄溪的境界？」璘和尚回答：「面前的溪水正向東流。」那僧人又問道：「什麼是滄溪的家風？」璘和尚回答：「進入東邊就看見了。」

有僧人問道：「是法就居住在法位，而在世間相常住。雲門和尚又到什麼地方去了？」璘和尚反問：「看見了嗎？」那僧人喝道：「錯！」璘和尚也喝道：「錯！錯！」

有僧人問道：「什麼是祖師西來的意旨？」璘和尚回答：「不錯。」

璘和尚因為有事而作偈頌道：「天地指示前面的道路，當時之人不能硬作移動。在其中產生了理解領會，就是眉毛上再安上眉毛。」

筠州洞山清稟禪師

筠州洞山普利院❶第八世住清稟禪師，泉州仙遊人也，姓李氏。幼禮中峰院鴻謐為師，年十六，福州太平寺受戒。初詣南嶽，參惟勁頭陀，未染指❷。及抵韶陽，禮祖塔，迴造雲門。雲門問曰：「今日離什麼處？」曰：「慧林。」雲門舉拄杖曰：「慧林大師恁麼去，汝見麼？」曰：「深領此問。」雲門顧左右微笑而已。師自此入室印悟。乃之金陵，國主李氏請居光睦，未幾復命入澄心堂❸，集諸方語要，經十稔迎住洞山。

開堂日，維那白槌❹曰：「法筵龍象❺眾，當觀第一義。」師曰：「也好消息，只恐汝錯會。」

僧問：「雲門一曲師親唱，今日新豐事若何？」師曰：「也要道卻。」

【注釋】❶洞山普利院　洞山位於江西宜豐縣東北五十里，山多巖洞，富有鐘乳石奇幻之美，故名。唐代咸通年間，良价禪師由新豐山遷此，大弘祖道，立院。後賜名普利院。北宋太平興國年間，改稱普利寺，俗稱洞山寺。❷染指　此指領悟禪道。❸澄心堂　南唐國王的讀書之處，在南唐王宮內。❹白槌　又作「白椎」，據《祖庭事苑》載：白槌為世尊所定律儀，即欲辨佛事，必先稟白，作為使眾人肅靜之法。禪門中白槌，必命知法尊宿以當其任，住持、長老才登座，便稟白道：「法筵龍象眾，當觀第一義。」住持、長老說法終，又稟白道：「諦觀法王法，法王法如是。」❺龍象　此為僧之敬稱。

【語　譯】筠州（今江西高安）洞山普利院第八世住持清稟禪師（？～九七六年），泉州仙遊（今屬福建）人，俗姓李。清稟幼年禮拜中峰院鴻諡法師為師，十六歲時，到福州（今屬福建）太平寺接受具足戒。清稟起初行腳至南嶽衡山，參拜惟勁頭陀，但沒有領悟禪道。等到他抵達韶陽（今廣東韶關），禮拜六祖大師的靈塔後，回頭參拜雲門和尚。雲門和尚問道：「今天離開了什麼地方？」清稟回答：「慧林寺。」雲門和尚舉起拄杖問道：「慧林六祖大師這樣離開，你看見了嗎？」清稟回答：「深深地領會了這個問題。」雲門和尚便回顧左右微笑而已。清稟從此成為雲門和尚的入室弟子，並印證了心法。此後清稟來到了金陵（今江蘇南京），江南國主李氏請他居住於光睦院，不久又命他進入澄心堂居住，編集諸方語錄要旨，經過十年後，被迎請住持洞山。

開堂之日，維那白槌說道：「法筵龍象眾，當觀第一義。」清稟禪師說道：「也算是一個好消息，只擔心你領會錯了。」

有僧人問道：「雲門和尚的一曲法音由和尚親自舉唱，那新豐山的事又怎麼樣呢？」清稟禪師回答：「也要說出來。」

蘄州北禪寂和尚

蘄州北禪寂和尚悟通大師。師問僧：「什麼處來？」曰：「黃州來。」師曰：「在什麼院？」曰：「資福。」師曰：「福將何資？」曰：「兩重公案。」師曰：「爭奈在北禪手裡何？」曰：「在手裡即收取。」師便打。

【語　譯】蘄州（今湖北蘄春）北禪院寂和尚，號悟通大師。寂和尚曾問一個僧人道：「從什麼地方來的？」

那僧人回答：「從黃州（今湖北黃岡）來。」寂和尚再問道：「住在什麼寺院中？」那僧人回答：「資福院。」寂和尚問道：「福又有什麼可以資助的？」那僧人回答：「兩重公案。」寂和尚便說道：「怎奈在北禪和尚的手中呢？」那僧人回答：「在手中就收取。」寂和尚便打他。

洪州溈潭道謙禪師

洪州溈潭道謙禪師。僧問：「如何是溈潭家風？」師曰：「闍梨到來幾日？」問：「但有纖毫即是塵，不有時作麼生？」師以手掩兩目。問：「當陽舉唱，誰是聞者？」師曰：「老僧不患耳聾。」

【語譯】洪州（今江西南昌）溈潭道謙禪師。有僧人問道：「什麼是溈潭的家風？」道謙回答：「闍梨到這裡有幾天啦？」有僧人問道：「只要有一絲一毫就是塵埃，絲毫也沒有時怎麼樣呢？」道謙禪師就用手遮住了雙眼。有僧人問道：「當陽舉唱，誰是聽見的人？」道謙禪師說道：「老僧沒有患耳聾的毛病。」

廬州南天王永平禪師

廬州南天王永平禪師。僧問：「如何是西來意？」師曰：「不撒沙。」問：「如何是南天王境？」師曰：「一任觀看。」曰：「如何是境中人？」

師曰：「且領前話。」

問：「久戰沙場，為什麼功名不就？」師曰：「只為眠霜臥雪深。」曰：「恁麼即罷息干戈，束手歸朝去也。」師曰：「指揮使❶未到，你作。」

【注釋】❶指揮使　五代後唐建立左右羽林軍，置四十指揮，每十指揮立為一軍。宋代沿用其制。每指揮一般為五百人左右，以指揮使為其長官。

【語譯】廬州（今安徽合肥）南天王院永平禪師。有僧人問道：「什麼是祖師西來的意旨？」永平回答：「不撒沙子。」

有僧人問道：「什麼是南天王院的境界？」永平禪師回答：「任憑人觀看。」那僧人又問道：「什麼是境界中的人？」永平回答：「姑且領會前面的話。」

有僧人問道：「長時間地征戰在沙場上，為什麼功名不成？」永平禪師回答：「只是因為躺臥在霜雪上睡得太深了。」那僧人便說道：「這樣的話則罷息干戈征戰，束手歸朝廷去了。」永平說道：「指揮使不在，你做吧。」

湖南永安朗禪師

湖南永安朗禪師。僧問：「如何是洞陽❶家風？」師曰：「入門便見。」曰：「如何是入門便見？」師曰：「客是相師❷。」

問：「如何是至極之譚？」師曰：「愛別離苦。」

【注　釋】❶洞陽　山名，在湖南瀏陽縣西北六十里，有山洞朝南而得名。上有石潭山。為道教第二十四洞天。❷相師　古稱為人看面相預測禍福的方士。

【語　譯】湖南永安朗禪師。有僧人問道：「什麼是洞陽山的家風？」朗禪師回答：「入門就看見了。」那僧人又問道：「什麼是入門就看見了？」朗禪師回答：「客人是看相的術士。」

有僧人問道：「什麼是至極的談論？」朗禪師回答：「喜愛別離之苦。」

湖南湘潭明和尚

湖南湘潭明和尚❶。僧問：「如何是湘潭境？」師曰：「山連大嶽❷，水接瀟湘❸。」曰：「如何是境中人？」師曰：「便合知時。」

問：「如何是佛法大意？」師曰：「百惑謾勞神。」

【注　釋】❶明和尚　《五燈會元》卷一五作「明照禪師」。❷大嶽　指南嶽衡山。❸瀟湘　指湘江。

【語　譯】湖南湘潭明和尚。有僧人問道：「什麼是湘潭的境界？」明和尚回答：「山勢連接南嶽，水波通向瀟湘。」那僧人又問道：「什麼是境界中的人？」明和尚回答：「就應該知道時勢。」

有僧人問道：「什麼是佛法大意？」明和尚回答：「數以百計的疑難問題更使人勞神。」

金陵清涼明禪師

金陵清涼❶明禪師。江南國主請師上堂，小長老問：「凡有言句，盡落方便。不落方便，請師速道。」師曰：「國主在此，不敢無禮。」

【注釋】❶清涼　山名，在江蘇南京清涼門內，山上有清涼寺、掃葉樓、翠微亭等古蹟甚多。

【語譯】金陵（今江蘇南京）清涼山明禪師。江南國主請明禪師上堂說法，小長老說道：「凡是有言語，全都落入方便法門。不落入方便法門，請和尚快說。」明禪師說道：「國主在這裡，不敢無禮。」

金陵奉先深禪師

金陵奉先深禪師，江南國主請開堂日，才升座，維那白槌曰：「法筵龍象眾，當觀第一義。」師便云：「果然不識，鈍置❶殺人。」時有僧出禮拜，問：「如何是第一義？」師曰：「賴遇道了也。」曰：「如何領會？」師曰：「速禮三拜。」

師又拈曰：「大眾，汝道鈍置落阿誰分上？」

【注釋】❶鈍置　鬧騰；作弄。

【語譯】金陵（今江蘇南京）奉先寺深禪師，江南國主請開堂之日，才登上法座，維那就白槌道：「法筵龍象眾，當觀第一義。」深禪師便說道：「果然不認識，鈍置煞人。」當時有一位僧人站出來禮拜，並問道：

「什麼是第一義？」深禪師回答：「幸虧剛才已經說了。」那僧人又問道：「怎樣來領會？」深禪師回答：「趕快禮拜三拜。」深禪師又舉出剛才的話頭問道：「眾位，你們說鈍置落在誰的身上？」

西川青城乘和尚

西川❶青城大面山乘和尚。僧問：「如何是相輪峰？」師曰：「直聳煙嵐際。」曰：「向上事如何？」師曰：「入地三尺五。」

問：「如何是佛法大意？」師曰：「興義門前鼕鼕❷鼓。」曰：「學人不會。」師曰：「朝打三千，暮打八百。」

【注釋】❶西川　今四川成都一帶。❷鼕鼕　打鼓的聲音。

【語譯】西川青城大面山乘和尚。有僧人問道：「什麼是相輪峰？」乘和尚回答：「直聳入煙嵐之際。」那僧人又問道：「向上玄妙的事怎麼樣？」乘和尚回答：「入地三尺五寸。」

有僧人問道：「什麼是佛法大意？」乘和尚回答：「興義門前的鼓聲咚咚響。」那僧人說道：「學生沒有領會。」乘和尚便說道：「早晨打三千下，傍晚打八百下。」

潞府妙勝臻禪師

潞府妙勝臻禪師。僧問：「如何是妙勝境？」師曰：「龍藏開時，貝葉分明。」

問：「金粟如來為什麼卻降釋迦會裡？」師曰：「香山南，雪山北。」曰：「南贍部洲事又作麼生？」師曰：「黃河水急浪華麤。」

問：「心心❶寂滅即不問，如何是向上一路？」師曰：「一條濟水貫新羅。」

問：「遠嚮雲門，南北縱橫，四維❷上下，事作麼生？」師曰：「今日明日。」

【注釋】❶心心　前後之心；心與心所。《仁王經》：「心心寂滅，無身心相，猶如虛空。」❷四維　指東南、西南、西北、東北四隅，此代指四方。

【語譯】潞府（今山西長治）妙勝院臻禪師。有僧人問道：「什麼是妙勝院的境界？」臻禪師回答：「龍藏打開之時，貝葉經文分明。」

有僧人問道：「金粟如來為什麼卻會降在釋迦牟尼的法會裡？」臻禪師回答：「香山南，雪山北。」那僧人又問道：「那南贍部洲的事又怎麼樣呢？」臻禪師回答：「黃河水急浪花粗。」

有僧人問道：「心心寂滅就不問了，什麼是向上玄妙的一路？」臻禪師回答：「一條濟水貫穿新羅國。」

有僧人問道：「身在遠方而嚮慕雲門和尚的宗風，南北縱橫，四維上下，其事又怎麼樣？」臻禪師回答：「今天明天。」

興元府普通封和尚

興元府普通封和尚。僧問：「今日一會，何似靈山？」師曰：「震動乾坤。」

問：「如何是普通境？」師曰：「庭前有竹三冬秀，戶內無燈午夜明。」

【語譯】興元府（今陝西漢中）普通院封和尚。有僧人問道：「今天的法會，與靈山大會相比怎麼樣？」封和尚回答：「震動了乾坤。」

有僧人問道：「什麼是普通院的境界？」封和尚回答：「庭院前長著竹子，三冬時節依然清秀，房間內沒有燈火，但半夜裡還是很明亮。」

韶州燈峰淨原和尚

韶州燈峰淨原和尚。師上堂謂眾曰：「古人道：山河大地普真如。大眾若得真如者，即隱卻他山河大地。若不得者，即違他古德至言。眾中道得者出來，道不得，即各自歸堂。珍重！」

僧問：「如何是和尚為人一句？」師曰：「不著力。」

【語譯】韶州（今廣東韶關）燈峰淨原和尚。淨原和尚上堂對眾人說道：「古人說：山河大地都是真如。大眾如果能得到真如，就隱去了那山河大地。如果不能得到真如，就違背那古代大德至極的言語。眾人當中能講說的就站出來，不能講說的，就各自歸僧堂。珍重！」

有僧人問道：「什麼是和尚接引人的一句話？」淨原和尚回答：「不用力。」

韶州大梵圓和尚

韶州大梵圓和尚。師上堂示眾曰：「大眾！好箇時光，直須❶努力，時不待人，各自歸堂，參取本善知識去！」

僧問：「大眾雲集，請師舉唱。」師曰：「有疑請問。」

師因見聖僧，便問僧：「此箇聖僧年多少？」僧曰：「恰共和尚同年。」師喝之曰：「遮竭牛❷不易道得。」

【注釋】❶直須　必須；應當。❷竭牛　竭盡力氣的牛。

【語譯】韶州（今廣東韶關）大梵寺圓和尚。圓和尚上堂指示眾僧道：「大眾！多好的時光啊，必須努力，時不待人，各自歸僧堂，參問善知識去！」

有僧人請道：「大眾已雲集在此，請和尚舉唱。」圓和尚便說道：「有疑惑就請提問。」

圓和尚因為拜見聖僧，就問一個僧人道：「這個聖僧有多少歲了？」那僧人回答：「恰好與和尚同歲。」圓和尚便喝道：「這頭竭牛不輕易說出來。」

澧州藥山圓光禪師

澧州藥山圓光禪師。僧問：「藥嶠燈連，師當第幾？」師曰：「相逢盡道休官❶去，林下何曾見一人！」

問：「水陸不涉者，師還接否？」師曰：「蘇嚕蘇嚕❷。」

師問新到僧：「南來北來？」曰：「北來。」師曰：「不落言詮，速道！」曰：「某甲是福建道人，善會鄉譚❸。」師曰：「參眾去。」曰：「灼然。」師曰：「踭跳！」便打。

問：「如何是祖師西來意？」師曰：「道什麼！」

【注釋】❶休官　古代官員退休稱休官，即致仕。❷蘇嚕蘇嚕　語言繁複，意同「囉嗦」。❸鄉譚　用家鄉話交談。

【語譯】澧州（今湖南澧縣）藥山圓光禪師。有僧人問道：「藥山和尚的法燈接續相傳授，和尚應為第幾人？」圓光回答：「相逢都說要休官歸去，可林下哪裡曾遇見一個人！」

有僧人問道：「不從陸路與水路來的人，和尚可還接引嗎？」圓光禪師回答：「囉哩囉嗦。」

圓光禪師問新來參拜的僧人道：「從南面來的，還是從北面來的？」那僧人回答：「從北面來的。」圓光說道：「不要落入言語詮釋，快說！」那僧人說道：「我是福建道的人，很善於鄉談。」圓光便說道：「參見眾人去。」那僧人說道：「當然。」圓光喝道：「亂蹦跳！」便打他。

有僧人問道：「什麼是祖師西來的意旨？」圓光禪師喝道：「說什麼！」

信州鵝湖山雲震禪師

信州鵝湖山雲震禪師。僧問：「如何是佛？」師曰：「闍梨不是。」

師問僧：「近離什麼處？」曰：「兩浙。」師曰：「還將得吹毛劍來否？」僧展兩手，師曰：「將謂是箇爛柯仙，元來卻是樗蒲❶漢。」

問：「如何是鵝湖家風？」師曰：「客是主人相師。」曰：「恁麼即謝師周旋❷。」師曰：「難下陳蕃之榻❸。」

【注釋】❶樗蒲　古代博戲。博具有子、馬、五木等。人執六馬，用五木擲采。采有十種，以盧、雉、犢、白為貴采，餘為雜采。貴采得連擲、打馬、過關，雜采則否。盛行於漢、魏時期，後則專以五木為戲，並作為賭博的通稱。❷周旋　應接；侍奉。❸陳蕃之榻　據《後漢書・陳蕃傳》載：東漢官員陳蕃不接待一般賓客，只為當時名士徐稚備有一榻。徐稚來，便放下坐榻，其一走，即將榻掛起。後以「陳蕃之榻」或「陳榻」指接待賓客，又指住宿。

【語譯】信州（今江西上饒）鵝湖山雲震禪師。有僧人問道：「什麼是佛？」雲震回答：「闍梨不是。」

雲震禪師問一位僧人道：「近來離開了什麼地方？」那僧人回答：「兩浙。」雲震又問道：「可帶來了吹毛立斷的寶劍嗎？」那僧人展開了雙手，雲震便說道：「本來還以為是一位爛柯山的仙人，原來卻是個進行樗蒲的漢子。」

有僧人問道：「什麼是鵝湖山的家風？」雲震禪師回答：「客人是給主人看相的術士。」那僧人便說道：「這樣則感謝和尚的應接。」雲震說道：「難以放下陳蕃的坐榻。」

廬山開先清耀禪師

廬山開先清耀禪師。僧問：「如何是燈燈不絕？」師曰：「青楊翻❶遞植❷。」

曰：「學人不會。」師曰：「無根樹下唱虛名。」

問：「披雲一句師親唱，長慶今朝事若何？」師曰：「家家觀世音。」

問：「如何是披雲境？」師曰：「一鉼淥水❸安窗下，便當生涯❹度幾秋。」

問：「如何是長慶境？」師曰：「堂裡老僧頭雪白。」曰：「二境同歸，應當別理？」師曰：「在處❺得人疑。」

問：「古澗寒泉，誰人能到？」師曰：「乾。」曰：「恁麼即到也。」師曰：「深多少？」

【注釋】❶翻　反而。❷遞植　遞相種植。❸淥水　清水。❹生涯　生活用品；家財、產業。❺在處　到處；處處。唐人崔塗〈蜀城春望〉詩：「在處有芳草，滿城無故人。」

【語譯】廬山開先寺清耀禪師。有僧人問道：「什麼是法燈傳承不斷絕？」清耀禪師回答：「青青的楊樹反而遞相種植。」那僧人說道：「學生沒有領會。」清耀便說道：「無根樹下唱虛名。」

有僧人問道：「披雲和尚的一句話和尚親自在傳唱，長慶和尚的事情今天怎麼樣呢？」清耀禪師回答：「家家供奉觀世音菩薩。」

有僧人問道：「什麼是披雲的境界？」清耀禪師回答：「一瓶清水放置在窗下，便作為生活用品度過了幾秋。」又有僧人問道：「什麼是長慶的境界？」清耀回答：「法堂上的老僧人頭髮白如雪。」那僧人便問道：「這兩個境界是所歸相同，還是應當別作理會？」清耀回答：「到處都讓人生疑。」

有僧人問道：「古澗寒泉，哪個人能到達？」清耀禪師回答：「乾。」那僧人便說道：「這樣就到達了。」清耀問道：「有多深？」

襄州奉國清海禪師

襄州奉國清海禪師。僧問：「青青翠竹，盡是真如。如何是真如？」師曰：「點瓦成金❶客，聞名不見形。」曰：「恁麼即禮謝下去也。」師曰：「昔時妄想至今存。」

問：「承古人云：見月休觀指，歸家罷問程。如何是家？」師曰：「試舉話頭看。」

問：「放過即東道西說，不放過怎生道？」師曰：「二年同一春。」

【注　釋】❶點瓦成金　即「點石成金」。

【語　譯】襄州（今湖北襄樊）奉國院清海禪師（？～九六八年）。有僧人問道：「青青翠竹，全都是真如。那什麼是真如？」清海回答：「點石成金的人，只聞其名，未見其形。」那僧人便說道：「這樣則禮拜後下去了。」清海說道：「從前的妄想，至今還存在。」

有僧人問道：「承蒙古人說過：看見了月亮就不要再觀看手指，回到家中就不要再詢問路程。那什麼是家？」清海禪師回答：「試舉話頭看看。」

有僧人問道：「放過了則東說西說，不放過的時候怎麼說？」清海禪師回答：「兩年同一個春天。」

韶州慈光和尚

韶州慈光和尚。僧問：「即心即佛，誘誨之言。不涉前蹤，如何指教？」師曰：「東西且置，南北事作麼生？」曰：「恁麼即學人罔測也。」師曰：「龍頭蛇尾。」

【語　譯】韶州慈光和尚。有僧人問道：「即心即佛，是用來教導學人的話語。不涉及前面的事情，怎樣來指示教誨呢？」慈光和尚回答：「東西就暫且放置在一邊，南北的事怎麼樣？」那僧人便說道：「這樣則學生不知所措了。」慈光和尚說道：「龍頭蛇尾。」

潭州保安師密禪師

潭州保安師密禪師。僧問：「輥❶芥投鋒時如何？」師曰：「落在什麼處？」梁山云：「落在汝眼裡。」問：「不犯辭鋒時如何？」師曰：「天台、南嶽。」曰：「便恁麼時如何？」師曰：「江南、湖南。」

【注　釋】❶輥　轉動；滾。

【語　譯】潭州（今湖南長沙）保安院師密禪師。有僧人問道：「用轉動著的芥子去投針尖的時候怎麼樣？」師密反問：「落在了什麼地方？」梁山和尚說道：「落在了你的眼睛裡。」有僧人問道：「不冒犯詞語的機鋒時怎麼樣？」師密禪師回答：「天台山、南嶽。」那僧人又問道：「就這樣的時候怎麼樣？」師密回答：「江南、湖南。」

【說　明】雲門文偃禪師的法嗣還有洪州雲居山融禪師、衡州大聖寺守賢禪師、廬州北天王徽禪師、郢州芭蕉山弘義禪師、眉州福化院光禪師、廬州東天王廣慈禪師、信州西禪欽禪師、江州慶雲真禪師、筠州司山凜禪師、韶州雙峰慧真大師等十人，因無機緣語句，故未收錄。

前台州瑞巖師彥禪師法嗣

南嶽橫龍和尚

南嶽橫龍和尚，楚王馬氏請住金輪。僧問：「如何是金輪第一句？」師曰：「鈍漢！」

問：「如何是金輪一隻箭？」師曰：「過也。」

問：「如何是祖燈？」師曰：「八風❶吹不滅。」曰：「恁麼即暗冥不生也。」

師曰：「白日沒閑人。」

【注釋】❶八風　又名「八法」。世有八法，為世間所愛憎，能搧動人心，故名八風：一利、二衰、三毀、四譽、五稱、六譏、七苦、八樂。唐僧人寒山詩曰：「八風吹不動。」

【語譯】南嶽衡山橫龍和尚，楚王馬氏迎請他住持金輪寺。有僧人問道：「什麼是金輪和尚的第一句話？」橫龍和尚喝道：「愚鈍的傢伙！」

有僧人問道：「什麼是金輪門下的一支箭？」橫龍和尚回答：「過去了。」

有僧人問道：「什麼是祖師相傳的法燈？」橫龍和尚回答：「八風吹不滅。」那僧人便說道：「這樣則不會產生黑暗了。」橫龍和尚說道：「白天沒有閒人。」

溫州瑞峰院神祿禪師

溫州溫嶺❶瑞峰院神祿禪師，福州福清人也。本邑天竺寺出家，得法於瑞巖，久為侍者，後開山創院，學侶依附。

師有偈曰：「蕭然❷獨處意沉吟❸，誰信無弦發妙音。終日法堂唯靜坐，更無人問本來心。」時有朋彥上座躡前偈而問曰：「如何是本來心？」師召曰：「朋彥。」應諾，師曰：「與老僧點茶來。」彥於是信入。朋彥即廣法大師，後嗣天台國師，住蘇州長壽。

師太平興國元年示滅，壽百有五歲。

【注　釋】❶溫嶺　在浙江溫嶺縣西十里，一名中嶠山，亦名嶠嶺，有東大西小兩主峰。❷蕭然　清靜冷落貌。❸沉吟　遲疑不決的樣子。

【語　譯】溫州（今屬浙江）瑞峰院神祿禪師（八七二～九七六年），福州福清縣（今屬福建）人。神祿在福清縣天竺寺出家，跟從瑞巖和尚獲得了心法，做了很長時間的侍者，後來開山創建了寺院，學僧們都來依附他。

神祿禪師作有一首偈頌道：「蕭然地獨自打坐意沉吟，誰能相信無弦琴上發出了微妙的聲音。整天在法堂上靜靜打坐，更無人來詢問本來之心？」當時有一位叫朋彥的上座緊接著上面的偈頌提問道：「什麼是本來之心？」神祿招呼道：「朋彥。」朋彥答應，神祿便說道：「給老僧泡茶來。」朋彥由此信心悟入。朋彥上座就是廣法大師，後來成為天台國師的法嗣，住持蘇州（今屬江蘇）長壽寺。

神祿禪師於北宋太平興國元年（九七六年）圓寂，享年一百零五歲。

前懷州玄泉彥禪師法嗣

鄂州黃龍山誨機禪師

鄂州黃龍山誨機禪師，清河人也，姓張氏。唐天祐中，遊化至此山，節帥施俸錢建法宇❶，奏賜紫衣，號超慧大師，大張法席。

僧問：「不問祖佛邊事，如何是平常之事？」師曰：「我住山得十五年。」

問：「如何是和尚家風？」師曰：「琉璃鉢盂無底。」

問：「如何是君王劍？」師曰：「不傷萬類。」曰：「佩者如何？」師曰：「血濺梵天。」曰：「大好不傷萬類！」師便打。

問：「佛在日為眾生說法，佛滅後，有人說法也無？」師曰：「慚愧佛。」

問：「毛吞巨海，芥納須彌，不是學人本分事。如何是學人本分事？」師曰：「封了合盤市裡揭。」問：「切急相投，請師通信。」師曰：「火燒裙帶香。」

問：「如何是大疑底人？」師曰：「對坐盤中弓落盞❷。」曰：「如何是不疑底人？」師曰：「再坐盤中弓落盞。」

問：「風恬浪靜時如何？」師曰：「百丈竿頭五兩❸垂。」

師將順世，有僧問：「百年後，鉢囊子什麼人將去？」師曰：「一任將去。」曰：「裡面事如何？」師曰：「線綻方知。」曰：「什麼人得？」師曰：「待海鷰雷聲，即向汝道。」言訖告寂。

【注釋】❶法宇　即寺院。❷弓落盞　即「杯弓蛇影」。《晉書・樂廣傳》載：樂廣請客人到家中喝酒，客人看見酒杯中有小蛇游動，大為驚疑，歸家後即病倒。後樂廣發現杯中之蛇只是牆上所掛之弓的倒影，便再請那人喝酒，說明原委，那客人病情即愈。後以此喻疑神疑鬼，自相驚擾。❸五兩　古人用雞毛或鳥毛製成的風向標。

【語　譯】鄂州（今湖北武漢）黃龍山誨機禪師，清河縣（今屬河北）人，俗姓張。唐代天祐（九〇四～九〇七年）年中，誨機行遊教化來到黃龍山，節度使便施捨自己的俸錢來建造寺院，並奏請天子賜給誨機禪師紫衣，號超慧大師，誨機於此地大力弘揚法席。

有僧人問道：「不問祖師、佛那邊的事，什麼是平常的事？」誨機禪師回答：「我住在山中已有十五年了。」

有僧人問道：「什麼是和尚的家風？」誨機禪師回答：「琉璃鉢盂沒有底。」

有僧人問道：「什麼是君王的寶劍？」誨機禪師回答：「不傷害萬類。」那僧人又問道：「佩帶的人又怎麼樣？」誨機回答：「鮮血飛濺到梵天。」那僧人便喝道：「好一個不傷害萬類！」誨機便打他。

有僧人問道：「佛在世的時候為眾生說法，佛入滅以後，可還有人說法嗎？」誨機禪師回答：「佛也慚愧。」

有僧人問道：「使一根毛髮吞下大海，一粒芥子容納須彌山，那不是學生的本分之事。什麼是學生的本分之事？」誨機禪師回答：「封閉了盤盒到鬧市裡揭開。」那僧人請道：「學生有急切之事來投奔參問，還請和尚通一個消息給我。」誨機便說道：「火燒裙帶生香味。」

有僧人問道：「什麼是大疑惑的人？」誨機禪師回答：「兩人對坐，弓影落在盤中酒盞裡。」那僧人又問道：「什麼是不疑惑的人？」誨機回答：「再次對坐，弓影落在盤中酒盞裡。」

有僧人問道：「風平浪靜的時候怎麼樣？」誨機禪師回答：「百丈竿頭的五兩自然垂下。」

誨機禪師將要圓寂時，有一個僧人問道：「和尚百年以後，那鉢袋子將被什麼人拿去？」誨機回答：「任憑人拿去。」那僧人再問道：「裡面的事怎麼樣？」誨機回答：「到線腳裂開以後才知道。」那僧人又問道：「什麼人能夠得到呢？」誨機回答：「等到海燕的叫聲如雷響時，就對你說。」說完就圓寂了。

洛京柏谷和尚

洛京柏谷和尚。僧問：「普滋法雨時如何？」師曰：「有道傳天位❶，不汲鳳凰池❷。」

問：「九旬❸禁足❹三月事如何？」師曰：「不墜蠟人機。」

【注釋】❶天位　即帝位。❷鳳凰池　古代皇宮禁苑中的池沼名。魏晉六朝以其地便於接近皇帝而設立中書省，掌管機要。後世遂代指中書省或宰相。❸九旬　九十天，即三個月。❹禁足　禁止涉足。

【語譯】洛京（今河南洛陽）柏谷和尚。有僧人問道：「普降法雨的時候怎麼樣？」柏谷和尚回答：「有道德便傳授天位，而不從鳳凰池中汲水。」

有僧人問道：「九旬禁足三月的事怎麼樣？」柏谷和尚回答：「不墜入蠟人的機鋒。」

池州和龍和尚

池州和龍和尚。僧問：「如何是祖祖相傳底心？」師曰：「再三囑你。」

問：「如何是從上宗旨？」師曰：「向闍梨口裡著到得麼？」

問：「省要處乞師一接。」師曰：「甚是省要。」

【語　譯】池州（今屬安徽）和龍和尚。有僧人問道：「什麼是祖師代代相傳授的心法？」和龍和尚回答：「再三囑咐你。」

有僧人問道：「什麼是從上玄妙的宗旨？」和龍和尚說道：「向闍梨嘴裡得到了什麼？」

有僧人請道：「簡要關鍵之處，乞請和尚接引一下。」和龍和尚說道：「十分簡要關鍵。」

懷州玄泉第二世和尚

懷州玄泉第二世和尚。僧問：「辭窮理盡時如何？」師曰：「不入理，豈同盡？」

問：「妙有❶玄珠，如何取得？」師曰：「不似摩尼絕影豔，碧眼胡人❷豈能見？」曰：「有口道不得時如何？」師曰：「三寸❸不能齊鼓韻，啞人解唱木人歌。」

【注　釋】❶妙有　非有之有稱妙有，以對於非空之空而稱真空。❷碧眼胡人　此指禪宗初祖菩提達磨。❸三寸　指舌頭。

【語　譯】懷州（今河南沁陽）玄泉第二世住持和尚。有僧人問道：「詞窮理盡時怎麼樣？」玄泉和尚反問：「沒有入理，怎麼會同時窮盡？」

有僧人問道：「妙有之玄妙寶珠，怎樣才能得到？」玄泉和尚回答：「不像摩尼寶珠絕無豔麗的彩影，碧眼胡人怎麼又能看見？」那僧人又問道：「有嘴說不得的時候又怎麼樣？」玄泉和尚回答：「三寸之舌不能與大鼓的韻律相齊，啞巴也會唱詠木頭人的歌謠。」

潞府妙勝玄密禪師

潞府妙勝玄密禪師。僧問：「四山相向❶時如何？」師曰：「紅日不垂影，暗地莫知音。」曰：「學人不會。」師曰：「鶴透群峰，何伸❷向背？」

問：「二龍爭珠時如何？」師曰：「力士無心獻，奮迅❸卻沉光。」

問：「雪峰一曲千人唱，月裡挑燈誰最明？」師曰：「無音和不齊，明暗豈能收！」

【注釋】❶相向　迎合。❷伸　表白。❸奮迅　振奮貌；奮起貌。

【語譯】潞府（今山西長治）妙勝院玄密禪師。有僧人問道：「四面山嶺相迎合的時候怎麼樣？」玄密回答：「紅日不留下陰影，暗地裡就沒有知音。」那僧人說道：「學生沒有領會。」玄密便說道：「白鶴飛越群峰，何須表白向背？」

有僧人問道：「二龍在爭奪寶珠的時候怎麼樣？」玄密禪師回答：「力士無心獻寶，奮迅卻隱沒了光芒。」

有僧人問道：「雪峰和尚的一支曲子，千人來唱，月下挑燈，誰的最明亮？」玄密禪師回答：「沒有音樂和聲就不整齊，明暗又豈能收拾！」

前福州羅山道閑禪師法嗣

洪州大寧院隱微禪師

洪州大寧院隱微禪師，豫章新淦人也，姓楊氏。誕夕有光明貫室，年七歲，依本邑石頭院道堅禪師出家。二十，於開元寺智儁律師受具，歷參宗匠。至羅山，法寶大師導以「師子在窟出窟」之要，因之省悟，盤桓數稔。尋迴江表❶，會龍泉邑宰李孟俊請居十善道場，始揚宗致。

師上堂謂眾曰：「還有騰空底麼？出來！」眾無出者。師說偈曰：「騰空正是時，應須眨上眉❷。從茲出倫❸去，莫待白頭兒。」

僧問：「如何是十善❹橋？」師曰：「險。」曰：「過者如何？」師曰：「喪。」

問：「資福和尚遷化向什麼處去也？」師曰：「草鞋破。」

問：「如何是黃梅一句？」師曰：「即今怎麼生？」曰：「如何是通信？」師曰：「九江路絕。」

問：「初心後學，如何是學？」師曰：「頭戴天。」曰：「畢竟如何？」師曰：「腳踏地。」

問：「如何是法王劍？」師曰：「露。」曰：「還殺人也無？」師曰：「作麼？」

問：「如何是龍泉劍？」師曰：「不出匣。」曰：「便請出之。」師曰：「星辰失位。」

問：「國界安寧，為什麼珠不現？」師曰：「落在什麼處？」

周廣順元年辛亥，金陵李氏嚮德，召入，居龍光禪苑，後改名奉先。署覺寂禪師。暨建隆二年辛酉，隨江南李氏至洪井，住大寧精舍，重敷玄旨。其年十月示疾，二十七日剃髮澡身，升堂辭眾，安坐而逝。明年二月六日，歸葬于吉州吉水縣，遵遺誡也。壽七十有六，臘五十六。謚玄寂禪師，塔曰常寂。

【注　釋】❶江表　指江西地區。❷眨上眉　思慮的樣子。❸出倫　超群絕倫。❹十善　不犯十惡，即名十善。

【語　譯】洪州（今江西南昌）大寧院隱微禪師（八八六～九六一年），豫章新淦（今江西新干）人，俗姓楊。隱微誕生的那晚，有光芒橫貫過居室，到了七歲時，他皈依本縣石頭院道堅禪師出家。隱微在二十歲時，於開元寺智偁律師那裡接受了具足戒，此後遍參高僧宗師。隱微來到了羅山，道閑法寶大師用「獅子在洞窟中與出洞窟」的要旨來引導他，因此而省悟佛法，並在那裡逗留了數年。不久，隱微禪師回到了江西，正好遇到龍泉縣（今江西遂川）令李孟俊來迎請他住持十善道場，這才開始開堂弘揚宗教的極致玄旨。

隱微禪師上堂對眾僧說道：「可還有騰空的人嗎？站出來！」眾僧沒有人站出來。於是隱微就說了一首偈頌道：「騰空正是在這個時候，還應須眨上眉頭。從此超群絕倫而去，不要等到白了少年頭。」

有僧人問道：「什麼是十善之橋？」隱微禪師回答：「危險。」那僧人又問道：「過橋的人怎麼樣？」隱微回答：「喪命。」

有僧人問道：「資福和尚圓寂以後到什麼地方去了？」隱微禪師回答：「草鞋穿破了。」

有僧人問道：「什麼是黃梅和尚的一句話？」隱微禪師反問：「現在又怎麼樣呢？」那僧人又問道：「怎樣通一個消息呢？」隱微回答：「去九江（今屬江西）的道路都斷絕了。」

有僧人問道：「我是一個初心後學，什麼是學呢？」隱微禪師回答：「頭戴著天。」那僧人又問道：「究竟之事怎麼樣呢？」隱微回答：「腳踩著地。」

有僧人問道：「什麼是法王之劍？」隱微禪師回答：「顯露。」那僧人又問道：「可還能殺人嗎？」隱微反問：「做什麼？」

有僧人問道：「什麼是龍泉寶劍？」隱微禪師回答：「不出劍匣。」那僧人便說道：「就請出匣。」隱微說道：「星辰也失去了自己的位置。」

有僧人問道：「國界安寧沒有戰事，為什麼寶珠沒有出現？」隱微禪師反問道：「落到什麼地方去了？」

五代後周廣順元年辛亥歲（九五一年），金陵（今江蘇南京）江南國主李氏嚮慕隱微禪師的道行，召他入京城，居住於龍光禪院，後改名為奉先寺。署為覺寂禪師。到了北宋建隆二年辛酉歲（九六一年），隱微禪師隨從江南國主李氏巡行至洪州，住持大寧精舍，重新敷揚佛道玄旨。那年十月，隱微禪師患了病，於二十七日剃髮沐浴，然後上堂辭別眾人，端坐著圓寂。明年二月六日，歸葬於吉州吉水縣（今屬江西），此是遵照隱微禪師的遺訓。隱微禪師享年七十六歲，法臘五十六年。天子賜諡號曰玄寂禪師，靈塔名常寂。

婺州明招德謙禪師

婺州明招德謙禪師，受羅山印記，靡滯於一隅❶，激揚玄旨，諸耆宿皆畏其敏捷，後學鮮敢當其鋒者。

師在泉州招慶大殿上，以手指壁畫問僧曰：「那箇是什麼神？」曰：「護法善神。」師曰：「沙汰時向什麼處去來？」僧無對。師卻令僧去問演侍者，演曰：「汝什麼劫中遭此難來？」其僧迴舉似師，師曰：「直饒演上座他後聚一千眾，有什麼用處？」僧乃禮拜，請別語。師曰：「什麼處去也？」

清八路舉仰山插鍬話問師：「古人意在叉手處，意在插鍬處？」師曰：「清上座！」清應諾，師曰：「還曾夢見仰山麼？」清曰：「不要下語❷，只要上座商量。」師曰：「若要商量，堂頭自有一千五百人老師在。」

師到雙巖，雙巖長老覩師風彩，乃曰：「某甲致一問，問闍梨若道得，便捨院。道不得，即不捨。《金剛經》云：『一切諸佛及諸佛法，皆從此經出。』且道此經是何人說？」師曰：「說與不說，一時拈向那邊著。只如和尚決定喚什麼作此經？」雙巖無對。師舉經云：「一切賢聖，皆以無為法而有差別。斯則以無為法為極則，憑何而有差別？且如差別，是過不是過？若是過，一切賢聖盡有過。若不是過，決定喚什麼作差別？」雙巖亦無語。師曰：「雪峰道底。」

師在婺州智者寺❸居第一座，尋常不受淨水。主事僧問曰：「因什麼不識觸淨水不肯受？」師下牀拈起淨缾曰：「遮箇是淨？」主事無語，師乃撲破淨缾。

師自爾道聲遐播，眾請明招山開法，四來禪者盈于堂室。

師謂眾曰：「希逢一箇，下坡不走，快便難逢。若有同生，何妨一展？」

僧問：「師子未出窟時如何？」師曰：「俊鷂趁不及。」曰：「出窟後如何？」師曰：「萬里正紛紛。」曰：「欲出不出時如何？」師曰：「嶮。」曰：「向上事如何？」師曰：「眨。」

問：「如何是透法身外一句子？」師曰：「北斗後翻身。」

問：「十二時中如何趣向？」師曰：「抛向金剛地上著。」

問：「文殊與維摩對譚何事？」師曰：「葛巾紗帽，已拈向那邊著也。」

問：「如何是和尚家風？」師曰：「齩得著是好手。」

問：「無煙之火，是什麼人向得？」師曰：「不惜眉毛底。」曰：「和尚還向得麼？」師曰：「汝道我有多少莖眉毛在？」

師見新到僧才上法堂，乃舉拂子卻擲下，其僧珍重便下去。師曰：「作家！作家！」

問：「全身佩劍時如何？」師曰：「忽遇正恁麼時又作麼生？」僧無對。

師問國泰瑫和尚：「古人道俱胝❹只念三行呪，便得名超一切人。作麼生與他拈卻三行呪，便得名超一切人？」國泰豎起一指，師曰：「不因今日，爭識得瓜洲❺客！」

師有師叔在廨院❻患甚，附書來問曰：「某甲有此大病，如今正受疼痛，一切處安置❼伊不得，還有人救得麼？」師乃迴信曰：「頂門上中此金剛箭，透過那邊去也。」

有一僧曾在師法席，辭去住庵，一年後來禮拜，曰：「古人道三日不相見，莫作舊時看。」師乃露胸問曰：「汝道我有多少莖蓋膽毛❽？」僧無對。師卻問：「汝什麼時離庵？」曰：「今朝。」師曰：「來時，折腳鐺子❾分付與阿誰？」僧又無語，師乃喝出。

問：「承師有言：我住明招頂，與傳古佛心。如何是明招頂？」師曰：「換卻眼。」曰：「如何是古佛心？」師曰：「汝還氣急麼？」

問：「學人挐雲攫浪上來，請師展鉢❿。」師曰：「摻破汝頂。」曰：「也須仙陀去。」師乃棒趁出。

師別有頌示眾曰：「明招一拍⑪和人希，此是真宗上妙機。石火⑫瞥然何處去？朝生鳳子合應知。」

師住明招山四十載，語句流布諸方。將欲遷化，上堂告眾囑付。其夜展足問侍者曰：「昔釋迦如來展開雙足，放百寶光明。汝道吾今放多少？」侍者曰：「昔日鶴林⑬，今日和尚。」師以手拂眉曰：「莫孤負麼？」又說偈曰：「驀刀叢裡逞全威，汝等應當善護持。火裡鐵牛生犢子，臨岐誰解湊⑭吾機？」偈畢，安坐寂然長往。今塔院存焉。

【注　釋】❶靡滯於一隅　此謂到諸方去雲遊參問。❷下語　說話。❸智者寺　在浙江金華智者山，唐時創建，入宋改名壽聖寺，為金華當地的大叢林。❹俱胝　唐代僧人，曾以「一指禪」聞名禪林。因其住持婺州金華山時，常誦《俱胝佛母陀羅尼》經咒，故人稱之曰俱胝和尚。參見本書卷四〈金華俱胝和尚〉章。❺瓜洲　在江蘇揚州南四十里長江之濱，原為江中砂洲，後與北岸相接，狀如「瓜」字，故名。其地當大運河之口，為南北交通襟喉之處。❻廨院　禪林中食物管理之所。《禪院清規》：「廨院主之職，主院門收雜買賣。」❼安置　此指治療。❽蓋膽毛　胸毛。❾鐺子　古時一種用具，像鍋，下有腳。❿展鉢　此喻指示佛法要旨。⓫一拍　節拍；曲拍。⓬石火　用火石打出的火星，比喻極短暫的現象。⓭鶴林　釋迦牟尼的雙樹林，此代指世尊。⓮湊　往；趨。

【語　譯】婺州（今浙江金華）明招山德謙禪師，自接受羅山和尚的印記後，不滯留在一個地方，到處激揚佛道玄旨，各地老僧尊宿都很敬畏他的敏捷，後學者很少有人敢於應對他的機鋒。

德謙禪師在泉州（今屬福建）招慶院大殿上，用手指著壁畫問一個僧人道：「那個是什麼神？」那僧人回答：「是守護佛法的善神。」德謙便問道：「當天子沙汰僧人的時候，他到什麼地方去了？」那僧人不能應對。德謙就讓那僧人去問演侍者，演侍者反問：「你在什麼劫中遭受了這樣的劫難？」那僧人回來舉說給德謙聽，德謙便說道：「就算是演上座日後聚居了一千個徒眾，又有什麼用處呢？」那僧人便禮拜，請教其他的言語。德謙喝道：「到什麼地方去了？」

清八路舉出仰山和尚插鍬的話頭來問德謙禪師道：「古人的意思是在合掌行禮之處呢，還是在插鍬之處？」德謙招呼道：「清上座！」清八路答應，德謙問道：「可曾夢見過仰山和尚嗎？」清八路說道：「我不要上座說話，只要與上座商量。」德謙便說道：「如果要商量，堂頭自有收下一千五百人作為徒弟的老師在。」

德謙禪師來到雙巖，雙巖長老看見德謙的風采，就說道：「我要提一個問題，闍梨如果能回答出來，我便放棄這座禪院讓給你。你如果回答不出來，我就不放棄了。《金剛經》上說：『一切諸佛及諸佛法，都是從此經中出來的。』你姑且說一說此經是什麼人講說的？」德謙便說道：「說與不說，都一起拿到那一邊去放著。只是如和尚決定把什麼叫作此經？」雙巖長老不能應答。德謙便舉說經文道：「一切聖賢，都應用無為之法，但理解卻有差別。這如若認為無為之法為至極的準則，憑什麼而有差別？而且這樣的差別，是過錯不是過錯呢？如果是過錯，那一切聖賢便都有過錯。如果不是過錯，那又決定把什麼叫作差別？」雙巖長老還是無語以對。德謙便說道：「這是雪峰和尚說的。」

德謙禪師在婺州智者寺時為第一座，平常不肯接受淨水。主事僧人因此問道：「因為什麼不識別淨水，而不肯接受？」德謙便下禪牀拿起了淨瓶問道：「這個是淨嗎？」主事僧人無語以對，德謙就打破了淨瓶。德謙禪師從此道行聲譽遠近傳播，眾人迎請住持明招山開堂說法，四方來學禪的人擠滿了寺院。

德謙禪師告訴眾僧道：「很少遇到一個知音的，下坡不肯走，快走就難以遇到了。如果有同生共死的，不妨展示一下？」

有僧人問道：「獅子沒有出洞窟的時候怎麼樣？」德謙回答：「飛行迅捷的鷂鷹也趕不上。」那僧人再問道：「出洞窟以後怎麼樣？」德謙回答：「萬里路上諸事正亂紛紛。」那僧人又問道：「想出洞窟而還沒有出來的時候怎麼樣？」德謙回答：「危險。」那僧人便問道：「向上至極玄妙的事怎麼樣？」德謙回答：「眨眼。」

有僧人問道：「什麼是參透法身之外的一句話？」德謙禪師回答：「在北斗星後翻身。」

有僧人問道：「在一天十二時辰中應怎樣趨向？」德謙禪師回答：「向金剛地上拋去。」

有僧人問道：「文殊菩薩與維摩詰居士對面談論什麼事？」德謙禪師回答：「葛巾紗帽，已拿到那邊去了。」

有僧人問道：「什麼是和尚的家風？」德謙禪師回答：「咬得著就是高手。」

有僧人問道：「沒有煙的火，什麼人才能烤得？」德謙禪師回答：「不吝惜眉毛的人。」那僧人又問道：「和尚可還能烤得嗎？」德謙反問：「你說我還有多少根眉毛在？」

德謙禪師看見新來參問的僧人剛走上法堂，就舉起拂塵再拋下，那僧人道了聲「珍重」就下去了。德謙便讚道：「行家！行家！」

有僧人問道：「全身都佩帶寶劍時怎麼辦？」德謙禪師反問：「忽然遇到正好這樣的時候又怎麼辦？」那僧人無言以對。

德謙禪師問國泰瑫和尚道：「古人說過：俱胝只念三行咒語，就可以名字超過一切人。怎樣才能同他一起念三行咒語，而可以名字超過一切人呢？」瑫和尚舉起了一根手指，德謙便說道：「不是因為今天，怎麼能認識瓜洲客人呢！」

德謙禪師有一位師叔在廨院患了重病，就託人帶信來問道：「我患有這樣的大病，現在正承受著痛苦，一切地方都不能加以安置，可還有人來救治嗎？」德謙便回信說道：「你腦門上被金剛之箭射中了，透過那一邊去了。」

有一個僧人曾經參問過德謙禪師的法席，後來辭別離開去住持佛庵，過了一年後又回來向德謙禮拜，並說道：「古人說過：三天不相見，就不要用老眼光來看人。」德謙就敞開了胸部問道：「你說我有多少根胸毛？」那僧人無語以對。德謙便反問道：「你什麼時候離開佛庵的？」那僧人回答：「今天。」德謙又問道：「你來時，那折斷腳的鐺子又交付給誰啦？」那僧人還是不能應對，德謙於是把他喝了出去。

有僧人問道：「承蒙和尚說過：我住在明招山之頂，弘揚承傳古佛之心。什麼是明招山之頂？」德謙禪師回答：「換掉眼睛。」那僧人再問道：「什麼是古佛之心？」德謙回答：「你還氣急麼？」

有僧人請道：「學生駕雲踏浪地前來，請和尚展開鉢盂。」德謙禪師回答：「砸破你的頭頂。」那僧人便說道：「也得機敏一些。」德謙就用棒把他趕出去。

德謙禪師另外有偈頌指示眾僧道：「明招的曲拍應和的人很少，這是佛法真宗最至極的玄妙之機。石頭碰出的火星瞥然一現又到什麼地方去了？早晨出生的鳳凰理應知道。」

德謙禪師住持明招山長達四十年，接引學人的語句流傳至各地。德謙臨近圓寂時，上堂囑咐僧眾。那天夜半，德謙禪師展開雙腳問侍者道：「從前釋迦牟尼寂滅時展開雙腳，所以放出了百寶光明。你說我現在會放出多少？」侍者回答：「從前的鶴林，今天的和尚。」德謙便用手拂拭著眉毛問道：「沒有辜負嗎？」德謙又說了一首偈頌道：「驀然從刀叢裡呈露全部的威風，你們應當好好地加以護持。烈火中的鐵牛生下了牛犢，來到了歧路之前誰又能迎合我的機鋒？」德謙禪師說偈頌完畢後，端然安坐圓寂。現今他的塔院還保存著。

衡州華光範禪師

衡州華光範禪師。僧問：「靈臺不立，還有出身處也無？」師曰：「有。」曰：「如何是出身處？」師曰：「出。」

問：「如何是西來意？」師曰：「道。」

問：「如何是佛法大意？」師曰：「驗。」

問：「牛頭未見四祖時如何？」師曰：「自由自在。」曰：「見後如何？」師曰：「自由自在。」

問：「如何是佛法中事？」師曰：「了。」

【語譯】衡州（今湖南衡陽）華光院範禪師。有僧人問道：「靈臺沒有建立，可還有出身之處嗎？」範禪師回答：「有。」那僧人便問道：「什麼是出身之處？」範禪師回答：「出去。」

有僧人問道：「什麼是祖師西來的意旨？」範禪師回答：「說。」

有僧人問道：「什麼是佛法大意？」範禪師回答：「驗證。」

有僧人問道：「牛頭和尚沒有參見四祖大師的時候怎麼樣？」範禪師回答：「自由自在。」那僧人又問道：「參見以後又怎麼樣？」範禪師回答：「自由自在。」

有僧人問道：「什麼是佛法大意？」範禪師回答：「了結。」

福州羅山紹孜禪師

福州羅山紹孜禪師，上堂，有數僧爭出問話。師曰：「但一時出來問，待老僧一時答卻。」僧便問：「學人一齊問，請師一齊答。」師曰：「得。」

問：「學人乍入叢林，祖師的的意，請師直指。」師曰：「好。」

【語譯】福州（今屬福建）羅山紹孜禪師，有一次上堂，有數位僧人爭相出來要提問。紹孜說道：「儘管一起出來提問，等老僧一起來回答。」那數位僧人便說道：「那學生就一齊提問，請和尚一齊回答。」紹孜說道：「可以。」

有僧人請道：「學生剛進入叢林，達磨祖師的確切旨意，還請和尚直接指示。」紹孜禪師說道：「好的。」

西川慧禪師

西川慧禪師❶，初參羅山，羅山問：「什麼處來？」師曰：「遠離西蜀，近發開元。即今事作麼生？」羅山揖曰：「喫茶去。」師良久無言，羅山曰：「秋氣稍暖去。」羅山來日上堂，師出問：「豁開戶牖，當軒者誰？」羅山乃喝，師良久。羅山曰：「毛羽未備，且去。」師因而摳衣，久承印記。

後謁台州勝光，光在繩牀上坐，師直入到身邊，叉手立。光問：「什麼處來？」師曰：「猶待答話在。」師便下去，光拈得拄杖拂子下，僧堂前見師，提起拂子問曰：「闍梨喚遮箇作什麼？」師曰：「敢死❷喘氣！」光低頭歸方丈。

【注釋】❶慧禪師 《五燈會元》卷八作「定慧禪師」。❷死 甚；拼命。

【語　譯】西川慧禪師，當初參拜羅山和尚時，羅山和尚問道：「從什麼地方來的？」慧禪師回答：「以前離開了西蜀，最近離開了開元寺。現在的事怎麼樣呢？」羅山和尚作揖道：「吃茶去！」慧禪師沉默無言了許久，羅山和尚便說道：「秋氣還稍微有些熱。」羅山和尚第二天上堂，慧禪師站出來問道：「打開了門窗，當軒而立的人是誰？」羅山和尚便大喝，慧禪師又沉默了許久。羅山和尚便說道：「羽毛還沒有完備，暫且去吧。」慧禪師因此提起衣服侍在羅山和尚的左右，過了很久才承受印記。

後來慧禪師去拜謁台州（今浙江臨海）勝光和尚，勝光和尚在繩牀上坐著，慧禪師直接進入方丈室，來到勝光和尚的身邊，合掌站立。勝光和尚問道：「從什麼地方來的？」慧禪師回答：「還在等待回答。」說完就出門去了，勝光和尚便拿起拄杖、拂塵跟了下來，在僧堂前面看見慧禪師，就舉起拂塵問道：「闍梨把這個叫做什麼？」慧禪師喝道：「還敢死喘氣！」勝光和尚便低著頭回到了方丈室。

建州白雲令弇和尚

建州白雲令弇和尚。師上堂謂眾曰：「遣往先生門，誰云對喪主？珍重！」

僧問：「己事未明，以何為驗？」師曰：「木鏡照素容。」曰：「驗後如何？」師曰：「不爭多❶。」

問：「三臺❷有請，四眾臨筵。既處當仁❸，請師一唱。」師曰：「要唱即不難。」曰：「便請師唱。」師曰：「夜靜水清魚不食，滿船空載月明歸。」

【注　釋】❶不爭多　差不多。唐人齊己〈寄無願上人〉詩：「六十八去七十歲，與師年鬢不爭多。」❷三臺　漢代對尚書臺、御史臺、謁者臺的總稱，尚書臺為中臺、御史臺為憲臺、謁者臺為外臺，會稱三臺。後亦用以稱三公。此泛指高官貴宦。❸當仁　即「當仁不讓」之略。

【語　譯】建州（今福建建甌）白雲令弇和尚。令弇上堂告訴眾僧道：「派遣去先生的門下，誰說對著喪事的主人？各自珍重！」

有僧人問道：「自己的事未能明白，用什麼來驗證呢？」令弇和尚回答：「用木頭做的鏡子來映照沒有化妝過的臉面。」那僧人又問道：「驗證以後怎麼樣？」令弇回答：「差不多。」

有僧人請道：「三臺貴官有請和尚，僧俗四眾來臨法筵。既然處於當仁不讓之處，還請和尚舉唱一番。」令弇和尚說道：「要舉唱也不難。」那僧人說道：「便請和尚舉唱。」令弇說道：「夜靜水清魚不食，滿船空載月明歸。」

虔州天竺義澄禪師

虔州天竺❶義澄常真禪師，初參羅山，棲泊❷數載。後因羅山在疾，師問：「百年後忽有人問，和尚以何指示？」羅山乃放❸身便倒，師從此契悟。

僧問：「如何是佛法大意？」師曰：「寒暑相催。」

問：「聖皇請命，大眾臨筵，請師舉。」師曰：「領領。」曰：「恁麼即人天有賴也。」師曰：「汝作麼生？」

【注　釋】❶天竺　山名，在江西大餘東北六十里，巖壑綿亙，林木茂鬱。東有月峰，景色甚奇秀。❷棲泊　棲息；停留。

❸放　任：任由。

【語　譯】虔州（今江省贛州）天竺山義澄常真禪師，起初參拜羅山和尚時，停留了數年。後來因為羅山和尚生病了，義澄便問道：「和尚百年以後，忽然有人問道，和尚用什麼來指示？」羅山和尚就任由身子倒下，義澄由此契悟了禪旨。

有僧人問道：「什麼是佛法大意？」義澄禪師回答：「寒暑相催接。」

有僧人請道：「聖明的皇帝來請命，僧俗大眾來臨法筵，請和尚舉唱要旨。」義澄禪師說道：「領會。」那僧人便說道：「這樣則人天都有依靠了。」義澄問道：「你怎麼樣？」

吉州清平惟曠禪師

吉州清平惟曠真寂禪師。師上堂云：「不動神情，便有輸贏之意。還有麼？出來！」時有僧出禮拜，師云：「不是作家，出去！」

僧問：「如何是第一句？」師曰：「要頭將取去！」

問：「如何是活人劍？」師曰：「會麼？」曰：「如何是殺人刀？」師叱之。

問：「如何是師子兒？」師曰：「毛頭排❶宇宙。」

【注　釋】❶排　安排；排列。

【語　譯】吉州（今江西吉安）清平惟曠真寂禪師。惟曠禪師上堂說道：「不動神情，就有了輸贏之意。可還有嗎？站出來！」當時有一位僧人站出來禮拜，惟曠喝道：「你不是行家，出去！」

有僧人問道：「什麼是第一句？」惟曠禪師回答：「要頭就拿去。」

有僧人問道：「什麼是活人劍？」惟曠禪師反問：「領會了嗎？」那僧人又問道：「什麼是殺人刀？」惟曠便呵斥他。

有僧人問道：「什麼是獅子兒？」惟曠禪師回答：「毛髮的尖端排列著宇宙。」

婺州金柱義昭和尚

婺州金柱義昭和尚。僧問：「如何是和尚家風？」師云：「開門作活。」僧云：「忽遇賊來，又怎麼生？」師曰：「然。」

有新到僧參，師揭簾以手作除帽子勢，僧擬欲近前，師曰：「賺殺人！」

師因事而有頌曰：「虎頭生角❶人難措，石火電光須密布。假饒❷烈士❸也應難，懵❹底那能解差互❺？」

【注釋】❶虎頭生角　謂更加兇猛難擋。❷假饒　即使；縱使。❸烈士　古時泛指有志功業或重義輕生的人。三國魏武帝曹操〈步出夏門行〉詩：「烈士暮年，壯心不已。」❹懵　糊塗。❺差互　差錯；過失。

【語譯】婺州（今浙江金華）金柱山義昭照和尚。有僧人問道：「什麼是和尚的家風？」義昭回答：「打開門來幹活。」那僧人又問道：「忽然遇到強盜來了，又怎麼辦呢？」義昭回答：「同樣。」

有新到的僧人來參拜，義昭和尚掀起門簾，用手做出摘帽子的樣子，那僧人打算走上前來，義昭說道：「騙殺人！」

義昭和尚因為有事而作了一首偈頌道：「老虎頭上生出了角，人們就更難以措手對付了，火石相互敲擊而產生的火星與閃電之光定要密密排布。縱然使烈士也感到難以應對，那糊塗的人又怎麼能懂得其中的差錯？」

潭州谷山和尚

潭州谷山和尚。僧問：「省要處乞師一言。」師乃起去。

問：「羚羊掛角時如何？」師曰：「你向什麼處覓？」曰：「掛角後如何？」師曰：「走。」

【語譯】潭州（今湖南長沙）谷山和尚。有僧人請道：「緊要關鍵的地方，乞請和尚說一句。」谷山和尚就起身離去了。

有僧人問道：「羚羊掛角的時候怎麼樣？」谷山和尚反問：「你到什麼地方去尋找？」那僧人又問道：「掛角以後怎麼樣？」谷山和尚回答：「跑開。」

湖南瀏陽道吾山從盛禪師

湖南瀏陽道吾山❶從盛禪師。師初住高安龍迴，有僧問：「如何是覿面事？」師曰：「新羅國去也。」

問：「如何是龍迴家風？」師曰：「縱橫射直❷。」

問：「如何是靈源？」師曰：「嫌什麼！」曰：「近者如何？」師曰：「如人飲水❸。」

問：「窮子投師，乞師拯濟。」師曰：「莫是屈著汝麼？」曰：「爭奈窮何！」師曰：「大有人見。」

【注釋】❶道吾山　在湖南瀏陽北十里，東西環列如屏。山內有龍湫，俗呼老龍潭。上有雷劈石。❷射直　像箭射出的軌跡一樣筆直。❸如人飲水　歇後語，下句為「冷暖自知」。

【語譯】湖南瀏陽（今屬湖南）道吾山從盛禪師。從盛禪師起初住持高安（今屬江西）龍迴寺，有僧人問道：「什麼是對面相領悟的事？」從盛回答：「已到新羅國去了。」

有僧人問道：「什麼是龍迴寺的家風？」從盛禪師回答：「縱橫筆直。」

有僧人問道：「什麼是靈源？」從盛禪師回答：「嫌棄什麼？」那僧人又問道：「最近的怎麼樣？」從盛回答：「如人飲水。」

有僧人請道：「窮人投奔和尚，乞請和尚加以拯濟。」從盛禪師問道：「莫非是委屈你了嗎？」那僧人說道：「怎奈貧窮啊！」從盛說道：「有很多人看見了。」

福州羅山義因禪師

福州羅山義因禪師。師上堂示眾曰：「若是宗師門下客，必不怪於羅山。珍重！」

僧問：「承古人有言：自從認得曹溪路，了知生死不相關。曹溪即不問，如何是羅山路？」師展兩手，僧曰：「恁麼即一路得通，諸路亦然。」曰：「什麼諸路？」僧近前立，師曰：「靈鶴煙霄外，鈍鳥不離窠。」

問：「承教中有言：須法身萬象俱寂，隨智用萬象齊生。如何是萬象俱寂？」師曰：「有什麼？」曰：「如何是萬象齊生？」師曰：「繩牀椅子。」

【語譯】福州（今屬福建）羅山義因禪師。義因禪師上堂指示眾僧道：「如果是宗師門下的客人，必定不會怪罪羅山。各自珍重！」

有僧人問道：「承蒙古人說過：自從認識了曹溪之路，徹底明白生死是不相關的。曹溪之路就不問了，什麼是羅山的路？」義因禪師展開了雙手，那僧人便說道：「這樣則一條路可以通行，就眾路都一樣了。」義因問道：「什麼眾路？」那僧人走上前站立，義因說道：「靈敏的白鶴飛去煙霄之外，愚鈍的鳥兒沒有離開過鳥的窠巢。」

有僧人問道：「承蒙教義中說道：順依法身則萬象都寂滅，隨從智用則萬象一起生成。什麼是萬象都寂滅？」義因禪師反問：「有什麼？」那僧人再問道：「什麼是萬象一起生成？」義因回答：「繩牀、椅子。」

灌州靈巖和尚

灌州靈巖和尚。僧問：「如何是道中寶？」師曰：「地傾東南，天高西北。」曰：「學人不會。」師曰：「落照❶機前異。」

師頌石鞏接三平曰：「解擘❷當胸箭，因何只半人？為從途路曉，所以不全身。」

【注釋】❶落照　落日；晚霞。❷擘　分開。

【語譯】灌州（今四川都江堰）靈巖和尚。有僧人問道：「什麼是禪道中的寶貝？」靈巖和尚回答：「大地向東南傾斜，蒼天在西北最高。」那僧人說道：「學生沒有領會。」靈巖和尚說道：「落照在機鋒前不斷變化。」

靈巖和尚因石鞏和尚接引三平禪師的話頭而作了一首偈頌道：「懂得分開當胸而來之箭，為什麼只有半個人？因為曉得來往的道路，所以不露出全身。」

吉州匡山和尚

吉州匡山和尚。師有〈示徒頌〉曰：「匡山路，匡山路，巖崖嶮峻人難措。遊人擬議隔千山，一句分明超佛祖。」又有〈白牛頌〉曰：「我有古壇真白牛❶，父子❷藏來經幾秋？出門直透孤峰頂，迴來暫跨虎溪❸頭。」

【注　釋】❶真白牛　此指大乘禪法。❷父子　喻佛祖與禪僧。❸虎溪　在江西廬山東林寺前。東晉僧人慧遠住東林寺，送客從不過溪。一日，他送名士陶淵明、道士陸靜休時，因談話而不覺過溪，寺中所馴之虎輒驟鳴，三人大笑而別。後人便稱此溪為虎溪。

【語　譯】吉州（今江西吉安）匡山和尚。匡山和尚撰有〈示徒頌〉道：「匡山路，匡山路，巖崖險峻使行人難以措手。遊人想要議論卻遠隔著千山，說了一句話卻分明超越了佛祖。」他又撰有〈白牛頌〉道：「我有古壇真正的白牛，父子藏來經過了幾秋？出門直上孤峰之頂，回來暫時跨越了虎溪頭。」

福州興聖重滿禪師

福州興聖重滿禪師，上堂示眾曰：「覿面分付，不待文宣。對眼投機，喚作參玄。上士若能如此，所以宗風不墜。」

僧問：「如何是宗風不墜底句？」師曰：「老僧不忍。」

問：「昔日靈山會裡，今朝興聖筵中。和尚親傳，如何舉唱？」師曰：「欠汝一問。」

【語　譯】福州（今屬福建）興聖院重滿禪師，上堂指示眾僧道：「面對面的吩咐，不用等待用文字宣示。眼對眼投合機緣，就喚作是玄參。上等根機的人如果能這樣做，所以宗風就不至於墜落。」

有僧人問道：「什麼是宗風不至於墜落的句子？」重滿禪師回答：「老僧不忍心。」

有僧人問道：「昔日靈山大會上，今天興聖院法筵中。和尚親傳，怎樣舉唱呢？」重滿禪師回答：「尚欠你一問。」

潭州寶應清進禪師

潭州寶應清進禪師。僧問：「如何是實相？」師曰：「沒卻汝。」問：「至理無言，如何通信？」師曰：「千差萬別。」曰：「得力處乞師指示。」師曰：「瞌睡漢！」

【語　譯】潭州（今湖南長沙）寶應清進禪師。有僧人問道：「什麼是實相？」清進回答：「淹沒了你。」有僧人問道：「至極的道理不能用言語表達，那怎樣才能交流呢？」清進禪師回答：「千差萬別。」那僧人請道：「要緊之處請和尚加以指示。」清進喝道：「瞌睡蟲！」

【說　明】羅山道閑禪師的法嗣還有漢州綿竹縣定慧禪師、潭州龍會山鑒禪師、安州穆禪師等三人，因無機緣語句，故未收錄。

前安州白兆山志圓禪師法嗣

朗州大龍山智洪禪師

朗州大龍山智洪弘濟大師。僧問：「如何是佛？」師曰：「即汝是。」曰：「如何領會？」師曰：「更嫌鉢盂無柄❶那？」

問：「如何是微妙？」師曰：「風送水聲來枕畔，月移山影到牀邊。」

問：「如何是極則處？」師曰：「懊惱❷三春月，不及九秋光。」

【注釋】❶更嫌鉢盂無柄　鉢盂本無柄，此喻多此一舉。❷懊惱　悔恨；煩惱。古樂府〈懊儂歌〉：「懊惱奈何許，夜聞家中論，不得儂與汝。」

【語譯】朗州（今湖南常德）大龍山智洪禪師，號弘濟大師。有僧人問道：「什麼是佛？」智洪回答：「你就是。」那僧人問道：「怎樣理會？」智洪說道：「你還嫌鉢盂沒有把柄啊？」

有僧人問道：「什麼是微妙？」智洪禪師回答：「風送水聲來枕畔，月移山影到牀邊。」

有僧人問道：「什麼是至極玄妙之處？」智洪禪師回答：「懊惱三春月，不及九秋光。」

襄州白馬山行靄禪師

襄州白馬山❶行靄禪師。僧問：「如何是清淨法身？」師曰：「井底蝦蟇吞卻月。」

問：「如何是白馬正眼？」師曰：「向南看北斗。」

【注釋】❶白馬山　在湖北襄陽南十里，山以白馬泉命名。一名白鶴山。

【語譯】襄州（今湖北襄樊）白馬山行靄禪師。有僧人問道：「什麼是清淨法身？」行靄回答：「井底的蝦蟆吞掉了月亮。」

有僧人問道：「什麼是白馬山的正法眼？」行靄禪師回答：「向南看北斗星。」

郢州大陽山行沖禪師

郢州大陽山❶行沖禪師。第一世住。僧問：「如何是無盡藏❷？」師良久，僧無語。師曰：「近前來！」僧才近前，師曰：「去！」

【注釋】❶大陽山　在湖北京山縣北九十里，群峰聳天，上多猿猴。❷無盡藏　德廣無窮稱無盡，包含無盡之德稱藏。

【語譯】郢州（今湖北鍾祥）大陽山行沖禪師。第一世住持。有僧人問道：「什麼是無盡藏？」行沖許久不回答，那僧人也無語。行沖便招呼道：「走近來！」那僧人剛走近，行沖便喝道：「去！」

安州白兆山懷楚禪師

安州白兆山竺乾院懷楚禪師。第二世住。僧問：「如何是句句須行玄路？」師曰：「沿路直到湖南。」

問：「如何是師子兒？」師曰：「德山嗣龍潭。」

問：「如何是和尚為人一句？」師曰：「與汝素無冤讎，一句元在遮裡。」曰：「未審在什麼方所？」師曰：「遮鈍漢！」

【語譯】安州（今湖北安陸）白兆山竺乾院懷楚禪師。第二世住持。有僧人問道：「什麼是每句都必須施行的玄妙之路？」懷楚回答：「沿著這條路一直通到湖南。」

有僧人問道：「什麼是獅子兒？」懷楚禪師回答：「德山和尚成為龍潭和尚的法嗣。」

有僧人問道：「什麼是和尚接引人的一句話？」懷楚禪師回答：「我與你一向沒有冤仇，一句原來就在這裡。」那僧人又問道：「不知道在什麼地方？」懷楚喝道：「這蠢漢！」

蘄州四祖山清皎禪師

蘄州四祖山❶清皎禪師，福州人也，姓王氏。初住郢州大陽山，為第二世。

僧問：「師唱誰家曲，宗風嗣阿誰？」師曰：「楷師巖畔祥雲起，寶壽峰前震法雷。」

師次住安州慧日院，後遷止蘄州四祖山，為第一世。年七十時，遺偈云：「吾年八十八，滿頭垂白髮。顒顒❷鎮雙峰，明明千江月。黃梅揚祖教，白兆承宗訣。日日告兒孫❸，勿令有斷絕。」淳化四年癸巳八月二十三日入滅，年八十八。

【注釋】❶四祖山　即湖北黃梅縣西北之雙峰山，因唐初在此建正覺寺，為四祖道信大師之道場，故寺又名四祖寺，山亦名四祖山。❷顒顒　嚴肅端莊貌。《周易・觀卦》：「歡盥而不薦，有孚顒若。」唐人孔穎達疏：「顒，是嚴正之貌。」❸兒孫　此指承繼法嗣的徒子徒孫。

【語譯】蘄州（今湖北蘄春）四祖山清皎禪師（九〇六～九九三年），福州（今屬福建）人，俗姓王。清皎禪師最初住持郢州（今湖北鍾祥）大陽山，為第二世住持。

有僧人問道：「和尚舉唱誰家之曲調，宗風又承繼誰的？」清皎禪師回答：「楷師巖畔祥雲升起，寶壽峰前法雷震盪。」

清皎禪師隨後住持安州（今湖北安陸）慧日院，再後遷止蘄州四祖山，為第一世住持。清皎禪師七十歲時，留下了一首偈頌道：「我年屆八十八歲時，滿頭垂白髮。顒顒鎮住雙峰山，明明化作千江之月。在黃梅弘揚祖師教法，從白兆和尚那裡承繼了宗風要訣。天天告誡兒孫，勿令有斷絕。」北宋淳化四年癸巳（九九三年）八月二十三日，清皎禪師逝世，終年八十八歲。

蘄州三角山志操禪師

蘄州三角山志操禪師。第三世住。僧問：「教法甚多，宗歸一貫。和尚為什麼說得許多周遊❶者也？」師曰：「為你周遊者也。」曰：「請和尚即古即今。」師以手敲繩牀。

【注釋】❶周遊　周全；完備。

【語譯】蘄州（今湖北蘄春）三角山志操禪師。第三世住持。有僧人問道：「教門的方法很多，禪宗歸於一貫。

和尚為什麼說得這許多周全呢？」志操回答：「為了你周全啊。」那僧人便說道：「就請和尚即古即今。」志操就用手敲擊繩牀。

晉州興教師普禪師

晉州興教師普禪師。僧問：「盈龍宮、溢海藏真詮即不問，如何是教外別傳底法？」師曰：「眼裡、耳裡、鼻裡。」曰：「只此便是否？」師曰：「是什麼？」僧咄，師亦咄。

問僧：「近離什麼處？」曰：「下寨。」師曰：「還逢著賊麼？」曰：「今日捉下。」師曰：「放汝三十棒。」

【語譯】晉州（今山西臨汾）興教院師普禪師。有僧人問道：「使龍宮、海藏滿溢的真詮就不問了，什麼是教外別傳的法？」師普回答：「在眼睛裡、耳朵裡、鼻孔裡。」那僧人又問道：「只這就是嗎？」師普問道：「是什麼？」那僧人大聲呵斥，師普也大聲呵斥。

師普禪師問一個僧人道：「近來離開了什麼地方？」那僧人回答：「下寨。」師普問道：「可是遇到強盜了嗎？」那僧人回答：「今天抓住了。」師普便說道：「放過你三十棒。」

蘄州三角山真鑒禪師

蘄州三角山真鑒禪師。第四世住。僧問：「師唱誰家曲，宗風嗣阿誰？」師曰：「忽然行正令❶，便見下堦。」

【注釋】❶正令　為禪宗教外別傳本分的命令，於棒喝之外不立一法，謂之正令。

【語譯】蘄州（今湖北蘄春）三角山真鑒禪師。第四世住持。有僧人問道：「和尚舉唱誰家的曲調，宗風又承繼誰的？」真鑒回答：「忽然行正令，便見下堂階。」

【說明】白兆山志圓禪師的法嗣還有郢州興陽山和尚、郴州東禪玄偕禪師、新羅國慧雲禪師、安州慧日院玄諤禪師、京兆大秦寺彥賓禪師等五人，因無機緣語句，故未收錄。

前潭州藤霞和尚法嗣

澧州藥山第七世和尚

澧州藥山和尚。第七世住。師上堂謂眾曰：「夫學般若菩薩❶，不懼得失，有事近前。」時有僧問：「藥山祖裔，請師舉唱。」師曰：「萬機挑不出。」曰：「為什麼萬機挑不出？」師曰：「他緣❷岸谷。」

問：「如何是藥山家風？」師曰：「葉落不如初。」

問：「法雷哮吼時如何？」師曰：「宇宙不曾震。」曰：「為什麼不曾震？」師曰：「徧地娑婆，未嘗哮吼。」曰：「不哮吼底事如何？」師曰：「蓋國無人知。」

【注釋】❶般若菩薩　胎藏教持明院五尊中之中尊，為天女之形，有六臂，其左邊有一手持著梵篋，內為般若之真文，開其法味與其餘四大明王，故以般若為名，密號智慧金剛，與大日四波羅蜜中之金剛波羅蜜同體，即為大日之正法輪身。❷緣　靠近；沿著。

【語譯】澧州（今湖南澧縣）藥山和尚。第七世住持。藥山和尚上堂對眾僧說道：「要學習般若菩薩的，就不懼怕得失，有事者走上前來。」當時有一位僧人說道：「藥山的祖師與後裔，請和尚舉唱。」藥山和尚說道：「萬種機鋒也激發不出來。」那僧人便問道：「為什麼萬種機鋒也激發不出來？」藥山和尚回答：「因為他靠近河岸、山谷。」

有僧人問道：「什麼是藥山的家風？」藥山和尚回答：「葉子已凋落，比不上當初的景象。」

有僧人問道：「法雷咆哮時怎麼樣？」藥山和尚回答：「宇宙不曾震動過。」那僧人又問道：「為什麼不曾震動？」藥山和尚回答：「遍地娑婆世界，未曾咆哮過。」那僧人便問道：「未曾咆哮的事怎麼樣？」藥山和尚回答：「全國沒有人知道。」

【說明】潭州藤霞和尚的法嗣還有潭州雲蓋山和尚一人，因無機緣語句，故未收錄。

前潭州雲蓋山景和尚法嗣

衡嶽南臺寺藏禪師

衡嶽南臺寺藏禪師。問：「遠遠投師，請師一接。」師曰：「不隔戶。」

問：「如何是南臺境？」師曰：「松韻拂時石不點，孤峰山下壘難齊。」曰：「如何是境中人？」師曰：「巖前栽野果，接待往來賓。」曰：「恁麼即謝供養。」

師曰：「怎生滋味？」

問：「如何是法堂？」師曰：「無壁落❶。」

問：「不顧諸緣時如何？」師良久。

【注　釋】❶壁落　牆壁；圍牆。

【語　譯】南嶽衡山南臺寺藏禪師。有僧人請道：「從遙遠的地方來投奔和尚，還請和尚接引一下。」藏禪師說道：「並沒有隔著門。」

有僧人問道：「什麼是南臺寺的境界？」藏禪師回答：「松濤的韻律拂拭時石頭並沒有點頭應和，孤峰山下的石壘難以齊整。」那僧人再問道：「什麼是境界中的人？」藏禪師回答：「山崖前栽種野果，用來接待往來的賓客。」那僧人便說道：「這樣則感謝和尚的供養。」藏禪師問道：「是怎樣的滋味？」

有僧人問道：「什麼是法堂？」藏禪師回答：「沒有牆壁。」

有僧人問道：「不顧各種外緣的時候怎麼樣呢？」藏禪師沉默了許久而未作回答。

幽州潭柘水從實禪師

幽州潭柘水❶從實禪師。僧問：「如何是道？」師曰：「箇中無紫皁❷。」曰：「如何是禪？」師曰：「不與白雲連。」

師問僧：「作什麼來？」曰：「親近來。」師曰：「任汝白雲朝嶽頂，爭奈青霄不展顏❸？」

【注釋】❶潭柘水　在北京城西潭柘山間。山為西山之支脈，山勢磅礴，旁有二潭，潭上有古柘樹，故名。山上有潭柘寺，相傳原為青龍潭，開山時青龍避去，潭平為寺，為北地寺院之最早者。故當地人有「先有潭柘，後有幽州」之諺語流傳。❷紫皁　紫指紫衣，為古代高官貴宦所穿的服色。皁指黑衣，為古代衙門中差役所穿衣服之顏色。❸展顏　笑容。

【語譯】幽州（今北京市）潭柘水從實禪師。有僧人問道：「什麼是道？」從實回答：「當中沒有穿紫衣與皁衣的。」那僧人又問道：「什麼是禪？」從實回答：「不與白雲相連。」

從實禪師問一個僧人道：「從什麼地方來的？」那僧人回答：「親近和尚來。」從實說道：「任憑你白雲去朝拜五嶽之絕頂，怎奈青天沒有展開笑顏？」

潭州雲蓋山證覺禪師

潭州雲蓋山證覺禪師。僧問：「如何是和尚家風？」師曰：「四海不曾通。」

問：「如何是一塵含法界❶？」師曰：「通身體不圓。」曰：「如何是九世❷剎那分？」師曰：「繁興不布彩。」

問：「如何是宗門中的的意？」師曰：「萬里胡僧，不入波瀾。」

【注釋】❶一塵含法界　一粒微塵即是法界。《圓悟錄》：「一塵含法界，一念徧十方。」❷九世　過去、現在、未來之三世各具有三世，合成九世。

【語譯】潭州（今湖南長沙）雲蓋山證覺禪師。有僧人問道：「什麼是和尚的家風？」證覺回答：「沒有同四海交通。」

有僧人問道：「什麼是一粒塵埃包含著整個法界？」證覺禪師回答：「整個身體不圓滿。」那僧人又問道：「什麼是九世與剎那間的分別？」證覺回答：「繁榮興旺而不展示色彩。」

有僧人問道：「什麼是禪宗門中確切的意旨？」證覺禪師回答：「萬里之外的胡僧，沒有進入波瀾中。」

前廬山歸宗懷惲禪師法嗣

歸宗第四世弘章禪師

歸宗寺弘章禪師。第四世住。僧問：「學人有疑時如何？」師曰：「疑來多少時也？」

問：「小船渡大海時如何？」師曰：「教些子❶。」曰：「如何得渡？」師曰：「不過來。」

問：「枯木生華時如何？」師曰：「把一朵來。」

問：「混然覓不得時如何？」師曰：「是什麼？」

【注　釋】❶教些子　即「較些子」，差不多、馬馬虎虎。

【語　譯】廬山歸宗寺弘章禪師。第四世住持。有僧人問道：「學生有疑惑的時候怎麼辦？」弘章反問：「有疑惑多少時間了？」

有僧人問道：「用小船橫渡大海的時候怎麼樣？」弘章禪師回答：「差不多。」那僧人再問道：「怎樣才能渡過？」弘章回答：「不過來。」

有僧人問道：「枯木生花的時候怎麼樣？」弘章禪師回答：「摘一朵來。」

有僧人問道：「混雜不清，尋找不到的時候怎麼樣？」弘章禪師反問：「是什麼呢？」

【說　明】廬山歸宗懷惲禪師的法嗣還有歸宗寺巖密禪師一人，因無機緣語句，故未收錄。

前池州秘山章禪師法嗣

隨州雙泉山道虔禪師

隨州雙泉山道虔禪師。僧問：「洪鐘未扣時如何？」師曰：「絕音響。」曰：

「扣後如何？」師曰：「絕音響。」

問：「如何是在道底人？」師曰：「無異念。」

問：「如何是希有底事？」師曰：「白蓮華向半天開。」

師後住安州法雲院示滅。

【語　譯】隨州（今屬湖北）雙泉山道虔禪師。有僧人問道：「洪鐘沒有敲擊的時候怎麼樣？」道虔回答：「斷絕了音響。」那僧人又問道：「敲擊以後怎麼樣？」道虔回答：「斷絕了音響。」有僧人問道：「什麼是在道路上的人？」道虔禪師回答：「沒有其他念頭。」有僧人問道：「什麼是稀有的事？」道虔禪師回答：「白蓮花在半空中開放。」道虔禪師後來住持安州（今湖北安陸）法雲院，並在那裡圓寂。

【說　明】雙泉道虔禪師圓寂於北宋太平興國（九七六～九八四年）年間。

前洪州雲居山懷岳禪師法嗣

揚州風化院令崇禪師

揚州風化院令崇禪師，第一世住。舒州宿松人。七歲出家，二十登戒，契緣於雲居懷岳和尚，開法於信州鵝湖。廬州節帥周本❶於維揚西南隅創院，請師居之。

僧問：「如何是敵國一著棋？」師曰：「下將來。」

問：「一棒打破虛空時如何？」師曰：「把將一片來。」

【注釋】❶周本　五代時舒州宿松人，有勇力，嘗獨自格殺猛虎，從軍後，為吳王楊行密帳下猛將，任雄武統軍，拜太尉，封西平郡王。徐知誥篡奪吳王政權時，其子代其署名上表勸進，周本知道後，愧恨而死。諡恭烈。

【語譯】揚州（今屬江蘇）風化院令崇禪師，第一世住持。舒州宿松（今屬安徽）人。令崇七歲時出家，二十歲時接受具足戒，在雲居山懷岳和尚那裡契合禪緣，在信州（今江西上饒）鵝湖開堂說法。廬州（今安徽合肥）節度使周本在揚州西南角創建風化院後，迎請令崇禪師住持。

有僧人問道：「什麼是敵國的一著棋？」令崇禪師回答：「下起來。」

有僧人問道：「一棒打破虛空的時候怎麼樣？」令崇禪師回答：「拿過一片來。」

澧州藥山忠彥禪師

澧州藥山忠彥禪師。第八世住。僧問：「教云：諸佛放光明，助發實相義。光明即不問，如何是助發實相義？」師曰：「會麼？」曰：「莫便是否？」師曰：「是什麼？」

問：「師唱誰家曲，宗風嗣阿誰？」師曰：「雲嶺❶龍昌月，神風洞上泉。」

【注釋】❶雲嶺　即指雲居山。

【語譯】澧州（今湖南澧縣）藥山忠彥禪師。第八世住持。有僧人問道：「教義上說：諸佛放光明，幫助發明實相之義。光明就不問了，什麼是幫助發明實相之義？」忠彥問道：「領會了嗎？」那僧人反問：「莫非這就是嗎？」忠彥反問：「是什麼？」

有僧人問道：「和尚舉唱誰家的曲調，宗風又承繼誰的？」忠彥禪師回答：「雲嶺龍昌月，神風洞上泉。」

梓州龍泉和尚

梓州龍泉和尚。僧問：「如何是祖師西來意？」師曰：「不在闍梨分上。」

問：「學人欲跳萬丈洪崖時如何？」師曰：「撲殺。」

【語譯】梓州（今四川三台）龍泉和尚。有僧人問道：「什麼是祖師西來的意旨？」龍泉和尚回答：「不在闍梨的分上。」

有僧人問道：「學生想跳下萬丈懸崖時怎麼樣？」龍泉和尚回答：「摔死。」

【說明】雲居山懷岳禪師的法嗣還有雲居山住緣和尚、雲居山住滿和尚等二人，因無機緣語句，故未收錄。

前筠州洞山道延禪師法嗣

筠州上藍院慶禪師

筠州上藍院慶禪師，初遊方，問雪峰：「如何是雪峰的的意？」雪峰以杖子敲師頭，師應諾，峰大笑。師後承洞山印解，居于上藍。

僧問：「如何是上藍無刃劍❶？」師曰：「無。」僧曰：「為什麼無？」師曰：「闍梨，諸方有。」

【注釋】❶無刃劍　沒有開刃的寶劍，以喻禪師接引無法，不能截斷學僧之妄念，以領悟佛禪真意。

【語譯】筠州(今江西高安)上藍院慶禪師，當初行遊各地時，曾問雪峰和尚道：「什麼是雪峰確切的意旨？」雪峰和尚用拄杖敲了敲慶禪師的頭，慶禪師答應了一聲，雪峰和尚呵呵大笑。慶禪師此後在洞山道延和尚那裡印證了自己的解悟，此後住持上藍院。

有僧人問道：「什麼是上藍院的無刃劍？」慶禪師回答：「沒有。」那僧人再問道：「為什麼沒有？」慶禪師回答：「闍梨，其他地方有。」

【說明】洞山道延禪師的法嗣還有洞山第五世住持敏禪師一人，因無機緣語句，故未收錄。

前襄州鹿門山處真禪師法嗣

益州崇真和尚

益州崇真和尚。僧問：「如何是禪？」師曰：「澄潭釣玉兔❶。」

問：「如何是大人相？」師曰：「泥捏三官❷土地堂。」

【注釋】❶玉兔　指月亮。❷三官　道教所奉的神祇，即賜福之天官、赦罪之地官、解厄之水官。舊時各地都建有三官廟、三官殿。

【語譯】益州（今四川成都）崇真和尚。有僧人問道：「什麼是禪？」崇真和尚回答：「在清澄的潭水裡釣玉兔。」

有人問道：「什麼是大人相？」崇真和尚回答：「泥捏的三官殿、土地廟中神像。」

鹿門山第二世住持譚和尚

襄州鹿門山第二世譚和尚志行大師。僧問：「如何是實際理地❶？」師曰：「南贍部洲，北鬱單越❷。」曰：「恁麼則事同一家也。」師曰：「隔須彌在。」

問：「遠遠投師，請師接。」師曰：「從什麼處來？」曰：「江北來。」師曰：「南堂裡安下。」

問：「如何是清淨法身？」師曰：「戌亥年生❸。」

【注釋】❶實際理地　真如無相之境界。《護法錄》：「實際理地，不染一塵。」❷北鬱單越　四大部洲之一，鬱單越洲在須彌山之北，故名北鬱單越。❸戌亥年生　據十二生肖排列，戌年生者屬狗，亥年生者屬豬。此即指狗與豬。

【語譯】襄州（今湖北襄樊）鹿門山第二世住持譚和尚，號志行大師。有僧人問道：「什麼是實際理地？」譚和尚回答：「南贍部洲，北鬱單越洲。」那僧人說道：「這樣則事同一家了。」譚和尚說道：「隔著須彌山。」

有僧人請道：「從遙遠的地方來投奔和尚，還請和尚加以接引。」譚和尚問道：「從什麼地方來的？」那僧人回答：「從江北來的。」譚和尚吩咐道：「到南堂裡安頓。」

有僧人問道：「什麼是清淨法身？」譚和尚回答：「戌、亥年出生的。」

襄州谷隱智靜大師

襄州谷隱智靜悟空大師。僧問：「如何是和尚轉身處？」師曰：「臥單子❶下。」

問：「如何是道？」師曰：「鳳林關❷下。」曰：「學人不會。」師曰：「直至荊南。」

問：「如何是指歸之路？」師曰：「莫用伊。」曰：「還使學人到也無？」

師曰：「什麼處著得汝！」

問：「靈山一會，何異今時？」師曰：「不異如今。」曰：「不異底事作麼生？」師曰：「如來密旨，迦葉不傳。」

【注釋】❶臥單子　牀單；被單。❷鳳林關　在湖北襄樊市東南十里鳳林山。

【語譯】襄州（今湖北襄樊）谷隱智靜禪師，號悟空大師。有僧人問道：「什麼是和尚的轉身之處？」智靜禪師回答：「牀單之下。」

有僧人問道：「什麼是道？」智靜禪師回答：「鳳林關下。」那僧人說道：「學生沒有領會。」智靜便說道：「直通荊南府（今湖北荊州）。」

有僧人問道：「什麼是指歸之路？」智靜禪師回答：「不要用它。」那僧人又問道：「可還能使學生到達嗎？」智靜喝道：「什麼地方放得下你！」

有僧人問道：「靈山大會，與今天有什麼差異嗎？」智靜禪師回答：「與今天沒有差異。」那僧人又問道：「沒有差異的事怎麼樣？」智靜回答：「如來佛的密旨，迦葉尊者沒有傳下來。」

廬山佛手巖行因禪師

廬山佛手巖❶行因禪師者，鴈門人也，未詳姓氏。早習儒學，一日捨俗出家，志求真諦，乃遊方，首謁襄陽鹿門山真禪師，師資道契。尋抵江淮，登廬山。山之北，有巖如五指，下有石窟，深邃可三丈餘。師宴處其中，因號佛手巖和尚。不度弟子，有鄰庵僧為之供侍。常有異鹿、錦囊鳥馴繞其側。江南國主李氏嚮仰，三遣使徵召，不起，堅請就棲賢寺開法。不踰月，潛歸巖室。

僧問：「如何是對現色身？」師豎起一指。法眼別云：「還有也未？」

一日，示有微疾，謂侍僧曰：「日將午，吾去矣。」侍僧方對，師下牀行數步，屹立而化。巖頂上有松一株，同日枯瘁。壽七十餘。國主命畫工寫影，備香薪焚爇，收遺骨，塔于巖之陰❷。

【注釋】❶佛手巖　在江西廬山，一名仙人洞，高約二丈，深廣各三、五丈，最深處有泉一泓，絕清洌，終年不涸。❷陰　山北背陽處稱陰。

【語譯】廬山佛手巖行因禪師，雁門（今山西代縣）人，姓氏不詳。行因年輕時學習儒學，有一天捨棄俗世出家，立志訪求佛道真諦，於是四出雲遊，首先拜謁襄陽（今湖北襄樊）鹿門山處真和尚，行因由此契悟了佛道。不久，行因抵達江淮地區，登上了廬山。在廬山北坡，有一處山巖外形像五根手指，巖下有石窟，相當深邃，有三丈有餘深廣。行因就坐禪修習在石窟之內，因而被叫作佛手巖和尚。行因禪師不引度弟子，有鄰庵僧人給他飲食供養。時常有神異的鹿、錦囊鳥馴服地環繞在行因的身旁。江南國主李氏嚮慕景仰行因禪師，三次派遣使者前來徵召，但行因禪師都推辭不出，江南國主李氏一再堅決請他在棲賢寺開堂說法。不出一個月，行因禪師悄悄地回到了佛手巖石室。

有僧人問道：「什麼是對現色身？」行因禪師豎起了一根手指。法眼和尚另外回答：「可還有沒有呢？」

有一天，行因禪師患了小病，便對侍從的僧人說道：「時辰一到中午，我就要去了。」侍從的僧人剛說中午已至，行因就下牀走了數步，直挺挺站立著圓寂了。山巖上長著一棵松樹，同一天也枯萎了。行因禪師享年七十餘歲。江南國主命令畫師描畫行因禪師的遺容，備好香柴火化了他的遺體，收拾遺骨，在巖洞之北面建造靈塔安葬。

【說　明】鹿門山處真禪師的法嗣還有襄州靈溪山明禪師、洪州大安寺真上座等二人，因無機緣語句，故未收錄。

前撫州曹山慧霞禪師法嗣

嘉州東汀和尚

嘉州東汀和尚。僧問：「如何是卻去❶底人？」師曰：「石女紡麻纑❷。」曰：「如何是卻來❸底人？」師曰：「扇車❹關棙良❺計❻斷。」

【注　釋】❶卻去　回去；離去。唐人杜甫〈羌村〉詩：「嬌兒不離膝，畏我復卻去。」❷纑　布條子。❸卻來　歸來。唐人李白〈東魯見狄博通〉詩：「謂言挂席渡滄海，卻來應是天長風。」❹扇車　風車，利用風力吹去穀米秕糠的農具。❺良　歷時長久。❻計　按理；照說。

【語　譯】嘉州（今四川樂山）東汀和尚。有僧人問道：「什麼是離去的人？」東汀和尚回答：「石頭雕刻的女人在紡麻線。」那僧人又問道：「什麼是歸來的人？」東汀和尚回答：「風車的扇軸使用日久，理應折斷了。」

【說　明】曹山慧霞禪師的法嗣還有雄州華嚴正慧大師、泉州招慶院堅上座等二人，因無機緣語句，故未收錄。

前華州草庵法義禪師法嗣

泉州龜洋慧忠禪師

泉州龜洋慧忠禪師，本州仙遊縣人也，姓陳氏。九歲依本山出家，既具戒，杖錫觀方，謁草庵和尚。草庵問曰：「何方而來？」師曰：「六眸峰來。」草庵曰：「還具六通否？」師曰：「患非重瞳。」草庵然之。

師迴故山，屬唐武宗廢教，例為白衣❶。暨宣宗中興，師曰：「古人有言：上昇❷道士不受籙，成佛沙彌不具戒法。」遂過中不食，不宇❸而禪，乃述偈三首曰：「雪後始諳松桂別，雲收方見濟、河分。不因世主教還俗，那辨雞群與鶴群！」「多年塵事謾❹騰騰❺，雖著方袍❻未是僧。今日修行依善慧❼，滿頭留髮後然燈❽。」「形容雖變道常存，混俗心源亦不昏。更讀善財❾巡禮❿偈，當時何處作沙門？」

師始從參禮，以至返初示滅，未嘗下山。葬于無了和尚⑪塔之東隅二百步，目為東塔。經數載，其塔忽坼裂，連堦丈餘。時主塔僧將發之，於夜宴寂中見西塔定身⑫言曰：「吾之遺質⑬既勞汝重瘞，今東塔不煩更出也。」塔主稟乎靈感，召檀信重修補嚴飾，迨今香燈不絕，時謂陳、沈二真身是也。其無了禪師，嗣馬祖，事迹廣如別章。

【注　釋】❶為白衣　謂僧人還俗。白衣，俗家人所穿衣服之色。❷上昇　謂成仙。❸宇　房屋。此指居住於庵廟中。❹謾　胡亂。❺騰騰　昏沉迷糊貌。❻方袍　比丘的法衣為方形，故名方袍，也稱方服。❼善慧　指南朝時居士傅翕，曾遇梵僧，因結庵松山之雙林樹間，自號當來解脫善慧大士。苦行七年，於宴坐之間，見釋迦、金粟、定光三佛。❽然燈　指傳授禪法。然，同「燃」。❾善財　善財童子，為佛之弟子。其出生時，種種寶物自然湧現，故名善財。善財參文殊菩薩時發願心，從此漸次南行，參五十二善知識而證入法界。❿巡禮　雲遊參禮。⓫無了和尚　馬祖法嗣，俗姓沈，住持泉州龜洋山。死後靈塔曾遭洪水淹沒，寺僧重建塔埋葬。詳見本書卷八〈泉州龜洋山無了禪師〉章。⓬定身　五種法身之一，也指住於禪定之身。⓭遺質　遺體；遺骨。

【語　譯】泉州（今屬福建）龜洋山慧忠禪師，泉州仙遊縣人，俗姓陳。慧忠在九歲時皈依龜洋山出家，等到接受具足戒後，就杖錫雲遊四方，拜謁草庵和尚。草庵和尚問道：「從哪裡來的？」慧忠回答：「從六眸峰來。」草庵和尚問道：「可還具有六種神通嗎？」慧忠回答：「是患病而不是重瞳。」草庵和尚認可了他的答話。

慧忠禪師回到了原先居住的龜洋山，正好遇到唐武宗廢佛教，慧忠按法規還俗。等到唐宣宗時，佛教中興，慧忠說道：「古人曾說過：已成仙的道士不再接受符籙，已成佛的沙彌不必具備戒法。」他於是依舊身穿白衣，過了中午不再吃飯，不居住在寺院中卻堅持禪修，並著述有三首偈頌以明志。其第一偈道：「大雪過後才能明瞭松樹與桂樹的區別，烏雲散去才能看見濟水與黃河分流。不是因為世俗之主命令僧侶還俗，怎麼能辨別雞群與鶴群呢！」其第二偈道：「多少年的塵世之事亂騰騰，雖然穿著方袍卻還不是僧人。今天修行依照善慧大士之例，滿頭留著頭髮然後點燃傳遞法燈。」其第三偈道：「形像面容雖然有所變化而佛道卻永恆留存，混跡於俗世之中但心源也沒有昏惑。再讀善財童子雲遊參禮之偈頌，當時在哪裡做沙門呢？」

慧忠禪師從開始四出參問拜謁，至返回最初居住之處後，直到圓寂，再也沒有下過山。慧忠禪師葬在無了和尚靈塔的東邊二百步之處，被稱作東塔。過了數年，東塔突然裂開，裂口連同階梯長達一丈有餘。當時主持靈塔祭掃的僧人準備打開靈塔看視，卻在當頭夜間睡夢中看見西塔無了和尚的定身來說道：「我的遺體既已煩勞你重新埋葬，現在東塔和尚就不煩勞再打開了。」那僧人既秉承了靈感，就召來了檀越信徒重新修補東塔，莊嚴裝飾，至今香火不斷。當時人稱之為陳、沈兩位禪師的真身。那無了禪師，為馬祖的法嗣，其事跡詳載於其他章節。

前襄州含珠山審哲禪師法嗣

洋州龍穴山和尚

洋州龍穴山和尚。僧問：「如何是祖師西來意？」師曰：「騎虎唱巴歌。」

問：「大善知識為什麼卻與土地燒錢？」師曰：「彼上人❶者難為酬對。」

【注釋】❶上人　上德之人。佛教稱內有德智、外有善行並在人之上者為上人。《十誦律》：「人有四種：一粗人，二濁人，三中間人，四上人。」

【語譯】洋州（今陝西洋縣）龍穴山和尚。有僧人問道：「什麼是祖師西來的意旨？」龍穴山和尚回答：「騎著老虎唱著巴地的歌謠。」

有僧人問道：「大善知識為什麼要給土地神燒紙錢？」龍穴山和尚回答：「那些上人很難應酬。」

唐州大乘山和尚

唐州大乘山和尚。問：「枯樹逢春時如何？」師曰：「世間希有。」

問：「如何是四面上事？」師曰：「升❶子裡踍跳，斗❷子內轉身。」

【注釋】❶升　古代量具，能容一升。❷斗　古代量具，能容一斗。

【語譯】唐州（今河南唐河）大乘山和尚。有僧人問道：「枯樹逢春時怎麼樣？」大乘山和尚回答：「世上少有。」

有僧人問道：「什麼是四面八方上的事？」大乘山和尚回答：「升子裡蹦跳，斗子內轉身。」

襄州延慶院歸曉大師

襄州鳳山延慶院歸曉慧廣大師。僧問：「言語道斷時如何？」師曰：「兩重公案。」曰：「如何領會？」師曰：「分明舉似洞山。」

問：「如何是鳳山境？」師曰：「好生看取。」曰：「如何是境中人？」師曰：「識麼？」

【語　譯】襄州（今湖北襄樊）鳳山延慶院歸曉慧廣禪師。有僧人問道：「言語之道斷絕的時候怎麼辦？」歸曉回答：「兩重公案。」那僧人便問道：「怎樣領會呢？」歸曉回答：「清楚地舉說給洞山和尚聽。」

有僧人問道：「什麼是鳳山的境界？」歸曉大師回答：「好好地看看。」那僧人又問道：「什麼是境界中的人？」歸曉問道：「認識嗎？」

襄州含珠山真和尚

襄州含珠山真和尚。第三世住。僧問：「師唱誰家曲，宗風嗣阿誰？」師曰：「含珠密意，同道者知。」曰：「恁麼即不假羽翼，便登翠嶺也。」師曰：「鈍。」

問：「古鏡未磨時如何？」師曰：「昧不得。」曰：「磨後如何？」師曰：「黑如漆❶。」

【注　釋】❶黑如漆　比喻心中一團漆黑，愚鈍昏庸。

【語　譯】襄州（今湖北襄樊）含珠山真和尚。第三世住持。有僧人問道：「和尚舉唱誰家的曲調，宗風又承繼誰的？」真和尚回答：「含珠山的秘密旨意，同道的人才能知道。」那僧人便說道：「這樣則不憑藉羽翼，便能登上青翠的高峰了。」真和尚說道：「愚鈍。」

有僧人問道：「古鏡沒有磨的時候怎麼樣？」真和尚回答：「隱瞞不了。」那僧人又問道：「磨了以後又怎麼樣？」真和尚回答：「像漆一樣黑。」

【說明】含珠山審哲禪師的法嗣還有含珠山第二世住持璋禪師、含珠山偃和尚等二人，因無機緣語句，故未收錄。

前鳳翔府紫陵匡一禪師法嗣

并州廣福道隱禪師

并州廣福道隱禪師。僧問：「如何是指南❶一路？」師曰：「妙引靈機事，澄波顯異輪。」

問：「三家同到請，未審赴誰家？」師曰：「月應千家水，門門盡有僧。」

【注釋】❶指南　此謂正確的方向。

【語譯】并州（今山西太原）廣福院道隱禪師。有僧人問道：「什麼是指南一條路？」道隱回答：「巧妙地引發靈機之事，清澄的波浪顯露出不同尋常的法輪。」

有僧人問道：「三家人家同時前來邀請，不知道赴哪一家？」道隱禪師回答：「月光映照在千江水中，家家都有僧人。」

紫陵第二世微禪師

紫陵微禪師。第二世住。僧問：「如何是紫陵境？」師曰：「寂照燈光夜已深。」曰：「如何是境中人？」師曰：「猿啼虎嘯。」問：「寶劍未出匣時如何？」師曰：「磐陀石❶上栽松柏。」

【注釋】❶磐陀石　也作「盤陀石」。高低不平的大巖石。

【語譯】紫陵微禪師。第二世住持。有僧人問道：「什麼是紫陵的境界？」微禪師回答：「燈光寂寞地照著，夜色已很深了。」那僧人又問道：「什麼是境界中的人？」微禪師回答：「猿猴高啼，老虎長嘯。」有僧人問道：「寶劍沒有抽出劍匣的時候怎麼樣？」微禪師回答：「磐陀石上栽松柏。」

興元府大浪和尚

興元府大浪和尚。僧問：「既是喝河神，為什麼卻被水推卻？」師曰：「隨流始得妙，倚岸卻成迷。」

【語　譯】興元府（今陝西漢中）大浪和尚。有僧人問道：「既然是呵責河神，為什麼反而被河水捲去了？」大浪和尚回答：「隨流才能得到妙處，倚靠在岸邊卻成迷惑。」

前洪州鳳棲山同安威禪師法嗣

陳州石鏡和尚

陳州石鏡和尚。僧問：「石鏡不磨，還照也無？」師曰：「前生是因，今生是果。」

【語　譯】陳州（今河南淮陽）石鏡和尚。有僧人問道：「石鏡沒經磨過，可還能用來鑑照嗎？」石鏡和尚回答：「前生是因，今生是果。」

中同安志和尚存目

【說　明】同安威禪師的法嗣還有中同安志和尚一人，因無機緣語句，故未收錄。

前襄州石門山獻禪師法嗣

石門山第二世慧徹禪師

石門山乾明寺❶慧徹禪師。第二世住。問：「金烏❷出海光天地，與此光陰事若何？」師曰：「龍出洞兮風雨至，海嶽傾時日月明。」

問：「從上諸聖向什麼處去也？」師曰：「露柱掛燈籠。」

問：「師唱誰家曲，宗風嗣阿誰？」師曰：「片雲生鳳嶺，樵子處處明。」

問：「如何是和尚家風？」師曰：「解接無根樹，能燒海底燈。」

問：「如何是祖師西來意？」師曰：「少林澄九鼎❸，動浪百華新。」

問：「如何是佛法大意？」師曰：「三門外松樹子，見❹生見長。」

問：「一毫未發時如何？」師曰：「羿❺善不調弓，箭透三江口。」

問：「如何是佛？」師曰：「樵子度荒郊，騎牛草不露。」

【注釋】❶乾明寺　寺在湖北襄樊南鳳凰山上。鳳凰山兩崖峙立，狀若天闕，故也名石門山。五代時大哥和尚自夾山至此，愛其清幽，便旁山依澗，建寺弘化，後人才輩出，遂成名寺。北宋淳化年間，宋太宗賜名乾明寺。❷金烏　指太陽。❸九鼎　相傳夏禹曾收集各地金銅，鑄成九個鼎，以象徵九州。後世將此九鼎象徵為傳國之寶。此喻為禪林之寶。❹見　同「現」。❺羿　即后羿，傳說中夏代東夷族的首領，善於射箭，曾推翻夏朝統治，不久因喜狩獵，不理民事，為家臣所殺。又神話傳說堯帝時十日並出，植物枯死，猛獸長蛇為害，后羿射去九日，又射殺猛獸長蛇，為民除害。

【語　譯】石門山乾明寺慧徹禪師。第二世住持。有僧人問道：「金烏升出海面光照天地，與這裡的光陰之事又怎麼樣呢？」慧徹禪師回答：「龍出了洞，風雨就會到來，大海與山嶽顛倒的時候，日月就大放光明。」

有僧人問道：「以前的諸位聖人都到什麼地方去了？」慧徹禪師回答：「露柱上掛燈籠。」

有僧人問道：「和尚舉唱誰家的曲調，宗風又承繼哪一個人？」慧徹禪師回答：「一片白雲出現在鳳山嶺上，打柴的樵子所到之處都明亮。」

有僧人問道：「什麼是和尚的家風？」慧徹禪師回答：「懂得栽種無根的樹，能夠點燃海底的燈火。」

有僧人問道：「什麼是達磨祖師西來的意旨？」慧徹禪師回答：「少林寺澄清九鼎，波浪湧動百花新。」

有僧人問道：「什麼是佛法大意？」慧徹禪師回答：「山門外的小松樹，現種現長。」

有僧人問道：「一毫也沒有發出時怎麼樣？」慧徹禪師回答：「后羿善於射箭而不用調整弓，一箭射過三江口。」

有僧人問道：「什麼是佛？」慧徹禪師回答：「打柴的樵子走過荒蕪郊野，騎著牛而草不露出來。」

前襄州廣德義和尚法嗣

襄州廣德第二世延和尚

襄州廣德延和尚。第二世住。初謁廣德義和尚，作禮而問曰：「如何是和尚深深處？」曰：「隱身不必須巖谷，闤闠堆堆❶覩者希。」師曰：「恁麼即酌水獻華也。」曰：「忽然雲霧靄，闍梨作麼生？」師曰：「采汲不虛施。」曰：「大眾看取第二代廣德。」師次踵山門，聚徒開法。

僧問：「如何是祖師西來意？」師曰：「魚躍無源水，鶯啼萬古松。」

問：「如何是常在底人？」師曰：「臘月死蛇當大路，觸著傷人不奈何！」

問：「如何是大通智勝佛❷時？」師曰：「盛夏日輪新霽後，汝莫當輝瞪目觀。」曰：「如何是大通智勝佛後？」師曰：「孤輪❸罷照鷲峰❹頂，汝報巴❺猿莫斷腸。」

問：「如何是作得無間業❻？」師曰：「猛火然鑊煮佛喋❼。」

師因事有頌曰：「才到洪山便搽❽根，四平八面不言論。他家自有眠雲志❾，蘆管❿橫吹宇宙分。」

【注釋】❶堆堆　不動貌。唐人王建〈新嫁娘詞〉：「鄰家人未識，牀上坐堆堆。」❷大通智勝佛　於三千塵點劫出世的如來。此佛在世時，有十六位王子出家為沙彌，依從此佛聽講《法華經》。此佛入寂後，十六沙彌各升法座，為大眾復講《法華經》。其第九位沙彌即今已成佛之阿彌陀佛，其第十六位沙彌為今世之釋迦牟尼佛。❸孤輪　一輪孤月。❹鷲峰　靈鷲山的異名，也稱靈山、鷲頭山、鷲嶺等，在古印度王舍城東北，釋迦牟尼佛曾居此。《智度論》載：鷲頭山即耆闍崛山，因山頂似鷲，又以鷲多聚山頭，故名。此山高大，多好林泉，諸聖人隱居於此。❺巴　此指長江三峽。❻無間業　五種最大的大惡業，即五逆。❼喋　此指煩瑣、多餘的話語。❽搽　搖動。❾眠雲志　謂懷有隱居出世之志。❿蘆管　用蘆竹製作的樂器。

【語　譯】襄州（今湖北襄樊）廣德院延和尚，第二世住持。初次拜見廣德義和尚時，施禮後問道：「什麼是和尚的深密之處？」義和尚回答：「隱藏身子不一定非住在巖谷中不可，鬧市中堆堆地坐著，看見的人也很少。」延和尚便說道：「這樣說來則舀水獻花了。」義和尚問道：「忽然雲霧靄靄，闍梨怎麼樣呢？」延和尚回答：「採摘汲水不虛為設施。」義和尚便說道：「大眾來看第二代廣德和尚。」延和尚緊接義和尚住持山門，聚集徒眾，開堂說法。

有僧人問道：「什麼是達磨祖師西來的意旨？」延和尚回答：「魚兒在沒有源頭的水潭中跳躍，黃鶯在生長萬年的老松樹上啼鳴。」

有僧人問道：「什麼是永遠都在的人？」延和尚回答：「臘月裡死蛇阻擋在大路上，碰著就傷人實在沒辦法！」

有僧人問道：「什麼是大通智勝佛之時代？」延和尚回答：「盛夏剛剛雨過天晴之後的太陽，你不要迎著陽光張大著眼睛看。」那僧人又問道：「什麼是大通智勝佛以後的時代？」延和尚回答：「一輪孤月不再照耀靈鷲峰頂，你去告訴三峽的猿猴不要哀鳴斷腸。」

有僧人問道：「什麼是做下了無間業？」延和尚回答：「用猛火燒鍋來煮佛的煩瑣之語。」

延和尚因為有事而作有一首偈頌道：「才到洪山便搖動山根，四平八穩不言論。他家自有眠雲出世之志，蘆管橫著吹奏而宇宙分開。」

【說　明】廣德義和尚的法嗣還有荊州上泉和尚、廣德周和尚等二人，因無機緣語句，故未收錄。

前隨州隨城山護國守澄禪師法嗣

隨州智門守欽大師

隨州龍居山智門寺守欽圓照大師。僧問：「兩鏡相對，為什麼中間無像？」師曰：「自己亦須隱。」曰：「鏡破臺亡時如何？」師豎起拳。

問：「如何是和尚家風？」師曰：「額上不帖牓。」

【語譯】隨州（今屬湖北）龍居山智門寺守欽禪師，號圓照大師。有僧人問道：「兩面鏡子對照，為什麼中間沒有成像？」守欽回答：「自己也應該隱去。」那僧人又問道：「鏡子破了，鏡臺毀壞的時候怎麼樣？」守欽豎起了拳頭。

有僧人問道：「什麼是和尚的家風？」守欽禪師回答：「額頭上沒有粘貼榜文。」

護國第二世知遠大師

隨城山護國知遠演化大師。第二世住。僧問：「舉子❶入門時如何？」師曰：「緣情體物是作麼生？」

問：「乾坤休駐意，宇宙不留心時如何？」師曰：「總是戰爭收拾得，卻因歌舞破除休。」

問：「直截根源佛所印，摘葉尋枝我不能。意旨如何？」師曰：「罷攀雲樹三秋果，休戀碧潭孤月輪。」

【注釋】❶舉子　謂參加科舉考試的士人。

【語譯】隨城山護國院知遠禪師，號演化大師。第二世住持。有僧人問道：「士子進門的時候怎麼樣？」知遠禪師反問：「抒發情感、體會事物是怎樣的？」

有僧人問道：「乾坤不要在意，宇宙不再留心的時候怎麼樣？」知遠禪師回答：「總被戰爭收拾去，卻因歌舞破除了。」

有僧人問道：「直截根源為佛所印證，摘葉尋枝我不能做。這話是什麼意思？」知遠禪師回答：「不再攀摘高聳雲霄的三秋果實，休要依戀碧潭波心中的一輪孤月影。」

安州大安山能和尚

安州大安山❶能和尚崇教大師。僧問：「師唱誰家曲，宗風嗣阿誰？」師曰：「打起南山鼓，唱起北山歌。」

問：「如何是三冬境？」師曰：「千山添翠色，萬樹鎖銀華。」

【注釋】❶大安山　在湖北安陸西六十里，四面陡峭。其石平坦，廣約數里。

【語譯】安州（今湖北安陸）大安山能和尚，號崇教大師。有僧人問道：「和尚舉唱誰家的曲調，宗風又承繼哪一人？」能和尚回答：「打起南山鼓，唱起北山歌。」

有僧人問道：「什麼是三冬的景象？」能和尚回答：「千山增添了翠色，萬樹掛上了銀花。」

潁州薦福院思禪師

潁州薦福院思禪師。曾在唐州天目山。僧問：「古殿無佛時如何？」師曰：「梵音何來？」又問：「不假修證，如何得成？」師曰：「修證即不成。」

【語譯】潁州（今安徽阜陽）薦福院思禪師。他曾經住在唐州（今河南唐河）天目山。有僧人問道：「古殿沒有佛時怎麼樣？」思禪師反問：「那梵音是從哪裡來的？」那僧人又問道：「不憑藉修行印證，怎樣才能成正果？」思禪師回答：「修行印證就不能成正果。」

潭州延壽和尚

潭州延壽和尚。僧問：「師唱誰家曲，宗風嗣阿誰？」師曰：「煬帝❶以汴水❷為榮，老僧以書湖池畔。」

【注釋】❶煬帝　即隋煬帝楊廣。他即位後營建東都洛陽，大興土木，開挖大運河。因兵役繁重，徵斂苛虐，激起民眾起義，使隋朝統治土崩瓦解。他也在揚州被禁軍將領所殺。❷汴水　古河名。原指今河南滎陽縣西南索河，東漢時開汴渠，晉代時將汴渠經開封至今江蘇徐州轉入泗水的河道通稱為汴水。隋代開通濟渠後，開封以東汴水漸廢，故唐、宋時人稱通濟渠為汴河，而稱原汴水為古汴河。金、元時古汴河全流為黃河所奪，汴水之名即廢棄不用。

【語譯】潭州（今湖南長沙）延壽和尚。有僧人問道：「和尚舉唱誰家的曲調，宗風又承繼哪一人？」延壽和尚回答：「隋煬帝以開汴水為榮耀，老僧就書寫在湖畔池邊。」

護國第三世志朗大師

隨城山護國志朗圓明大師。第三世住。僧問：「師唱誰家曲，宗風嗣阿誰？」師曰：「淨果嫡子，疏山之孫。」問：「如何是萬法之根源？」師曰：「空中收不得，護國不能該❶。」

【注釋】❶該　完備；齊備。

【語譯】隨城山護國院志朗禪師，號圓明大師。第三世住持。有僧人問道：「和尚舉唱誰家的曲調，宗風又承繼哪一人？」志朗禪師回答：「淨果和尚的親傳弟子，疏山和尚的徒孫。」有僧人問道：「什麼是萬法的根源？」志朗禪師回答：「虛空中也收不到，護國更不能齊備。」

【說明】護國守澄禪師的法嗣還有舒州香爐峰瓊和尚、京兆盤龍山滿和尚等二人，因無機緣語句，故未收錄。

前蘄州烏牙山彥賓禪師法嗣

安州大安山興古禪師

安州大安山興古禪師。僧問：「亡僧遷化，向什麼處去也？」師曰：「昨夜三更月上峰。」

問：「維摩寂默，是說不是說？」師曰：「暗裡石牛兒，超然不出戶。」

【語譯】安州（今湖北安陸）大安山興古禪師。有僧人問道：「死去的僧人靈魂遷化，朝什麼地方去了？」興古回答：「昨夜三更，月上峰頂。」

有僧人問道：「維摩詰居士寂然沉默，是在說法還是沒有說法？」興古禪師回答：「暗地裡的石牛兒，超然物外，足不出戶。」

蘄州烏牙山行朗禪師

蘄州烏牙山行朗禪師。僧問：「未作人身已前作什麼來？」師曰：「海上石牛歌三拍，一條紅線掌間分。」

問：「迦葉上行❶衣，何人合得披？」師曰：「天然無相子，不掛出塵衣。」

【注釋】❶上行　崇高的道行。

【語　譯】蘄州（今湖北蘄春）烏牙山行朗禪師。有僧人問道：「沒有變成為人身以前作什麼呢？」行朗回答：「海上石牛唱了三段樂歌，一條紅線在手掌間分開。」

有僧人問道：「迦葉尊者上行之衣，什麼人才能穿得呢？」行朗禪師回答：「天然無相之子，不披上超然出塵的衣服。」

【說　明】烏牙山彥賓禪師的法嗣還有盧氏常禪師一人，因無機緣語句，故未收錄。

前鳳翔府青峰傳楚禪師法嗣

西川靈龕和尚

西川靈龕和尚。僧問：「如何是諸佛出身處？」師曰：「出處非干佛，春來草自青。」

問：「碌碌地時如何？」師曰：「試進一步看。」

【語　譯】西川（今四川成都一帶）靈龕和尚。有僧人問道：「什麼是諸佛出身的地方？」靈龕和尚回答：「出身之處與佛沒有關係，春天來了草色自然青綠。」

有僧人問道：「忙忙碌碌的時候怎麼樣？」靈龕和尚回答：「試著前進一步看看。」

京兆紫閣山端己禪師

京兆紫閣山❶端己禪師。僧問：「四相❷俱盡，立什麼為真？」師曰：「你什麼處去來？」

問：「渭水❸正東流時如何？」師曰：「從來無間斷。」

【注　釋】❶紫閣山　在陝西鄠縣東南，旁有黃閣、白閣二峰，三峰相距不甚遠。❷四相　即生、住、異、滅四相，也名「四有為」。❸渭水　源出甘肅渭源之鳥鼠山，東南流經隴西、天水諸縣而入陝西界，再東流至潼關入黃河。

【語　譯】京兆（今陝西西安）紫閣山端己禪師。有僧人問道：「生、住、異、滅四相都已銷盡，立什麼東西作為真實呢？」端己反問：「你去什麼地方後回來？」

有僧人問道：「渭河水正向東流的時候怎麼樣？」端己禪師回答：「從來就沒有間斷過。」

房州開山懷晝禪師

房州開山懷晝禪師。僧問：「作何行業❶，即得不違千聖？」師曰：「妙行❷無倫匹❸，情玄體自殊。」

問：「有耳不臨清水洗❹，無心誰為白雲幽？」師曰：「無木掛千金。」曰：

「掛後如何？」師曰：「杳杳❺人難辨。」

【注　釋】❶行業　身、口、意所作之業。《法華經・提婆品》：「善知眾生諸根行業。」❷妙行　即「妙行三昧」，《智度論》：「妙行三昧者，即是畢竟空相應三昧，乃至不見不二相，一切戲論不能破。」❸倫匹　匹敵；相類。❹有耳不臨清水洗　相傳堯帝時有隱士許由，堯任他為官，他不肯。此後堯又讓其做九州長，他不願聞此言，便跑到潁水邊用清水洗耳。後以形容不聽不願聽之語。此反其意用之。❺杳杳　沉寂幽遠貌。

【語　譯】房州（今湖北房縣）開山懷晝禪師。有僧人問道：「作了什麼行業，才能不違背千百位聖人？」懷晝禪師回答：「妙行沒有匹敵者，性情玄妙則本體自然不一般。」

有僧人問道：「有耳朵不臨河畔用清水來洗，無心誰又能如同白雲一樣幽閒？」懷晝禪師回答：「沒有樹木來掛千兩黃金。」那僧人又問道：「掛了以後怎麼樣呢？」懷晝回答：「杳杳地人們難以辨別。」

幽州傳法和尚

幽州傳法和尚。僧問：「教意與祖意，是同是別？」師曰：「華開金線❶秀，古洞白雲深。」

問：「別人為什麼徒弟多，師為什麼無徒弟？」師曰：「海島龍多隱，茅茨❷鳳不棲。」

【注　釋】❶金線　此指金色的花蕊。❷茅茨　茅屋。茨，用草蓋屋。

【語　譯】幽州（今北京市）傳法和尚。有僧人問道：「教義與祖師的意思是相同的，還是不相同的？」傳法和尚回答：「花兒開時呈現出秀麗的金色花蕊，古老的山洞在白雲中更顯得深邃。」

有僧人問道：「別人為什麼有許多徒弟，和尚為什麼沒有徒弟？」傳法和尚回答：「海島上龍多隱居著，茅屋裡鳳凰不棲息。」

益州淨眾寺歸信禪師

益州淨眾寺歸信禪師。僧問：「蓮華未出水時如何？」師曰：「菡萏❶滿地流。」曰：「出水後如何？」師曰：「葉落不知秋。」

問：「不假浮囊❷，便登巨海時如何？」師曰：「紅觜❸飛超三界外，綠毛❹也解道煎茶。」

【注　釋】❶菡萏　荷花的別名。❷浮囊　浮在水面上的氣囊，古人用於橫渡河津或救生。❸紅觜　此指紅嘴鸚鵡。❹綠毛　此指綠毛龜。

【語　譯】益州（今四川成都）淨眾寺歸信禪師。有僧人問道：「蓮花沒有出水的時候怎麼樣？」歸信回答：「菡萏滿地流。」那僧人又問道：「出水以後又怎麼樣？」歸信回答：「葉落不知秋。」

有僧人問道：「不憑藉浮囊，就漂渡大海的時候怎麼樣？」歸信禪師回答：「紅嘴鸚鵡展翅飛越三界之外，綠毛烏龜也懂得說煎茶。」

方知。」

青峰第二世清免禪師

青峰山清免禪師。第二世住。僧問：「久醞蒲萄酒，今日為誰開？」師曰：「飲者方知。」

問：「如何是祖師西來意？」師曰：「耨池❶無一滴，四海自滔滔。」

【注　釋】❶耨池　指漚青草作農肥的池子。耨，鋤草。

【語　譯】青峰山清免禪師。第二世住持。有僧人問道：「釀成已很久的葡萄酒，今天為誰而打開呢？」清免回答：「飲用的人才知道。」

有僧人問道：「什麼是祖師西來的意旨？」清免禪師回答：「耨池中沒有一滴水，四海中自然浪滔滔。」

【說　明】清免禪師繼主青峰山法席後，機鋒峻利，諄諄善誘，僧侶雲集，聲譽遠傳。他於北宋雍熙（九八四～九八七年）年間坐化。

鳳翔府青峰傳楚禪師的法嗣還有鳳翔府長平山滿禪師一人，因無機緣語句，故未收錄。清原行思禪師的第七世法嗣還有：信州鵝湖智孚禪師法嗣一人，法進禪師；隨州雙泉山永禪師法嗣一人，廣州大通和尚；洪州鳳棲山同安常察禪師法嗣一人，袁州仰山良洪禪師；吉州禾山無殷禪師法嗣五人，廬山永安慧度禪師、撫州曹山義崇禪師、吉州禾山契雲禪師、漳州保福和尚、洪州翠巖師陰禪師；廬山歸宗寺澹權禪師法嗣二人，鄂州黃龍蘊和尚、壽州泊山和尚；撫州荷玉山光慧禪師法嗣一人，荷玉山福禪師；撫州金峰從志禪師法嗣二人，洪州大寧神降禪師、澧州藥山彥禪師；潭州報慈藏嶼禪師法嗣一人，益州聖興寺存和尚；京兆香城和尚的法嗣一人，鄧州羅紋和尚；杭州瑞龍院幼璋禪師的法嗣一人，西川德言禪師；洛京靈泉歸仁禪師的法嗣二人，襄州石門寺遵和尚、郢州大陽山堅和尚；京兆永安院善靜禪師的法嗣一人，大明山和尚；祥州大巖白和尚的法嗣一人，卬州碧雲和尚。以上二十人，因無機緣語句，故未收錄。

義存禪師法嗣法系表（三）

- 師備禪師（見卷一八）
  - 桂琛禪師（見卷二一）
    - 文益禪師（法眼宗）
    - 洪進禪師
      - 從漪禪師
      - 緣德禪師
      - 【以下見卷二六】
    - 休復禪師
      - 慧同禪師
      - 道習禪師
    - 紹修禪師
      - 廣原和尚
    - 秀禪師
    - 傳殷禪師
    - 守安禪師
      - 善美禪師
      - 明禪師
  - 契符禪師（見卷二一）
    - 洞明大師
    - 行欽禪師
  - 重機禪師（見卷二一）
    - 令光禪師
  - 瑫禪師（見卷二一）
    - 寶勝禪師
  - 道希禪師（見卷二一）
    - 玄旨禪師
    - 清慕禪師
    - 志恩禪師
    - 玄亮禪師
    - 玄應禪師
      - 仁義禪師（見卷二六）
- 慧稜禪師（見卷一八）
  - 道匡禪師（見卷二一）
    - 宗顯大師
    - 澄忋禪師
    - 可休禪師
    - 清海禪師
    - 慧深大師
    - 道欽禪師
    - 清溪禪師
  - 資寶禪師（見卷二一）
    - 林澄和尚

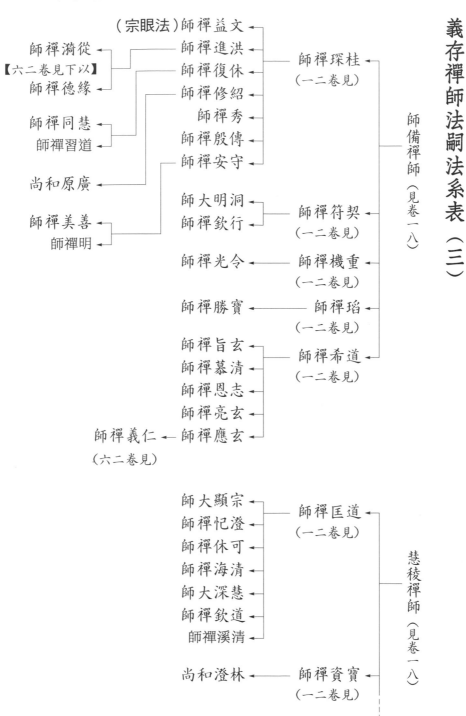

師禪真守 ← 師禪欣從 ←
(一二卷見)

尚和通 ← 師禪遠明 ←
(一二卷見)

師禪俊 ← 師禪球志 ← 靈照禪師(見卷一八)
(二二卷見)

(六二卷見)師禪騫法 ← 師禪逸無 ← 師禪儔可 ← 從展禪師(見卷一八)
(二二卷見)

(六二卷見)師禪詮義 ← 師禪詮道 ← 師大輪慧 ← 從展禪師(見卷一八)
師禪裕 ← 師大輪慧
(二二卷見)

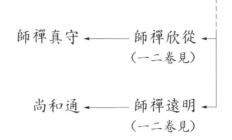

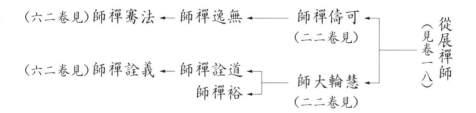

石頭宗法系表（五）

- 彥禪師（見卷一七）
  - 誨機禪師（見卷二三）
    - 善沼禪師
    - 繼達禪師
      - 黃龍第二世和尚（見卷二六）
    - 棗樹第二世和尚
    - 澄和尚
    - 黑水和尚
    - 智顒禪師
    - 達和尚
    - 然和尚
    - 悟海禪師

- 道閑禪師（見卷一七）
  - 德謙禪師（見卷二三）
    - 契從禪師
    - 瑜和尚
    - 保初禪師
    - 究和尚
    - 義和尚
    - 調和尚

- 志圓禪師（見卷一七）
  - 智洪禪師（見卷二三）
    - 景如禪師
    - 楚勛禪師
    - 從善禪師
  - 行靄禪師（見卷二三）
    - 智倫禪師
  - 懷楚禪師（見卷二三）
    - 匡祐禪師
    - 自南禪師
    - 繼勳禪師

- 傳楚禪師（見卷二〇）
  - 歸信禪師（見卷二三）
    - 靈龕山和尚

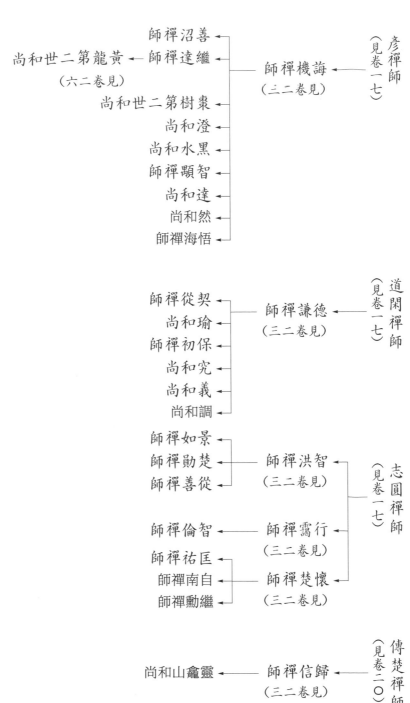

雲門宗法系表（下）

- 文偃禪師（見卷一九）
  - 祥和尚（見卷二二）
    - 大歷和尚
    - 寶華和尚
    - 月華和尚
    - 地藏和尚
    - 含匡禪師
    - 後白雲和尚
  - 緣密禪師（見卷二二）
    - 文襲禪師
    - 可瓊禪師
  - 澄遠禪師（見卷二二）
    - 羅漢和尚
  - 守初大師（見卷二三）
    - 道崧禪師

曹洞宗法系表（三）

- 處真禪師（見卷二〇）
  - 智靜大師（見卷二三）
    - 知儼禪師
    - 法顯禪師
- 懷惲禪師（見卷二〇）
  - 弘章禪師（見卷二三）
    - 常覺禪師
- 獻禪師（見卷二〇）
  - 慧徹禪師（見卷二三）
    - 紹遠禪師
    - 守珍禪師
- 威禪師（見卷二〇）
  - 志和尚
    - 緣觀禪師（見卷二三）
      - 警玄禪師（見卷二六）
    - 靈通和尚
- 廣德義和尚（見卷二〇）
  - 延和尚（見卷二三）
    - 周禪師
- 匡一禪師（見卷二〇）
  - 微禪師（見卷二三）
    - 大朗和尚
    - 新開和尚
- 守澄禪師（見卷二〇）
  - 知遠大師（見卷二三）
    - 常普大師

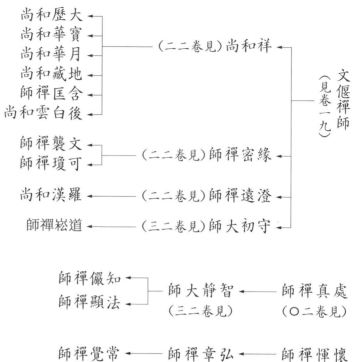

法眼宗法系表

- 文益禪師（見卷二四）
  - 德韶國師【以下見卷二五】
    - 延壽禪師【以下見卷二六】
      - 子蒙禪師
      - 津禪師
    - 可弘禪師
    - 朋彥大師
      - 法齊禪師
    - 志逢大師
    - 法端禪師
    - 紹安禪師
    - 守威禪師
    - 永安禪師
    - 師護禪師
    - 清昱禪師
    - 智勤禪師
    - 願齊禪師
    - 希辯禪師
      - 慧洪禪師
      - 智禪師
    - 遇安禪師（杭州）
    - 友蟾禪師
    - 全肯禪師
    - 義隆禪師
    - 曉榮禪師
    - 慶蕭禪師
    - 敬璡禪師
    - 師朮禪師
    - 慧達禪師
    - 道圓禪師
    - 慶祥禪師
    - 行明大師
    - 義圓禪師
    - 遇安禪師（溫州）
    - 慧居禪師
    - 遇臻禪師
    - 本先禪師
    - 德謙禪師
    - 處先禪師
    - 省義禪師
    - 安禪師
    - 澤禪師
    - 重曜禪師
    - 榮禪師
    - 瓊禪師
    - 紹光禪師
    - 紹鑾禪師
    - 行新禪師
    - 默禪師
    - 從堅禪師
    - 朗禪師
    - 五峰和尚
    - 道孜禪師
    - 自廣禪師
    - 師逸禪師
    - 清表禪師
  - 慧明禪師
    - 道誠大師
  - 智依大師
  - 道欽禪師
  - 匡逸禪師

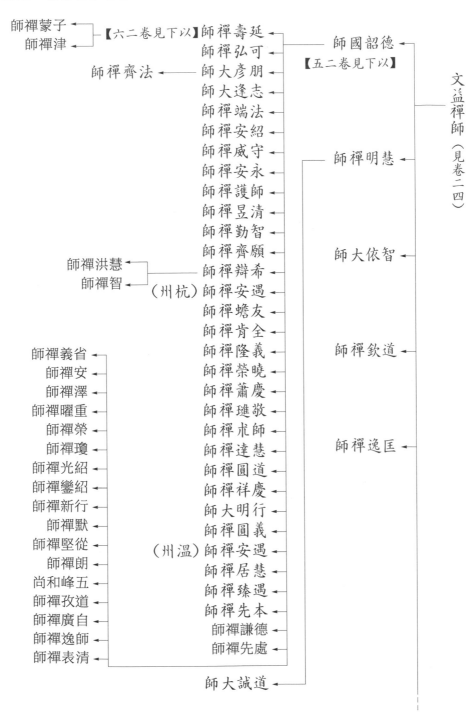

- 文遂導師
  - 慧禪師
  - 祥禪師
  - 真禪師
  - 茂禪師
  - 奬禪師
- 守仁禪師
- 道潛禪師
  - 瓌省禪師
  - 志澄大師
  - 慶祥禪師
- 良匡禪師
- 清聳禪師
  - 道慈禪師
  - 顒昭禪師
  - 師智禪師
  - 可先禪師
  - 道端禪師
  - 遇寧禪師
  - 辯隆禪師
  - 希圓禪師
  - 德文禪師
- 玄則禪師
- 行言導師
  - 義能禪師
  - 清皎禪師
- 智筠禪師
- 慧炬國師
- 泰欽禪師
  - 道齊禪師
  - 慧聰禪師
- 紹巖禪師
- 法安禪師
  - 道堅禪師
  - 慧誠禪師
- 契稠禪師
- 清錫禪師
- 道常禪師
- 敬遵禪師
- 策真禪師
- 紹顒禪師
- 慧圓禪師
- 從顒禪師
- 延規禪師
  - 辯實禪師
  - 用清禪師
- 希奉禪師
- 棲倫禪師
- 齊禪師
- 匡逹禪師
- 紹明禪師【以下見卷二六】
- 謹禪師
- 可勳禪師
- 守訥禪師
- 覆船和尚
- 法瓌禪師
- 慧朗禪師
- 道鴻禪師
- 靈鑒禪師
- 上泉和尚
- 僧遁禪師
- 緣勝禪師
- 義柔禪師
- 慧英禪師
- 遇禪師
- 照禪師
- 師慧禪師
- 省一禪師
- 通性大師
- 夢欽禪師
- 玄闡禪師
- 明禪師
- 可莊禪師
- 爽禪師
- 靈山和尚
- 因禪師
- 止和尚
- 幽禪師
- 道逹禪師
- 道邁禪師
- 德賓禪師
- 仁禪師
- 道聳禪師

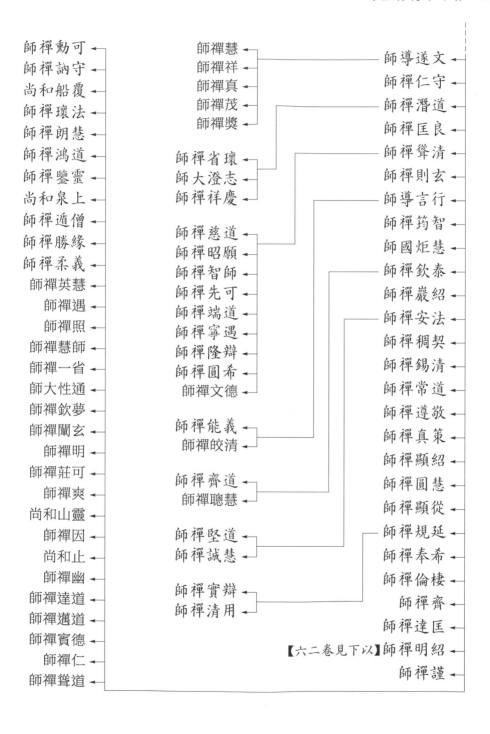

卷二四

青原行思禪師下八世

前漳州羅漢院桂琛禪師法嗣

金陵清涼院文益禪師

昇州清涼院❶文益禪師，餘杭人也，姓魯氏。七歲，依新定❷智通院全偉禪師落髮。弱齡❸，稟具於越州開元寺。屬律匠❹希覺師盛化于明州鄮山育王寺❺，師往預聽習，究其微旨。復傍探儒典，遊文雅之場❻。覺師目為「我門之游、夏❼也」。師以玄機一發，雜務俱捐，振錫南邁，抵福州長慶法會。雖緣心未息，而海眾推之。尋更結侶，擬之湖外❽。既行，值天雨忽作，溪流暴漲，暫寓城西地藏院，因參琛和尚。琛問曰：「上座何往？」師曰：「邐迤❾行腳去。」曰：「行腳事作麼生？」師曰：「不知。」曰：「不知最親切。」師豁然開悟，與同行進山主等四人因投誠咨決⑩，悉皆契會，次第受記，各鎮一方。師獨於甘蔗洲卓庵，因議留止。進師等以江表叢林欲期歷覽，命師同往。至臨川，州牧請住崇壽院。

初開堂日，中坐茶筵未起，四眾先圍繞法座。時僧正白師曰：「四眾已圍繞和尚法座了。」師曰：「眾人卻參真善知識。」少頃升座，大眾禮請訖，師謂眾曰：「眾人既盡在此，山僧不可無言，與大眾舉一古人方便。珍重！」便下座。時有僧出禮拜，師曰：「好問著。」僧方申問次，師曰：「長老未開堂，不答話。」

子方上座自長慶來，師舉先長慶稜和尚偈而問曰：「作麼生是萬象之中獨露身？」子方舉拂子，師曰：「恁麼會又爭得？」曰：「和尚尊意如何？」師曰：「喚什麼作萬象？」曰：「古人不撥⑪萬象。」師曰：「萬象之中獨露身，說什麼撥不撥？」子方豁然悟解，述偈投誠。自是諸方會下有存知解者，翕然而至。始則行行如⑫也，師微以激發，皆漸而服膺。海參之眾，常不減千計。

師上堂，大眾立久，乃謂之曰：「只恁麼便散去，還有佛法也無？試說看！若無，又來遮裡作麼？若有，大市裡人聚處亦有，何須到遮裡？諸人各曾看《還源觀》⑬、《法門義海》、《華嚴論》、《涅槃經》諸多策子⑭，阿那箇教中有遮箇時節？若有，試舉看！莫是恁麼經裡有恁麼語，是此時節麼？有什麼交涉？所以微言⑮滯於心首⑯，常為緣慮⑰之場；實際居於目前，翻為名相之境。又作麼生得翻去？若也翻去，又作麼生得正去？還會麼？莫只恁麼念策子，有什麼用處？」

僧問：「如何披露⑱，即得與道相應？」師曰：「汝幾時披露，即與道不相應？」

問：「六處⑲不知音時如何？」師曰：「汝家眷屬一群子。」師又曰：「作麼生會？莫道恁麼來問，便是不得。汝道六處不知音，眼處不知音，耳處不知音？若也根本是有，爭解無得？古人道：離聲色，著聲色；離名字，著名字。所以無想天⑳修得，經八萬大劫㉑，一朝退墮，諸事儼然。蓋為不知根本真實，次第修行，三生六十劫㉒，四生一百劫㉓，如是直到三祇果滿㉔。他古人猶道：不如一念緣起㉕無生，超彼三乘權㉖學等見。又道：彈指圓成㉗八萬門㉘，剎那滅卻三祇劫。也須體究。若如此用多少氣力！」

僧問：「指即不問，如何是月㉙？」師曰：「阿那箇是汝不問底指？」

又僧問：「月即不問，如何是指？」師曰：「月。」曰：「學人問指，和尚為什麼對月？」師曰：「為汝問指。」

江南國主重師之道，迎入住報恩禪院㉚，署淨慧禪師。

師上堂謂眾曰：「古人道：我立地㉛，待汝覯㉜去。山僧如今坐地，待汝覯去。還有道理也無？那箇親，那箇疏？試裁斷看。」

問：「洪鐘才擊，大眾雲臻，請師如是。」師曰：「大眾會，何似汝會？」

問：「如何是古佛家風？」師曰：「什麼處看不足？」

問：「十二時中，如何行履，即得與道相應？」師曰：「取捨之心成巧偽㉝。」

問：「古人傳衣，當記何人？」師曰：「汝什麼處見古人傳衣？」

問：「十方賢聖，皆入此宗。如何是此宗？」師曰：「十方賢聖皆入。」

問：「如何是佛向上人？」師曰：「方便呼為佛。」

問：「聲色兩字，什麼人透得？」師卻謂眾曰：「諸上座且道遮箇僧還透得也未？若會此問處，透聲色即不難。」

問：「求佛知見，何路最徑？」師曰：「無過此。」

問：「瑞草不凋時如何？」師曰：「謾語！」

問：「大眾雲集，請師頓決疑網。」師曰：「寮舍內商量，茶堂內商量？」

問：「雲開見日時如何？」師曰：「謾語真箇㉞。」

問：「如何是沙門所重處？」師曰：「若有纖毫所重，即不名沙門。」

問：「千百億化身㉟，於中如何是清淨法身？」師曰：「總是。」

問：「蔟蔟㊱上來，師意如何？」師曰：「是眼不是眼？」

問：「全身是義，請師一決。」師曰：「汝義自破。」

問：「如何是古佛心？」師曰：「流出慈悲喜捨。」

問：「百年暗室，一燈能破。如何是一燈？」師曰：「論什麼百年！」

問：「如何是正真之道？」師曰：「一願也教汝行，二願也教汝行。」

問：「如何是一真之地㊲？」師曰：「地則無一真。」曰：「如何卓立㊳？」師曰：「轉無交涉。」

問：「如何是古佛？」師曰：「即今也無嫌處。」

問：「十二時中，如何行履？」師曰：「步步蹋著。」

問：「古鏡未開，如何顯照？」師曰：「何必再三！」

問：「如何是諸佛玄旨？」師曰：「是汝也有。」

問：「承教有言：從無住㊴本，立一切法。如何是無住本？」師曰：「形興未質，名起未名。」

問：「亡僧衣，眾僧唱。祖師衣，什麼人唱？」師曰：「汝唱得亡僧什麼衣？」

問：「蕩子[40]還鄉時如何？」師曰：「將什麼奉獻？」曰：「無有一物。」

師曰：「日給[41]作麼生？」

師後遷住清涼，上堂示眾曰：「出家人但隨時及節，便得寒即寒，熱即熱。欲知佛性義，當觀時節因緣，古今方便不少。不見石頭和尚因看《肇論》云：『會萬物為己者，其惟聖人乎！』他家便道：聖人無己，靡所不己。有一片言語喚作〈參同契〉，末上云：『竺土大仙[42]心，無過此語也。』中間也只隨時說話。上座今欲會萬物為己去，蓋為大地無一法可見。他又囑人云：『光陰莫虛度。』適來向上座道，但隨時及節便得。若也移時失候，即是虛度光陰，於非色中作色解。上座於非色中作色解，即是移時失候。且道色作非色解，還當不當？上座若恁麼會，便是沒交涉。正是癡狂兩頭走，有什麼用處？上座，但守分隨時過好！珍重！」

問：「如何是清涼家風？」師曰：「汝到別處，但道到清涼來。」

問：「如何得諸法無當去？」師曰：「什麼法當著上座？」曰：「爭奈日夕何！」師曰：「閑言語。」

問：「觀身如幻化，觀內亦復然時如何？」師曰：「還得恁麼也無？」

問：「要急相應，唯言不二。如何是不二之言？」師曰：「更添些子得麼？」

問：「如何是法身？」師曰：「遮箇是應身。」

問：「如何是第一義？」師曰：「我向汝道，是第二義。」

師問修山主：「毫釐有差，天地懸隔。兄作麼生會？」修曰：「毫釐有差，天地懸隔。」師曰：「恁麼會又爭得？」修曰：「和尚如何？」師曰：「毫釐有差，天地懸隔。」修便禮拜。東禪齊拈云：「山主恁麼祇對，為什麼不肯？及乎再請益法眼，亦只恁麼道便得去。且道疑訛在什麼處？若看得透，道上座有來由㊸。」

師與悟空禪師向火，拈起香匙㊹問悟空云：「不得喚作香匙，兄喚作什麼？」悟空云：「香匙。」師不肯。悟空卻後二十餘日方明此語。東禪齊拈云：「叢林中總道悟空好語，法眼須有此語。若恁麼會，還夢見也未？除此外，別作麼生會法眼意？上座既不喚作香匙，喚作什麼？別下一轉子㊺看，要知上座平生眼。」

因僧齋前上參，師以手指簾，時有二僧同去卷簾。師曰：「一得一失。」東禪齊拈云：「上座且作麼生會？有云為伊不明旨便去卷簾，亦有道指者即會，不指而去者即失。恁麼會還可不可？既不許恁麼會，且問上座阿那箇得？阿那箇失？」

因雲門問僧：「什麼處來？」云：「江西來。」雲門云：「江西一隊老宿寱語住也未？」僧無對。僧問師：「不知雲門意作麼生？」師曰：「大小雲門被遮僧勘破。」

師問僧：「什麼處來？」曰：「道場來。」師曰：「明合暗合？」僧無語。

師令僧取土添蓮盆，僧取土到，師曰：「橋東取，橋西取？」曰：「橋東取。」師曰：「是真實，是虛妄？」

師問僧：「什麼處來？」曰：「報恩來。」師曰：「眾僧還安否？」曰：「安。」師曰：「喫茶去！」

師問僧：「什麼處來？」曰：「泗州禮拜大聖來㊻。」師曰：「今年出塔否？」曰：「出。」師卻問傍僧曰：「汝道伊到泗州不到？」

師問寶資長老：「古人道：山河無隔礙，光明處處透。作麼生是處處透底光？」資曰：「東畔打羅聲。」歸宗柔別云：「和尚擬隔礙。」

師指竹問僧：「還見麼？」曰：「見。」師曰：「竹來眼裡，眼到竹邊？」僧曰：「總不恁麼。」法燈別云：「當時但擘眼向師。」歸宗別云：「和尚只是不信某甲。」

有俗士獻師畫障子，師看了問曰：「汝是手巧心巧？」曰：「心巧。」師曰：「那箇是汝心？」俗士無對。歸宗代云：「某甲今日卻成容易㊼。」

僧問：「如何是第二月？」師曰：「森羅萬象。」曰：「如何是第一月？」師曰：「萬象森羅㊽。」

師緣被於金陵，三坐大道場，朝夕演旨。時諸方叢林，咸遵風化。異域㊾有慕其法者，涉遠而至。玄沙正宗，中興於江表。師調機順物，斥滯磨昏。凡舉諸方三昧，或入室呈解，或叩激請益，皆應病與藥。隨根悟入者，不可勝紀。

以周顯德五年戊午七月十七日示疾，國主親加禮問。閏月五日，剃髮沐身，告眾訖，跏趺而逝，顏貌如生。壽七十有四，臘五十四。城下諸寺院，具威儀迎引。公卿李建勳㊿已下，素服(51)奉全身於江寧縣丹陽鄉起塔，諡大法眼禪師，塔曰無相。嗣子天台山德韶、吳越國師。文遂、江南國導師。慧炬高麗國師。等一十四人先出世，並為王侯禮重；次龍光泰欽等四十九人後開法，各化一方。如本章敘之。後因門人行言署玄覺導師請，重諡大智藏大導師。三處法集及著偈頌、真讚、銘記、詮注等凡數萬言，學者繕寫，傳布天下。

【注釋】❶清涼院　在江蘇南京，五代時建，初名清涼道場，也稱清涼禪院，法眼文益禪師居之。北宋太平興國年間，天子敕改名清涼廣慧寺。❷新定　古縣名，三國吳時置，晉代改名遂安，故城在今浙江淳安縣西南。❸弱齡　意同「弱冠」。❹律匠　指以修持戒規律法著名的僧人。❺鄮山育王寺　山在浙江寧波市東。晉代太康二年，有人於此得阿育王塔，故也稱阿育王山。南朝宋元嘉二年初建寺院，名阿育王山寺，簡稱育王寺。唐末改稱廣利禪院，入宋稱廣利寺，然人們仍習稱為育王寺。為禪門五山之一。❻文雅之場　此指儒士遊學之所。❼游夏　指儒學創始人孔子的弟子子游與子夏，皆以文學著名於孔子門下。❽湖外　指嶺南地區。❾邐迤　彎彎曲曲連綿不斷的樣子。❿咨決　諮詢判定。⓫撥　挑在一旁；磕碰。⓬行行如　心滿志得的樣子。⑬還源觀　《修華嚴奧旨妄盡還源觀》之略稱，一卷，唐代僧人法藏撰。說華嚴宗的觀法，稱有六種還源觀。⑭策子　也稱「冊子」，唐、宋時佛經裝幀形式，以一長幅紙卷反覆折疊而成一冊，稱作「梵筴裝」。⑮微言　一點點言語。⑯心首　心頭。⑰緣慮　攀緣境界、思慮事物。⑱披露　此指發揮、領悟佛法。⑲六處　十二因緣之一，即在母胎內具足眼等六根而出母胎之位。處為六根六境的通稱，因為根、境是生識的依據之處，故名。⑳無想天　無想有情之天處，在廣利天之上。㉑經八萬大劫　開聲聞、緣覺二乘之證果者，其聲聞之初果經八萬劫，二果經六萬劫，三果經四萬劫，四果經二萬劫，緣覺經一萬劫，則自發心而入大乘。㉒三生六十劫　聲聞乘的修行之時，極快速者三生得極果，極遲者六十劫得極果。㉓四生一百劫　緣覺乘的修行之時，極快速者以四生之加行得道果，極遲者以百劫之加行得道果。所謂加行，指人於正位之準備，加一段之力而修行之，意同「方便」。㉔三祇果滿　祇指阿僧祇劫。阿僧祇劫意為無數劫之時。菩薩之階位有五十位，分為三期。其中十信、十住、十行、十迴向之四十位，為第一阿僧祇劫；十地之中，自初地至第七地，為第二阿僧祇劫；自第八地至第十地為第三阿僧祇劫。第十地終，即為佛果圓滿。㉕緣起　事物待緣而起。㉖權　暫時使用而終究廢棄者，即「方便」的異名。㉗圓成　成就圓滿。㉘八萬門　即「八萬四千法門」之略。就能詮之教稱法藏，就所詮之義稱法門，皆有四萬四千之數。㉙指即不問二句　指月。禪家常用「指」（包括手指與指向兩層意思）和「月」來比喻語言文字、義理概念與微妙禪法之間的關係，「指」使人見「月」，然並非「月」，以喻參禪切不可被語言文字、義理概念所束縛。㉚報恩禪院　在江蘇南京市，五代後周顯德二年由南唐清護禪師所創建。入宋後，改稱報恩寺。㉛立地　謂佛事簡略，即言語不多，立在地上片刻而能辦成之。㉜覿　此為明悟禪機之意。㉝巧偽　做作虛偽。㉞真箇　真的，「箇」為助詞。唐人齊己〈聞貫休下世〉詩：「吾師詩匠者，真箇碧雲流。」㉟千百億化身　《梵網經》：「我今盧舍那，方坐蓮華臺。周匝千華上，復現千釋迦。一華百億國，一國一釋迦。各坐菩提樹，一時成佛道。如是千百億，盧舍那本身。」佛經言毗盧舍那為法身佛之名，盧舍那為報身佛之名。㊱蔟蔟　同「簇簇」。叢聚、簇擁貌。唐人韓愈〈祖席〉詩：「野晴山簇簇，霜曉菊鮮鮮。」此為蜂擁而至的樣子。㊲一真之地　悟徹一真法界理之位。一真，也名一如、一實，真實無二之真理。㊳卓立　直立；豎立。㊴無住　法無自性，無自性故無所住，隨緣而起，故稱無住。故無住者為萬有之本。《維摩經・觀眾生品》：「從無住本，立一切法。」㊵蕩子　指行為放蕩的人。㊶日給　指每天供給僧侶的衣食錢物等。㊷大仙　此指佛。㊸來由　緣由，此指悟根、悟心等。㊹香匙　用於掏撥香爐中香灰的小匙子。㊺一轉子　即「一轉語」，禪家指以一語而轉機鋒，也用以指一句話。㊻泗州禮拜大聖來　唐代西域禪僧僧伽，唐高宗時至長安，遊化江淮，止於泗州。其始終手執楊枝為拂塵，人們以為其是觀音菩薩的化身。其多有神奇之事，行為不能預測。唐中宗時，召入內道場，因祈雨有靈驗，賜寺額普光王寺以為報。景龍四年寂滅於薦福寺，次年送遺體至故寺立塔。世稱泗州大聖，多有靈異，唐、宋民間普遍供奉之。此以形容領悟禪法時的感受。㊼容易　輕率；粗疏。㊽萬象森羅　禪家以「第一月」暗指微妙禪法，以「第二月」指禪法以外虛妄不實之事物、義理。但以清淨法眼來觀照，第一月與第二月之區別、對立，也如「森羅萬象」與「萬象森羅」一樣屬虛妄不實。㊾異域　外國。㊿李建勳　五代隴西人，字致堯，好學能詩文。李昪鎮守金陵時，用為副使。李昪篡吳國王位而建立南唐政權，李建勳參預其事，故拜為宰相。李中主時拜為司空，後以司徒致仕，賜號鍾山公。(51)素服　喪服。

【語　譯】 昇州（今江蘇南京）清涼院文益禪師（八八五～九五八年），餘杭縣（今浙江杭州市西餘杭鎮）人，俗姓魯。文益在七歲時，就皈依新定縣（今浙江淳安縣西南）智通院的全偉禪師落髮出家。二十歲時，文益前往越州（今浙江紹興）開元寺接受具足戒。正好當時以修持戒規律法著名的希覺律師在明州（今浙江寧波）鄮山育王寺內宣講戒律，法席很興盛，文益也前往聆聽修習，探究其中精妙的要旨。於此之外，文益又閱讀研究了儒家經典，遊從應酬於文雅之場所。希覺律師因此稱譽文益「是我門下的子游與子夏」。文益因為玄妙禪機的啟發，世俗雜務頓時消亡，便振錫南下訪師遊學，抵達福州（今屬福建）長慶和尚的法會。雖然文益的機緣之心還未能止息徹悟，但海內僧眾卻都很推重他。不久，文益又結交志同伴侶，打算到湖外地區去行腳。文益等人已經上路了，卻正好遇到暴雨忽然大作，山溪河流洪水暴漲，就只得暫時寄寓在福州城西的地藏院中，因而前去參拜桂琛和尚。桂琛和尚問道：「上座想到哪裡去？」文益回答：「邐迤行腳去。」桂琛和尚再問道：「行腳的事怎麼樣？」文益回答：「不知道。」桂琛和尚便說道：「不知道才最為親切。」文益由此豁然開悟，便與同行的進山主等四人一起咨問判明佛旨，歸附桂琛和尚的門下，全都契合領會了，並依次接受了桂琛和尚的印記，各自成為領導一方禪林的名僧。文益獨自在甘蔗洲建立了一所小庵，並打算留止於此。進山主等僧人因為期望遍覽江西地區的叢林禪寺，就叫文益同他們一起前往。文益來到了臨川（今江西撫州）後，州牧迎請他住持崇壽院。

文益禪師初次開堂說法之日，堂中茶筵還沒有結束，僧俗四眾已預先圍繞著法座了。當時寺內的僧正前來告訴文益道：「四眾已經圍繞在和尚的法座四周了。」文益說道：「眾人卻是在參拜真正的大善知識。」過了一會兒，文益才登上法座，眾人向前施禮完畢，文益才對眾人說道：「眾人既然都在這裡了，山僧也不可不說上幾句話，就給眾人舉一個古人的方便法門。各自珍重！」說完就下了法座。當時有一位僧人站出來禮拜，文益便說道：「好好地提問。」那僧人剛要提問時，文益就說道：「長老還沒有開堂，不作回答。」

子方上座從長慶院來，文益禪師舉出長慶慧稜和尚的偈頌而提問道：「怎樣才是萬象之中獨自顯露出身體？」子方舉起了拂塵，文益說道：「這樣又怎麼能領會呢？」子方便問道：「和尚的尊意是什麼？」文益便問道：「把什麼叫做萬象？」子方回答：「古人不礚碰萬象。」文益說道：「萬象之中獨自顯露出身體，還說什麼礚碰不礚碰的？」子方由此豁然大悟，口述偈頌而誠心歸附文益禪師的門下。於是四方法會中那些心存知解的僧人，紛紛趕來這裡參問。剛開始時，那些人一副心滿志得的樣子，文益禪師稍微加以激勵啟發，全都慚愧地誠心信奉。海內至此參拜的學眾，常常數以千計。

文益禪師有一次上堂，讓眾僧站立了許久，然後才對他們說道：「只是這樣就散去，可還有沒有佛法了？試著說說看！如果沒有佛法，又到這裡來做什麼？如果有佛法，大市鎮裡眾人聚會之處也有，又何必來到這裡？諸位都曾經看過《還源觀》、《法海義門》、《華嚴論》、《涅槃經》等多種佛經冊子，哪一個教義中有這個時節？如果有的話，就試著說說看！難道是這樣的經文內有這樣的言語，有這樣的時節嗎？有什麼相關的呢？所以說有一點點的語句滯留在心頭，就會成為攀緣境界、思慮事物的場所；實際理地呈現在眼前，反而成為名相的境界。又怎樣才能反過去呢？如果能反過去，又怎樣才能成為正呢？可還領會了嗎？不要只是這樣誦念冊子，那樣又有什麼用處呢？」

有僧人問道：「怎樣發揮領悟，就能與佛道相契合？」文益禪師反問：「你什麼時候發揮領悟，卻與佛道不相契合？」

有僧人問道：「六處不知音的時候怎麼樣？」文益禪師回答：「你家的眷屬一大群。」文益又說道：「怎樣來領會呢？不要說這樣來提問，就不能有所得。你說六處不知音，是眼處不知音，還是耳處不知音呢？如果其本身就是有的，怎麼能解釋成沒有呢？古人說過：離開聲色的，就反而投入於聲色之內；離開名字的，就反而依附著名字。所以在無想天上修得的，經過了八萬個大劫，但一旦失去佛性而墮入邪道，諸種輪迴之事就儼然顯現在眼前。這是因為不明白根本事實，依據次第修行，三生六十劫，四生一百劫，就這樣一直到三阿僧祇劫佛果圓滿。那些古人還說過：不如一轉念間緣起無生涅槃，超越他三乘權學方便等見解。古人又說道：彈指間成就圓滿八萬四千法門，剎那間滅絕了三阿僧祇劫。這也應該體會推究。如果是這樣的，要費多少氣力啊！」

有僧人問道：「手指就不問了，什麼是月亮呢？」文益禪師反問：「哪一個是你不問的手指？」

又有一個僧人問道：「月亮就不問了，什麼是手指呢？」文益禪師回答：「月亮。」那僧人便問道：「學生問手指，和尚為什麼回答月亮呢？」文益回答：「因為你問手指。」

江南國主李氏欽服敬重文益禪師的道行，迎請入京城金陵（今江蘇南京），住持報恩禪院，署為靜慧禪師。

文益禪師上堂對眾人說道：「古人說過：我站立在地上講說，等待你們明悟禪機。山僧現在坐在地上，等待你們明悟禪機。可還有道理嗎？哪一個親切，哪一個疏遠？試著判斷一下。」

有僧人請道：「洪鐘剛剛敲擊，眾僧已經雲集，就請和尚這樣說法。」文益禪師說道：「眾僧領會，與你的領會有什麼相似？」

有僧人問道：「什麼是古佛的家風？」文益禪師反問：「什麼地方看不夠？」

有僧人問道：「在一天十二個時辰中，應怎樣行動，才得與佛道相適應？」文益禪師回答：「取捨之心造成了做作虛偽。」

有僧人問道：「古人傳授衣法，預言什麼人能夠承當？」文益禪師反問：「你在什麼地方看見了古人傳授衣法？」

有僧人問道：「十方聖賢，都進入此宗門。什麼是此宗門？」文益禪師回答：「十方聖賢都進入。」

有僧人問道：「什麼是佛向上的人？」文益禪師回答：「為了方便而叫做佛。」

有僧人問道：「聲色兩個字，什麼人才能透過呢？」文益禪師卻對眾僧說道：「諸位上座姑且說說看，這個僧人可還能透過嗎？如果能領會這一個提問處，透過聲色就不難了。」

有僧人問道：「探求佛的知見，哪一條道路最為便捷？」文益禪師回答：「沒有超過此的。」

有僧人問道：「瑞草不凋謝的時候怎麼樣？」文益禪師喝道：「亂說！」

有僧人請道：「大眾雲集，請和尚頓時除去疑惑迷惘。」文益禪師問道：「是在寮舍內商量，還是在茶堂內商量？」

有僧人問道：「當雲開霧散看見太陽的時候怎麼樣？」文益禪師說道：「真是亂說。」

有僧人問道：「什麼是沙門所看重的地方？」文益禪師回答：「如果有一絲一毫所看重的，就不叫做沙門。」

有僧人問道：「千百億個化身，其中哪一個是清淨法身？」文益禪師回答：「都是。」

有僧人問道：「蜂擁上來的時候，和尚的意思怎麼樣？」文益禪師反問：「是具有法眼了，還是沒有具有法眼？」

有僧人請道：「全身上下都是義，請和尚決斷一下。」文益禪師說道：「你的義被自己破除了。」

有僧人問道：「什麼是古佛之心？」文益禪師回答：「流露出慈悲和喜捨。」

有僧人問道：「百年不見亮光的暗室，一盞燈就能照亮。什麼是一盞燈？」文益禪師喝道：「議論什麼百年！」

有僧人問道：「什麼才是真正的道路？」文益禪師回答：「第一個心願是教你去，第二個心願也是教你去。」

有僧人問道：「什麼是一真之地？」文益禪師回答：「地則沒有一真。」那僧人又問道：「那怎樣豎立呢？」文益回答：「反而沒有關涉了。」

有僧人問道：「什麼是古佛？」文益禪師回答：「即使今天也沒有疑惑之處。」

有僧人問道：「在一天十二個時辰中，應怎樣來行動呢？」文益禪師回答：「步步都要踩結實。」

有僧人問道：「古鏡沒有打開時，怎樣來映照呢？」文益禪師喝道：「何必再三提問！」

有僧人問道：「什麼是諸佛玄妙的旨意？」文益禪師回答：「你也擁有。」

有僧人問道：「承蒙教義說過：以無住為根本，建立一切之法。什麼是以無住為根本？」文益禪師回答：「外形已興起而內質還未完備，名相已成但還未命名。」

有僧人問道：「亡故僧人的衣服，眾僧人唱價購買。祖師的衣服，由什麼人來唱？」文益禪師反問：「你唱得了亡故僧人的什麼衣服？」

有僧人問道：「蕩子回歸故鄉的時候怎麼樣呢？」文益禪師反問：「用什麼東西來作為奉獻？」那僧人回答：「沒有任何東西。」文益問道：「那日給又怎麼辦呢？」

文益禪師此後遷居住持清涼院，上堂指示眾僧道：「出家人只要依隨時令、順從節氣，就能要冷即冷，要熱即熱。想要知曉佛性教義，就應當觀察時節因緣，古今留下了不少方便法門。不見那石頭和尚因為看到《肇論》上說：『領會萬物為自己的人，就只有聖人啊！』他就說道：聖人沒有自己，而無所不是自己。有一段話語叫做〈參同契〉，其最後說道：『天竺佛國大仙之心，沒有超過這些言語的。』其中間也只是一些依隨時令的說話。上座現今想要領會萬物為自己者，是因為沒有一法可看見。他又囑咐人道：『光陰不要虛度。』剛才向諸位上座說過，只要依隨時令、順應節氣就可以了。如果錯失了時令節候，那就是虛度了光陰，於非色中作出色的解釋，那就是錯失了時令節候，可還恰當不恰當啊？上座如果是這樣的領會，便是與禪法沒有關涉了。這正是在癡與狂兩頭亂走，又有什麼用處呢？諸位上座，只要謹守本分、順隨時令節候過日子為好！各自珍重！」

有僧人問道：「什麼是清涼院的家風？」文益禪師回答：「你到了其他地方，只說曾到過清涼院。」

有僧人問道：「怎樣才能獲得諸法而沒有阻擋？」文益禪師反問：「是什麼法阻擋著上座？」那僧人說道：「怎奈那日夜呢！」文益便說道：「廢話。」

有僧人問道：「觀察自身如同幻化，觀察內心也同樣的時候怎麼辨呢？」文益禪師反問：「可還能這樣嗎？」

有僧人問道：「要想急切相契合，只有言語不相異才行。什麼是不相異的言語？」文益禪師反問：「再添一些可以嗎？」

有僧人問道：「什麼是法身？」文益禪師回答：「這個是應身。」

有僧人問道：「什麼是第一義？」文益禪師回答：「我對你說了，就是第二義了。」

文益禪師問修山主道：「只要有毫釐的差別，就如同天地一樣相隔遙遠。師兄怎麼來理解呢？」修山主回答：「只要有毫釐的差別，就如同天地一樣相隔遙遠。」文益說道：「這樣領會又怎麼可以？」修山主便問道：「和尚怎麼樣呢？」文益回答：「只要有毫釐的差別，就如同天地一樣相隔遙遠。」修山主便禮拜致謝。東禪齊禪師舉出這話頭說道：「修山主這樣應答，法眼和尚為什麼不同意？等到修山主再請教法眼和尚時，法眼和尚也只是這樣回答卻對了。姑且說說看，當中的問題在什麼地方？如果能看得透徹，就說明上座是有來由的。」

文益禪師與悟空禪師一起烤火時，拿起了香匙問悟空道：「不能叫做香匙，師兄叫做什麼呢？」悟空回答：「香匙。」文益並不認可。過了二十多天後，悟空才領會了這話的意思。東禪齊禪師舉出這話頭說道：「叢林中總是說悟空禪師善於對話，所以法眼和尚必定有這樣的話語。如果這樣來領會，可還曾夢見嗎？除此以外，另外怎樣來領會法眼和尚的意思呢？上座既然不把它叫作香匙，那叫作什麼呢？另外下一轉語看看，可知道上座是否具備了道眼。」

因為有僧人在齋食以前來參見，文益禪師就用手指了指門簾，當時有兩個僧人一同前去捲上門簾。文益說道：「一對一錯。」東禪齊禪師舉起這話頭說道：「上座是怎麼領會的？有人說是他倆不明白旨意就去捲門簾，也有人說被和尚指著的即已領會了，沒有被指著而去的即錯了。這樣的領會是對還是不對呢？既然不能這樣領會，那麼試問上座，哪一個對？哪一個錯？」

因為雲門和尚曾問一個僧人道：「從什麼地方來的？」那僧人回答：「從江西來。」雲門和尚便問道：「江西那一隊老和尚的夢話可結束了嗎？」那僧人不能應對。後來這僧人來問文益禪師道：「不知道雲門和尚的意思是什麼？」文益回答：「大小雲門和尚都被這個僧人看破了。」

文益禪師問一個僧人道：「從什麼地方來的？」那僧人回答：「從道場來。」文益再問道：「明裡契合還是暗裡契合？」

文益禪師讓一個僧人去取些泥土給蓮花盆培土，那僧人把泥土取來了，文益問道：「是從橋東取的，還是從橋西取的？」那僧人回答：「從橋西取的。」文益又問道：「是真實的，還是虛妄的？」

文益禪師問一個僧人道：「從什麼地方而來？」那僧人回答：「從報恩院來。」文益問道：「眾僧都還安好吧？」那僧人回答：「都安好。」文益便喝道：「吃茶去！」

文益禪師問一個僧人道：「從什麼地方來的？」那僧人回答：「泗州禮拜大聖來。」文益便問道：「泗州大聖今年出塔了沒有？」那僧人回答：「出塔了。」文益就問身旁的僧人道：「你說他有沒有到過泗州？」

文益禪師問寶資長老道：「古人說過：山河沒有隔絕阻礙，光明到處都能透過。怎樣才是到處都能透過的光明？」寶資回答：「東邊敲打銅鑼聲。」歸宗柔禪師另外回答道：「和尚打算隔絕阻礙。」

文益禪師指著竹子問一位僧人道：「可看見了嗎？」那僧人回答：「看見了。」文益再問道：「是竹子來到了眼睛裡，還是眼睛跑到了竹子邊？」那僧人回答：「都不是這樣的。」法燈禪師另外回答道：「當時只要對和尚掙開眼睛。」歸宗和尚另外回答道：「和尚只是不相信我。」

有一位俗士把一座繪有圖畫的屏風贈送給文益禪師，文益看了看後問道：「你是心巧，還是手巧？」那俗士回答：「是心巧。」文益再問道：「哪個是你的心呢？」那俗士無言以對。歸宗和尚代為回答道：「我今天卻是粗疏了。」

有僧人問道：「什麼是第二個月亮？」文益禪師回答：「森羅萬象。」那僧人又問道：「那什麼是第一個月亮？」文益回答：「萬象森羅。」

文益禪師的說法因緣化被於金陵，三次住持大道場，朝夕演宗佛法要旨。當時各地叢林禪寺，都遵循其教化。就連外國也有仰慕文益禪師禪法的人，不遠萬里前來請益。因此玄沙師備和尚的正宗嫡傳禪法，在江南地區重新得以興盛。文益禪師調護機鋒以順應萬物，排除疑難，除去昏惑。凡是舉說諸方三昧法門，有的人登門呈上見解，有的人叩問請教，文益禪師都能根據各人的病症給藥。隨其根機而悟入禪法者，不可勝數。

五代後周顯德五年戊午歲（九五八年）七月十七日，文益禪師得病，江南國主親自前來施禮問候。閏七月五日，文益禪師剃髮沐浴，告別眾人後，就端坐著圓寂了，臉色安祥如生。享年七十四歲，法臘五十四年。金陵城內各寺院，都準備了儀仗來接引。公卿大臣自李建勳以下，都身穿喪服，護送文益禪師的遺體入葬於江寧縣（今屬江蘇）丹陽鄉，建靈塔供奉，賜諡號曰大法眼禪師，靈塔名無相。文益禪師的法嗣，有天台山德韶禪師、吳越國國師。文遂、江南國導師。慧炬高麗國國師。等十四人首先出世傳法，都受到王侯的禮重；其次為龍光泰欽禪師等四十九人，此後在各地開堂講法，各自教化於一方。他們的事跡在本書有關章節中都有詳細的記載。文益禪師此後因為其門人、署玄覺導師的行言禪師所請求，重賜諡號曰大智藏大導師。文益禪師在三座寺院中說法的語錄集和他所撰的偈頌、真讚、銘記、詮注等共有數萬字，學者競相繕寫，傳布於天下。

【說　明】五代末期，禪林中影響最大的當屬法眼宗。法眼宗由清涼文益禪師所創立，為禪宗五家之中開宗最後者。因文益禪師圓寂後被諡為「大法眼禪師」，故其宗也被世人稱為法眼宗。與其他各宗相比，法眼宗的禪法很有特色，影響深遠。其中最引人注目的是，文益禪師的禪法引入了教門思想，尤其是華嚴思想，故而從六祖慧能大師的「教外別傳」又返回到了初祖菩提達磨的「藉教悟宗」上來，以禪教不二為宗綱，以「三界唯心」、「萬法惟識」論和華嚴宗的理事關係論為基礎，而強調「一切現成」之觀點。其實禪宗五家都講理事關係，而以法眼宗為最。文益禪師以本體之心為理，心所緣起之萬法為事，故理在事中，事中含理，理事不二，貴在圓融；並以華嚴「六相」義來討論理事關係，在六相（總、別、成、壞、同、異）中，以真如一心為總相，心所緣生萬法為別相。因此對於本體之真心的體悟，文益禪師主張「一切現成」，即一切事法中都包含著理體，皆可從中體會到理。在此基礎上，文益禪師於修行觀上主張無修之修或無事為修，如其回答學僧所問「十二時中如何行履」時說「步步踏著」，即如你平常那樣走路，每一步都能體會到本體，而不許心起分別，存有取捨之心，不然必定會產生「巧偽」之事，而不能證悟禪理，求得解脫。故文益禪師接引學僧時，注意「對病施藥，相身裁縫，隨其器量，掃除情解」，即將參禪者的注意力隨時隨地引向現在與這裡，指示其時刻關注這當下即在的東西。由此形成法眼宗獨特的禪風，如《五家宗旨纂要》所概括的：「法眼宗者，則聞者悟道，見色明心，句裡藏鋒，言中有響，三界唯心為宗，拂子明之。」即其簡明之處相似於雲門宗，而其秘密之處又類同於曹洞宗。因此，文益禪師甚為重視「知解」，撰有《宗門十規論》，對晚唐、五代時期呵祖罵佛、毀焚佛像、不念佛、不讀經、不禪定的禪林風氣進行批評，並將當時南方禪師中已相當普遍的讀經說教之風推向自覺，攝入其法眼軌則。當然文益禪師「援引教法」只是「舉揚宗乘」之手段，而不是目的，且教門也未達到與禪門並重的地步。但文益禪師的這些主張，使得一貫輕蔑經教的禪風一轉而看重經教，對於禪宗此後的發展，乃至對於中國佛教、中國文化的發展，都有著十分重大的影響。

襄州清溪山洪進禪師

襄州清溪山洪進禪師，曾住鄧州谷口。在地藏時居第一座。一日，有二僧禮拜，地藏和尚曰：「俱錯。」二僧無語下堂，請益修山主。修曰：「汝自巍巍堂堂，卻禮拜擬問他人，豈不是錯？」師聞之不肯。修乃問曰：「未審上座作麼生？」師曰：「汝自迷暗，焉可為人？」修憤然上法堂請益地藏，地藏指廊下曰：「典座入庫頭去也。」修乃省過。

又一日，師問修山主曰：「明知生不生性，為什麼為生之所留？」修曰：「筍畢竟成竹去，如今作篾使還得麼？」師曰：「汝向後自悟在。」曰：「紹修所見只如此，上座意旨如何？」師曰：「遮箇是監院房，那箇是典座房。」修禮謝。

師後住，有僧問：「眾盲摸象❶，各說異端。忽遇明眼人又作麼生？」師曰：「汝但舉似諸方。」

師經行次，眾僧隨從，乃謂眾曰：「古人有什麼言句，大家商量。」時有從漪上座出眾擬問次，師曰：「遮勿毛驢！」漪渙然❷省悟。漪後住天平山。

【注釋】❶眾盲摸象　《大般涅槃經》載：眾盲人摸象後各自訴說象之形狀，其中摸象牙者說象之形狀似蘆菔根，摸耳者說似簸箕，摸頭者說似石頭，摸鼻子者說似木棒，摸腳者說似木柱，摸背脊者說似牀，摸腹部者說似大甕，摸尾巴者說似繩子。後人以此比喻對事物缺乏全面了解的片面觀點。❷渙然　如釋重負的樣子。

【語譯】襄州（今湖北襄樊）清溪山洪進禪師，曾經住在鄧州（今屬河南）谷口。在地藏院時位居第一座。有一天，有兩位僧人前來禮拜地藏和尚，地藏和尚說道：「都錯了。」那兩位僧人無言應對，就默默下了法堂，來請教紹修山主。紹修山主說道：「你們自己巍巍堂堂的，卻去向他人禮拜提問，難道不是錯了嗎？」洪進禪師聽說後不以為然。紹修山主便問道：「不知道上座怎麼樣？」洪進說道：「你自己迷惑不明，怎麼可以接引他人？」紹修山主憤憤然上法堂去請教地藏和尚，地藏和尚指著走廊下面說道：「典座到庫房裡去了。」紹修山主這才省悟了自己的錯誤。

又有一天，洪進禪師問紹修山主道：「明明知道生並不能產生佛性，為什麼還會被生所留住呢？」紹修山主說道：「竹筍終究要成為竹子，現在作為篾條來使用還可以嗎？」洪進說道：「你以後自己領悟去吧。」紹修紹修山主問道：「紹修所理解的就是這樣的，上座的意思是什麼？」洪進說道：「這個是監院的房間，那個是典座的房間。」紹修山主於是施禮拜謝。

洪進禪師任住持以後，有僧人問道：「眾盲人摸象，說法各不相同。忽然遇到眼睛正常的人來時又怎麼辦呢？」洪進回答：「你只管舉說給各地禪僧聽。」

洪進禪師在行走時，眾僧人跟隨著，洪進就對眾僧人說道：「古人有什麼話，舉出來大家商量商量。」當時有一位名叫從漪的上座從眾人中出來準備提問，洪進便喝道：「這頭沒長毛的驢子！」從漪由此渙然省悟。從漪上堂此後住持天平山。

金陵清涼院休復禪師

昇州清涼院休復悟空禪師，北海人，姓王氏。幼出家，十九納戒。嘗自謂曰：「苟尚能詮，則為滯筏❶。將趣凝寂，復患墮空。既進退莫決，捨二何之？」乃參尋宗匠，緣會地藏和尚，〈法眼章述之。〉後繼法眼，住撫州崇壽。甲辰歲，江南國主創清涼大道場，延請居之。

上堂示眾曰：「古聖❷才生下，便周行七步，目顧四方，云：『天上天下，唯我獨尊。』他便有遮箇方便奇特。只如諸上座初生下時，有箇什麼奇特？試舉看。若道無，即對面諱卻。若道有，又作麼生通得箇消息？還會麼？上座幸然有奇特事，因什麼不知去？珍重！」

僧問：「如何是佛？」師曰：「汝是眾生。」曰：「還肯也無？」師曰：「虛施此問。」

問：「如何是西來意？」師曰：「汝道此土還有麼？」

問：「省要處乞師一言。」師曰：「珍重！」

問：「如何是道？」師曰：「本來無一物，何處有塵埃？」僧禮拜，師曰：「莫錯會。」

問：「如何是一塵入正受❸？」師曰：「色即空。」曰：「如何是諸塵三昧起？」師曰：「空即色。」

問：「諸餘即不問，如何是悟空一句？」師曰：「兩句也。」

問：「牛頭未見四祖時，為什麼百鳥銜華？」師曰：「未見四祖。」曰：「見後為什麼不銜華？」師曰：「見四祖。」

問：「如何是自己事？」師曰：「幾處問人來？」

問：「古人得箇什麼即便休歇❹去？」師曰：「汝得箇什麼，即不休歇去？」

問：「如何是學人出身處？」師曰：「千般比不得，萬般況不及❺。」曰：

「請和尚道。」師曰：「古亦有，今亦有。」

問：「如何是亡僧面前觸目菩提？」師曰：「問取髑髏後人。」

問：「如何是諸佛本源？」師曰：「汝喚什麼作諸佛？」

問：「雨華動地，始起雷音❻。未審和尚此日稱揚何事？」師曰：「向上座道什麼？」曰：「恁麼即得遇清涼也。」師曰：「實即得。」

問：「毒龍奮迅，萬象同然時如何？」師曰：「你什麼處得遮箇問頭？」

師平日居方丈，唯毳❼一韈❽，每哂❾同參❿法眼多為偈頌。晉天福八年癸卯十月朔日，遣僧往報恩院，命法眼禪師至方丈囑付，又致書辭國主，取三日夜子時入滅。國主屢遣使候問，今本院至時擊鐘。及期，大眾並集，師端坐警眾曰：「無棄光影⓫。」語絕告寂。時國主聞鐘，登高臺遙禮清涼，深加哀慕，仍致祭。茶毗，收舍利建塔。

【注釋】❶筏　佛教以筏喻教法，渡河已畢，則當捨筏，以喻到涅槃之岸，則正法也當捨，表示不可執著於教法。❷古聖　此指釋迦牟尼。❸正受　即「三昧」，禪定的異名。❹休歇　此指完成了領悟禪法、超脫生死之大事。❺況不及　謂無法比喻。❻雷音　比喻佛說法之聲。❼毳　用鳥獸毛製成的織物，此引申為編織。❽韈　襪子。❾哂　譏刺；譏嘲。❿同參　同學。⓫光影　即「光陰」。

【語譯】昇州（今江蘇南京）清涼院休復悟空禪師（？～九四三年），北海（今山東濰坊）人，俗姓王。休復幼年出家，十九歲時接受了具足戒。休復曾經自言道：「假若只是能夠詮釋經義，則成為滯留不前的木筏。如果想要趨向凝思靜坐，又恐怕會墮入於空執之中。既然進退都不能抉擇，那麼捨棄這二者又能做什麼呢？」他於是參拜尋訪宗師，在地藏和尚那裡契合了因緣，本卷〈法眼文益禪師〉章中記載了這件事。此後承繼法眼和尚住持撫州（今屬江西）崇壽院。甲辰歲（九四四年），江南國主創建了清涼大道場，延請休復禪師住持。

休復禪師上堂指示眾僧道：「古代聖人剛一生下來，就向四方各走了七步，眼看四方，說道：『天上天下，唯我獨尊。』他就有這樣的方便奇特之處。只如諸位上座當初誕生之時，可有什麼奇特的事？試著說說看。如果說沒有，那就是當面說謊了。如果說有，又怎麼會懂得這樣的消息呢？可還領會了嗎？上座儻倖有一件奇特的事，為什麼會不知道？各自珍重！」

有僧人問道：「什麼是佛？」休復禪師回答：「你是眾生。」那僧人又問道：「可還許可了嗎？」休復回答：「白白地提了這個問題。」

有僧人問道：「什麼是祖師西來的意旨？」休復禪師反問：「你說本土可還有嗎？」

有僧人請道：「簡要關鍵之處，乞請和尚點撥一句。」休復禪師說道：「珍重！」

有僧人問道：「什麼是道？」休復回答：「本來就沒有一物，什麼地方又有塵埃呢？」那僧人便禮拜，休復說道：「不要領會錯了。」

有僧人問道：「什麼是一塵入於正受？」休復禪師回答：「色即是空。」那僧人又問道：「什麼是諸塵從三昧中起？」休復回答：「空即是色。」

有僧人問道：「其他就不問了，什麼是悟空和尚的一句話？」休復禪師回答：「兩句了。」

有僧人問道：「牛頭和尚沒有參見四祖大師的時候，為什麼百鳥銜來鮮花？」休復禪師回答：「因為還沒有參見四祖大師。」那僧人又問道：「參見以後為什麼不銜鮮花來了？」休復回答：「因為參見了四祖大師。」

有僧人問道：「什麼是自己的事？」休復禪師反問：「你已問了幾處地方了？」

有僧人問道：「古人得到了什麼就休歇去了？」休復禪師反問：「你得到個什麼，卻還沒有休歇去？」

有僧人問道：「什麼是學生悟入禪法的出身之處？」休復禪師回答：「千般事物不能比擬，萬般事物無法比喻。」那僧人便說道：「就請和尚說。」休復說道：「古代也有，今天也有。」

有僧人問道：「什麼是亡故僧人面前的觸目菩提？」休復禪師回答：「去問髑髏後面的人。」

有僧人問道：「什麼是諸佛的本源？」休復禪師反問：「你把什麼叫做諸佛？」

有僧人問道：「天上降下了鮮花，大地不斷地震動，這才開始發出雷音。不知道和尚今天弘揚什麼事？」休復禪師說道：「向上座說什麼呢？」那僧人便說道：「這樣則得以遇見清涼和尚了。」休復說道：「確實得以遇見了。」

有僧人問道：「毒龍奮勇疾飛，萬象都相同的時候怎麼樣呢？」休復禪師反問：「你從什麼地方得來的這個問題？」

休復禪師平日居住在方丈室內，只是編織一隻襪子，每每嘲諷同學法眼和尚撰寫了很多偈頌。五代後晉天福八年癸卯歲（九四三年）十月初一日，休復禪師派了一位僧人前往報恩院，把法眼和尚叫到方丈之內加以囑咐，又寫信向江南國主辭別，定於三日夜半子時圓寂。江南國主屢次派遣使臣來問候，並命清涼院僧人到時候鳴鐘示哀。到了預定那個時刻，大眾雲集，休復禪師端坐著警示眾人道：「不要虛度光陰。」說完就圓寂了。當時江南國主聽到鐘聲後，登上高臺向清涼院方向遙遙致禮，表示深切哀悼之意，並前往祭奠。遺體火化後，人們收拾舍利子，建靈塔供奉。

撫州龍濟紹修禪師

撫州龍濟山主紹修禪師，初與大法眼禪師同參地藏，所得謂已臻極。暨同辭至建陽，途中譚次，法眼忽問曰：「古人道萬象之中獨露身，是撥萬象？」師曰：「不撥萬象。」法眼曰：「說什麼撥不撥？」師懵然，卻迴地藏。地藏問曰：「子去未久，何以卻來？」師曰：「有事未決，豈憚跋涉山川？」地藏曰：「汝跋涉許多山川，也還不惡。」師未喻旨，乃問曰：「古人道萬象之中獨露身，意旨如何？」地藏曰：「汝道古人撥萬象不撥萬象？」師曰：「不撥。」地藏曰：「兩箇也。」師駭然沉思，而卻問曰：「未審古人撥萬象不撥萬象？」地藏曰：「汝喚什麼作萬象？」師方省悟，再辭地藏，覲于法眼。法眼語意與地藏開示前後如一。故法眼先住撫州崇壽，大振宗風。師後居龍濟山，不務聚徒，而學者奔至。

師上堂示眾曰：「具足凡夫法，凡夫不知。具足聖人法，聖人不會。聖人若會，即是凡夫。凡夫若知，即是聖人。此兩語一理二義，若人辨得，不妨❶於佛法中有箇入處。若辨不得，莫道不疑。」

問：「見色便見心。露柱是色，如何是心？」師曰：「幸然未會，且莫詐明頭❷。」

問：「如何得出三界？」師曰：「汝恁問不妨出得三界。」

問：「當陽舉唱，誰是委者？」師曰：「非汝不委。」

問：「如何是萬法主？」師曰：「喚什麼作萬法？」

問：「教云：須彌納芥子，芥子納須彌。如何是須彌？」師曰：「穿破汝心。」曰：「如何是芥子？」師曰：「塞卻汝眼。」曰：「如何納？」師曰：「把將須彌與芥子來！」曰：「前言何在？」師曰：「前有什麼言？」

師有時示眾曰：「聲色不到，病在見聞。言詮不及，過在脣舌。」僧問：「離卻聲色，請和尚道。」師曰：「聲色裡問將來！」

問：「如何是學人心？」師曰：「阿誰恁麼問？」

問：「劫火洞然，大千俱壞。未審遮箇還壞也無？」師曰：「不壞。」曰：「為什麼不壞？」師曰：「同於大千。」

問：「如何是觸目菩提？」師曰：「特地令人愁。」

問：「如何是西來意？」師曰：「待汝問西來意，我即向汝道。」

問：「巨夜之中，以何為眼？」師曰：「暗。」

問：「纖毫不隔，為什麼覷之不見？」師曰：「作家弄影❸漢！」

問：「古鏡未磨時如何？」師曰：「照破天地。」曰：「磨後如何？」師曰：「黑似漆。」

問：「如何是普眼❹？」師曰：「纖毫覷不見。」曰：「為什麼覷不見？」師曰：「為伊眼太大。」

問：「如何是大敗壞底人？」師曰：「劫壞不曾遷。」曰：「此人還知有佛法也無？」師曰：「若知有佛法，渾成顛倒。」曰：「如何得不顛倒？」師曰：「直須知有佛法。」曰：「如何是佛法？」師曰：「大敗壞。」

問：「如何是學人常在底心？」師曰：「還曾問荷玉麼？」曰：「學人不會。」師曰：「不會，夏末問曹山。」

師著偈頌六十餘首及諸銘論、《群經略要》等，並行于世。

【注釋】❶不妨　自然，表示肯定語氣。❷明頭　明白人；明白處。❸弄影　擺弄身姿。❹普眼　觀世音菩薩之慈眼普觀一切眾生，故謂之普眼。

【語譯】撫州（今屬江西）龍濟山主紹修禪師，當初與大法眼禪師一起參拜地藏和尚，認為所得到的已達至極之理。等到紹修與法眼禪師一起辭別地藏和尚到建陽（今屬福建）去，在路途中談話時，法眼禪師忽然問道：「古人說萬象之中獨自顯露出身子，是不是磕碰萬象呢？」紹修回答：「不磕碰萬象。」法眼禪師說道：「你說什麼磕碰不磕碰？」紹修惘然不解，就回到了地藏院。地藏和尚問道：「你離去沒多久，為什麼又回來了？」紹修說道：「有大事沒有解決，怎能畏懼跋山涉水？」地藏和尚說道：「你跋涉了許多山水，倒也不錯。」紹修沒有領會其中的意思，便問道：「古人說萬象之中獨自顯露出身子，這話是什麼意思？」地藏和尚反問道：「你說古人是磕碰萬象還是不磕碰萬象？」紹修回答：「不磕碰萬象。」地藏和尚說道：「兩個了。」紹修十分吃驚，沉思了片刻後反問道：「不知道古人磕碰萬象不磕碰萬象？」地藏和尚便問道：「你把什麼叫做萬象？」紹修這才省悟，再次辭別地藏和尚，去拜見法眼禪師。法眼禪師的語意與地藏和尚開示之語前後如一。所以法眼禪師首先住持撫州崇壽院，大振宗風。紹修此後住持龍濟山，無意聚集徒眾，但學者紛紛趕來參拜。

紹修禪師上堂指示眾僧道：「完全具備凡夫之法，凡夫並不知道。完全具備聖人之法，聖人也不領會。聖人如果領會了，就是凡夫。凡夫如果知道了，就是聖人。這兩句話是一個道理，兩層意義，如果有人能辨別，自然就在佛法中有了一個悟入之處。如果不能辨別，就不要說沒有疑問。」

有僧人問道：「見色就見心。露柱是色，那什麼是心呢？」紹修禪師回答：「幸虧沒有領會，而且不要詐騙明白人。」

有僧人問道：「怎樣才能超出三界？」紹修禪師回答：「你這樣提問，就自然超出了三界。」

有僧人問道：「當眾公開舉唱，誰是被委託的人？」紹修禪師回答：「非你不委託。」

有僧人問道：「什麼是萬法之主？」紹修禪師反問：「你把什麼叫做萬法？」

有僧人問道：「教義上說：須彌山容納芥子，芥子容納須彌山。什麼是須彌山？」紹修禪師回答：「穿破了你的心。」那僧人又問道：「什麼是芥子？」紹修回答：「塞住了你的眼睛。」那僧人便問道：「怎樣納入呢？」紹修說道：「把須彌山和芥子拿來！」那僧人問道：「前面的話在哪裡呢？」紹修反問：「前面有什麼話？」

紹修禪師有一次指示眾僧道：「聲色不能到達之處，其過失在於見聞。言語解釋不能論及之處，其過錯在於脣舌之間。」有僧人便說道：「離開聲色，請和尚說。」紹修喝道：「從聲色之中問來！」

有僧人問道：「什麼是學生的心？」紹修禪師反問：「是誰這樣問的？」

有僧人問道：「壞劫之火熊熊燃燒，大千世界都毀壞了。不知道這個還毀壞不毀壞？」紹修禪師回答：「不毀壞。」那僧人便問道：「為什麼不毀壞？」紹修回答：「因為與大千世界相同。」

有僧人問道：「什麼是觸目菩提？」紹修禪師回答：「更加使人憂愁。」

有僧人問道：「什麼是祖師西來的意旨？」紹修禪師回答：「等到你問祖師西來的意旨，我就對你說。」

有僧人問道：「茫茫長夜之中，把什麼作為眼睛？」紹修禪師回答：「黑暗。」

有僧人問道：「一絲一毫都沒有阻隔，為什麼卻望而不見？」紹修禪師喝道：「這個善於擺弄身姿的傢伙！」

有僧人問道：「古鏡沒有磨的時候怎麼樣？」紹修禪師回答：「照破了天地。」那僧人又問道：「磨了以後又怎麼樣呢？」紹修回答：「像漆一樣黑。」

有僧人問道：「什麼是普眼？」紹修禪師回答：「絲毫也看不見。」那僧人問道：「為什麼看不見？」紹修回答：「因為他的眼睛太大了。」

有僧人問道：「什麼是大敗壞的人？」紹修禪師回答：「劫壞之時也不曾遷移過。」那僧人問道：「像這樣的人可知道有佛法嗎？」紹修回答：「如果知道有佛法，就真成顛倒了。」那僧人便問道：「怎樣才能不顛倒呢？」紹修回答：「必須知道有佛法。」那僧人又問道：「什麼是佛法？」紹修回答：「大敗壞。」

有僧人問道：「什麼是學生常在的心？」紹修禪師反問：「可曾問過荷玉和尚嗎？」那僧人回答：「學生沒有領會。」紹修說道：「沒有領會，坐夏結束後去問曹山和尚。」

紹修禪師撰有偈頌六十餘首及多篇銘文、論文、《群經略要》等等，都傳行於世。

杭州天龍寺秀禪師

杭州天龍寺秀禪師。先住歲豐。師上堂謂眾曰：「諸上座，多少無事，十二時中，在何世界安身立命❶？且子細點檢看。何不覓箇歇處？因什麼卻與別人點檢？若恁麼去，早落第二頭也。」時有僧問：「承師有言，恁麼去早落第二頭，學人總不恁麼上來，師如何辨白？」師曰：「汝卻作家。」曰：「恁麼即今日得遇於師也。」師曰：「汝且莫詐明頭。」

問：「承古有言，二人俱錯。未審古人意旨如何？」師曰：「汝何不自檢責？」曰：「恁麼即人天有賴也。」師曰：「汝不妨靈利。」本國❷署清慧大師。

【注釋】❶安身立命　指生活和精神都有所依託。安身，容身；存身。立命，精神安定。❷本國　此指吳越國。

【語譯】杭州（今屬浙江）天龍寺秀禪師。起初住持歲豐院。秀禪師上堂對眾僧說道：「諸位上座，多半沒有事，一天十二個時辰中，在什麼世界裡安身立命？姑且仔細點檢察看。為什麼不尋覓一個休歇的去處？因為什麼卻讓別人來點檢察看呢？如果就這樣而去，早在落入第二頭了。」當時有一位僧人問道：「承蒙和尚有言，就這樣而去，早就落入第二頭了，學生總不這樣上來，和尚怎樣來辨別清楚呢？」秀禪師說道：「你卻是個行家。」那僧人便說道：「這樣說來則今天得以遇到老師了。」秀禪師說道：「你就不要詐騙明白人了。」

有僧人問道：「承蒙古人有言，兩人都錯了。不知道古人的意思是什麼？」秀禪師反問：「你為什麼不自我檢查反省？」那僧人便說道：「這樣則人天都有依靠了。」秀禪師說道：「你真是靈利。」

秀禪師被吳越國署為清慧大師。

潞州延慶院傳殷禪師

潞州延慶院❶傳殷禪師。僧問：「見色便見心。燈籠是色，那箇是心？」師曰：「汝不會古人意。」曰：「如何是古人意？」師曰：「燈籠是心。」

問：「若能轉物❷，即同如來。未審轉什麼物？」師曰：「道什麼？」僧擬進語，師曰：「遮漆桶❸！」

【注釋】❶延慶院　在今山西長子，唐代晚期創建。❷轉物　佛經上言，羅漢獲得六神通時，地、水、火、風、空，皆能轉變自由。而菩薩的神通又超過羅漢，見山河大地皆如幻影，至於芥子納須彌山，一根毛髮吞下大海等，也屬平常事。❸漆桶　指不明禪機者。

【語　譯】潞州（今山西長治）延慶院傳殷禪師。有僧人問道：「見色即是見心。燈籠是色，哪一個是心呢？」傳殷回答：「你沒有領會古人的意思。」那僧人便問道：「那什麼是古人的意思呢？」傳殷回答：「燈籠即是心。」

有僧人問道：「如果能轉物，就與如來相同了。不知道轉什麼物？」傳殷禪師說道：「說什麼？」那僧人打算再說，傳殷喝道：「這個漆桶！」

衡嶽南臺守安禪師

衡嶽南臺守安禪師，初住江州悟空院。有僧問：「人人盡有長安路，如何得到？」師曰：「即今在什麼處？」

問：「如何是西來意？」師曰：「是什麼意？」

問：「如何是本來身？」師曰：「是什麼身？」

問：「寂寂無依時如何？」師曰：「寂寂底你。」師因有頌曰：「南臺靜坐一鑪香，亘日❶凝然萬事忘。不是息心除忘想，都緣無事可思量。」

【注釋】❶亘日 終日；整日。

【語譯】南嶽衡山南臺守安禪師，起初住持江州（今江西九江）悟空院。有僧人問道：「人人都有長安路，怎樣才能達到？」守安禪師反問：「現在在什麼地方？」

有僧人問道：「什麼是祖師西來的意旨？」守安禪師反問：「是什麼意旨？」

有僧人問道：「什麼是本來之身？」守安禪師反問：「是什麼身？」

有僧人問道：「空空寂寂沒有依靠的時候怎麼樣呢？」守安禪師回答：「空空寂寂的是你。」守安禪師因此作了一首偈頌道：「南臺靜坐點燃一爐香，整日凝然萬事皆忘。這並不是在止息心思與除去妄想，都是因為無事可思量。」

前福州仙宗契符禪師法嗣

福州仙宗洞明大師

福州仙宗洞明真覺大師。僧問：「拏❶雲不假風雷便，濬浪❷如何透得身？」

師曰：「何得棄本逐末？」

【注釋】❶拏 同「拿」。用手抓握。❷滄浪 大浪。

【語譯】福州（今屬福建）仙宗院洞明真覺大師。有僧人問道：「摘雲不憑藉風雷的便利，大浪怎麼能澆透身子？」洞明大師說道：「怎麼可以捨本逐末？」

泉州福清行欽禪師

泉州福清廣法大師行欽，初住雲臺院。師上堂謂眾曰：「還有人鑑得出麼？若有人鑑得，是什麼湖裡破草鞋？若也鑑不出，落地作金聲。無事久立。」

僧問：「如何是佛法大意？」師曰：「諸上座，大家道取。」

問：「如何是譚真逆俗？」師曰：「客作漢問什麼！」曰：「如何是順俗違真？」師曰：「喫茶去！」

問：「如何是然燈前？」師曰：「然燈後。」曰：「如何是然燈後？」師曰：「然燈前。」曰：「如何是正然燈。」師曰：「喫茶去！」

問：「如何是第二月？」師曰：「汝問我答。」

師問僧：「汝念什麼經？」曰：「《法華經》。」師曰：「彼此話墮。」

【語譯】泉州（今屬福建）福清院行欽禪師，號廣法大師，起初住持雲臺院。行欽禪師上堂對眾僧說道：「可還有人能鑑別得出嗎？如果有人能鑑別，那是什麼湖裡的破草鞋？如果不能鑑別出來，落地就發出金屬的聲音。無事久立。」

有僧人問道：「什麼是佛法大意？」行欽禪師說道：「諸位上座，大家說吧。」

有僧人問道：「什麼是談論真理而違背世俗？」行欽禪師喝道：「客作漢問什麼！」那僧人又問道：「什麼是順從世俗違背真理？」行欽再喝道：「吃茶去！」

有僧人問道：「什麼是點燈之前？」行欽禪師回答：「點燈之後。」那僧人再問道：「什麼是點燈之後？」行欽回答：「點燈之前。」那僧人又問道：「什麼是正點著燈？」行欽喝道：「吃茶去！」

有僧人問道：「什麼是第二個月亮？」行欽禪師回答：「你問我答。」

行欽禪師問一個僧人道：「你在念什麼經？」那僧人回答：「《法華經》。」行欽便說道：「彼此之語都丟失了機鋒。」

前杭州天龍重機禪師法嗣

高麗雪嶽令光禪師

高麗雪嶽令光禪師。僧問：「如何是和尚家風？」師曰：「分明記取。」

問：「如何是諸法之根源？」師曰：「謝指示。」

【語譯】高麗國雪嶽令光禪師。有僧人問道：「什麼是和尚的家風？」令光回答：「明白地記住。」有僧人問道：「什麼是諸法的根源？」令光禪師回答：「謝謝指示。」

前婺州國泰瑫禪師法嗣

婺州齊雲寶勝禪師

婺州齊雲寶勝禪師。僧問：「如何是齊雲境？」師曰：「龍潭徹底清，烏龜得繼名。」曰：「莫即遮箇便是麼？」師曰：「道高龍虎伏，八仙連太平。」問：「如何是齊雲水？」師曰：「龍潭常徹底，擬問即波瀾。」曰：「莫只遮箇便是麼？」師曰：「古殿無香煙，誰人辨清濁？」曰：「未審深深處如何？」師曰：「闍梨欲識深深處，直須腳下綵雲生。」

【語譯】婺州（今浙江金華）齊雲山寶勝禪師。有僧人問道：「什麼是齊雲山的境界？」寶勝回答：「龍潭的水徹底清澈，烏龜得以繼承其名。」那僧人便問道：「莫非這個就是嗎？」寶勝回答：「道行很高故龍虎潛伏不出，八仙相連則天下太平。」

有僧人問道：「什麼是齊雲山的水？」寶勝禪師回答：「龍潭常常徹底清澈，想要提問就會掀起波瀾。」那僧人便問道：「莫非這個就是嗎？」寶勝回答：「古殿上沒有香煙，誰人能辨別清與濁？」那僧人又問道：「不知道那深邃奧秘的地方怎麼樣？」寶勝回答：「闍梨想要認識那深邃奧秘的地方，必須腳下斷絕白雲生出。」

【說　明】寶勝禪師性慈藹，講說常常雜詼諧之語，聞者絕倒，而終自猛省。

前福州昇山白龍道希禪師法嗣

福州廣平玄旨禪師

福州廣平玄旨禪師，曾住黃蘗，上堂示眾曰：「還有人證明麼？若有人證明，亦免孤負上祖，埋沒後來。若是尋言數句，大藏分明。若是祖宗門中，怪及什麼處？恁麼道亦是傍瞥之辭❶。」

僧問：「如何是廣平境？」師曰：「地擎名山秀，溪連海水清。」曰：「如何是境中人？」師曰：「汝問我答。」

問：「如何是法身體？」師曰：「廓落虛空絕玷❷瑕。」曰：「如何是體中物？」師曰：「一輪明月散秋江。」曰：「未審體與物分不分？」師曰：「適來道什麼？」曰：「恁麼即不分也。」師曰：「穿耳胡僧❸笑點頭。」

【注釋】❶傍瞥之辭　片面之辭。❷玷　玉上的斑點。❸穿耳胡僧　指禪宗初祖菩提達磨。穿耳，在耳垂上穿小孔以便戴上耳環，古代天竺人的習俗。

【語譯】福州（今屬福建）廣平院玄旨禪師，曾經住持黃蘗山，有一次上堂指示眾僧道：「還有人要證明嗎？如果有人證明，也免得辜負了從前的祖師、埋沒了後來之人。如果就這樣尋覓言語、計算句子，那《大藏經》中記得很分明。如果是在祖宗門下，不知要責怪到什麼地方了？但這樣說也是片面之辭。」

有僧人問道：「什麼是廣平院的境界？」玄旨禪師回答：「地靠名山而秀麗，溪連海水而清澈。」那僧人又問道：「什麼是境界中的人？」玄旨回答：「你問我答。」

有僧人問道：「什麼是法身之體？」玄旨禪師回答：「廣闊的虛空絕無斑點瑕疵。」那僧人再問道：「什麼是體中之物？」玄旨回答：「一輪明月灑落在秋江上。」那僧人又問道：「不知道體與物還分不分？」玄旨反問：「剛才說的是什麼？」那僧人便說道：「這樣說來便不分了。」玄旨說道：「穿耳的胡僧微笑著點頭。」

【說明】廣平玄旨禪師的禪風睿敏，道聲遠播，門徒甚眾，為玄沙師備禪師門下在閩中傳化最盛之門派。

福州白龍清慕禪師

福州昇山白龍清慕禪師。僧問：「如何是白龍密用一機❶？」師曰：「汝每日用什麼？」曰：「恁麼即徒勞側聆。」禪便喝出。

問：「一切眾生日用而不知，如何是日用底？」師曰：「別祇對你爭得！」

問：「不責上來，聲前一句請師道。」師曰：「莫是不辨麼？」

【注釋】❶機　指屬於內而動於心者。

【語譯】福州（今屬福建）昇山白龍院清慕禪師。有僧人問道：「什麼是白龍院秘密使用的法機？」清慕禪師反問道：「你每天使用什麼？」那僧人就說道：「這樣則我徒勞側身傾聽了。」清慕便把他喝出。

有僧人問道：「一切眾生每天使用著卻不知道，什麼是每天使用著的？」清慕禪師回答：「另外回答你又怎麼能夠呢！」

有僧人請道：「不要責怪我上來請教，聲音之前的一句話還請和尚說。」清慕禪師問道：「莫非是不能分辨嗎？」

福州靈峰志恩禪師

福州靈峰志恩禪師。僧問：「如何是吹毛劍？」師曰：「我進前，汝退後。」曰：「恁麼即學人喪身命去也。」師曰：「不打水，魚自驚。」

問：「如何是佛？」師曰：「更是阿誰？」曰：「既然如此，為什麼迷妄有差殊？」師曰：「但自不亡羊❶，何須泣歧路❷？」

問：「如何是靈峰境？」師曰：「萬疊青山如飣❸出，兩條淥水若圖成。」

曰：「如何是境中人？」師曰：「明明密密❹，密密明明。」

【注釋】❶亡羊　相傳戰國時楊朱的鄰人丟失一頭羊，眾人都去追尋，卻未找到，便回來了。楊朱問為何未找到，鄰人說因為岔路很多，且岔路中還有岔路，不知向哪條路去找。見《列子・說符》。❷泣歧路　相傳戰國時人楊朱外出時遇見岔路，便對著岔路哭泣，因岔路可以往南，也可往北，容易迷失方向。見《淮南子・說林》。❸飣　即「餖飣」，糕餅累積成很好看的樣子。❹明明密密　明明，分明；顯然。密密，排列緊密。

【語譯】福州（今屬福建）靈峰志恩禪師。有僧人問道：「什麼是吹毛立斷的寶劍？」志恩回答：「我向前，你退後。」那僧人便說道：「這樣則學生要喪失性命了。」志恩說道：「沒有打水，魚兒已自己受驚了。」

有僧人問道：「什麼是佛？」志恩禪師說道：「還有哪一個？」那僧人再問道：「既然是這樣的，為什麼人的迷惑妄念還有差別？」志恩回答：「只要自己沒有丟失羊，又何必對著三岔路口哭泣？」

有僧人問道：「什麼是靈峰的境界？」志恩禪師回答：「萬疊青山如同餖飣堆出，兩條綠水宛如繪成的圖畫。」那僧人又問道：「什麼是境界中的人？」志恩回答：「明明密密，密密明明。」

福州東禪玄亮禪師

福州東禪玄亮禪師。僧問：「本無迷悟，為什麼卻有眾生？」師曰：「話墮。」

問：「祖祖相傳傳法印，師今繼嗣嗣何方？」師曰：「特謝證明。」曰：「恁麼即白龍當時親受記，今日應聖度迷津。」師曰：「汝莫錯認定盤星❶。」

【注釋】❶定盤星　秤桿上第一個星點（零位），秤錘懸掛於此點時，恰好與秤盤成平衡，故稱。借喻為做事的準繩或目的物。

【語譯】福州（今屬福建）東禪院玄亮禪師。有僧人問道：「本來沒有迷與悟，為什麼卻有眾生？」玄亮禪師回答：「你的話語失機鋒了。」

有僧人問道：「歷代祖師世世相傳授法印，和尚今天又承繼誰的法嗣呢？」玄亮禪師回答：「十分感謝你來證明。」那僧人便說道：「這樣則白龍和尚當時親自傳授了印記，今天響應聖言而引度眾人出迷津。」玄亮說道：「你不要錯認了定盤星。」

漳州報劬院玄應禪師

漳州報劬院玄應定慧禪師，泉州晉江縣人也，姓吳氏。幼出家於本州開元寺，九佛院稟具，探律乘，閱《大藏》終袠，乃之福州，謁白龍希和尚印可心地，卻歸本州清溪。會清溪長老罷唱保福，庵于貴湖，一見以同道相契諧，命檀信於庵之西青陽山創室，請師宴處二十餘載。開寶三年，屬泉州帥陳洪進❶仲子文顯任漳州刺史，於水南創大禪苑，曰報劬，屢請師住持，固辭不往。師之兄仁濟為軍校❷，文顯因遣仁濟入山，述意勤懇，師不得已出。時參學四集，僅千五百人，隨從入院，大啟法筵。

僧問：「如何是第一義？」師曰：「如何是第一義？」曰：「學人請益，師何以倒問學人？」師曰：「汝適來請益什麼？」曰：「第一義。」師曰：「汝謂之倒問邪？」

問：「如何是古佛道場？」師曰：「今夏堂中，千五百僧。」

陳帥以師之道德聞于太祖皇帝，賜紫衣師號。開寶八年，將順世，先七日遺書辭陳守，仍示一偈曰：「今年六十六，世壽有延促❸。無生火熾然，有為薪不續。出谷與歸源，一時俱備足。」及期日，誡諸門人：「吾滅後，不得以喪服哭泣，有亂規矩。」言訖坐化。陳守傷歎，盡禮送終，茶毗收靈骨，於院之後山建浮圖❹。

【注釋】❶陳洪進　五代末福建仙遊人，字濟川，隸屬閩國大將留從效，為閩主王延政任命統軍使，累立戰功。留從效死，陳洪進執其子歸南唐，授任泉州觀察使。宋太宗時親至開封府朝貢，因獻漳、泉二州，詔授武寧軍節度使、同平章事，留開封府奉朝請。卒，諡忠順。❷軍校　低級軍官名。❸延促　指長壽與夭折。❹浮圖　此指墓塔。

【語譯】漳州（今屬福建）報劬院玄應定慧禪師（九一〇～九七五年），泉州晉江縣（今屬福建）人，俗姓吳。玄應幼年在泉州開元寺出家，在九佛院接受具足戒，研究戒律經典，閱覽《大藏經》到最後一卷，再來到福州（今屬福建），拜謁白龍院道希和尚，並印可了心地，然後回到了泉州清溪。正好清溪長老不再住持保福院舉唱佛法，而在貴湖旁修築小庵，他一見玄應禪師就以志同道合者相交契，並讓檀越信徒在小庵西面的青陽山上創置居室，請玄應在那裡修禪止息，長達二十多年。北宋開寶三年（九七〇年），正好泉州觀察使陳洪進的次子陳文顥出任漳州刺史，在水南創置了大禪苑，名報劬院，屢次迎請玄應禪師前來住持，玄應固辭不前往。玄應禪師的兄長吳仁濟為軍中校官，陳文顥因而派遣吳仁濟進入山中，轉述陳文顥的懇切心意，玄應禪師不得已而出山。當時參學問禪者從四方雲集而至，多達一千五百人，隨從玄應禪師來到報劬院，大開法筵弘揚佛道。

有僧人問道：「什麼是第一義？」玄應禪師反問：「什麼是第一義？」那僧人說道：「學生來請教，和尚為什麼反過來問學生呢？」玄應便問道：「你剛才要請教什麼？」那僧人回答：「第一義。」玄應說道：「你稱這為反過來問嗎？」

有僧人問道：「什麼是古佛的道場？」玄應禪師回答：「今年夏天的法堂中，有一千五百個僧人。」

觀察使陳洪進把玄應禪師的道德禪行上奏於北宋太祖皇帝，頒賜給玄應禪師紫衣、師號。開寶八年（九七五年），玄應禪師將要圓寂時，提前七天寫信給刺史陳文顥，並作有一首偈頌示意道：「我今年六十六歲，俗世間的性命有長壽有夭折。無生涅槃卻猛火熊熊，有所作為而木柴不再添加。溪水流出山谷與回歸源頭，一起都已完備具足。」到了那一天，玄應禪師告誡眾門人道：「我寂滅之後，你們不許穿喪服、哭泣，而紊亂佛法規矩。」說完就端坐著圓寂了。刺史陳文顥悲傷感歎，完全按照禮儀送終，火化後收拾靈骨，在寺院的後山建造靈塔供養。

前泉州招慶道匡禪師法嗣

泉州報恩院宗顯大師

泉州報恩院宗顯明慧大師，初住興國。有僧問：「新豐一派，興國分流。祖嗣西來，請師舉唱。」師曰：「也在新豐得此子時。」曰：「恁麼即法雨霶霈❶，群生有賴也。」師曰：「莫閑言語。」

問：「昔日靈山一會，迦葉親聞。未審今日誰是聞者？」師曰：「卻憶七葉巖❷中尊。」

問：「昔日覺城❸東際，象王❹迴旋❺，五眾咸臻。今日太守臨筵，如何提接？」師曰：「眨上眉毛❻著。」曰：「恁麼即一機顯處，萬緣喪盡。」師曰：「何必繁辭❼！」

問：「如何是西來意？」師曰：「日裡看鴟❽毛。」

師後住報恩。有僧問：「學人都致一問，請師道。」師曰：「不是創住，遮箇師僧也難容。」

問：「離四句，絕百非，請師道。」師曰：「青紅華滿庭。」

問：「不涉思量處，從上宗乘，請師直道。」師良久，僧曰：「恁麼即聽響之流❾徒勞側耳。」師曰：「早是粘膩。」

問：「不責上來，聲前一句，請師直道。」師曰：「汝自何來？」曰：「恁麼即得遇明師也。」師曰：「莫閑言語。」

問：「如何是人王？」師曰：「奉對不敢造次。」曰：「如何是法王？」師曰：「莫孤負好！」曰：「未審人王與法王對譚何事？」師曰：「非汝所聆。」

【注釋】❶霶霈　同「滂沱」。雨多的樣子。❷七葉巖　在古印度王舍城外，有七葉樹生於巖窟之上，故名。為第一次五百結集之地。❸覺城　釋迦牟尼佛成正覺之都城，即古印度摩竭陀國的伽耶城。❹象王　象中之王，此以喻佛。❺迴旋　同「迴轉」。返迴；迴歸。❻眨上眉毛　謂略加思慮、稍微猶豫不決。❼繁辭　言語繁複累贅。❽鵄　同「鴟」。即貓頭鷹，於夜間出外獵食。❾聽響之流　指執著於言辭語句、不明禪機之人。

【語譯】泉州（今屬福建）報恩院宗顯禪師，號明慧大師，起初住持興國院。有僧人說道：「新豐和尚流傳下來的一派，到興國院那裡分流。祖師西來的意旨，就請和尚舉唱。」宗顯說道：「也就在新豐和尚那裡得到一些的時候。」那僧人便說道：「這樣則法雨滂沱，眾生有依靠了。」宗顯說道：「不要廢話。」

有僧人問道：「從前靈山法會，迦葉尊者親耳聽到。不知道今天誰是聽到的人？」宗顯禪師回答：「卻在回憶七葉巖中的尊者。」

有僧人問道：「從前覺城的東邊，象王迴旋，出家五眾都聚集而來。今天太守蒞臨法筵，和尚怎樣提唱接引呢？」宗顯禪師回答：「眨上眉毛了。」那僧人便說道：「這樣則一個法機顯現之處，萬種因緣都喪失殆盡了。」宗顯喝道：「何必言語繁複！」

有僧人問道：「什麼是祖師西來的意旨？」宗顯禪師回答：「白天裡觀看貓頭鷹的羽毛。」

宗顯禪師後來住持報恩院。有僧人請道：「學生都提出了同一個問題，就請和尚回答。」宗顯禪師說道：「不是因為剛開始住持，這個師僧也難被容留。」

有僧人請道：「離絕四句，斷絕百非，請和尚直說。」宗顯禪師說道：「青色和紅色的花開滿了庭院。」

有僧人請道：「不涉及思慮之處，從上的宗乘，就請和尚直截說出。」宗顯禪師沉默了許久，那僧人說道：「這樣則聽響之流徒勞地側身傾聽了。」宗顯說道：「早已是粘糊糊的了。」

有僧人請道：「不責怪學生上堂參問，聲音之前的一句話，還請和尚直接說出。」宗顯禪師問道：「你從什麼地方來的？」那僧人便說道：「這樣則是遇到明師了。」宗顯說道：「不要廢話。」

有僧人問道：「什麼是人王？」宗顯禪師回答：「恭敬地應答而不敢造次亂說。」那僧人又問道：「什麼是法王？」宗顯回答：「不要辜負為好！」那僧人便問道：「不知道人王與法王面對面談論什麼事？」宗顯回答：「不是你所能聽到的。」

金陵龍光院澄忋禪師

金陵龍光院澄忋禪師，廣州人也，姓陳氏。幼出家於本州觀音院，年滿納戒於韶州南華寺❶，尋遊方抵于泉州，參法因大師，印悟心地後住舒州山谷寺❷。

有僧新到，師問：「什麼處來？」曰：「江南來。」師曰：「汝還禮渡江船子麼？」曰：「和尚為什麼教禮渡江船子？」師曰：「是汝善知識。」

又住齊安、龍光，前後三處，聚徒說法，終于龍光。

【注釋】❶南華寺　在廣東韶關南華山，寺初建於南朝梁天監年間，名寶林寺。唐中宗嗣聖元年，六祖慧能大師加以擴建，後官府崇仰南宗禪門，再加修飾，遂成華南巨寺。北宋削平南漢政權之後，遣內官重修，規制空前，並降敕改名南華寺。❷山谷寺　在安徽潛山三祖山。山亦名皖山、皖公山。因唐代時禪宗三祖僧粲大師曾居之，遂易今名。寺又名幽谷寺，唐代元和年間建。

【語　譯】金陵（今江蘇南京）龍光院澄忋禪師，廣州（今屬廣東）人，俗姓陳。澄忋幼年在廣州觀音院出家，到了規定的年齡後在韶州（今廣東韶關）南華寺中接受具足戒，不久雲遊行腳抵達泉州（今屬福建），參拜法因大師，印證悟徹了心地，此後住持舒州（今安徽潛山）山谷寺。

有一位僧人新來參拜，澄忋禪師問道：「從什麼地方來的？」那僧人回答：「從江南來。」澄忋便問道：「你可曾向渡江的船夫施過禮嗎？」那僧人反問：「和尚為什麼教我向渡江的船夫施禮呢？」澄忋回答：「那是你的善知識。」

【說　明】龍光澄忋禪師在宋太祖開寶（九六八～九七六年）末年圓寂。

澄忋禪師此後又住持齊安院、龍光院，前後住持了三處寺院，聚集徒眾說法，最後在龍光院圓寂。

永興北院可休禪師

永興北院可休禪師。第二世住。僧問：「如何是西來意？」師曰：「遍滿天下。」僧曰：「莫便是麼？」師曰：「是即牢收取。」

問：「大作業底人來，師還接否？」師曰：「不接。」曰：「為什麼不接？」師曰：「幸是好人家男女❶。」

【注　釋】❶男女　兒女；子弟。

【語　譯】永興軍（今陝西西安）北禪院可休禪師。第二世住持。有僧人問道：「什麼是祖師西來的意旨？」可休回答：「滿天下都是。」那僧人又問道：「莫非這就是嗎？」可休回答：「是就牢牢地收好。」

有僧人問道：「大作業的人前來，和尚可還接引嗎？」可休禪師回答：「不接引。」那僧人便問道：「為什麼不接引？」可休回答：「幸虧是好人家的子弟。」

郴州太平院清海禪師

郴州太平院清海禪師。僧問：「古人道不從請益得，祖師為什麼道誰得作佛？」師曰：「悟了方知。」

問：「從上宗乘，次第指授。未審今日如何舉唱？」師曰：「透出白雲深洞裡，名華異草嶺頭生。」

問：「如何是句中人？」師曰：「好辨。」

【語譯】郴州（今屬湖南）太平院清海禪師。有僧人問道：「古人說過不從請教中獲得，祖師為什麼又說誰能夠成佛呢？」清海回答：「徹悟了才知道。」

有僧人問道：「從上的宗乘教義，依次第代代傳授。不知道今天怎樣舉唱呢？」清海禪師回答：「升騰起白雲的深洞裡，名花異草長滿了嶺頭。」

有僧人問道：「什麼是語句中的人？」清海禪師回答：「好好辨別。」

連州慈雲慧深大師

連州慈雲普廣大師慧深。僧問：「匿王請佛，既奉法於當時。我后❶延師，蓋興宗於此日。幸施方便，無恡舉揚。」師曰：「不煩再問。」

問：「如何是大圓鏡？」師曰：「著。」

問：「如何是向上事？」師曰：「分明聽取。」

【注釋】❶后 君主；君王。

【語譯】連州（今屬廣東）慈雲院慧深禪師，號普廣大師。有僧人說道：「匿王請佛，既已奉行佛法於當時。我國王延請和尚，是為了興盛宗門於今天。幸請和尚惠施方便法門，不要吝惜舉唱弘揚道法。」慧深禪師說道：「不勞煩你再三提問。」

有僧人問道：「什麼是大圓鏡？」慧深禪師回答：「放著。」

有僧人問道：「什麼是向上至極玄妙的事？」慧深禪師回答：「明白地聽著。」

郢州興陽山道欽禪師

郢州興陽山道欽禪師。第二世住。僧問：「如何是興陽境？」師曰：「松竹乍❶栽山影綠，水流穿過院庭中。」

問：「如何是佛？」師曰：「更是什麼？」

【注釋】❶乍　剛；開始。

【語譯】郢州（今湖北鍾祥）興陽山道欽禪師。第二世住持。有僧人問道：「什麼是興陽山的境界？」道欽回答：「松竹剛栽下而山影翠綠，水流穿過了庭院之中。」

有僧人問道：「什麼是佛？」道欽禪師反問：「還能是什麼？」

【說明】泉州招慶道匡禪師的法嗣還有漳州保福清溪禪師一人，因無機緣語句，故未收錄。

前婺州報恩寶資禪師法嗣

處州福林澄和尚

處州福林澄和尚。僧問：「如何是伽藍？」師曰：「勿幡幀❶。」曰：「如何是伽藍中人？」師曰：「瞻禮即有分。」

問：「下堂一句，請師不吝。」師曰：「閑吟唯憶龐居士，天上人間不可陪。」

【注釋】❶幡幀　旗幟。書畫一幅稱一幀。

【語譯】處州（今浙江麗水）福林院澄和尚。有僧人問道：「什麼是伽藍？」澄和尚回答：「沒有旗幡。」

那僧人又問道：「什麼是伽藍中的人？」澄和尚回答：「瞻仰禮拜則有份。」

有僧人請道：「下堂的一句話，請和尚不吝賜教。」澄和尚說道：「閑吟只憶龐居士，天上人間都不能陪同。」

前處州翠峰從欣禪師法嗣

處州報恩守真禪師

處州報恩守真禪師。僧問：「諸官已結人天會，報恩今日事如何？」師曰：「闍梨到諸方分明舉。」

問：「如何是佛法大意？」師曰：「閃爍❶烏飛急，奔騰兔走頻。」

【注釋】❶閃爍　光芒不定的樣子。

【語譯】處州（今浙江麗水）報恩寺守真禪師。有僧人問道：「諸位官人已結成人天之法會，報恩寺今天的事又怎麼樣呢？」守真禪師回答：「闍梨到各地去時清楚地舉說。」

有僧人問道：「什麼是佛法大意？」守真禪師回答：「光芒閃爍烏鴉飛去迅疾，塵埃騰揚兔子奔跑不定。」

前襄州鷲嶺明遠禪師法嗣

襄州鷲嶺第二世通和尚

襄州鷲嶺通和尚。第二世住。僧問：「世尊得道，地神報虛空神❶。和尚得道，未審什麼人報？」師曰：「謝你報來。」

【注釋】❶虛空神　古印度神話中主掌天空的神祇。

【語　譯】襄州（今湖北襄樊）鷲嶺通和尚。第二世住持。有僧人問道：「世尊得道後，地神就報告給虛空神聽。和尚得道了，不知道什麼人去報告？」通和尚回答：「謝謝你來報告。」

前杭州龍華志球禪師法嗣

杭州仁王院俊禪師

杭州仁王院俊禪師。僧問：「承古有言：向上一路，千聖不傳。如何是向上不傳底事？」師曰：「向上問將來！」曰：「恁麼即上來不當去也。」師曰：「既知如此，蹋步上來作什麼？」

【語　譯】杭州（今屬浙江）仁王院俊禪師。有僧人問道：「承蒙古人說過：向上宗乘至極玄妙的一條路，千位聖人都沒有傳授過。什麼是向上宗乘沒有傳授過的事？」俊禪師回答：「從向上宗乘至極之處問過來！」那僧人便說道：「這樣則不應該上堂參問了。」俊禪師說道：「既然知道是這樣，那踏步上堂來做什麼？」

前漳州保福可儔禪師法嗣

漳州隆壽無逸禪師

漳州隆壽無逸禪師，初開堂升座，良久，謂眾曰：「諸上座，若是上根之士，早已掩耳。中下之流，競頭❶側聽。雖然如此，猶是不得已而言。諸上座，他時後日到處，有人問著今日事，且作麼生舉似？他若也舉得，舌頭鼓❷，舌頭論。若也舉不得，如無三寸，且作麼生舉？」

僧問：「絕妙宗風，請師垂示。」師良久，僧曰：「恁麼即頓決疑情，便契心源。向上宗乘，如何言論？」師曰：「待汝自悟始得。」

【注　釋】❶競頭　爭著；爭相。「頭」為詞綴。❷舌頭鼓　以喻話語很多。

【語　譯】漳州（今屬福建）隆壽院無逸禪師，初次開堂升座，沉默了許久，才對眾僧說道：「諸位上座，如果是上等根機的人，早就掩住了耳朵。中下根機的人，才會競相側身傾聽。雖然是這樣的，我還是不得已才說的。諸位上座，今後到了一個地方，如果有人問起今天的事，應該怎樣來舉說呢？他如果能夠舉說，舌頭上打鼓，舌頭上議論。如果不能舉說，就好像是沒有了三寸之舌，又怎樣來舉說呢？」

有僧人請道：「絕妙的宗風，請和尚垂慈指示。」無逸禪師沉默了許久，那僧人便問道：「這樣則頓時判別了疑惑之情，契合了心源。那向上玄妙的宗乘，又怎樣來講說呢？」無逸禪師回答：「等到你自己領悟了才行。」

前漳州延壽寺慧輪禪師法嗣

廬山歸宗道詮禪師

廬山歸宗第十二世道詮禪師，吉州安福人也，姓劉氏。生惡葷血，髫齔禮本州思和尚受業。聞慧輪和尚化被長沙，時馬氏❶僭竊❷，與建康❸接壤，師年二十五，結友冒險，遠來參尋。後馬氏滅，劉言❹有其地，王逵❺復代劉言。逵疑師江表❻諜者❼，乃令捕執，將沉于江。師怡然無怖，逵異之，且詢輪和尚。輪曰：「斯皆為法忘軀之人也，聞老僧虛譽，故來決擇耳。」逵悅而釋之，仍加禮重。師棲泊延壽，經十稔，輪和尚歸寂，乃迴廬山開先駐錫❽。乾德初，於山東南牛首峰下結茅為室。開寶五年，洪帥林仁肇⑨請居筠陽九峰隆濟院，闡揚宗旨，本國⑩賜大沙門號。

僧問：「承聞和尚親見延壽來，是否？」師曰：「山前麥熟也未？」

問：「九峰山中還有佛法也無？」師曰：「有。」曰：「如何是九峰山中佛法？」師曰：「山中石頭大底大，小底小。」

尋屬江南國絕，僧徒例試經業，師之徒眾並習禪觀⑪，乃述一偈，聞于州牧曰：「比擬⑫忘言⑬合太虛⑭，免教和氣⑮有親疏。誰知道德全無用，今日為僧貴識書。」時州牧閱之，與僚佐議曰：「旃檀⑯林中，必無雜樹。唯師一院，特奏免試經。」太平興國九年，南康知軍張南金先具疏⑰白師，然集道俗迎請，坐⑱歸宗道場。

僧問：「如何是歸宗境？」師曰：「千邪不如一直。」

問：「如何是佛？」師曰：「待得雪消後，自然春到來。」

問：「如何是學人自己？」師曰：「牀窄先臥，粥稀後坐⑲。」

問：「古人道不是風動、不是幡動如何？」師曰：「來日路口有市。」

師雍熙二年十一月二十八日中夜趺坐，白眾而順寂，壽五十六，臘三十七。

茶毗舍利，塔于牛首庵所。師頗有歌頌，流傳於世。

【注釋】❶馬氏　指五代時十國之一的楚國，由馬殷創立，九〇七年受後梁封為楚王，建都長沙，後為南唐所滅，歷六主四十五年。❷僭竊　指古代割據一方、未能統一全國而自稱皇帝的行為。僭，假冒、越權，即超越了自己的本分之意。竊，偷竊；竊奪。❸建康　即今江蘇南京，此指五代時建都建康的南唐政權。❹劉言　五代人，原為馬氏楚國之辰州刺史，靜江指揮使王進逵等逐武陵節度使馬光惠，推劉言權武平留後。南唐滅馬氏楚國後，劉言率軍逐走南唐軍，占據全湖南之地，並向後周稱臣。後周授任劉言為武平軍節度使、同平章事，王進逵為武安軍節度使。但王進逵不願居劉言之下，遂兵襲武陵而殺之。❺王逵　即王進逵，其襲殺劉言後，後周便授任其為武平軍節度使。後周世宗進攻南唐淮南地區時，授任其為南面行營都統，與岳州刺史潘叔嗣相攻，兵敗被殺。❻江表　江南，此代指南唐政權。❼諜者　間諜。❽駐錫　指行腳僧人駐留於寺院中。❾林仁肇　五代時福建建陽人，初為閩將，閩亡後歸南唐，曾為洪州留守，軍中稱之「林虎子」，很得士心。宋太祖忌之，設離間之計，李後主中計而殺之，軍心遂散，南唐隨滅。❿本國　此指江南國，即南唐政權。⓫禪觀　坐禪而觀念真理。⓬比擬　本打算。⓭忘言　謂默喻其意，無須用言語說明。《莊子・外物》：「言者所以在意，得意而忘言。」⓮太虛　指天、天空。晉代陸機〈駕言出北闕行〉詩：「求仙鮮克仙，太虛不可淩。」⓯和氣　指天地間沖和之氣。⓰旃檀　香木名，出自南印度摩羅耶山。⓱疏　書信。⓲坐　此為住持之意。⓳牀窄先臥二句　因牀窄小，故後睡者便無法臥下；粥稀而飯粒沉在鍋底，先坐下吃者便所喝多粥湯。此謂當隨機應變，不應固執己見而不知變通。

【語譯】廬山歸宗寺第十二世住持道詮禪師（九三〇～九八五年），吉州安福縣（今屬江西）人，俗姓劉。道詮生下來就厭惡葷腥食物，在童年時就禮拜本州思和尚出家受業。道詮聽到慧輪和尚教化盛行於長沙（今屬湖南），當時馬氏楚國割據湖南，與建都建康的南唐邊境相接，道詮時年二十五歲，就聚集友人，冒險穿越邊境，遠去長沙參尋慧輪和尚。後來馬氏政權被消滅了，劉言占據了湖南全境，隨後王進逵又代替了劉言。王進逵懷疑道詮禪師是南唐的間諜，就下令逮捕道詮等人，準備把他們扔在江水中淹死。道詮坦然相對，沒有一絲恐懼之色，王進逵感到很驚異，就來詢問慧輪和尚。慧輪和尚說道：「他們都是為了追求佛法而忘卻身軀之人，聽到老僧享有虛妄的聲響，就前來參問抉擇而已。」王進逵聽說後感到很高興，就釋放了道詮等人，並加以禮遇敬重。道詮便棲息住留在延壽寺，經過了十年，到慧輪和尚圓寂後，才回到廬山開先寺駐留。北宋乾德（九六三～九六七年）初，道詮在廬山東南的牛首峰下，用茅草蓋了一間小屋。開寶五年（九七二年），洪州（今江西南昌）元帥林仁肇迎請道詮禪師住持筠陽（今江西高安）九峰山隆濟院，闡揚禪宗要旨，南唐賜予大沙門之法號。

有僧人問道：「聽說和尚親眼見過延壽和尚，是不是啊？」道詮禪師反問：「山前的麥子熟了沒有？」有僧人問道：「九峰山中還有佛法嗎？」道詮禪師回答：「有。」那僧人又問道：「什麼是九峰山中的佛法？」道詮回答：「山中的石頭，大的大，小的小。」

不久，江南國被滅亡了，僧徒按北宋新訂立的規定都必須考試經書教義，道詮禪師因為自己的徒弟們都修習禪觀，就作了一首偈頌給筠州長官道：「本打算忘卻言語以契合太虛，免得讓天地間和氣有親疏之分別。誰知曉道德全然沒有用處，今天作為僧人所看重的是要認識經文。」當時筠州長官看了這首偈頌後，就與佐官僚屬商量道：「旃檀樹林之中，一定不生長雜樹。惟有這道詮禪師所在的寺院，特奏免考試經文。」至太平興國九年（九八四年），南康軍（今江西星子）知軍張南金先寫書信給道詮禪師，然後集合僧侶俗士迎請道詮禪師住持歸宗道場。

有僧人問道：「什麼是歸宗和尚的境界？」道詮禪師回答：「千邪不如一直。」

有僧人問道：「什麼是佛？」道詮禪師回答：「待到冰雪消融後，自然春天就來到了。」

有僧人問道：「什麼是學生自己？」道詮禪師回答：「牀窄就要先臥下，粥稀就要後坐下。」

有僧人問道：「古人說不是風在動、不是旗幡在動的時候怎麼樣？」道詮禪師回答：「來日路口有集市。」

道詮禪師於雍熙二年（九八五年）十一月二十八日半夜端坐著，告誡眾僧後圓寂了，終年五十六歲，法臘三十七年。火化後收拾舍利子，在牛首峰佛庵旁建靈塔供奉。道詮禪師作有不少歌謠偈頌，流傳於世。

潭州龍興裕禪師

潭州龍興裕禪師。僧問：「如何是學人自己？」師曰：「張三李四。」曰：「比來❶問自己，為什麼道張三李四？」師曰：「汝且莫草草❷。」

問：「諸餘即不問，如何是和尚家風？」師曰：「家風即且置，阿那箇是汝不問底諸餘？」

【注釋】❶比來　近來；剛才。❷草草　匆促、不從容；紛亂的樣子。

【語譯】潭州（今湖南長沙）龍興院裕禪師。有僧人問道：「什麼是學生自己？」裕禪師回答：「張三李四。」那僧人便問道：「剛才我問自己，和尚為什麼說張三李四呢？」裕禪師回答：「你還是不要草草。」

有僧人問道：「其他就不問了，什麼是和尚的家風？」裕禪師反問：「家風姑且不論，哪一個是你不問的其他呢？」

前韶州白雲祥和尚法嗣

韶州大歷和尚

韶州大歷和尚，初參白雲，白雲舉拳曰：「我近來不恁麼也。」師領旨禮拜，自此入室。

住後，僧問：「如何是西來意？」師曰：「破草鞋。」

問：「如何是無為？」師乃擺手。

問：「施主供養，將何報答？」師以手撚髭❶，僧曰：「有髭即撚，無髭如何？」師曰：「非公境界。」

師在暗室坐，有僧來不審，師乃與一掌，僧不測。

【注釋】❶髭　嘴唇上面的鬍鬚。

【語譯】韶州（今廣東韶關）大歷和尚，初次參拜白雲和尚時，白雲和尚舉起拳頭說道：「我近來不這樣了。」大歷和尚由此領悟了禪旨，禮拜致謝，從此成為白雲和尚的入室弟子。

大歷和尚為住持後，有僧人問道：「什麼是祖師西來的意旨？」大歷和尚回答：「破草鞋。」

有僧人問道：「什麼是無為？」大歷和尚便擺擺手。

有僧人問道：「施主供養，用什麼來報答呢？」大歷和尚用手拈著鬍鬚，那僧人便問道：「有鬍鬚即能拈，沒有鬍鬚時怎麼樣呢？」大歷和尚回答：「不是你的境界。」

大歷和尚在暗室裡坐著，有僧人前來問候，大歷和尚就給了他一巴掌，那僧人不知所措。

連州寶華和尚

連州寶華和尚。師上堂示眾曰：「看天看地，新羅國裡，和南不審❶，日消萬兩黃金。雖然如是，猶是少分。」又曰：「盡十方世界是木羅漢，幡竿頭上道將一句來。」又曰：「天上龍飛鳳走，山間虎嘯猿啼，拈向鼻孔道將一句來。」僧問：「如何是寶華境？」師曰：「前頭淥水，後面青山。」僧曰：「不會。」師曰：「末後一句。」

師問僧：「什麼處來？」曰：「大容來。」師曰：「大容近日作麼生？」曰：「近來合得一瓮醬。」師曰：「沙彌將一椀水來，與遮僧照影。」

因有僧問大容云：「天賜六銖披掛後，將何報答我皇恩？」大容云：「來披三事衲，歸掛六銖衣。」師聞之，乃曰：「遮老凍驢❷作恁麼語話。」大容聞，令人傳語云：「何似奴❸緣不斷？」師曰：「比為拋塼，只圖引玉。」

師見一僧從法堂堦下過，師乃敲繩牀，僧曰：「若是遮箇，不請拈出。」師喜，下地問之，並無說處，師乃打。

師有時戴冠子，謂眾曰：「若道是俗，且身披袈裟。若道是僧，又頭戴冠子。」

大眾無對。

【注釋】❶和南不審　和南指僧人合掌行禮，不審為問候之語。❷凍齈　傷風；感冒。此指因傷風、感冒而說話時語句不清。齈，鼻疾，鼻塞多涕。❸奴　第一人稱代詞，唐時男女通用，入宋後漸成女子專用之詞。

【語譯】連州（今屬廣東）寶華和尚。寶華和尚上堂指示眾僧道：「看天看地，新羅國裡，和南不審，每天消受萬兩黃金。雖然是這樣的，還是稍微缺少了一點。」接著又說道：「整個十方世界是一個木羅漢，在旗幡竿頭說出一句話來。」接著再說道：「天上龍飛鳳翔，山中虎嘯猿啼，拈著鼻孔說上一句話來。」

有僧人問道：「什麼是寶華院的境界？」寶華和尚回答：「前頭是綠水，後面是青山。」那僧人說道：「不能領會。」寶華和尚便說道：「最末的一句話。」

寶華和尚問一個僧人道：「從什麼地方來的？」那僧人回答：「從大容和尚那裡來。」寶華和尚問道：「大容和尚近來怎麼樣？」那僧人回答：「近來做成了一缸醬。」寶華和尚吩咐道：「沙彌拿一碗水來，讓這位僧人照照自己的影子。」

因為有僧人問大容和尚道：「披掛了天子賜予六銖僧衣後，拿什麼來報答我皇的恩德？」大容和尚回答：「來時穿上三事僧衣，歸去披掛六銖僧衣。」寶華和尚聽到後，就說道：「這老凍齈怎能作這樣的說話。」大容和尚聽說後，就讓人來傳話道：「為什麼我的緣分不斷？」寶華和尚回答：「以前只是為拋磚，想引來寶玉。」

寶華和尚看見一個僧人從法堂石階下經過，就敲了敲繩牀，那僧人說道：「如果是這個，不會請和尚舉出來。」寶華和尚很高興，就下地來問他，但那僧人並沒有話說，寶華和尚便打他。

寶華和尚有一次戴上帽子，對眾僧說道：「如果說是俗人，但又身穿袈裟。如果說是僧人，卻又頭戴著帽子。」眾僧都無語以對。

韶州月華和尚

韶州月華和尚，初謁白雲，雲問曰：「業❶箇什麼？」師對曰：「念《孔雀經》❷。」白雲曰：「好箇人家男子，隨烏雀後。」師聞語驚異，遂依附。久之，乃契旨。尋住月華。

有僧問：「如何是月華家風？」師曰：「若問家風，即答家風。」曰：「學人問家風。」師曰：「金銅羅漢。」

師問僧：「什麼處來？」曰：「大容來。」師曰：「東路來，西路來？」曰：「西路來。」師曰：「還見彌陀麼？」僧良久，禮拜，師曰：「禮拜月華作麼！」

師入京，上堂，有一官人出，禮拜起，低頭良久，師曰：「擊雷之機❸，徒勞佇思。」

有老宿入到法堂，顧視東西曰：「好箇法堂，且無主。」師在方丈聞之，曰：「且坐。」老宿問曰：「玄中最的，猶是龜毛兔角。不向二諦中修，如何密用？」師曰：「側。」曰：「恁麼則拗折拄杖，割斷草鞋❹去也。」師曰：「細而詳之。」

【注釋】❶業　學業。❷孔雀經　佛經名，有數種譯本，較流行者為：唐僧人不空譯，名《佛母大孔雀明王經》，也簡稱《孔雀明王經》，三卷，流傳最廣；南朝梁僧人僧伽婆羅譯，名《佛說孔雀王咒經》，二卷；唐僧人義淨譯，名《佛說大孔雀王咒經》，三卷。❸擊雷之機　形容極迅疾的禪機。❹拗折拄杖二句　謂僧人不再行腳去了。

【語譯】韶州（今廣東韶關）月華和尚，初次拜謁白雲和尚時，白雲和尚問道：「在學習什麼？」月華和尚回答道：「在念《孔雀經》。」白雲和尚說道：「好好的一個男子漢，卻跟隨在鳥雀的後面。」月華和尚聽到後十分驚異，遂依附白雲和尚。過了很久，月華和尚才領悟了禪旨。不久，他去住持月華院。

有僧人問道：「什麼是月華院的家風？」月華和尚回答：「如果是問家風，就回答家風。」那僧人便說道：「學生是問家風。」月華和尚說道：「金銅造的羅漢。」

月華和尚問一個僧人道：「從什麼地方來的？」那僧人回答：「從大容和尚那裡來。」月華和尚再問道：「是從東面那條路來的，還是從西面那條路來的？」那僧人回答：「從西面那條路來。」月華和尚又問道：「可曾看見彌陀佛嗎？」那僧人沉默了許久，然後施禮拜謝，月華和尚喝道：「你禮拜月華做什麼！」

月華和尚來到京城，有一次上堂，有一位官員站出，禮拜起身後，低頭沉默了許久，月華和尚說道：「如雷電一樣迅疾的禪機，一思慮就徒勞了。」

有一位老和尚來到法堂內，向四周觀看一遍後說道：「好一個法堂，卻沒有主人。」月華和尚在方丈室裡聽到後，就說道：「姑且坐下。」那老和尚問道：「玄妙禪機中最確實的，還是龜毛兔角。不向俗諦、真諦二諦中修行，怎樣秘密應用呢？」月華和尚回答：「側面。」那老和尚便說道：「這樣則拗斷拄杖，割斷草鞋去了。」月華和尚說道：「細密而且詳盡。」

南雄州地藏和尚

南雄州地藏和尚，上堂，有僧問：「既是地藏，地藏還來否？」師曰：「打開佛殿門，裝香換水。」

師與大容和尚在白雲開火路，大容曰：「三道寶堦❶，何似箇火路？」師曰：「甚麼處不是？」

【注釋】❶寶堦　用七寶所作的階梯，即佛從忉利天下塵世之階梯。《西域記》：「劫比他國城西二十餘里有大伽藍，伽藍大垣內有三寶階，南北列東面下，是如來自三十三天降還也。」

【語譯】南雄州（今福建南平）地藏和尚，有一次上堂，有僧人問道：「既然名叫地藏院，地藏菩薩可還會來嗎？」地藏和尚回答：「打開佛殿的大門，裝上香，換好淨水。」

地藏和尚與大容和尚在白雲院開火路，大容和尚說道：「三座七寶所作的寶階，與這條火路相比怎麼樣？」地藏和尚反問：「什麼地方不是呢？」

英州樂淨含匡禪師

英州樂淨含匡禪師，開堂日，謂眾曰：「摩竭提國❶，親行此令。去卻擔簦❷，請截流相見。」

僧問：「如何是西來意？」師曰：「側耳無功。」

問：「如何是樂淨家風？」師曰：「天地養人。」

問：「如何是樂淨境？」師曰：「有功貪種竹，無暇不栽松。」曰：「忽遇客來，將何供養？」師曰：「滿園秋果熟，要者近前嘗。」

問：「不坐菩提座❸，直過那邊如何？」師曰：「放過。」

問：「師唱誰家曲，宗風嗣阿誰？」師曰：「斬新❹世界，特地❺乾坤。」

問：「龍門有意透者如何？」師曰：「灘下接取。」曰：「學人不會。」師曰：「喚行頭❻來。」

問：「但得本，莫愁末。如何是本？」師曰：「不要問人。」曰：「如何是末？」師乃豎指。

問：「如何是樂淨境？」師曰：「滿月團圓❼菩薩面，庭前椶樹夜叉頭。」

有僧辭，師問：「什麼處去？」曰：「大容去。」師曰：「大容若問樂淨近日有何言教，汝作麼生祇對？」僧無語。師代曰：「但道樂淨近日不肯大容。」

因師請打籬次，有僧問：「古人種種開方便門，和尚為什麼卻攔截？」師曰：「牢下橛著。」

【注　釋】❶摩竭提國　即中印度摩竭陀國，王舍城所在之地，佛於此城外悟道。❷擔簦　擔即「檐子」，指人力所抬的坐具。唐人劉肅《大唐新語》：「比來多著帷帽，遂棄冪羅；曾不乘車，只坐檐子。」簦，古時有把柄的笠帽，類似今日之傘。❸菩提座　即菩提道場，釋迦牟尼佛成就菩提之道場，即古印度摩竭陀國尼連禪河邊菩提樹下的金剛座。❹斬新　即「嶄新」。❺特地　特別；格外。❻行頭　指行業、行會中的頭人。❼團圓　圓形。

【語　譯】英州（今廣東英德）樂淨院含匡禪師，開堂之日，對眾人說道：「在摩竭提國，佛曾親自推行這一教令。除去檐子、竹簦，請截斷眾流直接相見。」

有僧人問道：「什麼是祖師西來的意旨？」含匡禪師回答：「側耳傾聽也沒有功德。」

有僧人問道：「什麼是樂淨院的家風？」含匡禪師回答：「天地養護人。」

有僧人問道：「什麼是樂淨院的境界？」含匡禪師回答：「有工夫貪圖種竹子，沒有空暇就不栽青松。」那僧人又問道：「忽然遇到客人來了，拿什麼來供養呢？」含匡禪師回答：「秋天中滿園的果實熟了，需要的人就走上前來品嚐。」

有僧人問道：「不去坐菩提座，直接到那邊的時候怎麼樣？」含匡禪師回答：「放過去。」

有僧人問道：「和尚舉唱誰家的曲調，宗風又承繼哪個人的？」含匡禪師回答：「嶄新的世界，特別的乾坤。」

有僧人問道：「有意跳越龍門者怎麼樣？」含匡禪師回答：「在河灘上接引。」那僧人說道：「學生沒有領會。」含匡便說道：「把行頭叫來。」

有僧人問道：「只要得到根本，就不要憂愁末節。什麼是根本？」含匡禪師回答：「不要問別人。」那僧人又問道：「什麼是末節？」含匡便豎起了手指。

有僧人問道：「什麼是樂淨院的境界？」含匡禪師回答：「滿月圓圓的就好像是菩薩的面容，庭院前的棕櫚樹影就好像是夜叉的頭。」

有僧人來辭行，含匡禪師問道：「到什麼地方去？」那僧人回答：「到大容和尚那裡去。」含匡問道：「大容和尚如果問起樂淨和尚近日有什麼言教，你怎樣來應答？」那僧人無語以對。含匡就代替他回答道：「只說樂淨和尚近日不許可大容和尚。」

因為含匡禪師普請眾僧做籬笆，有一個僧人便問道：「古人開闢了種種方便法門，和尚為什麼卻要加以攔截？」含匡回答：「把木樁牢牢地打下。」

韶州後白雲和尚

韶州後白雲和尚❶，初開堂登座，謂眾曰：「不審！從上宗風，不容佇思。然念諸佛初心敬禮，後代相承事須有方便，三十年後不得埋沒。若是高賢上士，不在其流。後學初心，汝箇入路，看取大眾頭上。若也不會，聽葛藤❷去也。」師良久，又曰：「上至諸佛，下至含識❸，共箇真心，且阿那箇是諸人心？莫是情與無情共一體麼？恁麼見解，何似三家村裡❹。既如是不得，又作麼生會？直下會得，早是自相鈍置。若據祖師門下，豈立遮箇堦梯？眨上眉毛，早是蹉過，何況聲前薦得，句後投機？會中還有知音麼？去卻擔簦，請截流相見。」時有僧禮拜，師曰：「俊哉！龍象蹴蹋❺潤無邊，三乘五性❻皆惺悟❼。」僧擬再伸問，師曰：「去！」

問：「古琴絕韻，請師彈。」師曰：「伯牙雖妙手，時人聽者稀。」曰：「恁麼即再遇子期也。」師曰：「笑發驚弦斷，寧知調不同！」

問：「昔日靈山一會，梵王為主。未審白雲什麼人為主？」師曰：「有常侍❽

在。」曰：「恁麼即法雨滂霈，群生有賴。」師曰：「汝莫遮裡賣梔子❾。」

【注釋】❶後白雲和尚　是韶州白雲祥和尚的弟子，為有所區別，故稱後白雲和尚。❷葛藤　指囉嗦瑣雜、糾纏不清的話語。❸含識　含有心識，即有情者。《行事鈔》：「心依色中，名為含識，總攝六道有情之眾。」❹三家村裡　指「三家村裡漢」，即孤陋寡聞的小村莊中人，禪林用以指稱無知寡聞之人。❺蹴蹋　踏步。❻五性　佛教依一切眾生斷理事二障之淺深遲速而分別五性：一為凡夫性，指凡夫散善之人，未斷一毫之惑之人；二為二乘性，指聲聞、緣覺二乘，只除事障（見、思二惑）而未斷理障（塵砂無明）之人；三為菩薩性，指漸斷二障而證大圓覺之人；四為不定性，指頓覺之人；五為外道性，指信外道邪說而未知佛之正道之人。《圓覺經》：「一切眾生由本貪欲發揮無明，顯出五性差別不等。」❼惺悟　通「省悟」。❽常侍　五代時南漢國王信寵宦官，多授任常侍官，執掌軍國大事。故南漢國人多以常侍稱呼宦官。❾梔子　常綠灌木名，夏天開白花，香氣甚濃，果實橢圓形，可作黃色染料，又可入藥。

【語譯】韶州（今廣東韶關）後白雲和尚，初次開堂登上法堂，對眾人說道：「諸位好！從上至極玄妙的宗風，不容許思量考慮。但是考慮到後學初心者崇敬地禮拜諸佛，後代相承的事還須要有方便法門，使三十年後不被埋沒。如果是高超賢明的上等根機之士，就不在這些人當中。後學初心者，你們的一個進入禪門的路途，就是從眾僧頭上看取。如果還沒領會，那就去聽那囉嗦、糾纏的話語吧。」後白雲和尚停了片刻之後又說道：「上自諸佛，下至含識，共同有一個真心，但哪一個是諸人之心呢？莫非是情與無情共處於一體之中嗎？這樣的理解，與三家村裡的人太相似了。既然這樣理解不行，又怎樣來領會呢？直接能領會的，早已在自我折騰作弄了。如果依傍祖師的門下，難道會建立這個階梯嗎？一有遲疑思慮，早就錯過了，何況是在聲音前面領會的，語句後面投合機緣的？這法會當中可還有知音嗎？除去檐子與竹簦，請截斷眾流來相見。」當時有一位僧人施禮拜謝，後白雲和尚說道：「英俊啊！龍象踏步滋潤無邊世界，三乘五性都能省悟。」那僧人打算再次提問，後白雲和尚喝道：「去！」

有僧人問道：「古代瑤琴已斷絕了韻律，還請和尚彈上一曲。」後白雲和尚回答：「俞伯牙雖然是操琴高手，可當時聽的人卻很少。」那僧人便說道：「這樣則再次遇到鍾子期了。」後白雲和尚說道：「笑聲發出驚斷了琴弦，怎知道是曲調不同！」

有人問道：「從前靈山大會之上，梵王作為主人。不知道白雲院什麼人作為主人？」後白雲和尚回答：「有常侍在。」那人便說道：「這樣則法雨滂沱，眾生都有依靠了。」後白雲和尚說道：「你不要在這裡賣梔子花。」

前朗州德山緣密禪師法嗣

潭州鹿苑文襲禪師

潭州鹿苑文襲禪師。僧問：「遠遠投師，請師接。」師曰：「五門巷裡無消息。」僧良久，師曰：「會麼？」曰：「不會。」師曰：「長樂坡頭信不通。」

【語譯】潭州（今湖南長沙）鹿苑文襲禪師。有僧人請道：「從遠方來投靠和尚，還請和尚加以接引。」文襲說道：「五門巷裡無消息。」那僧人沉默了許久，文襲問道：「領會了嗎？」那僧人回答：「沒有領會。」文襲便說道：「長樂坡頭信息不通。」

澧州藥山可瓊禪師

澧州藥山可瓊禪師，第九世住。後住江陵延壽。

僧問：「請師答話。」師曰：「好。」曰：「還當得也無？」師曰：「更問。」

僧問曰：「巨嶽❶不曾乏寸土，師今苦口為何人？」師曰：「延壽也要道過。」

曰：「不申此問，焉辨我師？」師喝。其僧禮拜，師便打。

【注　釋】❶巨嶽　大山。

【語　譯】澧州（今湖南澧縣）藥山可瓊禪師，第九世住持。此後住持江陵（今湖北荊州）延壽寺。

有僧人請道：「請和尚答話。」可瓊禪師回答：「好。」那僧人問道：「可還能承當嗎？」可瓊說道：「再提問。」那僧人便問道：「大山從不曾缺乏寸土，和尚今天苦口婆心又為了什麼人呢？」可瓊回答：「延壽也還是要說過。」那僧人便說道：「不提出這樣的問題，怎麼能分辨我的老師？」可瓊便大喝。那僧人禮拜，可瓊就打他。

前西川青城香林澄遠禪師法嗣

灌州羅漢和尚

灌州羅漢和尚。僧問：「如何是佛法大意？」師曰：「井中紅焰，日裡浮漚。」

曰：「如何領會？」師曰：「遙指扶桑❶日那邊。」

問：「如何是羅漢鏡？」師曰：「地連香積水❷，門對聖峰山。」問：「既是羅漢，為什麼卻受人轉動？」師曰：「換卻眼睛，轉卻髑髏。」

【注釋】❶浮桑　即「扶桑」，指日出處。❷香積水　古河名，在四川西北一帶。

【語譯】灌州（今四川都江堰）羅漢和尚。有僧人問道：「什麼是佛法大意？」羅漢和尚回答：「水井中紅紅的火焰，太陽上浮動的水泡。」那僧人便問道：「怎樣來領會呢？」羅漢和尚回答：「遙遙地指向扶桑太陽那一邊。」

有僧人問道：「什麼是羅漢院的境界？」羅漢和尚回答：「地連香積水，門對聖峰山。」那僧人又問道：「既然是羅漢，為什麼卻被人轉動？」羅漢和尚回答：「換掉眼睛，轉過髑髏。」

前鄂州黃龍誨機禪師法嗣

洛京紫蓋善沼禪師

洛京長水紫蓋善沼禪師。僧問：「死中得活時如何？」師曰：「抱鎌❶刮骨❷薰天地，炮烈❸棺中求託生。」

問：「才生便死時如何？」師曰：「賴得覺疾。」

【注　釋】❶鎌　即「鐮」字，鐮刀，為收割和刈草的農具。❷刮骨　三國時，蜀漢大將關羽在戰爭中被毒箭射傷，醫生為其刮骨去毒，關羽依舊與屬將喝酒談笑，毫不介意。見《三國志・蜀志・關羽傳》。後以喻勇敢無畏。❸炮烈　焚燒；炙烤。

【語　譯】洛京長水縣（今河南洛寧縣長水鎮）紫蓋院善沼禪師。有僧人問道：「死中得以復活之時怎麼樣？」善沼回答：「抱著鐮刀刮骨氣薰天地，在烈火炙烤的棺木中求得託生。」

有僧人問道：「剛生下就死了的時候怎麼樣？」善沼禪師回答：「幸虧覺悟得快。」

眉州黃龍繼達禪師

眉州黃龍繼達禪師。僧問：「如何是衲？」師曰：「針去線不迴。」曰：「如何是帔❶？」師曰：「橫鋪四世界❷，豎蓋一乾坤。」曰：「道滿到來時如何？」師曰：「要羹與羹，要飯與飯。」

問：「黃龍出世，金翅鳥滿空飛時如何？」問：「汝金翅鳥還得飽也無？」

【注　釋】❶帔　披在肩背的衣飾。❷四世界　指四大部洲。

【語　譯】眉州（今四川眉山）黃龍寺繼達禪師。有僧人問道：「什麼是衲？」繼達回答：「針去線不回。」那僧人又問道：「什麼是帔？」繼達回答：「橫著鋪滿了四世界，豎起蓋住整個乾坤。」那僧人再問道：「道滿到來的時候怎麼樣？」繼達回答：「要羹湯給羹湯，要米飯給米飯。」

有僧人問道：「黃龍出世，金翅鳥滿天空飛的時候怎麼樣？」繼達禪師反問：「你這個金翅鳥可已吃飽了嗎？」

棗樹第二世和尚

棗樹和尚，第二世住。問僧：「發足❶什麼處？」曰：「閩中。」師曰：「俊哉！」曰：「謝師指示。」師曰：「屈哉！」

僧鋤地次，見師乃不審。師曰：「見阿誰了，便不審？」曰：「見師不問訊，禮式不全。」師曰：「卻是孤負老僧。」其僧歸堂，舉似第一座。第一座曰：「和尚近日可畏❷為人切。」師聞之，乃打第一座七棒。第一座曰：「某甲恁麼道，未有過，打怎麼？」師曰：「枉喫如許多年鹽醋。」又打七棒。

【注釋】❶發足　出發之處；動身之處。❷可畏　「甚」、「非常」之意。

【語譯】棗樹和尚，第二世住持。曾問一個僧人道：「從什麼地方出發的？」那僧人回答：「閩中。」棗樹和尚讚歎道：「俊偉啊！」那僧人說道：「感謝和尚的指示。」棗樹和尚歎息道：「冤屈啊！」

有一個僧人在鋤地時，看見棗樹和尚來了就行禮問候。棗樹和尚問道：「你見到誰了，就問候？」那僧人說道：「見到和尚不問候，禮儀不周全。」棗樹和尚便說道：「卻是辜負了老僧。」那僧人回到僧堂後，舉說給第一座聽。第一座說道：「和尚近日真是接引人心切。」棗樹和尚聽說後，就打了第一座七棒。第一座說道：「我這樣說，並沒有過錯，亂打什麼？」棗樹和尚喝道：「枉吃了這麼多年的鹽醋。」又打了他七棒。

興元府玄都山澄和尚

興元府玄都山澄和尚。僧問：「喜得趨方丈，家風事若何？」師曰：「動❶風開曉露，明月正當天。」曰：「如何拯濟？」師曰：「金雞樓上一下鼓。」

問：「如何是沙門行？」師曰：「一切不如。」

【注釋】❶動　起始；發動。《呂氏春秋・音律》：「太蔟之月，陽氣始生，草木繁動。」

【語譯】興元府（今陝西漢中）玄都山澄和尚。有僧人問道：「很高興能進入方丈室，家風之事怎麼樣呢？」澄和尚回答：「清風發動而吹開了拂曉的露水，一輪明月正當著天空。」那僧人又問道：「怎樣拯濟呢？」澄和尚回答：「金雞樓上傳來了一聲鼓點。」

有僧人問道：「什麼是沙門之德行？」澄和尚回答：「一切都不如。」

嘉州黑水和尚

嘉州黑水和尚，初參黃龍，問曰：「雪覆蘆華時如何？」黃龍曰：「猛烈。」師曰：「不猛烈。」黃龍又曰：「猛烈。」師又曰：「不猛烈。」黃龍便打，師因而省覺。自爾契緣，化行黑水。

【語　譯】嘉州（今四川樂山）黑水和尚，初次參拜黃龍和尚時，問道：「大雪覆蓋蘆花的時候怎麼樣？」黃龍和尚回答：「猛烈。」黑水和尚說道：「不猛烈。」黃龍和尚又說道：「猛烈。」黑水和尚又說道：「不猛烈。」黃龍和尚就打他，黑水和尚因此而省悟了。黑水和尚自從契合禪緣後，就在黑水院施行教化。

鄂州黃龍智顒禪師

鄂州黃龍智顒禪師。第三世住。僧問：「如何是黃龍家風？」師曰：「待賓飣❶仙果❷。」

僧問：「如何是諸佛之本源？」師曰：「即此一問是何源？」曰：「恁麼即諸佛無異路去也。」師曰：「延平劍已成龍去，猶有刻舟求劍人。」

【注　釋】❶飣　把食物陳放於果盤中。❷仙果　仙人食用的果品；也指味道鮮美的果品。

【語　譯】鄂州（今湖北武漢）黃龍寺智顒禪師。第三世住持。有僧人問道：「什麼是黃龍寺的家風？」智顒禪師回答：「把仙果陳放在果盤中招待客人。」

有僧人問道：「什麼是諸佛的本源？」智顒禪師反問：「就這一個問題是什麼源？」那僧人便說道：「這樣說來則諸佛沒有不同之路了。」智顒說道：「延平之寶劍早已化成龍去了，可還有那刻舟求劍的人。」

眉州昌福達和尚

眉州昌福達和尚。僧問：「學人來問師則對，不問時師意如何？」師曰：「謝師兄指示。」

問：「本來則不問，如何是今日事？」師曰：「師兄遮問大好。」曰：「學人不會時如何？」師曰：「謾得即得。」

問：「國有寶刀，誰人得見？」師曰：「師兄遠來不易。」曰：「此刀作何形狀？」師曰：「要也道，不要也道。」曰：「請師道。」師曰：「難逢難遇。」

問：「石牛水上臥時如何？」師曰：「異中異，妄計不浮沉。」曰：「便恁麼去時如何？」師曰：「翅❶天日落，把土成金。」

【注釋】❶翅　用翅膀搧動。

【語譯】眉州（今四川眉山）昌福院達和尚。有僧人問道：「學生來提問，和尚就應答，不提問的時候，和尚的意思是什麼？」達和尚回答：「謝謝師兄的指示。」

有僧人問道：「本來之事就不問了，什麼是今天之事？」達和尚回答：「師兄這個問題問得很好。」那僧人又問道：「學生沒有領會的時候怎麼樣呢？」達和尚回答：「矇騙得過就行。」

有僧人問道：「國中藏有寶刀，什麼人能夠看見？」達和尚回答：「師兄遠道而來不容易。」那僧人又問道：「這寶刀是什麼形狀？」達和尚回答：「要知道也說，不要知道也說。」那僧人便說道：「就請和尚說。」達和尚說道：「難以遭逢，難以遇見。」

有僧人問道：「石牛在水面上躺臥的時候怎麼樣？」達和尚回答：「驚異之中還有驚異，妄計能不浮不沉。」那僧人又問道：「就這樣去的時候怎麼樣？」達和尚回答：「在天上搧動翅膀使太陽落下，抓住一把泥土就變成了金子。」

【說　明】鄂州黃龍誨機禪師的法嗣還有常州慧山然和尚、洪州雙嶺悟海禪師等二人，因無機緣語句，故未收錄。

前婺州明招德謙禪師法嗣

處州報恩契從禪師

處州報恩契從禪師，初開堂，升座欲坐，乃曰：「烈士❶鋒前，還有俊鷹俊鷂兒麼？放一箇出來看。所以道烈士鋒前少人陪，雲雷擊鼓劍輪❷開。誰是大雄師子種❸，滿身鋒刃但❹出來。」時有僧始出，師曰：「看，好精彩❺！」僧擬申問，師曰：「什麼處去也❻？」

問：「師子未出窟時如何？」師曰：「鋒鋩難擊。」曰：「出窟後如何？」師曰：「藏身無路。」曰：「欲出不出時如何？」師曰：「命似懸絲❼。」曰：「向去❽事如何？」師曰：「搊。」

師後住南明。有僧問：「如何是和尚家風？」師曰：「還奈何麼？」

問：「十二時中，如何即是？」師曰：「金剛頂❾上看。」曰：「恁麼即人天有賴。」師曰：「汝又誑謼❿人天作麼！」

【注釋】❶烈士　剛烈有志之士。❷輪　通「掄」。揮動。❸大雄師子種　指真正的、出色的僧人。大雄師子，即「大雄獅子」，喻指釋迦牟尼佛。❹但　只管；儘管。❺好精彩　讚美語。❻什麼處去也　暗指僧人接機太遲緩，機鋒早已逝去。❼命似懸絲　命掛在一根極細的絲線上，比喻極其危險。❽向去　以後；此後。❾金剛頂　金剛界諸經諸會之通名。《金剛經》慈覺疏曰：「言金剛者，是堅固、利用二義。即喻名也。堅固以喻實相不思議秘密理常存不壞，利用以喻如來智用摧破惑障、顯證極理。」又曰：「頂者，是最勝義、尊上義，謂此金剛教，於諸大乘法中最勝而無過上，故以頂名之。」❿誑謼　欺騙、恐嚇。

【語譯】處州（今浙江麗水）報恩院契從禪師，初次開堂之日，登上法座想要坐下時，才說道：「在烈士的禪機鋒芒之前，可還有俊疾的老鷹、俊疾的鷂子嗎？放一隻出來看看。所以說烈士的禪機鋒芒之前很少有人陪伴，雲雷擊鼓，寶劍揮動開來。誰是大雄獅子的後代，滿身披掛著刀刃只管出來。」當時有一個僧人剛站出來，契從禪師喝道：「看啊，好精彩！」那僧人打算提問，契從便說道：「到什麼地方去了？」

有僧人問道：「獅子沒有出洞窟的時候怎麼樣？」契從禪師回答：「鋒芒難以打擊。」那僧人再問道：「出了洞窟以後又怎麼樣呢？」契從回答：「無路藏身。」那僧人又問道：「想出來而沒有出來的時候怎麼樣？」契從回答：「命如懸絲。」那僧人便問道：「以後的事怎麼樣呢？」契從回答：「卡住。」

契從禪師後來住持南明院。有僧人問道：「什麼是和尚的家風？」契從反問：「可還能奈何得了嗎？」

有僧人問道：「在一天十二個時辰中，怎樣做才對？」契從禪師回答：「從金剛頂上看。」那僧人便說道：「這樣則人天都有依靠了。」契從喝道：「你又欺蒙恐嚇人天作什麼！」

婺州普照瑜和尚

婺州普照瑜和尚，上堂未坐，謂眾曰：「三十年後，大有人向遮裡亡鋒結舌去在。還會麼？的然，若不是真師子兒，爭識得上來❶機！」

僧問：「師子未出窟時如何？」師曰：「眾獸徒然。」曰：「出窟後如何？」師曰：「狐絕萬里。」曰：「欲出不出時如何？」曰：「當衙❷者喪。」

問：「向去事如何？」師曰：「決在臨鋒。」師乃頌曰：「決在臨鋒處，天然師子機。嚬❸呻出三界，非祖莫能知。」

【注釋】❶上來　以上；上面。❷當衙　在衙門中當差。❸嚬　即「顰」字，皺眉頭。

【語譯】婺州（今浙江金華）普照院瑜和尚，有一次上堂還未及坐下，就對眾僧說道：「三十年以後，大有人會在這裡亡失機鋒、張口結舌。可領會了嗎？很明顯，如果不是真正的獅子兒，怎麼能識別出上面的機鋒呢！」

有僧人問道：「獅子沒有出洞窟的時候怎麼樣？」瑜和尚回答：「眾野獸徒勞地奔忙。」那僧人再問道：「出了洞窟以後又怎麼樣？」瑜和尚回答：「萬里狐狸絕跡。」那僧人又問道：「想出來而沒有出來的時候怎麼樣？」瑜和尚回答：「當差的人喪命。」

有僧人問道：「以後的事怎麼樣？」瑜和尚回答：「決斷在面臨機鋒之時。」瑜和尚因此作有一首偈頌道：「決斷在面臨機鋒之處，自然就是獅子兒的機鋒。皺眉呻吟出得三界外，不是祖師就不能知道。」

婺州雙溪保初禪師

婺州雙溪保初禪師，示眾曰：「未透徹，不須呈，十方世界廓然明。孤峰頂上通機照，不用看他北斗星。」

僧問：「九夏靈峰劍，請師不露鋒。」師曰：「未拍❶金鎖前何不問？」僧曰：「千般徒設用，難出髑髏前。」師曰：「背後礙殺人。」

【注釋】❶拍　打造。

【語譯】婺州（今浙江金華）雙溪保初禪師，有一次上堂指示眾僧道：「沒有透徹，就不必呈說，十方世界廓然分明。孤峰頂上通達機與照，不用再看他北斗星。」

有僧人說道：「九夏裡的靈峰寶劍，請和尚不展露其鋒芒。」保初禪師反問：「沒有打造金鎖以前為什麼不提問？」那僧人回答：「千般徒勞設置的應用，難以出於髑髏之前。」保初便說道：「在背後妨礙煞人。」

處州涌泉究和尚

處州涌泉究和尚。師上堂，良久曰：「還有虎狼❶禪客麼？有則放出一箇來。」

時有僧才出，師曰：「還知喪命處麼？」曰：「學人咨和尚。」師曰：「什麼處去也？」

問：「師子未出窟時如何？」師曰：「抖呴❷。」曰：「師子出窟後如何？」師曰：「蓋天蓋地。」曰：「欲出不出時如何？」師曰：「一切人辨不得。」

問：「向去事如何？」師曰：「俊鷂亦迷蹤。」

【注　釋】❶虎狼　形容兇狠。❷呴　通「吼」。盛怒聲。

【語　譯】處州（今浙江麗水）涌泉院究和尚。有一次，究和尚上堂，沉默了許久後才說道：「可還有如狼似虎的禪客嗎？如果有就放出一個來。」當時有一個僧人才站出來，究和尚就問道：「可知道喪失性命的地方嗎？」那僧人回答：「學生正要問和尚。」究和尚說道：「到什麼地方去了？」

有僧人問道：「獅子沒有出洞窟的時候怎麼樣？」究和尚回答：「抖擻又怒吼。」那僧人再問道：「獅子出了洞窟以後又怎麼樣？」究和尚回答：「覆蓋了天地。」那僧人又問道：「想出來而沒有出來的時候怎麼樣？」究和尚回答：「一切人都不能分辨。」

有僧人問道：「以後的事怎麼樣？」究和尚回答：「俊疾的鷂子也迷失了道路。」

衢州羅漢義和尚

衢州羅漢義和尚，上堂眾集，有僧才出禮拜，師曰：「不是好底。」僧曰：

「龍泉寶劍請師揮。」師曰：「什麼處去也？」曰：「恁麼即龍溪南面盡鋒鋩。」師曰：「收取。」問：「不落古今請師道。」師曰：「還怪得麼？」曰：「猶落古今。」師曰：「莫錯。」

【語譯】衢州（今屬浙江）羅漢院義和尚，有一次上堂，眾僧聚集，有一位僧人剛站出來禮拜，義和尚就說道：「不是好的。」那僧人說道：「龍泉寶劍請和尚揮動。」義和尚問道：「到什麼地方去了？」那僧人便說道：「這樣則龍溪南面都是鋒芒了。」義和尚說道：「收起來。」

有僧人問道：「不落入古今的話頭，請和尚講說。」義和尚回答：「可怪得老僧嗎？」那僧人說道：「還是落入了古今的話頭。」義和尚說道：「沒錯。」

【說　明】婺州明招德謙禪師的法嗣還有福州興聖調和尚一人，因無機緣語句，故未收錄。

前朗州大龍山智洪禪師法嗣

大龍山景如禪師

大龍山景如禪師。第二世住。僧問：「如何是佛法大意？」師喝。僧曰：「尊意如何？」師曰：「會麼？」曰：「不會。」師又喝。

問：「太陽一顯人皆羨，鼓聲才罷意如何？」師曰：「季秋❶凝❷後好晴天。」

【注　釋】❶季秋　最後一個秋月，即深秋。❷凝　此謂結霜。

【語　譯】大龍山景如禪師。第二世住持。有僧人問道：「什麼是佛法大意？」景如大喝一聲。那僧人便問道：「和尚的尊意是什麼？」景如問道：「領會了嗎？」那僧人回答：「沒有領會。」景如又大喝了一聲。

有僧人問道：「太陽一出現人們都羨慕，鼓聲才罷，其意思怎麼樣？」景如禪師回答：「深秋季節早晨結霜後，就預示著好天氣。」

大龍山楚勛禪師

朗州大龍山楚勛禪師，第四世住。上堂，良久曰：「大眾只恁麼各自散去，已是重宣此義了也。久立又奚為？然久立有久立底道理。知了，經一小劫如一食頃。不知道理便見茫然。還知麼？有知者出來，大家相共商量。」時有僧出展坐具，曰：「展即偏周沙界，縮即絲髮不存。展即是，不展即是？」師曰：「你從什麼處得來？」曰：「恁麼即展去也。」師曰：「勿交涉。」

問：「如何是大龍境？」師曰：「諸方舉似人。」曰：「如何是境中人？」

師曰：「你為什麼謾我。」

問：「亡僧遷化向什麼處去也？」師曰：「阿彌陀佛！」

僧問：「善法堂❶中師子吼，未審法嗣嗣何人？」師曰：「猶自❷恁麼問。」

【注釋】❶善法堂　帝釋天的講堂名，在須彌山頂喜見城外西南角，諸天於此議論人中之善惡。❷猶自　尚且；仍然。

【語譯】朗州（今湖南常德）大龍山楚勛禪師，第四世住持。有一次上堂，沉默了許久才說道：「大家就這樣各自散去，已經是在第二次宣說這個意思了。這樣久站著又為了什麼呢？但是這樣久站著也有久站著的道理。知道了，經過一個小劫就如同是吃了一頓飯一樣短暫。不知道這個道理則即刻迷茫了。可還有知道的嗎？有知道的就站出來，大家一起來商量。」當時有一位僧人出來展開坐具，並問道：「展開就周遍了無窮的世界，縮起就毫髮不存在。是展開的對呢，還是不展開的對？」楚勛禪師問道：「你從什麼地方得來的這個問題？」那僧人便說道：「這樣說來就是展開了。」楚勛說道：「與禪義沒有關涉。」

有僧人問道：「什麼是大龍山的境界？」楚勛禪師回答：「到各地舉說給人聽。」那僧人又問道：「什麼是境界中的人？」楚勛說道：「你為什麼要欺騙我？」

有僧人問道：「亡故的僧人遷化後到什麼地方去了？」楚勛禪師回答：「阿彌陀佛！」

有僧人問道：「善法堂中獅子吼，不知道是承繼誰人之法嗣？」楚勛禪師回答：「仍然這樣問。」

興元府普通院從善禪師

興元府普通院從善禪師。僧問：「法輪再轉時如何？」師曰：「助上座喜。」

曰：「合譚何事？」師曰：「異人掩耳。」曰：「便恁麼領會時如何？」師曰：「錯。」

問：「佩劍叩松關時如何？」師曰：「莫亂作。」曰：「誰不知有？」師曰：「出。」

【語　譯】興元府（今陝西漢中）普通院從善禪師。有僧人問道：「法輪再轉的時候怎麼樣？」從善回答：「讓上座歡喜。」那僧人再問道：「應該談論什麼事呢？」從善回答：「其他人掩住了耳朵。」那僧人又問道：「就這樣領會的時候怎麼樣？」從善回答：「錯了。」

有僧人問道：「佩帶寶劍叩擊松關之門時怎麼樣？」從善禪師回答：「不要亂動。」那僧人便問道：「誰不知道有這情況？」從善喝道：「出去！」

前襄州白馬行靄禪師法嗣

襄州白馬智倫禪師

襄州白馬智倫禪師。僧問：「如何是佛？」師曰：「真金也須失色。」

問：「如何是和尚出身處？」師曰：「牛舐❶牆。」曰：「學人不會意旨如何？」師曰：「已成八字❷。」

【注釋】❶觝 同「抵」。謂牛、羊用犄角頂抵人或物。❷八字 謂牛角分開，形如「八」字。

【語譯】襄州（今湖北襄樊）白馬寺智倫禪師。有僧人問道：「什麼是佛？」智倫回答：「真金也會失去顏色。」

有僧人問道：「什麼是和尚的出身之處？」智倫禪師回答：「牛抵住牆壁。」那僧人說道：「學生不能領會其意思是什麼？」智倫便說道：「已成了八字。」

前安州白兆山懷楚禪師法嗣

唐州保壽匡祐禪師

唐州保壽匡祐禪師。僧問：「如何是佛法大意？」師曰：「近前來！近前來！」僧近前，師曰：「會麼？」曰：「不會。」師曰：「石火雷光❶，已經塵劫。」

僧問：「如何是為人底一句？」師曰：「開口入耳。」曰：「如何理會？」師曰：「逢人告人。」

【注釋】❶雷光　閃電之光。

【語譯】唐州（今河南唐河）保壽寺匡祐禪師。有僧人問道：「什麼是佛法大意？」匡祐回答：「走上前來！走上前來！」那僧人走上前，匡祐問道：「領會了嗎？」那僧人回答：「沒有領會。」匡祐說道：「在火石敲出火星、雷電放出電光的瞬間，已經度過了如塵埃數量一樣繁多的大劫。」

有僧人問道：「什麼是接引的人一句話？」匡祐禪師回答：「張開口，就進入了耳朵。」那僧人便問道：「怎樣領會？」匡祐回答：「遇到人就告訴人。」

【說明】安州白兆山懷楚禪師的法嗣還有蘄州自南禪師、果州永慶院繼勳禪師等二人，因無機緣語句，故未收錄。

前襄州谷隱智靜大師法嗣

谷隱知儼禪師

谷隱知儼禪師，登州人也。受業於本州鵲山，得法於前谷隱智靜禪師，繼踵住持，玄侶臻萃。

僧問：「師唱誰家曲，宗風嗣阿誰？」師曰：「白雲南，傘蓋北。」

問：「如何是迦葉親聞底事？」師曰：「速須作卻。」

問：「如何是諸佛照不著處？」師曰：「問遮山鬼窟作麼？」曰：「照著後如何？」師曰：「咄！精怪❶！」

問：「千山萬水，如何登涉？」師曰：「舉步便千里萬里。」曰：「不舉步時如何？」師曰：「亦千里萬里。」

【注釋】❶精怪　山精水怪。

【語譯】谷隱知儼大師，登州（今山東蓬萊）人。知儼在登州鵲山受業，在谷隱智靜大師那裡獲得了禪法，並承繼智靜禪師作為住持，四方僧侶會聚於此。

有僧人問道：「和尚舉唱誰家的曲調，宗風又承繼哪一人的？」知儼禪師回答：「白雲之南，傘蓋之北。」

有僧人問道：「什麼是迦葉尊者親耳聽到的事？」知儼禪師回答：「必須趕快除掉。」

有僧人問道：「什麼是諸佛照不到的地方？」知儼禪師回答：「問這個山鬼的洞窟做什麼？」那僧人又問道：「照到了以後又怎麼樣？」知儼喝道：「咄！這山精水怪！」

有僧人問道：「千山萬水，怎樣登攀、跋涉呢？」知儼禪師回答：「一邁步就是千里萬里。」那僧人又問道：「不邁步的時候怎麼樣？」知儼回答：「也是千里萬里。」

襄州普寧院法顯禪師

襄州普寧院法顯禪師。僧曰：「曩劫共住，為什麼不識親疏？」師曰：「誰？」

曰：「更待某甲道。」師曰：「將謂❶不領話。」

問：「萬水千山，如何登涉？」師曰：「青霄無間路❷，到者不迷機。」

【注釋】❶將謂　以為；認為。唐人崔珏〈門前柳〉詩：「將謂只栽郡樓下，不知迤邐連南津。」❷間路　曲折的道路；小路。

【語譯】襄州（今湖北襄樊）普寧院法顯禪師。有僧人問道：「從前的劫難中同時存在，為什麼不能識別親疏呢？」法顯反問：「是誰？」那僧人說道：「再等我來說。」法顯便說道：「還以為你不能領會話語。」

有僧人問道：「千山萬水，怎樣登攀、跋涉呢？」法顯禪師回答：「青天上沒有曲折的小路，到的人自不迷失機緣。」

前廬山歸宗弘章禪師法嗣

東京普淨院常覺禪師

東京普淨院常覺禪師者，陳留人也，姓李氏。幼習儒學，絕無干祿❶之意，志樂山水，頗以遊覽為務。至廬山歸宗禪師會下，聞法省悟，遂求出家。未幾，歸宗將順寂，命師撫之曰：「汝於法有緣，他後濟眾人，莫測其量也。」仍以披剃事囑諸門人訖，然後示滅。師至唐乾化二年落髮，明年納戒於東林寺❷甘露壇❸。尋遊五臺山，還上都❹，於麗景門❺外獨居二載。

問有北鄰信士❻張生者，請師供養。張素探玄理，因叩師垂誨。師乃隨宜開誘，張生於言下發悟，遂設榻留宿。至深夜，與妻竊窺之，見師體偏一榻，頭足俱出。及令婢僕視之，即如常。張生倍加欽慕，曰：「弟子夫婦垂老，今願割宅之前堂以禪❼丈室。」師欣然受之。至後唐天成三年，遂成大院，賜額曰普淨。

師以時機淺昧，難任極旨，苟啟之非器，令彼招謗讟❽之咎，我寧不務開法！每月三八❾施浴，僧道萬計。師常謂諸徒曰：「但得慧門無壅，則福何滯哉？」

一日，給事中❿陶穀⓫入院，致禮而問曰：「經云：離一切相則名諸佛。今目前諸相紛然，如何離得？」師曰：「給事見箇什麼？」陶欣然仰重。自是王公大人屢薦章服⓬師號，皆卻而不受。

以開寶四年十二月二日示疾，十一日告眾，囑付訖，右脇而化。壽七十有六，臘五十有六。今法嗣繼世，住持彌盛。

【注　釋】❶干祿　做官。❷東林寺　在廬山香爐峰前，晉代太元時，郡守桓伊為慧遠法師創建，此後謝靈運又為鑿池種植蓮花。於是慧遠法師召集緇素高士，結白蓮社念佛，是為淨土宗之始。此後歷代增修，至今不廢。❸甘露壇　寺院中為僧人授戒之法壇。❹上都　此指東京。❺麗景門　五代北宋時東京裡城東南角之城門名。五代後梁時名觀化門，後晉時改名仁和門，北宋初改名麗景門，俗稱宋門。❻信士　謂在家信仰佛教而接受三皈依、五戒或八齋戒者。俗世也稱出財布施者為信士。❼裨　輔助。❽讟　怨恨之言；誹謗之言；憎惡之言。❾三八　指每月的三日、八日、十三日、十八日、二十三日和二十八日六天。唐、宋時禪院以此六天念誦佛經，與現代寺院中以上八、中八、下八為三八，一月作三天之念誦者不同。❿給事中　官名，秦代初置，隋、唐以後為門下省之要職，掌駁正政令之缺失。簡稱「給事」。⓫陶穀　五代宋初人，字秀實，本姓唐，因避晉帝石敬瑭諱改。後晉時為知制誥，參預機要，拜中書舍人。後周時官給事中，為翰林學士，拜兵部及吏部侍郎。入宋後為翰林學士承旨，官至戶部尚書。⓬章服　古代以日、月、星辰、龍、蟒、鳥、獸等圖文作為等級標誌的禮服。此指紫衣袈裟。

【語　譯】東京（今河南開封市）普淨院常覺禪師（八九六～九七一年），陳留（今河南開封縣陳留鎮）人，俗姓李。常覺幼年時學習儒學，但絕對沒有入仕做官的意思，而以山水娛樂心志，熱衷於遊覽山水景色。他來到廬山歸宗弘章和尚的法會上，聞聽佛法而省悟，於是懇請出家。不久，歸宗和尚將逝世，便召來常覺撫摸著他說道：「你於佛法有緣分，他日救濟眾人，不能預測其限量啊。」於是就把為常覺披剃之事託付給諸位門人弟子，說完後就圓寂了。常覺於唐代乾化二年（九一二年）落髮，次年在東林寺甘露壇接受了具足戒。不久，常覺雲遊至五臺山，再回到上都東京，在麗景門外獨自一人居住了二年。

在這期間，常覺禪師的北邊鄰居有個叫張生的信士，迎請供養常覺禪師。張生平日裡探求玄理，於是向常覺叩請教益。常覺就隨機施宜，誘導開示，張生於言語之下悟入禪道，於是設下牀榻讓常覺禪師留宿。到了深夜，張生與其妻子暗中察看，看見常覺禪師的身體占滿了整張牀榻，頭腳都超出了牀沿。等到張生讓婢女僕人來看時，則又與常人沒有不同了。張生於是倍加欽佩仰慕，對常覺禪師說道：「弟子夫婦都垂垂老矣，今天願意割捨住宅的前堂作為和尚的方丈室。」常覺禪師欣然接受了。到了五代後唐天成三年（九二八年），這裡就成為一座大寺院，天子賜院額稱作普淨院。

常覺禪師認為自己此時機緣淺薄，難以勝任傳授至極玄妙佛理之責，假使所開示的並不是法器，讓他招致誹謗怨言的咎責，我寧可不開法席收徒！於是常覺禪師就在每月的三日、八日施捨沐浴，前來沐浴的僧人數以萬計。常覺曾經對眾徒說道：「只要使智慧之門不壅阻，則求福又有什麼滯礙呢？」

有一天，給事中陶穀來到普淨院中，施禮後問道：「佛經中說：離絕一切相就稱之為諸佛。現在眼前諸相紛雜，怎樣才能離絕呢？」常覺禪師回答：「給事看見了什麼？」陶穀欣然欽佩仰重。從此王公大臣屢次薦請天子頒賜紫衣、師號，但常覺都推辭不接受。

北宋開寶四年（九七一年）十二月二日，常覺禪師生病了，於十一日告別僧眾，囑咐完畢，向右側臥著逝世了。常覺享年七十六歲，法臘五十六年。現今他的法嗣承繼出世，住持更為興盛。

前襄州石門山慧徹禪師法嗣

石門山紹遠禪師

石門山紹遠禪師。第四世住。僧問：「師唱誰家曲，宗風嗣阿誰？」師曰：「十方無異類，揭覺❶鳳林前。」

問：「先師歸於雁塔❷，當仁❸一句，請師垂示。」師曰：「修羅❹掌內擎日月，夜叉足下蹋泥龍。」

問：「金龍不吐凡間霧，請師舉唱鳳皇機。」師曰：「白眉❺不展手，長安路坦平。」

問：「如何是西來意？」師曰：「布袋盛烏龜。」

問：「如何是石門境？」師曰：「孤峰對鳳嶺。」曰：「如何是境中人？」師曰：「巖中殘雪，處處分輝。」

問：「如何是和尚家風？」師曰：「滴瀝❻非旨趣，千山不露身。」

問：「如何是古佛心？」師曰：「白牛露地❼臥青溪。」

問：「生死之河❽，如何過得？」師曰：「風吹河葉❾浮萍草❿。」

問：「如何是三乘教外別傳一句？」師曰：「羊頭車子⓫入長安。」

問：「生死浪前，如何話道？」師曰：「毛袋⓬橫身⓭絕飲啄，青溪常臥太陽春⓮。」

問：「如何是道？」師曰：「山深水冷。」曰：「如何是道中人？」師曰：「金槌擊金鼓。」

問：「天陰日不出，光輝何處去？」師曰：「鐵蛇橫大路，通身⓯黑似煙。」

【注釋】❶揭覺 揭示禪悟。❷雁塔 《西域記》載：古印度有一持修小乘之寺院，某日一僧人見群雁飛翔，便對雁群戲謂此寺眾僧有食品不充者，忽見一雁自空中自投此僧人之前而死。此僧人便告訴眾人，眾僧感悲，以為如來之大乘方為正理，此雁垂誡，即為明導。故歸持大乘，並建塔葬雁其下以作紀念，而名之為雁塔。❸當仁 通「當人」。本人。❹修羅 即阿修羅，為十界中之第七界，曾與帝釋天作戰的鬼神。❺白眉 三國時蜀漢馬良字季常，有兄弟五人，名字中各有一「常」字，而馬良之才名最大。因馬良的眉毛中有白毛，故當時有「馬氏五常，白眉最良」之諺語流傳。見《三國志・馬良傳》。後世以此稱譽兄弟中才能最突出之人。❻滴瀝 水珠往下滴。❼露地 露著。地，表示狀態持續的動態助詞。禪林常以露地白牛比喻大乘教法。❽生死之河 生死能使人淹沒，故名。亦作「生死流」。❾河葉 即「荷葉」。❿浮萍草 漂浮在水面上的一種水草。⓫羊頭車子 古代一種木製的手推車。⓬毛袋 此代指鳥雀。⓭橫身 此為死亡的委婉說法。⓮青溪常臥太陽春 此謂在春日陽光之下，牛躺臥在青青的山溪中。⓯通身 全身上下。

【語譯】石門山紹遠禪師。第四世住持。有僧人問道：「和尚舉唱誰家的曲調，宗風又是承繼哪一人的？」紹遠回答：「十方都沒有異類，揭示禪悟於鳳林山前。」

有僧人問道：「先師已歸雁塔去了，指示本人的一句話，還請和尚垂示。」紹遠禪師回答：「阿修羅手掌中擎托著日月，夜叉腳底下踩著泥龍。」

有僧人請道：「金龍不吐凡間霧氣，請和尚舉唱鳳凰之機鋒。」紹遠禪師回答：「白眉不需展露一手，長安城之道路自然平坦。」

有僧人問道：「什麼是祖師西來的意旨？」紹遠禪師回答：「布袋裡裝烏龜。」

有僧人問道：「什麼是石門山的境界？」紹遠禪師回答：「孤峰正對著鳳林山。」那僧人又問道：「什麼是境界中的人？」紹遠回答：「山巖中留著的殘雪，處處閃耀著白光。」

有僧人問道：「什麼是和尚的家風？」紹遠禪師回答：「往下滴的水珠並不關涉佛旨禪趣，千山也不顯露本來之身。」

有僧人問道：「什麼是古佛之心？」紹遠禪師回答：「白牛露著身子躺臥在青青的山溪中。」

有僧人問道：「生死之河，怎樣才能渡過？」紹遠禪師回答：「清風吹動著荷葉與浮萍草。」

有僧人問道：「什麼是三乘教外別傳的一句話？」紹遠禪師回答：「羊頭車子進入了長安城。」

有僧人問道：「在生死之河的浪濤前，怎樣來談論大道呢？」紹遠禪師回答：「鳥雀橫身斷絕了飲食，牛兒常常在春日陽光之下躺臥於青青的山溪中。」

有僧人問道：「什麼是道？」紹遠禪師回答：「山深水冷。」那僧人又問道：「什麼是道中人？」紹遠回答：「用金槌敲擊金鼓。」

有僧人問道：「天陰太陽不出來，那陽光到什麼地方去了？」紹遠禪師回答：「鐵蛇橫臥在大路上，通身漆黑如煙灰。」

【說　明】紹遠禪師圓寂於北宋開寶（九六八～九七六年）年間。

鄂州靈竹守珍禪師

鄂州靈竹守珍禪師。僧問：「如何是西來意？」師曰：「錫❶帶胡中土，缾添漢地泉。」

問：「迷悟不入諸境時如何？」師曰：「境從何來？」曰：「恁麼即入諸境去也。」師曰：「龍頭蛇尾漢。」

【注　釋】❶錫　錫杖。

【語　譯】鄂州（今湖北武漢）靈竹院守珍禪師。有僧人問道：「什麼是祖師西來的意旨？」守珍回答：「錫杖上帶來了胡國中的泥土，淨瓶中添滿了漢地上的泉水。」

有僧人問道：「迷與悟都不入諸境時怎麼樣？」守珍禪師反問：「境從哪裡來？」那僧人便說道：「這樣則入諸境去了。」守珍說道：「龍頭蛇尾的傢伙。」

前洪州同安志和尚法嗣

朗州梁山緣觀禪師

朗州梁山緣觀禪師。僧問：「如何是和尚家風？」師曰：「資陽水急魚行澀❶，白鹿❷松高鳥泊難。」

問：「大眾雲集，白鹿一句，請師闡揚。」師曰：「近日居何國土？」又曰：「梁山高掛秦時鏡，光壽門風不假燈。」

問：「師唱誰家曲，宗風嗣阿誰？」師曰：「龍生龍子，鳳生鳳兒。」

問：「如何是西來意？」師曰：「葱嶺不傳唐土信，胡人謾說太平歌。」

問：「如何是從上傳來底事？」師曰：「渡水胡僧❸無膝袴❹，背駝❺梵夾不持經。」

問：「如何是正法眼？」師曰：「南華❻裡。」曰：「為什麼在南華裡？」師曰：「為汝問正法眼。」

問：「如何是衲衣下事？」師曰：「密。」

有端長老訪師，晤坐譚話。時有僧問：「二尊不並化，為什麼兩人居方丈？」師曰：「一亦非。」

師有頌曰：「梁山一曲歌，格外人難和。十載訪知音，未嘗逢一箇。」又頌曰：「紅焰藏吾身，何須塔用新？有人相肯重，灰裡邈全身。」

【注釋】❶澁　此指行動不迅速。❷白鹿　山名，在湖南益陽南，上有龍湫，唐代裴休曾講學於此。山有白鹿寺。❸渡水胡僧　指來東土開創禪宗的初祖菩提達磨。❹膝褲　古人所穿的一種長短及膝蓋的褲子。袴，即「褲」。❺駝　通「馱」。❻南華　寺院名，在廣東韶關南華山，即六祖慧能大師所重建之寶林寺。慧能大師於此講演佛道禪法多年。

【語　譯】朗州（今湖南常德）梁山緣觀禪師。有僧人問道：「什麼是和尚的家風？」緣觀禪師回答：「資陽河水流湍急，故魚兒游動遲緩，白鹿山上松高林密，故鳥兒難以棲息。」

有僧人請道：「大眾已經雲集，白鹿山的一句話，還請和尚闡揚。」緣觀禪師問道：「近來你居住在誰的國土上？」接著又說道：「梁山上高掛著秦朝的古鏡，光壽門風不憑藉燈火。」

有僧人問道：「和尚舉唱誰家的曲調，宗風又是承繼哪一人的？」緣觀禪師回答：「龍生龍子，鳳生鳳兒。」

有僧人問道：「什麼是祖師西來的意旨？」緣觀禪師回答：「葱嶺上並沒有傳來唐土的信息，胡人胡亂唱著太平歌謠。」

有僧人問道：「什麼是從古代傳下來的事？」緣觀禪師回答：「渡海胡僧沒有膝褲，背上馱著梵夾而手中並沒有拿著佛經。」

有僧人問道：「什麼是正法眼？」緣觀禪師回答：「在南華寺裡。」那僧人又問道：「為什麼在南華寺裡。」緣觀回答：「因為你問正法眼。」

有僧人問道：「什麼是衲衣下面的事？」緣觀禪師回答：「秘密。」

有端長老來拜訪緣觀禪師，兩人對坐著談話。當時有一個僧人問道：「兩位尊宿並不同時遷化，為什麼兩位卻同居在方丈裡？」緣觀禪師回答：「僅有一個也不對。」

緣觀禪師作有一首偈頌道：「梁山的一曲歌，人們格外難以明瞭。十年尋訪知音，未嘗遇到一個。」又作有一偈頌道：「在紅紅的火焰中躲藏我的身子，何須使用新塔？只要有人能許可欽重，灰燼中也可描繪出全身。」

【說　明】緣觀禪師因住梁山，世稱「梁山觀」。他是曹洞宗傳承世系中的重要人物，該宗後世幾乎全部有影響的禪師均出自緣觀一支。

洪州同安志和尚的法嗣還有陳州靈通和尚一人，因無機緣語句，故未收錄。

前襄州廣德延和尚法嗣

襄州廣德周禪師

襄州廣德周禪師。僧問：「見話不覺時如何？」師曰：「徧界沒聾人，誰是知音者？」曰：「如何是知音者？」師曰：「斷弦續不得，歷劫響泠泠❶。」

僧問：「古教有言：阿逸多❷不斷煩惱，不修禪定，佛記此人成佛無疑。此理如何？」師曰：「鹽又盡，炭又無。」曰：「鹽盡炭無時如何？」師曰：「愁人莫向愁人道，道向愁人愁殺人。」

【注　釋】❶泠泠　清越的聲音。❷阿逸多　為彌勒菩薩之字，意為無能勝、最勝。

【語　譯】襄州（今湖北襄樊）廣德院周禪師。有僧人問道：「聽到話語卻沒有領悟的時候怎麼樣？」周禪師回答：「全世界沒有聾子，誰是知音的人？」那僧人便問道：「怎樣才是知音的人？」周禪師回答：「撥斷琴弦而不能續接上，歷盡劫難琴聲泠泠。」

有僧人問道：「古代教義上說過：阿逸多不截斷煩惱，不修持禪定，釋迦牟尼佛預言此人成佛無疑。這是什麼道理？」周禪師回答：「鹽也吃光了，木炭也沒有了。」那僧人便問道：「鹽吃光、木炭沒有了的時候怎麼樣呢？」周禪師回答：「愁人莫向愁人說，說向愁人愁殺人。」

【說　明】清原行思禪師的第八世法嗣還有：襄州洞山守初大師的法嗣一人，潭州道崧禪師；鳳翔府紫陵微禪師的法嗣二人，鳳翔府大朗和尚、潭州新開和尚；益州淨眾寺歸信禪師的法嗣一人，漢州靈龕山和尚；隨州護國知遠大師的法嗣一人，東京開寶常普大師。以上五人因無機緣語句，故未收錄。

卷二五

青原行思禪師下九世上

前金陵清涼文益禪師法嗣上

【題解】清涼文益禪師的知名門徒，據本書所載有六十三人，集中分布於南唐、吳越的領地。文益禪師的法席極盛於南唐的興盛期。約在李昪建立南唐政權（九三七年），文益禪師即被迎住金陵報恩院，後再遷居清涼院，持續開堂，聲名遠播域外。九四五年，南唐攻閩國，取建、汀、漳三州；九五一年，又出兵入長沙，滅楚國，使作為禪宗最為活躍的江西、湖南、江蘇、福建等地區全都在其控制之下。而占據禪宗同樣興盛的浙江地區的吳越政權，也與南唐一樣，因奉佛而為史家所識。加上中原的後周王朝，因周世宗採取嚴格的限佛政策，也在一定程度上對江浙禪宗的發展起著一種推動作用。在此背景下，法眼宗得以迅速發展、興盛，成為對此後禪宗的整個發展方向影響最大之宗派。但在南禪五宗中，法眼宗的傳承是相當短促的。自文益禪師創宗，下傳天台德韶禪師；德韶禪師之門下延壽禪師因撰寫《宗鏡錄》一書而聲譽卓著，成為一大家；而後再兩傳，便湮沒無聞了。

天台山德韶國師

天台山德韶國師，處州龍泉人也，俗姓陳氏。母葉氏夢白光觸體，因而有娠。及誕，尤多奇異。年十五，有梵僧勉令出家。十七，依本州龍歸寺受業。十八，納戒於信州開元寺。

後唐同光中遊方，詣投子山，見大同禪師，乃發心之始。次謁龍牙遁和尚，問：「雄雄❶之尊，為什麼近之不得？」龍牙曰：「如火與火。」曰：「忽遇水來又作麼生？」龍牙曰：「汝不會。」師又問：「天不蓋，地不載。此理如何？」龍牙曰：「合如是。」師不喻旨，再請垂誨。龍牙曰：「道者，汝向後自會去。」次問疏山曰：「百匝千重，是何人境界？」疏山曰：「左搓❷芒繩❸縛鬼子。」師進曰：「不落古人，請師說。」曰：「不說。」師曰：「為什麼不說？」曰：「箇中不辨有無。」師曰：「師今善說。」疏山駭之。師如是歷參五十四善知識，皆法緣未契，最後至臨川，謁淨慧❹禪師，淨慧一見深器之。師以偏涉叢林，亦倦於參問，但隨眾而已。

一日，淨慧上堂，有僧問：「如何是曹源❺一滴水？」淨慧曰：「是曹源一滴水。」僧惘然而退。師於座側，豁然開悟，平生凝滯，渙若冰釋，遂以所悟聞于淨慧。淨慧曰：「汝向後當為國王所師，致祖道光大，吾不如也！」自是諸方異唱，古今玄鍵⑥，與之決擇，不留微迹。尋迴本道⑦，遊天台山，覩智者顗禪師⑧遺蹤，有若舊居。師復與智者同姓，時謂之後身也。

初止白沙，時吳越忠懿王以國王子刺台州，嚮師之名，延請問道。師謂曰：「他日為霸主，無忘佛恩。」漢乾祐元年戊申，王嗣國位，遣使迎之，申弟子之禮。

有傳天台智者教義寂者，屢言于師曰：「智者之教，年祀寖⑨遠，慮多散落。今新羅國其本甚備，自非和尚慈力，其孰能致之乎？」師於是聞于忠懿王，王遣使及齎師之書往彼國繕寫，備足而迴，迄今盛行于世矣。

師上堂曰：「古聖方便猶如河沙。祖師道『非風幡動，仁者心動』，斯乃無上心印法門。我輩是祖師門下客，合作麼生會祖師意？莫道風幡不動，汝心妄動；莫道不撥風幡，就風幡通取；莫道風幡動處是什麼？有云附物明心，不須認物；有云色即是空；有云非風幡動，應須妙會。如是解會，與祖師意旨有何交涉？既不許如是會，諸上座便合知悉。若於遮裡徹底悟去，何法門而不明？百千諸佛方便，一時洞了，更有什麼疑情？所以古人道：一了千明，一迷萬惑。上座豈是今日會得一則，明日又不會也！莫是有一分向上事難會，有一分下劣凡夫不會？如此見解，設經塵劫，只自勞神乏思，無有是處。」

僧問：「諸法寂滅相，不可以言宣。和尚如何為人？」師曰：「汝到諸方，更問一遍。」曰：「恁麼即絕於言句去也。」師曰：「夢裡惺惺[10]。」

問：「櫓棹俱停，如何得到彼岸？」師曰：「慶汝平生。」

問：「如何是三種病人？」師曰：「恰問著。」

問：「如何是古佛心？」師曰：「此問不弱[11]。」

問：「如何是六相[12]？」師曰：「即汝是。」

問：「如何是方便？」師曰：「此問甚當。」

問：「亡僧遷化向什麼處去也？」師曰：「終不向汝道。」曰：「為什麼不向某甲道？」師曰：「恐汝不會。」

問：「一華開五葉，結果自然成。如何是一華開五葉？」師曰：「日出月明。」曰：「如何是結果自然成？」師曰：「天地皎然。」

問：「如何是無憂佛[13]？」師曰：「愁殺人。」

問：「一切山河大地，從何而起？」師曰：「此問從何而來？」

問：「如何是數起底心？」師曰：「爭諱得！」

問：「如何是第二月？」師曰：「來處甚分明。」曰：「為什麼不會？」師曰：「喚什麼作第二月？」

問：「如何是沙門眼？」師曰：「黑如漆。」

問：「絕消息時如何？」師曰：「謝指示。」

問：「如何是轉物即同如來？」師曰：「汝喚什麼作物？」曰：「恁麼即同如來也。」師曰：「莫作野干鳴。」

問：「那吒太子⑭析肉還母，析骨還父，然後於蓮華上為父母說法。未審如何是太子身？」師曰：「大家見上座問。」曰：「恁麼即大千同一真如性也。」師曰：「依希⑮似曲才堪聽，又被吹將別調中。」

問：「六根俱泯，為什麼理事不明？」師曰：「何處不明？」曰：「恁麼即事理俱如也。」師曰：「前言何在？」

師有時謂眾曰：「大凡言句，應須絕滲漏始得。」時有僧問：「如何是絕滲漏底句？」師曰：「汝口似鼻孔。」

問：「如何是不證一法？」師曰：「待言語在。」曰：「如何是證諸法？」

師曰：「醉作麼？」

師有時謂眾曰：「只如山僧恁麼對他，諸上座作麼生體會？莫是真實相為麼？莫是正恁麼時無一法可證麼？莫是識伊來處麼？莫是今體顯露麼？莫錯會好！如此見解，喚作依草附木⑯，與佛法天地懸隔。假饒答話、簡辨⑰如懸河，只成得箇顛倒知見。若只貴答話、簡辨，有什麼難？但恐無益於人，翻成賺悞⑱。如上座從前所學簡辨、問答、記持，說道理極多，為什麼心疑不息？聞古聖方便，特地不會，只為多虛少實。上座不如從腳跟下一時覷破，看是什麼道理？有多少法門與上座作疑求解？始知從前所學底事，只知生死根源、陰界裡活計。所以古人道：見聞不管，如水裡月。無事，珍重！」

師有偈示曰：「通玄峰頂，不是人間。心外無法，滿目青山。」

師後於般若寺開堂說法十二會⑲。

第一會：師初開堂日，示眾云：「一毛吞海，海性無虧。纖芥投鋒，鋒利無動。見與不見，會與不會，惟我知焉。」乃有頌曰：「暫下高峰已顯揚，般若圓通遍十方。人天浩浩無差別，法界縱橫處處彰。珍重！」師昇堂日，有僧問：「承古有言：若人見般若，即被般若縛。若人不見般若，亦被般若縛。既見般若，為什麼卻被縛？」師云：「你道般若見什麼？」學云：「不見般若，為什麼卻被縛？」師曰：「你道般若什麼處不見？」又云：「若見般若，不名般若。不見般若，亦不名般若。般若且作麼生說見不見？所以人道：若欠一法，不成法身。若剩一法，不成法身。若有一法，不成法身。若無一法，不成法身。此是般若之真宗，諸上座！」又僧問：「乍離凝峰丈室，來坐般若道場。今日家風，請師一句。」師云：「虧汝什麼處？」學云：「恁麼即雷音震動乾坤地，人人無不盡霑恩。」師云：「幸然未會，且莫探頭。探頭即不中，諸上座相共證明。今法久住，國土安樂。珍重！」

第二會：師上堂，有僧問：「承教有言：歸源性無二，方便有多門。如何是歸源性？」師云：「你問我答。」學云：「如何是方便門？」師云：「你答我問。」學云：「如何趣向？」師云：「顛倒作麼？」又僧問：「一身即無量身，無量身即一身。如何是無量身？」師云：「一身。」學云：「恁麼即昔日靈山，今來親覩。」師云：「理當即行。」又云：「三世諸佛，一時證明上座，上座且作麼生會？若會時不遷，無絲豪可得移易。何以故？為過去、未來、現在三際是上座，上座且非三際。澤[20]霖[21]大海，滴滴皆滿。一塵空性[22]，法界全收。珍重！」

第三會：師上堂，有僧問：「四眾雲集，人天恭敬。目覩尊顏，願宣般若。」師云：「分明記取。」學云：「師宣妙法，國王萬歲，人民安樂。」師云：「誰向你道？」學云：「法爾如然。」師云：「你靈利！」又僧問：「三世諸佛不知有，貍奴㉓白牯卻知有。既是三世諸佛，為什麼卻不知有？」師云：「卻是你知有。」學云：「貍奴白牯為什麼卻知有？」師云：「你什麼處見三世諸佛？」又僧問：「承教有言：眼不見色塵，意不知諸法。如何是眼不見色塵？」師云：「卻是耳見。」學云：「如何是意不知諸法？」師云：「眼知。」學云：「恁麼即見聞路絕，聲色喧然㉔。」師云：「誰向你道？」又云：「夫一切問答，如針鋒相投，無纖豪參差相。事無不通，理無不備，良由一切言語，一切三昧，橫豎深淺，隱顯去來，是諸佛實相門。只據如今，一時驗取。珍重！」

第四會：師上堂，舉：「古人云：如何是禪？三界綿綿。如何是道？十方浩浩。因什麼道三界綿綿，何處是十方浩浩底道理？要會麼？塞卻眼，塞卻耳，塞卻舌、身、意，無空闕處，無轉動處。上座作麼會？橫亦不得，豎亦不得，縱亦不得，奪亦不得。無用心處，亦無施設處。若如是會得，始會法門絕擇，一切言語絕滲漏。曾有僧問：『作麼生是絕滲漏底語？』向他道：『口似鼻孔甚好。』

上座如此會，自然不通風去。如識得，盡十方世界是金剛眼睛。無事，珍重！」

第五會：師上堂，有僧問云：「天下太平，大王長壽。如何是王？」師云：「日曉月明。」學云：「如何領會？」師曰：「誰是學人？」又云：「天下太平，大王長壽，國土豐樂，無諸患難。此是佛語，古不易今。不遷一言，可以定古定今。會取好，諸上座！」又僧問：「承古有言：有物先天地，無形本寂寥。如何是有物先天地？」師云：「非同合。」學云：「如何是無形本寂寥？」師云：「誰問先天地？」學云：「恁麼即隨靜林間獨自遊。」師云：「亂道作麼？」又云：「佛法不是遮箇道理，要會麼？言發非聲，色前不物，始會天下太平，大王長壽。久立，珍重！」

第六會：師上堂示眾云：「佛法現成，一切具足。古人道：圓同太虛，無欠無餘。若如是，且誰欠誰剩，誰是誰非，誰是會者，誰是不會者？所以道，東去亦是上座，西去亦是上座，南去亦是上座，北去亦是上座，上座因什麼得成東西南北？若會得，自然見聞覺知路絕，一切諸法現前。何故如此？為法身無相，觸目皆形，般若無知，對緣而照。一時徹底會取好！諸上座，出家兒合作麼生？此是本有之理，未為分外。識心達本源，故名為沙門。若識心皎皎地，實無絲豪障礙。上座久立，珍重！」

第七會：師上堂，有僧問：「欲入無為海，先乘般若船。如何是般若船？」師云：「常無所住？」「如何是無為海？」師云：「且會般若船。」又僧問：「古德云：登天不借梯，偏地無行路。如何是登天不借梯？」師云：「不遺絲髮地。」學云：「如何是偏地無行路？」師云：「適來向你道什麼？」師又云：「百千三昧門，百千神通門，百千妙用門，盡不出得般若海中。何以故？為於無住本建立諸法。所以道：生滅去來，邪正動靜，千變萬化，是諸佛大定㉕門，無過於此。諸上座，大家究取，增於佛法壽命。珍重！」

第八會：師上堂，有僧問：「世尊有正法眼付囑摩訶迦葉，只如迦葉在賓鉢羅窟，未審付囑何人？」師云：「教我向誰說？」學云：「恁麼即靈山付囑，不異今日。」師云：「你什麼處見靈山？」又僧問：「淨慧寶印，和尚親傳。未審今日一會，當付何人？」師云：「鼕鼕鼓，一頭打，兩頭鳴。」學云：「恁麼即千聖同儔㉖，古今不異。」師云：「禪河浪靜，尋水迷源。」又僧請云：「帝王請命，師赴王恩。般若會中，請師舉唱。」師云：「分明記取。」學云：「恁麼即雲臺寶網，同演妙音。」師云：「清遇何在！」學云：「法王法如是。」師云：「阿誰證明？」又云：「靈山付囑分明，諸上座一時驗取。若驗得，更無別理。只是如今，譬如太虛，日明雲暗，山河大地，一切有為世界，悉皆明現。乃至無為，亦復如是。世尊付囑，迄至于今，並無絲豪差別，更付阿誰？所以祖師道：心自本來心，本心非有法。法法有本心，非心非本法。此是靈山付囑牓樣。諸上座徹底會取好，莫虛度時光！國王恩難報，諸佛恩難報，父母師長恩難報，十方施主恩難報，況建置如是次第，佛法興隆，若非國王恩力，焉得如此！若要報恩，應須明徹道眼，入般若性海[27]始得。久立，珍重！」

第九會：師上堂，有僧問：「承先德云：人空法亦空，二相本來同。如何是二相本來同？」師云：「山河大地。」學云：「不會，乞師方便。」師云：「什麼處是不方便處？」又僧問：「承教有言：心清淨故法界清淨。如何是清淨心？」師云：「迦陵頻伽[28]，共命之鳥[29]。」學云：「心與法界是一是二？」師云：「你自問，別人問？」師又云：「大道廓然，詎齊今古？無名無相，是法是修。良由法界無邊，心亦無際，無事不彰，無言不顯。如是會得，喚作般若現前，理極同真際[30]。一切山河大地，森羅萬象，牆壁瓦礫，並無絲豪可得虧闕。無事久立，珍重！」

第十會：師上堂，有僧問：「承師有言：九天擎玉印，七佛兆前心。如何是印？」師云：「不露文。」「如何是心？」師云：「你名安嗣。」又云：「法界性海，如函如蓋，如鉤如鏁，如金與金色，位位皆齊，無纖豪參差，不相混濫。非一非異，非同非別。若歸實地去，法法皆到底。不是上來問箇如何若何便是，不問時便非，在長連牀上坐時是有，不坐時是無。只如諸方老宿，言教在世，如恆河沙，如來一《大藏經》，卷卷皆說佛理，句句盡言佛心，因什麼得不會去！若一向織絡言教，意識解會，饒上座經塵沙劫，亦不能得徹。此喚作顛倒知見，識心[31]活計，並無得力處。此蓋為根腳下不明。若究盡諸佛法源，河沙大藏，一時現前，不欠絲豪，不剩絲豪。諸佛時常出世，時常說法度人，未曾間歇。乃至猿啼鳥叫，草木叢林，常助上座發機，未有一時不為上座。有如是奇特處，可惜許！諸上座，大家究取，令法久住世間，增益人天壽命，國王安樂。無事久立，珍重！」

第十一會：師上堂，舉：「古人云：吾有一言，天上人間。若人不會，綠水青山。且作麼生是一言底道理？古人語須是曉達始得。若是將言而名，於言未有箇會處，良由究盡諸法根蔕[32]，始會一言。不是一言半句思量解會喚作一言。若會言語道斷，心行處滅，始到古人境界。亦不是閉目藏眼，暗覩無所見，喚作言語道斷。且莫賺會，佛法不是遮箇道理。要會麼？假饒經塵沙劫說，亦未曾有半句到諸上座。經塵沙劫不說，亦未曾欠少半句。應須徹底會去始得。若如是斟酌名言，空勞心力，並無用處。與諸上座相共證明，後學初心，速須究取。久立，珍重！」

第十二會：師上堂，有僧問：「髑髏常干世界，鼻孔摩觸家風。如何是髑髏常干世界？」師云：「更待答話在。」學云：「如何是鼻孔摩觸家風？」師云：「時復舉一遍。」又僧問：「一人執炬自盡[33]其身，一人抱冰橫屍於路。此二人阿誰辨道？」師云：「不遺者。」學云：「不會，乞師指示。」師云：「你名敬新。」學云：「未審還有人證明也無？」師云：「有。」學云：「什麼人證明？」師云：「敬新證明。」又僧問：「牛頭未見四祖時如何？」師云：「異境靈蹤，覩者皆羨。」僧又云：「見後如何？」師云：「適來向你道什麼？」又僧問：「承古有言：敲打虛空鳴鷇鷇[34]，石人木人齊應諾。六月降雪落紛紛，此是如來大圓覺。如何是敲打虛空底？」師云：「崑崙奴[35]，著鐵袴，打一棒，行一步。」學云：「恁麼即石人木人齊應諾也。」師云：「你還聞麼？」又云：「諸佛法門，時常如是。譬如大海，千波萬浪，未曾暫住，未常暫有，未常暫無，浩浩地光明自在。宗三世於毛端，圓古今於一念。應須徹底明達始得。不是問一則語，記一轉話，巧作道理，風雲水月，四六八對，便當佛法。莫自賺！諸上座，究竟無益。若徹底會去，實無可隱藏，無剎不彰，無塵不現。直下凡夫，位齊諸佛。不用纖豪氣力，一時會取好！無事久立，珍重！」

開寶四年辛未華頂㊱西峰忽摧，聲震一山。師曰：「吾非久矣。」明年六月，大星隕于峰頂，林木變白。師乃示疾於蓮華峰，參問如常。二十八日，集眾言別，跏趺而逝，壽八十二，臘六十五。

【注釋】❶雄雄　威嚴雄偉的樣子。❷搓　揉擦。❸芒繩　即粗麻繩。❹淨慧　清涼文益禪師的法號。❺曹源　即曹溪，六祖慧能大師曾於此地寶林寺說法。此以「曹源一滴水」喻指六祖大師禪法之精要。❻玄鍵　玄妙而精要的義理。❼本道　此指兩浙道，包括今浙江及江蘇的江南地區（不包括今南京）。❽智者顗禪師　即天台宗之宗師智顗，荊州人，俗姓陳，天台宗慧思禪師之弟子。南朝陳時其為陳主講解《仁王經》，隋初時於揚州為晉王（即隋煬帝楊廣）授菩薩戒，被奉為智者大師。此後講法於荊州當陽玉泉山、京師長安城等地，晚年歸天台山坐化。❾寖　逐漸；日益。❿惺惺　聰明；明白。⓫弱　不好；壞。⓬六相　事物所具之種種相：一總相、二別相、三同相、四異相、五成相、六壞相。⓭無憂佛　東方藥師七佛之四，住東方無憂世界，名無憂最勝吉祥如來，發四大願。⓮那吒太子　毗沙門天王之太子，三頭八臂，具大神通。《五燈會元》載：「那吒太子析肉還母，析骨還父，然後現本身，運大神通，為父母說法。」《祖庭事苑》曰：「叢林析骨還父、析肉還母之說，然於乘教無文，不知何依而作此言。」⓯依希　即「依稀」。⓰依草附木　比喻學僧依附經文語句而不能徹悟禪法真旨。⓱簡

辨　鑑別；分辨。⑱賺悞　欺騙、耽誤。⑲會　次；遍。⑳澤　滋潤。宋人王安石〈太古〉詩：「仁義不足澤其性，禮樂不足錮其情。」㉑霖　時間很長且對農作有益的雨。㉒空性　真如的異名。㉓貍奴　貓的別名。㉔喧然　熱鬧嘈雜的樣子。㉕大定　佛的三德之一。佛心澄明，謂之大定。㉖同儔　同輩之人。㉗性海　指真如之理性深廣如海，故名。即如來法身之境。㉘迦陵頻伽　鳥名，意為好聲、和雅。《慧苑音義》：「迦陵頻伽，此云美音鳥，或云妙聲鳥。此鳥本出雪山，在鷇中即能鳴，其音和雅，聽者無厭。」㉙共命之鳥　又作命命鳥、生生鳥，兩頭一身，果報相同，心識相別。梵語曰耆婆耆婆。㉚真際　真實之邊際，即至極之義，空平等之真性。㉛識心　六識或八識之心王。《楞嚴經》：「一切世間生種眾生，同將識心居住身內。」㉜根蔕　樹根花蔕，此指本源。㉝盡　通「燼」。此為自焚之義。㉞觳觳　通「確確」。堅硬貌。此比擬敲擊堅硬物體的響聲。㉟崑崙奴　唐代富家多以南海國人，即今印度半島南部及南洋諸地之人，作為家奴，稱之為「崑崙奴」。㊱華頂　為天台山的主峰。

【語譯】天台山德韶國師（八九一～九七二年），處州龍泉縣（今屬浙江）人，俗姓陳。他的母親葉氏，夢見一道白光照射在自己的身體上，於是就懷孕了。等到德韶誕生時，有著許多奇異的事發生。德韶十五歲時，有一位梵僧來勉勵他出家。他到十七歲時，在本州龍歸寺受業。到了十八歲，他在信州（今江西上饒）開元寺接受了具足戒。

　五代後唐同光（九二三～九二六年）年間，德韶禪師雲遊諸方，首先前往投子山，拜謁投子大同和尚，成為他發明心地的開始。德韶接下來拜謁龍牙居遁和尚，提問道：「威嚴雄偉的尊容，為什麼不能接近呢？」龍牙和尚回答：「就如同是把火焰遞交給火焰。」德韶便問道：「忽然遇到水來時又怎麼樣呢？」龍牙和尚說道：「你沒有領會。」德韶又問道：「長天不能覆蓋，大地不能承載。這是什麼道理？」龍牙和尚回答：「應該是這樣。」德韶還是沒有領悟宗旨，再請龍牙和尚垂示教誨。龍牙和尚說道：「道者，你以後自己領會去吧。」德韶然後去參問疏山和尚道：「百匝圍繞、千重阻礙的地方，是什麼人的境界？」疏山和尚回答：「向左搓成的芒繩用來縛捆鬼怪。」德韶又進言道：「不落入古人的機鋒，請和尚講說。」疏山和尚回答：「不說。」德韶問道：「為什麼不說？」疏山和尚回答：「當中不能分辨有無。」德韶便說道：「和尚現在真是會說話。」疏山和尚聽了驚訝不已。德韶就這樣遍參了五十四位善知識，但都未能契合禪法機緣，最後來到臨川（今江西撫州），拜謁法眼文益和尚，法眼和尚一看見他，就很器重他。但是德韶因為遍歷叢林參拜，至此也懶倦於參拜謁問，便只是跟隨寺中眾僧一起聽法修習而已。

有一天，法眼和尚上堂，有一個僧人問道：「什麼是曹源一滴水？」法眼和尚回答：「是曹源一滴水。」那僧人惘然不解地退下了。德韶禪師正在法眼和尚的法座旁邊，聽到這話後豁然開悟，平日裡所有的疑難問題，一下子都如冰塊一樣消融了，就把自己所省悟的告訴了法眼和尚。法眼和尚對他說道：「你以後當成為國王的導師，致使祖師之禪道發揚廣大，我不如你啊！」此後各地有不同的見解，或古今玄妙而精要的義理，德韶都一一為之釋解抉擇，不留下一絲疑惑之痕跡。

不久，德韶禪師回到兩浙道，行遊至天台山，看見了智者智顗大師留下的遺跡，感覺如同是自己的舊居。德韶又因為與智者大師的俗姓相同，所以世人就傳說他為智者大師的轉世後身。

德韶禪師最初止息於白沙院，當時吳越國忠懿王錢俶作為吳越國的王子為台州（今浙江臨海）刺史，仰慕德韶禪師的名聲，常恭迎他入府衙請教禪道。德韶對錢俶說道：「以後成為國王之後，不要忘記了佛祖的恩德。」五代後漢乾祐元年戊申歲（九四八年），錢俶果然承繼了王位，便派遣使臣來迎請德韶禪師，以弟子的禮節拜見。

有一個傳習天台宗智者大師教義、名叫義寂的僧人，屢次對德韶禪師說道：「智者大師的教義，因為年代日益久遠，擔心很多已散失了。現今新羅國中保存有智者大師的著作甚為完備，假使不借助和尚的慈悲之力，怎麼能得到啊？」德韶禪師於是把這事告訴了吳越忠懿王錢俶，忠懿王便派遣使臣，攜帶著德韶禪師的書信，前往新羅國抄寫智者大師的著作，全部抄寫完畢才回來，至今盛行於世。

德韶禪師上堂說法道：「古時聖人接引人的方便法門如同恆河之沙粒一樣多。慧能祖師說『不是風幡在動，是仁者的心在動』，這就是禪林的無上心印法門。我們都是慧能祖師的門下弟子，應當怎樣去領會慧能祖師的意思呢？不要說風幡不在動，你的心在妄動；不要說不碰著風幡，就在風幡上面領悟；不要問風幡動處是什麼地方？有人說附著物上以明白自心，並不需要認識物；有人說色即是空；有人說不是風幡在動，應當巧妙地領會。像這樣地去理解，與慧能祖師的意旨有什麼關涉？既然不許這樣去理會，諸位上座就應當徹底明白了。如果在這裡徹底領悟了，那還有什麼法門不能明瞭？百千位諸佛的方便法門，一起都洞察知曉了，那還有什麼疑義迷惑呢？所以古人說過：一點明白了，則千萬處都明白了；一點有迷惑，則千萬處都迷惑了。上座難道會是今天領悟了一件事，到明天卻又不能領會了！莫非是有一分向上至極玄妙的事難以領會，有一分最底下而拙劣的凡夫不能領會嗎？像這樣的見解，假使經過了塵點一樣多的大劫，也只是使自己勞思費神，而一無是處。」

有僧人問道：「諸法寂滅之相，不可以用言語來宣示。那和尚怎樣來接引人呢？」德韶禪師回答：「你到諸方禪林去，再問上一遍。」那僧人便說道：「這樣則離絕言語去了。」德韶說道：「夢裡明白。」

有僧人問道：「船櫓和船槳都已停止了划動，怎樣才能到達彼岸？」德韶禪師回答：「慶賀你的平生。」

有僧人問道：「什麼是三種病人？」德韶禪師回答：「恰好被你問著。」

有僧人問道：「什麼是古佛之心？」德韶禪師回答：「這個問題不壞。」

有僧人問道：「什麼是六相？」德韶禪師回答：「你就是。」

有僧人問道：「什麼是方便法門？」德韶禪師回答：「這個提問很恰當。」

有僧人問道：「亡故的僧人遷化，到什麼地方去了？」德韶禪師回答：「終究不對你說。」那僧人便問道：「為什麼不對我說？」德韶回答：「擔心你不能領會。」

有僧人問道：「一花開五葉，結果自然成。什麼是一花開五葉？」德韶禪師回答：「日出月明。」那僧人又問道：「什麼是結果自然成？」德韶回答：「天地皎潔。」

有僧人問道：「什麼是無憂佛？」德韶禪師回答：「愁殺人。」

有僧人問道：「一切山河大地，是從什麼地方產生的？」德韶禪師反問：「這個問題是從哪裡得來的？」

有僧人問道：「什麼是屢屢生起之心？」德韶禪師說道：「怎能隱諱！」

有僧人問道：「什麼是第二個月亮？」德韶禪師回答：「來處非常分明。」那僧人便問道：「那為什麼不能領會呢？」德韶反問：「你把什麼叫作第二個月亮？」

有僧人問道：「什麼是沙門的眼睛？」德韶禪師回答：「如同漆一樣黑。」

有僧人問道：「斷絕消息的時候怎麼辦？」德韶禪師回答：「感謝你的指示。」

有僧人問道：「什麼是如能轉物就與如來相同了？」德韶禪師反問：「你把什麼叫作物？」那僧人便說道：「這樣則與如來相同了。」德韶說道：「不要學野狐狸叫。」

有僧人問道：「那吒太子割肉還給母親，剔骨還給父親，然後坐在蓮花上為父母親說法。不知道什麼是那吒太子的身體？」德韶禪師回答：「大家都看見上座在問。」那僧人便說道：「這樣說來則大千世界同屬於一真如之性了。」德韶說道：「好像是一首樂曲正聽得入耳，卻又被吹入別的曲調中了。」

有僧人問道：「六根都已泯滅，為什麼仍然事理不明白？」德韶禪師問道：「什麼地方不明白？」那僧人便說道：「這樣則事理都這樣了。」德韶問道：「剛才說的話在哪裡？」

德韶禪師有一次對眾僧說道：「凡是言詞語句，都應當杜絕滲漏才行。」當時有一個僧人提問道：「什麼是杜絕滲漏的句子？」德韶回答：「你的嘴巴像鼻孔。」

有僧人問道：「什麼是不印證一法？」德韶禪師回答：「等待語言。」那僧人又問道：「什麼是印證諸法？」德韶問道：「你醉了嗎？」

德韶禪師有一次對眾僧說道：「只是如山僧這樣應答他，諸位上座怎樣來體會呢？莫非是真實相為嗎？莫非正在這樣的時候沒有一法可以印證嗎？莫非是已識別了他的來處嗎？莫非是現在全身都顯露了嗎？不要錯誤領會為好！像這樣的見解，就叫作依草附木，與佛法的差距就如同是天地一樣相隔遙遠。假若口如懸河地作答話、分辨之語，只能成為一個顛倒知見。如果只是重視答話、分辨之語，那又有什麼難的？只是擔憂對人沒有益處，反而矇騙了人。如同上座從前所學的分辨、問答、記持之語，說的道理極多，但為什麼心中的疑慮總不能止息呢？聽到古代聖人所行的方便法門，更加不能領會，這只是因為平生所學的多為虛妄而少有真實的。上座不如從腳跟下一起勘破了，看看是什麼道理？有多少法門給上座作疑慮、求解答的？這樣才能知道從前所學的事，只是生死根源、五蘊界裡的活計。所以古人說過：見聞不管解脫，如同水中之月。無事，各自珍重！」

德韶禪師又作有偈頌指示眾僧道：「通達玄妙道理的峻絕峰頂，並不是人世間。心外無有法，滿目皆是青山。」

德韶禪師此後在般若寺開堂說法，共舉行了十二次法會。

第一次法會：德韶禪師初次開堂之日，指示眾人道：「一根汗毛要吞下大海，並不會損害大海的本性。用細小的芥子投擊刀鋒，並不能改變其鋒利。看見與沒有看見，領會與沒有領會，只有我知道。」於是作了一首偈頌道：「暫時從高峰上下來已經聲名遠揚，般若圓通遍及十方世界。人天浩然並沒有差別，法界縱橫處處彰顯。各自珍重！」德韶禪師升堂之日，有一位學僧問道：「承蒙古人說過：如果有人看見了般若，就被般若所束縛。如果人們沒有看見般若，也被般若所束縛。既然看見了般若，為什麼卻被般若所束縛呢？」德韶便問道：「你說般若看見了什麼？」那學僧又問道：「那沒有看見般若，為什麼也被般若所束縛？」德韶反問：「你說什麼地方看不見般若？」德韶接著又說道：「如果看見了般若，那就不叫作般若。如果沒有看見般若，也不叫作般若。那般若怎麼能說看見與沒看見呢？所以古人說過：如果還欠缺一法，就不能成法身。如果還剩餘一法，也不能成法身。如果存有一法，不能成法身。如果沒有一法，也不能成法身。這就是般若的真正宗旨。」又有一位學僧說道：「剛剛離開凝峰的方丈室，又前來坐般若之道場。今天的家風，請和尚說上一句。」德韶問道：「什麼地方虧待了你？」那學僧說道：「這樣則雷音震動乾坤大地，人人都不能不沾到恩惠了。」德韶便說道：「幸虧沒有領會，姑且不要探出頭來。探出頭來就不行了，諸位上座共同來證明吧。今天佛法久住，國泰民安。各自珍重！」

第二次法會：德韶禪師上堂，有一個學僧問道：「承蒙古代教義說過：回歸本源之性沒有第二個，方便法門卻有甚多。什麼是回歸本源之性？」德韶回答：「你提問，我回答。」那學僧問道：「什麼是方便法門？」

德韶回答：「你回答，我提問。」那學僧問道：「怎樣去領悟呢？」德韶反問：「顛倒知見作什麼？」又有一個學僧問道：「一身即是無量身，無量身即是一身。什麼是無量身？」德韶回答：「一身。」那學僧便說道：「這樣則從前的靈山大會，今天親眼看見了。」德韶說道：「理當就行。」接著又說道：「三世諸佛，一起來給上座證明，上座又怎樣來領會呢？如果領會的時候沒有變化，就沒有絲毫可以移動改變的。這是什麼原因呢？因為過去、未來、現在三際是上座，上座卻不是三際。故甘霖滋潤大海，滴滴都被裝滿。一塵具有空性，法界全被收攝。各自珍重！」

第三次法會：德韶禪師上座，有一位學僧請道：「僧俗四眾雲集在此，人天恭敬相迎。現已親眼目睹了尊容，願和尚宣示般若法旨。」德韶說道：「你明白地記住。」那學僧便說道：「和尚宣示玄妙禪法，國王萬歲，人民安樂。」德韶問道：「誰對你說的？」那學僧回答：「按法理就該這樣的。」德韶喝道：「你倒機靈！」又有一個學僧問道：「三世諸佛不知道有，貓兒、白牛卻知道有。既然是三世諸佛，卻為什麼不知道有？」德韶回答：「倒是你知道有。」那學僧又問道：「貓兒、白牛為什麼倒知道有呢？」德韶反問：「你在什麼地方看見了三世諸佛？」又有一位學僧問道：「承蒙教義上說：眼不看見色塵，意不知道諸法。什麼是眼不見色塵？」德韶回答：「倒是耳朵能看見。」那學僧又問道：「什麼是意不知道諸法？」德韶回答：「眼知道。」那學僧便說道：「這樣的話，那見聞的路就斷絕了，聲色卻更加喧雜了。」德韶問道：「誰對你說的？」接著又說道：「那一切問答，就好像是針鋒相對，沒有一絲一毫參差的。事情沒有不通達的，道理沒有不完備的，任由一切言語，一切三昧，橫豎深淺，隱顯來去，這就是諸佛的實相之法門。只根據當下現在，大家一齊來驗明印證。各自珍重！」

第四次法會：德韶禪師上堂，舉說道：「古人說過：什麼是禪？三界綿綿不斷。什麼是道？十方浩浩蕩蕩。因為什麼說三界綿綿不斷，什麼地方是十方浩浩蕩蕩的道理呢？可想要領會嗎？堵塞了眼睛，堵塞了耳朵，堵塞了舌頭、身子、意識，使之沒有空隙的地方，沒有轉動的地方。上座怎樣來領會呢？橫著也不行，豎著也不行，放縱也不行，強奪也不行。沒有用心的地方，沒有施行的地方。如果是這樣來領會的，才能領會到方便法門斷絕了選擇，一切言語斷絕了滲漏。曾經有僧人問道：『怎樣是斷絕滲漏的言語？』我對他說：『嘴巴像鼻孔就很好。』上座這樣來領會，自然不會漏風了。如果能識別得，那整個十方世界都是金剛眼睛了。無事，各自珍重！」

第五次法會：德韶禪師上堂，有一位學僧問道：「天下太平，大王長壽。什麼是大王？」德韶回答：「日曉月明。」那學僧問道：「怎樣領會呢？」德韶反問：「誰是學僧？」接著又說道：「天下太平，大王長壽，國家豐裕安樂，沒有各種災禍。這是佛的話，古今都不會改變。不變化一句話，就可以確定古今。還是領會為好，諸位上座！」又有一位學僧問道：「承蒙古人有言：有物在天地之前出現，無形而本來寂寥。什麼是有物在天地之前出現？」德韶回答：「不是相同、契合。」那學僧又問道：「什麼是無形而本來寂寥？」德韶反問：「誰問有物在天地之前出現的？」那學僧便說道：「這樣則依隨靜謐的境界在林中獨自行遊了。」德韶說道：「亂說什麼？」接著又說道：「佛法不是這個道理，可想要領會嗎？到言語發出卻不是聲音，色之前沒有物，才能領會天下太平，大王長壽。讓諸位站久了，各自珍重！」

第六次法會：德韶禪師上堂指示眾僧道：「佛法現成，一切都具足。古人說過：圓同太虛一樣，沒有欠缺與多餘的。如果是這樣的，那麼誰欠缺、誰多餘，誰對、誰不對，誰是領會的人、誰是沒有領會的人呢？所以說，往東去也是上座，往西去也是上座，往南去也是上座，往北去也是上座，上座因為什麼得以成東西南北去了呢？如果能領會，自然見聞覺知之路斷絕了，一切諸法顯現在眼前。為什麼會這樣？因為法身無相，觸目都是形，般若無知，對緣而映照。一齊徹底地領會為好！諸位上座，出家人應該怎麼樣呢？這是本有的道理，不是分外的事。識心達到本源，所以就叫作沙門。如果能認識本心皎潔明亮，實際上就沒有絲毫的障礙了。上座站久了，各自珍重！」

第七次法會：德韶禪師上堂，有一位僧人問道：「想要進入無為之海，先乘坐般若之舟。什麼是般若之舟？」德韶回答：「永遠沒有停靠的地方。」那僧人又問道：「什麼是無為之海？」德韶說道：「姑且先領會般若之舟。」又有一位學僧問道：「古代高僧說過：登天不憑藉梯子，遍地沒有通行之路。什麼是登天不德韶便問道：「什麼是遍地沒有通行之路？」那學僧又問道：「憑藉梯子？」德韶回答：「不遺留下絲毫地方。」那學僧又問道：「剛才對你說了什麼？」德韶接著又說道：「百千個三昧門，百千個神通門，百千個妙用門，都不能出得般若海中。什麼原因呢？因為是在以無住為本的基礎上建立諸法的。所以說：生與滅，去與來，邪與正，動與靜，千變萬化，都是諸佛的大定法門，沒有超過這個的。諸位上座，大家認真探究，為佛法增添壽命。各自珍重！」

第八次法會：德韶禪師上堂，有一位學僧問道：「世尊把正法眼傳付給摩訶迦葉尊者，只是如迦葉尊者在賓鉢羅窟裡，不知道傳付給什麼人？」德韶回答：「讓我對誰說呢？」那學僧便說道：「這樣說來，則靈山所傳付的，與今天沒有差別。」德韶問道：「你在什麼地方看見了靈山？」又有一位學僧問道：「法眼和尚的寶印，和尚親自得到了傳授。不知道在今天的法會上，應當傳付給什麼人？」德韶回答：「鼕鼕鼓，在一頭敲打，兩頭都發出了聲響。」那學僧便說道：「這樣則千位聖人都是同輩，古今都沒有差異了。」德韶說道：「禪河中風浪平靜，因尋找水流而迷失了源頭。」又有一位叫作清遇的學僧說道：「帝王來迎請，和尚便赴京師接受王恩。現今般若法會之中，還請和尚舉唱禪旨。」德韶說道：「明白地記住。」清遇便說道：「這樣說來，則雲臺寶網，共同演示玄妙之音。」德韶喝道：「清遇在哪裡！」清遇說道：「法王之法是這樣的。」德韶問道：「誰來證明呢？」接著又說道：「靈山大會上囑咐得很清楚，諸位上座當下一齊來驗證。如果能夠得到驗證，就再沒有別的說法了。只是像今天，就譬如太虛，太陽明亮，白雲散去，山河大地，一切有為世界，全部清楚地顯現出來。以至於無為世界，也是這樣的。世尊囑咐完畢後，直到今天，並沒有絲毫的差別，還要囑咐給誰呢？所以祖師說過：心自是本來心，本心並沒有法。諸法有本心，不是心也不是法。這就是靈山大會上佛所囑咐的榜樣。諸位上座徹底領悟為好，不要虛度了大好時光！國王的恩德難以報答，諸佛的恩德難以報答，父母、師長的恩德難以報答，十方施主的恩德難以報答。何況設置了像這樣規模的法會，使佛法興隆，如果不是國王的恩德，怎能達到這樣的地步！如果想要報答恩德，就應該徹底明悟道眼，進入般若性海才行。諸位久立了，各自珍重！」

第九次法會：德韶禪師上堂，有一位學僧問道：「承蒙古代高僧說過：人空法也空，此二相本來即相同。什麼是二相本來即相同？」德韶回答：「山河大地。」那學僧說道：「沒有領會，乞請和尚指示方便法門。」德韶問道：「什麼地方不是方便法門？」又有一位學僧問道：「承蒙教義上說：心清淨所以法界清淨。什麼是清淨之心？」德韶回答：「迦陵頻伽，共命之鳥。」那學僧又問道：「心與法界，是相同的，還是不相同的？」德韶反問：「你自己要提問的，還是別人要提問的？」德韶接著又說道：「大道豁然明白，又怎能使古今齊整？無名無相，是法是修。任由法界無邊，心也沒有邊際，沒有事不彰明的，沒有言語不顯露的。像這樣領悟的，就叫作般若顯現眼前，其至極妙理與真際相同。一切山河大地，森羅萬象，牆壁瓦礫，並沒有絲毫的虧缺。無事久立了，各自珍重！」

第十次法會：德韶禪師上堂，有僧人問道：「承蒙和尚說過：九天擎起玉印，過去七佛兆示前心。什麼是印？」德韶回答：「不露文字。」那僧人又問道：「什麼是心？」德韶回答：「你名叫安嗣。」接著又說道：「法界性海，如同函盒，如同蓋子，如同鉤子，如同鐵鎖，如金子給予金子之色，每個位置都很齊整，沒有絲毫的參差，不相混雜。既不是同一的，也不是分開的，既不是相同的，也不是相異的。如果回歸到實地，諸法都到底了。不是上來問一個『如何』、『若何』時即是，不問時即不是，在長連牀上打坐時就有，不打坐時就沒有。只是如各地老僧大德，言語教誨都在世間，如同恆河中沙粒一樣繁多，如來佛的一部《大藏經》，卷卷講說的都是佛理，句句講說的都是佛心，為什麼不能領會呢！如果一向編織言語教義，在意識上理解領會，就算是上座經歷了塵沙一樣多的劫難，也不能透徹領悟。這就叫作顛倒知見，識心活計，並沒有得力之處。這是因為腳跟下沒有能明白。如果窮究盡諸佛法的本源，那恆河中沙粒一樣眾多的大藏佛法，一齊都顯現在眼前，不欠缺一絲一毫，不剩下一絲一毫。諸佛時常出世，時常說法引度世人，從沒有間斷過。以至於猿啼鳥叫，草木叢林，也常常幫助上座發明禪機，從沒有一分一刻不接引上座。有這樣的奇特之處，真可惜啊！諸位上座，大家認真探究，使佛法長久地留住在世間，增添人天的壽命，使國王安樂。無事久立了，各自珍重！」

第十一法會：德韶禪師上堂，舉說道：「古人說過：我有一句話，即天上人間。如果人們沒有領會，即綠水青山。到底什麼是一句話的道理呢？古人說的話必須通曉徹悟才行。如果只是就言語上而命名，於言語上沒有一個領會之處，任由窮究盡諸法的根蒂，才能領悟一句話。不是一言半句的思量理解才叫作一句話。如果領會到言語之路斷絕，心行之處滅絕，這才達到了古人的境界。也不是閉上了眼睛，在暗中一無所見，就教作言語之路斷絕。就不要這樣錯誤地領會，佛法不是這樣的道理。想要領會嗎？即使歷經塵沙一樣多的劫難一直在說，也未曾有半句話進入諸位上座的耳朵。歷經塵沙一樣多的劫難不能講說，也未曾缺少了半句。應該徹底領悟了才行。如果是這樣的斟酌名目言語，那只是徒然地勞費心力，並沒有用處。今天與諸位上座共同證明，後學初入禪林者，應當盡快地探究進取。站立久了，各自珍重！」

第十二次法會：德韶禪師上堂，有一個學僧問道：「髑髏常常干涉世界，鼻孔觸摸家風。什麼是髑髏常常干涉世界？」德韶回答：「還要等待答話。」那學僧又問道：「什麼是鼻孔觸摸家風？」德韶回答：「有時再說一遍。」又有一個學僧問道：「有一個人手執火炬自焚其身，有一個人抱著冰橫屍在路上。這兩個人中哪一個認識道路呢？」德韶回答：「不遺留的人。」那學僧說道：「沒有領會，乞請和尚再加指示。」德韶說道：「你名叫敬新。」那學僧問道：「不知道還有人作證明嗎？」德韶回答：「有。」那學僧問道：「什麼人作證明？」德韶回答：「敬新作證明。」又有一位僧人問道：「牛頭和尚未參見四祖大師的時候怎麼樣？」德韶回答：「奇異的境界，靈驗的蹤跡，看見的人都很羨慕。」那僧人又問道：「參見以後怎麼樣呢？」德韶喝道：「剛才對你說了什麼？」又有一位僧人問道：「承蒙古人有言：敲打虛空轂轂作響，石人木人一齊答應。六月降雪落紛紛，這是如來的大圓覺境界。什麼是敲打虛空的人？」德韶回答：「崑崙奴，穿鐵褲，打一棒，走一步。」那學僧便說道：「這樣就是石人木人一齊答應了。」德韶問道：「你可曾聽到了嗎？」接著又說道：「諸佛的法門，經常是這樣的。譬如大海，千波萬浪，未曾暫時停住過，未曾暫時存在過，未曾暫時消失過，浩浩蕩蕩地光明自在。在毛髮的尖端以三世為宗旨，在一念之間使古今圓滿。應該徹底地明悟才行。並不是問一句話，記住一句轉語，巧妙地作解釋，風雲水月，四六八對，就當作是佛法。不要自己欺騙自己！諸位上座，那畢竟沒有益處。如果徹底領悟了，其實並沒有可以隱藏的東西，沒有一剎那間不顯明的，沒有一塵埃中不顯現的。最下面的凡夫，也能達到與諸佛相同的位置。不用絲毫氣力，一齊領會為好！無事久立了，各自珍重！」

北宋開寶四年辛未歲（九七一年），華頂西峰突然崩塌了，巨響震動了山嶺內外。德韶禪師便說道：「我將不久於人世了。」次年六月，有一顆大星殞落在峰頂，樹林的葉子都變白了。德韶禪師在蓮華峰上生病了，但仍然如平常一樣參問接引。二十八日，德韶禪師召集眾僧告別，端坐著圓寂了，享年八十二歲，法臘六十五年。

【說　明】天台德韶禪師在十二次法會上的說法要點，反映了當時僧侶對佛祖教義中的許多疑問，概括而言：一論「心」與「境」之關係。六祖慧能大師說「非風幡動，仁者心動」，德韶禪師尊之為禪宗之「無上心印法門」。圍繞這一法門，當時有多種議論，但都是在承認心、境為二的前提下發生的，德韶禪師對此一概不許，認為如此解會與佛祖之意旨全無交涉。二論「空」與「有」，即諸法寂滅與言語教化之關係。當時禪林種種議論，皆將「空」、「有」割裂，不解「權」、「實」之別，故德韶禪師對此類問題，大都不作正面回答，而以轉語之法解之。由此而見，包括德韶禪師在內的江、浙禪學向經院化傾斜的狀況。故德韶禪師認為：「如來一大藏經，卷卷皆說諸佛法源，句句盡言佛心。」而將法眼文益禪師的觀點作了進一步的發揮。

德韶禪師作為一個深受國主敬重的國師，既有僧侶循循善誘之品格，又有依附當政者、並與之協調之能力。為此德韶禪師著力發揮佛教「報四恩」之說，並將「國恩」放在首位。此外德韶禪師上堂時屢屢祝願佛法久住、增益人天壽命、國王安樂、無諸患難，也確實反映了五代末社會動盪而人心思定、人心思治的願望與要求。又德韶禪師接受了天台宗僧人義寂的提議，請吳越國王錢俶遣使去新羅國抄寫回散落於海外的智者大師之論疏，成為天台宗中興的重要契機，也成為禪宗與天台宗相互融合的一個重要標誌。

杭州報恩寺慧明禪師

杭州報恩寺慧明禪師，姓蔣氏。幼出家，三學精練，志探玄旨，乃南遊於閩、越間，歷諸禪會，莫契本心。後至臨川謁淨慧禪師，師資道合。尋迴鄞水❶大梅山庵居。

時吳越部內，禪學者雖盛，而以玄沙正宗置之閫外，師欲整而導之。一日，有二禪客到，師問曰：「上座離什麼處？」曰：「都城❷。」師曰：「上座離都城到此山，則都城少上座，此山剩上座。剩則心外有法，少則心法不周。說得道理即住，不會即去。」其二禪客不能對。

新到僧問：「如何是大梅主？」師曰：「闍梨今日離什麼處？」僧無對。

師尋遷於天台山白沙卓庵。時有朋彥上座博學強記，來訪師，敵論宗乘。師曰：「言多去道遠矣。今有事借問，只如從上諸聖及諸先德，還有不悟者也無？」朋彥曰：「若是諸聖先德，豈有不悟者哉！」師曰：「一人發真歸源，十方虛空悉皆消殞。今天台山嶷然❸，如何得消殞去？」朋彥不知所措。自是他宗泛學來者，皆服膺矣。

漢乾祐中，吳越忠懿王延入王府問法，命住資崇院。師盛談玄沙宗一大師及地藏法眼宗旨臻極，王因命翠巖令參等諸禪匠及城下名公定其勝負。天龍禪師問曰：「一切諸佛及佛法，皆從此經出。未審此經從何而出？」師曰：「道什麼？」天龍方再問，師曰：「過也。」資嚴長老問：「如何是現前三昧？」師曰：「還聞麼？」曰：「某甲不患聾。」師曰：「果然患聾。」師舉〈雪峰塔銘〉問老宿云：「夫從緣有者始終而成壞，非從緣有者歷劫而長堅。堅之與壞即且置，雪峰只今在什麼處？」法眼別云：「只今是成是壞？」眾皆無對，設有對者，亦不能當其徵詰。時群彥弭伏。王大悅，命師居之，署圓通普照禪師。

師上堂謂眾曰：「諸人還委得麼？莫道語默動靜無非佛事好！且莫錯會。」

僧問：「如何是祖師西來意？」師曰：「汝還見香臺麼？」曰：「某甲未會，乞師指示。」師曰：「香臺也不識。」

問：「離卻目前機，如何是西來意？」師曰：「汝何不問？」曰：「恁麼即委是去也。」師曰：「也是虛施。」

問：「如何是佛法大意？」師曰：「我見燈明佛[4]，本光瑞如此。」

問：「如何是學人自己？」師曰：「特地申問，是什麼意？」

問：「如何是西來意？」師曰：「十萬八千真跋涉，直下西來不到東。」

問：「如何是第二月？」師曰：「捏目看花花數朵，見精明樹幾枝枝？」

【注釋】❶鄞水　即甬江，流經浙江寧波市中，有兩源，北源名姚江，出餘姚縣西南太平山，南源名奉化江，出奉化縣西南六詔嶺。兩流於寧波市東北合流，名甬江，亦名鄞江，東流入東海。❷都城　此指吳越國都杭州城。❸嶷然　屹立不動貌。❹燈明佛　即日月燈明佛，於過去世出世，即今世之釋迦佛，現六瑞之相，說《法華經》。

【語譯】杭州（今屬浙江）報恩寺慧明禪師（八九五～九七五年），俗姓蔣。慧明幼年即出家，戒、定、慧三學都十分通達精到，立志探究禪門玄旨，就向南方雲遊於福建、浙東一帶，遍參諸禪門法會，但都沒有契合本心。慧明此後來到臨川（今江西撫州）拜謁法眼和尚，由此契合禪道。不久，慧明回到了鄞江大梅山建庵居住。

當時在吳越國境內，禪學雖然很興盛，但卻將玄沙師備禪師的正宗禪學置於門外，慧明禪師想整頓禪門，引導大眾歸於正宗。有一天，有兩個禪客前來參問，慧明問道：「上座近來離開了什麼地方？」那禪客回答：「都城。」慧明便問道：「上座離開了都城來到了此山，那都城就少了上座，此山卻多了上座。多了則心外有法，少了則心法不周備。你能說出其中的道理就可住下來，不能領會就請離去。」那兩個禪客不能應對。

有一個新來參拜的僧人問道：「什麼是大梅山的主人？」慧明禪師反問：「闍梨今天離開了什麼地方？」那僧人不能應答。

慧明禪師不久遷往天台山白沙，修葺佛庵居住。當時有位叫朋彥的上座博學強記，前來拜訪慧明，與慧明辯論宗乘之教義。慧明問道：「言語愈多而離開大道愈遠。現在有一個問題相問，只如從上的諸位聖人及各位先德高僧，可還有沒有領悟的人嗎？」朋彥回答：「如果是諸位聖人與先德高僧，哪會有沒有領悟的啊！」

慧明便說道：「一個人發明真旨，回歸本源，十方虛空全都會消息殆盡。現在天台山屹立不動，怎樣才能被消失殆盡呢？」朋彥茫然不知所措，無語以對。從此其他宗派前來參謁問學者，都衷心欽服了。

五代後漢乾祐（九四八～九五〇年）年間，吳越忠懿王錢俶延請慧明禪師入王府請教佛法，並讓他住持資崇院。慧明於是盛讚玄沙師備宗一大師以及地藏法眼文益和尚的至極宗旨，吳越王因此命翠巖令參禪師等諸多禪門高僧與在京城的著名公卿學士與慧明辯論，以確定其勝負。天龍禪師問道：「一切諸佛及佛法都從此經出。不知道此經又從哪裡而出？」慧明反問：「說什麼？」天龍禪師正要再提問，慧明便說道：「過去了。」資嚴長老問道：「什麼是眼前三昧？」慧明反問：「可聽到了嗎？」資嚴長老回答：「我又沒有聾。」慧明便說道：「果然耳聾了。」慧明接著又舉出〈雪峰塔銘〉問諸位老宿名僧道：「那從緣而有的，終究有成有毀壞；不是從緣而有的，歷盡無數劫之後依然堅固。堅固與毀壞就姑且放置在一邊，那雪峰和尚如今又在什麼地方呢？」法眼和尚別為回答道：「如今是成還是毀壞呢？」眾人都不能應答，即使有回答的，也不能招架慧明的進一步詰問。於是眾人都低頭順服。吳越王大喜，讓慧明住持報恩院，署為圓通普照禪師。

慧明禪師上堂對眾人說道：「諸位可明白了嗎？不要說說話與沉默、行動與靜止無非都是佛事為好！千萬不要錯誤領會了。」

有僧人問道：「什麼是祖師西來的意旨？」慧明禪師反問：「你可看見香臺了嗎？」那僧人說道：「我沒有領會，乞請和尚加以指示。」慧明說道：「連香臺也不認識。」

有僧人問道：「離開了眼前的禪機，什麼是祖師西來的意旨？」慧明禪師反問：「你為什麼不提問？」那僧人說道：「這樣則真的這樣去了。」慧明說道：「也是虛設。」

有僧人問道：「什麼是佛法大意？」慧明禪師回答：「我看見燈明佛，其本來的瑞光就是這樣的。」

有僧人問道：「什麼是學生自己？」慧明禪師反問：「特地來詢問，是什麼意思呢？」

有僧人問道：「什麼是祖師西來的意旨？」慧明禪師回答：「真的跋涉了十萬八千里，從西直接而來卻到不了東。」

有僧人問道：「什麼是第二個月亮？」慧明禪師回答：「揉捏著眼睛看花有幾朵，看精明樹又有幾枝？」

【說明】報恩慧明禪師以「玄沙正宗」整頓、引導禪學，對法眼宗在兩浙地區的廣為傳播起著重要的作用。

漳州羅漢智依大師

漳州羅漢宣法大師智依。師上堂曰：「盡十方世界無一微塵許法，與汝作見聞覺知，還信麼？然雖如此，也須悟始得，莫將為等閑。不見道單明自己，不悟目前，此人只具一隻眼❶。還會麼？」

僧問：「纖塵不立，為什麼好醜現前？」師曰：「分明記取，別處問人。」

問：「大眾雲集，誰是得者？」師曰：「還曾失麼？」

問：「如何是佛？」師曰：「汝是行腳僧。」

問：「如何是寶壽家風？」師曰：「一任觀看。」曰：「恁麼即太守有賴。」

師曰：「汝作麼生？」曰：「終不敢謾大眾。」師曰：「嫌少作麼！」

師問僧：「受業在什麼處？」曰：「在佛迹。」師曰：「師在什麼處？」曰：「什麼處不是？」師舉起拳曰：「作麼生？」曰：「和尚收取。」曰：「放闍梨七棒。」

師問僧：「今夏在什麼處？」曰：「在無言上座❷處。」師曰：「還曾問訊他否？」曰：「也曾問訊。」師曰：「無言作麼生問得？」曰：「若得無言，什麼處不問得？」師喝之曰：「恰似問老兄！」

師與彥端長老喫餅餤❸，端曰：「百種千般，其體不二。」師曰：「作麼生是不二體？」端拈起餅餤，師曰：「只首❹百種千般。」端曰：「也是和尚見處。」師曰：「汝也是羅公詠梳頭樣。」

師將示滅，乃謂眾曰：「今晚四大❺不和暢，雲騰鳥飛，風動塵起，浩浩地還有人治得麼？若治得，永劫不相識。若治不得，時時常見我。」言訖告寂。

【注釋】❶一隻眼　指認識有局限，不全面。❷無言上座　指受諸天誡，修無言行之佛弟子無言童子，也名無言菩薩。❸餅餤　餅類。《正字通・食部》：「餤，餅屬。唐賜進士有紅綾餤，南唐有玲瓏餤，皆餅也。」❹只首　實在。也作「只手」、「只守」等。❺四大　指地、水、風、火四大，一切有形有質之物皆四大合成。此指身體。

【語譯】漳州（今屬福建）羅漢院智依禪師，號宣法大師。智依禪師上堂說道：「整個十方世界沒有一點像微小塵埃一樣的法，能被你作為見聞覺知，你可還相信嗎？但雖然是這樣的，也還應該領悟才行，不要等閒視之。沒有聽說過只是明瞭自己，不能領悟眼前的事，這人只具有一隻眼。可還領會了嗎？」

有僧人問道：「既然微塵一點也沒有，為什麼好與醜會呈現在眼前？」智依禪師回答：「明白地記住，到別的地方去問別人。」

有僧人問道：「大眾雲集，誰是得到的人？」智依禪師反問：「你可曾失去過嗎？」

有僧人問道：「什麼是佛？」智依禪師回答：「你是行腳僧。」

有人問道：「什麼是寶壽院的家風？」智依禪師回答：「任憑人們觀看。」那人便說道：「這樣則太守有依靠了。」智依問道：「你要幹什麼？」那人回答：「終究不敢矇騙大眾。」智依喝道：「嫌少作什麼！」

智依禪師問一個僧人道：「在什麼地方受業的？」那僧人回答：「在佛走過的路上。」智依又問道：「老師在什麼地方？」那僧人回答：「什麼地方不是老師？」智依舉起了拳頭問道：「怎麼樣？」那僧人說道：「請和尚收起來。」智依便說道：「饒闍梨七棒。」

智依禪師問一個僧人道：「今年夏天在什麼地方？」那僧人回答：「在無言上座那裡。」智依便問道：「可曾向他問詢過嗎？」那僧人回答：「也曾問詢過。」智依又問道：「他既是無言，又怎樣問得呢？」那僧人回答：「如果能無言，什麼地方不能問得？」智依便喝道：「就像是問老兄！」

智依禪師與彥端長老在吃餅餤時，彥端說道：「雖然是百種千般，但其實體是獨一不二的。」智依便問道：「怎樣才是獨一不二的實體？」彥端舉起了餅餤，智依說道：「實是百種千般。」彥端說道：「也是和尚的見解之處。」智依便說道：「你也是羅公吟詠疏頭的樣子。」

智依禪師臨終前，便對眾僧說道：「今天夜裡四大不和暢，雲翻騰而鳥飛翔，風吹動而塵起揚，浩浩蕩蕩地，可還有人能治住嗎？如果能治住，將永遠不相識。如果不能治住，就時常能見我。」說完就圓寂了。

金陵章義道欽禪師

金陵鍾山義禪師道欽，太原人也，初住廬山棲賢。師上堂曰：「道遠乎哉？觸事而真。聖遠乎哉？體之則神。我尋常示汝，何不向衣鉢下坐地直下❶參取，要須❷上來討箇什麼？既上來，我即事不獲已，便舉古德少許方便，斗藪些子龜毛兔角解落。諸上座欲得省要麼？僧堂裡、三門下、寮舍裡參取好！還有會處也未？若有會處，試說看，與上座證明。」

僧問：「如何是棲賢境？」師曰：「棲賢有什麼境？」

問：「古人拈椎豎拂，還當宗乘中事也無？」師曰：「古人道了也。」

問：「學人創入❸叢林，乞和尚指示。」師曰：「一手指天，一手指地❹。」

江南國主請師居章義道場，示眾曰：「總來這裡立，作什麼？善知識如河沙數，常與汝為伴，行住坐臥，不相捨離。但長連牀上穩坐地，十方善知識自來參。上座何不信取，作得如許多難易❺？他古聖嗟見今時人不奈何了。」乃曰：「傷夫人情之惑久矣。目對真而不覺，此乃嗟汝諸人看卻不知。且道看卻什麼不知？何不體察古人方便？只為信之不及，致得如此。諸上座但於佛法中留心，無不得者。無事體道去！」

僧問：「如何是西來意？」師曰：「不東不西。」

問：「百年暗室，一燈能破時如何？」師曰：「莫謾語。」

問：「佛法還受變異也無？」師曰：「上座是僧。」

問：「大眾雲集，請師舉揚宗旨。」師曰：「久矣！」

問：「如何是玄旨？」師曰：「玄有什麼旨？」

【注釋】❶直下　當下；當即。❷要須　卻是；只是。表示轉折。❸創入　初入。❹一手指天二句　相傳釋迦牟尼佛剛誕生時，便一手指天，一手指地，說：「天上天下，惟我獨尊。」此以啟發學僧發現自我，以自我為主。❺難易　偏指難。

【語譯】金陵（今江蘇南京）鍾山章義院義禪師道欽，太原（今屬山西）人，起初住持廬山棲賢寺。道欽禪師上堂說道：「道很遠嗎？只要一接觸到事就會感覺到它的真實存在。聖人很遠嗎？只要體悟了就會明白他的神妙。我平常指示你們，為什麼不向衣鉢之下坐著當下領悟，卻要上堂來討求個什麼？既然上堂來了，我也就迫不得已，便舉說古時大德高僧的一些方便法門，再抖動一些龜毛兔角掉落下來。諸位上座想要得到簡明精要之關鍵處嗎？那就到僧堂裡、山門下、寮舍裡參悟好了！可還有領會之處麼？如果領會了，就試著說說看，我來給上座證明。」

有僧人問道：「什麼是棲賢寺的境界？」道欽禪師回答：「棲賢寺有什麼境界？」

有僧人問道：「古人舉起木槌，豎起拂塵，可能承當宗乘中的事嗎？」道欽禪師回答：「古人已經說了。」

有僧人請求道：「學生剛剛進入叢林，乞請和尚指示。」道欽禪師說道：「一手指天，一手指地。」

江南國主李氏迎請道欽禪師住持章義道場，有一次，道欽指示眾僧道：「都來這裡站立，為了什麼呢？善知識之數多如恆河中的沙粒，永遠與你們為伴，行住坐臥，從未有相互捨棄離開過。只要在長連牀上穩穩地坐著，十方善知識自然會來參問。上座為什麼不相信，致使弄出了這麼多的難處？他古聖人也感歎地看著今天之人而無可奈何了。」接著又說道：「傷悲人情的誘惑已很久了。眼睛對著真實卻沒有覺察，這就是感歎你們諸位看見了卻不知道。你們姑且說說，什麼是看見了卻不知道？為什麼不去體察古人的方便法門？只因為不太堅信，才致使這樣。諸位上座只要能在佛法中留心，就沒有不能得到的。無事了，體悟大道去吧！」

有僧人問道：「什麼是祖師西來的意旨？」道欽禪師回答：「不是東，不是西。」

有僧人問道：「緊閉百年的暗室，一盞燈火能破解的時候怎麼樣？」道欽禪師回答：「不要亂說。」

有僧人問道：「佛法可還受到變異嗎？」道欽禪師回答：「上座是僧人。」

有僧人請道：「大眾已雲集，請和尚舉揚宗乘要旨。」道欽禪師回答：「早就這樣了。」

有僧人問道：「什麼是玄妙的旨意？」道欽禪師反問：「玄妙有什麼旨意？」

【說　明】道欽禪師所說的「向衣鉢下坐地直下參取」，亦是一切現成，頓悟之意。

金陵報恩匡逸禪師

金陵報恩匡逸禪師，明州人也。初住潤州慈雲，江南國主請居上院❶，署凝密禪師。

一日，上堂，眾集，師顧視大眾曰：「依而行之，即無累矣。還信麼？如太陽赫弈❷皎然地，更莫思量，思量不及。設爾思量得及，喚作分限❸智慧。不見先德云：人無心合道，道無心合人。人道既合，是名無事。人且自何而凡，自何而聖？此若未會，也只為迷情❹所覆，便去不得。迷時即有窒礙，為對為待❺，種種不同。忽然惺去，亦無所得。譬如演若達多認影為頭，豈不是擔頭覓頭？然正迷之時，頭且不失。及乎悟去，亦不為得。何以故？人迷謂之失，人悟謂之得。

得失在於人，何關於動靜？」

僧問：「諸佛說法，普潤群機。和尚說法，什麼人得聞？」師曰：「只有汝不聞。」

問：「如何是報恩一句？」師曰：「道不是得麼？」

問：「十二時中，思量不到處，如何行履？」師曰：「汝如今在什麼處？」

問：「祖嗣西來，如何舉唱？」師曰：「不違所請。」

問：「如何是一句？」師曰：「我答爭似汝舉。」

問：「佛為一大事因緣出世。未審和尚出世如何？」師曰：「恰好。」曰：「恁麼即大眾有賴。」師曰：「莫錯會。」

【注釋】❶上院　此指金陵報恩院。❷赫弈　盛大光明貌。❸分限　界限。❹迷情　迷惑顛倒的情念。凡夫不能認識萬有之實相，執有為無，計虛妄之假相為有，妄念不絕，故稱迷情。❺為對為待　謂彼此相待，二法相對。一切因緣所生之物皆如此。

【語譯】金陵（今江蘇南京）報恩院匡逸禪師（？～九五八年），明州（今浙江寧波）人。匡逸起初住持潤州（今江蘇鎮江）慈雲院，後來江南國主延請住持報恩院，署為凝密禪師。

有一天，匡逸禪師上堂，眾僧已聚集，匡逸便環顧著眾人說道：「依照這個進行，就沒有拖累了。可還相信嗎？如同太陽光耀明亮的，再也不要思量，思量也達不到。假設思量能達到，就叫做有分限的智慧。沒聽見前輩高僧說過：人無心才合大道，大道無心才契合人。人與大道既然契合了，就叫做無事。人卻是從哪裡而成為凡人的，從哪裡而成為聖人的？這個如若沒有領會，也就被迷情所覆蓋，便不能離開了。迷惑時就有了窒息障礙，為對為待，產生了種種的不同。一旦忽然省悟了，也一無所得。譬如演若達多認鏡子中的人影而迷失自己之頭，難道不是肩上擔著頭還在找頭嗎？但是他正迷茫的時候，頭也沒有失去。等到他省悟後，也沒有所得。什麼原因呢？人迷惑了謂之失，人省悟了謂之得。得與失都在於人，與動與靜又有什麼關係？」

有僧人問道：「諸佛說法，普遍滋潤眾生機緣。和尚說法，什麼人得以聽聞呢？」匡逸禪師回答：「只有你沒有聽到。」

有僧人問道：「什麼是報恩院的一句話？」匡逸禪師回答：「說不對可以嗎？」

有僧人問道：「在一天十二個時辰中，思量不到之處，怎樣來行動呢？」匡逸禪師反問：「你現今在什麼地方？」

有僧人問道：「達磨祖師從西方而來，怎樣來舉唱呢？」匡逸禪師回答：「不違背所請求的。」

有僧人問道：「什麼是一句話？」匡逸禪師回答：「我的回答怎能與你的舉說相比。」

有僧人問道：「佛為了一件大事因緣而出世。不知道和尚出世為了什麼？」匡逸禪師回答：「恰好。」那僧人便說道：「這樣則大眾都有依靠了。」匡逸說道：「不要領會錯了。」

【說　明】報恩匡逸禪師所謂「然正迷之時，頭且不失。及乎悟去，亦不為得」，及「得失在於人，何關於動靜」的說法，正反映了他的莫思量，離動靜，迷時人不失，悟時也無所得的主張。而世人妄取幻境為真性卻忘卻真性的做法，正如演若達多認影迷頭一樣，實為迷悟之表現。

金陵報慈文遂導師

金陵報慈道場文遂導師[1]，杭州人也，姓陸氏。乳抱中，父母徙家于宣城。

才廾歲，挺然❷好學，乃禮池州僧正落髮登戒。年十六，觀方，禪教俱習。嘗究《首楞嚴經》十軸，甄分真妄緣起，本末精博。於是節科注釋，文句交絡。厥功既就，謁于淨慧禪師，述己所業，深符經旨。淨慧問曰：「《楞嚴》豈不是有八還❸義？」師曰：「是。」曰：「明還什麼？」師曰：「明還日輪。」曰：「日還什麼？」師懵然無對。淨慧誡令焚其所注之文，師自此服膺請益，始忘知解。初住吉州止觀。乾德二年，國主延入，居長慶，次清涼，次報慈大道場，署雷音覺海大導師，禮待異乎他等。

師上堂謂眾曰：「天人群生，類❹皆承此恩力。威權❺三界，德被四生❻。共稟靈光，咸稱妙義。十方諸佛常頂戴汝，誰敢是非！及乎向遮裡，喚作開方便門，對根設教，便有如此如彼，流出無窮。若能依而奉行，有何不可？所以清涼先師道：佛即是無事人。且如今覓箇無事人也不可得。」

僧問：「崇壽佛法付囑止觀，止觀佛法付囑何人？」師曰：「汝試舉崇壽佛法看。」

問：「巔山巖崖還有佛法也無？」師曰：「汝喚什麼作巔山巖崖？」

問：「如何是道？」師曰：「妄想顛倒。」

師謂眾曰：「老僧平生，百無所解，日日一般，雖住此間，隨緣任運。今日諸上座與本無異。」

僧問：「如何是無異底事？」師曰：「千差萬別。」僧再問，師曰：「止！止！不須說，且會取千差萬別。」

問：「如何是和尚家風？」師曰：「方丈板門扇❼。」

問：「如何是無相❽道場？」師曰：「四郎五郎廟。」

問：「如何是吹毛劍？」師曰：「簳麵杖。」

問：「如何是正直一路？」師曰：「遠遠近近。」曰：「便恁麼去時如何？」師曰：「咄哉，癡人！此是險路。」

師問僧：「從什麼處來？」曰：「撫州曹山來。」師曰：「幾程到此？」曰：「七程。」師曰：「行卻許多山林溪澗，何者是汝自己？」曰：「總是。」師曰：「眾生顛倒，認物為己。」曰：「如何是學人自己？」師曰：「總是。」師又曰：「諸上座各在止觀終冬過夏，還有人悟自己也無？止觀與汝證明，今汝真見不被邪魔所惑。」問：「如何是學人自己？」師曰：「好箇師僧，眼目甚分明。」

【注　釋】❶導師　導引人入佛道者，為佛、菩薩的通稱。此稱得道之高僧。❷挺然　形容特出的、超出一般的樣子。❸八還　《楞嚴經》：「佛告阿難：『汝咸看此諸變化相，吾今各還本所因處。』云：『何本因？』『阿難，此諸變化，明還日輪，何以故？無日不明，明因屬日，是故還日。暗還黑月，通還戶牖，壅還墻宇，緣還分別，頑虛還空，鬱𡋯還塵，清明還霽。則世界一切所有，不出斯類。汝見八種，見精明性，當欲誰還？』」❹類　大都；大體。❺權　稱量物體的輕重。❻四生　一胎生，如人類；二卵生，如鳥類；三濕生，如蟲依濕而生；四化生，無所依託、惟依業力而忽起者，如諸天、地獄及劫初眾生等。此代指眾生。❼門扇　門板。❽無相　《涅槃經》：「所謂色相、聲相、香相、味相、觸相、生、住、壞相、男相、女相，是名十相。無如是相，故名無相。」

【語　譯】金陵（今江蘇南京）報慈道場文遂導師（九一五～九九〇年），杭州（今屬浙江）人，俗姓陸。文遂在哺乳懷抱中，隨其父母遷居於宣城（今屬安徽）。文遂年方七、八歲時，就特別地好學，便禮拜池州（今屬安徽）僧正落髮出家，接受了具足戒。文遂十六歲後，四出行腳參拜觀方，禪宗的禪法與教宗的教義都加以修習。文遂曾首先探究《首楞嚴經》十卷，能甄別真妄緣起，本末都十分精通淵博。於是文遂便逐句逐章地加以注疏解釋，文句通達嚴密。這功德完成後，文遂就去拜謁法眼和尚，訴說自己所從事的功業，非常符合佛經旨意。法眼和尚問道：「《楞嚴經》中豈不是有一個八還之義嗎？」文遂回答：「是。」法眼和尚便問道：「明還什麼？」文遂回答：「明還日輪。」法眼和尚又問道：「日輪還什麼？」文遂茫然不知所對。法眼和尚就告誡他把所注疏的文字全部焚燒掉，文遂從此欽服請益，這才忘記了知解而悟達大道。文遂起初住持吉州（今江西吉安）止觀院。北宋乾德二年（九六四年），江南國主李氏延請文遂入京師，住持長慶院，此後住持報慈大道場，署為雷音覺海大導師，對他的禮遇迥然有別於其他人。

文遂導師上堂告訴眾僧道：「天上人間的眾生，大體都能承受這恩力。威力能權衡三界，德澤覆蓋著四生。由此共同秉承此靈光，一齊稱讚玄妙的旨意。十方諸佛永遠頂禮膜拜你，誰敢有是非之言！等到來這裡後，就叫作開方便法門，根據各人的根機而施教，就出現了像這樣、像那樣的無數差異。如果能依照這個而奉行，有什麼不可以的？所以清涼法眼先師曾說過：佛是無事人。但現在想要尋找一個無事人也不能找到了。」

有僧人問道：「崇壽和尚的佛法囑咐給了止觀和尚，止觀和尚的佛法又囑咐給什麼人呢？」文遂導師回答：「你就把崇壽和尚的佛法舉說出來看看。」

有僧人問道：「山頂崖旁可還有佛法嗎？」文遂導師反問：「你把什麼叫作山頂崖旁？」

有僧人問道：「什麼是道？」文遂導師回答：「妄想顛倒。」

文遂導師告訴眾僧道：「老僧平生，什麼見解都沒有，每天就是平淡地度過，雖然在這裡做住持，也只是隨緣做事，聽其自然。今天各位上座與此本沒有不同。」

有僧人問道：「什麼是沒有不同的事？」文遂導師回答：「千差萬別。」那僧人正要再問，文遂便說道：「停！停！不必說了，先去領會千差萬別吧。」

有僧人問道：「什麼是和尚的家風？」文遂導師回答：「方丈室的門板。」

有僧人問道：「什麼是無相道場？」文遂導師回答：「四郎五郎廟。」

有僧人問道：「什麼是吹毛立斷的利劍？」文遂導師回答：「擀麵杖。」

有僧人問道：「什麼是筆直的一條路？」文遂導師回答：「遠遠近近。」那僧人再問道：「就這樣去的時候怎麼樣？」文遂喝道：「咄，癡人！那是一條險路。」

文遂導師問一個僧人道：「從什麼地方來的？」那僧人回答：「從撫州（今屬江西）曹山來。」文遂再問道：「走了幾天來到這裡？」那僧人回答：「七天。」文遂便問道：「走了這許多山林溪流，哪一個是你自己？」那僧人回答：「都是。」文遂便說道：「眾生顛倒真妄，認外物為自己。」那僧人就問道：「什麼是學生自己？」文遂回答：「都是。」文遂接著又說道：「諸位上座各在止觀院度過了一個冬夏，可還有人領悟了自己嗎？止觀給你們作一個證明，好讓你們的真見不被邪魔所迷惑。」有僧人便問道：「什麼是學生自己？」文遂回答：「好一個師僧，眼睛很是明亮。」

【說　明】文遂禪師承繼法眼文益禪師的禪法，主張離言句，作個無事人，並指出世人墮入於是非之中，分彼此，究高低，如何能得清淨大自在！

漳州羅漢院守仁禪師

漳州羅漢院守仁禪師，泉州永春人也。初參淨慧，後迴故郡，止東安興教寺上方院。示眾曰：「只據如今，誰欠誰剩？然雖如此，猶是第二義門❶。上座若明達得去也，且是一是二，更須子細看。」

僧問：「如何是祖師西來的的意？」師曰：「即今是什麼意？」

問：「如何是涅槃？」師曰：「生死。」曰：「如何是生死？」師曰：「適來道什麼？」

僧眾晚參，師謂眾曰：「物物本來無處所，一輪明月印心池。」便歸方丈。

師次住漳州報恩院，謂眾曰：「報恩遮裡不曾與人箇話，今日與諸上座箇一兩則話，還願樂麼？諸上座，鶴脛❷長，鳧❸脛短，甘草甜，黃蘗❹苦，恁麼箇辨還愜雅意麼？諸上座，莫道血脈不通，泥水有隔好！且莫錯會。珍重！」

僧問：「如何是西來意？」師曰：「喚什麼作西來意？」曰：「恁麼即無西來也。」師曰：「由汝口頭道。」

問：「如何是報恩家風？」師曰：「無汝著眼處。」問：「學人未委禀承，請師方便。」師曰：「莫相孤負麼？」曰：「恁麼即有師資之分也。」師曰：「叢林見多。」

問：「如何是佛法大意？」師曰：「向汝道什麼？」

問：「如何是無生之相？」師曰：「捨身❺受身。」曰：「恁麼即生死無過也。」師曰：「料汝恁麼會。」師又曰：「人人皆備理，一一盡圓常。」

問：「如何是圓常之理？」師曰：「無事不參差。」曰：「恁麼即縱橫法界也。」師曰：「巧道有何難！」

問：「如何是不到三寸❻？」師曰：「汝問我答。」

師問僧：「什麼處來？」曰：「福州來。」師曰：「跋涉如許多山嶺，阿那箇是上座自己？」曰：「某甲親離福州。」師曰：「恁麼商量，別有商量？」曰：「更作麼生商量？」師曰：「汝話墮也。」

問：「不昧緣塵，請師一接。」師曰：「喚什麼作緣塵？」僧曰：「若不伸問，焉息疑情？」師曰：「若不是今日，便作官方❼。」

【注釋】❶義門　各種義理、門戶之差等，而彼此不相混同。❷脛　從腳跟至膝蓋之部分。❸鳧　水鳥，也稱水鴨。❹黃蘗　也作黃柏，落葉喬木，樹身高三、四丈，實如黃豆，黑色，樹皮可入藥，味甚苦。❺捨身　佛教信徒如為報恩而燒臂燒身，如為布施而割肉棄身，名為捨身行。❻不到三寸　謂不用言辭講說。三寸，指舌頭。❼官方　官府。

【語譯】漳州（今屬福建）羅漢院守仁禪師（?～九五八年），泉州永春縣（今屬福建）人。守仁初次參拜法眼和尚即悟入，此後回到泉州，止息於東安興教寺上方院。守仁上堂指示眾僧道：「只依據眼前，誰欠缺誰多餘呢？但雖然如此，還是第二義門。上座如若能明悟了，那是一還是二，還應該仔細觀察。」

有僧人問道：「什麼是達磨祖師西來確切的意旨？」守仁禪師反問：「現在是什麼意旨？」

有僧人問道：「什麼是涅槃？」守仁禪師回答：「生死。」那僧人又問道：「什麼是生死？」守仁反問：「剛才說了什麼？」

僧眾晚上來參見，守仁禪師對眾僧說道：「萬物本來沒有處所，一輪明月印在心池。」說完就回方丈室去了。

守仁禪師隨後住持漳州報恩院，有一次對眾人說道：「報恩院這裡不曾給人挑揀話頭，今天我給諸位上座挑揀一兩則話頭，可願意快樂嗎？諸位上座，仙鶴腳長，水鴨腳短，甘草味甜，黃蘗味苦，這樣的挑揀辨別可還能滿足諸位的雅意嗎？諸位上座，不要說血脈不通，有泥水相隔為好！而且不要領會錯了。各自珍重！」

有僧人問道：「什麼是祖師西來的意旨？」守仁禪師反問：「你把什麼叫作西來之意旨？」那僧人便說道：「這樣說來就沒有人從西方來了。」守仁說道：「這是你嘴裡說的。」

有僧人問道：「什麼是報恩院的家風？」守仁禪師回答：「沒有你著眼的地方。」那僧人說道：「學生沒有領會教誨，請和尚方便接引。」守仁問道：「莫非已辜負了嗎？」那僧人回答：「這樣則有師生的情分了。」守仁說道：「叢林中見多了。」

有僧人問道：「什麼是佛法大意？」守仁禪師回答：「對你說什麼呢？」

有僧人問道：「什麼是無生涅槃之相？」守仁禪師回答：「捨身與受身。」那僧人便說道：「這樣則生死都不經過了。」守仁說道：「料想你就這樣領會的。」守仁接著又說道：「人人都具備法理，一一都圓滿常在。」

有僧人問道：「什麼是常圓滿的法理？」守仁禪師回答：「沒有事情不參差。」那僧人便說道：「這樣則縱橫法界了。」守仁喝道：「巧說有什麼難的！」

有僧人問道：「什麼是不到三寸？」守仁禪師回答：「你問我答。」

守仁禪師問一個僧人道：「從什麼地方來的？」那僧人回答：「從福州（今屬福建）來。」守仁便問道：「跋涉了這許多山嶺，哪一個是上座自己？」那僧人回答：「我親自離開福州。」守仁問道：「只是這樣的議論，還是有其他的議論？」那僧人反問：「還作什麼樣的議論？」守仁說道：「你的話鋒喪失了。」

有僧人請道：「不忘掉緣塵，還請和尚接引一下。」守仁禪師問道：「你把什麼叫作緣塵？」那僧人說道：「如果不提問，怎麼能平息疑惑之情？」守仁便說道：「如果不是今天，便作為官方了。」

【說　明】守仁禪師所說的「無汝著眼處」，其意是指佛法一切現成，無餘無欠，修行無著眼之處，根本在於認取自家本來面目。

杭州永明寺道潛禪師

杭州永明寺道潛禪師，河中府人也，姓武氏。初詣臨川謁淨慧禪師，一見異之，便容入室。一日，淨慧問曰：「子於參請外，看什麼經？」師曰：「看《華嚴經》。」淨慧曰：「總、別、同、異、成、壞六相，是何門攝屬？」師對曰：「文在《十地品》中。據理則世出世間一切法，皆具六相。」曰：「空還具六相也無？」師懵然無對。淨慧曰：「子卻問吾。」師乃問曰：「空還具六相也無？」淨慧曰：「空。」師於是開悟，踊躍禮謝。淨慧曰：「子作麼生會？」師曰：「空。」淨慧然之。

異日，因四眾士女入院，淨慧問師曰：「律中道：隔壁聞釵釧聲，即名破戒。見覩金銀合雜❶，朱紫駢闐❷，是破戒不是破戒？」師曰：「好箇入路！」淨慧曰：「子向後有五百毳徒，而為王侯所重在。」

師尋禮辭，駐錫於衢州古寺，閱《大藏經》而已。後忠懿王錢氏命入府授菩薩戒❸，署慈化定慧禪師，建大伽藍，號慧日永明，請居之。師曰：「欲請塔下羅漢銅像過新寺供養。」王曰：「善矣！予昨夜夢十六尊者❹，乞隨禪師入寺。何昭應之若是！」仍於師號加「應真」二字。師坐永明大道場，常五百眾。

師上堂謂眾曰：「佛法顯然❺，因什麼卻不會去？諸上座欲會佛法，但問取張三李四❻。欲會世法，則參取古佛叢林❼。無事久立。」

僧問：「如何是永明的的意？」師曰：「今日十五，明朝十六。」曰：「覽師的的意。」師曰：「何處覽？」

問：「如何是永明家風？」師曰：「早被上座答了也。」

問：「三種病人如何接？」師曰：「汝是聾人。」曰：「請師方便。」師曰：「是方便。」

問：「牛頭未見四祖時，為什麼百鳥銜華？」師曰：「見東見西。」曰：「見後為什麼不銜華？」師曰：「見南見北。」曰：「昔日作麼生？」師曰：「且會今日。」

問：「如何是第二月？」師曰：「月。」

問：「如何是覿面事？」師曰：「背後是什麼？」

問：「文殊仗劍❽，擬殺何人？」師曰：「止！止！」曰：「如何是劍？」師曰：「眼是。」

問：「諸餘即不問，向上宗乘亦且置，請師不答。」師曰：「好箇師僧子！」曰：「恁麼即禮拜去也。」師曰：「不要三拜，盡汝一生去。」

一日，大眾參，師指香鑪曰：「汝諸人還見麼？若見，一時禮拜，各自歸堂。」

僧問：「至道無言，借言顯道。如何是顯道之言？」師曰：「切忌揀擇。」

問：「如何是慧日祥光？」師曰：「此去報慈不遠。」曰：「恁麼即親蒙照燭也。」師曰：「且喜沒交涉。」

【注釋】❶合雜　繁多雜亂貌。❷駢闐　人員盛多紛雜的樣子。❸菩薩戒　大乘菩薩僧之戒律，據《梵網經》，有十重戒與四十八輕戒。❹十六尊者　即十六羅漢，以賓頭盧尊者為始。十六大阿羅漢，受佛敕記，永住此世，濟度眾生。其名字、住處等，詳見於《法住記》。❺顯然　顯露、明白的意思。❻張三李四　此指俗家人士。❼古佛叢林　此指佛門高僧。❽文殊仗劍　文殊菩薩司掌一切如來之智慧，能斷煩惱，故金剛界之文殊菩薩像右手持劍，以表示智慧之利劍。

【語　譯】杭州（今屬浙江）永明寺道潛禪師（？～九六一年），河中府（今山西永濟市西蒲州鎮）人，俗姓武。道潛初次來到臨川（今江西撫州）拜謁法眼和尚時，法眼和尚一見他就十分器重，讓他成為入室弟子。有一天，法眼和尚問道：「你在參學請益之外，還看什麼經書？」道潛回答：「看《華嚴經》。」法眼和尚問道：「總、別、同、異、成、壞六相，是哪一門統屬的？」道潛應答道：「這文字在《十地品》中。根據佛理，則世出世間一切法，都具有六相。」法眼和尚便問道：「那虛空還具有六相嗎？」道潛惘然無措，不知應對。法眼和尚便說道：「你來問我。」道潛於是問道：「虛空還具有六相嗎？」法眼和尚回答：「虛空。」道潛由此開悟，高興地手舞足蹈，向法眼和尚禮拜致謝。法眼和尚問道：「你領悟了什麼？」道潛回答：「虛空。」法眼和尚點頭認可。

又一天，因為四方士女信徒進入寺院，法眼和尚便問道潛禪師道：「戒律中說：隔著牆壁聽到釵釧的聲音，就叫作破戒。現在看見俗家士女都戴金佩銀，穿朱披紫，紛然聚雜，這是破戒呢，還是未破戒？」道潛回答：「好一個悟入的門路！」法眼和尚便預言道：「你以後將會有五百個僧徒，為王侯所尊崇。」

道潛禪師不久向法眼和尚致禮辭別，在衢州（今屬浙江）古寺中駐錫，平日只是閱讀《大藏經》而已。後來吳越忠懿王錢俶讓道潛禪師來到王府內傳授菩薩戒，署封為慈化定慧禪師，並建造大伽藍，名之為慧日永明寺，延請道潛居住。道潛請道：「想把佛塔下的羅漢銅像請入新寺內供養。」吳越王說道：「好啊！我昨天夜裡曾夢見十六位尊者，請隨同大禪師進入新寺。怎麼這樣靈驗啊！」於是又在道潛的法號加上「應真」兩字。道潛禪師從此住持永明大道場，門徒常有五百人。

道潛禪師上堂對眾僧說道：「佛法明顯，因為什麼卻不能領悟呢？諸位上座想要領悟佛法，只要去問張三李四就行了。而想要了解世間法，就要去參拜佛門高僧。無事久立了。」

有僧人問道：「什麼是永明寺的確切意旨？」道潛禪師回答：「今天是十五日，明天是十六日。」那僧人便說道：「看見了和尚的確切意旨。」道潛問道：「在什麼地方看見的？」

有僧人問道：「什麼是永明寺的家風？」道潛禪師回答：「早就被上座回答了。」

有僧人問道：「三種病人，應怎樣接引呢？」道潛禪師回答：「你是聾子。」那僧人便說道：「請和尚方便接引。」道潛說道：「這就是方便接引。」

有僧人問道：「牛頭和尚沒有參見四祖大師的時候，為什麼百鳥會銜花來？」道潛禪師回答：「見東見西。」那僧人又問道：「參見以後為什麼不銜花來呢？」道潛回答：「見南見北。」那僧人便問道：「從前的事怎麼樣呢？」道潛回答：「姑且領會今天。」

有僧人問道：「什麼是第二個月亮？」道潛禪師回答：「月亮。」

有僧人問道：「什麼是當面領悟的事？」道潛禪師反問：「背後是什麼？」

有僧人問道：「文殊菩薩手持利劍，打算殺什麼人？」道潛禪師說道：「住手！住手！」那僧人又問道：「什麼是利劍？」道潛回答：「眼睛就是。」

有僧人請道：「其他就不問了，向上至極玄妙的宗乘旨意也放置在一邊，請和尚不回答。」道潛禪師說道：「好一個師僧！」那僧人便說道：「這樣則禮拜去了。」道潛說道：「不要僅三拜，要盡你的一生做去。」

有一天，大眾來參見，道潛禪師指著香爐說道：「你們眾人可看見了嗎？如果看見了，就一起禮拜，各自歸僧堂去。」

有僧人問道：「至極的大道沒有言語，但要借助言語來顯示大道。什麼是顯示大道的言語？」道潛禪師回答：「切忌選擇。」

有僧人問道：「什麼是慧日寺的祥光？」道潛禪師回答：「這裡離開報慈院不遠。」那僧人便說道：「這樣則親身蒙受照耀了。」道潛說道：「還好與禪義沒有關涉。」

撫州黃山良匡禪師

撫州黃山良匡禪師，吉州人也。上堂謂眾曰：「高山頂上空蔬飯，無可祇待諸道者，唯有金剛眼睛，憑助汝發明真心。汝若會得，能破無明黑暗❶，汝若不會，真箇不壞。」便起歸方丈。

僧問：「如何是黃山家風？」師曰：「築著汝鼻孔。」

問：「如何是物不遷義？」師曰：「春夏秋冬。」

問：「如何是一路涅槃門❷？」師曰：「汝問宗乘中一句，豈不是？」曰：「恁麼即不哆哆❸。」師曰：「莫哆哆好！」

問：「眾星攢月時如何？」師曰：「喚什麼作月？」曰：「莫即遮箇便是也無？」師曰：「遮箇是什麼？」

問：「明鏡當臺，森羅為什麼不現？」師曰：「那裡當臺？」曰：「爭奈即今何！」師曰：「又道不現。」

問：「如何是禪？」師曰：「三界緜緜。」曰：「如何是道？」師曰：「四生浩浩。」

【注　釋】❶無明黑暗　即「無明長夜」。謂無明煩惱覆蓋了智慧之眼，而看不見不可思議之光明，而流轉於生死界中，故譬喻以長夜之黑暗。❷涅槃門　入涅槃城之門戶，引申為葬所之四門之一。北方為陰之極，故配以寂靜之涅槃，而稱為涅槃門。❸哆哆　張口結舌貌。

【語　譯】撫州（今屬江西）黃山良匡禪師，吉州（今江西吉安）人。良匡上堂對眾僧說道：「高山頂上沒有飯菜，無法招待各位道者，惟有金剛眼睛，憑藉它幫助你們發明真心。你們如果能領會，就可以破除無明黑暗。你們如果沒有領會，就真的不會被毀壞。」說完就起身回方丈室去了。

有僧人問道：「什麼是黃山的家風？」良匡禪師回答：「碰著你的鼻孔了。」

有僧人問道：「什麼是物不遷變之義？」良匡禪師回答：「春夏秋冬。」

有僧人問道：「什麼是一路直入涅槃門？」良匡禪師反問：「你是問宗乘中的一句話，難道不是嗎？」那僧人回答：「這樣說來就不哆哆了。」良匡說道：「還是不哆哆為好！」

有僧人問道：「眾星拱月的時候怎麼樣？」良匡禪師反問：「你把什麼叫做月？」那僧人便問道：「莫非這個就是嗎？」良匡反問：「這個是什麼？」

有僧人問道：「明鏡當臺，森羅為什麼沒有顯現？」良匡禪師反問：「哪裡當臺？」那僧人說道：「怎奈現在呢！」良匡便說道：「又說什麼不顯現。」

有僧人問道：「什麼是禪？」良匡禪師回答：「三界綿綿不斷。」那僧人又問道：「什麼是道？」良匡回答：「四生浩浩蕩蕩。」

杭州靈隱山清聳禪師

杭州靈隱山清聳禪師，福州福清縣人也。初參淨慧，一日，淨慧指雨謂師曰：

「滴滴落上座眼裡。」師初不喻旨，後因閱《華嚴經》感悟，承淨慧印可。迴止明州四明山卓庵。節度使錢億執師事之禮，忠懿王命於臨安兩處開法，後居靈隱上寺，署了悟禪師。

師上堂示眾曰：「十方諸佛常在汝前，還見麼？若言見，將心見，將眼見？所以道：一切法不生，一切法不滅。若能如是解，諸佛常現前。」又曰：「見色便見心，且喚什麼作心？山河大地，萬象森羅，青黃赤白，男女等相，是心不是心？若是心，為什麼卻成物象去？若不是心，又道見色便見心？還會麼？只為迷此而成顛倒，種種不同，於無同異中強生同異。且如今直下承當，頓豁本心，皎然無一物可作見聞。若離心別求解脫者，古人喚作迷波討源，卒難曉悟。」

問：「根塵俱泯，為什麼事理不明？」師曰：「事理且從，喚什麼作俱泯底根塵？」問：「如何是觀音第一義？」師曰：「錯。」

問：「無明實性即佛性。如何是佛性？」師曰：「喚什麼作無明？」

問：「如何是和尚家風？」師曰：「亘古亘今。」

問：「不問不答時如何？」師曰：「寱語作麼？」

問：「如何是巔山巖崖裡佛法？」師曰：「用巔山巖崖作麼？」問：「牛頭未見四祖時如何？」師曰：「青山淥水。」曰：「見後如何？」師曰：「淥水青山。」

師問僧：「汝會佛法麼？」曰：「不會。」師曰：「汝端的❶不會？」曰：「是。」師曰：「且去，待別時來。」其僧珍重，師曰：「不是遮箇道理。」

問：「如何是摩訶般若❷？」師曰：「雪落茫茫。」僧無語，師曰：「會麼？」曰：「不會。」師遂有頌曰：「摩訶般若，非取非捨。若人不會，風寒雪下。」

【注釋】❶端的　確實；果真。❷摩訶般若　即大智慧，涅槃三德之一，照了諸法實相之智慧。

【語譯】杭州（今屬浙江）靈隱山清聳禪師（？～九四八年），福州福清（今屬福建）人。清聳初次參拜法眼和尚時，有一天，法眼和尚指著雨對清聳說道：「滴滴都落在了上座的眼睛裡。」清聳開始並沒有領悟意旨，此後因為閱讀《華嚴經》而突然感悟了，並得到了法眼和尚的印可。清聳後來回到了明州（今浙江寧波）四明山，建庵居住。節度使錢億以弟子之禮侍奉清聳禪師。吳越忠懿王延請清聳在臨安城（今浙江杭州）兩處開堂說法，後來住持靈隱寺上寺，署法號為了悟禪師。

清聳禪師上堂指示眾僧道：「十方諸佛常在你們的面前，可看見了嗎？如果說看見了，是用心看見的，還是用眼看見的？所以說：一切法不產生，一切法不壞滅。如若能作這樣解釋的，諸佛常出現在面前。」接著又說道：「看見了色就看見了心，那把什麼叫作心呢？山河大地，萬象森羅，青黃紅白，男女等相，是不是心呢？如果是心，那為什麼卻成為物象去了？如果不是心，為什麼又說看見了色就看見了心？可領會了嗎？

只因為被這個所迷惑而成為顛倒了，種種的不同，在沒有異同中硬要生出異同來。況且現在直接承當禪機，頓時悟徹本心，皎潔明白，沒有一物可以作為見聞。如果離開心另外尋求解脫者，古人就稱作是迷失於波浪之中而追尋源頭，終究難以曉悟。」

有僧人問道：「六根六塵都已泯滅了，為什麼事理還不能明瞭？」清聳禪師反問：「事理就依從你所說的，那又把什麼叫作都已泯滅的六根六塵呢？」

有僧人問道：「什麼是觀音第一義？」清聳禪師回答：「錯了。」

有僧人問道：「無明之實性即是佛性。那什麼是佛性？」清聳禪師反問：「把什麼叫作無明？」

有僧人問道：「什麼是和尚的家風？」清聳禪師回答：「亙古通今。」

有僧人問道：「不提問不回答的時候怎麼樣？」清聳禪師回答：「說什麼夢話？」

有僧人問道：「什麼是山頂崖邊的佛法？」清聳禪師回答：「用山頂崖邊作什麼？」

有僧人問道：「牛頭和尚沒有參見四祖大師的時候怎麼樣？」清聳禪師回答：「青山綠水。」那僧人又問道：「參見以後又怎麼樣？」清聳回答：「綠水青山。」

清聳禪師問一個僧人道：「你領會佛法了嗎？」那僧人回答：「沒有領會。」清聳再問道：「你果真沒有領會？」那僧人回答：「是。」清聳便說道：「去吧，等以後再來。」那僧人便施禮道別，清聳說道：「不是這個道理。」

有僧人問道：「什麼是摩訶般若？」清聳禪師回答：「大雪落茫茫。」那僧人沒有說話，清聳問道：「領會了嗎？」那僧人回答：「沒有領會。」清聳於是就做了一首偈頌道：「摩訶般若，非取非捨。如人不領會，風寒雪下。」

【說　明】清聳禪師以「非取非捨」釋般若大義，言簡意賅，頗得要領，與德韶禪師所說的「不欠、不剩、不有、不無」之「般若真宗」，有著異曲同工之妙。

金陵報恩院玄則禪師

金陵報恩院玄則禪師，滑州衛南人也。初問青峰：「如何是佛？」青峰曰：「丙丁童子❶來求火。」師得此語，藏之於心。及謁淨慧，淨慧詰其悟旨，師對曰：「丙丁是火，而更求火，亦似玄則將佛問佛。」淨慧曰：「幾放過，元來錯會。」師雖蒙開發，頗懷猶豫，復退思既殆，莫曉玄理，乃投誠請益。淨慧曰：「汝問，我與汝道。」師乃問：「如何是佛？」淨慧曰：「丙丁童子來求火。」師豁然知歸。後住報恩院。

師上堂，顧視大眾曰：「好箇話頭，只是無人解問得，所以勞他古人三度喚之。諸人即不勞他喚也。此即且從，古人意作麼生？還說得麼？千佛出世，亦不增一絲豪，六道輪迴，也不減一絲豪，皎皎地現無絲頭❷翳礙。古人道：但有纖豪即是塵。且如今物象嶷然地，作麼生消遣❸？汝若於此消遣不得，便是凡夫境界。然也莫嫌朴實說話，也莫嫌說著祖佛。何以故？見說祖佛，便擬超越去。若恁麼會，大沒交涉也。須子細詳究，看不見他古德究離生死，亦無剃頭剪爪功夫。

如今看見，大難繼續。」

問：「了了見佛性，如何是佛性？」師曰：「不欲便道。」

問：「如何是金剛大士？」師曰：「見也未？」

問：「如何是諸聖密密處？」師曰：「卻須會取自己。」曰：「如何是和尚密密處？」師曰：「待汝會始得。」師謂眾曰：「諸上座，盡有常圓之月❹，各懷無價之珍。所以月在雲中❺，雖明而不照。智隱惑內❻，雖真而不通。無事，久立。」

問：「如何是不動尊❼？」師曰：「飛飛颺颺。」

問：「如何是了然一句？」師曰：「對汝又何難！」曰：「恁麼道莫便是也無？」師曰：「不對又何難！」曰：「深領和尚恁麼道。」師曰：「汝道我道什麼？」

問：「亡僧遷化，向什麼處去也？」師曰：「待汝生即道。」曰：「賓主歷然。」師曰：「汝立地見亡僧。」

問：「如何是學人本來心？」師曰：「汝還曾道著也未？」曰：「只如道著，如何體會？」師曰：「待汝問始得。」問：「教中有言：樹能生果，作頗梨❽色。

未審此果何人得喫？」師曰：「樹從何來？」曰：「學人有分。」師曰：「去果八萬四千。」

問：「如何是不遷？」師曰：「江河競注，日月旋流。」

問：「宗乘中玄要處，請師一言。」師曰：「汝行腳來多少時也？」曰：「不曾逢伴侶。」師曰：「少瞌睡！」

【注釋】❶丙丁童子　專管火的神童。古人認為丙丁為火日，後世遂以之代稱火。❷絲頭　線頭。❸消遣　暫為停留、休息。❹常圓之月　喻指永常圓滿充足的佛性。下句「無價之珍」之意相同。❺月在雲中　喻指佛性被無明煩惱所籠罩。❻智隱惑內　意謂佛性智慧被世俗疑惑所掩蓋。❼不動尊　也名「無動尊」、「不動明王」。此尊於大日華臺雖久已成佛，而以其本誓之故，現初發心之形，為如來之童僕而給使諸務。❽頗梨　同「玻璃」。

【語　譯】金陵（今江蘇南京）報恩院玄則禪師，滑州衛南縣（今河南滑縣東）人。玄則最初參問青峰和尚道：「什麼是佛？」青峰和尚回答：「丙丁童子來求火。」玄則聽到這話後，藏在心中。等到玄則參拜法眼和尚時，法眼和尚詰問他領悟禪旨之情況，玄則回答道：「丙丁是火，卻還要求火，就好像玄則將佛去問佛。」法眼和尚說道：「幾乎放過，原來是錯誤領會了。」玄則雖然承蒙法眼和尚的開示啟發，但還是心懷猶豫疑問，又退下反覆思索，仍然不能明瞭玄理，於是再誠心來向法眼和尚請益。法眼和尚說道：「你問，我給你說。」玄則就問道：「什麼是佛？」法眼和尚回答：「丙丁童子來求火。」玄則豁然知道歸向，頓悟禪旨。玄則此後住持報恩院。

玄則禪師上堂，環視大眾後說道：「好一個話頭，只是沒有人懂得提問，所以煩勞他古人三次招呼。諸位就不用勞煩他招呼了。這就隨他了，那古人的意思又是什麼呢？可說得出來嗎？千佛出世，不能增添一絲一毫，六道輪迴，也不能減少一絲一毫，皎潔地顯現出來，沒有如線頭一般的障礙。果然說過：只要存有絲毫即是塵。況且現在物象儼然不動，怎樣來消遣呢？你如果在這裡不能消遣，那即是凡夫境界。但是也不要嫌棄樸實的話語，也不要嫌棄說到了佛祖。什麼原因呢？說到了佛祖，便打算超越去了。如果這樣來領會，與禪義太沒關涉了。必須仔細地詳加推究，看不見他古代高僧推究離生死之法，也沒有剃頭髮剪指甲的功夫。像現在所看見的，那太難繼續了。」

有僧人問道：「明明白白見佛性，什麼是佛性？」玄則禪師回答：「不想就這樣說。」

有僧人問道：「什麼是金剛大士？」玄則禪師反問：「見過嗎？」

有僧人問道：「什麼是諸位聖人的隱秘之處？」玄則禪師回答：「卻應當領悟自己。」那僧人又問道：「什麼是和尚的隱秘之處？」玄則回答：「等到你領悟後就知道了。」玄則又對眾僧說道：「諸位上座，都擁有常圓的明月，無價的珍寶。所以說月亮隱在雲霧中，雖然明亮卻不能照耀。智慧隱藏於疑惑內，雖然真實卻不能通達。無事，久立了。」

有僧人問道：「什麼是不動尊？」玄則禪師回答：「飛飛揚揚。」

有僧人問道：「什麼是清楚明白的一句話？」玄則禪師回答：「回答你又有什麼難的！」那僧人再問道：「這樣說來，莫非這個就是嗎？」玄則回答：「不回答你又有什麼難的！」那僧人便說道：「深深明白了和尚這樣說的道理。」玄則問道：「你說我說了什麼？」

有僧人問道：「亡故的僧人遷化後，到什麼地方去了？」玄則禪師回答：「等到你出生後就對你說。」那僧人便說道：「賓主分明。」玄則說道：「你立刻就看見亡故的僧人了。」

有僧人問道：「什麼是學生的本來之心？」玄則禪師反問：「你可曾經說過沒有啊？」那僧人再問道：「如果說過了，又怎樣來體會呢？」玄則回答：「等到你提問後就知道了。」那僧人便問道：「教義中有言：樹能生長果子，有著玻璃一樣的顏色。不知道什麼人能吃？」玄則反問：「樹從什麼地方來？」那僧人回答：「學生有份。」玄則便說道：「離開那果子有八萬四千里。」

有僧人問道：「什麼是不遷流之義？」玄則禪師回答：「江河競流，日月旋轉。」

有僧人請道：「宗乘中至極玄妙的地方，請和尚說上一句。」玄則禪師反問：「你行腳經過多少時間了？」那僧人回答：「不曾遇到過伴侶。」玄則喝道：「少打瞌睡！」

金陵報慈行言導師

金陵報慈道場玄覺導師行言，泉州晉江人也，得法於淨慧禪師。

上堂示眾曰：「凡行腳人參善知識，到一叢林，放下缾鉢，可謂行菩薩道❶之能事畢矣，何用更來遮裡，舉論真如涅槃？此是非時之說❷。然古人有言：譬如披沙識寶，沙礫若除，真金自現，便喚作常住世間，具足僧寶。亦如一味❸之雨，一般之地，生長萬物，大小不同，甘辛有異。不可道地與雨有大小之名也。所以道：方即現方，圓即現圓。何以故？爾法無偏正，隨相應現，喚作對現色身。還見麼？若不見，也莫閑坐地。」

問：「如何是祖師西來意？」師曰：「此問不當。」

問：「坐卻❹是非，如何合得本來人？」師曰：「汝且作麼生坐？」

江南國主新建報慈大道場，命師大闡宗猷❺，海會二千餘眾，別署導師之號。

師謂眾曰：「此日英賢共會，海眾同臻，諒惟佛法之趣，無不備矣。若是英鑑之者，不須待言也。然言之本無，何以默矣！是以森羅萬象，諸佛洪源。顯明則海印光澄，冥昧則情迷自惑。苟非通心上士、逸格高人，則何以於諸塵中發揚妙極，卷舒物象。縱奪森羅，示生非生，應滅非滅。生滅洞已，乃曰真常。言假則影散千途，論真則一空絕迹。豈可以有無生滅而計之者哉！」

問：「國王再請，蓋特薦先朝。和尚今日如何舉唱？」師曰：「汝不是問再唱人。」曰：「恁麼即天上人間無過此也。」師曰：「勿交涉。」

問：「遠遠投師，請垂一接。」師曰：「卻依舊處去。」

【注　釋】❶菩薩道　圓滿自利、利他二利而成佛果，稱之為菩薩道。❷非時之說　不按時間而說的話，此指妄言胡說。❸一味　如來教法，譬如甘味，教法之理趣，惟一無二，故名一味。《法華經‧藥草喻品》：「如來說法，一相一味。」❹坐卻　除去。❺猷　謀略；計劃。

【語　譯】金陵（今江蘇南京）報慈道場行言禪師，號玄覺導師，泉州晉江縣（今屬福建）人，從法眼和尚那裡悟得了佛法。

行言禪師上堂指示眾僧道：「凡是行腳人參訪善知識，到了一座叢林中，放下淨瓶、缽盂，至此可說是行菩薩道的能事已結束了，哪裡用得著再來這裡，舉說議論什麼真如涅槃呢？但是古人有言：譬如去沙識寶，沙子如果除去了，真金自然顯現，這就叫作常住無遷變之世間，接受具足戒之僧寶。也如同是一味之雨水，同樣的土地，而所生長的萬物，卻是大小有不同，甘苦有區別。不可以說土地與雨水有大小的區分啊。所以說：方即顯示方，圓即顯示圓。這是什麼原因呢？因為法沒有偏與正的區別，隨著形相而顯現，就叫作對現色身。可明白了嗎？如果不明白，也不要閒坐著。」

有僧人問道：「什麼是祖師西來的意旨？」行言禪師回答：「這個問題不恰當。」

有僧人問道：「除去是非，怎樣才能與本來之人相契合？」行言禪師反問：「你又怎樣除去呢？」

江南國主李氏新建了報慈大道場，延請行言禪師在寺中大力闡揚禪宗要旨，海內僧俗有二千多人來法會參學，因此另賜封行言禪師導師的法號。

行言禪師對眾人說道：「今天群英聚會，僧眾同集，相信各位無不具備了佛法的旨趣。如果是明鑑之人，就不須我再說了。但是言語本來沒有，故用不著沉默！所以森羅萬象，是諸佛的大源。如若顯明則大海印照月光明澄，如若昏昧則情迷而自我疑惑。如果不是通達心地的上等根機之士，超逸平凡見識之高人，那麼又怎能在諸塵中發揚玄妙至極之理，舒卷萬物之象而超逸自在。縱然奪得森羅萬象，而顯示應生而沒有生，應滅沒有滅。生與滅都已洞悉了，這才稱作真常。言語虛假則形影消散於千途，議論真實則一空斷絕痕跡。難道可以用有無生滅來作衡量的標準嗎！」

有人問道：「國王一再相請，這是因為有人特意在先朝國王面前舉薦過和尚。和尚今天又怎樣來舉唱呢？」行言禪師回答：「你不是問再舉唱的人。」那人便說道：「這樣則天上人間都沒有超過這個啦。」行言說道：「與禪義沒有關涉。」

有僧人請道：「從遠方來投奔和尚，還請和尚發慈悲接引一下。」行言禪師說道：「還是回到原來的地方去。」

【說　明】行言禪師認為法無偏正，隨相應現，所以森羅萬象，盡諸佛之洪源，故主張於諸塵中發揚妙極，依舊處而投師，不可以生滅計之。

金陵淨德智筠禪師

金陵淨德道場達觀禪師智筠，河中府人也，姓王氏。弱齡❶邁俗❷，依普救寺杲大師披削，年滿受具，始遊方。謁撫州龍濟修山主，親附久之，機緣莫契。後詣金陵報恩道場，參淨慧，頓悟玄旨。後住廬山棲賢寺。

師上堂謂眾曰：「從上諸聖方便門不少，大底只要諸仁者有箇見處。然雖未見，且不參差一絲髮許，諸仁者亦未嘗違背一絲髮許。何以故？炟赫地顯露，如今便會取，更不費一豪氣力。還省要麼？設道毗盧有師，法身有主，斯乃抑揚，對機施設。諸仁者作麼生會對底道理？若也會，且莫嫌他佛語，莫重祖師，直下是自己眼明始得。」

僧問：「如何是的的之言？」師曰：「道什麼？」

問：「紛然覓不得時如何？」師曰：「覓箇什麼不得？」

問：「如何是祖師意？」師曰：「用祖師意作什麼？」

問：「今朝呈遠瑞，正意為誰來？」師曰：「大眾盡見汝恁麼問。」

乾德三年，江南國主仰師道化，於北苑建大道場，曰淨德，延請居之，署大禪師之號。

上堂謂眾曰：「夫欲慕道，也須上上根器始得。造次中下，不易承當。何以故？佛法非心意識境界。上座莫恁麼儱侗❸地。他古人道：沙門眼把定❹世界，函蓋乾坤，緜緜不漏絲髮。所以諸佛讚歎，讚歎不及比喻，比喻不及道。上座威光赫弈，亘古亘今，幸有如是家風，何不紹續取？為什麼自生卑劣，枉受辛勤，不能曉悟？只為如此，所以諸佛出興於世。只為如此，所以諸佛唱入涅槃。只為如此，所以祖師特地西來。」

僧問：「諸聖皆入不二法門，如何是不二法門？」師曰：「但恁麼入。」曰：「恁麼即今古同然去也。」師曰：「汝道什麼處是同？」

問：「如何是佛法大意？」師曰：「恰問著。」曰：「恁麼即學人禮拜也。」師曰：「汝作麼生會？」

問：「如何是佛？」師曰：「如何不是？」師復謂眾曰：「吾不能投身巖谷，滅迹市鄽，而出入禁庭，以重煩世主，吾之過也。」遂屢辭歸故山，國主錫❺以五峰棲玄蘭若。

開寶二年八月十七日，安坐告寂，壽六十四，臘四十四。

【注釋】❶弱齡　同「弱冠」。弱，指年少、年少者。《釋名・釋長幼》：「二十日弱，言柔弱也。」❷邁俗　即出家離開俗世。❸懱猰　輕慢；蔑視；不恭順。《說文解字・心部》：「懱，輕易也。」《廣韻・屑韻》：「猰，猰犺，不仁。」❹把定　守護；守住。❺錫　贈給。

【語譯】金陵（今江蘇南京）淨德道場達觀禪師智筠（九〇六～九六九年），河中府（今山西永濟市西蒲州鎮）人，俗姓王。智筠二十歲時出家，皈依普救寺杲大師披剃，年滿接受具足戒，開始遊方參學。智筠曾拜謁撫州（今屬江西）龍濟院的修山主，親身侍奉了很久，但沒有契合機緣。後來智筠前往金陵報恩道場，參拜法眼和尚，而頓時悟徹了禪法玄妙之旨。此後，智筠住持廬山棲賢寺。

智筠禪師上堂對眾僧說道：「從前諸位聖人的方便法門不少，大略是要求諸位仁者能有一個見悟之處。但雖然沒有見悟，還是沒有一點點的參差之處，諸位仁者也沒有一絲一毫的違背。這是什麼原因呢？因為它光耀鮮明地顯露，現在如能領悟了，更不用花費絲毫的力氣。可還簡明扼要嗎？即使說毗盧有老師，法身有主人，這還是隨人之高低，對機施設，方便接引。諸位仁者怎樣領會那正確的道理呢？如果領會了，就不要嫌棄佛的話，也不要崇尚祖師，直接是要自己的眼睛明亮才行。」

有僧人問道：「什麼是真實確切的話？」智筠禪師反問：「說什麼？」

有僧人問道：「到處紛亂都找不到的時候怎麼辦？」智筠禪師反問：「尋找個什麼東西找不到？」

有僧人問道：「什麼是祖師的意旨？」智筠禪師反問：「用祖師的意旨做什麼？」

有僧人問道：「今天來呈現遠處的祥瑞，真正的意思是什麼？」智筠禪師回答：「大眾都看見是你這樣提問。」

北宋乾德三年（九六五年），江南國主李氏仰慕智筠禪師的道德教化，就在北苑建造了大道場，命名為淨德寺，延請智筠去住持，並賜予大禪師的法號。

智筠禪師上堂對眾僧說道：「要想嚮往佛道，也應當是具有上上根機的人才行。如若是輕率的中下根機之人，不容易承當大任。這是什麼原因呢？佛法並不是意識境界。諸位上座不要這樣的輕慢、不恭順。他古人說過：沙門的眼睛守住世界，涵蓋乾坤，連續不斷，不洩漏一絲一毫。所以諸佛讚歎不已，讚歎比不上比喻，比喻比不上講說。各位上座的威光顯赫，從古到今都是這樣的，幸好有這樣的家風，那為什麼不承繼下去呢？為什麼要自己生出卑劣的心思，枉自受了許多辛勞，而不能曉悟呢？只因為這樣，所以諸佛才出現於世上。只因為這樣，所以諸佛才倡導進入涅槃。只因為這樣，所以達磨祖師才特地從西方而來。」

有僧人問道：「諸位聖人都進入了不二法門，什麼是不二法門呢？」智筠禪師回答：「就這樣進入。」那僧人便說道：「這樣即古今都相同了。」智筠問道：「你說什麼地方是相同的？」

有僧人問道：「什麼是佛法大意？」智筠禪師回答：「恰好問著。」那僧人便說道：「這樣則學生就禮拜了。」智筠問道：「你怎樣來領會呢？」

有僧人問道：「什麼是佛？」智筠禪師反問：「什麼不是呢？」智筠接著又對眾僧說道：「我不能投身於以巖谷中，從市井中絕跡，反而出入於宮廷禁地，從而屢次煩擾世間之主，這是我的過錯。」於是他屢次辭謝，要求回到從前隱居的山林，江南國主便賜以五峰山棲玄蘭若。

開寶二年（九六九年）八月十七日，智筠禪師端坐著圓寂了，享年六十四歲，法臘四十四年。

【說　明】智筠禪師要求學僧「莫嫌他佛語，莫重祖師」，似在排斥「佛語」、「祖師」，其實與六祖慧能大師「自歸依三寶」一樣，是將佛、眾生、自性三者統一起來。同時，智筠禪師雖然強調上根利器始能頓悟，「造次中下不易承當」，但「不易」並非不可能，因此其既提倡當下即是，又對機施設，方便接引眾人。

高麗道峰山慧炬國師

高麗道峰山慧炬國師，始發機於淨慧之室。本國主思慕，遣使來請，遂迴故地。國主受心訣，禮待彌厚。一日，請入王府，上堂，師指威鳳樓示眾曰：「威鳳樓為諸上座舉揚了，諸上座還會麼？儻❶若會，且作麼生會？若道不會，威鳳樓作麼生不會？珍重！」

師之言教未被中華，亦莫知所終。

【注 釋】❶儻 如果；假使。

【語 譯】高麗國道峰山慧炬國師，當初在法眼和尚的門下發見機緣，悟入禪法。由於高麗國主思慕他，派遣使者來迎請，他於是回到家鄉去了。高麗國主從慧炬國師那裡領受了禪法心訣，對他的禮遇特別優厚。有一天，慧炬國師上堂，指著威鳳樓對眾人道：「威鳳樓已經為諸位上座舉揚禪法了，諸位上座可領會了嗎？倘若領會了，那又是怎樣領會的？如果說沒有領會，威鳳樓怎麼會不領會呢？各自珍重！」

慧炬國師的言教沒有在中華傳播，也不知道他後來情況如何。

金陵清涼泰欽禪師

金陵清涼法燈禪師泰欽，魏府人也。生而知道，辨才無礙。入淨慧之室，海眾歸之，僉曰敏匠。初受請住洪州幽谷山雙林院。

上堂，未升座，乃曰：「此山先代一二尊宿曾說法來，此座高廣，不才❶何升？昔古有言，作禮須彌燈王如來❷，乃可得坐。且道須彌燈王如來今在何處？大眾要見麼？一時禮拜。」師便升座，良久曰：「為大眾只如此，也還有會處麼？」

僧問：「如何是雙林境？」師曰：「畫也不成。」曰：「如何是境中人？」師曰：「且去。」又曰：「境也未識且討❸人。」

問：「一佛出世，震動乾坤。和尚出世，震動何方？」師曰：「什麼處見震動？」曰：「爭奈即今何！」師曰：「今日有什麼事？」

有僧出禮拜，師曰：「道者，前時謝汝請我，將什麼與汝好？」僧擬問次，師曰：「將謂相悉，卻成不委。」

問：「如何是西來密密意？」師曰：「苦。」

問：「一佛出世，普潤群生。和尚出世，當為何人？」師曰：「不徒然。」曰：「恁麼即大眾有賴也。」師曰：「何必！」

師告眾曰：「且住得也。久立。官人及諸大眾今日相請勤重，此箇殊功，比喻何及！所以道未了之人聽一言，只遮如今誰動口？」師便下座，立倚拄杖而告眾曰：「還會麼？天龍寂聽而雨華莫作，須菩提幢子❹盡將去，且恁麼信受奉行。」

師次住上藍護國院。僧問：「十方俱擊鼓，十處一時聞。如何是聞？」師曰：「汝從那方來？」

問：「善行菩薩道，不染諸法相。如何是菩薩道？」師曰：「諸法相。」曰：「如何得不染去？」師曰：「染著什麼處？」

問：「不久開選場❺，還許學人選也無？」師曰：「汝是點額人❻。」又曰：「汝是什麼科目❼？」

問：「如何是演大法義？」師曰：「我演何似汝演！」

師次住金陵龍光院。上堂升座，維那白椎云：「法筵龍象眾，當觀第一義。」師曰：「維那是第二義，長老只今是第幾義？」師又舉衣袖謂眾曰：「會麼？大眾，此是山呼舞蹈❽，莫道五百生前曾為樂主❾來。或有疑情，請垂見示。」時有僧問：「如何是諸佛正宗？」師曰：「汝是什麼宗？」曰：「如何？」師曰：「如何即不會。」

問：「上藍一曲師親唱，今日龍光事若何？」師曰：「汝什麼時到上藍來？」曰：「諦當❿事如何？」師曰：「不諦當即別處覓。」

問：「如何是佛法大意？」師曰：「且問小意，卻來與汝大意。」

師後入金陵，住清涼大道場。上堂升座，僧出問次，師曰：「遮僧最先出，為大眾已了答國主深恩。」問：「國主請命，祖席重開。學人上來，請師直指心源。」師曰：「上來卻下去。」

問：「法眼一燈，分照天下。和尚一燈，分付何人？」師曰：「法眼什麼處分照來？」

江南國主為鄭王時，受心法於淨慧之室。暨淨慧入滅，復嘗問於師曰：「先師有什麼不了底公案[11]？」師對曰：「見分析次。」異日，又問曰：「承聞長老於先師有異聞底事。」師作起身勢，國主曰：「且坐。」

師謂眾曰：「先師法席五百眾，今只有十數人在諸方為導首。你道莫有錯指人路底麼？若錯指，教他入水入火，落坑落塹。然古人又道：我若向刀山，刀山自摧折。我若向鑊湯，鑊湯自消滅。且作麼生商量？言語即熟，及問著便生疏去，何也？只為隔闊多時。上座但會我什麼處去不得，有去不得者為眼等諸根、色等諸法。諸法且置，上座開眼見什麼？所以道：不見一法即如來，方得名為觀自在。珍重！」

師開寶七年六月示疾，告眾曰：「老僧臥疾，強牽拖與汝相見。如今隨處道場，宛然化城。且道作麼生是化城？不見古導師云：寶所非遙，須且前進。及至城所，又道我所化作。今汝諸人試說箇道理看，是如來禪⑫、祖師禪⑬還定得麼？汝等雖是晚生，須知僥忝我國主，凡所勝地建一道場，所須不闕，只要汝開口。如今不知阿那箇是汝口，爭答效他四恩三有？欲得會麼？但識口，必無咎，縱有咎，因汝有。我今風火相逼，去住是常道。老僧住持將逾一紀，每承國主助發，至于檀越、十方道侶、主事小師，皆赤心為我，默而難言。或披麻帶布，此即順俗，我道違真。且道順好違好？然但順我道，即無顛倒。我之遺骸，必於南山大智藏和尚⑭左右乞一墳冢。升沉⑮皎然，不淪化也。努力努力！珍重！」即其月二十四日，安坐而終。

【注釋】❶不才　自稱之謙詞。❷須彌燈王如來　佛名。《維摩詰經・不思議品》：「過東方三十六恆沙國有世界，名為須彌如來，其佛號須彌燈王。彼佛身長八萬四千由旬，其師子座高八萬四千由旬，嚴飾第一。於是長者維摩詰現神通力，即時彼佛遣三萬二千師子座，高廣嚴淨，使來入維摩詰室。」❸討　覓；取。❹幀子　畫幅。此指畫像。❺選場　即「選佛場」。佛教謂開堂設戒之地為選佛場。❻點額人　傳說鯉魚跳龍門不成而被河水沖下者，就被朱筆點額。此指落選者。❼科目　指唐、宋時科舉考試之門類，有進士科、諸經科等。❽山呼舞蹈　謂古代大臣朝見皇帝時所行的朝拜大禮。❾樂主　掌管音樂者。❿諦當　承當。⓫公案　官府的案牘、案件。禪林謂應於佛祖所化之機緣，而提起越格之言語動作的指示。因官府公案即律令，至嚴格而不可犯，可以為法以斷是非。而佛祖之垂示為宗門之正令，以判別迷悟者，故人們以公案作比擬。⓬如來禪　又名如來清淨禪。《楞伽經》：「云何如來禪？謂入如來地得自覺聖智相三種樂住，成辦眾生不思議事，是名如來禪。」

此指佛教經典中所說的禪法。⓭祖師禪　指祖師代代相傳，心心相印，不立文字，不載於佛經中的至極微妙之禪法。⓮大智藏和尚　即法眼文益禪師之所賜謚號。⓯升沉　此指生死。

【語　譯】金陵（今江蘇南京）清涼院法燈禪師泰欽（九一〇～九七四年），魏府（今河北大名）人。泰欽生來就悟道，言辭流暢圓通而沒有障礙。泰欽進入法眼和尚的門下後，海內僧眾歸服，都稱他為「敏匠」。泰欽最初接受邀請住持洪州（今江西南昌）幽谷山雙林院。

泰欽禪師有一次上堂，還沒有登上法座，就說道：「本山寺前代的一、二位尊宿曾經在此法座上說法，這法座高大寬廣，不才又怎敢登上？古人有言，必須禮拜須彌燈王如來後，才可以坐下。你們說說看，那須彌燈王如來現今在什麼地方？大眾可想要見他嗎？那就一齊禮拜吧。」泰欽說完就登上了法座，沉默了許久後才說道：「為了大眾只能這樣，可還有領會之處嗎？」

有僧人問道：「什麼是雙林的景象？」泰欽禪師回答：「畫也畫不成。」那僧人又問道：「什麼是景象中的人？」泰欽回答：「先離去吧。」接著又說道：「景象也不認識，卻來尋人。」

有僧人問道：「一佛出世，震動了乾坤。和尚出世，震動了什麼地方？」泰欽禪師反問：「在什麼地方看見了震動？」那僧人便說道：「怎奈就是今天呢！」泰欽問道：「今天有什麼事？」

有僧人出來禮拜，泰欽禪師問道：「道者，上次感謝你請我，我拿什麼東西給你好呢？」那僧人正要詢問時，泰欽說道：「還以為已是互相熟悉的，卻原來並不認識。」

有僧人問道：「什麼是祖師西來玄密的意旨？」泰欽禪師回答：「苦。」

有僧人問道：「一佛出世，普度眾生。和尚出世，當接引什麼人呢？」泰欽禪師回答：「不徒勞。」那僧人便說道：「這樣則大眾都有依靠了。」泰欽說道：「何必！」

泰欽禪師告訴眾人道：「姑且住下吧。大眾久立了。各位官長與諸位大眾今天殷勤地相請，這樣的大功德，比喻又怎能相及！所以說未能明瞭之人請聽一句話，只是如今誰動口講說呢？」說完就走下了法座，倚靠著拄杖站立，並告訴眾人道：「可領會了嗎？天龍靜靜地聽著而天上也不灑落百花，須菩提的畫像都拿去，就這樣地信受奉行。」

泰欽禪師此後住持上藍護國院。有僧人問道：「十方都擊鼓，十處一起聽聞。那什麼是聽聞呢？」泰欽禪師反問：「你從哪個方向來的？」

有僧人問道：「善於施行菩薩道，就不沾染諸法相。什麼是菩薩道？」泰欽禪師回答：「諸法相。」那僧人又問道：「怎樣才能不沾染？」泰欽反問：「沾染到什麼地方了？」

有僧人問道：「不久將要開選佛場了，可還允許學生入選嗎？」泰欽禪師回答：「你是點額人。」又說道：「你是什麼科目？」

有僧人問道：「什麼是演釋大法之義？」泰欽禪師回答：「我演釋怎如你演釋！」

泰欽禪師接下來住持金陵龍光院。泰欽上堂升法座，維那便白椎說道：「法筵龍象之眾，應當觀察第一義。」泰欽便問道：「維那是第二義，長老現在是第幾義？」泰欽又舉起了衣服的袖子對眾人說道：「領會了嗎？大眾，這是山呼舞蹈，不要說五百世前曾經做過樂主。如果有什麼疑問之情，就請垂示。」當時有一個僧人問道：「什麼是諸佛的正宗門派？」泰欽反問：「你是什麼宗派？」那僧人問道：「那又怎麼樣呢？」泰欽說道：「怎麼樣就是沒領會。」

有僧人問道：「上藍院的一曲和尚親自舉唱，今天龍光院的事又怎麼樣呢？」泰欽禪師反問：「你什麼時候到上藍院來的？」那僧人問道：「承當的事怎麼樣？」泰欽回答：「不承當就到別處去尋找。」

有僧人問道：「什麼是佛法大意？」泰欽禪師回答：「姑且先問小意，再來給你說大意。」

泰欽禪師此後來到金陵，住持清涼大道場。泰欽上堂升法座時，有一位僧人站出來提問，泰欽便說道：「這個僧人最先出來，已為大眾報答國主的深厚恩德了。」那僧人說道：「國主請命說法，祖師的法席重新開講。學生上堂來，請和尚直截指示心源。」泰欽說道：「上來了，卻下去。」

有僧人問道：「法眼和尚的一盞法燈，分別照耀天下。和尚的一盞法燈，將傳付給什麼人？」泰欽禪師反問：「法眼和尚在什麼地方曾將法燈分別照耀過？」

江南國主李氏還是鄭王之時，曾在法眼和尚那裡接受了心法。等到法眼和尚圓寂後，又曾問泰欽禪師道：「先師有什麼還沒有了結的公案？」泰欽回答道：「現在正在分析。」又一天，國主又對泰欽說道：「聽說長老曾在先師那裡聽到過奇異的事。」泰欽便做出欲起身的姿勢，國主說道：「再坐坐。」

泰欽禪師對眾僧說道：「先師的法席下有五百之眾，現今只有十數人在各地為禪林導師領袖。你們說他們有沒有給人指錯道路的事呢？如果指錯了，就叫他跳入水火之中，跌落陷坑深塹內。但是古人又說過：我如果上刀山，刀山便自己折斷了。我如果下油鍋，油鍋便自己熄滅了。這話又怎麼商量呢？這些言語很是耳熟，等到問起來卻又感到生疏，為什麼呢？只因為相隔、闊別的時間太久了。上座只要領會我自己有什麼去不得，有去不得的地方是眼等諸根、色等諸法。諸法姑且放置在一邊，上座睜開眼睛看見了什麼？所以說：不見一法即是如來，方可以稱作觀自在。各自珍重！」

泰欽禪師於北宋開寶七年（九七四年）六月患了病，並告訴眾僧道：「老僧臥病在牀，勉強牽拖著病體來跟你們相見。如今到處都是道場，宛如眾生成佛的化城。你們就說一說什麼是化城？不見從前導師曾說過：藏寶的地方並不遙遠，但必須前進。等到達了那個城市，又說這是我所化成的。現在你們各人試說說當中的道理，是如來禪，還是祖師禪，可還能確定嗎？你們雖然是晚生後輩，但必須知道僥倖忝為僧人，我國主於平凡之所及景致佳麗之地，都建造一道場，所需要的都不缺少，只要是你們開口。現今不知道哪個是你們的口，怎麼報答他的四恩三有呢？想要領悟嗎？只要識得口，就必定沒有過失，縱然有過失，也因你們而有。我現今是風火相煎逼，去與住本是常道。老僧住持此院已長達一紀了，每每承蒙國主的幫助，至於檀越、十方道侶、主事的小師僧，也以赤誠之心待我，我都默記於心而難以言語表說。如披麻帶孝，這是順應世俗，我卻說這是違背了自然。你們就說說是順從世俗好，還是違背自然好？但是只要順從我教大道，就不會有顛倒。我的遺骸，一定要在南山大智藏和尚墓塔的旁邊找一塊墳地。生死升沉分明，沒有變化。望努力再努力！各自珍重！」在當月之二十四日，泰欽禪師端坐著逝世了。

【說明】清涼泰欽禪師繼承法眼文益禪師的圓融教禪和活用《華嚴》之思想，主張理事圓融；並與江南國主也相交甚深，時與相論玄旨，宣揚報「四恩」思想，因而對法眼宗於貴族士大夫中的盛行，起著相當之作用。

杭州寶塔寺紹巖禪師

杭州真身寶塔寺紹巖禪師，雍州人也，姓劉氏。七歲，依高安禪師出家。十八，進具於懷暉律師。暨遊方，與天台韶國師同受記於臨川。尋於浙右❶水心寺掛錫宴寂，後止越州法華山，續入居塔寺上方淨院。吳越王命師開法，署了空大智常照禪師。

上堂謂眾曰：「山僧素寡知見，本期閑放，念經待死，豈謂今日大王勤重，苦勉山僧效諸方宿德，施張法筵。然大王致請，也只圖諸仁者明心，此外無別道理。諸仁者還明心也未？莫不是語言譚笑時，凝然杜默時，參尋知識時，道伴商略❷時，觀山翫水時，耳目絕對時，是汝心否？如上所解，盡為魔魅所攝，豈曰明心？更有一類人，離身中妄想外，別認偏十方世界，含日月，包太虛，謂是本來真心，斯亦外道所計，非明心也。諸仁者要會麼？心無是者，亦無不是者。汝擬執認，其可得乎？」

問：「六合❸澄清時如何？」師曰：「大眾誰信汝？」

問：「見月忘指時如何？」師曰：「非見月。」曰：「豈可認指為月邪？」

師曰：「汝參學來多少時也？」

師開寶四年七月示疾，謂門弟子曰：「諸行無常，即常住相。」言訖跏趺而逝，壽七十三，臘五十五。

【注釋】❶浙右　今浙西地區。❷商略　商討；商量。❸六合　指天地四方。

【語譯】杭州（今屬浙江）真身寶塔寺紹巖禪師（八九九～九七一年），雍州（今陝西西安）人，俗姓劉。紹巖七歲時，依附高安禪師出家。他十八歲時，在懷暉律師那裡接受了具足戒。等到紹巖去各地遊方時，與天台德韶禪師一同在臨川（今江西撫州）接受了法眼和尚的印記。不久，紹巖在浙西水心寺掛錫禪修，此後止息於越州（今浙江紹興）法華山，接著來到杭州寶塔寺上方淨院居住。吳越王錢氏迎請紹巖開堂說法，署法號為了空大智常照禪師。

紹巖禪師上堂對眾人說道：「山僧素來就少知見，本來期望悠閒放散地度過一生，無事念誦經文以等待死亡來臨，哪裡想到今天為大王所崇重，苦苦勉勵山僧仿效各地高僧大德，開張法會講法。但是大王所延請之目的，也只是希望諸位仁者能明心，除此之外再沒有別的道理。諸位仁者可已經明心了嗎？莫非是言談笑語之時，凝然沉思、杜口沉默之時，雲遊參訪善知識之時，與參道的伴侶相互商討之時，觀山玩水之時，耳目斷絕視聽之時，才是你們的心嗎？如若像上面所理解的，實是被鬼魔所迷惑了，哪裡能稱作明心呢？還有一種人，除了身中妄想以外，另外還把整個十方世界，包括日月、虛空，都說成是本來之真心，這也是受了外道的影響所造成的，而不是明心。諸位仁者想要領會嗎？心不在這裡，也無不在這裡。你們如果要執意辨認，能得到嗎？」

有僧人問道：「天地四方都澄清的時候怎麼樣？」紹巖禪師反問：「大眾中誰會相信你呢？」

有僧人問道：「看見月亮而忘記了手指的時候怎麼樣？」紹巖禪師回答：「不是看見月亮。」那僧人又問道：「難道可以認手指為月亮嗎？」紹巖問道：「你參學多少時間了？」

紹巖禪師於北宋開寶四年（九七一年）七月生病，而對門人弟子說道：「諸行無常，就是常住之相。」說完就端坐著圓寂了，享年七十三歲，法臘五十五年。

【說明】紹巖禪師對明心有著深刻的論述，指出明心即心中不存妄想，亦不執遍十方世界為平等真心，即心無是、無不是，不可執著，便謂明心。

金陵報恩院法安禪師

金陵報恩院法安慧濟禪師，太和人也。印心於法眼之室，初住撫州曹山崇壽院，為第四世。

上堂謂眾曰：「知幻即離，不作方便。離幻即覺，亦無漸次。諸上座且作麼生會？不作方便，又無漸次，古人意在什麼處？若會得，諸佛常見前。若未會，莫向《圓覺經》裡討。夫佛法亘古亘今，未嘗不見前。諸上座，一切時中咸承此威光，須具大信根，荷檐得起始得。不見佛讚猛利❶底人堪為器用，亦不賞他向善、久修淨業❷者，要似他廣額兇屠拋下操刀❸，便證阿羅漢果，直須恁麼始得。

所以長者道：如將梵位，直授凡庸。」

僧問：「大眾既臨於法會，請師不吝句中玄。」師曰：「謾得大眾麼？」曰：「恁麼即全應此問也。」師曰：「不用得。」

問：「古人有言：一切法以不生為宗。如何是不生宗？」師曰：「好箇問處！」

問：「佛法中請師方便。」師曰：「方便了也。」

問：「如何是古佛心？」師曰：「何待問！」

江南國主請入居報恩，署號攝眾。

師上堂謂眾曰：「此日奉命令住持當院，為眾演法。適來見維那白槌了，多少好！今教當觀第一義，且作麼生是第一義？若遮裡參得多少省要，如今更別說箇什麼即得。然承恩旨，不可杜默去也。夫禪宗示要，法爾常規，圓明顯露，亘古亘今。至於達磨西來，也只與諸人證明，亦無法可得與人。只道直下是，便教立地覯取。古人雖即道立地覯取，如今坐地還覯得也無？有疑請問。」

僧問：「三德❹奧樞從佛演，一音玄路請師明。」師曰：「汝道有也未？」

問：「如何是報恩境？」師曰：「大家見汝問。」

師開寶中示滅于本院。

【注釋】❶猛利　指心智聰明靈利。唐僧人寒山詩：「上人心猛利，一聞便知妙。」❷淨業　清淨之善業。❸操刀　此指屠刀。❹三德　《涅槃經》謂大涅槃具有三德：一法身德，為佛之本體，以常住不滅之法性為身；二般若德，為法相如實覺悟者；三解脫德，即遠離一切束縛而得大自在者。此三者各有常、樂、我、淨之四德，故名三德。

【語譯】金陵（今江蘇南京）報恩院法安慧濟禪師，太和（今江西泰和）人。法安在法眼和尚之方丈室中印證了心法，最初居住於撫州（今屬江西）曹山崇壽院，為第四世住持。

法安禪師上堂對眾人說道：「知曉幻像就離開，不作方便接引。離開幻像就是覺悟，也沒有漸次之過程。諸位上座該怎樣來領會呢？不作方便接引，又沒有漸次之過程，古人的意思在什麼地方？如若能領會，諸佛就長久在眼前。如若沒有領會，也不要到《圓覺經》裡去尋找。那佛法從古至今，沒有不出現在眼前的。諸位上座，要在一切時光中都承受這威光，就必須具有大信根，能承擔得起才行。不見佛讚賞那猛利的人能承擔法器之用，而不是讚賞那些趨向善行、長久修持淨業的人，要像他那寬額的兇惡屠夫，一旦拋下屠刀，就證得了阿羅漢果，必須這樣做才行。所以長者說過：如把梵天之位，直接授予凡夫庸人。」

有僧人請道：「大眾既然已經親臨法會了，還請和尚不吝指教那語句中的玄妙。」法安禪師回答：「騙得過大眾嗎？」那僧人便說道：「這樣則完全應答這個問題了。」法安說道：「用不著。」

有僧人問道：「古人曾說過：一切法都以不生為宗旨。什麼是不生之宗旨？」法安禪師喝道：「好一個問題！」

有僧人請道：「佛法之中還請和尚方便接引。」法安禪師說道：「方便接引了。」

有僧人問道：「什麼是古佛之心？」法安禪師喝道：「還用得著再問嗎！」

江南國主李氏迎請法安禪師入報恩院為住持，賜法號統攝眾僧。

法安禪師上堂對眾人說道：「今天我奉命令住持本院，為眾人演說佛法。剛才看見維那白槌了，多少好啊！維那叫人應當觀看第一義，那什麼才是第一義呢？如果這裡已參得了許多簡明關鍵之處，現今就別再說個什麼即行了。但是我秉承國主的恩旨，不可以杜口沉默啊。那禪宗的旨要，佛法的常規，都圓滿明白地顯露著，通古至今。至於達磨祖師從西方來，也只是要給諸位一個證明，也沒有一法可以給予人的。只是說當下便是，就讓人立地領悟去。古人雖然說要人立地領悟去，那現今坐著還能領悟嗎？有疑問就請問。」

有僧人請道：「三德之奧妙、關鍵就聽佛來演釋，一音中的玄妙之路還請和尚證明。」法安禪師反問：「你說有沒有呢？」

有僧人問道：「什麼是報恩院的境界？」法安禪師回答：「大家都看見你提問。」

法安禪師於北宋開寶年間（九六八～九七六年）在報恩院中圓寂。

撫州崇壽院契稠禪師

撫州崇壽院契稠禪師，泉州人也。上堂升座，僧問：「四眾諦觀第一義。如何是第一義？」師曰：「何勞更問！」師又曰：「大眾欲知佛性義，當觀時節因緣。作麼生是時節因緣？上座如今便散去，且道有也未？若無，因什麼便散去？若有，作麼生是第一義？上座，第一義現成，何勞更觀？恁麼顯明，得佛性常照，一切法常住。若見有法常住，猶未是法之真源。作麼生是法之真源？上座不見古人道：一人發真歸源，十方虛空悉皆消殞。還有一法為意解麼？古人有如是大事因緣❶，依而行之即是，何勞長老多說！眾中有未知者，便請相示。」

僧問：「淨慧之燈，親然汝水。今日王侯請命，如何是淨慧之燈？」師曰：「更請一問。」

問：「古人見不齊處，請師方便。」師曰：「古人見什麼處不齊？」

問：「如何是佛？」師曰：「如何是佛。」曰：「如何領解？」師曰：「領解即不是。」

問：「的的西來意，師當第幾人？」師曰：「年年八月半中秋。」

問：「如何是和尚為人一句？」師曰：「觀音舉，上藍舉。」

師淳化三年示滅。

【注釋】❶大事因緣　即一大事之因緣。《法華經・方便品》：「諸佛出世，唯以一大事因緣，故出現于世。」一大事，即佛向大眾說法以轉迷開悟，具體而言，即如《法華經》說佛知見，《涅槃經》說佛性，《無量壽經》說往生極樂等。

【語譯】撫州（今屬江西）崇壽院契稠禪師（九五八～九九二年），泉州（今屬福建）人。契稠上堂升法座，有僧人問道：「僧俗四眾仔細觀察第一義。什麼是第一義？」契稠喝道：「何用煩勞你再問！」契稠又說道：「大眾想要知道佛性之義，應當觀察時節因緣。什麼是時節因緣呢？上座現在就散去，且說說還有嗎？如果沒有，因為什麼就散去了？如果有，那什麼是第一義呢？上座，第一義是現成的，何必勞煩你再來觀察呢？這樣地顯明，能得佛性常照，一切法常住。如果你看見有法常住，還不是法的真正本源。什麼是法的真正本源呢？上座沒聽見古人說過：一個人發明真諦回歸本源，十方虛空都消失殆盡了。可還有一法能為意識之解釋嗎？古人有這樣的大事因緣，依從它施行就行了，何必勞煩長老多說啊！如大眾中還有不知道的人，就請指示。」

有僧人問道：「法眼和尚的法燈，親自點燃了汝水。今天王侯來請教，什麼是法眼和尚的法燈？」契稱禪師回答：「再請一問。」

有僧人請道：「古人看不齊整的地方，就請和尚方便接引。」契稱禪師反問：「古人看什麼地方不齊整？」

有僧人問道：「什麼是佛？」契稱禪師回答：「什麼是佛。」那僧人又問道：「怎樣來理解？」契稱回答：「理解就不對了。」

有僧人問道：「領會達磨祖師西來確切意旨的，和尚是第幾人？」契稱禪師回答：「年年八月半是中秋節。」

有僧人問道：「什麼是和尚接引人的一句話？」契稱禪師回答：「觀音院裡舉說，上藍院裡舉說。」

契稱禪師於北宋淳化三年（九九二年）圓寂。

洪州雲居山清錫禪師

洪州雲居山廣平院清錫禪師，泉州人也，初住龍須山廣平院。有僧問：「如何是廣平境？」師曰：「識取廣平。」曰：「如何是境中人？」師曰：「驗取。」

次住雲居山。僧問：「如何是雲居境？」師曰：「汝喚什麼作境？」曰：「如何是境中人？」師曰：「適來向汝道什麼？」

師後住泉州西明院。有廖天使❶入院，見供養法眼和尚真，乃問曰：「真前是什麼果子？」師曰：「假果子。」天使曰：「既是假果子，為什麼將供養真？」師曰：「也只要天使識假。」

問：「如何是佛？」師曰：「容顏甚奇妙。」

【注釋】❶天使　帝王的使臣。

【語譯】洪州（今江西南昌）雲居山廣平院清錫禪師，泉州（今屬福建）人，最初住持龍須山廣平院。有僧人問道：「什麼是廣平院的境界？」清錫回答：「認識廣平院了。」那僧人又問道：「什麼是境界中的人？」清錫回答：「驗證了。」

清錫禪師接下來住持雲居山。有僧人問道：「什麼是雲居山的境界？」清錫反問：「你把什麼叫作境界？」那僧人又問道：「什麼是境界中的人？」清錫便說道：「剛才對你說了什麼？」

清錫禪師後來住持泉州西明院。有個姓廖的天使來到院內，看見供養著法眼和尚的肖像，就問道：「肖像前面供的是什麼果子？」清錫回答：「是假果子。」廖天使便問道：「既然是假果子，為什麼拿來供養肖像呢？」清錫回答：「也只是為了讓天使認識假的。」

有僧人問道：「什麼是佛？」清錫禪師回答：「相貌很奇妙。」

洪州百丈山道常禪師

洪州百丈山大智院道常❶禪師，本山出家，禮照明禪師披剃，尋參淨慧，獲預函丈，因請益問：「外道問佛，不問有言，不問無言。」敘語未終，淨慧曰：「住！住！汝擬向世尊良久處會去。」師從此悟入。後本山請歸住持，當第十一世，學者尤盛。

師上堂示眾曰：「乘此寶乘❷，直至道場。每日勞諸上座訪及，無可祇延。時寒，不用久立，卻請迴車。珍重！」

僧問：「如何是學人行腳事？」師曰：「拗折拄杖得也未？」

問：「古人有言：釋迦與我同參。未審參見何人？」師曰：「唯有同參方得知。」曰：「未審此人如何親近？」師曰：「恁麼即不解參也。」

問：「如何是祖師西來意？」師曰：「往往問不著。」問：「還鄉曲子作麼生唱？」師曰：「設使唱，落汝後。」

問：「如何是百丈境？」師曰：「何似雲居？」

問：「如何是百丈為人一句？」師曰：「若到諸方，總須問過。」

師又謂眾曰：「實是無事，與上座各事佛，更有何疑得到遮裡？古人只道：十方同共聚，箇箇學無為。此是選佛處，心空及第歸。心空是及第，且作麼生會心空？不是那裡閉目冷坐是心空，此正是識陰想解。上座要心空麼？但且識心。所以道：過去已過去，未來更莫算。兀然無事坐，何曾有人喚？設有人喚，上座應他好，不應好？若應，阿誰喚上座？若不應，不患聾也。三世體空❸，且不是木頭。所以古人道：心空得見法王。還見法王麼？也只是老病僧。又莫是渠自伐❹麼？珍重！」

僧問：「如何是佛？」師曰：「汝有多少事不問。」

僧舉：「人問玄沙曰：『三乘十二分教即不問，如何是祖師西來意？』玄沙曰：『三乘十二分教不要。』其僧不會，請師為說。」師曰：「汝實不會？」曰：「實不會。」師示偈曰：「不要三乘要祖宗，三乘不要與君同。君今欲會通宗旨，後夜猿啼在亂峰。」

師淳化二年示滅，塔于本山。

【注釋】❶道常　《五燈會元》卷一〇作「道恒」。❷乘　此指車子。❸體空　空理有二種。如分析人而為五蘊、十二處、十八界等，分析色而至極微，分析心而至一念，因分析之結果始觀空，謂之析空，是為一切小乘叫之空理。而無須分析，直接就法之體而觀如幻如夢是空，即謂之體空。❹自伐　自誇。

【語譯】洪州（今江西南昌）百丈山大智院道常禪師（九一六～九九一年），就在百丈山出家，禮拜照明禪師披剃，不久參拜法眼和尚，得以入方丈參學，因請益問道：「外道問佛，不問有言，不問無言。」話還沒有說完，法眼和尚便說道：「停！停！你打算向世尊沉默無言處去領會。」道常由此悟入禪旨。此後百丈山請道常歸去住持寺院，為第十一世住持，參學者尤其盛多。

道常禪師上堂指示眾人道：「乘坐在這寶車上，直到道場。每天煩勞諸位上座前來拜訪，而沒有恭敬地接待。天氣寒冷，不用久立了，請坐車回去吧。各自珍重！」

有僧人問道：「什麼是學生的行腳之事？」道常禪師反問：「你折斷了拄杖沒有？」

有僧人問道：「古人有言：釋迦牟尼和我一同參學。不知道參見什麼人？」道常禪師回答：「只有一同參學的人才能知道。」那僧人又問道：「不知道那人怎樣才能親近？」道常回答：「這樣說來你並不懂得參學。」

有僧人問道：「什麼是祖師西來的意旨？」道常禪師回答：「往往問不著。」那僧人又問道：「那回鄉的歌曲該怎麼唱？」道常回答：「即使唱，也落在了你的後面。」

有僧人問道：「什麼是百丈山的境界？」道常禪師反問：「哪裡能與雲居山相比？」

有僧人問道：「什麼是百丈和尚接引人的一句話？」道常禪師回答：「如果到了各地，都要問上一問。」

道常禪師又對眾僧說道：「實在是沒有什麼事，與上座各自禮拜佛，還有什麼疑惑能到這裡來？古人只是說：十方共同聚會，個個都學無為。這是選佛之場，心空便及第歸。心空便是及第，那怎樣來領會心空呢？不是在那裡閉著眼睛、枯寂地坐著即是心空，這正是識蘊之妄想知解。上座可要心空嗎？只要識心即行。所以說：過去的已經過去，未來的更不要籌劃。獨自無事寂寂地坐著，哪裡有什麼人來招呼？假如有人招呼，上座是答應他好，還是不答應他好呢？如果答應了，是誰在招呼上座？如果不答應，又沒有耳聾。三世體空，而且不是木頭。所以古人說：心空得以見法王。可還看見法王嗎？也只是一個老病之僧人。又莫非是他自誇嗎？各自珍重！」

有僧人問道：「什麼是佛？」道常禪師回答：「你有多少事不問。」

有僧人舉說道：「有僧人問玄沙和尚道：『三乘十二分教就不問了，什麼是祖師西來的意旨？』玄沙和尚回答：『三乘十二分教不要。』那僧人沒有領會，請和尚為他解釋。」道常禪師問道：「你真的沒有領會嗎？」那僧人回答：「真的沒有領會。」道常便作了一首偈頌示意道：「不要三乘而要祖宗，三乘不要正與君相同。君現今要會通宗旨，後夜猿猴啼鳴在亂峰。」

道常禪師於北宋淳化二年（九九一年）圓寂，靈塔建於百丈山。

【說明】據《五燈會元》載，道常禪師以「吃茶、珍重、歇」為三句口訣，要學人但且識心，便見心空，而將「事」與「理」、「世間」與「出世間」圓融起來，發揚了法眼文益禪師的教禪結合、活用《華嚴》之禪風。

天台山般若寺敬遵禪師

天台山般若寺通慧禪師敬遵，上堂謂眾曰：「皎皎炟赫地，亘古亘今，也未曾有纖豪間斷相。無時無節，長時拶定上座無通氣處。所以道：山河大地是上座善知識，放光動地，觸處❶露現，實無絲頭許法可作隔礙。如今因什麼卻不會，特地生疑去？無事，不用久立。」

僧問：「優曇華坼人皆覩，般若家風賜一言。」師曰：「不因上座問，不曾舉似人。」曰：「恁麼即般若雄峰，詎齊今古？」師曰：「也莫錯會。」

問：「牛頭未見四祖時，為什麼百鳥銜華？」師曰：「汝什麼處見？」曰：「見後為什麼不銜華？」師曰：「且領話好！」

問：「靈山一會，迦葉親聞。未審今日一會，何人得聞？」師曰：「汝試舉迦葉聞底看。」曰：「恁麼即迦葉親聞去也。」師曰：「亂道作麼！」

師自述真讚曰：「真兮寥廓❷，郢人圖臒❸。嶽聳雲空，澄潭月躍。」

【注　釋】❶觸處　到處；隨處。❷寥廓　空遠寂寥貌。❸郢人圖臒　《莊子・徐无鬼》說：春秋時楚國郢地有人粉刷牆壁時，一點白粉掉在鼻尖上，便讓匠石削去，匠石運斤成風，一下便將白粉砍去，而未傷著鼻子。後以郢人形容技藝高超者。斤，斧子。圖，繪畫。臒，紅色顏料。

【語　譯】天台山般若寺通慧禪師敬遵，上堂對眾人說道：「光明皎潔地顯露，從古至今，也未曾有過絲毫的間斷之相。無時無刻，長時間地擠壓得上座沒有通氣之處。所以說：山河大地是上座的善知識，放射出光芒，震動了大地，到處顯現，實在沒有一絲一毫之法可作為阻礙。但現今你們卻為什麼不領會，反而更產生出疑惑來？無事，不用久立。」

有僧人請道：「優曇花開放，人們都看見了，般若寺的家風，還請和尚賜予一句。」敬遵禪師回答：「不是因為上座的提問，還不曾給人舉說過。」那僧人再問道：「這樣說來，則般若之雄峰，豈能與今古相齊？」敬遵回答：「也不要領會錯了。」

有僧人問道：「牛頭和尚未參見四祖大師的時候，為什麼百鳥銜來了鮮花？」敬遵禪師反問：「你在什麼地方看見的？」那僧人又問道：「參見以後為什麼不銜花來？」敬遵回答：「姑且先領會剛才的話為好！」

有僧人問道：「靈山大會上，迦葉尊者親耳聽到佛說法。今天的法會，什麼人能夠聽到？」敬遵禪師回答：「你試舉說一下迦葉尊者所聽到的。」那僧人便說道：「這樣說來即是迦葉尊者親耳聽到了。」敬遵喝道：「亂說什麼！」

敬遵禪師在自己肖像上所作的贊辭道：「真容之神態啊空遠寂寥，是郢人親筆所圖畫的。山嶽高聳於雲霄外，清澄的深潭中月光閃耀。」

廬山歸宗寺策真禪師

廬山歸宗寺法施禪師策真，曹州人也，姓魏氏。本名慧超，升淨慧之堂，問：「如何是佛？」淨慧曰：「汝是慧超。」師從此信入，其語播于諸方。初止廬山余家峰，請下住歸宗。

上堂示眾曰：「諸上座，見聞覺知，只可一度。只如會了是見聞覺知，不是見聞覺知要會麼？與諸上座說破了，也待汝悟始得。久立，珍重！」

僧問：「如何是佛？」師曰：「我向汝道，即別有也。」

問：「如何是歸宗境？」師曰：「是汝見什麼？」曰：「如何是境中人？」師曰：「出去！」

問：「國王請命，大啟法筵。不落見聞，請師速道。」師曰：「閑言語。」曰：「師意如何？」師曰：「又亂說。」

問：「承教有言：將此身心奉塵剎[1]，是則名為報佛恩。塵剎即不問，如何是報佛恩？」師曰：「汝若是，即報佛恩。」

問：「無情說法，大地得聞。師子吼時如何？」師曰：「汝還聞麼？」曰：「恁麼即同無情也。」師曰：「汝不妨❷會。」

問：「古人以不離見聞為宗，未審和尚以何為宗？」師曰：「此問甚好。」曰：「猶是三緣❸四緣❹。」師曰：「莫亂道！」

師次住金陵奉先寺，未幾復遷止報恩道場。太平興國四年歸寂。

【注釋】❶塵剎　如塵數之世界。❷不妨　無比；非常。❸三緣　淨土宗所立，說念佛有三緣之功力：一親緣，謂眾生口常念佛名，佛即知之，身常禮敬佛，佛即見之，心常念持佛，佛即知之，即眾生之三業與佛之三業不相捨離；二近緣，眾生願見佛，佛即應念而顯現於眼前；三增上緣，眾生稱念佛，而念念除多劫之罪，命終之時，佛聖眾皆來迎，不為諸邪業所繫。❹四緣　一因緣，謂六根為因，六塵為緣；二次第緣，也作等無間緣，謂心心所法，次第無間，相續而起；三緣緣，一作所緣緣，謂心心所法，由托緣而生起，是自心之所緣慮；四增上緣，謂六根能照境發識，有增上力用，使諸法生時，不生障礙。

【語譯】廬山歸宗寺法施禪師策真（九〇五～九七九年），曹州（今山東曹縣）人，俗姓魏。策真本名慧超，升入法眼和尚之室，曾問道：「什麼是佛？」法眼和尚回答：「你是慧超。」他由此悟入禪法，其言語傳播於各地。策真起初止息於廬山余家峰，後為人迎請下山住持歸宗寺。

策真禪師上堂指示眾僧道：「諸位上座，見聞知覺，只能一次。只如領會了是見聞知覺，不是見聞知覺可還要領會嗎？已給諸位上座說破了，待到你們自己領悟了才行。久立了，各自珍重！」

有僧人問道：「什麼是佛？」策真禪師回答：「如果我對你說了，就另外有佛了。」

有僧人問道：「什麼是歸宗寺的境界？」策真禪師反問：「是你看見了什麼嗎？」那僧人又問道：「什麼是境界中的人？」策真喝道：「出去！」

有人說道：「國王為大眾請命，而大開法會。不落入見聞，請和尚快說。」策真禪師說道：「廢話。」那人便問道：「和尚的意思怎麼樣？」策真回答：「又亂說了。」

有僧人問道：「承蒙教義上說：把此身心供奉給塵剎，這就稱作報佛恩。塵剎就不問了，什麼是報佛恩？」策真禪師回答：「你如是這樣的，即是報佛恩。」

有僧人問道：「無情說法，大地得以聽聞。獅子吼的時候怎麼樣呢？」策真禪師反問：「你可聽到了嗎？」那僧人便說道：「這樣則與無情相同了。」策真說道：「你非常領會了。」

有僧人問道：「古人以不離開見聞為宗旨，不知道和尚以什麼為宗旨？」策真禪師回答：「這個問題問得好。」那僧人說道：「還是三緣、四緣。」策真喝道：「不要亂說！」

策真禪師接下來住持金陵奉先寺，不久又遷居報恩道場。策真禪師於北宋太平興國四年（九七九年）圓寂。

【說　明】策真禪師「見聞覺知，只可一度」之說，遭到後世如明末清初思想家王夫之的批評，但此「會了是見聞覺知」，是說頓悟是一剎那間的事，但並不排斥平時通過見聞覺知而漸修，即並沒把頓悟與漸修相對立。

洪州同安院紹顯禪師

洪州鳳棲山同安院紹顯禪師。僧問：「王恩降旨師親受，熊耳❶家風乞一言。」師曰：「已道了也。」

問：「千里投師，請師一接。」師曰：「好入處。」

雲蓋山僧乞❷瓦造殿，有官人問：「既是雲蓋，何用乞瓦？」無對。師代曰：「罕遇奇人。」

【注釋】❶熊耳　初祖菩提達磨禪師葬於河南熊耳山，此之代稱達磨。❷乞　此指化緣。

【語譯】洪州（今江西南昌）鳳棲山同安院紹顯禪師。有僧人請道：「國王降下詔旨，和尚親自承接，熊耳山的家風，乞請和尚說一說。」紹顯說道：「已經說了。」

有僧人請道：「從千里之外來投奔和尚，還請和尚接引一下。」紹顯禪師說道：「好一個進人之處。」

雲蓋山的僧人四處化緣求磚瓦建造佛殿，有個官員便問道：「既然是雲蓋，哪裡用得著乞討磚瓦呢？」那僧人無言以對。紹顯禪師便代作回答道：「很少遇到奇特之人。」

廬山棲賢寺慧圓禪師

江州廬山棲賢寺慧圓禪師，上堂示眾曰：「出得僧堂門，見五老峰❶，一生參學事畢，何用更到遮裡來？雖然如此，也勞上座一轉❷。無事，珍重！」

僧問：「不是風動，不是幡動，未審古人意旨如何？」師曰：「大眾一時會取。」

又上堂，有僧擬問，師乃指其僧曰：「住！住！」其僧進步，問：「從上宗乘，請師舉唱。」師曰：「前言不搆，後語難追。」曰：「未審今日事如何？」

師曰：「不會人言語。」

問：「如何是佛法大意？」師曰：「好。」

問：「如何是棲賢境？」師曰：「入得三門便合知。」

問：「如何是祖師西來意？」師曰：「此欠少。」

問：「祖燈重耀，不吝慈悲，更垂中下。」師曰：「委得麼？」曰：「恁麼即方便門已開。」師曰：「也賺。」

【注釋】❶五老峰　在廬山的東南部。❷一轉　此指從僧堂到法堂走了一回。

【語譯】江州（今江西九江）廬山棲賢寺慧圓禪師，上堂指示眾僧道：「出得僧堂門，見得五老峰，一生參學之事即已完畢，哪裡用得著到這裡來？雖然是這樣，也要煩勞上座轉上一回。無事，各自珍重！」

有僧人問道：「不是風在動，也不是旗幡在動，不知道古人的意思是什麼？」慧圓禪師說道：「大家一齊來領會。」

又有一天，慧圓禪師上堂，有僧人正準備提問，慧圓就指著那僧人喝道：「停！停！」那僧人便向前走，並請道：「從上宗乘至極玄妙的旨意，請和尚舉唱。」慧圓說道：「前言沒有領悟，後語就難以追尋。」那僧人問道：「不知道今天的事怎麼樣？」慧圓回答：「不領會別人的言語。」

有僧人問道：「什麼是佛法大意？」慧圓禪師回答：「好。」

有僧人問道：「什麼是棲賢寺的境界？」慧圓禪師回答：「進入山門就應該知道了。」

有僧人問道：「什麼是達磨祖師西來的意旨？」慧圓禪師回答：「這裡缺少。」

有僧人請道：「祖師的法燈重新照耀，請和尚不吝慈悲，再向中下根機之人垂示法要。」慧圓禪師問道：「領悟了嗎？」那僧人便說道：「這樣則方便法門已打開了。」慧圓說道：「也賺了。」

洪州觀音院從顯禪師

洪州觀音院從顯禪師，泉州莆田人也。少依本邑石梯山出家具戒，參法眼受記。初住昇州妙果院，後住茲院，參學頗眾。

師上堂，眾集，良久謂曰：「文殊深贊居士，未審居士受贊也無？若受贊，何處有居士耶？若不受贊，文殊不可虛發言。大眾作麼生會？真箇衲僧。」

時有僧問：「居士默然，文殊深贊，此意如何？」師曰：「汝問我答。」曰：「恁麼人出頭❶來又作麼生？」師曰：「行到水窮處，坐看雲起時。」

僧問：「如何是觀音家風？」師曰：「眼前看取。」曰：「忽遇作者來，作麼生見待？」師曰：「貧家只如此，未必便言歸。」

問：「久負沒絃琴，請師彈一曲。」師曰：「作麼生聽？」其僧側耳，師曰：「賺殺人！」

師謂眾曰：「盧行者當時大庾嶺頭為明上座言：莫思善，莫思惡，還我明上座本來面目來。觀音今日不恁麼道，『還我明上座來』恁麼道，是曹溪子孫？若是曹溪子孫，又爭合除卻四字？若不是，又過在什麼處？試出來商量看。」良久，師又曰：「此一眾真行腳人也。珍重！」

太平興國八年九月中，師謂檀那袁長史❷曰：「老僧三兩日間歸鄉去。」袁曰：「和尚尊年，何更思鄉？」師曰：「歸鄉圖得好鹽喫。」袁不測其言。翌日，師不疾而坐亡，壽七十有八。袁長史建塔于西山。

【注釋】❶出頭　出現；露面。❷長史　兩漢時所設之州郡屬官，輔佐太守，掌一郡兵馬。唐、宋時亦設長史，職任頗重，其大都督府長史往往即充節度使。

【語譯】洪州（今江西南昌）觀音院從顯禪師（九〇六～九八三年），泉州莆田（今屬福建）人。從顯少年時皈依本地石梯山出家，接受了具足戒，參拜法眼和尚後領悟禪法，接受印記。從顯起初住持昇州（今江蘇南京）妙果院，後來住持觀音院，自四方來參學的人很多。

從顯禪師有一次上堂，僧眾已聚集，從顯沉默了許久才說道：「文殊菩薩十分稱讚維摩詰居士，不知道維摩詰居士接受了稱讚沒有？如果接受了稱讚，哪裡還有維摩詰居士啊？如果沒有接受稱讚，文殊菩薩又絕不會憑空發言。大眾怎樣來領會呢？如果領會了，就是一個真正的衲僧。」當時有一位僧人問道：「維摩詰居士默然不語，文殊菩薩十分稱讚，這是什麼意思呢？」從顯回答：「你提問，我回答。」那僧人又問道：「如果有這樣的人出現時又怎麼辨呢？」從顯回答：「走到水流窮盡之處，坐著觀看白雲升起之時。」

有僧人問道：「什麼是觀音院的家風？」從顯禪師回答：「就看眼前。」那僧人又問道：「忽然遇到高手來時，怎樣招待呢？」從顯回答：「窮人家只能這樣了，他也未必就說歸去。」

有僧人請道：「長久背負著無弦之琴，還請和尚彈上一曲。」從顯禪師問道：「怎樣聽呢？」那僧人便做出側耳傾聽的樣子，從顯說道：「賺殺人！」

從顯禪師對眾人說道：「盧行者當時在大庾嶺上為慧明上座說道：不要思善，不要思惡，還我慧明上座的本來面目來。可是觀音我今天卻不這樣說，如果是『還我慧明上座來』這樣地說，可還是曹溪大師的子孫嗎？如果是曹溪大師的子孫，又怎麼能除去這『本來面目』四個字呢？如果不是，又錯在什麼地方呢？試說出來議論一下。」沉默了許久，從顯又說道：「這些人真是行腳之人。各自珍重！」

北宋太平興國八年（九八三年）九月中，從顯禪師對檀越袁長史說道：「老僧三兩天內就要回家鄉去了。」袁長史便問道：「和尚已很年老了，為什麼還在思念家鄉啊？」從顯回答：「回家鄉是為了希望有好鹽吃。」袁長史不明白他的話。第二天，從顯禪師沒有生病而端坐著圓寂了，享年七十八歲。袁長史便在西山建造靈塔供奉。

盧州長安院延規禪師

盧州長安院延規禪師。僧問：「如何是庵中主？」師曰：「到諸方，但道從長安來。」

師化緣將畢❶，以住持付門人辯實接武❷說法，乃歸本院西堂示滅。

【注釋】❶化緣將畢　此指教化世俗之因緣將完結，即為臨近死亡的委婉說法。化緣，謂佛、菩薩來此世，因有教化之因緣，若此因緣盡，則即去。❷接武　緊接著。

【語譯】廬州（今安徽合肥）長安院延規禪師。有僧人問道：「什麼是庵中的主人？」延規禪師回答：「你到了各地叢林，只說是從長安院來的。」

延規禪師因為教化俗世之因緣即將完畢，就把住持之位付囑給門人辯實禪師，讓他緊接著演說佛法，自己則回到本院西堂內圓寂了。

常州正勤院希奉禪師

常州正勤院希奉禪師，蘇州人也，姓謝氏，住本院為第二世。

初上堂，示眾曰：「古聖道：圓同太虛，無欠無餘。又云：一一法，一一宗，眾多法，一法宗。又道：起唯法起，滅唯法滅。又云：起時不言我起，滅時不言我滅。據此說話，屈滯久在叢林。上座若是初心兄弟，且須體道。人身難得，正法難聞，莫同等閑。施主衣食，不易消遣❶。若不明道，箇箇盡須還他。上座要會道麼？珍重！」

僧問：「如何是祖師西來意？」師曰：「什麼處得遮箇消息？」

問：「如何是諸法空相？」師曰：「山河大地。」

問：「僧眾雲集，請師舉唱宗乘。」師曰：「舉來久矣。」

問：「佛法付囑國王大臣，今日正勤將何付囑？」師曰：「萬歲！萬歲！」

問：「古人有言：山河大地是汝真善知識。如何得山河大地為善知識去？」師曰：「汝喚什麼作山河大地？」

問：「如何是合道之言？」師曰：「汝問我答。」

問：「靈山會上，迦葉親聞。未審今日，誰人得聞？」師曰：「迦葉親聞箇什麼？」

問：「古佛道場，學人如何得到？」師曰：「汝今在什麼處？」

問：「如何是和尚圓通？」師敲禪牀三下。

問：「如何是脫卻根塵？」師曰：「莫妄想。」

問：「人王法王，是一是二？」師曰：「人王法王。」

問：「如何是諸法寂滅相？」師曰：「起唯法起，滅唯法滅。」

問：「如何是未曾生底法？」師曰：「汝爭得知！」

問：「無著見文殊，為什麼不識？」師曰：「汝道文殊還識無著麼？」

問：「得意誰家新曲妙，正勤一句請師宣。」師曰：「道什麼？」曰：「豈無方便也？」師曰：「汝不會我語。」

【注釋】❶消遣 此為消受之義。

【語譯】常州（今屬江蘇）正勤院希奉禪師，蘇州（今屬江蘇）人，俗姓謝，為正勤院的第二世住持。

希奉禪師初次上堂說法，指示眾人道：「古代聖人說：圓如同太虛，沒有欠缺，也沒有多餘。又說道：一個一個的法，有著一個一個的宗，眾多的法，卻只有一法之宗。又說道：產生惟有法產生，寂滅惟有法寂滅。又說道：產生時不說我產生，寂滅時不說我寂滅。根據這樣的說法，都是委屈地滯留在叢林中很久的人。上座如果是初入叢林中的兄弟，就必須好好地體會大道。人身難得，正法難以聽到，不要等閒視之。施主的衣物食品，可不容易消受啊。如果不明白大道，一樣一樣都必須還給他們。上座還要領悟大道嗎？各自珍重！」

有僧人問道：「什麼是祖師西來的意旨？」希奉禪師反問：「你從什麼地方獲得了這個消息？」

有僧人問道：「什麼是諸法空相？」希奉禪師回答：「山河大地。」

有僧人請道：「僧眾已經雲集，請和尚舉唱宗乘玄妙的旨意。」希奉禪師說道：「已經舉唱很久了。」

有人問道：「佛法囑咐給國王大臣，今天正勤和尚拿什麼來囑咐呢？」希奉禪師回答：「萬歲！萬歲！」

有僧人問道：「古人說過：山河大地是你的真正善知識。怎樣才能使山河大地為善知識呢？」希奉禪師反問：「你把什麼叫作山河大地？」

有僧人問道：「什麼是契合大道的話？」希奉禪師回答：「你提問，我回答。」

有僧人問道：「靈山大會上，迦葉尊者親耳聞聽佛祖說法。不知道今天法會上，什麼人能夠聽聞？」希奉禪師反問：「迦葉尊者親耳聽到了什麼？」

有僧人問道：「古佛的道場，學生怎樣才能到達？」希奉禪師反問：「你現今在什麼地方？」

有僧人問道：「什麼是和尚的圓通之處？」希奉禪師在禪牀上敲了三下。

有僧人問道：「什麼是解脫的六根六塵？」希奉禪師回答：「不要妄想。」

有人問道：「人王與法王，是一還是二呢？」希奉禪師回答：「人王與法王。」

有僧人問道：「什麼是諸法寂滅之相？」希奉禪師回答：「產生惟有法產生，寂滅惟有法寂滅。」

有僧人問道：「什麼是未曾產生的法？」希奉禪師回答：「你怎能知道？」

有僧人問道：「無著和尚見到了文殊菩薩，為什麼不認識？」希奉禪師反問：「你以為文殊菩薩還認識無著和尚嗎？」

有僧人請道：「誰家因新成的曲調微妙而得意，正勤院的一句話還請和尚宣示。」希奉禪師問道：「說什麼？」那僧人便問道：「難道沒有方便法門嗎？」希奉說道：「你沒有領會我的話。」

洛京興善棲倫禪師

洛京興善棲倫禪師。僧問：「如何是佛？」師曰：「向汝恁麼道即得。」

問：「如何是西來意？」師曰：「適來猶記得。」

因宮師致政❶李公繼勳❷終世，有僧問：「是法住❸法位❹，世間相常住。未審宮師李公向什麼處去也？」師曰：「恰被汝問著。」曰：「恁麼即虛申一問。」

師曰：「汝不妨靈利。」

【注釋】❶宮師致政　宮師指太子太師、太子少師，為輔導太子之官。致政即「致仕」，謂古代官員年老退休，還政歸老。❷李公繼勳　宋初河北元城人，初仕五代後周朝，歷官至安國軍節度使，入宋為定難軍節度使，戰功甚著，但所至無善政，然以質直見稱，並信奉佛教著名。❸法住　法性十二名之一，謂真如之妙理，必在一切諸法中住，故名法住。❹法位　即真如之異名。真如為諸法安住之位，故名法位。《宗鏡錄》：「言法位者，即真如正位。故《智輪說》：法性、法界、法住、法位，皆真如異名。」

【語　譯】洛京（今河南洛陽）興善寺棲倫禪師。有僧人問道：「什麼是佛？」棲倫禪師回答：「向你這樣說就行了。」

有僧人問道：「什麼是祖師西來的意旨？」棲倫禪師回答：「剛才還記得。」

因為宮師李公繼勳逝世，有僧人便問道：「是法住法位，世間相常住。不知道宮師李公到什麼地方去了？」棲倫禪師回答：「恰好被你問著了。」那僧人便說道：「這樣則白白提問了。」棲倫說道：「你非常伶俐。」

洪州新興齊禪師

洪州武寧嚴陽新興齊禪師。僧問：「如何得出三界去？」師曰：「汝還信麼？」曰：「信即深信，乞和尚慈悲。」師曰：「只此信心，亘古亘今。快須究取，何必沉吟！要出三界，三界唯心。」

師因雪謂眾曰：「諸上座還見雪麼？見即有眼，不見無眼。有眼即常，無眼即斷。恁麼會得，佛身充滿。」

僧問：「學人辭去溈潭，乞和尚示箇入路。」師曰：「好箇入路，道心堅固。隨眾參請，隨眾作務。要去即去，要住即住。去之與住，更無他故。若到溈潭，不審馬祖。」

【語　譯】洪州武寧（今屬江西）嚴陽新興院齊禪師。有僧人問道：「怎樣才能出得三界去？」齊禪師反問：「你可還相信嗎？」那僧人說道：「相信自然是深信不疑，乞請和尚發慈悲給予明示。」齊禪師便說道：「只這個信心，能自古通今。必須趕快推究領悟，何必再沉吟不決！要出三界，三界惟心。」

齊禪師因為下雪而對眾僧說道：「諸位上座可看見雪了嗎？看見了即有眼，沒有看見即無眼。有眼即是常，無眼即是斷。如若這樣來領會，就充滿了佛身。」

有僧人請道：「學生辭別和尚而去泐潭，還請和尚指示個進入的門徑。」齊禪師說道：「好一個進入的門徑，向道之心堅固不移。跟隨眾人參拜請問，跟隨眾人普請勞作。要離去就離去，要留住就留住。離去與留住，再也沒有其他的原因。如果來到泐潭，就禮拜馬祖大師。」

潤州慈雲匡達禪師

潤州慈雲匡達禪師。僧問：「佛以一大事因緣故出現於世，未審和尚出世如何？」師曰：「恰好。」曰：「作麼生？」師曰：「不好。」

【語　譯】潤州（今江蘇鎮江）慈雲寺匡達禪師。有僧人問道：「佛因為一大事因緣而出現於世間，不知道和尚出世為了什麼？」匡達回答：「恰好。」那僧人問道：「什麼意思？」匡達回答：「不好。」

卷二六

青原行思禪師下九世下

前金陵清涼文益禪師法嗣下

蘇州薦福院紹明禪師

蘇州薦福院紹明禪師。州將錢仁奉請住持，乃問：「如何是和尚家風？」師曰：「一切處看取。」

【語譯】蘇州（今屬江蘇）薦福院紹明禪師。蘇州守將錢仁奉請紹明禪師住持薦福院，並問道：「什麼是和尚的家風？」紹明回答：「一切地方都能看到。」

澤州古賢院謹禪師

澤州古賢院謹禪師。師勘僧云：「如來堅密身，一切塵中現。如何是堅密身？」僧豎指，師云：「現即現，你怎生會？」僧無語。

師侍立次，見淨慧問一僧云：「自離此間，什麼處去來？」曰：「入嶺❶來。」淨慧曰：「不易。」曰：「虛涉他如許多山水。」淨慧曰：「如許多山水也不惡。」其僧無語，師於此言下大悟。

僧問：「如何是佛？」師曰：「築著汝鼻孔。」

【注釋】❶嶺　指江西、廣東交界處的五嶺山脈。

【語譯】澤州（今山西晉城）古賢院謹禪師。謹禪師有一天考察一個僧人道：「如來堅密之身，一切於塵中顯現。什麼是堅密之身？」那僧人豎起了手指頭，謹禪師問道：「顯現是顯現了，你怎樣來領會呢？」那僧人無語應對。

謹禪師曾在法眼和尚旁邊侍立時，聽見法眼和尚問一位僧人道：「自從離開了這裡，到什麼地方去了？」那僧人回答：「到嶺南去了。」法眼和尚說道：「不容易。」那僧人說道：「徒勞地跋涉了那許多山水。」法眼和尚說道：「跋涉了許多山水也不壞。」那僧人無言以對，謹禪師卻在言下豁然開悟。

有僧人問道：「什麼是佛？」謹禪師回答：「碰著你的鼻孔。」

宣州興福院可勳禪師

宣州興福院可勳禪師，建州建陽人也，姓朱氏。自淨慧印心，遂開法住持。

僧問：「如何是興福主？」師曰：「闍梨不識。」曰：「莫只遮便是麼？」師曰：「縱未歇狂，頭亦可❶失。」

問：「如何是道？」師曰：「勤而行之。」

問：「何云法空？」師曰：「不空。」

師有偈示眾曰：「秋江煙島晴，鷗鷺行行立。不念觀世音，爭知普門❷入！」

【注釋】❶可 卻，表示轉折。❷普門 《華嚴經》所明，一門之中攝入一切法，謂之普門，也謂普法。

【語譯】宣州（今安徽宣城）興福院可勳禪師，建州建陽（今屬福建）人，俗姓朱。可勳自從在法眼和尚那裡印證了心法，就來到興福院為住持，開堂演法。

有僧人問道：「什麼是興福院的主人？」可勳禪師回答：「闍梨不認識。」那僧人便問道：「莫非這個就是嗎？」可勳回答：「縱然沒有止息狂心，頭顱卻亦失去了。」

有僧人問道：「什麼是道？」可勳禪師回答：「勤奮地修行。」

有僧人問道：「什麼叫法空？」可勳禪師回答：「不空。」

可勳禪師作有一首偈頌指示眾僧道：「秋天晴朗的江面上，薄煙籠罩著小島，白鷗白鷺一行行站立著。不念誦觀世音菩薩之名，怎能知道從普門進入呢！」

洪州上藍院守訥禪師

洪州上藍院守訥禪師，上堂謂眾曰：「盡今提綱，無人掃地。叢林兄弟，相共證明。晚進之流，有疑請問。」

有僧問：「願開甘露門，當觀第一義。不落有無中，請師垂指示。」師曰：「大眾證明。」曰：「恁麼即屈去也。」師曰：「閑言語。」

問：「如何是佛？」師曰：「更問阿誰？」

【語　譯】洪州（今江西南昌）上藍院守訥禪師，上堂指示眾僧道：「全部令提綱挈要，就無人掃地了。叢林中的兄弟，共同來證明。晚進初心之人，有疑問就請提問。」

有僧人請道：「誠願開示甘露之門，應當觀察第一義。不落入有無之中，請和尚垂慈指示。」守訥禪師說道：「大眾一齊證明。」那僧人便說道：「這樣則委屈去了。」守訥說道：「廢話。」

有僧人問道：「什麼是佛？」守訥禪師反問：「還要問誰？」

撫州覆船和尚

撫州覆船和尚。僧問：「如何是佛？」師曰：「不識。」

問：「如何是祖師西來意？」師曰：「莫謗祖師！」

【語　譯】撫州（今屬江西）覆船和尚。有僧人問道：「什麼是佛？」覆船和尚回答：「不認識。」

有僧人問道：「什麼是祖師西來的意旨？」覆船和尚喝道：「不要誹謗祖師！」

杭州奉先寺法環禪師

杭州奉先寺法明普照禪師法環。僧問：「釋迦出世，天雨四華，地搖六動。未審和尚今日有何祥瑞？」師曰：「大眾盡見。」曰：「法王法如是也。」師曰：「人王見在。」

問：「淨慧寶印，和尚親傳。今日一會，當付何人？」師曰：「誰人無分？」曰：「恁麼即雷音普震無邊剎也。」師曰：「也須善聽。」

【語譯】杭州（今屬浙江）奉先寺法明普照禪師法環。有僧人問道：「釋迦牟尼出世，天上降下四種花，大地發生了六種震動。不知道和尚今天有什麼祥瑞？」法環禪師回答：「大眾都看見了。」那僧人便說道：「法王之法是這樣的。」法環說道：「人王現今正在。」

有僧人問道：「法眼和尚的寶印，和尚親自傳授。今天的法會，應當傳付給什麼人？」法環禪師回答：「誰沒有份？」那僧人便說道：「這樣則雷音普遍震動無邊的世界了。」法環說道：「也得會聽。」

廬山化城寺慧朗禪師

廬山化城寺慧朗禪師。江南相宋齊丘❶請開堂，師升坐曰：「今日今公❷請山僧為眾，莫非承佛付囑，不忘佛恩。眾中有問話者出來，為令公結緣。」僧問曰：「令公親降，大眾雲臻，從上宗乘，請師舉唱。」師曰：「莫是孤負令公麼？」

問：「師常苦口，為什麼學人己事不明？」師曰：「闍梨什麼處不明？」曰：「不明處請師決斷。」師曰：「適來向汝道什麼？」曰：「恁麼即全因今日去也。」師曰：「退後禮三拜。」

【注釋】❶宋齊丘　五代南唐人，字子嵩，好學工文章，尤喜縱橫之說。李昪建南唐政權，其為右丞相，後出為鎮南節度使。李中主立，召拜中書令。因其培植私黨而罷，再起再罷，終自經死。❷令公　古代對中書令的尊稱。

【語　譯】廬山化城寺慧朗禪師。江南國丞相宋齊丘迎請慧朗開堂說法，慧朗登上法座說道：「今天令公延請山僧接引眾人，眾人沒有不是秉承佛的囑咐，不忘記佛之恩德。眾人當中有想要問話的就站出來，為令公結緣。」有一個僧人請道：「令公親自降臨法會，大眾雲集會聚，從上宗乘至極玄妙的旨意，還請和尚舉唱。」慧朗說道：「莫非是辜負令公嗎？」

有僧人問道：「和尚常常苦口婆心地指示，為什麼學生自己的事仍不明白呢？」慧朗禪師問道：「闍梨什麼地方不明白呢？」那僧人說道：「不明白的地方請和尚決斷。」慧朗問道：「剛才對你說什麼了？」那僧人便說道：「這樣則全憑今天去了。」慧朗說道：「退後禮拜三次。」

杭州永明寺道鴻禪師

杭州慧日永明寺通辯禪師道鴻。第三世住。僧問：「遠離天台境，來登慧日峰。久聞師子吼，今日請師通。」師曰：「聞麼？」曰：「恁麼即昔時崇壽，今日永明也。」師曰：「幸自❶靈利，何須亂道！」

師謂眾曰：「大道廓然，古今常爾。真心周徧，如量之智❷。皎然❸萬象森羅，咸真實相，該❹天括地❺，亘古亘今。大眾還會麼？還辯白得麼？」

問：「國王嘉命，公貴臨筵，未審今日當為何事？」師曰：「驗取。」曰：「此意如何？」師曰：「什麼處去來？」曰：「恁麼即猶成造次也。」師曰：「休亂道！」

問：「諸佛出世，放百寶光明。師登寶座，有何祥瑞？」師曰：「可驗。」曰：「法王法如是。」師曰：「也是虛言。」

【注釋】❶幸自　本；本自。自，詞綴。❷如量之智　通於諸法事相之俗智，為二智之一。❸皎然　明明白白的樣子。❹該　徧及；包括。唐人鄭愔〈奉和幸三會寺應制〉詩：「睿覽山川匝，宸心宇宙該。」❺括地　籠地；捲地。形容聲音響亮。

【語譯】杭州（今屬浙江）慧日永明寺通辯禪師道鴻。第三世住持。有僧人請道：「遠遠離開天台山的景象，前來登臨慧日峰。久聞獅子吼，今天請和尚通個消息。」道鴻禪師問道：「聽到了嗎？」那僧人便說道：「這樣則是從前的崇壽院，今天的永明寺。」道鴻說道：「本來就伶俐，何必要亂說！」

道鴻禪師對眾人說道：「大道豁然空闊，古今常是這樣的。真心周遍宇宙，那明明白白的萬象森羅，都是真實之相，遍及天地，從古至今。大家可領會了嗎？可還能分辨明白嗎？」

有僧人問道：「有國王的嘉令，公卿貴客也蒞臨法筵，不知道今天應當做什麼事？」道鴻禪師回答：「驗證。」那僧人又問道：「這是什麼意思？」道鴻反問：「你從什麼地方來的？」那僧人便說道：「這樣則成唐突了。」道鴻喝道：「不要亂說！」

有僧人問道：「諸佛出世，放射出百寶光明。和尚登上寶座，有什麼祥瑞？」道鴻禪師回答：「可以驗證。」那僧人便說道：「法王之法應當這樣。」道鴻說道：「也是空話。」

高麗靈鑒禪師

高麗靈鑒禪師。僧問：「如何是清淨伽藍？」師曰：「牛欄是。」

問：「如何是佛？」師曰：「拽出癲漢著！」

【語譯】高麗國靈鑒禪師。有僧人問道：「什麼是清淨伽藍？」靈鑒回答：「牛欄即是。」

有僧人問道：「什麼是佛？」靈鑒禪師喝道：「把這個瘋漢拖出去！」

荊門上泉和尚

荊門上泉和尚。僧問：「二龍爭珠，誰是得者？」師曰：「我得。」

問：「遠遠投師，如何一接？」師按杖視之，其僧禮拜，師便喝。

問：「尺璧無瑕時如何？」師曰：「我不重。」曰：「不重後如何？」師曰：

「火裡蝍蟟❶飛上天。」

【注　釋】❶蝍蟟　同「知了」。即蟬。

【語　譯】荊門軍（今屬湖北）上泉和尚。有僧人問道：「二龍爭奪寶珠，誰是獲得的人？」上泉和尚回答：「我得到。」

有僧人問道：「遠遠前來投奔和尚，和尚怎樣接引呢？」上泉和尚按著拄杖瞪視他，那僧人便禮拜，上泉和尚就大喝。

有僧人問道：「一尺長的玉璧沒有疵瑕時怎麼樣？」上泉和尚回答：「我不看重。」那僧人又問道：「不看重以後怎麼樣？」上泉和尚回答：「火中知了飛上天。」

廬山大林寺僧遁禪師

廬山大林寺僧遁禪師，初住圓通，有僧舉：「僧問玄沙和尚：『向上宗乘，此間如何言論？』玄沙云：『少人聽。』今問師，不知玄沙意旨如何？」師曰：「待汝移卻石耳峰❶，我即向汝道。」歸宗柔別云：「且低聲。」

【注　釋】❶石耳峰　在廬山圓通寺的東南，雙峰並聳，形如兩耳。

【語　譯】廬山大林寺僧遁禪師，起初住持圓通寺時，有僧人舉出公案請教：「有僧人問玄沙和尚道：『向上至極玄妙的宗乘，這裡是怎樣議論的？』玄沙和尚回答：『很少有人在聽。』現今我來問和尚，不知道玄沙和尚的意思是什麼？」僧遁回答：「等到你移動了石耳峰，我就對你說。」歸宗義柔禪師另外回答：「低點聲。」

池州仁王院緣勝禪師

池州仁王院緣勝禪師。僧問：「農家擊壤❶時如何？」師曰：「僧家自有本分事。」曰：「不問僧家本分事，農家擊壤時如何？」師曰：「話頭何在！」

【注釋】❶擊壤　相傳堯帝時，有位八、九十歲的老人，一邊敲擊土壤，一邊唱道：「日出而作，日入而息。鑿井而炊，耕田而食。帝力於我何有哉！」

【語譯】池州（今屬安徽）仁王院緣勝禪師。有僧人問道：「農夫擊壤而歌時怎麼樣？」緣勝回答：「僧人自有本分之事。」那僧人追問道：「不問僧人的本分之事，農夫擊壤而歌時怎麼樣？」緣勝喝道：「話頭在哪裡！」

廬山歸宗寺義柔禪師

廬山歸宗寺義柔禪師。第十三世住。師初上堂升座，維那白槌曰：「法筵龍象眾，當觀第一義。」師曰：「若是第一義，且作麼生觀？恁麼道，落在什麼處？為是觀，為復不許人觀？先德上座，共相證明。後學初心，莫喚作返問語、倒靠語，有疑請問。」

僧問：「諸佛出世，說法度人，感天動地。和尚出世，有何祥瑞？」師曰：「人天大眾前寐語作麼？」

問：「諸官已集，大眾側聆。如何是出世一言之事？」師曰：「大眾證明。」

問：「香煙起處師登座，未審宗乘事若何？」師曰：「教乘也恁麼會。」

問：「優曇華坼人皆覩，達本無心事若何？」師曰：「謾語。」曰：「恁麼即南能❶別有深深旨，不是心心❷人不知。」師曰：「事須飽❸叢林。」

問：「昔日余峰，今日歸宗，未審是一是二？」師曰：「謝汝證明。」

問：「智藏一箭，直射歸宗。歸宗一箭，當射何人？」師曰：「莫謗我智藏。」

問：「此日知軍❹親證，法師從何處答深恩？」師曰：「教我道什麼即得？」

師又曰：「一問一答，也無了期。佛法也不是恁麼道理。大眾，此日之事，故非本心，實謂只箇住山寧有意？向來成佛亦無心。蓋緣是知軍請命，寺眾誠心，既到遮裡，且說箇什麼即得。還相悉麼？此若不及，古人便道：相逢欲相喚，脈脈不能語。作麼生會？若會，堪報不報之恩，足助無為之化。若也不會，莫道長老開堂只舉古人語。此之盛事，天高海深，況喻不及，更不敢讚祝皇風，迴向清列❺。

何以故？古人猶道吾禱久矣，豈況當今聖明者哉！久立，珍重！」

僧問：「如何是空王廟？」師曰：「莫少神？」曰：「如何是廟中人？」師曰：「適來不謾道。」

問：「靈龜未兆時如何？」師曰：「是吉是凶。」

問：「未達其源，乞師方便。」師曰：「達也。」曰：「達後如何？」師曰：「終不恁麼問。」

問：「久發大乘心，中忘此意。如何是此意？」師曰：「又道中忘。」

【注釋】❶南能　指禪宗南支之始祖六祖慧能大師。❷心心　謂心與心所。《仁王經》：「心心寂滅，無身心相，猶如虛空。」❸飽　此為滿足之義。❹軍　宋代地方行政區劃名，有兩類，一與府、州同級，一與縣同級。軍之長官稱知軍。❺清列　此指清貴的官品。

【語譯】廬山歸宗寺義柔禪師（？～九九三年）。第十三世住持。義柔最初上堂升座時，維那白槌說道：「法筵龍象之眾，應當觀察第一義。」義柔便說道：「如果是第一義，又怎麼來觀察？這樣說，又落在了什麼地方？是承認能觀察，還是不許可人觀察？各位先德、上座，共同來證明。後學初心者，不要把所說的稱作反問語、倒靠語，有疑惑就請提問。」

有僧人問道：「諸佛出世，說法引度世人，感動了天地。和尚出世，有什麼祥瑞呢？」義柔禪師回答：「人天大眾面前說什麼夢話？」

有人問道：「眾官員已經聚集，大眾正在聆聽。什麼是出世的一句話之事？」義柔禪師回答：「大眾一齊證明。」

有僧人問道：「香煙升起之處和尚登上了法座，不知道宗乘玄妙之事怎麼樣？」義柔禪師回答：「教乘中也這樣來領會的。」

有僧人問道：「優曇花綻開人人都看見，通達根本的無心之事怎麼樣？」義柔禪師回答：「騙人的鬼話。」那僧人便說道：「這樣則南禪慧能大師另有深深的旨意，不是心心人不知。」義柔說道：「此事要須使叢林滿足。」

有僧人問道：「從前的佘峰和尚，今天的歸宗和尚，不知道是一還是二？」義柔禪師回答：「謝謝你的證明。」

有僧人問道：「智藏和尚的一支箭，直接射向了歸宗和尚。不知道歸宗和尚的一支箭，應當射向什麼人？」義柔禪師喝道：「不要誹謗我的智藏和尚。」

有人問道：「今天知軍親自前來印證，法師將在哪裡報答此深厚的恩德呢？」義柔禪師回答：「讓我說什麼才好呢？」義柔又說道：「就這樣一問一答，也沒有一個完了之期。佛法也不是這樣的道理。諸位，今天的事，並非是我的本心，實在說來，這個住山豈是有意的？向來成佛也無心。這是因為知軍的延請，寺眾的誠心，而我既然到了這裡，就要說點什麼才行。可明白了嗎？這個如果還沒有明白，就如古人所說的：對面相逢欲相喚，含情脈脈不能語。怎樣來領會呢？如果領會了，就可以報答那不必報答的恩惠，足以幫助無為之教化。如果不能領會，就不要說長老開堂只是舉說古人的話頭。這樣的盛事，天高海深，比喻不能盡其微妙，更不敢稱讚祝願皇帝的教化，迴心嚮慕清列。這是什麼原因呢？古人還說我已經祈禱很久了，何況當今的聖明者啊！久立了，各自珍重！」

有僧人問道：「什麼是空王之廟？」義柔禪師反問：「莫非少了神祇？」那僧人又問道：「什麼是廟中之人？」義柔回答：「剛才沒有亂說。」

有僧人問道：「靈驗的神龜沒有顯示徵兆的時候怎麼辦？」義柔禪師回答：「是吉是凶。」

有僧人請道：「沒有通達其根源，還請和尚方便接引。」義柔禪師說道：「通達了。」那僧人便問道：「通達以後怎麼樣？」義柔回答：「終究不這樣問。」

有僧人問道：「久已發明了大乘之心，當中卻忘記了此意。什麼是此意？」義柔禪師回答：「又說當中忘記了。」

【說 明】清涼文益禪師的法嗣還有泉州上方慧英禪師、荊州護國遇禪師、饒州芝嶺照禪師、廬山歸宗師慧禪師、廬山歸宗省一禪師、襄州延慶通性大師、廬山歸宗夢欽禪師、洪州舍利玄闡禪師、洪州永安明禪師、洪州禪溪可莊禪師、潭州石霜爽禪師、江西靈山和尚、廬山佛手巖因禪師、金陵保安止和尚、昇州華嚴幽禪師、袁州木平道達禪師、洪州大寧道邁禪師、楚州龍興德賓禪師、鄂州黃龍仁禪師、洪州西山道聳禪師等二十人，因無機緣語句，故未收錄。

前襄州清溪洪進禪師法嗣

相州天平山從漪禪師

相州天平山❶從漪禪師。有僧問：「如何得出三界？」師曰：「將三界來與汝出。」

僧問：「如何是和尚家風？」師曰：「顯露地。」

問：「如何是佛？」師曰：「不指天地。」曰：「為什麼不指天地？」師曰：

「唯我獨尊。」

問：「如何是天平？」師曰：「八凹九凸。」

問：「洞深杳杳❷清溪水，飲者如何不升墜？」師曰：「更夢見什麼？」

問：「大眾雲集，合譚何事？」師曰：「香煙起處森羅見。」

【注釋】❶天平山　在河南林州市西二十六里。❷杳杳　沉寂的樣子。

【語譯】相州（今河南安陽）天平山從漪禪師。有僧人問道：「怎樣才能出得三界？」從漪回答：「把三界拿過來讓你出去。」

有僧人問道：「什麼是和尚的家風？」從漪禪師回答：「明擺著。」

有人問道：「什麼是佛？」從漪禪師回答：「不指天地。」那人便問道：「為什麼不指天地？」從漪回答：「惟我獨尊。」

有僧人問道：「什麼是天平山？」從漪禪師回答：「八凹九凸。」

有僧人問道：「杳杳深洞中流出的清溪水，飲用的人怎麼能不升墜？」從漪禪師反問：「還夢見了什麼？」

有僧人問道：「大眾雲集，應該談論什麼事？」從漪禪師回答：「香煙起處森羅顯現。」

廬山圓通院緣德禪師

廬山圓通院❶緣德禪師，錢塘人也，姓黃氏。初出家於臨安朗瞻院落髮，依年往天台山受具。始習禪那於天龍順德大師，尋往江表問道，值洪進山主印心。時江南國主於廬山建院，請師開法。

師上堂示眾曰：「諸上座，明取道眼好！是行腳僧本分事。道眼若未明，有什麼用處？只是移盤喫飯。道眼若明，有何障礙？若未明得，強說多端也無用處。無事也好尋究。」

僧問：「如何是四不遷？」師曰：「地、水、火、風。」

問：「如何是古佛心？」師曰：「水鳥樹林。」曰：「學人不會。」師曰：「會取學人。」

問：「久負匆弦琴，請師彈一曲。」師曰：「負來得多少時也？」曰：「未審作何音調？」師曰：「話墮也。珍重！」

問：「如何是佛法大意？」師云：「過去燈明佛，本光瑞如是。」

問：「如何是學人自己？」師云：「特地申問，是什麼意？」

問：「如何是大梅主？」師云：「闍梨今日離什麼處？」

【注釋】❶圓通院　為五代唐後主李煜之昭惠周后所建，並敕緣德禪師為開山住持。

【語譯】廬山圓通院緣德禪師（八九八～九七七年），錢塘（今浙江杭州）人，俗姓黃。緣德起初在臨安縣

（今屬浙江）朗瞻院出家落髮，依據年齡而前往天台山接受具足戒。緣德最初在天龍寺道怤順德大師那裡修習禪觀，不久前往江表問道，參拜清溪洪進山主而印證了禪心。當時江南國主李氏在廬山建造禪院，延請緣德禪師開堂說法。

緣德禪師上堂指示眾人道：「諸位上座，要使道眼明亮為好！這是行腳僧人的本來之事。道眼如果未能明亮，那還有什麼用處呢？只是個端碗吃飯的。道眼如果明亮了，還有什麼障礙呢？如果不能明白，勉強說得許多道理也沒有用處。沒有事時也好去探尋個究竟。」

有僧人問道：「什麼是四不遷變？」緣德禪師回答：「地、水、火、風。」

有僧人問道：「什麼是古佛之心？」緣德禪師回答：「水鳥樹林。」那僧人說道：「學生沒有領會。」緣德便說道：「領會了學生。」

有僧人請道：「長久背負著無弦之琴，還請和尚彈上一曲。」緣德禪師反問：「背負了多少時間了？」那僧人再問道：「不知道作什麼音調？」緣德回答：「話鋒墜落了。珍重！」

有僧人問道：「什麼是佛法大意？」緣德禪師回答：「過去燈明佛，本來之瑞光就是這樣的。」

有僧人問道：「什麼是學生自己？」緣德禪師反問：「特地來詢問，又是什麼意思？」

有僧人問道：「什麼是大梅山的主人？」緣德禪師反問：「闍梨今天離開了什麼地方？」

【說明】據文獻記載：當北宋滅南唐時，將軍曹翰率軍進攻江州，入寺，緣德禪師端坐如常，不起立行禮應接。曹翰怒呵道：「不聞殺人不眨眼將軍乎？」緣德禪師看著他說道：「安知有懼死和尚耶！」曹翰為之氣折，施禮而問決勝之策，緣德禪師答道：「此非禪者所知。」

前金陵清涼休復禪師法嗣

金陵奉先寺慧同禪師

昇州奉先寺淨照禪師慧同，魏府人也，姓張氏。幼歲出家，禮饒州北禪院惟直禪師披削，年滿受具於撫州希操律師，於清涼得法。

僧問：「唯一堅密身，一切塵中見。又云：佛身充滿於法界，普見一切群生前。於此二途，請師說。」師曰：「唯一堅密身，一切塵中見。」

僧問：「如何是古佛心？」師曰：「汝疑阿那箇不是？」問：「如何是常在底人？」師曰：「更問阿誰？」

【語　譯】昇州（今江蘇南京）奉先寺慧同淨照禪師，魏府（今河北大名）人，俗姓張。慧同於幼年出家，禮拜饒州（今江西波陽）北禪院惟直禪師披剃，年滿以後在撫州（今屬江西）希操律師那裡接受了具足戒，在清涼休復和尚那裡悟得了禪法。

有僧人問道：「教義中說：唯一堅密之身，一切於塵中顯現。教義中又說：佛身充滿了法界，普現於一切眾生之前。這兩種說法，請和尚講說。」慧同禪師說道：「唯一堅密之身，一切於塵中顯現。」

有僧人問道：「什麼是古佛之心？」慧同禪師反問：「你懷疑哪一個不是？」那僧人又問道：「什麼是常在的人？」慧同反問：「還要問哪一個？」

【說　明】慧同禪師住持奉先寺時，南唐李後主賜其法號曰淨照。慧同禪師圓寂於北宋太平興國（九七六～九八四年）年間。

清涼休復禪師的法嗣還有盧山寶慶庵道習禪師一人，因無機緣語句，故未收錄。

前撫州龍濟山紹修禪師法嗣

河東廣原和尚

河東廣原和尚。僧問：「如何是佛法大意？」師示偈曰：「剎剎❶現形儀，塵塵具覺知。性源常鼓浪❷，不悟未曾移。」

【注釋】❶剎剎　此為處處、到處之義。❷鼓浪　波浪翻騰。

【語譯】河東（今山西）廣原和尚。有僧人問道：「什麼是佛法大意？」廣原和尚作了一首偈頌指示道：「處處皆顯露出形質，每一塵粒中都具備覺知。心性之源常是波浪翻騰，沒有悟入即不曾移動。」

前衡嶽南臺守安禪師法嗣

襄州鷲嶺善美禪師

襄州鷲嶺善美禪師。第三世住。僧問：「如何是鷲嶺境？」師曰：「峴山對碧玉❶，江水往南流。」曰：「如何是境中人？」師曰：「有什麼事？」問：「百川異流，還歸大海。未審大海有幾滴？」師曰：「汝還到海也未？」曰：「到海後如何？」師曰：「明日來，向汝道。」

【注釋】❶碧玉　形容水色青綠。

【語譯】襄州（今湖北襄樊）鷲嶺善美禪師。第三世住持。有僧人問道：「什麼是鷲嶺的境界？」善美回答：「峴山對著碧玉，江水往南流淌。」那僧人又問道：「什麼是境界中的人？」善美反問：「有什麼事？」

有僧人問道：「百川分流，終究歸入大海。不知道大海有幾滴水？」善美禪師反問：「你可到過大海嗎？」那僧人又問道：「到了大海以後又怎麼樣呢？」善美回答：「明天來，再對你說。」

【說明】衡嶽南臺守安禪師的法嗣還有安州慧日院明禪師一人，因無機緣語句，故未收錄。

前漳州隆壽院無逸禪師法嗣

漳州隆壽法騫禪師

隆壽法騫禪師，泉州晉江縣人也，姓施氏。母廖氏，始娠，頓惡葷腥。及長，捨於本州開元寺菩提院出家納戒，詣漳州參逸和尚得旨。刺史陳洪銛請開堂住持。（隆壽第三世住。）上堂謂眾曰：「今日隆壽出世，三世諸佛，森羅萬象，同時出世，同時轉法輪。諸人還見麼？」

僧問：「如何是隆壽境？」師曰：「無汝插足處。」曰：「如何是境中人？」師曰：「未識境在。」

有僧到參，至明日入方丈請師心要，師曰：「昨日相逢序起居，今朝相見事還如。如何卻覓呈心要，心要如何特地疏？」

【語譯】隆壽院法騫禪師，泉州晉江縣（今屬福建）人，俗姓施。他的母親廖氏，剛懷上他時，就一下子厭惡葷腥食物了。等到法騫長大後，就施捨在泉州開元寺菩提院出家，接受具足戒，此後他前往漳州（今屬福建）參拜無逸和尚，悟入了禪旨。漳州刺史陳洪銛延請法騫禪師開堂住持。為隆壽院第三世住持。

法騫禪師上堂對眾人說道：「今天隆壽出世，三世諸佛，森羅萬象，同時出世，同時轉大法輪。諸位可還看見嗎？」

有僧人問道：「什麼是隆壽院的境界？」法騫禪師回答：「沒有你插足的地方。」那僧人又問道：「什麼是境界中的人？」法騫回答：「你沒有認識境界。」

有僧人前來參拜，到來後的次日進入方丈室向法騫禪師請教禪宗心要，法騫說道：「昨天相逢曾敘述起居事宜，今天相見之事還同昨天一樣。為什麼還要尋覓心要，心要怎麼這樣的疏遠？」

前廬山歸宗寺道詮禪師法嗣

筠州九峰義詮禪師

筠州九峰義詮禪師。僧問：「如何是祖師西來意？」師曰：「有力者負之而趨❶。」

【注釋】❶趨 快步行走。

【語譯】筠州（今江西高安）九峰義詮禪師。有僧人問道：「什麼是祖師西來的意旨？」義詮回答：「有力氣的人背起來便快走。」

前眉州黃龍繼達禪師法嗣

黃龍第二世和尚

眉州黃龍第二世和尚。僧問：「如何是密室？」師曰：「斫不開。」曰：「如何是密室中人？」師曰：「非男女相。」

問：「國內按劍者是誰？」師曰：「昌福。」曰：「忽遇尊貴時如何？」師曰：「不遺。」

【語　譯】眉州（今四川眉山）黃龍第二世住持和尚。有僧人問道：「什麼是密室？」黃龍和尚回答：「砍不開。」那僧人又問道：「什麼是密室中的人？」黃龍和尚回答：「不具有男女之相。」

有僧人問道：「國內按著寶劍的人是誰？」黃龍和尚回答：「昌福。」那僧人又問道：「忽然遇到尊貴的人時怎麼辦？」黃龍和尚回答：「不遺漏。」

前朗州梁山緣觀禪師法嗣

郢州大陽山警玄禪師

郢州大陽山警玄禪師。僧問：「叢林浩浩，法鼓喧喧，向上宗乘，如何舉唱？」師曰：「他無箇消息，爭肯應當！」曰：「今日宗乘已蒙師指示，未審法嗣嗣何人？」師曰：「梁山點出秦時鏡，長慶峰前一樣輝。」

問：「如何是大陽境？」師曰：「孤鶴老猨啼谷韻，瘦松寒竹鎖青煙。」曰：

「如何是境中人？」師曰：「作麼！作麼！」

問：「如何是大陽家風？」師曰：「滿缾傾不出，大地勿饑人。」

問：「如何是佛？」師曰：「汝何不是佛？」曰：「學人不會時如何？」師曰：「迢然不掛三秋月，一句當陽豈在燈！」

問：「如何是祖師西來意？」師曰：「解問不當。」曰：「學人不會時如何？」師曰：「陝府鐵牛人皆嚮，卞和得玉至今傳。」

問：「如何是大陽透法身底句？」師曰：「大洋海底紅塵起，須彌山上水橫流。」

問：「牛頭未見四祖時，為什麼百鳥銜花？」師曰：「出戶烏雞❶頭戴雪。」曰：「見後為什麼不銜花？」師曰：「杲日當天後，烏雞出戶飛。」

【注釋】❶烏雞　長著黑色羽毛的雞。

【語譯】郢州（今湖北鍾祥）大陽山警玄禪師（九四八～一〇二七年）。有僧人問道：「叢林浩浩蕩蕩，法鼓喧喧鬧鬧，向上至極玄妙的宗乘，怎樣來舉唱呢？」警玄回答：「他沒有一個消息，怎麼肯承當！」那僧人又問道：「至極玄妙的宗乘今天已蒙和尚指示，不知道成為誰人的法嗣？」警玄回答：「梁山點化出秦代的鏡子，長慶峰前一樣光輝照人。」

有僧人問道：「什麼是大陽山的境界？」警玄禪師回答：「孤鶴老猿在山谷中有韻律的啼鳴著，瘦松寒竹被青煙所籠蓋著。」那僧人又問道：「什麼是境界中的人？」警玄喝道：「做什麼！做什麼！」

有僧人問道：「什麼是大陽山的家風？」警玄禪師回答：「滿瓶之水倒不出，大地也沒有饑餓的人。」

有僧人問道：「什麼是佛？」警玄禪師反問：「你為什麼不是佛？」那僧人又問道：「學生沒有領會的時候怎麼樣？」警玄回答：「遠遠地不掛三秋之月，一句當面說出豈在於法燈！」

有僧人問道：「什麼是祖師西來的意旨？」警玄禪師回答：「提問不恰當。」那僧人便問道：「學生沒有領會的時候怎麼樣？」警玄回答：「陝府（今河南三門峽）鐵牛人人都嚮慕，卞和所得的玉璧至今還在流傳。」

有僧人問道：「什麼是大陽山超逸法身的句子？」警玄禪師回答：「大洋海底紅塵滾滾而起，須彌山上洪水橫流。」

有僧人問道：「牛頭和尚未參見四祖大師的時候，為什麼百鳥銜來了鮮花？」警玄禪師回答：「出門的烏雞頭頂長著雪白的羽毛。」那僧人又問道：「參見以後為什麼不銜花來了？」警玄回答：「驕陽升到中天後，烏雞出門飛翔。」

【說　明】大陽警玄禪師，江夏（今湖北武漢）張氏子，北宋大中祥符（一〇〇八～一〇一六年）年間因避宋帝之國諱而改法名作警延。警玄禪師以「先德付授之重」，而感歎曹洞禪法難乎為繼，毅然於八十歲時作偈頌，並皮履、布直裰寄給臨濟宗高僧浮山法遠禪師，囑其代「為求法器」。浮山法遠禪師不負所託，歷經二十餘年，始得擇中投子義青禪師，囑其嗣法警玄禪師，從而使曹洞宗中斷已久之法脈得以接續，為曹洞宗之長遠發展帶來真正的轉機。

青原行思禪師的第九世法嗣還有：漳州報劬院玄應禪師的法嗣一人，報劬院第二世住持仁義禪師，因無機緣語句，故未收錄。

青原行思禪師下十世

前天台山德韶國師法嗣

杭州永明寺延壽禪師

杭州慧日永明寺智覺禪師延壽，餘杭人也，姓王氏。總角之歲，歸心佛乘。既冠，不茹葷，日唯一食。持《法華經》七行俱下，才六旬，悉能誦之，感群羊跪聽。

年二十八，為華亭鎮將❶。屬翠巖永明大師遷止龍冊寺，大闡玄化。時吳越文穆王知師慕道，乃從其志，放令出家。禮翠巖為師，執勞供眾，都忘身宰。衣不繒纊，食無重味，野蔬布襦❷，以遣朝夕。

尋往天台山天柱峰，九旬習定，有烏類尺鷃❸巢于衣襵❹中。暨謁韶國師，一見而深器之，密授玄旨。仍謂師曰：「汝與元帥❺有緣，他日大興佛事。」密受記。初住明州雪竇山❻，學侶臻湊。咸平元年賜額曰資聖寺。

師上堂曰：「雪竇遮裡，迅瀑千尋[7]，不停纖粟[8]。奇巖萬仞[9]，無立足處。汝等諸人，向什麼處進步？」時有僧問：「雪竇一徑，如何履踐？」師曰：「步步寒華[10]結，言言徹底冰。」

建隆元年，忠懿王請入居靈隱山新寺，為第一世。明年復請住永明大道場，為第二世，眾盈二千。

僧問：「如何是永明妙旨？」師曰：「更添香著。」曰：「謝師指示。」師曰：「且喜勿交涉。」師有偈曰：「欲識永明旨，門前一湖水。日照光明生，風來波浪起。」

問：「學人久在永明，為什麼不會永明家風？」師曰：「不會處會取。」曰：「不會處如何會？」師曰：「牛胎生象子，碧海起紅塵。」

問：「成佛成祖亦出不得，六道輪迴亦出不得。未審出箇什麼不得？」師曰：「出汝問處不得。」

問：「承教有言：一切諸佛及佛法，皆從此經出。如何是此經？」師曰：「長時轉不停，非義亦非聲。」曰：「如何受持？」師曰：「若欲受持者，應須用眼聽。」

問：「如何是大圓境？」師曰：「破砂盆⑪。」

師居永明道場十五載，度弟子一千七百人。開寶七年，入天台山度戒約萬餘人。常與七眾受菩薩戒，夜施鬼神食，朝放諸生類，不可稱算。六時⑫散華行道⑬，餘力念《法華經》一萬三千部。著《宗鏡錄》一百卷，詩偈賦詠凡千萬言，播于海外。高麗國王覽師言教，遣使齎書，敘弟子之禮，奉金線織成袈裟、紫水精數珠、金澡罐⑭等。彼國僧三十六人，親承印記，前後歸本國，各化一方。

以開寶八年乙亥十二月示疾，二十六日辰時焚香告眾，跏趺而亡。明年正月六日，塔于大慈山。壽七十二，臘四十二。太宗皇帝賜額曰壽寧禪院。

【注　釋】❶鎮將　唐末、五代時鎮守城邑的將領。❷襦　短衣；短襖。❸尺鷃　即鷃雀，雀形目百靈科小鳥。❹襵　衣裙、頭巾等的褶皺。❺元帥　此指吳越王錢俶，因其曾被宋朝封為天下兵馬大元帥。❻雪竇山　在浙江奉化西六十里，為四明山之支脈，景色奇秀。山上有千尺飛瀑，直泄絕壁崖間。❼尋　古時以長七尺為一尋。❽纖粟　此比喻極短暫之時間。❾萬仞　形容山勢高峻。古代七尺或八尺稱一仞。❿寒華　此指因氣候寒冷而凝結的霜花。⓫砂盆　即陶盆。⓬六時　白天早晨、中午、午後三時，夜間初夜、夜半、後半夜三時，合稱六時。⓭散華行道　寺院內為供養佛而散布花瓣之儀式，有次第散花與行道散花二種。僧人各立其座而不行走於道路上，但由方丈依次散花，稱次第散花；而行走於道路上散花者，即為行道散花。此指做佛事，接引僧俗。⓮澡罐　洗澡所用之水罐。

【語　譯】杭州（今屬浙江）慧日永明寺延壽智覺禪師（九〇四～九七五年），餘杭（今浙江餘杭市餘杭鎮）人，俗姓王。延壽在七、八歲時，就仰慕佛教。他年滿二十歲，便不吃葷腥，每天只吃一頓。延壽拿到一部

《法華經》，便一目七行，閱讀極快，僅六十天後，就能背誦該經文，竟然使羊群感動得跪著聆聽。

延壽二十八歲時，成為華亭縣（今上海松江）的鎮將。正好此時翠巖永明大師遷居龍冊寺，大力闡揚宗風教化。當時吳越文穆王錢元瓘知道延壽仰慕佛道，就依從其志向，放令他出家。延壽禮拜翠巖大師為師，辛勤地操持寺務，以供養眾僧，甚至忘記了自身。他不穿絲綢衣服，每餐只吃一樣食物，就這樣粗菜布衣，以度朝夕。

不久，延壽禪師前往天台山天柱峰，修習禪定達九十天，烏鴉、鷃雀等都在他的衣服褶皺中築了窩。等延壽去拜謁德韶國師時，德韶國師一見他就十分器重，秘密傳授他玄妙的宗旨。德韶國師還對延壽說道：「你與元帥有緣，將來一定能大興佛事。」延壽秘密接受了印記。延壽起初住持明州（今浙江寧波）雪竇山，學法僧人自四方來會聚。咸平元年（九九八年）天子賜寺額曰資聖寺。

延壽禪師上堂說道：「雪竇山這裡，有飛流直下的千尋瀑布，沒有一時一刻的停留；有壁立萬仞的山崖，連立足之處也沒有。你們諸人，向什麼地方邁步前進呢？」當時有一位僧人問道：「雪竇山的一條路，該怎樣行走呢？」延壽回答：「每一步路都凝結寒冷的霜花，每一句話都冰凍到水底。」

北宋建隆元年（九六〇年），吳越忠懿王錢俶延請延壽禪師入居靈隱山新建的寺院，為第一世住持。次年，吳越忠懿王又迎請延壽禪師居住永明大道場，為第二世住持，門下僧徒超過二千人。

有僧人問道：「什麼是永明寺玄妙的法旨？」延壽禪師回答：「再添加一些香。」那僧人便說道：「謝謝和尚的指示。」延壽說道：「還好與禪義沒有關涉。」延壽還作了一首偈頌道：「想要認識永明寺玄妙的法旨，有門前的一湖清水。因太陽照耀而產生光明，輕風吹來而波浪起伏。」

有僧人問道：「學生已在永明寺很久了，為什麼還沒有領會永明寺的家風呢？」延壽禪師回答：「到沒有領會的地方去領會。」那僧人問道：「沒有領會的地方怎麼領會呢？」延壽回答：「母牛懷胎生下了象崽，清碧的大海上揚起了紅塵。」

有僧人問道：「成了佛成了祖師也超脫不得，六道輪迴也超脫不得。不知道超脫個什麼不得？」延壽禪師回答：「你問的地方超脫不得。」

有僧人問道：「承蒙教義上說：一切諸佛及佛法，都從此經出來。什麼是此經？」延壽禪師回答：「長時間轉個不停，不是義也不是聲。」那僧人又問道：「那怎樣承受護持呢？」延壽回答：「如果想要承受護持的，還應當用眼睛來傾聽。」

有僧人問道：「什麼是大圓境？」延壽禪師回答：「破砂盆。」

延壽禪師住持永明道場長達十五年，引度弟子多達一千七百人。開寶七年（九七四年），延壽又來到了天台山，為一萬多人授予戒法。延壽時常為僧俗七眾授菩薩戒，夜間給鬼神施捨食物，在早晨放生的各種生靈，多得不計其數。延壽每天六時散花行道，在其餘時間裡念誦《法華經》，共達一萬三千部。延壽撰有《宗鏡錄》一百卷，另著有詩賦、偈頌達千萬字，遠播於海外。高麗國王看到了延壽的言詞教義後，便派遣使臣攜帶其親筆書信，來行弟子之禮，並獻上金線織成的袈裟、紫水晶做的佛珠、真金做的澡罐等禮品。高麗國的三十六位僧人，也親自承受延壽的印記，先後歸國後，各自教化於一方。

開寶八年乙亥歲（九七五年）十二月，延壽禪師得病，於二十六日辰時焚香告別僧眾，端坐著圓寂了。次年正月六日，建靈塔於大慈山。延壽享年七十二歲，法臘四十二年。北宋太宗皇帝賜塔院額曰壽寧禪院。

【說　明】永明延壽禪師之禪風，不僅繼承了六祖慧能大師、圭峰宗密禪師、法眼文益禪師、天台德韶禪師之傳統，且有所發展，會通禪教，使禪誦無礙、禪淨並修、禪戒均重，而綜合折衷，會相歸性。其所撰《宗鏡錄》即以「心宗」為準繩審定賢首、慈恩、天台諸家學說，徵引經、論與語錄等資料達三百種，保存有不少散佚的文籍，具有甚高的史料價值。因延壽禪師對於傳統佛教之誦經、念佛、行香禮佛等全加肯定，並恢復淨土信仰，使其名正言順地進入禪宗領域，故在豐富禪宗理論與實踐同時，也使禪宗本色逐漸淡化、喪失，因此純然一色的法眼宗也便難以再作為禪宗的一個獨立支派繼續流傳了。法眼宗於北宋初年極盛，流傳時間相當短促，傳至四、五代，前後歷時不過百年，在中土即漸衰，與溈仰宗頗為相似，但卻在境外之高麗國長期興盛不衰，而有別於溈仰宗。

溫州大寧院可弘禪師

溫州大寧院可弘禪師。僧問：「如何是正真一路？」師曰：「七顛八倒。」曰：「恁麼即法門無別去也。」師曰：「我知汝錯會去。」

問：「皎皎地無一絲頭時如何？」師曰：「話頭已墮。」曰：「乞師指示。」師曰：「適來亦不虛設。」

問：「向上宗乘，請師舉揚。」師曰：「汝問太遲生！」曰：「恁麼即不仙陀去也。」師曰：「深知汝恁麼去。」

【語譯】溫州（今屬浙江）大寧院可弘禪師。有僧人問道：「什麼是真正直接的一條路？」可弘回答：「七顛八倒。」那僧人便說道：「這樣則法門沒有區別了。」可弘說道：「我知道你領會錯了。」

有僧人問道：「皎潔明亮地沒有一絲一毫雜物的時候怎麼樣？」可弘禪師回答：「話鋒已喪失了。」那僧人說道：「乞請和尚加以指示。」可弘說道：「剛才也沒有虛設。」

有僧人請道：「向上至極玄妙的宗乘，請和尚舉唱弘揚。」可弘禪師回答：「你問得太遲了！」那僧人便說道：「這樣就太不聰明伶俐了。」可弘說道：「深知你會這樣的。」

蘇州長壽院朋彥大師

蘇州安國長壽院朋彥大師，永嘉人也，姓秦氏。本州開元寺受業，初參婺州金鱗寶資和尚，後因慧明禪師激發，而歸于天台之室，悟正法眼。自此隨緣闡法盛化，姑蘇❶節使錢仁奉禮重創院，請轉法輪。本國賜紫衣，署廣法大師。

僧問：「如何是玄旨？」師曰：「四稜榻地。」

問：「如何是絕絲豪底法？」師曰：「山河大地。」曰：「恁麼則即相而無相也。」師曰：「也是狂言。」

問：「如何是徑直之言？」師曰：「千迂萬曲。」曰：「恁麼即無不總是也。」

師曰：「是何言歟？」

問：「如何是道？」師曰：「跋涉不易。」

師建隆二年辛酉，以住持付門人法齊，繼世說法。即其年四月六日示滅，壽四十九，臘三十五。

【注釋】❶姑蘇 即蘇州之別稱。

【語　譯】蘇州（今屬江蘇）安國長壽院朋彥大師（九一三～九六一年），永嘉（今浙江溫州）人，俗姓秦。朋彥在溫州開元寺受業，最初參拜婺州（今浙江金華）金鱗寶資和尚，此後因為慧明禪師的激勵啟發，而皈依於天台德韶和尚之室，省悟了正法眼。從此朋彥禪師便隨緣闡述弘揚教化，為蘇州節度使錢仁奉所禮重，而創建寺院，延請朋彥於此轉大法輪。吳越國賜朋彥禪師紫衣與廣法大師的法號。

有僧人問道：「什麼是玄妙的宗旨？」朋彥禪師回答：「四稜撐著地。」

有僧人問道：「什麼是斷絕絲毫牽連的法？」朋彥禪師回答：「山河大地。」那僧人便說道：「這樣說來，則是有相而無相了。」朋彥說道：「也屬顛妄之語。」

有僧人問道：「什麼是直截了當的話？」朋彥禪師回答：「千迂萬曲。」那僧人便說道：「這樣說來則無不都是了。」朋彥說道：「這是什麼話呢？」

有僧人問道：「什麼是道？」朋彥禪師回答：「跋涉不容易。」

北宋建隆二年辛酉歲（九六一年），朋彥禪師將住持之位付囑給門人法齊，承繼他演說佛法。這年四月六日，朋彥禪師圓寂，享年四十九歲，法臘三十五年。

【說　明】朋彥禪師兼通儒典，善能詩文，時以經史之詞入應答學人之語中，士大夫特樂與之遊從。

杭州五雲山志逢大師

杭州五雲山❶華嚴道場志逢大師，餘杭人也。生惡葷血，膚體香絜。幼歲出家于本邑東山朗瞻院，依年受具。通貫三學，了達性相。嘗夢升須彌山，覩三佛列坐，初釋迦，次彌勒，皆禮其足，唯不識第三佛，但仰視而已。時釋迦示之曰：

「此是補彌勒處師子月佛。」師方作禮。覺後因閱《大藏經》，乃符所夢。天福中，遊方抵天台山雲居道場，參國師，賓主緣契，頓發玄祕。

一日，因入普賢殿中宴坐，倏有一神人跪膝于前。師問曰：「汝其誰乎？」曰：「護戒神也。」師曰：「吾患有宿愆❷未殄，汝知之乎？」曰：「師有何罪，唯一小過耳。」師曰：「何也？」曰：「凡折鉢水，亦施主物。師每常傾棄，非所宜也。」言訖而隱。師自此洗鉢水盡飲之，積久因致脾胃疾，十載方愈。凡折退飲食，及涕唾便利❸等，並宜鳴指❹，默念呪，發施心而傾棄之。

吳越國王嚮其道風，召賜紫，署普覺大師。初命住臨安功臣院，玄侶輻湊。

師上堂曰：「諸上座捨一知識而參一知識，盡學善財南游之式樣也。且問上座，只如善財禮辭文殊，擬登妙峰山❺謁德雲比丘❻，及到彼所，何以德雲於別峰相見？夫教意祖意，同一方便，終無別理。彼若明得，此亦昭然。諸上座即今蔟著老僧，是相見是不相見？此處是妙峰是別峰？脫或❼從此省去，可謂不孤負老僧，亦常見德雲比丘，未嘗剎那相捨離。還信得及麼？」

僧問：「叢林舉唱，曲為今時。如何是功臣的的意？」師曰：「見麼？」曰：「恁麼即大眾咸欣也。」師曰：「將謂師子兒。」

問：「佛佛授手，祖祖傳心。未審和尚傳箇什麼？」師曰：「汝承當得麼？」曰：「學人承當不得，還別有人承當得否？」師曰：「大眾笑汝。」

問：「如何是如來藏？」師曰：「恰問著。」

問：「如何是諸佛機？」師曰：「道是得麼？」

師一日上堂，良久曰：「大眾看看。」便下座歸方丈。

開寶初，忠懿王創普門精舍，三請住持，再揚宗要，即普門第一世。

師上堂曰：「古德為法行腳，實不憚勤勞。如雪峰和尚三迴到投子，九度上洞山，盤桓往返，尚求箇入路不得。看汝近世參學人，才跨門來，便待老僧接引，指掌說禪。且汝欲造玄極之道，豈同等閑？況此事悟亦有時，躁求焉得？汝等要知悟時麼？如今各且下去，堂中靜坐，直待仰家峰點頭，老僧即為汝分說。」時有僧出曰：「仰家峰點頭也，請師說。」師曰：「大眾且道此僧會老僧語，不會老僧語？」其僧禮拜，師曰：「今日偶然失鑑。」

問：「如何是普門家風？」師曰：「幾人觀不足。」曰：「如何是普門境？」師曰：「汝到處且問家風了休。」

師開寶四年固辭國主，稱年老，願依林泉頤養[8]。時大將凌超以五雲山新創華嚴道場奉施為終老之所。雍熙二年乙酉十一月，忽示疾。二十五日，命侍僧辦香水盥沐，跏趺而坐，良久告寂，壽七十七，臘五十八。塔曰寶峰常照。

【注釋】❶五雲山　在浙江杭州市西南二十里，五峰森列，林壑蔚起，由錢塘江岸盤旋而上，有六里七十二灣，石級千餘。其山頂平坦，相傳有五色雲盤旋其上，故名。山之深處，有著名的雲棲寺。❷宿愆　前世之罪過。❸便利　指尿屎。❹鳴指　即「彈指」。❺妙峰山　即「妙高山」，為須彌山的別名。❻德雲比丘　也作「海雲比丘」，為善財童子所參五十三善知識之第一，住於海門國常觀海。❼脫或　或者。❽頤養　調養；修養。

【語譯】杭州（今屬浙江）五雲山華嚴道場志逢大師（九〇九～九八五年），餘杭（今浙江餘杭市餘杭鎮）人。志逢生來就厭惡葷血食物，肌膚潔淨而有清香。他幼年就在本縣東山朗瞻院出家，依年齡而接受了具足戒。志逢通曉戒、定、慧三學，了然悟達性相。志逢曾經夢見登上了須彌山，看見有三尊佛並列坐在一起，第一位是釋迦牟尼，第二位是彌勒，他都在其腳下頂禮膜拜了，只有第三尊佛不認識，所以只是抬頭看著而已。當時釋迦牟尼佛便指示道：「這是補彌勒之處的獅子月佛。」志逢這才禮拜。醒來後，志逢便去翻閱《大藏經》中的有關記載，與夢中所見完全符合。五代天福（九三六～九四四年）年間，志逢雲遊各地，來到天台山雲居道場，參拜德韶國師，賓主契合因緣，頓時悟入玄秘的禪理。

有一天，志逢禪師在普賢殿中坐禪，忽然有一位神人跪拜在面前。志逢問道：「你是誰啊？」那神人回答：「我是護戒之神。」志逢便說道：「我前世所犯的罪錯還沒有除盡，你知道嗎？」那神人回答：「禪師有什麼罪錯，只有一個小過失而已。」志逢問道：「是什麼？」那神人回答：「凡是洗鉢之水，也是施主所施捨的東西。禪師每次把洗鉢水都傾倒掉了，這是不應該的。」說完就隱退不見了。志逢從此每次把洗鉢水都喝了，時間久了，便造成了脾胃之病，十年以後才痊癒。凡是餿壞的食品，及鼻涕、痰、尿屎等，都應該先彈指，心中默念咒語，發施捨之心，再傾倒拋棄掉。

吳越國王錢氏因仰慕志逢禪師的道德風範，便召見而賜予紫衣，並賜法號曰普覺大師。吳越國王起初延請志逢禪師住持臨安（今屬浙江）功臣院，僧侶自四方來聚。

志逢禪師上堂說道：「諸位上座都是捨棄一個善知識來參拜另一個善知識，全在仿效善財童子向南雲遊的樣式。那就問問諸位上座，就像那善財童子施禮辭別文殊菩薩，打算登上妙峰山參拜德雲比丘，等他來到了那裡，德雲比丘卻為什麼又在其他山峰上與善財童子相見呢？教義與祖師之意，都是同樣的方便接引，終究沒有不同的道理。如果那裡能明白，這裡也應該清楚。諸位上座現今圍繞著老僧，是相見了，還是沒有相見呢？這裡是妙峰山，還是其他的山峰呢？或者從此省悟了，可說是沒有辜負老僧，也能常常看見德雲比丘，而從沒有剎那間的相分離。你們可還能相信嗎？」

有僧人問道：「叢林舉唱，曲意順從今天。那什麼是功臣院的確切意旨呢？」志逢禪師反問：「看見了嗎？」那僧人便說道：「這樣則大眾都歡欣了。」志逢說道：「將成為獅子兒了。」

有僧人問道：「佛與佛之間親手相傳授，祖師與祖師之間傳示心印。不知道和尚傳授個什麼？」志逢禪師反問：「你能承當禪機嗎？」那僧人再問道：「學生不能承當，可還有別人能承當嗎？」志逢說道：「大眾笑話你。」

有僧人問道：「什麼是如來藏？」志逢禪師回答：「恰好問著。」

有僧人問道：「什麼是諸佛之根機？」志逢禪師回答：「可以說對嗎？」

有一天，志逢禪師上堂，沉默了許久後才說道：「大眾看看。」隨即就走下法座回方丈室去了。

北宋開寶初年（九六八年），吳越忠懿王錢俶創建了普門精舍，三次延請志逢禪師住持，再次舉揚禪宗要旨，即為普門精舍的第一世住持。

志逢禪師上堂說道：「古代高僧為了禪法而行腳，確實不畏懼辛勤勞苦。就如雪峰和尚三次來到投子山，九次登上洞山，盤桓往返，尚且不能尋找到一條進入的途徑。再看看近來你們這些參學之人，剛跨進門來，就要求老僧接引，在手掌指點著講說禪機。而你們想要尋找至極玄妙的大道，難道可以等閒視之嗎？何況這事也要有相應的時機才能悟入，浮躁地尋求怎麼能得到呢？你們要知道領悟的時機嗎？現在你們姑且各自下去，到僧堂中靜坐，直等到仰家峰點頭了，老僧就為你們分析解說。」當時有一位僧人站出來說道：「仰家峰點頭了，請和尚講說。」志逢便問道：「大眾說說看，這僧人是領會了老僧的話語，還是沒有領會老僧的話語？」那僧人便禮拜，志逢說道：「今天偶然失於鑑別。」

有僧人問道：「什麼是普門精舍的家風？」志逢禪師回答：「多少人也看不夠。」那僧人又問道：「什麼是普門精舍的境界？」志逢回答：「你到處只問家風就行了。」

志逢禪師於開寶四年（九七一年）多次向吳越忠懿王辭別，願意在山中林泉間修養心性。當時大將凌超便將五雲山新建的華嚴道場奉獻出來，作為志逢禪師的終老之地。雍熙二年乙酉歲（九八五年）十一月，志逢禪師忽然患病了。到二十五日，志逢命侍從的僧人備好香水沐浴，跏趺而坐，沉默了片刻後圓寂了，享年七十七歲，法臘五十八年。其靈塔名寶峰常照之塔。

【說　明】志逢禪師「通貫三學，了達性相」，以禪師而精通於義學，故大將凌超於五雲山創華嚴道場而請其住持。

杭州報恩法端禪師

杭州報恩光教寺慧月禪師法端。第三世住。師上堂曰：「數夜與諸上座東語西話，猶未盡其源。今日與諸上座大開方便，一時說卻，還願樂也無？久立，珍重！」

僧問：「學人恁麼上來，請師接。」師曰：「不接。」曰：「為什麼不接？」

師曰：「為汝太靈利。」

【語　譯】杭州（今屬浙江）報恩光教寺法端慧月禪師。第三世住持。法端禪師上堂說道：「連續數夜與諸位上座說東道西，還是未能窮盡其根源。今天我給諸位上座大開方便法門，一齊都說了，可還高興嗎？久立了，各自珍重！」

有僧人請道：「學生這樣上堂來，請和尚接引。」法端禪師說道：「不接引。」那僧人問道：「為什麼不接引？」法端回答：「因為你太伶俐了。」

杭州報恩紹安禪師

杭州報恩光教寺通辨明達禪師紹安。第四世住。師上堂曰：「一句染神，萬劫不朽。今日為諸上座舉一句，分明記取。珍重！」

僧問：「大眾側聆，請師不吝。」師曰：「奇怪。」曰：「恁麼即今日得遇於師也。」師曰：「是何言歟！」

師有時示眾曰：「幸有樓臺匝地，常提祖印，不妨諸上座參取。久立，珍重！」

問：「如何是和尚家風？」師曰：「一切處見成。」曰：「恁麼即亘古亘今也。」師曰：「莫閑言語。」

【語　譯】杭州（今屬浙江）報恩光教寺紹安通辨明達禪師。第四世住持。紹安禪師上堂說道：「如果有一句話涉及了神祇，便能經歷萬劫而不腐朽。今天就為諸位上座舉說一句，你們清楚地記住了。各自珍重！」

有僧人請道：「大眾都在側耳聆聽，請和尚不吝賜教。」紹安禪師回答：「奇怪。」那僧人便說道：「這樣說來，今天就算是遇到老師了。」紹安喝道：「這算什麼話啊！」

紹安禪師有一次指示眾僧道：「幸好有樓臺遍地，時常提唱祖師的心印，不妨諸位上座參問。久立了，各自珍重！」

有僧人問道：「什麼是和尚的家風？」紹安禪師回答：「一切地方都是現成的。」那僧人便說道：「這樣則貫穿古今了。」紹安說道：「不要廢話。」

福州廣平院守威禪師

福州廣平院守威宗一禪師，福州侯官人也。西峰山受業，參天台得旨，國師授之法衣。時有僧問曰：「大庾嶺頭提不起，如何傳授付於師？」師拈起衣曰：「有人敢道天台得麼？」時吳越忠懿王嚮德，命闡法住持，署于師名，玄徒臻萃。

上堂示眾曰：「達磨大師云：『吾法三千年後不移絲髮。』山僧今日不移達磨絲髮，先達之者共相證明。若未達者，不移絲髮。」

僧問：「洪鐘韻絕，大眾臨筵，祖意西來，請師提唱。」師曰：「洪鐘韻絕，大眾臨筵。」

問：「古人云：任汝千聖見，我有天真佛[1]。如何是天真佛？」師曰：「千聖是弟。」

問：「如何是廣平家風？」師曰：「誰不受用？」

師後遷住怡山長慶。上堂謂眾曰：「不用開經作梵，不用展鈔牒科❷，還有理論❸處也無？設有理論處，乃是方便之譚。宗乘事作麼生？」

僧問：「如何是西來意？」師曰：「未曾有人答得。」曰：「請師方便。」師曰：「何不更問？」

師後終于長慶。

【注　釋】❶天真佛　法身佛的異名，謂眾生本具之理性、天真獨明者。❷鈔牒科　為解釋佛典經、論之文義的三種方式。通過節略廣博之文義而撮其要旨者稱「鈔」。《資持記》：「鈔者有二義，一採摘義，二包攝義。」凡是於佛典注釋中割斷所釋之廣博之文而舉其要旨示之，謂之「牒文」，簡稱「牒」，解釋者即依此牒文而講釋文義。因古代講經師所講說的著述不分章節段落，使後學者不明起止，不明文義，故須通過分段以分析經句文義，此便謂之「科」。❸理論　討論；議論。

【語　譯】福州（今屬福建）廣平院守威宗一禪師，福州候官（今福建福州）人。守威在西峰山受業，參拜天台德韶國師而悟入禪旨，德韶國師把法衣傳授給他。當時有僧人問道：「在大庾嶺頭提不起來，怎樣傳授給了和尚？」守威拿起了法衣說道：「有人敢說天台和尚得到了嗎？」當時吳越忠懿王錢俶仰慕守威禪師的德行，命他住持廣平院闡揚宗旨，並賜予禪師的法號，僧侶自四方來聚會。

守威禪師上堂指示眾人道：「達磨大師說過：『我禪法到三千年後也不會變動一絲一毫。』山僧今天並不變動達磨大師的話一絲一毫，先悟達的人共同來證明。如果還沒有悟達的人，也不變動一絲一毫。」

有僧人請道：「洪鐘的聲響已經斷絕，大眾已來到了法筵上，達磨祖師西來的意旨，請和尚提示舉唱。」守威禪師說道：「洪鐘的聲響已經斷絕，大眾已來到了法筵上。」

有僧人問道：「古人說過：任憑你千位聖人出現，我自有天真佛。什麼是天真佛？」守威禪師回答：「千位聖人是弟弟。」

有僧人問道：「什麼是廣平院的家風？」守威禪師反問：「誰不受用？」

守威禪師後來遷住怡山長慶院。守威上堂對眾僧說道：「不用打開經卷念誦出梵音，也不用展開鈔、牒、科文以解釋文義，可還有討論的地方嗎？假設有討論的地方，那就是方便法門之談論。至極玄妙的宗乘之事又怎麼樣呢？」

有僧人問道：「什麼是祖師西來的意旨？」守威禪師回答：「還沒有人能回答。」那僧人便說道：「請和尚方便接引。」守威問道：「為什麼不再問了？」

守威禪師後來圓寂於長慶院。

杭州報恩永安禪師

杭州報恩光教寺第五世住永安禪師，溫州永嘉人也，姓翁氏。幼歲依本郡彙征大師出家。後唐天成中，隨本師入國❶，吳越忠懿王命征為僧正。師尤不喜俗務，擬潛往閩川投訪禪會，屬路歧艱阻，遂迴天台山，結茅而止。尋遇韶國師開示，頓悟本心，乃辭出山。征師聞于忠懿王，初命住越州清泰院，次召居上寺，署正覺空慧禪師。

師上堂曰：「十方諸佛，一時雲集，與諸上座證明。諸上座與諸佛一時證明，還信麼？切忌卜度。」

僧問：「四眾雲臻，如何舉唱？」師曰：「若到諸方，切莫錯舉。」曰：「非但學人，大眾有賴。」師曰：「禮拜著。」

僧問：「五乘❷三藏❸，委者頗多。祖意西來，乞師指示。」師曰：「五乘三藏。」曰：「向上還有事也無？」師曰：「汝卻靈利。」

問：「如何是大作佛事？」師曰：「嫌什麼！」曰：「恁麼即親承摩頂❹去也。」師曰：「何處見世尊？」

問：「如何是西來意？」師曰：「汝過遮邊立。」僧移步，師曰：「會麼？」曰：「不會。」師示偈曰：「汝問西來意，且過遮邊立。昨夜三更時，雨打虛空濕。電影豁然明，不似蚰蜒❺急。」

師開寶七年甲戌夏六月示疾，告眾為別。時有僧問：「昔日如來正法，迦葉親傳。未審和尚玄風，百年後如何體會？」師曰：「汝什麼處見迦葉來？」曰：「恁麼即信受奉行，不忘斯旨也。」師曰：「佛法不是遮箇道理。」言訖坐亡，壽六十四，臘四十四。既闍維而舌不壞，柔耎❻如紅蓮葉，今藏于普賢道場中。

師以華嚴李長者❼釋論旨趣宏奧，因將合經成百二十卷雕印，徧行天下。

【注釋】❶國　國都，此指吳越國京城杭州。❷五乘　人乘坐而至各果地之教法，有一乘乃至五乘之種種區別，其所謂通途之五乘：即一人乘，乘五戒之行法而生於人間者；二天乘，乘十善之行法而生於天上者；三聲聞乘，乘四諦之行法而到阿羅漢果者；四緣覺乘，乘十二因緣之行法而到辟支佛果者；五菩薩乘，乘六度之行法而上達於佛果者。❸三藏　經、律、論三者各包藏文義，故名三藏。經說定學，律說戒學，論說慧學。❹摩頂　佛為囑咐大法，或授傳印記，便撫摩弟子之頭頂。《法華經・囑累品》：「釋迦牟尼佛從法座起，現大神力，以右手摩無量菩薩摩訶薩頂，而作是言。」❺蚰蜒　蟲名，與蜈蚣同類，爬行頗慢，能捕吃害蟲，有益於農作物。❻耎　柔弱。《龍龕手鑑・而部》：「耎，柔也，弱也。」❼李長者　即唐代居士李通玄，世居太原，少通《易經》，年四十後專心佛典，曾於五台山遇一僧人授以華嚴大意。武則天時，新譯《華嚴經》八十卷成，李長者便專意作論釋，經五年，成《華嚴論》、《決疑論》與《略釋》等四十餘卷，並傳於世。

【語譯】杭州（今屬浙江）報恩光教寺第五世住持永安禪師（九一一～九七四年），溫州永嘉（今浙江溫州）人，俗姓翁。永安於幼年便皈依彙征大師出家。五代後唐天成（九二六～九三〇年）年間，永安跟隨本師彙征大師來到京城，吳越忠懿王錢俶讓彙征大師出任僧正。永安特別不喜歡俗世事務，便準備悄悄地前往閩川尋訪禪席法會，因正好遇到道路遙遠而且有阻隔，便回到了天台山，蓋了座小茅庵居住。不久，永安遇見德韶國師開示禪要，而頓時悟徹了本心，便辭別德韶國師，出山度引世人。彙征大師就向吳越忠懿王舉薦了永安，忠懿王便讓他住持越州（今浙江紹興）清泰院，接著又召請他居住上寺，賜予法號曰正覺空慧禪師。

　永安禪師上堂說道：「十方諸佛，一齊雲集在此，給諸位上座作個證明。諸位上座也與諸佛作個證明，可還相信嗎？切忌猜測臆度。」

　有僧人問道：「僧俗四眾已經雲集，和尚怎樣舉唱呢？」永安禪師回答：「如果到了各地，切記不要舉說錯了。」那僧人便說道：「不但是學生，大眾也都有依靠了。」永安說道：「禮拜吧。」

有僧人請道：「五乘三藏，知道的人頗多。祖師西來的意旨，還請和尚指示。」永安禪師回答：「五乘三藏。」那僧人問道：「可還有向上至極玄妙的事嗎？」永安回答：「你倒是伶俐。」

有僧人問道：「怎樣大作佛事呢？」永安禪師回答：「嫌什麼！」那僧人便說道：「這樣則親自承蒙摩頂了。」永安問道：「什麼地方看見了世尊？」

有僧人問道：「什麼是祖師西來的意旨？」永安禪師說道：「你到這邊站立。」那僧人便移動了腳步，永安問道：「領會了嗎？」那僧人回答：「沒有領會。」永安就作有一首偈頌指示道：「你問祖師西來的意旨，姑且就到這邊去站立。昨夜三更時分，因風雨吹打而使虛空也潮濕了。電光閃耀之處豁然明白，不似那蚰蜒正急急地爬行。」

永安禪師於北宋開寶七年甲戌歲（九七四年）夏六月患了病，便與僧眾告別。當時有一位僧人問道：「從前如來佛的正法眼，迦葉尊者親自傳承。不知道和尚的玄妙家風，百年以後怎樣來體會？」永安問道：「你在什麼地方看見了迦葉尊者？」那僧人便說道：「這樣則信心承受奉行，不忘記今天的旨意。」永安說道：「佛法不是這個道理。」說完即端坐著圓寂了，享年六十四歲，法臘四十四年。永安禪師被火化後，其舌頭並沒有燒壞，柔軟紅潤如紅蓮花的葉子，現今寶藏在普賢道場內。

永安禪師因為華嚴宗李長者所撰的《華嚴經》的論、釋之旨趣宏大深奧，因而將把這論釋與《華嚴經》本文合併成一百二十卷，一起雕板印刷發行，使之傳播於天下。

廣州光聖師護禪師

廣州光聖道場師護禪師，閩越❶人也。自天台得法，化行嶺表。國主劉氏待以師禮，創大伽藍，請師居焉，署大義之號。

僧問：「昔日梵王請佛，今日國主臨筵。祖嗣西來，如何舉唱？」師曰：「不要西來，山僧已舉唱了也。」曰：「豈無方便？」師曰：「適來豈不是方便！」

問：「國王三請，來坐❷光聖道場。未審和尚法嗣何方？」師曰：「一聲鼕鼓，萬戶齊窺。」曰：「恁麼即天台妙旨，光聖親承也。」師曰：「莫亂道。」

問：「學人乍入叢林，西來妙訣，乞師指示。」師曰：「汝未入叢林，我已示汝了也。」曰：「如何領會？」師曰：「不要領會。」

【注釋】❶閩越　今福建福州一帶。❷坐　此為住持之義。

【語譯】廣州（今屬廣東）光聖道場師護禪師，為福建福州一帶之人。師護自從在天台德韶和尚那裡得悟禪法之後，便教化於嶺南地區。五代南漢國主劉氏執弟子之禮儀，創建大伽藍，延請師護住持，並賜予大義禪師的法號。

有僧人問道：「從前梵王邀請佛說法，今天國主親自降臨法筵。那祖師西來的意旨，和尚怎樣舉唱呢？」師護禪師回答：「不要他從西方來，山僧已經舉唱了。」那僧人便問道：「難道沒有方便法門嗎？」師護喝道：「剛才說的難道不就是方便法門！」

有僧人問道：「國王三次延請，和尚才來坐光聖道場。不知道和尚的法嗣在什麼地方？」師護禪師回答：「一聲咚咚鼓敲響，千家萬戶齊觀看。」那僧人便說道：「這樣說來，則天台山的玄妙旨意，在光聖道場都親自承受了。」師護說道：「不要亂說。」

有僧人請道：「學生剛進入叢林，祖師西來的微妙旨意，還請和尚加以指示。」師護禪師說道：「你還沒有進入叢林，我已經指示過你了。」那僧人便問道：「怎樣領會呢？」師護回答：「不要領會。」

杭州奉先寺清昱禪師

杭州奉先寺清昱禪師，永嘉人也。得法於天台國師。吳越忠懿王召入問道，命軍使❶薛溫於西湖建大伽藍，曰奉先，建大佛寶閣延請師居之，演暢宗旨，署圓通妙覺禪師。

僧問：「如何是西來意？」師曰：「高聲舉似大眾。」

師開寶中示滅于本寺。

【注釋】❶軍使　唐、五代於設兵戍守之地設置軍、守捉、鎮、戍，大的稱軍，小的稱守捉、鎮、戍。軍、守捉的將領稱使，鎮、戍的將領稱鎮將、戍主。

【語譯】杭州（今屬浙江）奉先寺清昱禪師（？～九七五年），永嘉（今浙江溫州）人。清昱在天台德韶國師那裡印證了禪法。吳越忠懿王錢俶在王府內召見清昱詢問佛道，命令軍使薛溫在西湖邊上建造大伽藍，名作奉先寺，並建造大佛寶閣延請清昱禪師居住，以演示弘揚禪宗要旨，賜予圓通妙覺禪師之法號。

有僧人問道：「什麼是達磨祖師西來的意旨？」清昱禪師說道：「大聲舉說給大家聽。」

清昱禪師於北宋開寶年間在奉先寺中圓寂。

天台山普聞寺智勤禪師

台州天台山紫凝普聞寺智勤禪師。僧問：「如何是空手把鋤頭？」師曰：「但恁麼諦信。」曰：「如何是步行騎水牛？」師曰：「汝自何來？」

師有頌示眾曰：「今年五十五，腳未蹋寸土。山河是眼睛，大海是我肚。」

太平興國四年，例試僧經業。山門老宿，各寫法名，唯師不閑❶書札❷。時通判李憲問：「禪師，世尊還解書也無？」師曰：「天下人知。」

至淳化初，不疾，命侍僧開浴，浴訖，垂誡眾，安坐而逝。塔于本山。三年後，門人遷塔發龕，覩師全身不散，容儀儼若，髭髮仍長，迎入新塔。

【注釋】❶閑　通「嫻」。即嫻習。❷書札　書信，此謂書法、文字。

【語譯】台州（今浙江臨海）天台山紫凝普聞寺智勤禪師（？～九九〇年）。有僧人問道：「什麼是空手握鋤頭？」智勤回答：「只要這樣地堅信。」那僧人又問道：「什麼是步行騎水牛？」智勤反問：「你從哪裡來的？」

智勤禪師撰有一首偈頌指示眾僧道：「我今年五十五歲，腳底沒有踩著一寸土。山河是我的眼睛，大海是我的肚子。」

北宋太平興國四年（九七九年），朝廷頒行命令讓天下僧尼考試經業。山門中的老僧大德，也都各自寫了自己的法名，惟有智勤禪師平時就不嫻習書法，只畫了一個圈。當時通判李憲便問道：「禪師，世尊可認識這個字嗎？」智勤回答：「天下人都認識。」

到淳化初年（九九〇年），智勤禪師並沒有生病，卻命令侍從的僧人為他燒水沐浴，等沐浴完畢，即為眾僧垂示告誡，然後端坐著圓寂了。其靈塔建造於天台山。三年以後，其門人因為要遷塔於他處，便打開了塔龕，看見智勤禪師的真身還沒有腐爛，容貌儀表相當端莊，鬚髮仍然在生長，於是迎入新建的靈塔內。

溫州雁蕩山願齊禪師

溫州雁蕩山願齊禪師，錢塘人也，姓江氏。少依水心寺紹巖禪師出家受具。初習智者教，精研止觀、圓融行門❶。後參天台國師發明玄奧，乃住雁蕩山。開寶五年，吳越王長子於西關建光慶寺，請師開法住持，仍於城下諸禪眾中訪求名行三百人，同入新寺。

師上堂，有僧問：「夜月舒光，為什麼碧潭無影？」師曰：「作家弄影❷漢。」其僧從東過西立，師曰：「不唯弄影，兼乃怖❸頭。」

師居之未幾，固辭入山。太平興國中示滅。

【注釋】❶圓融行門　華嚴宗據《華嚴經》所說而立行布、圓融二門。菩薩之階位，前後相繼，謂之圓融，前後次第排列，謂之行布。❷弄影　擺弄身姿。❸怖　惶恐；恐懼。此作迷失解。

【語譯】溫州（今屬浙江）雁蕩山願齊禪師，錢塘（今浙江杭州）人，俗姓江。願齊在少年時就皈依水心寺紹巖禪師出家，接受了具足戒。願齊起初修習智者大師的學說，精心研究止觀與圓融、行布之門。此後，願齊參拜天台德韶國師，發明了禪宗奧妙的要旨，並居住在雁蕩山上。北宋開寶五年（九七二年），吳越國王的長子在杭州城的西關建造了光慶寺，延請願齊住持，開堂說法，並在城內外各禪院之中訪求有名聲有德行的三百位僧人，隨同願齊一齊進入新建的寺院。

願齊禪師上堂，有僧人問道：「夜間月亮散放出光明，為什麼青碧的深潭中卻沒有留下影子？」願齊回答：「這個善於擺弄身姿的傢伙。」那僧人就從東面走到西面站立，願齊便說道：「不但是擺弄身姿，而且還迷失了頭腦。」

願齊禪師住持光慶寺不多久，堅決請求辭行而回到了山林中。願齊後於太平興國（九七六～九八四年）年間圓寂。

杭州普門寺希辯禪師

杭州普門寺希辯禪師，蘇州常熟人也。幼出家，禮本邑延福院啟祥禪師落髮具戒，詣楞伽山❶聽律。尋謁天台受心印。乾德初，吳越忠懿王命住越州清泰院，署慧智禪師。開寶中，復召入居普門寺。即第二世住。

師上堂曰：「山僧素乏知見，復寡聞持。頃雖侍坐於山中和尚❷，亦不蒙一句開示，以至今與諸仁者聚會，更無一法可相助發，何況能為諸仁者區別緇素，商量古今。還怪得山僧麼？若有怪者，且道此人具眼不具眼？有賓主義，無賓主義？晚學初機，必須審細。」時有僧問：「如何是普門示現神通事？」師曰：「恁麼即闍梨怪老僧也。」曰：「不怪時如何？」師曰：「汝且下堂裡思惟去。」

太平興國三年，吳越王入覲，師隨寶塔至，見于滋福殿，賜紫，號慧明大師。端拱中，上言願還故里，詔從之，賜御製詩❸。及忠懿王施金於常熟本山院，創塼浮圖七級，高二百尺。功既就，至道三年八月二十五日示疾而逝，壽七十七，臘六十三。塔于院之西北隅。

【注釋】❶楞伽山　在江蘇蘇州市西南，一名上方山。❷山中和尚　此指天台德韶國師。❸御製詩　指天子親撰的詩歌。御，古代對帝王的尊稱。

【語譯】杭州（今屬浙江）普門寺希辯禪師（九二一～九九七年），蘇州常熟（今屬江蘇）人。希辯幼年出家，禮拜本縣延福院啟祥禪師落髮，接受具足戒，此後來到楞伽山修習律法。不久，希辯去拜謁天台德韶國師，承受了心印。乾德初年（九六三年），吳越忠懿王錢俶讓希辯住持越州（今浙江紹興）清泰院，賜予慧智禪師的法號。開寶（九六八～九七六年）年間，希辯又被召入杭州，止息於普門寺。即第二世住持。

希辯禪師上堂說道：「山僧素來缺乏知見，又孤陋寡聞。雖然以前侍從山中和尚多年，也沒有承蒙和尚開示過一句話，以至於今天與諸位仁者聚會，也就沒有一些佛法可以幫助你們啟發心地，更何況是為諸位仁者區別僧俗，商量古今了。可還責怪山僧麼？如果有責怪的人，你們姑且說說是具備了道眼，還是沒有具備道眼？有賓主之意義，還是沒有賓主之意義？剛入叢林的晚學初心，必須謹慎仔細。」當時有一位僧人問道：「什麼是普門寺顯示的神通之事？」希辯回答：「這樣說來，闍梨是在責怪老僧了。」那僧人又問道：「不責怪的時候怎麼樣呢？」希辯回答：「你姑且回到僧堂裡思量去。」

太平興國三年（九七八年），吳越忠懿王來到開封城朝見宋太宗，希辯禪師也隨著進獻的七寶佛塔同至，宋太宗在滋福殿接見了他，賜予紫衣與慧明大師的法號。端拱（九八八～九八九年）年中，希辯上言請求回歸故鄉，宋太宗下詔允許，並賜予御製詩。此後吳越忠懿王施捨金銀給常熟延福院，建造了一座七級磚塔，高二百尺。佛塔完成後，希辯禪師便於至道三年（九九七年）八月二十五日患病逝世，享年七十七歲，法臘六十三年。其靈塔修築在延福院的西北隅。

杭州光慶寺遇安禪師

杭州光慶寺遇安禪師，錢塘人也，姓沈氏。丱歲出家于天台華頂峰禮庵主，重薰披剃，依年受具。尋遇本山韶國師，密契宗旨。乾德中，吳越忠懿王命住北關傾心院，又召入居天龍寺。開寶七年甲戌，安僖王❶請於光慶寺攝眾❷，署善智禪師。

初上堂，有僧問：「無價寶珠，請師分付。」師曰：「善能吐露。」曰：「恁麼即人人具足也。」師曰：「珠在什麼處？」僧乃禮拜，師曰：「也是虛言。」

問：「提綱舉領，盡立主賓。如何是主？」師曰：「深委此問。」曰：「如何是賓？」師曰：「適來向汝道什麼？」曰：「賓主道合時如何？」師曰：「其令不行。」

問：「心月❸孤圓，光吞萬象。如何是吞萬象底光？」師曰：「大眾總見汝恁麼問。」曰：「光吞萬象從師道，心月孤圓意若何？」師曰：「抖擻精神著。」曰：「鷺倚雪巢猶可辨，光吞萬象事難明。」師曰：「謹退。」

問：「青山淥水，處處分明。和尚家風，乞垂一句。」師曰：「盡被汝道了也。」曰：「未必如斯，請師答話。」師曰：「不用閑言。」

又一僧方禮拜，師曰：「問答俱備。」僧擬伸問，師乃叱之。

師有時示眾曰：「欲識曹溪旨，雲飛前面山。分明真實箇，不用別追攀。」

問：「承古德有言：井底紅塵生，山頭波浪起。未審此意如何？」師曰：「若到諸方，但恁麼問。」曰：「和尚意旨如何？」師曰：「適來向汝道什麼？」師又曰：「古今相承，皆云塵生井底，浪起山頭，結子空華❹，生兒石女❺，且作麼生會？莫是和聲送事，就物呈心，句裡藏鋒，聲前全露麼？莫是有名無體，異唱玄譚❻麼？上座自會即得，古人意旨不然。既恁麼會不得，合作麼生會？上座欲得會麼？但看泥牛行處，陽焰飜波❼，木馬嘶時，空華墜影。聖凡如此，道理分明，何須久立？珍重！」

太平興國三年，隨寶塔見于滋福殿，賜紫，號朗智大師。淳化初，還光慶舊寺，三年九月二十一日歸寂。

【注釋】❶安僖王　即錢惟濬，字禹川，吳越王錢俶子，開寶七年以攻南唐之功加平章事，入宋後任淮南節度使等官，錢俶死，加兼中書令。後得疾暴死，贈邠王，諡文僖。❷攝眾　此為住持之義。❸心月　彎月如「心」字，故以名。❹空華　虛妄的花朵。❺石女　亦稱「實女」，指先天性陰道口閉鎖或狹小的女性，不能生育。❻異唱玄譚　同「奇談怪論」。❼陽焰飜波　陽焰指陽光照射下產生的光波，使渴鹿以為是水波的翻動，而急於跑去一飲。禪林以此比喻學僧四處奔走，如同渴鹿錯認陽焰為翻動的水波一樣。「飜」即「翻」。

【語譯】杭州（今屬浙江）光慶寺遇安禪師（?～九九二年），錢塘（今浙江杭州）人，俗姓沈。遇安七、八歲時在天台山華頂峰禮庵主那裡出家，莊重地接受了披剃，後來依據年齡而接受了具足戒。不久，遇安參拜了天台山的德韶國師，秘密契合了禪宗要旨。北宋乾德（九六三～九六八年）年間，吳越忠懿王錢俶讓他住持北關的傾心院，又召入杭州城住持天龍寺。開寶七年甲戌歲（九七四年），安僖王錢惟濬延請遇安禪師於光慶寺統攝僧眾，賜予善智禪師的法號。

遇安禪師初次上堂，有僧人請道：「這無價的寶珠，還請和尚吩咐。」遇安回答：「善於吐露光華。」那僧人便說道：「這樣則人人都具足了。」遇安問道：「寶珠在什麼地方?」那僧人即禮拜，遇安說道：「也是空話。」

有僧人問道：「提舉綱領，盡立主與賓。什麼是主?」遇安禪師回答：「深知有此一問。」那僧人又問道：「什麼是賓?」遇安反問：「剛才對你說了什麼?」那僧人再問道：「賓與主的道理契合之時怎麼樣呢?」遇安回答：「其命令不被執行。」

有僧人問道：「心月獨自圓滿，光明吞沒了萬象。什麼是吞沒萬象的光明?」遇安禪師回答：「大家都看見你這樣提問。」那僧人再問道：「光明吞沒了萬象就依和尚所說的，那心月獨自圓滿又是什麼意思呢?」遇安回答：「振奮起精神來。」那僧人便說道：「白鷺倚靠在雪窩旁還能夠分辨，光明吞沒了萬象之事還是難以明白。」遇安說道：「恭謹地退下。」

有僧人問道：「青山綠水，處處分明。和尚的家風，請指示一句話。」遇安禪師回答：「都被你說著了。」

那僧人說道：「不一定是那樣的，還是請和尚答話。」遇安說道：「不用廢話。」

又有一位僧人剛來禮拜，遇安禪師說道：「問答都具備了。」那僧人正準備提問，遇安便呵斥他。

遇安禪師有一次指示僧眾道：「想要認識曹溪的宗旨，白雲飛過了前面的山峰。分明真實的那一個，不用另外去追尋。」

有僧人問道：「承蒙古代高僧說過：井底生出了紅塵，山頂掀起了波浪。不知道這是什麼意思？」遇安禪師回答：「你如果到了各地，就這樣提問。」那僧人再問道：「和尚的意思是什麼？」遇安反問：「剛才對你說了什麼？」遇安接著又說道：「古今相承傳，都說紅塵從井底生出，波浪從山頂掀起，空花結出了果實，石女生下了孩兒，那又怎麼來理解呢？莫非是借助聲音傳送事情，依據物體表呈本心，句子裡隱藏著機鋒，聲音之前全部顯露麼？莫非是有名無實，奇談怪論麼？上座自己領悟就行了，古人的意思卻不是這樣的。既然這樣領會不行，那又應該怎樣來領會呢？上座還想要領會嗎？只要看那泥牛行走之處，陽焰如翻動著的水波，木馬嘶鳴之時，空華留下了墜落的影子。聖人、凡人都是這樣的，道理也十分明白，又何必在這裡久立呢？各自珍重！」

太平興國三年，遇安禪師護送吳越王進獻給北宋天子的七寶佛塔一起來到開封城，宋太宗在滋福殿接見了他，賜予他紫衣與朗智大師的法號。淳化初年（九九〇年），遇安回到了光慶寺，於淳化三年（九九二年）九月二十一日圓寂。

天台山般若寺友蟾禪師

天台山般若寺友蟾禪師，錢塘臨安人也。幼歲出家於本邑東山朗瞻院，得度，聞天台國師盛化，遠趨函丈[1]密印心地。初命住雲居普賢院，僧侶咸湊。吳越忠懿王署慈悟禪師，遷止上寺，眾盈五百。

僧問：「鼓聲才動，大眾雲臻。向上宗乘，請師舉唱。」師曰：「虧汝什麼？」曰：「恁麼即人人盡霑恩去也。」師曰：「莫亂道！」

雍熙三年，以山門大眾付受業弟子隆一，繼踵開法。至淳化初，示滅，歸葬于本山。

【注釋】❶函丈　講席，從前對老師的尊稱。

【語譯】天台山般若寺友蟾禪師（?～九九〇年），錢塘臨安（今屬浙江）人。友蟾幼年在本縣東山朗瞻院出家，得到剃度後，聽到天台德韶國師教化盛行，就遠趨講席秘密印證了心地。友蟾起初住持雲居山普賢院，僧侶都來會聚。吳越忠懿王錢俶賜予他慈悟禪師的法號，後遷至般若上寺住持，徒眾超過了五百人。

有僧人請道：「鼓聲才敲響，大眾已經雲集。向上至極玄妙的宗乘，請和尚舉唱。」友蟾禪師問道：「虧了你什麼?」那僧人便說道：「這樣則人人都沾恩了。」友蟾喝道：「不要亂說！」

北宋雍熙三年（九八六年），友蟾禪師將山門住持之位及僧眾都付囑受業弟子隆一禪師，讓他承繼自己開法演示。到了淳化初年（九九〇年），友蟾禪師圓寂了，歸葬於本山。

婺州智者寺全肯禪師

婺州智者寺全肯禪師，初參天台，天台問：「汝名什麼?」曰：「全肯。」

天台曰：「肯箇什麼？」師乃禮拜。住後，有僧問：「有人不肯，師還甘也無？」師曰：「若人問我，即向伊道。」

師太平興國中，以住持付法嗣弟子紹忠，繼世說法。尋於本寺歸寂。

【語　譯】婺州（今浙江金華）智者寺全肯禪師，剛去參拜天台和尚時，天台和尚問道：「你叫什麼名字？」全肯回答：「全肯。」天台和尚再問道：「肯個什麼？」全肯這才省悟禮拜。全肯為住持後，有僧人問道：「如果有人不肯，和尚可還甘心嗎？」全肯回答：「如果有人問我，我就對他說。」

北宋太平興國（九七六～九八四年），全肯禪師把住持之位付囑給傳法弟子紹忠禪師，讓他承繼自己演說佛法。不久，全肯在智者寺裡圓寂了。

福州玉泉義隆禪師

福州玉泉義隆禪師，上堂曰：「山河大地，盡在諸人眼睛裡。因什麼說會與不會？」時有僧問曰：「山河大地眼睛裡，師今欲更指歸誰？」師曰：「只為上座去處分明。」曰：「若不上來伸此問，焉知方便不虛施？」師曰：「依俙似曲才堪聽，又被風吹別調中。」

【語　譯】福州（今屬福建）玉泉寺義隆禪師，上堂說法道：「山河大地，全在諸位的眼睛裡。為什麼還說領會不領會的？」當時有僧人問道：「山河大地既然全在眼睛裡，和尚今天又想為誰指點歸處呢？」義隆回答：「只為了上座去處分明。」那僧人便說道：「如果不上堂來提這個問題，怎麼能知道方便法門並沒有虛設呢？」義隆說道：「好像是一支樂曲剛剛要聽，卻又被風吹到別的曲調中去了。」

杭州龍冊寺曉榮禪師

杭州龍冊寺第五世住曉榮禪師，溫州白鹿人也，姓鄧氏。幼依瑞鹿寺出家，登戒，聞天台國師盛化，遂入山參禮，受心法。初住杭州富陽淨福院，後住龍冊寺，二處皆聚徒開法。

僧問：「祖祖相傳，未審和尚傳阿誰？」師曰：「汝還識得祖未？」

僧慧文問：「如何是真實沙門？」師曰：「汝是慧文。」

問：「如何是般若大神珠？」師曰：「般若大神珠，分形萬億軀。塵塵彰妙體，剎剎盡毗盧。」

問：「日用事如何？」師曰：「一念周沙界，日用萬般通。湛然常寂滅，常轉自家風。」

師一日坐妙善臺，受大眾小參❶，有僧問：「向上事即不問，如何是妙善臺中的的意？」師曰：「若到諸方，分明舉似。」曰：「恁麼即雲有出山勢，水無投澗聲。」師乃叱之。

師淳化元年庚寅八月二十九日於秀州靈光寺淨土院歸寂，預告門人，致書辭同道。壽七十一，臘五十六。

【注釋】❶小參　禪林謂非時說法，因其規模較被稱作大參的上堂為小，故稱小參。

【語譯】杭州（今屬浙江）龍冊寺第五世住持曉榮禪師（九二〇～九九〇年），溫州（今屬浙江）白鹿人，俗姓鄧。曉榮幼年皈依瑞鹿寺出家，接受具足戒後，聽到天台德韶國師的教化盛行，就入山參見禮拜，接受了心法。曉榮最初住持杭州富陽縣（今屬浙江）淨福院，後來住持龍冊寺，兩處都聚集僧徒開堂說法。

有僧人問道：「祖師代代相傳授，不知道和尚傳授給誰？」曉榮禪師反問：「你可認得祖師嗎？」

有個叫慧文的僧人問道：「什麼是真實沙門？」曉榮禪師回答：「你是慧文。」

有僧人問道：「什麼是般若大神珠？」曉榮禪師回答；「般若大神珠，分形億萬身。每一塵粒中都顯現出微妙之體，每一剎那全是毗盧。」

有僧人問道：「日用的事怎麼樣？」曉榮禪師回答：「一念之間周遊了如恆河沙粒一樣繁多的世界，日用之事萬般相通。湛然永恆寂滅，常常轉動自家之宗風。」

曉榮禪師有一天坐在妙善臺上，接受大眾的小參，有一位僧人問道：「向上玄妙之事就不問了，什麼是妙善臺中確切的意旨？」曉榮回答：「如果你到了各地，就明白地舉說。」那僧人便說道：「這樣則雲有出山之勢，水卻無入澗的聲音。」曉榮便呵斥他。

曉榮禪師於北宋淳化元年庚寅歲（九九〇年）八月二十九日在秀州（今浙江嘉興）靈光寺淨土院中圓寂，

並在圓寂前預先告訴門人，寫信與同道辭別。曉榮禪師享年七十一歲，法臘五十六年。

杭州功臣院慶蕭禪師

杭州臨安縣功臣院慶蕭禪師。僧問：「如何是功臣家風？」師曰：「明暗色空。」曰：「恁麼即諸法無生去也。」師曰：「汝喚什麼作諸法？」師乃頌曰：「功臣家風，明暗色空。法法非異，心心自通。恁麼會得，諸佛真宗。」

【語譯】杭州臨安縣（今屬浙江）功臣院慶蕭禪師。有僧人問道：「什麼是功臣院的家風？」慶蕭回答：「明與暗，色與空。」那僧人便說道：「這樣則諸法無生了。」慶蕭問道：「你把什麼叫作諸法？」慶蕭因此作有一首偈頌道：「功臣院的家風，明暗與色空。諸法都沒有差異，眾心自然通曉。這樣來領會，就是諸佛之真宗。」

越州稱心敬璡禪師

越州稱心敬璡禪師。僧問：「結束❶囊裝，請師分付。」師曰：「莫諱。」曰：「什麼處孤負和尚？」師曰：「卻是汝孤負我。」

師後遷住杭州保安院示滅。

【注　釋】❶結束　整理行裝。唐人杜荀鶴〈早發〉詩：「東窗未明塵夢甦，呼童結束登征途。」

【語　譯】越州（今浙江紹興）稱心寺敬璡禪師。有僧人請道：「行裝已整理好了，請和尚作吩咐。」敬璡說道：「不要欺瞞。」那僧人便問道：「我什麼地方辜負和尚了？」敬璡回答：「正是你辜負我了。」

敬璡禪師後來遷住杭州（今屬浙江）保安院而圓寂。

福州嚴峰師朮禪師

福州嚴峰師朮禪師，初開堂升座，時有極樂和尚問曰：「大眾顒望❶，請震法雷。」師曰：「大眾還會麼？還辨得麼？今日不異靈山，乃至諸佛國土，天上人間，總皆如是。亘古亘今，常無變異。作麼生會無變異底道理？若會得，所以道：無邊剎境，自他不隔於豪端；十世古今，始終不移於當念。」

問：「靈山一會，迦葉親聞。今日嚴峰一會，誰是聞者？」師曰：「問者不弱。」

問：「如何是文殊？」師曰：「來處甚分明。」

【注　釋】❶顒望　嚴肅莊嚴地觀望。

【語　譯】福州（今屬福建）嚴峰師朮禪師，初次開堂昇座，當時有位叫極樂和尚的請道：「大眾嚴肅莊嚴地看著，請和尚震動法雷。」師朮便說道：「大眾可領會了嗎？可還能辨別嗎？今天與靈山並沒有不同，以至於諸佛國土，天上人間，都是一樣的。從古至今，從來沒有變化差異。怎樣來領會這沒有變化差異的道理呢？如果你領會，所以說：無邊的剎那境界，自己與身外之物並沒有絲毫相隔；十世之古今，始終沒有離開當下之心念。」

有僧人問道：「在靈山大會上，迦葉尊者親自聞聽佛說法。在今天的嚴峰法會上，誰是聽法的人？」師朮禪師回答：「提問的人不差。」

有僧人問道：「什麼是文殊？」師朮禪師回答：「來處十分明白。」

潞州華嚴慧達禪師

潞州華嚴慧達禪師。僧問：「如何是古佛心？」師曰：「山河大地。」問：「如何是華嚴境？」師曰：「滿目無形影。」

【語譯】潞州（今山西長治）華嚴寺慧達禪師。有僧人問道：「什麼是古佛之心？」慧達回答：「山河大地。」有僧人問道：「什麼是華嚴寺的境界？」慧達禪師回答：「滿目沒有形影。」

越州清泰院道圓禪師

越州剡縣清泰院道圓禪師。僧問：「亡僧遷化向什麼處去也？」師曰：「今日遷化嶺中，上座。」

問：「如何是祖師西來意？」師曰：「不可向汝道庭前柏樹子。」

【語　譯】越州剡縣（今浙江嵊州）清泰院道圓禪師。有僧人問道：「亡故的僧人遷化後到什麼地方去了？」道圓回答：「今天遷化去山嶺中，上座。」

有僧人問道：「什麼是達磨祖師西來的意旨？」道圓禪師回答：「不可以對你說是庭院前的柏樹子。」

杭州九曲慶祥禪師

杭州九曲觀音院慶祥禪師，餘杭人也，姓沈氏。身長七尺餘，辯才冠眾，多聞強記，時天台門下推為傑出。

僧問：「險惡道中，以何為津梁？」師曰：「以此為津梁。」曰：「如何是此？」師曰：「築著汝鼻孔。」

【語　譯】杭州（今屬浙江）九曲觀音院慶祥禪師，餘杭（今浙江餘杭市餘杭鎮）人，俗姓沈。慶祥身長七尺多，言辯之才超出眾人，博聞強記，當時人推譽他為天台德韶國師門下最為傑出者。

有僧人問道：「險惡的道路中，用什麼作為橋梁？」慶祥禪師回答：「用這個作為橋梁。」那僧人問道：「什麼是這個？」慶祥回答：「碰到了你的鼻孔。」

杭州開化寺行明大師

杭州開化寺傳法大師行明，本州人也，姓于氏。少投明州雪竇山智覺禪師披剃。及智覺遷住永明大道場，有徒二千，王臣欽仰，法化彌盛。師自天台受記，迴永明翼贊❶本師，海眾傾仰。開寶八年，智覺歸寂，師遂住能仁寺。忠懿王又建大和寺，尋改名六和寺，後太宗皇帝賜號開化。延請住持。二處皆聚徒說法。

僧問：「如何是開化門中流出方便？」師曰：「日日潮音兩度聞。」

問：「如何是無盡燈❷？」師曰：「謝闍梨照燭。」

太宗皇帝賜紫衣、師號。咸平四年四月六日示滅。

【注釋】❶翼贊　輔佐；幫助。❷無盡燈　以一人之法，輾轉開導千百人而無盡，譬如一燈能點燃千百盞燈，故稱無盡燈。

【語譯】杭州（今屬浙江）開化寺行明禪師（？～一〇〇一年），號傳法大師，杭州本地人，俗姓于。行明少年時皈依明州（今浙江寧波）雪竇山智覺禪師披剃。等到智覺禪師遷去住持永明大道場，有門徒二千人，國王大臣都十分欽佩仰慕，教化日益盛行。行明自從在天台德韶國師那裡接受了印記，就回轉永明道場輔佐本師智覺禪師，海內僧眾傾心仰慕。北宋開寶八年（九七五年），智覺禪師圓寂，行明就去住持能仁寺。吳越忠懿王錢俶又創建大和寺，不久改名六和寺，宋太宗皇帝賜名開化寺。延請行明住持。行明禪師於這兩座寺院中都聚集徒眾開堂說法。

有僧人問道：「什麼是開化寺門中流出的方便法門？」行明禪師回答：「每天聽到兩次江潮聲。」

有僧人問道：「什麼是無盡燈？」行明禪師回答：「謝謝闍梨的照明。」

宋太宗皇帝賜予行明禪師紫衣與禪師的法號。咸平四年（一〇〇一年）四月六日，行明禪師圓寂。

越州開善寺義圓禪師

越州蕭山縣漁浦❶開善寺義圓禪師。僧問：「一年去，一年來，方便門中請師開。」師曰：「分明記取。」曰：「恁麼即昔時師子吼，今日象王迴。」師曰：「且喜勿交涉。」

【注釋】❶漁浦　鎮名，在浙江蕭山縣西南，地當西嶺江之上游，其對岸即為杭州市之六和塔，古代歷為戍守之處。

【語譯】越州蕭山縣（今屬浙江）漁浦鎮開善寺義圓禪師。有僧人請道：「一年過去，一年又來，方便法門之中請和尚打開。」義圓說道：「明白地記住。」那僧人便說道：「這樣則從前獅子吼，今天象王迴了。」義圓說道：「還好與禪義沒有關涉。」

溫州瑞鹿寺遇安禪師

溫州瑞鹿寺上方遇安禪師，福州人也。得法於天台，又常閱《首楞嚴》了義，時謂之「安楞嚴」也。

至道元年季春月❶，將示滅，有法嗣弟子蘊仁侍坐，師乃說偈曰：「不是嶺頭攜得事，豈從雞足付將來？自古聖賢皆若此，非吾今日為君裁。」師說偈付囑，以香水沐身，易衣安坐，今舁棺至室。良久，自入棺。經三日，門人與本寺瑜闍梨輒啟棺，覩師右脇吉祥而臥。四眾哀慟，師乃再起，升堂說法，及訶責垂誡曰：「此度更啟吾棺者，非吾之子。」言訖，復入棺長往。

【注釋】❶季春月　指農曆三月。

【語譯】溫州（今屬浙江）瑞鹿寺上方院遇安禪師（?～九九五年），福州（今屬福建）人。遇安從天台德韶國師那裡獲得了禪法，又曾經閱讀《首楞嚴經》而明瞭大義，所以當時人稱他為「安楞嚴」。

北宋至道元年（九九五年）三月，遇安禪師臨終前，有個名叫蘊仁的法嗣弟子侍坐在一旁，遇安就說偈頌道：「不是大庾嶺頭所攜提之事，豈能從雞足山傳付過來？自古聖賢都是這樣的，並非是我今天特意為君裁定。」遇安說偈頌囑咐完畢，即用香水沐浴，更換衣服，端坐著，讓人把棺木抬到方丈室內。靜坐了片刻，遇安自己爬進了棺中。經過了三天，其門人與本寺的瑜闍梨把棺木打開，看見遇安禪師如同如來佛入滅時向右側臥著。於是僧俗四眾悲痛哀悼，遇安就又從棺中爬起，上堂說法，並責斥訓誡道：「此後再打開我棺木者，就不是我的弟子。」說完，遇安再次進入棺木中，寂然逝世。

杭州龍華寺慧居禪師

杭州龍華寺慧居禪師，閩越人也。自天台領旨，吳越忠懿王命住上寺。

初開堂，眾集定，師曰：「從上宗乘，到此如何言論？又如何舉唱？只如釋迦如來說一代時教，如缾注水，古德尚云：猶如夢事寱語一般。且道古德據什麼道理便恁麼道？還會麼？大施❶門開，何曾擁塞？生凡育聖，不漏纖塵。言凡則全凡，舉聖則全聖。凡聖不相待，箇箇獨尊。所以道：山河大地，長時說法，長時放光。地水火風，一一如是。」時有僧出禮拜，師曰：「好箇問頭，如法問將來。」僧方進前，師曰：「又勿交涉也。」

僧問：「諸佛出世，放光動地。和尚出世，有何祥瑞？」師曰：「話頭自破。」

異日，上堂謂眾曰：「龍華遮裡也只是拈柴擇菜，上來下去，晨朝一粥，齋時一飯，睡後喫茶。但恁麼參取。珍重！」

僧問：「學人未明自己，如何辨得淺深？」師曰：「識取自己眼。」曰：「如何是自己眼？」師曰：「向汝道什麼？」

【注釋】❶大施　施捨一切之人。

【語譯】杭州（今屬浙江）龍華寺慧居禪師，福建福州一帶人。慧居自從於天台德韶國師那裡領悟了禪旨，吳越忠懿王錢俶便延請他住持龍華上寺。

慧居禪師初次開堂說法，大眾會聚已定，慧居說道：「從上至極玄妙的宗乘，到這裡怎樣講說呢？又怎樣舉唱呢？比如釋迦如來講說一代時教，如瓶注水一樣，而古代大德卻說：就好像是在夢中說夢話一樣。你們姑且說說古代大德根據什麼道理就這樣說？可還領會了嗎？大施之門洞開，怎麼會擁塞呢？生育凡人與聖人，都不曾洩漏細微的塵埃。說凡人則全部都是凡人，講聖人則全部都是聖人。凡人與聖人不相待，個個都稱天下唯我獨尊。所以說：山河大地，永遠都在說法，永遠都在放出光明。地、水、火、風，也全都是這樣的。」當時有個僧人站出來禮拜，慧居說道：「好一個問題，你依據佛法問過來。」那僧人剛要朝前走，慧居便說道：「又與禪義沒有關涉。」

有僧人問道：「諸佛出世，放出光明，震動了大地。和尚出世，有什麼祥瑞出現？」慧居禪師回答：「你的話頭自破。」

又一天，慧居禪師上堂對眾僧說道：「龍華寺這裡也只有撿柴摘菜，上來下去，早晨喝一碗粥，中午齋食時吃一碗飯，午睡後飲茶。只這樣參拜。各自珍重！」

有僧人問道：「學生未能明白自己時，怎樣才能辨別其中的淺深呢？」慧居禪師回答：「識別自己的眼睛。」那僧人再問道：「什麼是自己的眼睛？」慧居反問：「對你說了什麼？」

婺州齊雲山遇臻禪師

婺州齊雲山遇臻禪師，越州人也，姓楊氏。幼歲依本州大善寺[1]出家，年滿登具，預天台之室，親承印記。住齊雲山宴居，法侶咸湊。

僧問：「如何是無縫塔？」師曰：「五、六尺。」其僧禮拜，師曰：「塔倒也。」

問：「圓明了知，為什麼不因心念？」師曰：「圓明了知。」曰：「何異心念？」師曰：「汝喚什麼作心念？」

師秋夕閑坐，偶成頌曰：「秋庭肅肅風颸颸，寒星列空蟾魄❷高。搘頤❸靜坐神不勞，鳥窠無端拈布毛。」

其諸歌偈，皆觸事而作，三百餘首流行，見乎別錄。至道中，卒于大善寺。

【注釋】❶大善寺　在浙江上虞城內，唐代武則天長安四年始建。❷蟾魄　指月亮。❸搘頤　支著面頰。搘，同「支」。頤，面頰。

【語譯】婺州（今浙江金華）齊雲山遇臻禪師，越州（今浙江紹興）人，俗姓楊。遇臻幼年便歸附越州大善寺出家，依據年齡而接受了具足戒，然後進入天台德韶國師之室，親自承受了印記。遇臻後來住持齊雲山，僧侶自四方來聚。

有僧人問道：「什麼是無縫塔？」遇臻禪師回答：「五、六尺高。」那僧人便禮拜，遇臻說道：「塔倒了。」

有僧人問道：「既然圓明了知，為什麼不是憑助心念呢？」遇臻禪師回答：「圓明了知。」那僧人又問道：「那與心念有什麼差異？」遇臻反問：「你把什麼叫作心念？」

遇臻禪師於秋天夜晚閒坐時，偶然作了一首偈頌道：「秋天的庭院裡，秋色蕭蕭，秋風颸颸，在空中寒星排列，秋月高遠。支著面頰靜坐神思並不煩勞，鳥窠和尚無端拈起了布毛。」

遇臻禪師所有的詩歌偈頌，都是觸事而作，共有三百多首流傳於世，記載於本書別錄內。北宋至道（九九五～九九七年）年間，遇臻禪師在大善寺內圓寂。

溫州瑞鹿寺本先禪師

溫州瑞鹿寺本先禪師，溫州永嘉人也，姓鄭氏。幼歲於本州集慶院出家，納戒於天台國清寺，得法於天台韶國師。

師初遇國師，國師導以「非風幡動，仁者心動」之語，師即時悟解。後乃示徒曰：「吾初學天台法門，語下便薦。然千日之內，四儀❶之中，似物礙膺❷，如讎同所。千日之後，一日之中，物不礙膺，讎不同所，當下安樂，頓覺前咎。」

乃述頌三首。

一〈非風幡動仁者心動頌〉曰：「非風幡動唯心動，自古相傳直至今。今後水雲徒欲曉，祖師真實好知音。」

二〈見色便見心頌〉曰：「若是見色便見心，人來問著方難答。更求道理說多般，孤負平生三事衲❸。」

三〈明自己頌〉曰：「曠大劫來祇如是，如是同天亦同地。同地同天作麼形？作麼形兮無不是。」

師自邇足不歷城邑，手不度財貨，不設臥具，不衣繭絲。卯齋❹，終日宴坐。申旦誨誘，徒眾朝夕懇至。踰三十載，其志彌厲。

師示眾云：「你等諸人還見竹林、蘭若、山水、院舍、人眾麼？若道見，則心外有法。若道不見，焉奈竹林、蘭若、山水、院舍、人眾現在撥然❺地！還會恁麼告示麼？若會，不妨靈利。無事，莫立。」

師示眾云：「佛身充滿於法界，普現一切群生前。隨緣赴感靡不周，而常處此菩提座。若道佛身充滿於法界，去菩薩界、緣覺界、聲聞界、天界、修羅界、人界、畜生界、餓鬼地獄界如是等界，應須勿有蹤迹去始得，為什麼有此二三說？為道法界唯是佛身，便恁麼道。恁麼道既成，二三又作麼生說？是充滿法界底佛身向遮裡為你等亂道，還得麼？於遮箇說話，若也薦得，不妨省心力。若也薦不得，你等且道不歷僧祇❻獲法身是箇甚人？彼此出浴勞倦，不妨且退。」

師有時云：「大凡參學佛法，未必學問話是參學，未必學揀話是參學，未必學代語是參學，未必學別語是參學，未必學捻破經論中奇特言語是參學，未必捻破諸祖師奇特言語是參學。若也於如是等參學，任你七通八達，於佛法中儻無箇實見處，喚作乾慧❼之徒。豈不聞古德云：聰明不敵生死，乾慧豈免苦輪？諸人若也參學，應須真實參學始得。真實參學也，行時行時參取，立時立時參取，坐時坐時參取，眠時眠時參取，語時語時參取，默時默時參取，一切作務時參取。既向如是等時參，且道參箇甚人？參箇什麼說？到遮裡，須自有箇明白處始得。若非明白處，喚作造次參學，則無究了。」

又云：「幽林鳥叫，碧澗魚跳，雲片展張❽，瀑聲嗚咽。你等還知得如是多景象，示你等箇入處麼？若也知得，不妨參取好！」

又云：「天台教中說文殊、觀音、普賢三門。文殊門者一切色，觀音門者一切聲，普賢門者不動步而到。我道文殊門者不是一切色，觀音門者不是一切聲，普賢門者是箇什麼？莫道別卻天台教說話。無事且退。」

又云：「南泉遷化向甚處去？東家作驢，西家作馬。若是求出三界修行底人，聞遮箇言語，不妨狐疑，不妨驚怛❾。南泉遷化向甚處去？東家作驢，西家作馬。或會云：千變萬化，不出真常。南泉遷化向甚處去？東家作驢，西家作馬。或會云：須會異類中行，始會得遮箇言語。南泉遷化向甚處去？東家作驢，西家作馬。或會云：東家是南泉，西家是南泉。南泉遷化向甚處去？東家作驢，西家作馬。或會云：東家郎君❿子，西家郎君子。南泉遷化向甚處去？東家作驢，西家作馬。

或會云：東家是什麼，西家是什麼？南泉遷化向甚處去？東家作驢，西家作馬。或會云：乃作驢叫，又作馬嘶。南泉遷化向甚處去？東家作驢，西家作馬。或會云：喚什麼作東家驢，喚什麼作西家馬？南泉遷化向甚處去？東家作驢，西家作馬。或會云：既問遷化，答在問處。南泉遷化向甚處去？東家作驢，西家作馬。或會云：作露柱處去。南泉遷化向甚處去？東家作驢，西家作馬。或會云：東家作驢，虧南泉甚處？西家作馬，虧南泉甚處？如是諸家會也，總於佛法有安樂處。南泉遷化向甚處去？東家作驢，西家作馬。學人不會。要騎便騎，要下便下。遮箇答話不消得多道理而會，若見法界性去也。勿多事，珍重！」

又云：「晨朝起來，洗手面盥漱了喫茶，喫茶了佛前禮拜，佛前禮拜了和尚主事處問訊，和尚主事處問訊了僧堂裡行益⑪，僧堂裡行益了上堂喫粥，上堂喫粥了歸下處⑫打睡⑬，歸下處打睡了起來洗手面盥漱，起來洗手面盥漱了喫茶，喫茶了東事西事⑭，東事西事了齋時僧堂裡行益，齋時僧堂裡行益了上堂喫飯，上堂喫飯了盥漱，盥漱了喫茶，喫茶了東事西事，東事西事了黃昏唱禮，黃昏唱禮了僧堂前喝參，僧堂前喝參了主事處喝參，主事處喝參了和尚處問訊，和尚處問訊了初夜唱禮，初夜唱禮了僧堂前喝珍重，僧堂前喝珍重了和尚處問訊，和尚處問訊了禮拜行道誦經念佛。如此之外，或往莊上，或入郡中，或歸俗家，或到市肆。既有如是等運為，且作麼生說箇勿轉動相底道理？且作麼生說箇那伽常在定[15]無有不定體底道理？還說得麼？若也說得，一任說取。珍重！」

又云：「鑑中形影，唯憑鑑光顯現。你等諸人所作一切事，且道唯憑箇什麼顯現？還知得麼？若也知得，於參學中千足萬足。無事，莫立。」

又云：「你等諸人夜間眠熟，不知一切。既不知一切，且問你等那時有本來性。若道那時有本來性，那時又不知一切，與死無異。若道那時無本來性，那時睡眠忽省，覺知如故。還會麼？不知一切與死無異，睡眠忽省覺知如故，如是等時，是箇什麼？若也不會，各自體究取。無事，莫立。」

又云：「諸法所生，唯心所現。如是言語，好箇入底門戶。且問你等諸人，眼見一切色，耳聞一切聲，鼻嗅一切香，舌知一切味，身觸一切耎滑，意分別一切諸法，只如眼耳鼻舌身意所對之物，為復唯是你等心，為復非是你等心？若道唯是你等心，何不與你等身都作一塊了休，為什麼所對之物卻在你等眼耳鼻舌身意外？你等若道眼耳鼻舌身意所對之物非是你等心，又焉奈『諸法所生，唯心所現』言語留在世間，何人不舉著？你等見遮箇說話，還會麼？若也不會，大家用心商量教會去。幸在其中，莫令厭學。無事且退。」

大中祥符元年二月，師忽謂上足如晝曰：「可造石龕，仲秋望日，吾將順化。」如晝稟命，尋即成就。及期，遠近士庶奔趨瞻仰。是日，參問如常。至午時，安坐方丈，手結寶印⓰，復謂如晝曰：「古人云：騎虎頭，打虎尾。中央事，作麼生？」如晝答云：「也只是如晝。」師云：「你問我。」晝乃問：「騎虎頭，打虎尾。中央事，和尚作麼生？」師云：「我也弄不出。」言訖奄然，開一目微視而寂。壽六十七，臘四十二。長吏具以事聞，詔本州常加檢視。如晝乃奉師嘗所著《竹林集》十卷、詩篇歌辭共千餘首，詣闕上進。詔藏秘閣⓱，如晝特賜紫衣。

【注釋】❶四儀　即「四威儀」。❷膺　心胸。❸三事衲　又稱三事衣，即五條、七條、九條三種衲衣。❹卯齋　此指清晨卯時吃粥與中午齋時吃飯。❺摐然　紛雜貌。唐人元稹〈泛江翫月〉詩：「飲荒情爛漫，風棹藥崢摐。」❻僧祇　即僧眾。❼乾慧　指智慧乾燥而未純熟。《大乘義章》：「雖有智慧，未得定水，故云乾慧。又此事觀，未得理水，亦名乾慧。」❽展張　舒展。❾怛　悲痛；悲傷。❿郎君　主人。⓫行益　此指寺院中料理飲食之事。行指行食，益指益食。⓬下處　此指僧侶休息躺臥處。⓭打睡　即小睡。⓮東事西事　即「東淨西淨之事」，也即大便小便。禪林中指東序之廁為東淨，西序之廁為西淨。廁為至穢之所，宜加清潔，故稱淨。⓯那伽常在定　《俱舍論》：「契經說，那伽行在定，那伽住在定，那伽坐在定，那伽臥在定。」佛經謂身變龍而止息於深淵為那伽定，即為保長壽，以逢彌勒出世，而以願力入於那伽定。⓰寶印　三寶中的法寶，為諸寶中之實寶，堅固不壞，故名寶印。此指用手擺出奉持寶印的手勢。⓱秘閣　宋代官署名，宋太宗端拱元年於崇文院中建秘閣，以藏三館真本書籍及書畫。

【語　譯】溫州（今屬浙江）瑞鹿寺本先禪師（九四二～一〇〇八年），溫州永嘉（今浙江溫州）人，俗姓鄭。本先幼年時在溫州集慶寺出家，在天台山國清寺接受了具足戒，在天台德韶國師那裡印證了禪法玄旨。

本先禪師初次遇見天台國師時，天台國師用「不是風與旗幡在動，是仁者心在動」這句話來引導本先，本先當即領悟了禪旨。後來本先禪師便指示徒眾道：「我一開始參學天台國師的法門，就當即在言語之下領悟了。但是在千日之內，四威儀之中，仍然感到好像有什麼東西堵塞在心間，好像是仇人同住在一處。直到千日以後，有一天忽然感到再也沒有東西堵塞在心間，仇人也不再同住一處了，當下即感到心情安適快樂，頓時悟徹以前的過失。」本先於是還作了三首偈頌。

第一首是〈非風幡動仁者心動頌〉，道：「不是風幡在動而只是心在動，此語自古相傳直到如今。今後流水行雲徒然想知曉，祖師才真正是好知音。」

第二首是〈見色便見心頌〉，道：「如果見色便是見心，人來問著方才難答。又為尋求道理而反覆講說，從而辜負了平生之三事衲衣。」

第三首是〈明自己頌〉，道：「曠大之劫難來時也只是這樣，像這樣的與天相同、與地也相同。與天地相同又怎樣來形容呢？什麼樣的形狀都是的。」

本先禪師從此以後腳不踐踏城鎮之地，手不接觸財物錢幣，睡覺不設置臥具，穿衣不要絲綢織物。每天卯時齋時兩餐，整天打坐參禪。傍晚申時與清晨兩次教誨引導學僧，門人徒眾早晚勤勉地前來參學。本先就這樣度過了三十多年，而其意志更加堅韌。

本先禪師指示眾人道：「你們眾人可看見竹林、寺院、山水、房屋與人群了嗎？如果說看見了，則是心外有法。如果說沒有看見，怎奈竹林、寺院、山水、房屋、人群現在紛雜地出現於眼前呢！可還領會了這樣的告示嗎？如果能領會，那是十分伶俐的。無事了，不用久立。」

本先禪師指示眾人道：「佛身充滿於法界之中，普現在一切眾生之前。隨從緣分、跟著感覺沒有不周遍的，然而常常居住在這菩提座上。如果說佛身充滿於法界之中，那去菩薩界、緣覺界、聲聞界、天界、修羅界、人界、畜生界、餓鬼地獄界等等這樣之境界，應該沒有來去的蹤跡才對，為什麼卻有這樣二、三類說法？這是因為說法界只是佛身，就這樣說了。這樣說既然可以成立，那為什麼又會有這二、三類說法呢？這是因為充滿法界的佛身到這裡對你們亂說，還行嗎？對於這個說話，你們如果能領會，那就十分省心省力了。如果不能領會，你們就說說看，那沒有經歷僧祇而獲得了法身的是什麼人？剛沐浴完畢，彼此都很疲倦勞累了，不妨暫時退下休息。」

本先禪師有一次說道：「大凡參學佛法的，未必學問話即是參學，未必學揀擇話頭即是參學，未必學代人答話即是參學，未必學另擬答話即是參學，未必學參破經論之中奇特的語句即是參學，未必學參破諸位祖師奇特的語句即是參學。如果像這樣的參學，任憑你們七通八達，而在佛法中倘若沒有一個確實的見解之處，那就叫作乾慧之徒。難道沒有聽到古代大德說過：聰明敵不過生死，乾慧豈能豁免輪迴之苦？諸位如果要參學，就應該真正確實地參學才行。所謂真正確實地參學，行走時就在行走時參學，站立時就在站立時參學，打坐時就在打坐時參學，睡眠時就在睡眠時參學，說話時就在說話時參學，沉默時就在沉默時參學，即一切幹活時就在那一切幹活時參學。既然像這樣的時候參學，你們姑且說說看參個什麼人？參個什麼話？到這裡來，必須自己有一個明白之處才行。如果沒有明白之處，就叫作造次參學，就不能深究領悟禪旨。」

本先禪師又說道：「幽靜的樹林中鳥兒在鳴叫，碧綠的山澗中魚兒在歡跳，朵朵白雲舒展，隆隆飛瀑之聲在遠處嗚咽地迴盪。你們可知道像這樣的景象，正是在給你們指示一個進入的門徑嗎？如果能明白，那就不妨去參學為好！」

本先禪師又說道：「天台教義中講說文殊、觀音、普賢三門。文殊門是一切色，觀音門是一切聲，普賢門是不移動腳步就到達。我說文殊門不是一切色，觀音門不是一切聲，普賢門是個什麼？不要說這是違背了天台教義的說法。無事了，暫且退下。」

本先禪師又說道：「南泉和尚遷化後到什麼地方去了？東家作驢，西家作馬。如果是尋求出三界修行的人，聽到了這種話，將會十分懷疑，十分驚惶。南泉和尚遷化後到什麼地方去了？東家作驢，西家作馬。有人領會道：千變萬化，都不離開真常。南泉和尚遷化後到什麼地方去了？東家作驢，西家作馬。有人領會道：必須知道應到異類中去走一遭，才能領會這個話語。南泉和尚遷化後到什麼地方去了？東家作驢，西家作馬。有人領會道：東家是南泉和尚，西家也是南泉和尚。南泉和尚遷化後到什麼地方去了？東家作驢，西家作馬。有人領會道：是東家郎君的子弟，也是西家郎君的子弟。南泉和尚遷化後到什麼地方去了？東家作驢，西家作馬。有人領會道：東家是什麼，西家又是什麼？南泉和尚遷化後到什麼地方去了？東家作驢，西家作馬。有人領會道：既發出驢叫，又發出馬叫。南泉和尚遷化後到什麼地方去了？東家作驢，西家作馬。有人領會道：把什麼叫作東家之驢，把什麼叫作西家之馬？南泉和尚遷化後到什麼地方去了？東家作驢，西家作馬。有人領會道：既然是問遷化，回答就在問的地方。南泉和尚遷化後到什麼地方去了？東家作驢，西家作馬。有人領會道：到作露柱的地方去。南泉和尚遷化後到什麼地方去了？東家作驢，西家作馬。有人領會道：東家作驢，虧待了南泉和尚什麼？西家作馬，又虧待了南泉和尚什麼呢？像這樣眾多的領會，都說明在佛法中有安樂康寧的地方。南泉和尚遷化後到什麼地方去了？東家作驢，西家作馬。學僧沒有領會。要騎就騎，要下就下。這個答話用不著許多道理就能領會了，如若是這樣的就看見了法界之本性了。不要多事，各自珍重！」

本先禪師又說道：「早晨起來，洗手洗臉盥漱完了便吃茶，吃茶完了就到佛像前面去禮拜，佛像前面禮拜完了就到和尚、主事僧那裡去請安，在和尚、主事僧那裡請安完了就到僧堂裡去行益，在僧堂裡行益完了就上堂吃粥，上堂吃粥完了就歸下處小睡片刻，歸下處小睡片刻完了就起來洗手洗臉盥漱，起來洗手洗臉盥漱完了就吃茶，吃茶完了就去東事西事，東事西事完了就在齋食之時到僧堂裡去行益，齋食之時到僧堂裡去行益完了就上堂吃飯，上堂吃飯完了就盥漱，盥漱完了就吃茶，吃茶完了就去東事西事，東事西事完了就是黃昏唱經行禮，黃昏唱經行禮完了就到僧堂前行禮參問，僧堂前行禮參問完了到主事僧那裡去行禮參問，主事僧那裡行禮參問完了就到和尚那裡去請安，和尚那裡請安完了就是初夜唱經行禮，初夜唱經行禮完了就到僧堂前說珍重，僧堂前說珍重完了就到和尚那裡去請安，和尚那裡請安完了就禮拜行道誦經念佛。在這些事情以外，有人前往農莊，有人來到州城之中，有人回到俗世之家探視，有人來到市場裡。既然有這些行為，那怎樣才能說出個不轉動諸相的道理？怎樣才能說出個那伽常在定沒有不定之體的道理？可還能說嗎？如果能說出，就任憑你們說去。各自珍重！」

本先禪師又說道：「鏡子中的形影，只有藉助鏡子的明亮才能顯現。你們諸位所做的一切事，說說看只有藉助什麼才能顯現？可還知道嗎？如果能知道，對於參學就是千足夠萬足夠了。無事了，不用久立了。」

本先禪師又說道：「你們諸位夜間睡熟了，一切都不知道了。既然一切都不知道了，那就問問你們那時候的本來性。如果說那時候有本來性，但那時候卻又一切都不知道，與死了沒有區別。如果說那時候沒有本來性，但那時候忽然從睡眠中醒來，又跟以前一樣有知覺了。可領會了嗎？一切都不知道即與死了沒有區別，忽然睡醒時知覺就跟平時一樣，像這樣的時候，是個什麼呢？如果還沒有領會，就各自體會推究去吧。無事了，不用久立。」

本先禪師又說道：「諸法所產生的，只是心中所顯現的。這樣的話語，就是一個很好的進入門徑。姑且問問你們諸位，眼睛看見一切色，耳朵聽見一切聲，鼻子嗅聞一切香，舌頭辨別一切味，身體接觸一切軟滑之物，意識分別一切諸法，就如那眼睛、耳朵、鼻子、舌頭、身體與意識所對的事物，就是你們的心呢，還是並非是你們的心？如果說這就是你們的心，那為什麼不跟你們的身體都融作一塊兒算了，為什麼這些所對之事物卻在你們的眼睛、耳朵、鼻子、舌頭、身體與意識之外呢？你們如果說眼睛、耳朵、鼻子、舌頭、身體與意識所對的事物不是你們的心，又怎奈『諸法所產生的，只是心中所顯現的』這句話語流傳在世上，哪個人不在舉說呢？你們聽見這樣的說話，可還領會了嗎？如果還沒有領會，那就大家用心商量領會去。幸好在其中，不要厭學。無事了，暫且退下。」

北宋大中祥符元年（一〇〇八年）二月，本先禪師忽然對自己的高足如晝說道：「可以建造個石龕，中秋十五日，我將去世。」如晝秉承師命，不久就將石龕建造好了。到了那一天，遠近僧俗士庶都來瞻仰其風範。那天，本先禪師仍然同平日一樣接受眾人的參問。到了中午時分，本先端坐在方丈室內，手結寶印之勢，又對如晝說道：「古人說過：騎虎頭，打虎尾。那中間的事，又怎麼辦呢？」如晝回答：「也只是如晝。」

本先便說道：「你來問我。」如晝便問道：「騎虎頭，打虎尾。那中間的事，和尚又怎麼辦呢？」本先回答：「我也弄不出。」說完就寂然斷氣了，微微睜開一隻眼睛而圓寂。享年六十七歲，法臘四十二年。地方官員便具事狀向朝廷奏聞，天子就下詔令命本州長官常常加以檢查巡視其靈塔。如晝便奉呈本先禪師所撰著的《竹林集》十卷、詩歌偈頌共一千餘首，來到京城進獻。天子下詔將這些著述寶藏在秘閣中，並特賜如晝紫衣。

【說　明】天台德韶禪師的法嗣還有杭州報恩德謙禪師、杭州靈隱處先禪師、天台善建省義禪師、越州觀音安禪師、婺州仁壽澤禪師、越州雲門重曜禪師、越州大禹榮禪師、越州地藏瓊禪師、杭州靈隱紹光禪師、杭州龍華紹鑾禪師、越州碧泉行新禪師、越州象田默禪師、潤州登雲從堅禪師、越州觀音朗禪師、越州諸暨五峰和尚、越州何山道孜禪師、越州大禹自廣禪師、筠州黃蘗師逸禪師、蘇州瑞光清表禪師等十九人，因無機緣語句，故未收錄。

前杭州報恩寺慧明禪師法嗣

福州保明院道誠大師

福州長溪保明院通法大師道誠。師上堂曰：「如為一人，眾多亦然。珍重！」

僧問：「如何是保明家風？」師曰：「看。」

問：「圓音❶普震，三等❷齊聞。竺土❸仙心❹，請師密付。」師良久，僧曰：「恁麼即意馬❺已成於寶馬❻，心牛頓作於白牛。」師曰：「七顛八倒。」曰：

「若不然者幾招哂笑❼。」師曰：「禮拜退後。」

問：「如何是和尚西來意？」師曰：「我不曾到西天。」曰：「如何是學人西來意？」師曰：「汝在東土多少時？」

【注釋】❶圓音　圓妙的聲音，指佛語。❷三等　謂身、語、意三者平等如一，凡真言之行法，以此三等為本主。❸竺土　指天竺國。❹仙心　此指佛祖所傳下之禪心。❺意馬　謂人之意識追逐於外境，不住於一處，猶如奔馬。下文「心牛」之意略同。❻寶馬　此喻指大乘禪法。下文「白牛」之意略同。❼哂笑　譏笑；嘲笑。

【語譯】福州長溪（今福建霞浦）保明院道誠禪師，號通法大師。道誠禪師上堂說道：「接引眾多的人，也如同接引一個人一樣。各自珍重！」

有僧人問道：「什麼是保明院的家風？」道誠禪師回答：「看。」

有僧人請道：「佛之圓音普遍震動，身、語、意三等一齊聽聞。天竺國佛祖之禪心，請和尚秘密傳付。」道誠禪師沉默了許久，那僧人便說道：「這樣則意馬已經成為寶馬，心牛頓時變作白牛了。」道誠說道：「七顛八倒。」那僧人說道：「如果不是這樣，就將會招致別人譏笑了。」道誠說道：「禮拜了退後。」

有僧人問道：「什麼是和尚西來的意旨？」道誠禪師回答：「我不曾到過西天。」那僧人又問道：「什麼是學生西來的意旨？」道誠反問：「你在東土待了多少時間了？」

前杭州永明寺道潛禪師法嗣

杭州千光王寺瓌省禪師

杭州千光王寺瓌省禪師，溫州陶山❶人也，姓鄭氏。幼歲出家，精究律部。

聽天台文句，棲心於圓頓止觀。後閱《楞嚴》，文理宏濬，未能洞曉。一夕，誦經既久，就案若假寐，夢中見日輪自空降，開口吞之，自是倏然發悟，差別義門，渙然無滯。後聞國城❷永明法席隆盛，專申參問，永明唯印前解，無別指喻，即以忠懿王所遺衲衣授之，表信物。住湖西嚴淨院。開寶三年，衢州刺史翁晟仰重師道，乃開西山，創大禪苑，（太宗皇帝改賜寶雲寺額。）請師居之，學者臻萃。

師上堂曰：「諸上座，佛法無事，昔之日月，今之日月，昔日風，今日風，昔日上座，今日上座，莫道舉亦了，說亦了，一切成現好！珍重！」

師開寶五年壬申七月示疾，不求醫，三日前有寶樹浴池現，師曰：「凡所有相，皆是虛妄。」二十七日晡時❸，集眾言別，安坐而逝，壽六十有七。闍維舍利，門人建塔。

【注　釋】❶陶山　在浙江瑞安市西三十五里，周二里，晉代陶弘景曾居於此，故名。此山前江後湖，被道教尊為第七福地。

❷國城　此指吳越國的京城杭州城。❸晡時　即午後申時，為下午三時至五時。

【語　譯】杭州（今屬浙江）千光王寺瓌省禪師（九〇六～九七二年），溫州（今屬浙江）陶山人，俗姓鄭。瓌省幼年出家，潛心研究戒律著作。他自從聽了天台宗的經論後，便一心一意地參究圓頓止觀。後來瓌省閱讀《楞嚴經》，因文理過於宏大精深，所以未能曉悟。有一天夜裡，環省誦念經書的時間太久了，便伏在書案上打盹，在夢中看見太陽從空中降下，他便張口吞下，從此忽然大悟，心中舊有的疑惑，義門之差別，都蕩然無存。此後，環省聽到京城永明和尚的法席興盛，便專門前去參拜，永明和尚只是印證了前面的悟解，而沒有其他的教誨，並把吳越忠懿王所賜的衲衣傳授給環省，作為傳法的信物。北宋開寶三年（九七〇年），衢州（今屬浙江）刺史翁晟崇仰敬重環省禪師，就在西山上創建大禪院，宋太宗皇帝改賜院額曰寶雲寺。延請環省住持，學法僧自四方來聚會參問。

環省禪師上堂說道：「諸位上座，佛法無事，從前的日月，也即今天的日月，從前的風，也即今天的風，從前的上座，也即今天的上座，不要講舉也完了，說也完了，一切都是現成的為好！各自珍重！」

環省禪師於開寶五年壬申歲（九七二年）七月患病，但也不求醫治療，而在此三天之前，七寶樹突然出現於寺內浴池中，環省便說道：「凡是一切相，都是虛妄的。」二十七日晡時，環省禪師召集眾僧告別，端坐著圓寂了，享年六十七歲。火化後，門人收拾舍利子，建塔供奉。

衢州鎮境志澄大師

衢州鎮境志澄大師。僧問：「如何是定乾坤底劍？」師曰：「不漏絲髮。」曰：「日用者如何？」師曰：「不知。」

問：「或因普請，鋤頭損傷蝦蟇蚯蚓，還有罪也無？」師曰：「阿誰是下手者？」曰：「恁麼即無罪過。」師曰：「因果歷然。」

師後遷住杭州西山寶雲寺說法，本國賜紫，署積善大師。

【語　譯】衢州（今屬浙江）鎮境志澄大師。有僧人問道：「什麼是定乾坤的寶劍？」志澄回答：「不漏過一絲頭髮。」那僧人又問道：「每天用的人怎麼樣？」志澄回答：「不知道。」

有僧人問道：「有時因為普請挖土，鋤頭損傷了蝦蟆、蚯蚓，可還有罪過嗎？」志澄大師反問：「是誰下的手？」那僧人說道：「這樣說來就沒有罪過了。」志澄便說道：「因果分明猶在。」

志澄大師後來遷住杭州（今屬浙江）西山寶雲寺說法，吳越國王賜予紫衣，並賜法號曰積善大師。

明州崇福院慶祥禪師

明州崇福院慶祥禪師，上堂曰：「諸禪德見性周徧，聞性亦然，洞徹十方，無內無外。所以古人道：隨緣無作，動寂常真。如此施為，全真智❶用。」

問：「如何是本來人？」師曰：「堂堂六尺甚分明。」曰：「只如本來人，還作如此相貌也無？」師曰：「汝喚什麼作本來人？」曰：「乞師方便。」師曰：「教誰方便？」

【注　釋】❶真智　也稱聖智，即緣真如實相之智。

【語　譯】明州（今浙江寧波）崇福院慶祥禪師，上堂說道：「諸位禪德的見性遍及世界，聞性也一樣，洞徹十方，不分內外。所以古人說過：隨緣而無作為，動靜常是真如。如果像這樣去做，就能完備真智之用。」

有僧人問道：「什麼是本來人？」慶祥禪師回答：「堂堂六尺之人甚是分明。」那僧人便問道：「就像那本來人，他可有沒有這樣的相貌呢？」慶祥反問：「你把什麼叫作本來人？」那僧人便說道：「就請和尚方便接引。」慶祥問道：「教誰方便接引？」

前杭州靈隱寺清聳禪師法嗣

杭州功臣院道慈禪師

杭州臨安功臣院道慈禪師。問：「師登寶座，大衆咸臻，請師舉揚宗教。」師曰：「大衆證明上座。」曰：「恁麼即亘古亘今也。」師曰：「也須領話始得。」

【語　譯】杭州臨安（今屬浙江）功臣院道慈禪師。有僧人請道：「和尚登上寶座，大眾都來聚會，請和尚舉唱禪宗教旨。」道慈說道：「大眾共同證明上座。」那僧人便說道：「這樣則貫通古今了。」道慈說道：「也要領會話頭才行。」

秀州羅漢院願昭禪師

秀州羅漢院願昭禪師，錢塘人也。依本部西山保清院受業，自靈隱發明，衆請出世。

師上堂曰：「山河大地是真善知識，時常說法，時時度人，不妨諸上座參請。無事，久立。」

僧問：「羅漢家風，請師一句。」師曰：「嘉禾❶合穗❷，上國❸傳芳。」曰：「此猶是嘉禾家風，如何是羅漢家風？」師曰：「或到諸方，分明舉似。」

師後住杭州香嚴寺。僧問：「不立纖塵，請師直道。」師曰：「眾人笑汝。」曰：「如何領會？」師曰：「還我話頭來！」

【注釋】❶嘉禾　生長得特別茁壯的禾稻，古人視為瑞徵。《論衡・講瑞》：「嘉禾生于禾中，與禾中異穗，謂之嘉禾。」因三國吳時有嘉禾生長於今浙江嘉興地區，故宋代以「嘉禾」為秀州的郡額，從而成為嘉興市的別稱。❷合穗　稻一般一株一穗，若一株二穗便稱合穗，即「嘉禾」。❸上國　此指國都。

【語譯】秀州（今浙江嘉興）羅漢院願昭禪師，錢塘（今浙江杭州）人。願昭歸附杭州西山保清院受業，在靈隱寺清聳和尚那裡發明了禪旨，受眾人延請而出世住持禪院。

願昭禪師上堂說道：「山河大地是真正的善知識，時常說法，時時引度人，諸位上座不妨自己參究。無事，久立了。」

有僧人請道：「羅漢院的家風，請和尚講說一句。」願昭禪師說道：「嘉禾合穗，上國傳芳。」那僧人便問道：「這還是嘉禾家風，什麼是羅漢院的家風？」願昭回答：「你如若到各地禪院，就清楚地舉說。」

願昭禪師後來住持杭州香嚴寺。有僧人請道：「不夾雜纖微的塵埃，請和尚直截講說。」願昭說道：「大眾在笑話你。」那僧人問道：「怎樣領會呢？」顧昭喝道：「把話頭還給我！」

處州報恩院師智禪師

處州報恩院師智禪師。僧問：「如何是和尚家風？」師曰：「誰人不見？」

問：「如何是一相三昧？」師曰：「青黃赤白。」曰：「一相何在？」師曰：「汝卻靈利。」

問：「祖祖相傳傳祖印，師今法嗣嗣何人？」師曰：「靈鷲峰前，月輪皎皎。」

【語譯】處州（今浙江麗水）報恩院師智禪師。有僧人問道：「什麼是和尚的家風？」師智回答：「哪個沒有看見？」

有僧人問道：「什麼是一相三昧？」師智禪師回答：「青、黃、紅、白。」那僧人便問道：「一相在哪裡？」師智說道：「你倒是伶俐。」

有僧人問道：「歷代祖師相傳授祖印，和尚今天的法嗣由什麼人來承嗣呢？」師智禪師回答：「靈鷲峰之前，明月正皎潔。」

衢州瀫寧可先禪師

衢州瀫寧可先禪師。僧問：「如何是瀫寧家風？」師曰：「謝指示。」

問：「如何是西來意？」師曰：「怪老僧什麼處？」曰：「學人不會，乞師方便。」師曰：「適來豈不是西來意？」

【語譯】衢州（今屬浙江）瀫寧可先禪師。有僧人問道：「什麼是瀫寧的家風？」可先回答：「謝謝你的指示。」

有僧人問道：「什麼是祖師西來的意旨？」可先禪師反問：「有什麼地方可責怪老僧的嗎？」那僧人說道：「學生沒有領會，乞請和尚方便接引。」可先說道：「剛才難道不是西來的意旨嗎？」

杭州光孝院道端禪師

杭州臨安光孝院道端禪師。僧問：「如何是佛？」師曰：「高聲問著。」曰：「莫即便是也無？」師曰：「勿交涉。」

師後住靈隱寺示滅。

【語譯】杭州臨安（今屬浙江）光孝院道端禪師。有僧人問道：「什麼是佛？」道端說道：「大點聲提問。」那僧人便問道：「莫非這就是嗎？」道端回答：「與禪義沒有關涉。」

道端禪師後來住持靈隱寺，並在那裡圓寂。

杭州保清院遇寧禪師

杭州西山保清院遇寧禪師，初開堂升座，有二僧一時禮拜。師曰：「二人俱錯。」僧擬進語，師便下座。

【語譯】杭州（今屬浙江）西山保清院遇寧禪師，初次開堂升座，有兩位僧人一齊出來禮拜。遇寧說道：「兩人都錯了。」那僧人正準備上前說話，遇寧卻走下了法座。

福州支提山辯隆禪師

福州支提山雍熙寺辯隆禪師，明州人也。依靈隱寺了悟禪師出家，遂受心印。

師上堂曰：「巍巍實相，畐塞虛空。金剛之體，無有破壞。大眾還見不見？若言見也，實相之體本非青黃赤白，長短方圓，亦非見聞覺知之法，且作麼生說見底道理？若言不見，又道巍巍實相、畐塞虛空，為什麼不見？」

僧問：「如何是向上一路？」師曰：「脚下底。」曰：「恁麼即尋常履踐。」師曰：「莫錯認。」

問：「如何是堅密身？」師曰：「倮倮地❶。」曰：「恁麼即不密也。」師曰：「見什麼？」

【注釋】❶倮倮地　即「赤裸裸地」。

【語譯】福州（今屬福建）支提山雍熙寺辯隆禪師，明州（今浙江寧波）人。辯隆皈依靈隱寺清聳了悟禪師出家，遂接受了心印。

辯隆禪師上堂說道：「巍巍實相，充塞了虛空。金剛之體，從沒有被破壞。大家有沒有看見呢？如果說看見了，那實相之體本不是青黃紅白、長短方圓，也不是見聞覺知之法，那麼又怎麼能解說看見的道理呢？如果說沒有看見，卻又說過巍巍實相、充塞了虛空，又為什麼會看不見呢？」

有僧人問道：「什麼是向上至極玄妙的一條路？」辯隆禪師回答：「腳底下。」那僧人便說道：「這樣說來，平常也能踐履了。」辯隆說道：「不要錯認了。」

有僧人問道：「什麼是堅密之身？」辯隆禪師回答：「赤裸裸地。」那僧人便說道：「這樣說來就不堅密了。」辯隆問道：「看見了什麼？」

杭州瑞龍院希圓禪師

杭州瑞龍院希圓禪師。僧問：「如何是和尚家風？」師曰：「特謝闍梨借問。」曰：「借問即不無，家風作麼生？」師曰：「瞌睡漢！」

【語譯】杭州（今屬浙江）瑞龍院希圓禪師。有僧人問道：「什麼是和尚的家風？」希圓回答：「特別感謝闍梨的詢問。」那僧人便問道：「詢問是應該的，家風又怎麼樣呢？」希圓喝道：「瞌睡蟲！」

【說明】靈隱清聳禪師的法嗣還有杭州國泰德文禪師一人，因無機緣語句，故未收錄。

前金陵報慈行言導師法嗣

洪州雲居山義能禪師

洪州雲居山義能禪師。第九世住。師上堂曰：「不用上來堂中，憍陳如❶上座為諸上座轉第一義法輪，還得麼？若自信得，各自歸堂參取。」師下堂後，卻問一僧：「只如山僧適來教上座參取聖僧，聖僧還道箇什麼？」僧曰：「特謝和尚再舉。」

問：「如何是佛？」師曰：「即心是佛。」曰：「學人不會，乞師方便。」師曰：「方便呼為佛，迴光返照看，身心是何物？」

【注釋】❶憍陳如　釋迦牟尼佛最初為之說法的五弟子之一。

【語譯】洪州（今江西南昌）雲居山義能禪師。第九世住持。義能上堂說道：「不用上堂中來，憍陳如上座為諸位上座轉動第一義法輪，可還領會了嗎？如果自己能相信，就各自歸僧堂參究去。」義能下堂後，又問一位僧人道：「就如山僧剛才教導上座參究聖僧，聖僧可說了什麼嗎？」那僧人回答：「特別感謝和尚再次舉說。」

有僧人問道：「什麼是佛？」義能禪師回答：「即心是佛。」那僧人說道：「學生沒有領會，乞請和尚方便接引。」義能便說道：「方便就叫作佛，迴光返照看去，身心又是什麼物？」

【說明】報慈行言導師的法嗣還有饒州北禪清皎禪師一人，因無機緣語句，故未收錄。

前金陵清涼泰欽禪師法嗣

洪州雲居山道齊禪師

洪州雲居山第十一世住道齊禪師，洪州人也，姓金氏。禮百丈山明照禪師得度，偏歷禪會，學心未息。後遇法燈禪師，機緣頓契。暨法燈住上藍院，師乃主經藏❶。一日，侍立次，法燈謂師曰：「藏主，我有一轉西來意話，汝作麼生會？」師對曰：「不東不西。」法燈曰：「有什麼交涉？」曰：「道齊只恁麼，未審和尚尊意如何？」法燈曰：「他家自有兒孫在。」師於是頓明厥旨。初住筠州東禪院。

僧問：「如何是佛？」師曰：「汝是阿誰？」

問：「荊棘❷林中無出路，請師方便為畬❸開。」師曰：「汝擬去什麼處？」曰：「幾不到此。」師曰：「閑言語。」

問：「不免輪迴，不求解脫時如何？」師曰：「還曾問建山麼？」曰：「學人不會，乞師方便。」師曰：「放你三十棒。」

問：「如何是三寶？」師曰：「汝是什麼寶？」曰：「如何？」師曰：「土木瓦礫。」

師次住洪州雙林院，後住雲居山。三處說法，著《語要搜玄》、《拈古代別❹》等集，盛行諸方，此不繁錄。

至道三年丁酉九月示疾，八日申時，令聲鐘集眾，維那白云：「眾已集。」師曰：「老僧三處住持三十餘年，十方兄弟相聚話道，主事、頭首❺勤心贊助。老僧今日火風相逼，特與諸人相見，諸人還見麼？今日若見，是末後方便。諸人向什麼處見？為向四大五陰處見？六入十二處❻見？遮裡若見，便可謂雲居山二十年間後學有賴。吾去後，山門大眾付契瓌開堂住持，凡事更在勤而行之，各自努力。珍重！」大眾才散，師歸西挾❼告寂，壽六十九，臘四十八。今塔存本山。

【注釋】❶經藏　指寺院內收藏佛教經典的庫房，又稱「經堂」、「藏殿」、「輪藏」等。其主掌之僧稱作「藏主」。❷荊棘　多刺的植物，比喻困難的境地。❸畬　已開墾過的田地。引申指開闢、耕種，此喻指點、開示。❹拈古代別　拈古謂舉出古時話頭以作評論。代別即代語與別語的複合詞。❺頭首　禪林分諸役僧人為東西兩班，西班諸役謂之頭首，東班諸役謂之知事，而前堂首座、後堂首座、書記等皆稱頭首。❻六入十二處　眼、耳、鼻、舌、身、意之六根，色、聲、香、味、觸、法之六境，即稱六入，也稱六處，合為十二入十二處。六境為外之六入，六根為內之六入。❼挾　輔佐；衛護。《廣雅．釋詁》：

「挾，輔也」；「挾，護也」。此指正堂兩旁的夾房。

【語譯】洪州（今江西南昌）雲居山第十一世住持道齊禪師（九二九～九九七年），洪州人，俗姓金。道齊禮拜百丈山明照禪師得以剃度，然後遍訪各地禪會，參學之心未曾暫息。後來道齊遇到了法燈泰欽和尚，機緣頓時契合。等到法燈和尚住持上藍院時，道齊便主掌經藏。有一天，道齊侍立的時候，法燈和尚對他說道：「藏主，我有一句轉祖師西來之意旨的話頭，你怎樣來領會呢？」道齊回答道：「不東不西。」法燈和尚問道：「與禪義有什麼關涉嗎？」道齊回答：「道齊就是這樣了，不知道和尚的尊意是什麼？」法燈和尚回答：「他家自有兒孫在。」道齊於是頓時明悟了禪旨。道齊最初住持筠州（今江西高安）東禪院。

有僧人問道：「什麼是佛？」道齊禪師反問：「你是誰？」

有僧人請道：「荊棘林中沒有出路，請和尚方便接引開闢道路。」道齊禪師問道：「你打算去什麼地方？」那僧人回答：「幾乎到不了這裡。」道齊說道：「廢話。」

有僧人問道：「不能免除生死輪迴，也不尋求解脫的時候怎麼樣？」道齊禪師反問：「可曾問過建山嗎？」那僧人說道：「學生沒有領會，乞請和尚方便接引。」道齊便說道：「饒你三十棒。」

有僧人問道：「什麼是三寶？」道齊禪師反問：「你是什麼寶？」那僧人再問道：「怎麼樣呢？」道齊回答：「土木瓦礫。」

道齊禪師接下來住持洪州雙林院，最後住持雲居山。道齊在這三處寺院說法，撰述了《語要搜玄》、《拈古代別》等書，盛行於各地寺院中，這裡就不繁加徵錄了。

北宋至道三年丁酉歲（九九七年）九月，道齊禪師生病了，八日申時，令人敲鐘集合眾僧，維那告訴道齊道：「僧眾已聚集了。」道齊便說道：「老僧在三處寺院住持了三十多年，與十方兄弟相聚話講禪道，主事僧、頭首勤心贊助。老僧今天風火相逼迫，不久於人世，所以特地來與諸位相見，諸位可看見了嗎？今天如果看見了，就是最後的方便接引。諸位在什麼地方相見的呢？是在四大、五蘊之處相見呢？還是在六入十二處相見的？這裡如果相見了，就可以說雲居山二十年間後學有依賴了。我去了以後，山門大眾付囑契瓌開堂住持，凡事更望大眾勤奮修行，各自努力。珍重！」大眾剛散去，道齊就回到西夾房內圓寂了，享年六十九歲，法臘四十八年。其靈塔現今還保存在雲居山。

【說　明】清涼泰欽禪師的法嗣還有廬山棲賢慧聰禪師一人，因無機緣語句，故未收錄。

前金陵報恩院法安禪師法嗣

廬山棲賢寺道堅禪師

廬山棲賢寺道堅禪師。有官人問：「某甲收金陵，布陣殺人無數，還有罪也無？」師曰：「老僧只管看。」

問：「如何是祖師西來意？」師曰：「洋瀾❶左裡❷，無風浪起。」

問：「如何是棲賢境？」師曰：「棲賢有什麼境？」

【注　釋】❶洋瀾　大水面稱洋，大波浪稱瀾。❷左裡　左邊。此指旁邊。

【語　譯】廬山棲賢寺道堅禪師。有位官人問道：「我在攻打金陵（今江蘇南京）時，布陣殺人無數，可有沒有罪呢？」道堅回答：「老僧只管看。」

有僧人問道：「什麼是祖師西來的意旨？」道堅禪師回答：「大湖巨浪的旁邊，無風而起浪。」

有僧人問道：「什麼是棲賢寺的境界？」道堅禪師反問：「棲賢寺有什麼境界？」

廬山歸宗寺慧誠禪師

廬山歸宗寺第十四世慧誠禪師，揚州人也，姓崔氏。幼出家於撫州明水院，受具游方，緣契慧濟禪師，密承心印，庵于廬山之余峰。淳化四年孟夏月❶，歸宗柔和尚歸寂，郡牧與山門徒眾三請師開法住持。

初上堂，未升座，謂眾曰：「天人得道此為證，恁麼便散去，已是周遮❷。其如未曉，再為重敷。」方乃升座。

僧問：「郡主❸臨筵，請師演法。」師曰：「我不及汝。」

問：「如何是佛？」師曰：「如何不是？」

問：「如何是祖師西來意？」師曰：「不知。」師又曰：「問話且住，諸上座問到窮劫，問也不著。山僧答到窮劫，答也不及。何以故？為上座各有本分事，圓滿十方，亘古亘今，乃至諸佛也不敢錯誤上座，謂之頂族，只助發上座。所以道：十方法界諸有情，念念以證善逝❹果。彼既丈夫我亦爾，何得自輕而退屈？諸上座不要退屈，信取便休。祖師西來，只道見性成佛，其餘所說，不及此說。」

更有箇奇特方便舉似諸人，分明記取，到諸方莫錯舉。久立，珍重！」

異日上堂，僧問：「不通風處，如何過得？」師曰：「汝從什麼處來？」僧舉：「南泉云：『銅缾是境，缾中有水。不得動著境，與老僧將水來。』鄧隱峰便拈缾瀉水，南泉乃休。」師曰：「鄧隱峰甚奇怪，要且❺亂瀉。」

師接武歸宗十有四載，常聚五百餘眾。景德四年三月十八日，上堂辭眾，安然而化，壽六十有七，臘五十二。全身塔于本山。

【注釋】❶孟夏月　指農曆四月。❷周遮　嘮叨多話。唐人白居易〈老戒〉詩：「矍鑠夸身健，周遮說話長。」❸郡主　此指州郡長官。❹善逝　佛之十尊號之五。佛之第一號名如來，為乘如實之道而善來娑婆界之義，而善逝者為如實去彼岸不再退沒生死海之義。以此二名，顯示來往自在之大德。❺要且　表示轉折，猶「卻」字。

【語譯】廬山歸宗寺第十四世住持慧誠禪師（九四一～一〇〇七年），揚州（今屬江蘇）人，俗姓崔。慧誠幼年在撫州（今屬江西）明水院出家，接受具足戒後雲遊各方，在法安慧濟和尚那裡契合機緣，秘密承受了心印，而後在廬山上的無名小峰上築庵止息。北宋淳化四年（九九三年）夏四月，歸宗寺柔和尚圓寂了，州官與山門徒眾三次延請慧誠禪師入歸宗寺住持開堂說法。

慧誠禪師初次上堂時，還沒有升座，就對眾人說道：「天人得道，以此為證明，就這樣散去，已經是嘮叨多話了。但如果還沒有明白，就再重說一遍。」這才登上法座。

有僧人請道：「郡主親臨法筵，請和尚演示佛法。」慧誠禪師說道：「我不如你。」

有僧人問道：「什麼是佛？」慧誠禪師反問：「什麼不是？」

又有僧人問道：「什麼是祖師西來的意旨？」慧誠禪師回答：「不知道。」慧誠接著又說道：「問話暫且停住，諸位上座就是問到窮劫處，也問不著。山僧就是回答到窮劫處，也回答不了。這是什麼原因呢？因為上座各有自己的本分事，圓滿十方，貫通古今，乃至於諸佛也不敢錯誤引導上座，就稱之為頂族，但只是為了幫助啟發諸位上座。所以說：十方法界眾多有情，念念不忘要證明善逝之果。他既是大丈夫，我也是一樣的，怎能自己輕視自己而退縮屈服呢？諸位上座不要退縮屈服，堅信不已就行了。祖師西來東土，只是說了見性成佛，其他所說的，都及不上這句話。還有一個更奇特的方便法門告訴諸位，諸位明白地記住，到各方去不要舉說錯了。久立了，各自珍重！」

又一天，慧誠禪師上堂，有一位僧人問道：「不通風的地方，怎樣通過呢？」慧誠反問：「你從什麼地方來的？」

有僧人說道：「從前南泉和尚說：『銅瓶是境，瓶中有水。不能移動境，給老僧把水拿來。』鄧隱峰就拿起瓶子把水倒掉了，南泉和尚便作罷了。」慧誠禪師便說道：「鄧隱峰十分奇怪，但卻是亂倒水。」

慧誠禪師承接柔和尚住持歸宗寺達十四年，常常聚集有五百餘人。景德四年（一〇〇七年）三月十八日，慧誠上堂告別眾僧，安然地圓寂了，享年六十七歲，法臘五十二年。其門人在本山寺內建造靈塔，將其全身放入塔內供奉。

前廬州長安院延規禪師法嗣

廬州長安院辯實禪師

廬州長安院辯實禪師。第二世住。僧問：「如何是祖師西來意？」師曰：「少室靈峰住九霄。」

【語譯】廬州（今安徽合肥）長安院辯實禪師。第二世住持。有僧人問道：「什麼是祖師西來的意旨？」辯實回答：「少室山、靈峰山留住在九霄雲外。」

潭州雲蓋山用清禪師

潭州雲蓋山海會寺用清禪師，河州人也，姓趙氏。本州出家，酷志求法，遠參長安，潛契宗旨。先住韶州東平山。淳化二年，知潭州張茂宗請居雲蓋。第六世住。

僧問：「有一人在萬丈井底，如何出得？」師曰：「且喜得相見。」曰：「恁麼即穿雲透月去也。」師曰：「三十三天事作麼生？」僧無語。

問：「如何是雲蓋境？」師曰：「門外三泉井。」曰：「如何是境中人？」師曰：「童行作子❶。」

師有頌示眾曰：「雲蓋鎖口訣，擬議皆腦裂。拍手趁玄空，雲露西山月。」

僧問：「如何是雲蓋鎖口訣？」師曰：「偏天偏地。」曰：「恁麼即石人點頭，露柱拍手。」師曰：「一缾淨水一鑪香。」曰：「此猶是井底蝦蟇。」師曰：「勞煩大眾。」

師常節飲食，隨眾二時，但展鉢而已。或逾年月，亦不調練服餌❷，無妨作務，有請必開，即便飽食而亡拘執。至道二年四月二日，示疾而逝，闍維，建塔于本山。

【注釋】❶作子　即「作兒」，指受雇於人的勞工。❷調練服餌　特指道教所宣揚的調練內氣、燒製丹藥服食以求長生卻老的方術。

【語譯】潭州（今湖南長沙）雲蓋山海會寺用清禪師（?～九九六年），河州（今甘肅臨夏）人，俗姓趙。用清在河州出家，立志尋求禪法，不遠千里前來參拜長安延規和尚，秘密契合了宗乘玄旨。用清起初住持韶州（今廣東韶關）東平山。北宋淳化二年（九九一年），知潭州張茂宗延請用清禪師居住雲蓋山。為第六世住持。

有僧人問道：「有一個人陷於萬丈深的井底，怎樣才能出來?」用清禪師回答：「幸喜還能相見。」那僧人便說道：「這樣則穿雲超月去了。」用清問道：「三十三天上的事怎麼樣呢?」那僧人無言以對。

有僧人問道：「什麼是雲蓋山的境界?」用清禪師回答：「門外三泉井。」那僧人又問道：「什麼是境界中的人?」用清回答：「童行作子。」

用清禪師撰有偈頌指示眾僧道：「雲蓋山鎖住了口訣，想要思量而腦子都快脹裂了。拍手驅逐虛空，雲散露出西山月。」有僧人問道：「什麼是雲蓋山鎖住了口訣?」用清回答：「遍天遍地。」那僧人便說道：「這樣則石人點頭，露柱拍手了。」用清說道：「一瓶淨水一爐香。」那僧人說道：「這還是井底之蛙。」用清說道：「勞煩大眾了。」

用清禪師常常節儉飲食，隨同眾僧於晨午二時就餐，有時也只是展開鉢盂做做樣子而已。有時就這樣過了一月或一年，也沒有調氣煉製丹藥以服食，卻並沒有妨礙勞作、修習，學僧有參請必定開堂講演，即使是飽食他也不拘執。至道二年（九九六年）四月二日，用清禪師因病圓寂，火化後，在雲蓋山建靈塔供奉。

【說　明】清原行思禪師的第十世法嗣還有：金陵報慈道場文遂導師的法嗣五人，即常州齊雲慧禪師、洪州雙嶺祥禪師、洪州觀音真禪師、洪州龍沙茂禪師、洪州大寧獎禪師。因其皆無機緣語句，故未收錄。

青原行思禪師下十一世

前蘇州長壽院朋彥大師法嗣

長壽院法齊禪師

長壽第二世法齊禪師，婺州人也，姓丁氏。始講《百法》❶、《因明》❷二論，尋置講遊方，受心印於廣法大師。建隆二年，廣法歸寂，付授住持。節使錢仁奉禮重，請揚真要。

有《百法》座主問：「今公請命，四眾雲臻。向上宗乘，請師舉唱。」師曰：「《百法明門論》。」曰：「畢竟作麼生？」師曰：「一切法無我。」

問：「城東老母與佛同生，為什麼卻不見佛？」師曰：「不見即道。」曰：「恁麼即見去也。」師曰：「城東老母與佛同生。」

師太平興國三年戊寅捨眾❸，就本院創別室宴居。咸平三年庚子十二月十一日示滅，壽八十九，臘七十二。

【注釋】❶百法　全名稱《大乘百法明門論》，一卷，略稱《百法論》或《百法明門論》，唐僧玄奘譯，即自《瑜伽論·本分事》中略錄百法之名數而成。❷因明　全名稱《因明入正理論》，一卷，略稱《因明論》，唐僧玄奘譯。是書論述真能立、真能破、真現量、真比量、似能立、似能破、似現量、似比量八門，與辨別自悟、悟他兩益。❸捨眾　此指不再住持寺院說法而隱居。

【語譯】長壽院第二世住持法齊禪師（九一二～一〇〇〇年），婺州（今浙江金華）人，俗姓丁。法齊起初專門講解《百法論》與《因明論》二論，不久就放棄講論而雲遊四方，在朋彥廣法大師那裡接受了心印。北宋建隆二年（九六一年），朋彥大師圓寂了，將住持之任付囑給法齊。法齊得到節度使錢仁奉禮敬重，而被延請舉揚禪宗真要。

有一位講解《百法論》的座主說道：「令公請命說法，僧俗四眾聚集一堂。向上至極玄妙的宗乘，請和尚舉唱。」法齊禪師說道：「《百法明門論》。」那座主問道：「究竟怎麼樣呢？」法齊回答：「一切法皆無我。」

有僧人問道：「城東老婦與釋迦牟尼佛同時出生，為什麼卻看不見佛呢？」法齊禪師回答：「看不見就說。」那僧人便說道：「這樣說來就看見了。」法齊說道：「城東老婦與釋迦牟尼佛同時出生。」

法齊禪師於太平興國三年戊寅歲（九七八年）不再任住持說法了，在寺院中另建了一間偏房止息禪修。

咸平三年庚子歲（一〇〇〇年）十二月十一日，法齊禪師圓寂了，享年八十九歲，法臘七十二年。

【說　明】青原行思禪師的第十一世法嗣還有：杭州永明寺延壽禪師之法嗣二人，即杭州富陽子蒙禪師、杭州朝陽院津禪師；杭州普明寺希辯禪師之法嗣二人，即高麗國慧洪禪師、越州上林湖智禪師。以上四人因皆無機緣語句，故未收錄。

《景德傳燈錄》所載的禪宗傳法弟子至青原行思禪師的第十一世法嗣而止。

卷二七

禪門達者雖不出世有名於時者十人

【題解】此十人皆是從南北朝至五代時期著名一時的僧人，或言行神秘怪誕的異僧，雖與禪門關係相當密切，但並不屬禪宗，如南嶽慧思、天台智顗實為天台宗的三祖、四祖，且智顗更是天台宗實際創始人，世稱「天台大師」。因這些人之禪法思想或修行對禪宗之產生、發展有著甚深之影響，故被《景德傳燈錄》作為「禪門中雖不曾出世卻有名於時世者」而加以收錄。

金陵寶誌禪師

寶誌禪師，金城人也，姓朱氏。少出家，止道林寺❶，修習禪定。宋太始初，忽居止無定，飲食無時，髮長數寸，徒跣❷執錫，杖頭擐❸剪刀、尺、銅鑑，或掛一兩尺帛，數日不食，無飢容。時或歌吟，詞如讖記❹。士庶皆共事之。

齊建元中，武帝❺謂師惑眾，收付建康獄。既旦，人見其入市，及檢獄如故。建康令以事聞，帝延於宮中之後堂。師在華林園❻，忽一日重著三布帽，亦不知於何所得之。俄豫章王[7]、文惠太子[8]相繼薨[9]，齊亦以此季[10]矣。由是禁師出入。

梁高祖即位，下詔曰：「誌公迹拘塵垢，神遊冥寂[11]，水火不能燋濡[12]，蛇虎不能侵懼。語其佛理，則聲聞以上。譚其隱淪，則遯仙高者。豈以俗士常情，空相拘制！何其鄙陋，一至於此！自今勿得復禁。」

帝一日問師曰：「弟子煩惑，何以治之？」師曰：「十二。」識者以為：十二因緣治惑藥也。又問「十二」之旨，師曰：「旨在書字時節刻漏[13]中。」識者以為：書之在十二時中。又問：「弟子何時得靜心修習？」師曰：「安樂禁。」識者以為：修習禁者，止也，至安樂時乃止耳。

又製〈大乘贊〉二十四首，盛行於世。（餘諸辭句，與夫禪宗旨趣冥會，略錄十首及師製〈十二時頌編〉于別卷。）天監十三年冬，將卒，忽告眾僧，令移寺金剛神像出置于外，及密謂人曰：「菩薩將去。」未及旬日，無疾而終，舉體香軟。臨亡，然一燭以付後閤舍人[14]吳慶，慶以事聞，帝歎曰：「大師不復留矣。燭者，將以後事囑我乎！」因厚禮葬于鍾山[15]獨龍阜，仍立開善精舍，敕陸倕[16]製銘於家內，王筠[17]勒碑於寺門，處處傳其遺像焉。

初，師顯迹之始，年可五、六十許。及終，亦不老，人莫測其年。有徐捷道者，年九十三，自言是誌外舅⑱弟，小誌四年。計師亡時，蓋年九十七矣。敕諡妙覺大師。

【注　釋】❶道林寺　在湖南長沙市西嶽麓山下。❷徒跣　光著腳走路。❸擐　穿著；繫著。❹讖記　預言。❺武帝　南朝齊開國皇帝蕭道成之子，名賾，字宣遠，即位後，留心政事，百姓樂業，盜賊屏息，但晚年喜好遊宴華靡之事，在位十一年死，諡武，廟號世祖。❻華林園　遺址在江蘇南京的臺城內，本三國吳之舊宮苑，東晉南渡後，仿河南洛陽華林園的規模而加以修葺。❼豫章王　指南朝齊武帝弟蕭嶷，封豫章王，齊高帝崩，因哭泣過度，眼耳皆出血。其為政寬厚，得朝野歡心，進位大司馬。卒諡文獻。❽文惠太子　指南朝齊武帝長子蕭長懋，字雲喬，武帝即位後為皇太子，與其弟竟陵王蕭子良皆好佛教，立六疾館以養平民，風韻甚和，但性頗奢華。卒諡文惠。❾薨　古代諸侯死稱薨。❿季　此指衰落。⓫冥寂　即禪寂、禪定。⓬燋濡　燒烤、浸濕。⓭刻漏　古代的兩種計時器。⓮後閤舍人　南北朝時官署名，設舍人領其事，以協助皇帝處理政務。⓯鍾山　在江蘇南京朝陽門外，又名紫金山、蔣山。⓰陸倕　南朝梁時人，字佐公，少勤學，善為文章，官至太常卿。⓱王筠　南朝梁時人，字元禮，一字德柔，七歲能文，及長，清靜好學，擅才名，累官至太子詹事。⓲外舅　岳父。《爾雅·釋親》：「妻之父為外舅。」

【語　譯】寶誌禪師（四〇八～五一四年），金城（今江蘇句容北）人，俗姓朱。寶誌少年時出家，居住於道林寺，修習禪定。南朝宋太始（四六五～四七一年）初期，寶誌忽然居止沒有定所，飲食也不定時，頭髮長達數寸，光著腳走路，手執錫杖，杖頭繫著剪刀、尺和銅鏡，有時候掛著一兩尺長的布帛，幾天沒有飲食，臉上也沒有饑餓之容貌。寶誌有時會在鬧市中高唱歌謠，歌詞就如讖記一樣靈驗。當地官員士人與庶民都一齊敬畏供奉他。

南朝齊建元（四七九～四八二年）年間，齊武帝說寶誌禪師妖言惑眾，把他關入建康（今江蘇南京）獄中。等到清晨，有人看見寶誌進入了集市，但是查看牢房卻發現寶誌依舊待在獄中。建康令就把這件事上奏朝廷，齊武帝便把寶誌囚禁在皇宮中的後堂裡。寶誌待在華林園內，忽然有一天重重疊疊戴著三頂布帽子，也不知他從什麼地方弄到的。不久，豫章王、文惠太子相繼死亡，齊國也因此而衰落了。齊武帝因此禁止寶誌出入。

南朝梁武帝即位後，便下詔令道：「誌公和尚雖然混跡於塵垢之中，其神卻雲遊於冥寂之外，洪水烈火不能燒灼、浸濕他，毒蛇猛虎不能侵害、恐嚇他。說起他的佛理，則在聲聞之上。談論起他隱秘的禪意，則是一個遁跡於仙人高士中的人物。難道可以用俗世常情，來徒然地拘留禁止他嗎！為何其卑鄙愚昧，竟然到了這樣的地步！從今以後不得再囚禁誌公和尚。」

有一天，梁武帝問寶誌禪師道：「弟子的煩惱疑惑，怎樣才能除去？」寶誌回答：「十二。」有見識者認為：用十二因緣作為治療煩惱疑惑的藥。梁武帝又問這「十二」的意思，寶誌回答：「意思在書寫時候的刻漏中。」有見識者認為：即書寫在十二個時辰中。梁武帝又問道：「弟子什麼時候才能靜心修習呢？」寶誌回答：「安樂禁。」有見識者認為：所謂安樂禁的「禁」字，是終止的意思，即到了安樂的時候就終止了。

寶誌禪師又撰著了〈大乘贊〉二十四首，盛行於世。其餘的歌謠詩句，也與禪宗旨趣悠然契合，本書略錄其中十首以及寶誌禪師自撰的〈十二時頌編〉，收載於其他卷帙內。

天監十三年（五一四年）冬天，寶誌禪師臨終前，忽然告訴眾僧，讓他們把寺內的金剛神像搬到寺院外面，並悄悄地對人說道：「菩薩將要離去了。」還沒過十天，寶誌就無疾而終，全身溫暖並散發出香味。寶誌在臨死時，點燃了一支蠟燭轉交給後閤舍人吳慶，吳慶便將此事上奏朝廷，梁武帝歎息道：「大師不再留於俗世了。所謂『燭』者，是將後事囑咐我啊！」因此用厚禮將寶誌禪師埋葬於鍾山獨龍阜，並為其創建開善精舍，敕令陸倕撰寫墓誌銘埋入墳墓中，命王筠書寫碑文放置在寺院山門前，到處傳播寶誌的遺像。

起初，寶誌禪師的神跡剛開始顯露的時候，年齡大約五、六十歲。等到寶誌圓寂時，也不見衰老，人們不能推測他的實際年齡。有一個叫徐捷的道者，年紀為九十三歲，自稱自己是寶誌禪師的岳父之弟弟，比寶誌小四歲。由此計算寶誌禪師死亡時，已是九十七歲了。梁武帝敕賜其謚號曰妙覺大師。

婺州善慧大士

善慧大士者，婺州義烏縣人也。齊建武四年丁丑五月八日，降于雙林鄉傅宣慈家，本名翕。梁天監十一年，年十六，納劉氏女，名妙光，生普建、普成二子。二十四，與里人稽亭浦漉魚❶，獲已，沉籠水中，祝曰：「去者適❷，止者留。」人或謂之愚。

會有天竺僧達磨（時謂嵩頭陀。）曰：「我與汝毗婆尸佛❸所發誓，今兜率宮❹衣鉢見在，何日當還？」因命臨水觀其影，見大士圓光寶蓋。大士笑謂之曰：「鑪韛❺之所多鈍鐵❻，良醫之門足病人。度生為急，何思彼樂乎？」嵩指松山頂曰：「此可棲矣。」大士躬耕而居之，乃說一偈曰：「空手把鋤頭，步行騎水牛。人從橋上過，橋流水不流。」

有人盜菽❼麥瓜果，大士即與籃籠盛去。日常傭作，夜則行道。見釋迦、金粟、定光三如來放光襲其體，大士乃曰：「我得首楞嚴定❽，當捨田宅，設無遮大會❾。」大通二年，唱賣❿妻子，獲錢五萬，以營法會。

時有慧集法師，聞法悟解，言：「我師彌勒應身耳。」大士恐惑眾，遂呵之。

六年正月二十八日，遣弟子傅暀致書于梁高祖，書曰：「雙林樹當來解脫善慧大士[11]白國主救世菩薩[12]，今欲條上、中、下善，希能受持。其上善，略以虛懷為本，不著為宗，亡相為因，涅槃為果。其中善，略以治身為本，治國為宗，天上人間，果報安樂。其下善，略以護養眾生，勝殘去殺，普令百姓，俱稟六齋。今聞皇帝崇法，欲伸論義，未遂襟懷[13]，故遣弟子傅暀告白。」暀投太樂令[14]何昌，昌曰：「慧約國師[15]，猶復置啟[16]。翕是國民[17]，又非長老[18]，殊不謙卑，豈敢呈達！」暀燒手御路[19]，昌乃馳往同泰寺[20]，詢皓法師，皓勸速呈。二月二十一日進書，帝覽之，遽遣詔迎。既至，帝問：「從來[21]師事誰邪？」曰：「從無所從，來無所來，師事亦爾。」昭明[22]問：「大士何不論義？」曰：「菩薩所說，非長非短，非廣非狹，非有邊，非無邊，如如正理，復有何言？」帝又問：「何為真諦？」曰：「息而不滅。」帝曰：「若息而不滅，此則有色。有色故鈍。若如是者，居士不免流俗。」曰：「臨財無苟得，臨難無苟免[23]。」帝曰：「居士大識禮。」曰：「一切諸法，不有不無。」帝曰：「謹受居士來旨。」曰：「大千世界所有色象，莫不歸空。百川叢[24]注，不過於海。無量妙法，不出真如。如來何故於三界九十六道[25]中獨超其最？視一切眾生有若赤子[26]，有若自身，天下非道不安，非理不樂。」帝默然，大士辭退。

異日，帝於壽光殿請誌公講《金剛經》。誌公曰：「大士能耳。」帝謂：「大士！」大士登座，執拍板唱經，成四十九頌。

大同五年，奏捨宅於松山下，因雙檮[27]樹而創寺，名曰雙林。其樹連理[28]，祥煙周繞，有雙鶴棲止。

太清二年，大士誓不食，取佛生日[29]焚身供養。至日，白黑[30]六十餘人代不食燒身，三百人刺心瀝血和香，請大士住世，大士愍而從之。

承聖三年，復捨家資，為眾生供養三寶，而說偈曰：「傾捨為群品[31]，奉供天中天[32]。仰祈甘露雨，流澍[33]普無邊。」

天嘉二年，大士於松山頂遶連理樹行道，感七佛相隨，釋迦引前，維摩接後，唯釋尊[34]數顧共語：「為我補處也。」其山忽起黃雲，盤旋若蓋，因號雲黃山。

時有慧和法師不疾而終，嵩頭陀於柯山靈巖寺入滅，大士懸知曰：「嵩公兜率待我，決不可久留也。」時四側華木方當秀實，欻然[35]枯悴。陳太建元年己丑四月二十四日，示眾曰：「此身甚可厭惡，眾苦所集，須慎三業，精勤六度。若墜地獄，卒難得脫，常須懺悔。」又曰：「吾去已，不得移寢牀。七日，有法猛上人持像及鐘來鎮于此。」弟子問：「滅後形體若為？」曰：「山頂焚之。」又問：「不遂何如？」曰：「慎勿棺斂。但壘甓㊱作壇，移屍於上，屏風周繞，絳㊲紗覆之。上建浮圖，以彌勒像處其下。」又問：「諸佛涅槃時，皆說功德。師之發迹㊳，可得聞乎？」曰：「我從第四天來，為度汝等，次補釋迦。及傅普敏、文殊、慧集、觀音、何昌、阿難同來贊助。故《大品經》㊴云：『有菩薩從兜率來，諸根猛利疾，與般若相應。』即吾身是也。」言訖趺坐而終，壽七十有三。尋猛師果將到織成彌勒像及九乳鐘㊵，留鎮之。須臾不見，大士道具十餘事見在。

晉天福九年甲辰六月十七日，錢王遣使發塔，取靈骨一十六片紫金色及道具，至府城㊶南龍山建龍華寺寘之，仍以靈骨塑其像。

【注釋】❶漉魚　捕魚。漉，讓水慢慢地滲下。❷適　往；到。❸毗婆尸佛　為過去七佛之第一佛。❹兜率宮　即兜率內院，是釋迦牟尼為菩薩時最後所住之處，於此下生人間即成佛。❺韛　風箱等的活塞。❻鈍鐵　此指廢鐵。❼菽　豆類的總名。❽首楞嚴定　即首楞嚴三昧，為佛所得之三昧。《首楞嚴三昧經》：「菩薩得首楞嚴三昧，能以三千大千世界入芥子中，令諸山河日月星宿悉現如故，而不迫迮，示諸眾生。首楞嚴三昧不可思議勢力如是。」❾無遮大會　寬容而無遮阻即稱無遮。無遮大會謂聖賢道俗、貴賤上下無遮，平等行財、法二施之法會。中土始行於南朝梁武帝大通元年。❿唱賣　此為拍賣之義。⓫雙林樹當來解脫善慧大士　為傅翕自稱之法號。⓬國主救世菩薩　此稱梁武帝。⓭襟懷　即「胸懷」。⓮太樂令　掌管朝廷音樂諸事務的官員。⑮慧約國師　南朝梁時高僧，字德素，東陽婁氏子。當朝貴官曾請住持鍾山草堂寺，講《淨名經》、《法華經》、《涅槃經》等，顯貴士民都禮拜其為師。天監十八年，梁武帝從其受菩薩戒，而賜其法號智者。⑯啟　公文；書信。⑰國民　此指沒有官爵的平民。⑱長老　此指德高年尊的僧人。⑲御路　指皇帝車駕往來的大路。⑳同泰寺　遺址在今江蘇南京市東北，南朝梁大通元年，梁武帝至同泰寺設四部無遮大會，因而捨身於寺中，後由臣下斂金贖還。㉑從來　從前；原來。唐人張籍〈書懷寄王秘書〉詩：「白髮如今欲滿頭，從來百事應盡休。」㉒昭明　即梁武帝長子蕭統，字德施，生而聰慧，讀書數行俱下，天監年間立為皇太子，引納賢士商榷古今，集秦、漢以來詩文為《文選》三十卷，成為古代總集之祖，為唐、宋間人所寶重。年三十一而卒，諡昭明。㉓臨財無苟得二句　謂面對金銀財寶不要隨便起貪心，妄圖攫取；面臨艱難危險不要隨便逃避，企求倖免。語出《禮記．曲禮》上。㉔叢　聚集；會聚。㉕九十六道　即九十六種外道。六師外道各有十五個弟子，合成九十，加上六師，謂之九十六種外道。㉖赤子　嬰兒。㉗檮　《廣韻．尤韻》：「檮，剛木也。」㉘連理　指兩棵樹合在一起生長。㉙佛生日　釋迦牟尼的誕生之日，有二月八日與四月八日二說，中土佛教一般以農曆四月八日為佛生日。㉚白黑　即僧俗二眾。㉛群品　即眾生。㉜天中天　佛之尊號。天為人所尊，而佛再為天所尊，故稱天中天。㉝澍　雨水潤澤。㉞釋尊　指釋迦牟尼佛。㉟欻然　忽然。㊱甓　造房屋用的磚塊。㊲絳　紅色。㊳發迹　此指來歷。㊴大品經　即《大品般若經》，羅什所譯的《摩訶般若波羅蜜經》有二十七卷本與十卷本兩種，一曰《大品般若經》，一曰《小品般若經》。㊵九乳鐘　即「九乳梵鐘」。因做佛事時敲擊，故名梵鐘。九乳指鐘的上部周圍作乳狀突出物，通例一行有五乳。㊶府城　此指婺州城。

【語　譯】善慧大士（四九七～五六九年），是婺州義烏縣（今屬浙江）人。南朝齊建武四年丁丑歲（四九七年）五月八日，他出生於雙林鄉傅宣慈的家中，本名翕。梁天監十一年（五一二年），傅大士十六歲時，娶劉氏之女，名妙光，生有普建、普成兩個兒子。傅大士二十四歲時，與同鄉鄰居在稽亭浦中捕魚，他捕到魚後，就把魚籠沉放到水中，並祈禱道：「想離去的就走，願留下的就留。」有的人嘲笑他愚笨。

正好此時有個來自天竺叫達磨的僧人當時人稱他為嵩頭陀。對傅大士說道：「我與你在毗婆尸佛那裡曾發下誓願，現今兜率宮中衣鉢尚在，你哪一天可回去呢？」並讓他來到水邊觀看其身影，只見其頭頂現出了圓光寶蓋。傅大士便笑道：「熔爐風箱所在的地方多是廢鐵，良醫的門內待滿了病人。引度眾生是當今的急務，哪有心思去想那裡的快樂呢？」嵩頭陀便指著松山頂說道：「那裡可作為棲身之所。」傅大士就隱居於那裡，親自耕作，並撰作了一首偈頌道：「雖說是空手可正握著鋤頭，雖說是步行卻正騎著水牛。人從橋上走過，橋在流動可水卻不流。」

有人來偷盜傅大士所種的菽麥、瓜果，傅大士發現後，反而把籃子交給偷盜者，讓他把東西裝走。傅大士在白天耕作，夜間則行道。見到釋迦佛、金粟佛、定光佛三位如來放出的光芒照射在自己身上時，傅大士就說道：「我獲得了首楞嚴定，應當施捨田地房宅，舉行無遮大會。」大通二年（五二八年），傅大士唱賣妻子兒女，得到了五萬錢，以舉辦大法會。

當時有一位名叫慧集的法師，聽到傅大士說法之後便領悟了佛法，就說道：「我師真是彌勒佛的應身啊。」傅大士擔心這話會迷惑大眾，就把他喝退了。

中大通六年（五三四年）正月二十八日，傅大士派弟子傅暀送書信給梁武帝，信中寫道：「雙林樹當來解脫善慧大士告白國主救世菩薩，現在想要條陳上、中、下三善，希望能加以接受持守。其上善，大略以虛懷為根本，不執著為宗旨，無相為因，涅槃為果。其中善，大略以治理自身為根本，治理國家為宗旨，天上人間，都以安樂為果報。其下善，大略以保護、養育眾生為重，戰勝兇殘，去除殺戮，讓百姓普遍秉持六齋戒法。現今我聽說皇帝崇尚佛法，所以想發一些議論，但未能見面一披襟懷，所以派弟子傅暀前來告白。」傅暀將書信投送給太樂令何昌，何昌說道：「慧約法師作為國師，還要通過書啟。傅翕只是一個平民，也不是長老，真是不知謙卑之理，我又怎敢呈送給天子啊！」傅暀就在御路上用火燒手以示決心，何昌只得騎馬趕赴同泰寺，向皓法師諮詢，皓法師勸說何昌把傅大士的書信迅速呈獻給天子。二月二十一日，書信呈送到了宮中，梁武帝看過以後，即刻派遣使臣攜帶詔書前往迎請。傅大士到來後，梁武帝即問道：「從來禮拜誰為老師啊？」傅大士回答：「從沒有所從，來沒有所來，禮拜誰為老師一事也是這樣的。」昭明太子便問道：「大士為什麼不談論教義呢？」傅大士回答：「菩薩所講說的，不是長也不是短，不屬於廣也不屬於狹，不是有邊際的，也不是沒有邊際的，這就是真如正理，又有什麼可談論的？」梁武帝又問道：「什麼是真諦？」

傅大士回答：「止息而不寂滅。」梁武帝便說道：「如果是止息而不寂滅，那就是有色了。有色所以就遲鈍了。如果是這樣的，那居士不免流於俗識。」傅大士說道：「臨財無苟得，臨難無苟免。」梁武帝讚歎道：「居士非常知禮。」傅大士說道：「一切諸法，不是有也不是無。」梁武帝說道：「謹接受居士的教誨。」傅大士說道：「大千世界的所有色相，沒有不歸於空的。百川會聚流注，不過歸於大海。無法計量的玄妙之法，都不超出於真如。如來佛為什麼會在三界九十六種外道中獨自超越而成為最高者？是因為他把一切眾生都看成如赤子，看成如自身，而天下沒有道就不安寧，沒有理就不快樂。」梁武帝默然無語，傅大士就告辭而退下。

又一天，梁武帝在壽光殿請寶誌和尚講說《金剛經》，寶誌說道：「大士能講說。」梁武帝便招呼道：「傅大士！」傅大士便登上法座，手執拍板唱誦經文，而成四十九首偈頌。

大同五年（五三九年），傅大士奏請施捨松山下的田宅，在雙檮樹旁創建寺院，名叫雙林寺。那雙檮樹的枝幹連理，祥雲香煙環繞在四周，有兩隻白鶴棲息在上面。

太清二年（五四八年），傅大士立誓不再飲食，決定在如來佛生日那天自焚以作供養。到了那一天，僧俗二眾六十餘人甘願代替傅大士絕食自焚，有三百人刺心滴血和香祈禱，而請求傅大士留住在俗世以接引大眾，傅大士大為哀憫而聽從了。

承聖三年（五五四年），傅大士又施捨家產，為眾生供養三寶，並說偈頌道：「竭盡家產施捨是為了眾生，用以供奉天中天。仰首祈禱上天降下甘露雨，使雨水普遍潤澤無際的世界。」

天嘉二年（五六一年），傅大士在松山頂上圍繞著連理樹行道，感動了七佛前來相隨，釋迦佛在前面引導，維摩詰在其後接引，又有釋迦牟尼佛多次回首與傅大士談論：「你為我之補處。」那松山忽然升起了黃雲，盤旋著上升，就如同是寶蓋一樣，因而松山又被稱為雲黃山。

當時慧和法師無疾而終，嵩頭陀也在柯山靈巖寺中圓寂，傅大士便預言道：「嵩頭陀正在兜率宮中等待我，我絕不可再留此地了。」當時四周的花木正當開花結實，卻忽然枯萎了。南朝陳太建元年己丑歲（五六九年）四月二十四日，傅大士指示眾人道：「這身體甚是可厭惡，為眾多苦痛所聚集，因此必須謹慎身、口、意三業，精心勤苦地修習六度。如果墜入了地獄，終究難於解脫，所以要常常加以懺悔。」他接著又說道：「我去了以後，不許移動我睡的牀。過了七天之後，有一個叫法猛的上人會拿著佛像和鐘而來，鎮守在這裡。」這時有一位弟子問道：「圓寂以後把那形體怎麼樣呢？」傅大士回答：「在山頂上火化了。」那弟子又問道：「不成的時候又怎麼辦呢？」傅大士回答：「切記不要使用棺材收斂。只要壘起甓磚建壇，將屍體移到壇上，用屏風圍繞四周，用絳紗覆蓋。再在這上面建造佛塔，將彌勒佛像放在下面。」那弟子又問道：「諸佛涅槃的時候，都講說了自己的功德。大士的發跡之處，我可以聽聞嗎？」傅大士回答：「我從第四天來，為了引度你們，次當補釋迦牟尼佛之處。那傅普敏、文殊菩薩、慧集、觀音大士、何昌、阿難陀諸人一同來贊助。因此《大品般若經》中說：『有菩薩從兜率宮來，諸根機勇猛、敏利、迅疾，與般若相契應。』那就是我之身。」說完就端坐著圓寂了，享年七十三歲。不久，法猛上人果然帶著編織而成的彌勒佛像與九乳梵鐘來了，並留在靈塔中以為鎮守。轉眼之間法猛上人忽然不見了，傅大士所用的十多件道具現今保存著。

五代後晉天福九年甲辰歲（九四四年）六月十七日，吳越王錢氏派遣使臣去發開靈塔，取出傅大士已成紫金色的十六片靈骨以及他的道具，拿到婺州城南的龍山下新建的龍華寺中安放供奉，並用那靈骨塑造了傅大士之像。

【說　明】「空手把鋤頭，步行騎水牛。人從橋上過，橋流水不流。」傅翁這首聞名今古的偈詩是一首最為直截了當、也最能表現禪者特殊思維方式之作品。在禪者看來，動即靜，靜即動，騎牛即步行，步行即騎牛，二者本質等同，不一不異，不必執著，也無從執著。又對於走在橋上的人看來，橋在流動而橋下之水卻不流，實反映出禪者不同於常人之獨特眼光。

衡嶽慧思禪師

衡嶽慧思禪師，武津人也，姓李氏。頂有肉髻，牛行象視，少以慈恕聞于閭里。嘗夢梵僧勸出俗❶，乃辭親入道❷。及稟具，常習坐，日唯一食。誦《法華》等經滿千徧，又閱《妙勝定經》，歎禪那功德，遂發心尋友。時慧聞禪師有徒數百，（聞禪師始因背手探藏，得《中觀論》，發明禪理。此論即西天第十四祖龍樹大士所造，遂遙稟龍樹。）乃往受法，晝夜攝心❸，坐夏經三七日❹，獲宿智通❺，倍加勇猛。尋有障❻起，四支❼緩弱，不能行步。自念曰：「病從業生，業由心起。心源無起，外境何狀？病業與身，都如雲影。」如是觀已，顛倒想滅，輕安如故。夏滿，猶無所得，深懷慚愧，放身倚壁。背未至間，豁爾開悟，法華三昧❽，最上乘門，一念明達，研練逾久，前觀轉增。名行遠聞，學侶日至。激勵無倦。機感❾寔繁，乃以大、小乘定慧等法，隨根引喻，俾習慈忍❿行，奉菩薩三聚戒⓫。衣服率用布，寒則加之以艾以北⓬。

齊天保中，領徒南邁。值梁孝元之亂⓭，權止大蘇山⓮。輕生重法者，相與冒險而至，填聚山林。

師示眾曰：「道源不遠，性海非遙。但向己求，莫從他覓。覓即不得，得亦不真。」偈曰：「頓悟心源開寶藏，隱顯靈通現真相。獨行獨坐常巍巍，百億化身無數量。縱令畐塞滿虛空，看時不見微塵相。可笑物兮無比況，口吐明珠光晃晃[15]。尋常見說不思議，一語摽[16]名言下當。」又偈曰：「天不能蓋地不載，無去無來無障礙。無長無短無青黃，不在中間及內外。超群出眾太虛玄，指物傳心人不會。」

其他隨叩而應，以道俗所施造金字《般若》、《法華經》。時眾請師講二經，隨文發解。復命門人智顗代講，至「一心具萬行」，有疑請決。師曰：「汝所疑乃《大品》次第意耳，未是《法華》圓頓旨也。吾昔於夏中，一念頓發，諸法見前。吾既身證，不勞致疑。」顗即諮受法華行，三七日得悟。（顗即天台教主智者大師，如下章出焉。）

陳光大六年[17]六月二十三日，自大蘇山將四十餘僧徑趣南嶽，乃曰：「吾寄此山，止期十載，已後必事遠遊。吾前身曾履此處。」巡至衡陽，值一處林泉勝異，師曰：「此古寺也，吾昔曾居。」俾掘之，基址猶存。又指巖下曰：「吾此坐禪，賊斬吾首。」尋得枯骸一聚[18]。自此化道彌盛。陳主屢致慰勞供養，目為大禪師。

將欲順世，謂門人曰：「若有十人不惜身命，常修法華、般舟[19]、念佛三昧[20]，方等懺悔[21]，期于見證者，隨有所須，吾自供給。如無此人，吾即遠去矣。」時眾以苦行事難，無有答者。師乃屏眾，泯然[22]而逝。小師雲辯號叫，師開目曰：

「汝是惡魔，吾將行矣，何驚動妨亂吾邪？癡人出去！」言訖長往，時異香滿室，頂暖身耎，顏色如常，即太建九年六月二十二日也，壽六十有四。

凡有著述，皆口授，無所刪改，撰《四十二字門》㉓兩卷，《無諍行門》㉔兩卷，《釋論㉕玄》、《隨自意》、《安樂行》㉖、《次第禪要》、《三智㉗觀門》等五部，各一卷，並行於世。

【注釋】❶出俗　出離俗世，即出家。❷入道　此指成為僧人。❸攝心　攝聚散亂之心於一處。❹三七日　即「三七日思維」之略，謂佛成道後三七二十一日間，觀樹行走，思量如何說妙法化度眾生。❺宿智通　也作「宿命智通」，為六通中之宿命通。能知宿命之事，故名智；智力自在無礙，故稱通。❻障　煩惱之別名。煩惱能障礙聖道，故名障。此指疾病。❼四支　即「四肢」。❽法華三昧　三諦圓融之妙理，分明現於目前，障中道之無明止息，而稱之為法華三昧。❾機感　眾生有善根之機而感佛，又眾生有善根之機，故佛能感應之。❿慈忍　慈悲與忍辱，為三軌之二。⓫三聚戒　即「三聚圓戒」。三聚謂正定聚，必定證悟者；邪定聚，畢竟不可證悟者；不定聚，在二者之間，有緣證悟而無緣不可證悟者。故三聚互攝而諸戒圓融無礙，而稱作三聚圓戒。如就殺生戒而言，離殺生之惡為攝律儀，增長慈悲之心為攝善法，保護眾生為攝眾生。⓬北　背離。此指抵禦寒冷。⓭梁孝元之亂　南朝梁武帝晚年，大將侯景叛亂，圍臺城，梁武帝憤死。侯景立梁武帝子梁簡文帝，尋又廢之自立。梁武帝第七子湘東王蕭繹遣兵討侯景，即位於江陵。三年後，江陵為西魏攻破，蕭繹投降，尋被殺，謚孝元，廟號世祖。⓮大蘇山　在河南商城縣東南五十里。⓯晃晃　光芒閃耀的樣子。⓰摽　同「拋」。扔；拋棄。⓱光大六年　陳光大僅二年，此「六」當為「二」之誤。⓲一聚　一堆。⓳般舟　般舟三昧，亦名「佛立三昧」，為四種三昧之一。《止觀》曰：「佛立有三義，一佛威力，二三昧力，三行者本功德力。能于定中見十方現在佛在其前立，如明眼人清夜觀星，見十方佛亦如是。」⓴念佛三昧　有兩種，一為因行之念佛三昧，即一心觀佛之相好，或一心觀法身之實相，或一心念佛名；二為果成之念佛三昧，即於因行之念佛三昧之上而修行，如心入禪定，或佛身現前，或現法身實相。㉑方等懺悔　即方等三昧，與法華三昧皆為四種三昧中之半行半坐三昧，以調護其心。方謂方正，等謂平等，方等即謂中道之理方正而生佛之平等。㉒泯然　悄然；寂然。㉓四十二字門　是觀字義之一種法門。《智度論》：「四十二字是一切字根本，因字有語，因語有名，因名有義，菩薩若聞字，因字乃至能了其義。」天台宗以此四十二字配圓教之四十二位。㉔無諍行門　即「無諍三昧」。指安住於空理而與物無諍之禪定。諍，煩惱之異名。《金剛經》：「佛說我得無諍三昧，人中最為第一，是離欲阿羅漢。」㉕釋論　即《大智度論》之略名，為詮釋《大品般若經》之書。此為講釋《大智度論》之作。㉖安樂行　詮釋《法華經．安樂行品》者。《安樂行品》說文殊菩薩問於五濁惡世安樂修行妙法之道，佛講說身、口、意、誓願四種安樂行的修持之法。㉗三智　一為一切智，即聲聞、緣覺之智，知一切法之總相；二為道種智，即菩薩之智，知一切種種差別之道法；三為一切種智，即佛智，佛智圓明，通達一切種種之法。天台宗以三智配空、假、中三諦之觀智。

【語　譯】南嶽衡山慧思禪師（五一四～五七七年），武津（今河南上蔡）人，俗姓李。慧思頭頂上長有肉髻，行走的腳步如牛，看人的樣子如象，少年時以慈愛寬恕聞名於鄉里。慧思曾經夢見一個梵僧勸說自己出離俗世，於是就辭別雙親，出家為僧。等到他接受具足戒後，常常修習坐禪，每天只吃一餐。慧思誦念《法華經》等經書滿一千遍，又閱讀了《妙勝定經》，讚歎禪學之功德深廣，於是發願尋找禪友。當時慧聞禪師有徒眾數百人，慧聞禪師起初因為背向經藏取書，得到《中觀論》，得以發明禪理。此《中觀論》是西天第十四代祖師龍樹大士所撰寫，慧聞禪師於是遠承龍樹大士的禪法。慧思便前往領受佛法，晝夜攝心，坐夏時經過三七二十一日，獲得了宿命智通，於是修習倍加勇猛精進。不久，慧思患了疾病，四肢虛弱無力，不能步行。慧思自念道：「疾病從業而生，業由心而生。心源沒有興起，外境又怎能反映？疾病、業與身體，都如雲與影子一樣相隨。」慧思一作這樣的思量，顛倒之想即熄滅了，而身體也就輕捷安好如同過去一樣了。坐夏時滿，慧思還是未能悟得佛道，深感慚愧，就展開身體欲倚靠在牆壁上。就在背脊還未碰到牆壁之際，慧思豁然開悟了，那法華三昧為最至極玄妙的宗乘教門，一念之間豁然明悟通達，研究修煉愈久，前述觀想就愈增加。慧思的名聲、德行傳播於遠方，自四方來學佛的僧侶日以增多。慧思接引、激勵學人而不感疲倦。世俗之機感繁雜，慧思就以大、小乘定、慧等法，依據各人的根機加以接引教誨，讓他們修習慈忍之行，奉持菩薩三聚圓戒。慧思所穿衣服全都用布製成，如果寒冷就加上艾草所編織成的草衣以抵禦寒冷。

北朝齊天保（五五〇～五五九年）年間，慧思禪師率領眾徒南下。正好遇到梁孝元帝之時的戰亂，慧思就暫時止息於大蘇山。那些以生命為輕、而以佛法為重的人，互相結伴冒險而至者甚多，都會聚在山林中。

慧思禪師指示眾人道：「道源不遙遠，性海也不遙遠。只要向自身探尋，不要到他處尋覓。到他處尋覓也不能得到，得到的也不是真的。」他便說偈頌道：「頓悟心源而打開寶藏，隱現靈通而顯露出真相。獨行獨坐其身常巍巍不墜，百千萬億個化身實無法計量。縱然有物堵塞滿虛空，觀看時卻不見那微塵之相。可笑事物無從比擬，口中吐出明珠亮晃晃。平常被告訴有不可思議者，一語拋棄名相即能於言語之下承當。」接著又說偈頌道：「天不能覆蓋地不能承載，無去無來也沒有障礙。無長無短又不分青黃，不在中間也不在內外。超越了眾生實在太玄妙，指著物品以傳心法人們卻不能領會。」

其他如學僧來參問，慧思禪師都隨機應答，並將僧俗所施捨的金子書寫金字《般若經》、《法華經》。當時眾人請慧思講說這兩經，慧思便隨文解釋，發明真旨。慧思又命門人智顗代他講解，說到「一心具備萬行」時，智顗有疑問而請慧思解釋。慧思說道：「你所疑的乃是《大品般若經》中的次序之意而已，而不是《法華經》圓滿頓悟的宗旨。我從前在坐夏時，一念之間頓時發悟，諸法便現於目前。我既已用自身證明了，就不需再致疑惑了。」智顗即諮詢接受法華之行，經過三七二十一日後得以悟徹大道。智顗即天台教主智者大師，本卷下章記載著其事跡。

陳光大二年（五六八年）六月二十三日，慧思禪師從大蘇山率領四十餘位僧人前往南嶽衡山，並說道：「我寄居此大蘇山，只以十年為期，以後必將遠遊。我前身曾經到過那裡。」眾人抵達衡陽（今屬湖南），來到一林泉景色非常秀麗之處，慧思指示道：「這裡曾是一座古寺，我從前曾經居住於此。」讓人挖掘，寺基舊址依然存在。慧思又指著山崖下說道：「我曾在那裡坐禪，盜賊斬下了我的頭。」不久便在那裡尋得一堆枯骨。從此慧思的教化之道更為興盛。陳帝屢次遣使臣來慰勞供養，稱譽他為大禪師。

慧思禪師在逝世前，對門人說道：「如果有十個人不吝惜自家身命，長久修持法華三昧、般舟三昧、念佛三昧、方等懺悔，期望於此得到證明者，任隨你有所需求，我自會隨時供給。如果沒有這樣的人，我即刻就將遠去了。」當時眾僧都以苦行之事為難行，所以沒有答應的人。慧思就遣開眾僧，悄然地逝世。這時小師雲辯悲痛地號泣，慧思便睜開眼睛喝道：「你是惡魔，我將要去了，你為什麼要驚擾妨礙我啊？癡人出去！」話說完就圓寂了，當時異香充滿了室中，慧思的頭頂仍然暖和，身體也十分柔軟，臉色同平常一樣，是日為陳太建九年（五七七年）六月二十二日，享年六十四歲。

慧思禪師凡有著述，都是口授而成，一無刪改，撰有《四十二字門》二卷，《無諍行門》二卷，《釋論玄》、《隨自意》、《安樂行》、《次第禪要》、《三智觀門》等五部書，各為一卷，並流行於世。

【說明】慧思之師慧聞，通作「慧文」，被追推為天台宗之二祖。慧聞於《中論．四諦品》中領會到「一心三觀」之禪法，並傳給慧思，慧思傳給智顗，終於發展成為天台宗的三諦圓融理論。

天台山智顗禪師

天台山修禪寺智者禪師智顗，荊州華容人，姓陳氏。母徐氏，始娠，夢香煙五色縈鐃于懷，誕生之夕，祥光燭于鄰里。幼有奇相，膚不受垢。七歲入果願寺，聞僧誦《法華經．普門品❶》，即隨念之，忽自憶記七卷❷之文，宛如宿習。十五，禮佛像，誓志出家，怳❸焉如夢，見大山臨海際，峰頂有僧招手，復接入一伽藍，云：「汝當居此，汝當終此。」十八，喪二親，於果願寺依僧法緒出家。二十，進具。

陳乾明元年❹，謁光州大蘇山慧思禪師。思一見，乃謂曰：「昔靈鷲同聽《法華經》，今復來矣。」即示以普賢道場說《四安樂行》。師入觀三七日，身心豁然，定慧融會，宿通潛發，唯自明了，以所悟白思。思曰：「非汝弗證，非吾莫識。此乃法華三昧前方便初旋陀羅尼❺也。縱令文字之師❻千萬，不能窮汝之辯。汝可傳燈，莫作最後斷佛種❼人。」師既承印可，太建元年禮辭，往金陵闡化。凡說法，不立文字，以辯才，故晝夜無倦。

七年乙未，謝遣徒眾，隱天台山佛龍峰。有定光禪師先居此峰，謂弟子曰：「不久當有善知識領徒至此。」俄爾師至，光曰：「還憶疇昔舉手招引時否？」師即悟禮像之徵，悲喜交懷，乃執手共至庵所。其夜，聞空中鐘磬❽之聲，師曰：「是何祥也？」光曰：「此是犍稚❾集僧得住之相。此處金地❿，吾已居之。北峰銀地⓫，汝宜居焉。」開山後，宣帝⓬建修禪寺，割始豐縣租以充眾費。及隋煬帝請師受菩薩戒，師為帝立法名號總持。帝乃號師為智者。

師常謂：「《法華》為一乘妙典，蕩化城⓭之執教，釋草庵⓮之滯情，開方便之權門⓯，示真實之妙理，會眾善之小行⓰，歸廣大之一乘。」遂出《玄義》⓱，曰釋名、辯體、明宗、論用、判教相⓲之五重也。

名則法喻齊舉，謂一乘妙法即眾生本性，在無明煩惱不為所染，如蓮華處于淤泥而體常靜，故以為名。此經開權顯實，廢權立實，會權歸實，如蓮之華有含容開落之義，華之蓮有隱現成實之義，亦謂從本垂迹，因迹顯本。夫經題不越法喻人，單、複、具足凡七種，（單三，複三，具足一。）攝一切名。妙法蓮華，即複之一也。（法譬為複。）

名以召體，體即實相，謂一切相離實相無體故。

宗則一乘因果開示，悟入佛之知見，可尊尚故。

用則力用以開廢會之義，有其力故。

然後判教相者，以如來一代之說，總判為五時八教。

五時者：一，佛初成道，為上根菩薩說《華嚴》時；二，為小機⑲說《阿含》⑳時；三，彈偏折小歎大褒圓，說方等㉑時；四，蕩相遣執，說《般若》時；五，會權歸實，授三乘人及一切眾生成佛記，說《法華》、《涅槃》時。

八教者：謂化儀㉒四教，即頓、漸㉓、秘密㉔不定㉕也；化法㉖四教，即藏㉗、（生滅四諦㉘。）通㉙、（無生㉚。）別㉛（無量㉜。）圓㉝也。（無作四諦㉞。唯《法華》圓理，乃至治生產業㉟，一色一香，無非實相。）該㊱三世如來所演，罄殫㊲其致。（四正㊳三接，廣如本教。）捨此皆魔說。

故教理既明，非觀行㊴無以復性。乃依一心三諦㊵之理，（真、俗、中㊶。）示三止三觀㊷。

一一觀心[43]，念念不可得。先空次假後中，離二邊而觀一心，如雲外之月者。此乃別教之行相[44]也。嘗云：破一切惑莫盛乎空，建一切法莫盛乎假，究竟一切性莫大乎中。故一中一切中，無假無空而不中。空、假亦爾。即圓教之行相。如摩醯首羅天之三目，非縱橫並別故。第十四祖龍樹菩薩偈云：「因緣所生法，我說即是空。亦名為假名，亦名中道義。」斯與《楞嚴圓覺經》說奢摩他[45]、三摩缽底[46]、禪那三觀名目雖殊，其致一也。達磨大師以心傳心，不帶名數，直為上上根智，俾忘筌忘意，故與此教同而不同。智者禪師窮理盡性備足之門，故與禪宗異而非異也。三觀圓成，法身不素，即免同貧子[47]也。尚慮學者昧於修性，或墮偏執，故復創六即[48]之義，以絕斯患。

一，理即佛者，十法界眾生，下至蠕蝡，同稟妙性，從本以來，常住清淨，覺體圓滿[49]，一理齊平故。執名相者不信即心即佛，覩此而生信也。

二，名字即佛者，雖理性[50]坦平，而隨流者日用不知，必假言教[51]外薰[52]，得聞名字，生信發解故。《起信論》[53]云：「以有忘想心，故能知名義。」自此已下，簡暗證[54]者。

三，觀行即佛者，既聞名聞解，要假前之三觀而返源故。圓教外凡[55]也。圓觀五陰為不思議境，即五品位[56]，大師示居此位，別教十信及藏、通教，皆名資糧位[57]。

四，相似即佛者，觀行功深，發相似用故。內凡也。圓伏[58]無明入十信鐵輪位[59]，不斷見思惑[60]，至七信以去，見思惑自殞，得六根清淨，如經云：「父母所生眼，悉見三千界去。」云思大禪師示居此位，若別教乃地前[61]三十心也。藏、通皆名加行位[62]。《楞嚴經唯識論》[63]三十心後別立四加行[64]。名位雖同，詮旨迥異。惟通悟者善巧[65]融會。

五，分真即佛者，三心[66]開發，得真如用，位位增勝故。發圓初住[67]，即銅輪位[68]也。如龍女[69]一念成佛，現百界[70]身，從此轉勝至等覺[71]位，凡四十一心，盡目真因。分位[72]雖殊，圓理無別。若別教即名十地，藏、通皆言見道[73]位。

六，究竟即佛者，無明永盡，覺心圓極，證無所證故。妙覺[74]也。《起信》云：「始本不二，名究竟覺[75]，仁王名寂滅上忍[76]也。」別教權佛攝對圓行[77]第二位耳。藏、通二教佛可知。

如上六位，既皆即佛，不屈不濫。通具法、報、化三身為正，三寶三德[78]屬對文，終乃至十種三法[79]含攝無遺。偈云：「道識性般若，菩提大乘身。涅槃三寶德，一一皆三法。」隨居四土[80]為依[81]。四土者，一常寂光，法性土也，法身居之，身土相稱。二實報無障礙，攝二受用也。自受用土，報佛[82]自居；他受用土，登地菩薩[83]所居。三方便有餘，四淨穢同居[84]。並為應化[85]土也，地前菩薩、二乘、凡夫所居。其實則非身非土，無優無劣，為對機故，假說身土而分優劣。

師得身土互融，權實無礙，故三十餘年晝夜宣演，生四種益[86]，具四悉檀[87]。悉，偏也。檀，翻名施。禪師之法偏施有情，隨根得益，如云「世界悉檀生歡喜益」云云。門人灌頂[88]日記萬言而編結之，總目為天台教，別即分諸部類。《法華玄義》、《文句》[89]、《大小止觀》[90]、《金光明》、《仁王》、《淨名》、《涅槃》、《請觀音》、《十六觀經》[91]等及《四教禪門》，凡百餘軸[92]。歷代付授，盛于江、浙。

隋開皇十七年十一月十七日，帝遣使詔師。將行，乃告門人曰：「吾今往而不返，汝等當成就佛隴南寺，一依我圖。」侍者曰：「若非師力，豈能成辦？」師曰：「乃是王家所辦，汝等見之，吾不見也。」師初欲建寺於石橋，禪寂見三神人，皁幘絳衣，從一老僧，謂師曰：「若欲造寺，今非其時。三國成一[93]，當有大力施主與師造寺。寺成，國即清，宜號為國清。」言訖不見。開皇十八年，帝遣司馬王弘入山，依圖造寺，方應前誌。師二十一日到剡東石城寺[94]百尺石像前不進，至二十四日顧侍者曰：「觀音來迎，不久應去。」時門人智朗請曰：「不審何位何生？」師曰：「吾不領眾，必淨六根，損己利他，獲預五品耳。」五品弟子，即法華三昧前方便之位，與思大禪師昔語冥符。命筆作《觀心偈》，唱諸法門綱要。訖，趺坐而逝，壽六十，臘四十。弟子等迎歸佛隴巖。

大業元年九月，煬帝巡幸淮海，遣使送弟子智璪及題寺額入山，赴師忌齋。到日，集僧開石室，唯覩空榻。時會千僧，至時忽剩一人，咸謂：「師化身來受國供。」

師始受禪教，終乎滅度，常披一壞衲，冬夏不釋。來往居天台山二十二年，建造大道場一十二所，國清最居其後，及荊州玉泉寺等，共三十六所。度僧一萬五千人，寫經一十五藏，造金銅塑畫像八十萬尊。事迹甚廣，如本傳。

【注釋】❶普門品　《法華經》二十八品中之第二十五品《觀世音菩薩普門品》之略稱。謂觀音菩薩說普門圓通之德，示現三十三身而普使一切眾生圓通於佛道，故名《普門品》。❷七卷　此指十六國後秦時僧人羅什所譯之《法華經》，共七卷。❸怳　忽然。《晉書．劉伶傳》：「兀然而醉，怳爾而醒。」❹陳乾明元年　「乾明」為北朝齊廢帝高殷的年號，此處誤植。❺旋陀羅尼　法華三陀羅尼之一，謂於法門得旋轉自在之力。❻文字之師　此指專說佛典經論文字之經師、論師。❼佛種　能生佛果之種子。《華嚴經》：「下佛種子于眾生田，生正覺芽。」❽磬　銅製的鉢形物，寺廟中禮佛時敲擊作聲。❾犍稚也作「犍椎」、「犍槌」等，意為鐘磬、打木、聲鳴等，作為寺院中可擊打而發聲之物的通稱。⑩金地　又名「金田」，佛寺的別稱，取佛教故事中古印度須達長者布金買祇園之事典。⑪銀地　意同「金地」、「琉璃地」等，為佛閣道場的通稱。⑫宣帝　即南朝陳宣帝陳頊，字紹世，為陳開國皇帝陳武帝陳霸先之侄，在位十四年。卒諡宣，廟號高宗。⑬化城　佛力所化之城郭，為著名的「法華七喻」之一。《法華經・化城喻品》謂，一切眾生成佛之所，喻為藏寶之所，要到此地，其道路悠遠險惡，導師恐行人疲倦退卻，故於途中化一城郭，使人於此止息，修養精力，終至藏寶之所。佛欲使一切眾生皆到大乘至極佛果，然因為眾生的怯弱之力不能抵達，故先說小乘涅槃，使一旦得此涅槃，姑為止息，再發心進至真實之佛地。⑭草庵　以草所造的小庵。《法華經・信解品》：「猶處門外，止宿草庵。」此喻未能悟徹大道時之境界。⑮權門　即方便門，佛菩薩一時濟度眾生之方便法門。⑯小行　小乘行法，相對於大乘行法而言。⑰玄義　即智顗所撰的《妙法蓮華經玄義》，二十卷，詮釋《法華經》的經題，簡稱《法華玄義》。⑱判教相　一般作「判教」，即判釋如來佛一代之教相，如天台宗之五時八教，華嚴宗之五教等皆屬判教。大乘各宗各有其教相的判釋。⑲小機　可受小乘教化之劣根機，而無成佛之根機。⑳阿含　小乘經的總名。㉑方等　據天台宗之解釋，方為廣之義，等為均之義，謂佛於第三時廣說藏、通、別、圓四教，均益利鈍之機，故名方等。㉒化儀　化導之儀式，謂釋迦牟尼佛一代時教化度眾生之儀式方法。㉓頓漸　頓教與漸教。對未熟之眾生，初說小法，漸次說至大乘之法，此為漸教。而對頓悟之機，自初始即直接講說大法，此為頓教。㉔秘密　即秘密教，為秘密深奧、不輕易示人的教法。㉕不定　即不定教，為同聽異聞、得益不同之教法。如來以不思議之力，而能令眾生於聽小乘中得大乘之益，於聽大乘中得小乘之益。㉖化法　化導之法門。㉗藏　即「三藏教」，指一切小乘教。佛入滅之年，大迦葉尊者等結集經、律、論之三藏，而收錄小乘的一切教理，故也名小乘為三藏教。㉘生滅四諦　四諦之法雖為初始接引小乘淺近之根機的法門，但其法理則通於一切佛法，故天台宗立四種四諦以配藏、通、別、圓四教。其四種四諦之一為生滅四諦，謂苦、集、道三諦依因緣而有實之生滅，滅諦為有實之滅法。如此立於實生實滅之四諦，即稱生滅四諦。㉙通　即通教，說萬法當體即空、無生無滅之理，而使二乘及鈍根之菩薩得但空之證、使利根之菩薩得不但空即中道之證而設施的三乘教。㉚無生　即無生四諦，四種四諦之二。謂苦、集、道三諦如幻即空，無生無滅，滅諦本來自空，不生不滅，而了此苦、集、道之因緣當體即空，而不見生滅，故名無生四諦。㉛別　即別教，謂獨被於圓頓大機之一乘教法。㉜無量　即無量四諦，四種四諦之三。謂於苦諦涉於界之內外，而有無量之相，而與道諦有無盡之差別，為大菩薩所修習，故名無量四諦。㉝圓　即圓教，謂大乘窮極圓滿真實之教法。㉞無作四諦　煩惱即菩提，故無斷集修道之造作，生死即涅槃，故不須滅苦證滅之造作，故名無作四諦。㉟治

生產業　此指從事於生產活動。㊱該　詳備；總括。㊲罄殫　竭盡最大的努力。㊳四正　即「四正勤」，也名「四正斷」等，為修行之法。《法界次第》：「一對已生之惡為除斷而勤精進，二對未生之惡更為使不生而勤精進，三對未生之善為生而勤精進，四對已生之善為使增長而勤精進。」㊴觀行　觀心之行法。㊵三諦　天台宗所立之諦理，即空諦、假諦與中諦。㊶真俗中　真諦、俗諦與中諦。謂世間法為俗諦，出世間法為真諦。而中諦為中觀所對之理，即不離兩邊、不即兩邊而中正絕待之理。㊷三止三觀　天台宗對於三觀而立三止。三觀：一空觀，觀諸法之空諦；二假觀，觀諸法之假諦；三中觀，觀諸法亦非空亦非假者名雙非之中觀，觀諸法亦空亦假者名雙照之中觀。三止：一為體真止，謂止息一切攀緣妄想者，相對於空觀之止；二為方便隨緣止，也名繫緣守境止，謂菩薩知空非空，停止諸法幻化之理，以分別藥病、化益眾生者，相對於假觀之止；三為息二邊分別止，又名制心止，因第一止偏於真，第二止偏於俗，俱不會於中道，故知真非真，則空邊寂靜，知俗非俗，則有邊寂然，以息真俗二邊而止於中諦，相對於中觀之止。㊸觀心　觀察心性。天台宗以一心三觀為觀心。㊹行相　心識對事物之境時，必現其影像於心內，如鏡之於物，故謂之行相。㊺奢摩他　又作「舍摩陀」、「奢摩陀」等，為禪定七名之一。㊻三摩鉢底　也作「三摩鉢提」、「三摩拔提」等，為禪定之一種。㊼貧子　窮人。此指未能領悟佛法者。㊽六即　凡大乘菩薩之行位有十信、十住、十行、十迴向、十地等覺、妙覺之五十二位，天台宗視之為別教菩薩之位，而別立圓教菩薩之行位，名六即之位。㊾圓滿　天台宗認為十界三千諸法條例分明而具足，謂之為圓滿，也稱圓足。㊿理性　本來所具之理體，始終不改，稱作理性。(51)言教　謂如來佛以言語垂示眾生之教法。(52)薰　即薰修，以德薰身修行。(53)起信論　《大乘起信論》之略名，天竺馬鳴大士所作，以使眾生起正信而說大乘至極玄妙之理。(54)暗證　以坐禪工夫為專，而暗於教文之義理者。(55)外凡　菩薩乘以十信之位為外凡，十住等三賢之位為內凡。《大乘義章》：「言外凡者，善趣之人向外求理，未能息相內緣真性，故名為外。六道分段凡身未捨，故名為凡。」(56)五品位　如來佛入滅後之弟子說五品之功德，得此五品功德之位：一隨喜品，二讀誦品，三說法品，四兼行六度品，五正行六度品。《法華經》稱，圓教之八位為第一之五品弟子位，同圓教之六即位為觀行即之位，現為天台智者大師所居。(57)資糧位　唯識五位之一，以觀修萬法唯識之理。(58)圓伏　天台宗圓教之法，謂達惑體融通，無見思、塵沙、無明三惑之差別，而與同時調伏之。(59)鐵輪位　謂十住菩薩修習種性而為鐵輪王，化導南閻浮提一洲，故於十住為鐵輪位。(60)見思惑　概括三界煩惱的通稱。(61)地前　菩薩自初地修行而至十地以成佛果。初地以上為地上，初地以前為地前。地前者為凡夫之菩薩，地上者為法身之菩薩。(62)加行位　唯識五位之二。入於正位之準備，加一段力而修行之。(63)楞嚴經唯識論　北朝後魏僧人菩提留支所譯的一卷本《唯識論》，也名《楞嚴經唯識論》。(64)四加行　大乘法相宗以煖等四善根為五位中加行位，故也名之為「四善根」。(65)善巧　善良巧妙之方便。(66)三心　十地之一分三位，謂之三心：一為入心，初入其地之時分；二為住心，住於其地之時分；三為出心，將出其地入後地之時分。(67)初住　菩薩乘五十二位中十地之第一住。(68)銅輪位　謂十住菩薩修習種性之人為銅輪王，化導二大洲，故於十住為銅輪位。(69)龍女　佛經中謂沙竭羅龍王之女，八歲，至靈鷲山而現成佛之相。(70)百界　天台宗謂地獄、餓鬼、畜生、修羅、人間、天上、聲聞、緣覺、菩薩、佛之十界中再各分十界，故稱百界。(71)等覺　佛之異名。等為平等，覺為覺悟，謂諸佛覺悟，平等一如，故稱等覺。(72)分位　時分與地位。(73)見道　大乘菩薩於初僧祇劫之末，完成四善根之加行，而頓時斷絕分別起之煩惱、所知二障，謂之見道。(74)妙覺　自覺覺他、覺行圓滿而不可思議稱妙覺，為佛果之無上正覺。(75)究竟覺　《起信論》四覺之一，謂菩薩大行圓滿究竟至極之覺，即成佛之位。(76)寂滅上忍　即「寂滅忍」，為五忍之五，謂於第十地及妙覺間，諸惑斷盡而入涅槃寂滅之位。(77)圓行　圓教之行法，謂一行即一切行。(78)三德　指法身德、般若德、解脫德。(79)三法　總括一切佛法之通稱：一教法，即釋迦牟尼佛一代所說之十二分教；二行法，即依教法修行之四諦、十二因緣、六度等；三證法，即依行法證果之菩薩、涅槃二果。(80)四土　也稱「四佛土」，為天台宗所立之四種佛土。(81)依　依止；依憑。(82)報佛　即報身佛。(83)登地菩薩　謂別教十地以上、圓教十住以上之菩薩。(84)淨穢同居　一名凡聖同居土。(85)應化　應者應現，應眾生之機類而現身；化者變化，應真佛緣而現種種變化。(86)四種益　一名「四種饒益」，為菩薩化度眾生的四種方便：一示現相好，令觀者發菩提心；二示現說法，令聽者開悟入道；三示現化事，令聞者護持諸法門；四名流十方，令聞者繫念而得解脫。(87)四悉檀　《智度論》：「有四種悉檀，一者世界悉檀，二者各各為人悉檀，三者對治悉檀，四者第一義悉檀。四悉檀中總攝一切十二部經八萬四千法藏，皆是實相，無相違背。」(88)灌頂　隋、唐時僧人，天台宗五祖，浙江臨海章安人，故人稱「章安大師」、「章安尊者」。七歲出家，二十歲受具，後拜智顗大師為師，直至智顗去世，未離左右。智顗所講經義，皆由他集錄成書。(89)文句　《妙法蓮華經文句》之略名，二十卷，釋解《法華經》之經文。(90)大小止觀　也稱《摩訶止觀》，二十卷，述觀心之法。(91)金光明仁王淨名涅槃請觀音十六觀經　包含有智顗所說、門人灌頂所記錄的《金光明經玄義》二卷、《金光明經文句》六卷，《仁王護國般若經疏》五卷，《淨名玄疏》（一名《維摩詰經玄疏》）六卷、《淨名廣疏》（一名《維摩詰經文疏》）二十八卷，《涅槃經玄義》二卷、《涅槃經疏》三十三卷，《請觀音經疏》一卷，《觀無量壽經說十六觀疏》等。(92)軸　唐代以前之書籍為卷軸裝，一般一卷為一軸。(93)三國成一　此指南北朝後期北齊、北周、陳三國為隋朝所消滅之事。(94)石城寺　即浙江新昌之石城山隱嶽寺。山中有巨石兀立如牆，廣袤數百丈，故名石城山。寺初建於晉代永和初年，南朝梁天監年間，僧護、僧淑等於寺北崖壁上鑿造十丈石佛，梁武帝聞之，遣僧助之，歷時十餘年始成，為江南最大之石佛。故又俗稱隱嶽寺為大佛寺。

【語　譯】天台山修禪寺智顗禪師（五三八～五九七年），號智者大師，荊州華容（今湖北潛江縣西南）人，俗姓陳。智顗的母親徐氏，初懷孕時，夢見五色香煙縈繞在自己的懷中，而智顗誕生的那天晚上，祥瑞的光芒照耀於鄰居鄉里。智顗幼年時就有奇特的相貌，皮膚不會被汙垢所沾染。智顗七歲時進入果願寺，聽到僧人在誦念《法華經・普門品》，便就跟著念誦，忽然自己記憶起《法華經》七卷之文字，就好像是早已閱讀過的。智顗十五歲時，禮拜佛像，立誓要出家為僧，忽然如同做夢一樣，看見一座大山聳立在大海邊，山峰頂上有一位僧人在向他招手，又把他迎接入一座伽藍內，對他說道：「你應當居住在這裡，你應當在這裡逝世。」智顗十八歲時，父母雙雙去世，他便入果願寺皈依僧人法緒出家。智顗二十歲時，接受了具足戒。

南朝陳乾明元年（五六〇年），智顗禪師前往光州（今河南潢川）大蘇山拜謁慧思禪師。慧思禪師一見智顗，就對他說道：「從前在靈鷲山一同聽佛講說《法華經》，今天你又來了。」就把普賢道場所說的《四安樂行品》指示給智顗看。智顗進入禪觀經三七二十一天，身心豁然開悟，定、慧融會貫通，宿智通暗自發現，惟有自己才能明瞭，就把所領悟的告訴慧思禪師。慧思禪師說道：「不是你就不能證明，不是我就不能識別。這就是法華三昧前方便初旋陀羅尼。縱然有千萬個文字之師，也不能困窘你的辯才。你可以傳授法燈，而不要成為最後斷絕佛種子之人。」智顗既已承蒙慧思禪師的印可，就於太建元年（五六九年）禮拜辭別慧思禪師，前往金陵（今江蘇南京）闡揚佛法，化度眾生。智顗凡所說之法，都不立文字，以辯才聞名，所以晝夜接引學人卻無疲倦之色。

太建七年乙未歲（五七五年），智顗禪師遣散徒眾，隱居在天台山佛龍峰。有一個叫定光的禪師先已居住在這山峰上，曾對弟子說道：「不久當有善知識率領徒眾到這裡來。」不久智顗來到，定光禪師問道：「可還記得從前舉手相招呼的時候嗎？」智顗於是領悟了當年禮拜佛像時的徵兆，不禁悲喜交集，就手拉著手一同來到庵中。當夜，聽到天空中傳來鐘磬敲響之聲，智顗便問道：「這是什麼徵兆呢？」定光禪師回答：「這是敲擊犍稚集合僧眾而得以住持之徵兆。這裡是金地，我已經居住了。北峰是銀地，你應當去居住。」智顗開山說法之後，陳宣帝便於此地建造了修禪寺，並割出始豐縣（今浙江天台）的租米以充供寺中僧眾的用費。此後隋煬帝又請智顗為其傳授菩薩戒，智顗便為隋煬帝立法名叫總持。隋煬帝便賜號智顗為智者大師。

智顗禪師常對眾僧說道：「《法華經》為第一乘的玄妙法典，蕩散化城的執著教義，釋去草庵的滯疑之情，打開方便之權門，開示真實的妙理，會聚眾善之小乘行法，以歸於廣大的第一乘。」於是智顗拿出《法華玄義》，有釋名、辯體、明宗、論用、判教相等五部分。

名則法與譬喻一起舉說，謂第一乘至極玄妙之法即是眾生本性，在無明煩惱之中而不被汙染，如同蓮花處在汙泥中而本體常清淨，所以稱之為《妙法蓮華經》。此經開示方便權門而顯露真實法門，廢除方便權門而建立真實法門，會聚方便權門而歸於真實法門，如同蓮蓬之花有含苞欲放、花開花落之義，花之蓮蓬有隱藏、顯現而結果實之義，也是說依據其根本而顯示蹤跡，根據其蹤跡而顯示根本。那經題也不超越法而來喻人，共有單名、複名、具足名等七種方式，單名有三種，複名有三種，具足名有一種。以攝聚一切之名。妙法蓮華，即複名之一種。法譬喻為複。

名用來引出本體，本體即是實相，謂一切相離開實相就無本體了。

宗則是指一乘因果開示，悟入佛之知見，可加以尊重崇尚。

用則是指用力來啟開廢與會之義，而有其力之作用。

然後是判教相，即是以如來佛一代之說教，來總的判釋五時八教。

所謂五時：一，即佛初成道，為上等根機之菩薩說《華嚴經》之時；二，為小機說《阿含經》之時；三，為斥去偏見、離析小乘、讚歎大乘、褒揚圓教、講說方等之時；四，為蕩滅形相，遣去執著，講說《般若經》之時；五，為會聚方便權門而歸於真實法門，授予三乘人及一切眾生以成佛之印記，講說《法華經》之時。

所謂八教：謂化儀四教，即頓教、漸教、秘密教、不定教；化法四教，即藏教、生滅四諦。通教、無生四諦。別教、無量四諦。圓教。無作四諦。只有《法華經》圓融之理，乃至於治生產業，一色一香，無非都是實相。總括三世如來所演示之法，已竭盡其至極了。四正勤與三種接引法，詳見於天台宗之教義。捨棄這些法理，那都是惡魔所說的。

因此教理既已明瞭，如若不觀行就不能恢復心性。於是便依據一心三諦之理，真諦、俗諦與中諦。顯示三止三觀。一一觀心，卻念念不可得到。首先是空觀，其次是假觀，最後是中觀，離開兩邊而觀察一心，就如同是雲外之明月。這就是別教之行相。智顗禪師曾經說過：破除一切疑惑沒有比空觀更重要的，建立一切法沒有比假觀更重要的，究竟一切心性沒有比中觀更重要的。所以一中便一切中，無假無空而不是中。空與假也是這樣的。這就是圓教之行相。如同是摩醯首羅天的三隻眼睛，並沒有縱橫相並或相別之分。禪宗第十四世祖師龍樹菩薩有一偈頌道：「因緣所生法，我說即是空。亦名為假名，亦名中道義。」這偈頌與《楞嚴圓覺經》中所說的奢摩他、三摩鉢底、禪那等三禪觀的名稱雖不相同，但其宗旨卻是一致的。達磨祖師以心傳心，不帶有名目數量，直接接引具有最上等之智慧者，讓他們具得魚忘筌並忘掉語句之意，所以與此天台宗教義有相同者卻實不相同。智者大師窮盡理、性全備之門，所以與禪宗有不同而實不相異。

三觀既已圓滿成就，法身也不同平常，便避免與貧子相等同了。倘若擔憂學法者不注重修性，或者墜入於偏執之見，所以智顗禪師又創六即之義，以斷絕這一病患。

一為理即佛者，謂十法界眾生，下至蟭螟之蟲，同樣具有玄妙之佛性，從根本而來，永住於清淨世界，覺悟之本體圓滿，唯一理性齊整平坦。執著於名相的人，不相信即心即佛之理，看見此理後即產生信心。

二為名字即佛者，謂雖然理性平坦，但隨波逐流者並不知道日用即具佛性，一定要借助言教從外薰修，得以聽聞佛之名字，才能產生信心而啟發悟解。《大乘起信論》說：「因為有妄想之心，所以能知曉名字之義。」自此以下，以區別於暗證。

三為觀行即佛者，謂既已聞聽了名字、聞聽了見解，還要借助三觀來返迴本源。是為外凡。圓觀五蘊為不可思議之境界，即五品位，天台智者大師示意居住此位，別教十信及藏教、通教都稱之為資糧位。

四為相似即佛者，觀行之功德深厚，以發明相似之用。是為內凡。圓伏無明之惑而入十信鐵輪位，而未斷絕見思惑，直至七信而絕去，見思惑自行殞落，而得到六根清淨，如同佛經中所說的：「父母親所生的眼睛，完全能看見三千界。」

謂慧思大禪師顯示居住此位，如同別教所說的地前三十心。藏教、通教都稱之為加行位。《楞嚴經唯識論》於三十心後另外立有四加行。其名位雖然相同，但其宗旨卻迥然有別。惟有通曉明悟的人能以善巧而加以融會通悟。

五為真即佛者，謂三心開悟發明，而得到真如之用，每一位都增勝於前。發明圓滿之初住，即是銅輪位。如同龍女於一念之間而成佛，現出百界之身，從此轉勝而至於等覺之位，共為四十一心，全都視為真因。其分位雖然不同，但圓融之理卻沒有差別。如別教就稱作十地，藏教、通教都稱作見道之位。

六為究竟即佛者，未無明之惑永遠消盡，覺悟之心圓融至極，想要證明也無從證明。是為妙覺。《起信論》說：「從不二法門開始，名之為究竟覺，仁王名之為寂滅上忍。」別教權且攝對圓行第二位而已。而藏教、通教二教之佛可由此而推知。

如上述的六位，既然都稱即佛，既不委屈也不氾濫。全部具備法身、報身、化身三身者為正，佛、法、僧三寶與法身、般若、解脫三德是屬相對應而稱說的，最終乃至於十種三法包含、攝受無有遺漏。有偈頌道：「道識之性即般若，菩提即大乘之身。涅槃為三寶之德，一一都是三法。」隨從居住四土者為依。所謂四土，一為常寂光土，為法性之土，法身居住於此，使身與土相對稱。二為實報無障礙土，攝含二受用土。自受用土，報身佛自己居住；他受用土，由登地菩薩所居住。三為方便有餘土，四為淨穢同居土。三、四兩土並屬應化之土，為地前菩薩與聲聞、緣覺二乘及凡夫所居住。其實質則沒有身也沒有土，也沒有優與劣的區別，這是為了接對機鋒的緣故，所以借助身與土以分別優劣。

智顗禪師得到身與土相互圓融，權與實無有障礙之境界，所以三十多年間晝夜宣講演示，產生四種益，具備四悉檀。悉為普遍之義。檀，翻譯作施捨。謂禪師之法普遍施捨於有情，隨著各人之根機而獲得利益，如說「世界悉檀產生歡喜利益」等等。門人灌頂每天記錄一萬字而編集成書，總稱為天台教，分別而為各部各類之著述。有《法華玄義》、《法華文句》、《大小止觀》與《金光明經》、《仁王經》、《淨名經》、《涅槃經》、《請觀音經》、《十六觀經》等經疏、玄義以及《四教禪門》，總共有一百多卷。歷代禪師接續傳授，盛行於江浙地區。

隋代開皇十七年（五九七年）十一月十七日，隋文帝派遣使者來徵召智顗禪師入京。智顗在臨行前，告訴門人道：「我這次去而不返了，你們應當成就佛隴南寺，要完全依據我所規劃的圖紙建造。」侍者說道：

「如果沒有大師的力量，怎麼能辦成呢？」智顗便說道：「這是由王家所操辦的，你們可以看見，我已不能看見了。」當初智顗打算在石橋創建寺院，而在禪定中看見有三位神人，紮著黑頭巾，穿著紅衣服，跟在一位老和尚後面，對智顗說道：「如果要創建寺院，現在還不到時候。等到三國成了一國，就當有大力之施主來幫和尚建造寺院了。寺院造成之時，國家也清平了，所以應當名之為國清寺。」說完就不見了。開皇十八年（五九八年），隋文帝派遣司馬王弘來到山中，依照圖紙建造寺院，方才符合前面的預言。智顗於二十一日來到剡縣（今浙江嵊州）東面的石城寺百尺石佛像面前，就不再前進了，到了二十四日，回頭對侍者說道：「觀音菩薩來迎接了，我不久就當去了。」當時門人智朗請問道：「不知道和尚居於何位，生於何處？」智顗回答：「我不領眾人，必定清淨六根，損害自己而利益他人，所以得以至五品啊。」五品弟子，即法華三昧前方便之位，與慧思大禪師從前所說的預言暗中契合。智顗便運筆寫成〈觀心偈〉，唱說諸法門之綱要。寫完，即端坐著圓寂了，享年六十四歲，法臘四十年。弟子等人將智顗的遺骸迎葬於佛隴巖。

大業元年（六〇五年）九月，隋煬帝巡遊淮海地區，便派遣使臣護送智顗禪師的弟子智璪及隋煬帝親自題寫的國清寺匾額來到天台山，趕赴智顗的忌年齋祭。到了週年忌日那一天，集合眾僧打開葬瘞智顗禪師的石室，卻只看見一張空榻而已。當時會聚有一千位僧人，到這時卻多了一個人，所以人們都說：「這是大師的化身前來領受國家的供養。」

智顗禪師從開始接受禪宗、教法時，直至最後圓寂，一直穿著一件破衲衣，無論冬夏都不脫下。智顗前後在天台山居住了二十二年，所建造的大道場有十二處，以國清寺為最後一座，加上他所建的荊州（今屬湖北）玉泉寺等，總共有三十六座。智顗度化的僧人有一萬五千人，抄寫的經書達十五藏，所造的金、銅塑像與畫像有八十萬尊。智顗禪師的事跡很多，其本傳中都已有詳盡的記載。

【說　明】作為天台宗的實際創始人，智顗大師確立了定（止）、慧（觀）雙修原則，其所著之《法華玄義》、《摩訶止觀》、《法華文句》被尊奉為「天台三大部」。在判教上，智顗主張五時八教，將其所信奉的《法華經》

列為佛的最高最後說法；在教義上，主張一切事相都是法性真如之表現，並用一念三千世界、三諦圓融加以發揮；在禪觀修行上，相應提出一心三觀等。因此，智顗之禪觀思想，對於禪宗尤其是唐末至宋初的江浙禪宗如法眼宗之產生、發展影響深遠。天台宗因以《法華經》作為其主要之教義依據，故也稱作「法華宗」。

泗州僧伽和尚

泗州❶僧伽大師者，世謂觀音大士應化也。推本則過去阿僧祇殑伽沙❷劫，值觀世音如來從三慧門而入道，以音聲為佛事。但以此土有緣之眾，乃謂大師自西國來，唐高宗時至長安、洛陽行化，歷吳、楚間，手執楊枝，混于緇流。或問：「師何姓？」即答曰：「我姓何。」又問：「師是何國人？」師曰：「我何國人。」尋於泗上欲構伽藍，因宿州民賀跋氏❸捨所居，師曰：「此本為佛宇。」令崛地，果得古碑云「香積寺」，即齊李龍建所創。又獲金像，眾謂然燈如來，師曰：「普光王佛❹也。」因以為寺額。景龍二年，中宗遣使迎大師至輦轂，深加禮異，命住大薦福寺❺。帝及百官咸稱弟子，與度慧儼、慧岸、木叉❻三人，御書寺額。普光王寺。

三年三月三日，大師示滅，敕令就薦福寺漆身起塔，忽臭氣滿城。帝祝送師歸臨淮，言訖異香騰馥。帝問萬迴曰：「僧伽大師是何人耶？」曰：「觀音化身耳。」乾符中，諡證聖大師。皇朝太平興國中，太宗皇帝重創浮圖，壯麗超絕。

【注釋】❶泗州　今江蘇盱眙縣西北，治所在臨淮城，清代康熙年間沉入洪澤湖中。❷殑伽沙　意為恆河沙，此喻數量之極多。❸賀跋氏　即「賀拔氏」，複姓。❹普光王佛　也稱普光如來，為勝鬘夫人當來正覺之佛號。❺大薦福寺　寺在陝西西安市南，本隋煬帝為藩王時故居，唐初屢為王公之宅，但都曰不吉，故立為寺，名大獻福寺，不久改名大薦福寺。寺內有佛塔十四級，通稱小雁塔。❻慧儼慧岸木叉　三人均為僧伽大師之侍者，至此被唐中宗敕度為大僧，各賜衣鉢，令嗣僧伽之香火。

【語譯】泗州僧伽大師（？～七〇九年），世人稱是觀音大士的應化之身。推究本源，則在過去世阿僧祇殑伽沙劫，觀世音如來從三慧門悟入大道，用聲音作佛事。只是中土的有緣之眾，便說僧伽大師從西域天竺國來，唐高宗時來到長安（今陝西西安）、洛陽（今屬河南）行教化之事，歷遊江南、兩湖地區，手拿楊柳枝，混跡於僧人中間。有人問道：「大師以何為姓？」僧伽大師立即回答：「我姓何。」又有人問道：「大師是何國之人？」僧伽大師回答：「我是何國人。」

不久僧伽大師止息於泗州，想要創建一座伽藍，因宿州（今屬安徽）百姓賀跋氏施捨自己所居的住宅為寺院，僧伽大師便說道：「這裡本來就是佛寺。」讓人挖開地面，果然得到一塊古代的石碑，上面刻著「香積寺」，即北朝齊人李龍建所創置的。又挖得了金佛像，眾人都說是燃燈如來，僧伽大師說道：「這是普光王佛。」因此作為寺名。景龍二年（七〇八年），唐中宗派遣使臣迎請僧伽大師來到皇宮中，大加禮待，讓他居住於大薦福寺。唐中宗以及百官都自稱弟子，並敕度慧儼、慧岸、木叉三人為僧，親筆御書寺院之匾額。名普光王寺。

景龍三年（七〇九年）三月三日，僧伽大師圓寂，唐帝敕令就在大薦福寺內用漆護遺體，造塔供奉，忽然有臭氣布滿了城中。唐中宗便許願把遺體送至臨淮，話剛說出，就異香濃烈，四處傳播。唐中宗後問萬迴公道：「僧伽大師是什麼人啊？」萬迴公回答：「是觀音菩薩的化身啊。」乾符（八七四～八八八年）年間，天子賜其謚號曰證聖大師。宋朝太平興國（九七六～九八四年）年間，宋太宗皇帝重新修建了佛塔，更為壯麗，超越了前代。

萬迴法雲公

萬迴法雲公者，虢州閿鄉人也，姓張氏，唐貞觀六年五月五日生。始在弱齡，嘯傲如狂，鄉黨莫測。一日，令家人灑掃，云：「有勝客❶來。」是日，三藏玄奘自西國還，訪之。公問印土風境，了如所見，奘作禮圍繞稱是。

菩薩❷有兄萬年，久征遼左。母程氏思其音信，公曰：「此甚易爾。」乃告母而往，至暮而還。及持到書，鄰里驚異。

有龍興寺沙門大明，少而相狎，公來往明師之室。屬有正諫大夫❸明崇儼❹夜過寺，見公左右神兵侍衛。崇儼駭之，詰旦，言與明師，復厚施金繒，作禮而去。

咸亨四年，高宗召入內。時有扶風僧蒙瀕者，甚多靈迹，先在內，每曰：「迴來！迴來！」及公至，又曰：「替到，當去！」迨旬日而瀕卒。

景雲二年乙亥❺十二月八日，師卒于長安醴泉里，壽八十。時異香氤氳，舉體柔煗。制贈司徒、虢國公，喪事官給。三年正月十五日，窆于京西香積寺❻。

【注　釋】❶勝客　即貴客。❷菩薩　時人對萬迴公的尊稱。❸正諫大夫　即諫議大夫，宋初避宋太宗趙光義之諱，改稱正諫大夫。❹明崇儼　唐代河南偃師人，以奇技自名，能盛夏得雪，四月得瓜，累遷至正諫大夫。每謁見陳時政，多託鬼神為言。後為則天武后作厭勝事，又言章懷太子不德事，不久為盜刺死，謚莊。❺乙亥　景雲二年之干支為辛亥，「乙」當為「辛」之誤。❻香積寺　在陝西西安終南山子午口，唐初所建，當時詩人王維等均有詩歌吟詠之。

【語　譯】萬迴法雲公（六三二～七一一年），虢州閿鄉縣（今河南靈寶市西）人，俗姓張，唐代貞觀六年（六三二年）五月五日出生。萬迴公從少年開始，就吟嘯傲放如狂，鄉里鄰居都不能測知其用意。有一天，萬迴公命家人打掃庭院，說道：「將有貴客來臨。」那天，三藏玄奘法師從西域天竺國還歸中原後，前來拜訪他。萬迴公向他詢問天竺國的風土人情，仔細明白的就像是親眼所見的，玄奘法師便圍繞施禮稱是。

萬迴公有一個哥哥叫萬年，長久戍守在遼左（今遼寧省東部一帶）地區。其母親十分想得到他的音信，萬迴公便說道：「這很容易啊。」就告別母親而去，到傍晚即回來。等到看見了萬年的書信，鄰居們都很驚異。

有個叫大明的龍興寺法師，與萬迴公從小就相熟悉，此時萬迴公便往來於大明法師之室。正好正諫大夫明崇儼夜裡經過龍興寺，看見萬迴公的左右有神兵護衛。明崇儼十分驚駭，到了次日早晨，便告訴了大明法師，又向萬迴公施增厚利，作禮而去。

乾亨四年（六七三年），唐高宗徵召萬迴公進入皇宮。當時有一位扶風（今屬陝西）僧人叫蒙須的，有不少奇異的事跡，此前在皇宮中，每每說道：「迴來！迴來！」等到萬迴公來到後，又說道：「替代的到了，應當去了！」過了十餘天，蒙須就死了。

景雲二年辛亥歲（七一一年）十二月八日，萬迴公在長安（今陝西西安）醴泉里逝世，享年八十歲。當時異香濃郁，全身溫暖柔軟。天子敕令贈其司徒之官，號虢國公，喪事由官府操辦。三年（七一二年）正月十五日，葬於京城西郊的香積寺。

天台豐干禪師

天台豐干禪師者，不知何許人也，居天台山國清寺，剪髮齊眉，衣❶布裘❷。人或問佛理，止答「隨時」二字。嘗誦唱道歌，乘虎入松門，眾僧驚畏。

本寺廚中有二苦行，曰寒山子、拾得。二人執爨，終日晤語，潛聽者都不體解，時謂風狂子，獨與師相親。一日，寒山問：「古鏡不磨，如何照燭？」師曰：「冰壺無影像，猨猴探水月。」曰：「此是不照燭也，更請師道。」師曰：「萬德不將來，教我道什麼？」寒、拾俱禮拜。

師尋獨入五臺山巡禮，逢一老翁。師問：「莫是文殊否？」曰：「豈可有二文殊！」師作禮未起，忽然不見。趙州沙彌舉似和尚，趙州代豐干云：「文殊！文殊！」後迴天台山示滅。

初閭丘公名犯太祖廟諱下字。出牧丹丘，將議巾車❸，忽患頭疼，醫莫能愈。師造之曰：「貧道自天台來謁使君。」閭丘且告之病，師乃索淨器，呪水噴之，斯須立差❹。

閭丘異之，乞一言示此去安危之兆，師曰：「到任記謁文殊、普賢。」曰：「此二菩薩何在？」師曰：「國清寺執爨洗器者寒山、拾得是也。」閭丘拜辭乃行。尋至山寺，問：「此寺有豐干禪師否？寒山、拾得復是何人？」時有僧道翹對曰：「豐干舊院在經藏後，今聞無人矣。寒、拾二人見在僧廚執役。」閭丘入師房，唯見虎迹，復問道翹：「豐干在此作何行業？」翹曰：「唯事舂穀供僧，閑則諷詠。」乃入廚尋訪寒、拾，如下章敘之。

【注釋】❶衣　穿衣。❷布裘　指厚長之布衫。❸巾車　古代官名，掌公車之政令，為車官之長。❹差　通「瘥」。瘥癒。

【語譯】天台山豐干禪師，不知道是什麼地方人，居住於天台山國清寺，頭髮剪到齊眉毛處，穿著厚布衫。有人來詢問佛理，豐干只是回答「隨時」兩字。豐干曾經誦唱證道之歌，乘坐在老虎身上進入松門，眾僧都很驚駭畏懼。

在國清寺內有兩位苦行僧人，名叫寒山子、拾得。這兩人負責燒火做飯之事，終日對坐著說話，偷聽的人都不能理解其意思，當時之人都稱他倆為瘋子狂人，他倆只與豐干禪師相親近。有一天，寒山子問道：「古鏡沒有磨時，怎樣來映照呢？」豐干回答：「冰壺沒有影像，猿猴探尋水中之月。」寒山子說道：「這是不映照，請和尚再說說看。」豐干便說道：「萬德不帶來，教我說什麼？」寒山子、拾得兩人就都禮拜而退。

豐干禪師不久一個人去五臺山遊歷禮佛，遇到了一位老翁。豐干問道：「莫非是文殊菩薩嗎？」那老翁說道：「難道有兩位文殊菩薩！」豐干施禮還未及起身，那老翁已忽然不見了。有沙彌把此事說給趙州和尚聽，趙州和尚便代替豐干禪師回答道：「文殊！文殊！」豐干後來回到天台山後圓寂。

當初閭丘公其名諱犯宋太祖趙匡胤之名諱的下一字。出京城就任丹丘（今浙江臨海）太守，將要登上巾車上路時，忽然患了頭痛的疾病，沒有醫生能加以醫治的。豐干禪師前來拜訪道：「貧道從天台山來拜謁使君。」閭丘公就把自己的病痛告訴了豐干，豐干就要來了一只淨盆，對著水念誦咒語後向閭丘公噴去，一會兒他的病就痊癒了。閭丘公感到十分驚異，就請豐干說一句預示此行安危徵兆的話，豐干便說道：「到任之後記得去拜謁文殊與普賢兩位菩薩。」閭丘公問道：「那兩位菩薩在什麼地方？」豐干回答：「即是在國清寺中燒火做飯、洗滌器物的寒山子、拾得兩位。」閭丘公拜謝之後就上路了。不久閭丘公來到了山寺，問道：「這寺中有豐干禪師嗎？寒山子、拾得又是什麼人呢？」當時有一位叫道翹的僧人回答道：「豐干舊日所居的院子在藏經樓後面，現在聽說已經無人了。寒山子、拾得兩人現在在僧廚中幹活。」閭丘公便進入了豐干的禪房，只看見老虎所留下的蹤跡，就又問道翹道：「豐干在這裡做什麼行業？」道翹回答：「只是舂穀成米供應僧眾，有閒暇時就諷誦詩歌。」閭丘公隨後來到廚房尋訪寒山子、拾得，其事詳見於下章。

天台寒山子

天台寒山子者，本無氏族❶，始豐縣西七十里有寒、暗二巖，以其於寒巖中居止得名也。容貌枯悴，布襦零落❷，以樺皮為冠，曳大木屐，時來國清寺，就拾得取眾僧殘食菜滓食之。或廊下徐行，或時叫噪，望空慢罵，寺僧以杖逼逐，翻身拊掌大笑而去。雖出言如狂，而有意趣。

一日，豐干告之曰：「汝與我遊五臺，即我同流。若不與我去，非我同流。」

曰：「我不去。」豐干曰：「汝不是我同流。」寒山卻問：「汝去五臺作什麼？」豐干曰：「我去禮文殊。」曰：「汝不是我同流。」

暨豐干滅後，閭丘公入山訪之，見寒、拾二人圍鑪語笑。閭丘不覺致拜，二人連聲咄叱❸，寺僧驚愕曰：「大官何拜風狂漢耶？」寒山復執閭丘手，笑而言曰：「豐干饒舌❹！」久而放之。自此寒、拾相攜出松門，更不復入寺。閭丘又至寒巖禮謁，送衣服藥物。二士高聲喝之曰：「賊我！」便縮身入巖石縫中，唯曰：「汝諸人各各努力！」其石縫忽然而合。閭丘哀慕，今僧道翹尋其遺物，於林間得葉上所書辭頌，及題村墅人家屋壁，共三百餘首，傳布人間。曹山本寂禪師注釋，謂之《對寒山子詩》。

【注　釋】❶氏族　此指姓氏與籍貫。❷零落　此指衣服破爛的樣子。❸咄叱　呵斥。❹饒舌　多嘴多舌。

【語　譯】天台山寒山子，也不知道他的姓氏與籍貫，因為始豐縣（今浙江天台）西七十里有寒巖、暗巖兩座山巖，而他就在寒巖中居止，所以稱之為寒山子。他容貌憔悴，所穿的布衫破爛，用樺樹皮做一頂帽子，拖著一雙大木拖鞋，常常來到國清寺，向拾得取一些眾僧吃剩下的剩飯剩菜吃。寒山子有時在走廊下慢慢地行走，有時高聲叫囂，望著天空謾罵，寺僧就用拄杖驅逐他，他便翻身拍手大笑著離去。寒山子雖然說出的話猶如狂人之語，但卻頗有意趣。

有一天，豐干禪師對寒山子說道：「你跟我一起去行遊五臺山，便是我的同流。如果不同我一起去，就不是我的同流。」寒山子回答：「我不去。」豐干便說道：「你不是我的同流。」寒山子反問道：「你去五臺山做什麼？」豐干回答：「我去禮拜文殊菩薩。」寒山子便說道：「你不是我的同流。」

等到豐干禪師圓寂以後，閭丘公進入天台山尋訪，看見寒山子、拾得兩人圍著火爐談笑。閭丘公不覺上前施禮，兩人便連聲呵斥，寺中僧人驚愕地說道：「大官為什麼要禮拜這兩個瘋子狂漢啊？」寒山子又抓住閭丘公的手說道：「豐干饒舌！」過了許久才放下。自此寒山子、拾得兩人便相互扶攜著走出了松門，再也沒進入過寺院。閭丘公又來到寒巖中拜見禮謁，送上衣服藥物。兩人高聲喝道：「把我視為賊啊！」就縮轉身體進入了山巖的石縫中，只是說道：「你們諸人宜各自努力！」那石縫忽然合起。閭丘公哀傷仰慕，令僧人道翹等尋找他倆的遺物，在樹林間的葉子上得到寒山子所書寫的偈頌，以及題寫在村莊人家房屋牆壁上的詩歌，總共有三百多首，流傳於人間。此後曹山本寂禪師加以注釋，名之為《對寒山子詩》。

天台拾得

天台拾得者，不言名氏，因豐干禪師山中經行，至赤城❶道側，聞兒啼聲，遂尋之，見一子可數歲，初謂牧牛子，及問之，云：「孤棄于此。」豐干乃名為拾得，攜至國清寺，付典座僧曰：「或人來認，必可還之。」後沙門靈熠攝受❷，令知食堂香燈。忽一日，輒登座，與佛像對盤而餐，復於憍陳如上座塑形前呼曰：「小果聲聞。」僧驅之。靈熠忽然告尊宿❸等，罷其所主，令廚內滌器。常日齋畢，澄濾食滓，以筒盛之，寒山來，即負之而去。

一日掃地，寺主問：「汝名拾得，豐干拾得汝歸，汝畢竟姓箇什麼？在何處住？」拾得放下掃箒，叉手而立，寺主罔測。寒山搥胸云：「蒼天！蒼天！」拾得卻問：「汝作什麼？」曰：「豈不見道東家人死，西家助哀？」二人作舞哭笑而出。

有護伽藍神廟，每日僧廚下食為烏所有，拾得以杖抶❹之曰：「汝食不能護，安能護伽藍乎？」此夕神附夢于合寺僧曰：「拾得打我。」詰旦，諸僧說夢符同，一寺紛然，牒申州縣。郡符至云：「賢士隱遁，菩薩應身。宜用旌之，號拾得為賢士。」隱石而逝，見〈寒山〉章。時道翹纂錄寒山文句，以拾得偈附之，合略錄數篇，見別卷。

【注　釋】❶赤城　山名，浙江天台縣北，登天台山者必經此。此山土色皆赤，狀如雲霞，望之如城牆，故名赤城山，一名燒山，西有西京洞，為道教第六洞天。❷攝受　也作「攝取」，佛以慈心攝取眾生。此指撫養。❸尊宿　此指住持寺院的方丈、寺主等。❹抶　鞭打。

【語　譯】天台山拾得，不知道其姓名，因為豐干禪師在山中行走時，在赤城山的山路旁邊，聽到小孩的啼哭聲，就加以尋找，看見一個小孩子僅年數歲，起初以為是放牛的小孩，等到詢問他，他回答：「被人遺棄在這裡。」豐干便給他起名叫拾得，帶到國清寺，交付典座道：「如果有人來認領，一定要還給他。」此後由沙門靈熠攝受，令他管理食堂的香油燈。忽然有一天，拾得擅自登上燈座，與佛像面對面端著盤子吃飯，又在憍陳如上座塑像前招呼道：「小果聲聞之人。」有僧人把他驅趕了下來。靈熠憤然告知尊宿等人，罷免其所執管之事，讓他去廚房內洗滌食具。拾得在平常之日眾僧吃罷齋飯後，就把吃剩的飯菜清洗過濾一下，然後裝入筒內，等寒山子一來，就讓他帶著離去。

有一天，拾得正在掃地，寺主問道：「你的名字叫拾得，是因為豐干拾得你歸來的緣故，你究竟姓什麼呢？在什麼地方居住？」拾得放下掃帚，雙手合十而立，寺主不能測知其意。寒山子在一旁捶胸叫道：「蒼天啊！蒼天！」拾得便問道：「你作什麼？」寒山子回答：「你難道沒有看見有人說過，東家的人死了，西家人去助哀傷嗎？」兩人就手舞足蹈地邊哭邊笑著出去了。

有一座祭祀守護伽藍之神的小廟，因為每天僧堂廚房中的食物有被烏鴉所叼去的，拾得就用拄杖鞭打神像道：「你連食物都不能守護，還能守護伽藍嗎？」那一天晚上，那廟神附夢於全寺僧人道：「拾得打我。」次日早晨，眾僧述說夢境相符合，一寺上下紛然，將此事上報給州縣官府。州署下公文來說：「拾得隱遁而去，菩薩應身而顯。應當加以表旌，號稱拾得為賢士。」拾得隱入石巖而逝去，其事詳見於〈寒山〉章。當時道翹正在纂輯寒山子的文字語錄，便將拾得的偈句附錄，今略為輯錄數篇，載於另外的卷帙中。

明州布袋和尚

明州奉化縣布袋和尚者，未詳氏族，自稱名契此，形裁❶腲烏罪切。脮❷奴罪切。，蹙頞，皤❸腹，出語無定，寢臥隨處。常以杖荷一布囊，凡供身之具盡貯囊中。入鄽肆聚落，見物則乞，或醯醢❹魚菹❺，才接入口，分少許投囊中，時號長汀子布袋師也。

嘗雪中臥，雪不沾身，人以此奇之。或就人乞其貨，則售❻示人吉凶，必應期無忒。天將雨，即著濕草屨，途中驟行。遇亢陽，即曳高齒⑦木屐，市橋⑧上豎膝而眠。居民以此驗知。

有一僧在師前行，師乃拊僧背一下，僧迴頭，師曰：「乞我一文錢。」曰：「道得即與汝一文。」師放下布囊，叉手而立。

白鹿和尚問：「如何是布袋？」師便放下布袋。又問：「如何是布袋下事？」師負之而去。

先保福和尚問：「如何是佛法大意？」師放下布袋叉手。保福曰：「為只如此，為更有向上事？」師負之而去。

師在街衢立，有僧問：「和尚在遮裡作什麼？」師曰：「等箇人。」曰：「來也！來也！」歸宗柔和尚別云：「歸去來！」師曰：「汝不是遮箇人。」曰：「如何是遮箇人？」師曰：「乞我一文錢。」

師有歌曰：「只箇心心心是佛，十方世界最靈物。縱橫妙用可憐生，一切不如心真實。騰騰自在無所為，閑閑究竟出家兒。若覩目前真大道，不見纖毫也大奇。萬法何殊心何異，何勞更用尋經義？心王本自絕多知，智者只明無學地。非凡非聖復若乎？不彊分別聖情孤。無價心珠本圓淨，凡是異相妄空呼。人能弘道道分明，無量清高稱道情。攜錫若登故國路，莫愁諸處不聞聲。」又有偈曰：「一鉢千家飯，孤身萬里遊。青目❾覩人少，問路白雲頭。」

梁貞明三年丙子❿三月，師將示滅，於嶽林寺東廊下端坐盤石，而說偈曰：「彌勒真彌勒，分身千百億。時時示時人，時人自不識。」偈畢，安然而化。其後他州有人見師，亦負布袋而行。於是四眾競圖其像。今嶽林寺大殿東堂全身見存。

【注釋】❶形裁 即「身材」。❷腲脮 肥胖臃腫貌。《集韵・賄韵》：「腲脮，肥也。」❸皤 白色，此為祖胸露腹的意思。❹醓醢 肉醬的一種。醓，同「醯」，即醋。❺葅 鹹菜。❻雔 即「售」。《龍龕手鑑・隹部》：「雔，賣物與人曰雔，買物持去也。」❼高齒 裝在木屐底下的兩塊木片稱高齒。❽市橋 江南地區的集市一般沿河而形成，連接兩岸集市之橋，即稱作市橋。❾青目 即「青眼」。相傳三國魏名士阮籍能作「青白眼」，對所厭惡憎恨之人即以白眼視之，對所喜愛或尊敬之人即以青眼視之。所謂青眼，即是正眼視之，青黑之眼珠在正中，相對於白眼而稱之為青眼。❿貞明三年丙子 按貞明三年之干支為「丁丑」，「丙子」年為貞明二年，此「三」當為「二」之誤。

【語譯】明州奉化縣（今屬浙江）布袋和尚（?～九一六年），不知道其姓名、鄉里，自己稱名作契此，身材肥胖臃腫，皺著眉頭，祖胸露腹，說話沒有條理，不分場所到處睡臥。他平常用拄杖扛著一個布袋，凡是自身所使用的用具，都貯放在布袋中。他進入集市、村落，看見東西就乞討，有人給他魚肉菜肴，他剛放到嘴裡，便再分出一些放入布袋內，時人稱他為長汀子布袋師。

布袋和尚曾經在雪地時裡睡覺，但雪卻不會沾在他的身上，人們因此而感到驚奇。有時候他向人乞討了錢物，就向那人預示將來的吉凶之事，到了所說的時間一定應驗，而沒有錯誤。天將要下雨，布袋和尚就穿著濕草鞋，在路上快步行走。如果遇到大晴天，他就拖著高齒木屐，在市橋上豎起膝蓋睡覺。居民因此測知天氣是晴天還是下雨。

有一次，一個僧人在布袋和尚前面走路，布袋和尚就拍了一下那僧人的背脊，那僧人回過頭看他，布袋和尚便說道：「給我一文錢。」那僧人說道：「說得好就給一文錢。」布袋和尚便放下布袋，雙手合十而立。白鹿和尚問道：「什麼是布袋？」布袋和尚就放下了布袋。白鹿和尚又問道：「什麼是布袋下的事？」布袋和尚背起布袋就走。

先保福和尚問道：「什麼是佛法大意？」布袋和尚放下了布袋，雙手合十而立。先保福和尚又問道：「只有這個，還是另外還有向上玄妙之事？」布袋和尚背起布袋就走。

布袋和尚在大街上站立著，有僧人問道：「和尚在這裡做什麼？」布袋和尚回答：「等個人。」那僧人便說道：「來了！來了！」歸宗柔和尚另外回答：「歸去來！」布袋和尚說道：「你不是這個人。」那僧人問道：「這個人是誰？」布袋和尚說道：「給我一文錢。」

布袋和尚作有歌謠道：「只有這個心心之心是佛，是十方世界中最為靈驗之物。縱橫妙用真是可愛，一切都不如心為真實。逍遙自在無所作為，您閒度日究竟還是出家人。如果觀看眼前的真正之大道，沒看見一絲一毫也真是奇怪。萬物有什麼區別而心又有什麼不同，何必煩勞你再去尋找經義作根據？心王本來就絕對多知識，有智慧者只是明白了本來就沒有參學之地而已。既不是凡人也不是聖人又似什麼呢？不用勉強分別聖人孤獨的性情。無價的心珠本來圓滿清淨，凡是說有異相的那是妄自稱呼者。人能夠弘揚大道則大道分明，無法計量的清高就稱作道情。如果攜帶著錫杖走在故鄉的路上，就不要憂愁到處都沒有聞聲。」布袋和尚又作有偈頌道：「一鉢盛有千家之飯，孤身而作萬里雲遊。青眼看得上的人甚少，問路還在白雲盡頭。」

五代後梁貞明二年丙子歲（九一六年）三月，布袋和尚臨終前，端坐在嶽林寺的東廊下的盤石上，說偈頌道：「彌勒菩薩是真彌勒菩薩，化分身體千百億個。時時指示給世人看，世人自是不認識。」說偈頌完畢，就安然圓寂了。此後其他州縣的人又看見了布袋和尚，還是背負著布袋在趕路。於是四方百姓就競相描畫他的圖像。現今嶽林寺大殿東堂上還保存著他的遺像。

【說　明】各地寺院中所供奉的大肚彌勒菩薩，相傳即是根據此布袋和尚的形像而塑造的。

諸方雜舉徵拈代別語

【題　解】此為彙聚各方禪師講說的「舉」、「徵」、「拈」及「代」、「別」之語。所謂舉，指舉起公案，即為禪師舉說公案而加以記載時所用之詞。所謂徵，即禪師徵引公案而設問。所謂拈，即拈語，指禪師拈起示人之語，如古則、公案、機緣等。所謂代，即代語，原有兩層含義：其一指問答酬對之間，禪師設問，而聽者或懵然不知，或所對不合意旨，禪師便代答一語；其二指古人公案中只有問話而無答語，故代古人作一答語。而所謂別，即別語，是指古人公案中原有答語，而禪師另加一句別有含義之語。這些方法皆是禪師對古人或他人之禪語的發揮，以接引、啟發學僧之禪機。

障蔽魔王覓起處不得

障蔽魔王領諸眷屬，一千年隨金剛齊菩薩覓起處不得，忽因一日得見，乃問云：「汝當於何住？我一千年領諸眷屬覓汝起處不得。」金剛齊云：「我不依有住而住，不依無住❶而住，如是而住。」

法眼舉云：「障蔽魔王不見金剛齊即且從，只如金剛齊還見障蔽魔王麼？」

【注　釋】❶無住　法無自性，故無所住，隨緣而起，故稱無住。《維摩經‧觀眾生品》：「從無住本立一切法。」

【語　譯】障蔽魔王率領其眷屬，一千年來跟隨金剛齊菩薩尋覓起處卻不能得到，忽然有一天看到了，就問道：「你應當住在什麼地方？我一千年來率領眷屬尋覓你的起處卻未能得到。」金剛齊菩薩回答：「我既不依據有住而居住，也不依據無住而居住，就這樣居住。」法眼和尚舉說道：「障蔽魔王沒有看見金剛齊菩薩就姑且不論了，只如金剛齊菩薩可還看見了障蔽魔王嗎？」

外道問佛

外道問佛云：「不問有言，不問無言？」世尊良久，外道禮拜云：「善哉世尊！大慈大悲，開我迷雲❶，令我得入。」外道去已，阿難問佛云：「外道以何所證，而言得入？」佛云：「如世間良馬，見鞭影而行。」玄覺徵云：「什麼處是世尊舉鞭處？」雲居錫云：「要會麼？如今歸堂去復是阿誰？」東禪齊拈云：「什麼處是外道悟處？眾中道世尊良久時便是舉鞭處，恁麼會還得已否？」

【注　釋】❶迷雲　即「疑團」。

【語　譯】外道問佛道：「不問而有言，還是不問而無言？」佛沉默了許久，那外道便禮拜道：「善哉世尊！大慈大悲，驅散我的疑團，讓我得以悟入。」外道離去後，阿難尊者便問佛道：「外道用什麼作為證明，而說得以悟入了？」佛說道：「就如同世間良馬，看見鞭子的影子而行走。」玄覺禪師徵說道：「什麼地方是世尊舉起馬鞭之處？」雲居清錫禪師徵說道：「還要領會嗎？現今歸僧堂去的又是誰呢？」東禪齊禪師拈舉道：「什麼地方是外道的悟入之處？眾人中有說世尊沉默許久時即是舉起馬鞭之處，這樣領會可還有所得嗎？」

緊那羅王奏無生樂

緊那羅王❶奏無生樂供養世尊。王敕：「有情無情俱隨王去，若有一物不隨王，即去佛處不得。」又無厭足王入大寂定❷，王敕：「有情無情皆順於王，如有一物不順王，即入大寂定不得。」雲居錫云：「有情去也且從，只如山河大地是無情之物，作麼生說亦隨王去底道理？」

【注釋】❶緊那羅王　樂神名，八部眾之一。❷大寂定　也稱大寂定三昧、大寂妙靜三摩地，如來所入之禪定，離一切散動，究竟寂靜。

【語譯】緊那羅王演奏無生之樂供養世尊。緊那羅王下詔令道：「有情、無情都隨從本王前去，如果有一物不隨從本王，就不能抵達佛所居之處。」又無厭足王進入了大寂定，緊那羅王下詔令道：「有情、無情都要順從本王，如果有一物不順從本王，就不能進入大寂定。」雲居清錫禪師說道：「有情前去就姑且聽從他的，只如山河大地是無情之物，怎樣來解說其隨從緊那羅王前去的道理呢？」

罽賓國王劍斬師子尊者首

罽賓國王秉劍❶詣師子尊者前，問曰：「師得蘊空不？」師曰：「已得蘊空。」曰：「既得蘊空，離生死不？」師曰：「已離生死。」曰：「既離生死，就師乞頭還得否？」師曰：「身非我有，豈況於頭！」王便斬之，出白乳，王臂自墮。

玄覺徵云：「且道斬著斬不著？」玄沙云：「大小師子尊者不能與頭作主。」玄覺又云：「玄沙恁麼道，要人作主，不要人作主？若也要人作主，蘊即不空。若不要人作主，玄沙恁麼道，意在什麼處？試斷看。」

【注釋】❶罽賓國王秉劍　此事參見本書卷二〈第二十四祖師子尊者〉章。

【語譯】罽賓國王拿著劍來到師子尊者面前，問道：「大師悟得蘊空了嗎？」師子尊者回答：「已經悟得蘊空了。」罽賓國王問道：「既然已經悟得蘊空了，還能超脫生死嗎？」師子尊者回答：「已超脫生死了。」罽賓國王便說道：「既然超脫了生死，那能否把頭顱施捨給我？」師子尊者說道：「我的身體既不屬我所有，難道還會對頭顱有所吝惜！」罽賓國王便斬下了師子尊者的首級，師子尊者的脖子裡湧出了白色的乳汁，罽賓國王的手臂也自己掉落了。玄覺禪師徵問道：「你們姑且說說斬得還是斬不得？」玄沙和尚說道：「大小師子尊者不能給頭顱作主。」玄覺禪師又徵問道：「玄沙和尚這樣說，是要人作主，還是不要人作主？如果是要人作主，蘊即不空。如果不要人作主，玄沙和尚這樣說，其意思在什麼地方呢？試著判斷一下。」

塔頭侍者及時鎖門

泗州塔頭侍者及時鎖門，有人問：「既是三界大師，為什麼被弟子鎖？」侍者無對。

法眼代云：「弟子鎖，大師鎖？」法燈代云：「還我鎖匙來。」又老宿代云：「吉州鎖？虔州鎖？」

【語譯】泗州（今江蘇盱眙縣西北）塔頭侍者到了時辰便鎖上了大門，有人便問道：「既然是三界之大師，為什麼會被弟子所鎖住？」那侍者無語以答。法眼和尚代為回答：「是弟子鎖門，還是大師鎖門？」法燈禪師代為回答：「把鎖鑰匙還給我。」又有一位老和尚代為回答：「是吉州（今江西吉安）產的鎖，還是虔州（今江西贛州）產的鎖？」

或問僧

或問僧：「承聞大德講得《肇論》❶，是否？」曰：「不敢。」曰：「肇有物不遷義，是否？」曰：「是。」或人遂以茶盞就地撲破，曰：「遮箇是遷不遷？」無對。法眼代拊掌三下。

【注釋】❶肇論　三卷，十六國後秦僧人僧肇所撰，以物不遷論第一，不真空論第二，般若無知論第三，涅槃無名論第四。

【語譯】有人問僧人道：「聽說大德能講說《肇論》，是嗎？」那僧人說道：「不敢當。」那人又問道：「僧肇法師有物不遷的說法，是嗎？」那僧人回答：「是的。」那人於是把茶杯扔在地上摔破了，問道：「這是遷還是不遷？」那僧人無言以對。法眼和尚代為拍手三下。

樂普侍者問和尚

樂普侍者謂和尚曰：「肇法師制得四論，甚奇怪❶。」樂普曰：「肇公甚奇怪，要且❷不見祖師。」侍者無對。法燈代云：「和尚什麼處見？」雲居錫云：「什麼處是肇公不見祖師處？莫是有許多言語麼？」又云：「肇公有多少言語。」

【注釋】❶奇怪　奇特；不平常。❷要且　表示轉折意思，即「卻」之義。

【語譯】樂普和尚的侍者對樂普和尚說道：「僧肇法師撰成了四論，非常奇特。」樂普和尚說道：「僧肇法師非常奇特，但卻沒看見祖師。」那侍者不能應對。法燈禪師代為回答：「和尚在什麼地方看見的？」雲居清錫禪師說道：「什麼地方是僧肇法師沒看見祖師之處？莫非有許多言語嗎？」又代為說道：「僧肇法師有許多話語。」

兩僧住庵

有兩僧各住庵，尋常來往。偶旬日不會，一日上山相見。上庵主問曰：「多時不見，在什麼處？」下庵主曰：「只在庵裡造箇無縫塔子。」上庵主曰：「某甲也欲造箇無縫塔，就庵主借取樣山❶。」曰：「何不早道，恰被人借去。」法眼舉云：「且道借伊樣子，不借伊樣子？」

【注釋】❶樣山　模型；樣本。

【語譯】有兩位僧人住在各自的佛庵中，平日裡時常往來，偶然有十天不會面，其後有一天山下的庵主登山拜見。山上的庵主問道：「多日不見，你在什麼地方？」山下的庵主回答：「只是在庵中建造了一座無縫塔子。」山上的庵主說道：「我也想要造一座無縫塔，向庵主借一個樣本。」山下的庵主便說道：「你為什麼不早點說，剛好被別人借去了。」法眼和尚舉問道：「姑且說說看，是借給他樣本了，還是沒有借給他樣本？」

有婆子請開藏經

有婆子令人送錢去請老宿開藏經❶，老宿受施利，便下禪牀轉一匝，乃云：

「傳語婆子，轉藏經了也。」其人迴舉似婆子，婆云：「比來❷請開全藏，只為開半藏。」　玄覺徵云：「什麼處是欠半藏處？且道那箇婆子具什麼眼，便恁麼道？」

【注　釋】❶開藏經　此指和尚做佛事，念誦經文。❷比來　本來。

【語　譯】有一位老婆婆令人送錢去請一位老和尚開藏經，那老和尚接受了施捨的錢物，便走下了禪牀轉了一圈，這才說道：「帶話給老婆婆，已轉過藏經了。」那人歸去舉說給老婆婆聽，那老婆婆便說道：「本來是請開整部藏經的，他卻只開了半部藏經。」　玄覺禪師徵問道：「什麼地方是欠缺半部藏經之處？姑且說說那位老婆婆具備了什麼眼睛，就這樣說？」

誌公傳語思大禪師

誌公令人傳語思大禪師：「何不下山教化眾生，目視雲漢❶作麼？」思大曰：「三世諸佛被我一口吞盡，更有甚眾生可教化？」　玄覺徵云：「且道是山頭語，山下語？」

【注　釋】❶雲漢　指天河，即銀河。

【語　譯】誌公令人給慧思大禪師傳話道：「為什麼不下山教化眾生，眼看著雲漢作什麼？」慧思大禪師回答：「三世諸佛被我一口吞盡了，還有什麼眾生可教化的？」　玄覺禪師徵問道：「這是在說山頂上的話，還是在說山腳下的話？」

修山主問翠巖和尚

龍濟修山主問翠巖曰：「四乾闥婆王❶奏樂供養世尊，直得須彌振動，大海騰波，迦葉起舞，菩薩得忍。不動聲聞彼我，只如迦葉作舞，意旨如何？」對曰：「迦葉過去生中曾作樂人來，習氣❷未斷。」山主曰：「須彌、大海莫是習氣未斷否？」翠巖無對。法眼代云：「正是習氣。」

【注釋】❶四乾闥婆王　《法華經・序品》：「有四乾闥婆王，樂乾闥婆王、樂音乾闥婆王、美乾闥婆王、美音乾闥婆王，各有若干百千眷屬俱。」❷習氣　大乘之妄想迷惑，分作現行、種子與習氣三者。既已降伏迷惑之現行，且斷絕了迷惑之種子，卻尚有迷惑之氣氛而現出迷惑之相，故名之為習氣。此習氣，三乘中聲聞全部未斷，緣覺稍有斷絕，佛全部斷絕。

【語譯】龍濟山修山主問翠巖和尚道：「四乾闥婆王演奏樂曲供奉世尊，直使得須彌山震動，大海翻騰波浪，迦葉尊者跳起了舞蹈，菩薩得到了忍性。不觸動聲聞與他我，只如迦葉尊者跳起了舞蹈，是什麼意思呢？」翠巖和尚回答：「迦葉尊者在前生中曾做過樂人，其習氣還未曾斷絕。」修山主便問道：「那須彌山、大海莫非也是習氣未曾斷絕嗎？」翠巖和尚不能應答。法眼和尚代為回答：「正是習氣未曾斷絕。」

有僧親附老宿

有僧親附老宿，一夏不蒙言誨，僧歎曰：「只任恁麼空過一夏，不聞佛法，得聞『正因❶』兩字亦得也。」老宿聞之，乃曰：「闍梨莫嘶❷音西。速，若論『正因』一字，也無恁麼道了。」叩齒❸三下曰：「適來無端恁麼道。」鄰房僧聞曰：「好一鑊羹，被兩顆鼠糞汙卻。」玄覺徵云：「且道讚歎語，不肯語？若是讚歎，為什麼道鼠糞汙卻？若不肯他，有什麼過驗得麼？」

【注　釋】❶正因　對緣因而言。正生法之因稱正因，由外資助之力稱緣因。❷嘶　同「嘶」。聲音沙啞。❸叩齒　道士向神禱告、驅妖的動作。此含有驅除魔鬼或罪惡之意。

【語　譯】有一個僧人向一位老和尚參問，經過了一個夏天也未蒙老和尚的言語教誨，那僧人便歎息道：「就這樣白白地度過了一個夏天，沒有聽到佛法，就是能夠聽到『正因』兩個字也行啊。」那老和尚聽到後，便說道：「闍梨不要聲音嘶啞地貪圖快速講聽，如果談論到『正因』一個字，也不這樣說了。」說完又敲擊了牙齒三下道：「剛才沒來由說了這樣的話。」隔壁房間內的僧人聽見後說道：「好一鍋菜羹，卻被兩粒老鼠屎給弄髒了。」玄覺禪師徵問道：「就說說看那是讚歎語，還是不許可之語？如果是讚歎語，為什麼要說被老鼠屎弄髒了？如果是不許可之語，有什麼過錯能被檢驗出嗎？」

僧肇法師遭難

僧肇法師遭秦主❶難，臨就刑，說偈曰：「四大元無主，五陰本來空。將頭臨白刃，猶似斬春風。」玄沙云：「大小肇法師，臨死猶寐語。」

【注　釋】❶秦主　指十六國時後秦國君姚興，西元三九四至四一六年在位。其為鞏固統治，釋放自賣為奴之平民，注意農業，倡導佛教與儒學，邀龜茲僧人鳩摩羅什至長安翻譯佛經。僧肇即是鳩摩羅什門下「四聖」之一。

【語　譯】僧肇法師遭逢了後秦國主之劫難，臨上刑場之時，說了一首偈頌道：「地、水、風、火四大原本沒有主宰，五蘊也本來空無一物。把頭顱接近雪白的刀鋒，就好像是刀劈春風一般。」玄沙和尚說道：「大小僧肇法師，臨死還在說夢話。」

不欺之力

僧問老宿云：「師子捉兔亦全其力，捉象亦全其力，未審全箇什麼力？」老宿云：「不欺之力。」法眼別云：「不會古人語。」

【語　譯】有僧人問一位老和尚道：「獅子抓兔子也用全力，攻擊大象也用全力，不知道全個什麼力？」那老和尚回答：「不欺本心之力。」法眼和尚另外回答：「沒有領會古人的話。」

李翺見老宿獨坐

李翺❶尚書見老宿獨坐，問曰：「端居❷丈室，當何所務？」老宿曰：「法身凝寂，無去無來。」法眼別云：「汝作什麼來？」法燈別云：「非公境界。」

【注　釋】❶李翺　唐代人，字習之，貞元年間進士，歷官中書舍人、廬州刺史、尚書、山南東道節度使等。性峭梗，故官職不顯。從韓愈學為文章，辭致渾厚，見稱當時，有《李文公集》傳世。❷端居　深居、安居，與外界不相往來。唐人白居易〈旱熱〉詩：「薄食不飢渴，端居省衣裳。」

【語　譯】李翺尚書看見一位老和尚獨自坐著，便問道：「你端居在方丈室內，應當做什麼事呢？」那老和尚回答：「法身澄寂，沒有來也沒有去。」法眼和尚另外回答：「你幹什麼來了？」法燈禪師另外回答：「不是公的境界。」

有道流在佛殿前背坐

有道流❶在佛殿前背坐，僧曰：「道士莫背佛？」道流曰：「大德，本教中道，佛身充滿於法界，向什麼處坐得？」僧無對。法眼代云：「識得汝。」

【注　釋】❶道流　學道者流，一般謂禪師。下文「道士」之意同。

【語　譯】有一位禪師在佛殿前背對著佛像坐著，有一位僧人說道：「道士不要背對著佛。」那禪師便問道：「大德，本教的教義上說，佛身充滿了整個法界，那應當朝什麼地方坐才行呢？」那僧人不能回答。法眼和尚代為回答：「認得你。」

禪月詩

禪月❶詩云：「禪客相逢只彈指，此心能有幾人知？」大隨和尚舉問禪月：「如何是此心？」無對。歸宗柔代云：「能有幾人知？」

【注釋】❶禪月　即五代僧人貫休，七歲出家，苦節峻行，能詩，工草篆，又能繪羅漢像，神姿怪絕，人稱妙品。初為吳越國主所禮重，後西行入蜀，為蜀主署為禪月大師。有《西岳集》傳世。

【語譯】禪月大師有詩道：「禪客相逢只彈指，此心能有幾人知？」大隨和尚便舉問禪月道：「什麼是此心？」禪月不能回答。歸宗柔禪師代為回答：「能有幾人知曉呢？」

六通院僧欲渡船

台州六通院僧欲渡船，有人問：「既是六通❶，為什麼假船？」無對。天台韶國師代云：「不欲驚眾。」

【注釋】❶六通　三乘聖者所得之六種神通，一天眼通、二天耳通、三他心通、四宿命通、五神足通、六漏盡通，也稱六神通。

【語譯】台州（今浙江臨海）六通院的僧人想要乘船渡河，有人便問道：「既然稱作六通，為什麼還要憑靠舟船呢？」那僧人無語以對。天台德韶國師代為回答：「不想驚動大眾。」

聖僧像被屋漏滴

聖僧像被屋漏滴，有人問：「既是聖僧，為什麼有漏❶？」天台國師代云：「無漏不是聖僧。」

【注釋】❶漏　佛教以「漏」為煩惱的異名。

【語　譯】寺院中的聖僧像因為屋漏被雨水淋濕了，有人便問道：「既然是聖僧，為什麼還有漏呢？」天台德韶國師代為回答：「沒有漏就不是聖僧。」

死魚浮在水上

死魚浮於水上，有人問僧：「魚豈不是以水為命？」僧曰：「是。」曰：「為什麼卻向水中死？」無對。杭州天龍機和尚代云：「是伊為什麼不去岸上死。」

【語　譯】死魚漂浮在水面上，有人問僧人道：「魚兒難道不是依賴水活命的嗎？」那僧人回答：「是的。」那人又問道：「那為什麼卻死在水中呢？」那僧人無言以對。杭州（今屬浙江）天龍機和尚代為回答：「這就是牠為什麼不到岸上去死的原因。」

僧問雲臺欽和尚

僧問雲臺欽和尚：「如何是真言？」欽曰：「南無佛陀耶？」大章如庵主別云：「作麼？作麼？」

【語　譯】有僧人問雲臺欽和尚道：「什麼是真言？」欽和尚回答：「是南無佛陀吧？」大章如庵主另外回答：「幹什麼？幹什麼？」

江南國主問老宿

江南國主問老宿：「予有一頭水牯牛，萬里無寸草，未審向什麼處放？」歸宗柔代云：「好放處！」

【語譯】江南國主問一位老和尚道：「我有一頭水牯牛，當萬里大地沒有一根草時，不知道應該到什麼地方去放牧？」歸宗柔禪師代為回答：「好一個放牧處！」

南泉和尚遷化

南泉和尚遷化，陸亘❶大夫來慰，院主問：「大夫何不哭先師？」大夫曰：「院主道得，亘即哭。」無對。歸宗柔代云：「哭！哭！」

【注釋】❶陸亘　唐代蘇州人，字景山，元和中制科及第，累官戶部郎中、太常少卿、浙東觀察使等。為南泉普願禪師的俗家弟子。

【語譯】南泉和尚圓寂了，陸亘大夫來弔唁，院主問道：「大夫為什麼不哭祭先師？」陸亘大夫說道：「院主說得著，陸亘就哭。」院主無語以對。歸宗柔禪師代為回答：「哭！哭！」

馮延巳遊鍾山

江南相馮延巳❶與數僧遊鍾山，至一人泉，問：「一人泉，許多人爭得足？」

一僧對曰：「不教欠少。」延巳不肯，乃別云：「誰人欠少？」法眼別云：「誰是不足者？」

【注釋】❶馮延巳　五代南唐揚州人，一名延嗣，字正中，累官至尚書左僕射同平章事，卒諡忠肅。工詞，撰有《陽春集》。

【語譯】江南國宰相馮延巳同數位僧人一起遊覽鍾山，來到一人泉之前，馮延巳問道：「一人泉，有許多人來飲水，怎麼能滿足呢？」有一個僧人回答：「不讓它欠缺。」馮延巳不許可，那僧人便另外回答：「誰人欠缺呢？」法眼和尚另外回答：「誰是不滿足的人？」

施主婦人行隨年錢

有施主婦人入院，行眾僧隨年錢❶。僧曰：「聖僧前著一分。」婦人曰：「聖僧年多少？」僧無對。法眼代云：「心期滿處即知。」

【注釋】❶隨年錢　應其人年歲多少而施與錢財不等。

【語譯】有個施捨錢財的婦人來到寺院內，向眾僧發放隨年錢。有僧人說道：「聖僧面前也發放一份。」那婦人問道：「聖僧多少年歲了？」那僧人無語以對。法眼和尚代為回答：「內心期望滿足之處即知道了。」

法燈禪師問新到僧

法燈問新到僧：「近離什麼處？」曰：「廬山。」師拈起香合曰：「廬山還有遮箇也無？」僧無對。師自代云：「尋香來禮拜和尚。」

【語譯】法燈禪師問一個新來參拜的僧人道：「近來離開了什麼地方？」那僧人回答：「廬山。」法燈禪師拿起了香盒問道：「廬山可有這個嗎？」那僧人無語以對。法燈禪師自己代作回答：「為尋香而來禮拜和尚。」

僧問仰山和尚

僧問仰山：「彎弓滿月齧鏃意如何？」仰山曰：「齧鏃。」僧擬開口，仰山曰：「開口驢年也不會。」僧無對。南泉代側身而立。

【語譯】有僧人問仰山和尚道：「彎弓如滿月，而咬住了箭鏃的時候怎麼樣呢？」仰山和尚回答：「咬住了箭鏃。」那僧人準備開口再說話，仰山和尚喝道：「如若開口，那到驢年也不能領會。」那僧人無語以對。

南泉和尚代為側過身子站立以作回答。

行者向佛而唾

有一行者隨法師入佛殿，行者向佛而唾。法師曰：「行者少去就❶，何以唾佛！」行者曰：「將無佛處來與某甲唾。」無對。溈山云：「仁者卻不仁者，不仁者卻仁者。」仰山代法師云：「但唾行者。」又云：「行者若有語，即向伊道，還我無行者處來。」

【注　釋】❶去就　禮儀；禮貌。

【語　譯】有一個行者隨從一位法師進入了佛殿，這行者對著佛像吐口水。那法師喝道：「這行者真沒修養，為什麼朝著佛吐口水！」行者便說道：「把沒有佛的地方拿來讓我吐口水。」那法師不能應對。溈山和尚說道：「那仁者卻是不仁者，那不仁者卻是仁者。」仰山和尚代那法師說道：「就對行者吐口水。」接著又說道：「那行者如果有話說，就對他講，把沒有行者的地方還給我。」

感山主到圓通院

偃臺感山主到圓通院相看，第一座問曰：「圓通❶無路，山主爭得到來？」

歸宗柔代云：「不期❷又得相見。」

【注　釋】❶圓通　性體周遍稱圓，妙用無礙稱通。所謂圓通，就所證之理體而言，即指妙智所證之理；就能證之法門而言，即指覺慧周遍通解通入之法性。❷不期　不料；料不到。

【語　譯】偃臺感山主來到圓通院裡觀看，第一座問道：「圓通並沒有路，山主怎麼能到來？」歸宗柔禪師代為回答：「不料又得相見。」

有僧入冥

有僧入冥❶，見地藏菩薩❷。地藏問：「是你平生修何業？」僧曰：「念《法華經》。」曰：「止！止！不須說我法妙難思，為是說是不說？」無對。歸宗柔代云：「此迴歸去，敢請流通。」

【注釋】❶入冥　此指死亡。冥，即冥界。❷地藏菩薩　《地藏十輪經》謂其「安忍不動猶如大地，靜慮深密猶如地藏」，故名。其受釋迦牟尼佛囑咐，在釋迦既滅，彌勒未生之前，自誓必盡度六道眾生，拯救諸苦，始願成佛。中華佛教將其作為四大菩薩之一，將安徽九華山作為其說法之道場。

【語譯】有僧人來到冥界，見到了地藏菩薩。地藏菩薩問道：「你平生做了什麼善業？」那僧人回答：「念《法華經》。」地藏菩薩便說道：「停止！停止！不必說我佛大法玄妙難以思索理解，這是要講說還是不講說？」那僧人無言以對。歸宗柔禪師代為回答：「這次回去後，請允許我傳播你的教誨。」

歸宗柔和尚問僧人

歸宗柔和尚問僧：「看什麼經？」曰：「《寶積經》❶。」柔曰：「既是沙門，為什麼看《寶積》？」無對。柔自代云：「古今用無極。」

【注釋】❶寶積經　《大寶積經》的略名。《大智度論》：「以無漏根力覺道等法寶集，名為寶積。」

【語譯】歸宗柔和尚問一位僧人道：「你在看什麼經？」那僧人回答：「《寶積經》。」柔和尚再問道：「你既已是沙門了，為什麼卻看《寶積經》？」那僧人不能回答。柔和尚便自己代為回答：「古今之運用沒有窮盡。」

劉禹問先雲居和尚

劉禹端公❶因雨問先雲居和尚：「雨從何來？」曰：「從端公問處來。」端公歡喜讚歎，雲居卻問：「端公從何來？」無語。有老宿代云：「適來道什麼？」

歸宗柔別云：「謝和尚再三。」

【注釋】❶端公 唐、宋時御史中丞的俗稱。

【語譯】劉禹端公因為下雨而問先雲居和尚道：「雨從什麼地方來的？」雲居和尚回答：「從端公提問之處而來。」劉禹高興地讚歎不已，雲居和尚便問道：「端公又從什麼地方來的呢？」劉禹不能回答。有一位老和尚就代為回答：「剛才說什麼？」歸宗柔和尚另外回答：「謝謝和尚再三叮囑。」

婆子自逞神通

昔有三僧雲遊，擬謁徑山和尚，遇一婆子。時方收稻次，一僧問曰：「徑山路何處去？」婆曰：「驀直去。」僧曰：「前頭水深，過得否？」曰：「不濕腳。」僧又問：「上岸稻得恁麼好，下岸稻得恁麼怯？」曰：「下岸稻總被螃蟹喫卻也。」僧曰：「太香生。」曰：「勿氣息❶。」僧又問：「婆住在什麼處？」曰：「只在遮裡。」三僧乃入店內，婆煎茶一缾，將盞子三箇安盤上，謂曰：「和尚有神通者即喫茶。」三人無對，又不敢傾茶。婆曰：「看老朽❷自逞神通也。」於是便拈盞子傾茶行❸。

【注釋】❶氣息　氣味。❷老朽　老人自稱之謙詞，唐、五代時亦可用於老婦自稱。❸行　行茶，即斟茶。

【語譯】從前有三位僧人出外雲遊，打算去拜謁徑山和尚，在半路上遇到了一位老婆婆。當時正是收割水稻的時節，有一位僧人便問道：「到徑山的路怎麼走？」那老婆婆回答：「筆直去。」僧人問道：「前面水有多深，過得去嗎？」老婆婆回答：「濕不了腳。」僧人又問道：「為什麼岸上的稻子長得這樣好，岸下的稻子長得這樣差？」老婆婆回答：「岸下的稻子都被螃蟹吃掉了。」僧人說道：「稻子好香啊！」老婆婆說道：「沒聞到什麼氣味。」僧人又問道：「婆婆住在什麼地方？」老婆婆回答：「就在這裡。」三位僧人就隨著老婆婆進入了店裡坐下，老婆婆煮了一壺茶，拿來三只茶杯放在茶盤上，對他們三位說道：「和尚如果有神通，就請吃茶。」那三位僧人不能應對，又不敢倒茶。老婆婆便說道：「那就看我老朽自逞神通了。」老婆婆於是拿起茶杯便倒茶水，自斟自飲。

法眼和尚謂小兒

法眼和尚謂小兒曰：「因子識得你爺，你爺名什麼？」無對。法燈代云：「但將衣袖掩面。」法眼卻問一僧：「若是孝順之子，合下得一轉語。且道合下得什麼語？」無對。法眼自代云：「他是孝順之子。」

【語譯】法眼和尚對一個小孩說道：「因為兒子而認識了你的爸爸，你爸爸的名字叫什麼？」那小孩不能回答。法燈禪師代為回答：「只要把衣袖遮住臉孔。」法眼和尚就問身邊的一位僧人道：「如果是孝順兒子，應該能說出一句轉語。你且說說看，應該說一句什麼話？」那僧人無言以對。法眼和尚便自己代為回答：「他是個孝順兒子。」

僧問講彌陀經座主

僧問講《彌陀經》❶座主❷：「水鳥樹林皆悉念佛、念法、念僧，作麼生講？」座主曰：「基法師道：真友不待請，如母赴嬰兒。」僧曰：「如何是真友不待請？」

法眼代云：「請是基法師語。」

【注釋】❶彌陀經　《佛說阿彌陀經》的略稱，也稱《阿彌陀經》，一卷，十六國後秦僧人羅什所譯，為淨土三部經之一。此經說西方淨土收正莊嚴等事，令人執持彌陀佛之名號，一心不亂，即得往生西方淨土世界。❷座主　為眾僧之主，統理一寺一山者，禪宗稱住持，教宗稱座主。

【語譯】有僧人問講解《彌陀經》的座主道：「水鳥、樹林全都令其念佛、念法、念僧，怎麼解釋呢？」那座主回答：「基法師曾說過：真正的道友不需要邀請，就如同是母親趕到嬰兒的身邊一樣。」那僧人便問道：「什麼是真正的道友不需要邀請？」法眼和尚代為回答：「邀請是基法師的話。」

王延彬入招慶院

泉州王延彬入招慶院，見方丈門閉，問演侍者：「有人敢道大師在否？」演曰：「有人敢道大師不在否？」法眼別云：「太傅❶識大師。」

【注釋】❶太傅　王延彬為泉州刺史多年，曾官拜檢校太傅。

【語譯】泉州（今屬福建）刺史王延彬進入招慶院，看見方丈室的門關著，就問演侍者道：「有人敢說大師在嗎？」演侍者回答：「有人敢說大師不在嗎？」法眼和尚另外回答：「太傅認識大師。」

網明彈指一聲

僧舉：佛說法，有一女人忽來問訊，便於佛前入定。時文殊近前彈指，出此女人定不得，又托昇梵天，亦出不得。佛曰：「假使百千文殊亦出此女人定不得。下方有網明菩薩能出此定。」須臾，網明便至，問訊佛了，去女人前彈指一聲，女人便從定而起。五雲和尚云：「不唯文殊不能出此定，但恐如來也出此定不得。只如教意，怎生體解？」

【語譯】有僧人舉說道：佛說法時，有一個女人忽然前來禮拜，隨後就在佛面前進入了禪定。當時文殊菩薩走向前來，彈指一聲，卻不能把那女人在禪定中喚醒過來，又托著她來到梵天面前，但梵天也不能把她從禪定喚醒。佛便說道：「假使有一百個一千個文殊菩薩也不能把這女人從禪定中喚醒過來。下方有網明菩薩能把她從禪定中喚醒。」一會兒，網明菩薩便來到了，向佛禮拜後，就走到那女人面前彈指一聲，那女人即刻就從禪定中醒來。五雲和尚說道：「不僅是文殊菩薩不能把她從禪定中喚醒，只怕如來佛也不能把她從禪定中喚醒。只如教義中的意思，怎樣來理解呢？」

每日拈香擇火

誌公云：「每日拈香擇火，不知身是道場。」玄沙云：「每日拈香擇火，不知真箇道場。」玄覺徵云：「只如此二尊者語，還有親疏也無？」

【語　譯】誌公和尚說道：「每天拿著香去選擇火種，不知道此身就是道場。」玄沙和尚說道：「每天拿著香去選擇火種，不知道真的就是道場。」玄覺禪師徵問道：「只如這兩位尊者所說的話，可還有親疏的分別嗎？」

雲巖院主遊石室迴

雲巖院主遊石室迴，雲巖問：「汝去入到石室裡許❶看，為只恁麼便迴來？」院主無對。洞山代云：「彼中已有人占了也。」雲巖曰：「汝更去作什麼？」洞山曰：「不可人情斷絕去也。」

【注　釋】❶許　如此；這樣。

【語譯】雲巖院主遊覽石室回來，雲巖和尚問道：「你進入了石室中是這樣地觀看，還是這樣就回來了？」那院主不能應對。洞山和尚代為回答：「那裡面已經有人占下了。」雲巖和尚問道：「那你再去做什麼呢？」洞山和尚回答：「不可以讓人情都斷絕了。」

鹽官會下主事僧

鹽官會下有一主事僧將死，鬼使來取，僧告曰：「某甲身為主事，未暇修行，乞容七日得否？」使曰：「待為白王，若許，即七日後來。不然，須臾便至。」言訖去，至七日後方來，覓其僧不見。後有人舉問一僧：「若來時，如何抵擬❶他？」洞山代云：「被他覓得也。」

【注釋】❶抵擬 處罰。擬，謂以武器相逼，引申為討伐、處罰。

【語譯】鹽官和尚的法會下有一位主事僧將要死去，一個鬼差來取他的靈魂，那主事僧請道：「我做主事僧，沒有閒暇修行，請寬容七天可以嗎？」鬼差說道：「等我報告閻王，如果准許，我就七天後再來。不然的話，我一會兒就來索命。」說完就去了，過了七天後才來，卻不能再找到那個主事僧了。後來有人舉出這件事問一位僧人道：「如果主事僧來時，怎樣處罰他呢？」洞山和尚代為回答：「被他找到了。」

老宿去雲巖院迴

洞山會下有老宿去雲巖迴，洞山問：「汝去雲巖作什麼？」答云：「不會。」

洞山自代云：「堆堆❶地。」

【注釋】❶堆堆　不動貌。

【語　譯】洞山和尚的法會下有一位老和尚去雲巖院拜謁後歸來，洞山和尚問道：「你到雲巖院去做什麼？」那老和尚回答：「沒有領會。」洞山和尚便自己代為回答：「堆堆地。」

臨濟和尚舉起拂子

臨濟見僧來，舉起拂子，僧禮拜，師便打。別僧來，師舉拂子，僧並不顧，師亦打。又一僧來參，師舉拂子，僧曰：「謝和尚見示。」師亦打。雲門代云：「只疑老漢。」大覺云：「得即得，猶未見臨濟機在。」

【語　譯】臨濟和尚看見有僧人來到，就舉起了拂塵，那僧人便禮拜，臨濟和尚就打他。別的僧人到來，臨濟和尚又舉起了拂塵，那僧人並不看他，臨濟和尚也打他。又有一個僧人到來參拜，臨濟和尚再次舉起了拂塵，那僧人說道：「謝謝和尚的指示。」臨濟和尚還是打他。雲門和尚代為回答：「只是懷疑那老漢。」大覺和尚說道：「得算是得到了，但還是沒有看見臨濟和尚的機鋒。」

閩王送玄沙和尚上船

閩王送玄沙和尚上船，玄沙扣船召曰：「大王，爭能出得遮裡去？」王曰：

「在裡許得多少時也？」歸宗柔別云：「不因和尚，不得到遮裡。」

【語　譯】閻王送玄沙和尚上船，玄沙和尚敲擊著船舷招呼道：「大王，怎能出得這裡去？」閻王問道：「你在那裡面有多少時間了？」歸宗柔和尚另外回答：「不因為和尚，不能到這裡。」

如何是密室中人

僧問老宿：「如何是密室中人？」老宿曰：「有客不答話。」玄沙云：「何曾密？」歸宗柔別老宿云：「你亦什麼得見？」

【語　譯】有僧人問老和尚道：「什麼是密室中的人？」那老和尚回答：「有客人來也不答話。」玄沙和尚說道：「哪有什麼隱秘啊？」歸宗柔和尚代那老和尚回答：「你憑什麼才能看見呢？」

法眼和尚問講百法論僧

法眼和尚問講《百法論》❶僧：「百法是體用雙陳，明門是能所❷兼舉。座主是能，法座是所，作麼生說兼舉？」有老宿代云：「某甲喚作箇法座。」歸宗柔別云：「不勞和尚如此。」

【注　釋】❶百法論　即《大乘百法明門論》的略稱，也名《百法明門論》，一卷，唐代僧人玄奘譯。自《瑜伽論本身分》中節略錄出百法之名數，故名。❷能所　二法相對之時，自動之法稱作能，不動之法稱作所。《金剛經新注》：「般若妙理，無能所，絕待對。」

【語　譯】法眼和尚問講《百法論》的座主道：「百法是體用雙陳，明門是能所兼舉。座主是能，法座是所，又為什麼說兼舉呢？」有個老和尚代為回答：「我就叫作一個法座。」歸宗柔和尚另外回答：「不煩勞和尚如此。」

文殊被佛攝向二鐵圍山

僧舉教云：「文殊忽起佛見❶、法見❷，被佛威神❸攝向二鐵圍山。」五雲曰：「什麼處是二鐵圍山？還會麼？如今若有人起佛法之見，吾與烹茶兩甌。且道賞伊、罰伊？同教意、不同教意？」

【注　釋】❶佛見　佛之正知見。《梵網經》：「轉一切見入佛見，佛見入一切見。」❷法見　執著一法而肯定彼非議此，即稱作法見。❸威神　威勢勇猛而不可測度。《無量壽經》：「無量壽佛威神功德不可思議。」

【語　譯】有僧人舉說道：「文殊菩薩忽然起了佛見、法見，被佛之威神攝向二鐵圍山。」五雲和尚說道：「什麼地方是二鐵圍山？可還能領會嗎？現今如果有人起了佛見、法見，我就給他煮兩壺清茶。你且說說這是獎賞他、還是懲罰他？與教義相同、還是與教義不相同？」

大寧院請第二座開堂

洪州大寧院上狀請第二座開堂，人問：「何不請第一座？」法眼代云：「不勞如此。」

【語　譯】洪州（今江西南昌）大寧院上疏狀請第二座開堂說法，有人便問道：「為什麼不請第一座？」法眼和尚代為回答：「不勞如此。」

洞山和尚行腳

洞山行腳時，會一官人曰：「三祖〈信心銘〉，弟子擬注。」洞山曰：「才有是非，紛然失心，作麼生注？」法眼代云：「恁麼即弟子不注也。」

【語　譯】洞山和尚行腳時，遇到一個官人說道：「三祖大師的〈信心銘〉，弟子打算作注釋。」洞山和尚說道：「一產生是非之意，就紛然失去了本心，為什麼要注釋？」法眼和尚代為回答：「這樣說來弟子就不注釋了。」

法眼和尚患腳病

法眼和尚因患腳，僧問訊次，師曰：「非人來時不能動，及至人來動不得，且道佛法中下得什麼語？」僧曰：「和尚且喜得較❶。」師不肯。自別云：「和尚今日似減❷。」

【注　釋】❶較　同「校」。指病情減輕或痊癒。唐人張籍〈閑遊〉詩：「病眼校來猶斷酒，卻嫌行處菊花多。」❷減　即減損，減少、減輕的意思。

【語　譯】法眼和尚因為患了腳病，有僧人前來請安，法眼和尚便問道：「沒有人來時不能動，等到人來的時候又動不得，你且說說這於佛法中下得一個什麼轉語？」那僧人說道：「幸好和尚痊癒了。」法眼和尚不許可。法眼和尚自己另作回答：「和尚今天似乎病情減輕了。」

九峰和尚入江西城

九峰和尚入江西城❶，人問：「入鄽教化，以何為眼？」九峰曰：「日月不曾亂。」法眼別云：「侍者眼。」

【注　釋】❶江西城　指唐代江西觀察使所在的洪州城，即今江西南昌。

【語　譯】九峰和尚來到了江西城內，有人問道：「進入城市中教化，用什麼作為眼睛？」九峰和尚回答：「日月不曾紊亂。」法眼和尚另外回答：「侍者之眼。」

僧問龍牙和尚

僧問龍牙：「終日驅驅❶，如何頓息？」龍牙曰：「如孝子喪卻父母始得。」

東禪齊云：「眾中道：如喪父母，何有閑暇！恁麼會還息得人疑情麼？除此外，且作麼生會龍牙意？」

【注　釋】❶驅驅　辛苦忙碌貌。

【語　譯】有僧人問龍牙和尚道：「終日辛苦忙碌，怎樣才能頓時止息？」龍牙和尚回答：「有著如孝子喪失了父母親一樣的心情才行。」東禪齊禪師說道：「眾人中有人說道：如同喪失了父母親一樣，那還有什麼閒暇工夫？這樣領會還能止息人的疑惑之情嗎?除此以外,則怎樣來領會龍牙和尚的意思呢?」

十二時中如何著力

僧問龍牙:「十二時中如何著力?」龍牙曰:「如無手人欲行拳❶始得。」

東禪齊云:「好言語且作麼生會?嘗聞一僧他道:無手底人何更行得拳也?及問伊佛法,伊便休去。將知❷路布❸說得無用處,不如子細體取古人意好!」

【注釋】❶行拳 打拳。❷將知 當知;方知。❸路布 即「露布」,本指公文,漢、魏以後多指捷報、檄文,唐代禪宗語錄中也用來指布告等。

【語譯】有僧人問道龍牙和尚道:「在一天十二個時辰中,應怎樣用力呢?」龍牙和尚回答:「如同沒有手的人想要打拳一樣才行。」東禪齊禪師說道:「好言語應該怎樣來領會呢?曾經聽到一個僧人說道:沒有手的人怎麼還能打得拳?等到問他佛法,他便罷休了。這才知道路布說得毫無用處,還不如仔細體會古人的意思為好!」

僧問鼓山和尚

鼓山曰:「欲知此事,如一口劍。」僧問:「學人是死屍,如何是劍?」鼓山曰:「拽出遮死屍著!」僧應諾,便歸僧堂,結束❶而去。鼓山晚間聞去,乃曰:「好與拄杖。」

東禪齊云:「遮僧若不肯鼓山,有什麼過?若肯,何得便發去?又鼓山拄杖賞伊罰伊?具眼底上座試商量看。」

【注釋】❶結束　整理行裝。

【語譯】鼓山和尚說道：「想要知道這件事，就如那一口劍。」有僧人問道：「學生是死屍，什麼是劍呢？」鼓山和尚喝道：「拖出這死屍去！」那僧人答應了，就回到了僧堂，整理行裝後離去了。到了傍晚，鼓山和尚聽到他離去了，就說道：「好給他拄杖。」東禪齊禪師說道：「這僧人如果不同意鼓山和尚的話，有什麼過錯嗎？如果同意，為什麼又立即就離去了？還有鼓山和尚的拄杖是獎賞他還是懲罰他？具備法眼的上座試著商討一下。」

庵主豎火筒

有庵主見僧來，豎火筒曰：「會麼？」曰：「不會。」庵主曰：「三十年用不盡底。」僧卻問：「三十年前用箇什麼？」歸宗柔別云：「也要知。」

【語譯】有一個庵主看見有僧人到來，就豎起吹火筒問道：「領會了嗎？」那僧人回答：「沒有領會。」那庵主說道：「三十年都用不壞的。」那僧人反問道：「三十年以前用個什麼？」歸宗柔和尚另外回答：「也要知道。」

招慶和尚拈鉢囊

招慶和尚拈鉢囊問僧：「你道直❶幾錢？」歸宗柔代云：「留與人增價。」

【注釋】❶直　同「值」。表示估計數量。

【語　譯】招慶和尚拿起鉢囊問一個僧人道：「你說這值幾錢？」歸宗柔和尚代為回答：「留給後人增值。」

雲門和尚以手入木師子口

雲門和尚以手入木師子口，曰：「咬殺我也，相救！」

歸宗柔代云：「和尚出手太殺❶。」

【注　釋】❶太殺　即「太煞」、「大煞」，過甚之詞。

【語　譯】雲門和尚把手伸進木獅子的口中，叫道：「咬殺我了，快來救我！」歸宗柔和尚代為回答：「和尚的出手太厲害了。」

念彌陀名號

有座主念彌陀名號❶次，小師喚：「和尚！」及迴顧，小師不對。如是數四❷，和尚叱曰：「三度四度喚，有什麼事？」小師曰：「和尚幾年喚他即得，某甲才喚便發業❸。」

法燈代云：「咄！叱❹！」

【注　釋】❶念彌陀名號　一種修行之法，多為淨土宗僧人所採用。❷數四　幾次三番。❸發業　發脾氣；發怒。❹咄叱　均為發怒、呵斥之聲。

【語　譯】有一位座主在念彌陀佛名號的時候，小師呼喚：「和尚！」等到那座主回頭看時，小師卻不答理。

就這樣幾次三番，那座主便呵斥道：「三次四次的呼喚，有什麼事？」小師說道：「和尚幾年呼喚他卻可以，我才一呼喚就發脾氣。」法燈禪師代為回答：「咄！叱！」

鷂子趁鴿子

鷂子趁鴿子，飛向佛殿欄干上顫。有人問僧：「一切眾生在佛影中常安常樂，鴿子見佛為什麼顫？」法燈代云：「怕佛。」

【語譯】鷂子追趕鴿子，鴿子飛來停在佛殿的欄杆上顫抖。有人便問僧人道：「一切眾生在佛的影子下常安常樂，鴿子看到佛為什麼反而顫抖？」法燈禪師代為回答：「因為怕佛。」

悟空禪師問忠座主

悟空禪師問忠座主：「講什麼經？」曰：「《法華經》。」悟空曰：「若有說《法華經》處，我現寶塔，當為證明。大德講，什麼人證明？」法燈代云：「謝和尚證明。」

【語譯】悟空禪師問忠座主道：「講說什麼經？」忠座主回答：「《法華經》。」悟空又問道：「如果有講說《法華經》之處，我就現出寶塔，當作為證明。大德講經，什麼人來作證明？」法燈禪師代為回答：「謝謝和尚的證明。」

僧問老宿

僧問老宿：「魂兮歸去來，食我家園葚❶。如何是家園葚？」玄覺代云：「是你食不得。」法燈別云：「汙卻你口。」

【注釋】❶葚 桑樹的果實稱桑葚，可吃。

【語譯】有僧人問老和尚道：「靈魂啊歸去吧，吃我家園的桑椹。什麼是家園的桑椹？」玄覺禪師代為回答：「是你吃不到。」法燈禪師代為回答：「弄髒了你的口。」

官人問僧

官人問僧：「名什麼？」曰：「無揀。」官人曰：「忽然將一椀沙與上座，又作麼生？」曰：「謝官人供養。」法眼別云：「此猶是揀底。」

【語譯】有個官員問一個僧人道：「叫什麼名字？」那僧人回答：「無揀。」那官員便問道：「忽然把一碗沙交給上座，又怎麼樣呢？」那僧人回答：「謝謝官人的供養。」法眼和尚另外回答：「這還是揀的意思。」

國主出獵

廣南❶有僧住庵，國主出獵，人報庵主：「大王來，請起。」曰：「非但大王來，佛來亦不起。」王問：「佛豈不是汝師？」曰：「是。」王曰：「見師為什麼不起？」法眼代云：「未足酬恩。」

【注釋】❶廣南　此指五代時期的南漢國。

【語譯】廣南有一位僧人住持佛庵，南漢國主出城打獵，有人來報告那僧人道：「大王來了，快起身出迎。」那僧人說道：「不要說是大王來了，就是佛來了也不起身。」國主來後問道：「佛難道不是你的老師嗎？」那僧人回答：「是的。」國主便說道：「看見老師為什麼不起身？」法眼和尚代為回答：「不足以酬答佛的恩情。」

僧辭趙州和尚

僧辭趙州和尚，趙州謂曰：「有佛處不得住，無佛處急走過，三千里外逢人莫舉。」法眼代云：「恁麼即不去也。」

【語譯】有僧人向趙州和尚辭行，趙州和尚對他說道：「有佛的地方不要居住，沒有佛的地方急急地走過，三千里外遇到人不要舉說。」法眼和尚代為回答：「這樣說來就不離去了。」

泗州塔前一僧禮拜

泗州塔前一僧禮拜，有人問：「上座日日禮拜，還見大聖❶麼？」法眼代云：「汝道禮拜是什麼義？」

【注　釋】❶大聖　指泗州僧伽大聖，其事參見本卷〈泗州僧伽和尚〉章。

【語　譯】泗州（今江蘇盱眙）寶塔前，有一位僧人時常前來禮拜，有人就問道：「上座每天來禮拜，可曾看見大聖了嗎？」法眼和尚代為回答：「你說禮拜是什麼意思？」

僧問圓通和尚

僧問圓通和尚：「一塵才起，大地全收，還見禪牀麼？」圓通曰：「喚什麼作塵？」又問法燈，曰：「喚什麼作禪牀？」東禪齊云：「此云尊宿語，明伊問處，不明伊問處？若明伊問處，還得盡善也未？試斷看。忽然向伊道你指示，我更要答語，又作麼生會？莫道又答一轉子❶。」

【注　釋】❶一轉子　即「一轉語」，禪門指以一語而轉機鋒。

【語　譯】有僧人問圓通和尚道：「一塵才起，大地全部收下，可還看見禪牀嗎？」圓通和尚反問：「把什麼叫作塵？」又問法燈禪師，法燈反問道：「把什麼叫作禪牀？」東禪齊禪師說道：「這裡說的都是尊宿的話，明白了他所問之處，還是沒有明白他所問之處？如果明白了他所問之處，可能夠盡善嗎？試著判斷一下。忽然對他說要你指示，我還要答話，又怎樣來領會呢？不要說又回答了一轉語。」

玄覺和尚聞鳩子叫

玄覺和尚聞鳩子❶叫，問僧：「什麼聲？」僧曰：「鳩子。」師曰：「欲得不招無間業❷，莫謗如來正法輪❸。」東禪齊云：「上座道是鳩子聲，便成謗去。什麼處是謗處？若道不是還得麼？上座且道玄覺意作麼生？」

【注釋】❶鳩子　鳥名，形如鴿子。❷無間業　五種大惡業，也稱「五逆」。❸正法輪　如來所說的教法。

【語譯】玄覺和尚聽到鳩子在鳴叫，便問一位僧人道：「這是什麼鳥的叫聲？」那僧人回答：「鳩子。」玄覺和尚說道：「想要不招致無間業，就不要誹謗如來的正法輪。」東禪齊禪師說道：「上座說是鳩子的鳴叫聲，就成了誹謗，什麼地方是誹謗之處？如果說不是還行嗎？上座姑且說一說玄覺和尚的意思是什麼？」

保福僧到地藏院

保福僧到地藏，地藏和尚問：「彼中佛法如何？」曰：「保福有時示眾道：『塞卻你眼，教你覷不見；塞卻你耳，教你聽不聞；坐卻你意，教你分別不得。』」地藏曰：「吾問你：不塞你眼，見箇什麼？不塞你耳，聞箇什麼？不坐你意，作麼生分別？」東禪齊云：「那僧聞了，忽然惺去，更不他遊。上座如今還得麼？若不會，每日見箇什麼？」

【語譯】保福院的一個僧人來到了地藏院，地藏和尚問道：「那裡的佛法怎麼樣？」那僧人回答：「保福和尚有一次指示眾僧道：『塞住了你們的眼睛，讓你們看不見；塞住了你們的耳朵，讓你們聽不見；障礙了你們的意識，讓你們不能分別。』」地藏和尚便問道：「我來問你：我不塞住你的眼睛，你看見了什麼？我不塞住你的耳朵，你聽到了什麼？我不障礙你的意識，你怎樣來分別？」東禪齊禪師說道：「那個僧人聽了以後，忽然省悟了，再不到其他地方去行腳了。上座現今可還能得悟嗎？如果不能領會，那每天看見個什麼呢？」

洪塘橋上有僧列坐

福州洪塘橋❶上有僧列坐，官人問：「此中還有佛麼？」法眼代云：「汝是什麼人？」

【注釋】❶洪塘橋　在福建福州之西洪塘鎮中。

【語譯】福州（今屬福建）洪塘橋上有僧人分排坐著，有個官員便問道：「這當中可有佛嗎？」法眼和尚代為回答：「你是什麼人？」

人問僧

人問僧：「無為無事人，為什麼卻有金鎖❶難？」五雲代云：「只為無為無事。」

【注釋】❶金鎖　佛教認為金鎖與鐵鎖雖然有優劣之別，但可鎖門卻是相同的。以喻執著內心與執著外緣之過失是一樣的。

【語譯】有人問僧人道：「無所作為、無所事事之人，為什麼反而會有金鎖之劫難呢？」五雲和尚代為回答：「就因為是無所作為、無所事事。」

老宿問僧

老宿問僧：「什麼處來？」曰：「牛頭山禮拜祖師來。」老宿曰：「還見祖師麼？」歸宗柔代云：「大似❶不相信。」

【注釋】❶大似　極其相似。

【語譯】有位老和尚問一個僧人道：「從什麼地方來的？」那僧人回答：「從牛頭山禮拜祖師而來。」老和尚便問道：「可看見祖師了嗎？」歸宗柔禪師代為回答：「你好像極不相信。」

有僧與童子上經

有僧與童子上經❶了，令持經著函內，童子曰：「某甲念底著向那裡？」法燈代云：「汝念什麼經？」

【注釋】❶上經　講解經文。

【語譯】有個僧人給童子講解經文完畢，讓那童子把經書放入經函中，那童子便問道：「我所念的放到哪裡去呢？」法燈禪師代為回答：「你念的什麼經？」

一僧注道德經

一僧注《道德經》❶，人問曰：「久嚮大德注《道德經》。」僧曰：「不敢。」

曰：「何如明皇❷？」法燈代云：「是弟子。」

【注釋】❶道德經 即《老子》，道家的主要著作，共上下兩篇五千餘字。西漢河上公作《老子章句》，分為八十一章，前三十七章名《道經》，後四十四章名《德經》，故有《道德經》之名。因道教自稱出自先秦道家老聃，尊為教主，故奉《道德經》為主要經典。❷明皇 唐明皇，即唐玄宗李隆基，曾注釋過《道德經》。

【語　譯】有一位僧人注釋《道德經》，有人便說道：「早就仰慕大德注釋《道德經》。」那僧人說道：「不敢。」那人問道：「與唐明皇相比怎麼樣？」法燈禪師代為回答：「他是老子的弟子。」

雲門和尚問僧

雲門和尚問僧：「什麼處來？」曰：「江西來。」雲門曰：「江西一隊老宿，寱語住也未？」僧無對。五雲代云：「興猶未已。」後有僧問法眼和尚：「不知雲門意作麼生？」法眼曰：「大小雲門被遮僧勘破。」五雲曰：「什麼處是勘破雲門處？要會麼？法眼亦被後僧勘破也。」

【語　譯】雲門和尚問一個僧人道：「從什麼地方來的？」那僧人回答：「從江西來。」雲門和尚便問道：「江西的那一隊老和尚，夢話說完了嗎？」那僧人無語以對。五雲和尚代為回答：「說話的興致還沒有完了。」後來有僧人問法眼和尚道：「不知道雲門和尚的意思是什麼？」法眼和尚回答：「大小雲門和尚被這僧人勘破了。」五雲和尚說道：「什麼地方是勘破雲門和尚之處？要領會嗎？法眼和尚也被後來的僧人所勘破。」

法眼和尚問僧

因開井被沙塞卻泉眼，法眼問僧：「泉眼不通，被沙塞。道眼❶不通，被什麼物礙？」僧無對。師自代云：「被眼礙。」

【注釋】❶道眼　觀道之法眼。

【語譯】因為所開挖的井被沙子堵塞了泉眼，法眼和尚便問一個僧人道：「泉眼不通，是被沙子所堵塞。道眼不通，是被什麼東西所障礙？」那僧人不能應答。法眼和尚便自己代為回答：「被眼睛所障礙。」

卷二八

諸方廣語

【題解】是卷所載為南宗六祖慧能大師門下之十二位高僧大德演教說法之語，其諸人之得法、傳法事跡參見本書前述諸卷之有關內容。

南陽慧忠國師語

南陽慧忠國師問禪客：「從何方來？」對曰：「南方來。」師曰：「南方有何知識❶？」曰：「知識頗多。」師曰：「如何示人？」曰：「彼方知識直下示學人：即心是佛。佛是覺義。汝今悉具見聞覺知之性。此性善能揚眉瞬目❷，去來運用，徧於身中，挃❸頭頭知，挃腳腳知，故名正徧知❹。離此之外，更無別佛。此身即有生滅，心性無始❺以來，未曾生滅。身生滅者，如龍換骨，蛇脫皮，人出故宅。即身是無常，其性常也。南方所說大約如此。」師曰：「若然者，與彼先尼[6]外道無有差別。彼云：『我此身中有一神性，此性能知痛癢。身壞之時，神則出去。如舍被燒，舍主出去。舍即無常，舍主常矣。』審[7]如此者，邪正莫辨，孰為是乎？吾比遊方，多見此色，近尤盛矣。聚卻三、五百眾，目視雲漢[8]，云是南方宗旨，把他《壇經》改換，添糅鄙譚，削除聖意，惑亂後徒，豈成言教！苦哉，吾宗喪矣，若以見聞覺知是佛性者，淨名不應云『法離見聞覺知』。若行見聞覺知是，則見聞覺知非求法也。」僧又問：「法華了義[9]，開佛知見。此復若為？」師曰：「他云開佛知見，尚不言菩薩二乘。豈以眾生癡倒，便同佛之知見耶？」僧又問：「阿那箇是佛心？」師曰：「牆壁瓦礫是。」僧曰：「與經大相違也。《涅槃》云：『離牆壁無情之物，故名佛性。』今云是佛心，未審心之與性為別不別？」師曰：「迷即別，悟即不別。」曰：「經云佛性是常，心是無常。今云不別，何也？」師曰：「汝但依語，而不依義。譬如寒月，水結為冰，及至暖時，冰釋為水。眾生迷時，結性成心。眾生悟時，釋心成性。若執無情無佛性者。經不應言三界唯心，宛是[10]汝自違經，吾不違也。」問：「無情既有心性，還解說法否？」師曰：「他熾然常說，無有間歇。」曰：「某甲為什麼不聞？」師曰：「汝自不聞。」曰：「誰人得聞？」師曰：「諸佛得聞。」曰：「眾生應無分邪？」師曰：「我為眾生說，不為聖人說。」曰：「某甲聾瞽，不聞無情說法，師應合聞。」師曰：「我亦不聞。」曰：「師既不聞，爭知無情解說？」師曰：「我若得聞，即齊諸佛，汝即不聞我所說法。」曰：「眾生畢竟得聞否？」師曰：「眾生若聞，即非眾生。」曰：「無情說法，有何典據？」師曰：「不見《華嚴》云：『剎說⑪，眾生說，三世一切說。』眾生是有情乎？」曰：「師但說無情有佛性，有情復若為？」師曰：「無情尚爾，況有情耶？」曰：「若然者，前舉南方知識云『見聞是佛性』，應不合⑫判同外道。」師曰：「不道他無佛性，外道豈無佛性耶？但緣見錯，於一法中而生二見⑬，故非也。」曰：「若俱有佛性，且殺有情，即結業⑭互酬，損害無情，不聞有報。」師曰：「有情是正報⑮，計⑯我我所⑰，而懷結恨，即有罪報⑱。無情是其依報⑲，無結恨心，是以不言有報。」曰：「教中但見有情作佛，不見無情受記。且賢劫千佛，孰是無情佛耶？」師曰：「如皇太子未受位時，唯一身爾。受位之後，國土盡屬於王。寧有國土別受位乎？今但有情受記作佛之時，十方國土悉是遮那佛⑳身，那得更有無情受記耶？」曰：「一切眾生盡居佛身之上，便利㉑穢汙佛身，穿鑿踐蹋佛身，豈無罪耶？」師曰：「眾生全體是佛，欲誰為罪？」曰：「經云『佛身無罣㉒礙』。今以有為質礙之物而作佛身，豈不乖於聖旨？」師曰：「《大品經》云：『不可離有為而說無為。』汝信色是空否？」曰：「佛之誠言，那敢不信？」師曰：「色既是空，寧有罣礙？」曰：「眾生、佛性既同，只用一佛修行，一切眾生應時解脫。今既不爾，同義安在？」師曰：「汝不見《華嚴六相義》云：『同中有異，異中有同。成壞總別，類例皆然。』眾生、佛雖同一性，不妨各各自修自得，未見他食我飽。」曰：「有知識示學人：但自識性了，無常時拋卻殼漏子[23]一邊著，靈臺智性迥然而去，名為解脫。此復若為？」師曰：「前已說了，猶是二乘外道之量。二乘厭離生死，欣樂涅槃。外道亦云：吾有大患，為吾有身。乃趣乎冥諦[24]。須陀洹[25]人八萬劫，餘三果人六、四、二萬，辟支佛[26]一萬劫，住於定中。外道亦八萬劫，住非非想中。二乘劫滿，猶能迴心向大外道，還卻輪迴。」曰：「佛性一種為別？」師曰：「不得一種。」曰：「何也？」師曰：「或有全不生滅，或半生半滅、半不生滅。」曰：「孰為此解？」師曰：「我此間佛性全不生滅，汝南方佛性半生半滅、半不生滅。」曰：「如何區別？」師曰：「此則身心一如[27]，心外無餘，所以全不生滅。汝南方身是無常，神性是常，所以半生半滅、半不生滅。」曰：「和尚色身，豈得便同法身不生滅耶？」師曰：「汝那得入於邪道？」

曰：「學人早晚入邪道？」師曰：「汝不見《金剛經》『色見聲求，皆行邪道』。今汝所見，不其然乎？」曰：「某甲曾讀大小乘教，亦見有說『不生不滅，中道[28]正性』之處，亦見有說『此陰滅，彼陰生，身有代謝，而神性不滅』之文，那得盡撥同外道斷常二見[29]？」師曰：「汝學出世無上正真之道，為學世間生死斷常二見耶？汝不見肇公云：『譚真則逆俗，順俗則違真。違真故迷性而莫返，逆俗故言淡而無味。中流之人如存若亡，下士撫掌而不顧。』汝今欲學下士笑於大道乎？」曰：「師亦言即心是佛，南方知識亦爾，那有異同？師不應自是而非他。」師曰：「或名異體同，或名同體異，因茲濫矣。只如菩提、涅槃、真如、佛性，名異體同。真心、妄心，佛智、世智，名同體異。緣南方錯將妄心言是真心，認賊為子[30]，有取世智稱為佛智，猶如魚目而亂明珠，不可雷同[31]，事須甄別。」曰：「若為離得此過？」師曰：「汝但子細反觀陰入界[32]處，一一推窮，有纖毫可得否？」曰：「子細觀之，不見一物可得。」師曰：「汝壞身心相耶？」曰：「身心性離，有何可壞？」師曰：「身心外更有物不？」曰：「身心無外，寧有物耶？」師曰：「汝壞世間相耶？」曰：「世間相即無相，那用更壞？」師曰：「若然者，即離過矣。」禪客唯然[33]受教。

常州僧靈覺問曰：「發心出家，本擬求佛。未審如何用心即得？」師曰：「無心可用，即得成佛。」曰：「無心可用，阿誰成佛？」師曰：「無心自成，佛亦無心。」曰：「佛有大不可思議，為能度眾生，若也無心，阿誰度眾生？」師曰：「無心是真度生。若見有生可度者，即是有心，宛然生滅。」曰：「今既無心，能仁[34]出世，說許多教迹，豈可虛言？」師曰：「佛說教亦無心。」曰：「說法無心，應是無說。」師曰：「說即無，無即說。」曰：「說法無心，造業有心否？」師曰：「無心即無業。今既有業，心即生滅，何得無心？」曰：「無心即成佛，和尚即今成佛未？」師曰：「心尚自無，誰言成佛？若有佛可成，還是有心。有心即有漏，何處得無心？」曰：「既無佛可成，和尚還得佛用否？」師曰：「心尚自無，用從何有？」曰：「茫然都無，莫落斷見否？」師曰：「本來無見，阿誰道斷？」曰：「本來無，莫落空否？」師曰：「空既是無，墮從何立？」曰：「能所俱無，忽有人持刀來取命，為是有是無？」師曰：「是無。」曰：「痛否？」師曰：「痛亦無。」曰：「痛既無，死後生何道？」師曰：「無死無生亦無道。」曰：「既得無物自在，饑寒所逼，若為用心？」師曰：「饑即喫飯，寒即著衣。」曰：「知饑知寒，應是有心。」師曰：「我問汝有心，心作何體段[35]？」曰：「心無體段。」師曰：「汝既知無體段，即是本來無心，何得言有？」曰：「山中逢見虎狼，如何用心？」師曰：「見如不見，來如不來，彼即無心，惡獸不能加害。」曰：「寂然無事，獨脫[36]無心，名為何物？」師曰：「名金剛大士。」曰：「金剛大士有何體段？」師曰：「本無形段。」曰：「既無形段，喚何物作金剛大士？」師曰：「喚作無形段金剛大士。」曰：「金剛大士有何功德？」師曰：「一念[37]與金剛相應，能滅殑伽沙劫生死重罪，得見殑伽沙諸佛。其金剛大士功德無量，非口所說，非意所陳，假使殑伽沙劫住世說亦不可得盡。」曰：「如何是一念相應？」師曰：「憶智俱忘，即是相應。」曰：「憶智俱忘，誰見諸佛？」師曰：「忘即無，無即佛。」曰：「無即言無，何得喚作佛？」師曰：「無亦空，佛亦空，故曰無即佛，佛即無。」曰：「既無纖豪可得，名為何物？」師曰：「本無名字。」曰：「還有相似者否？」師曰：「無相似者，世號無比獨尊。汝努力依此修行，無人能破壞者。更不須問，任意遊行，獨脫無畏，常有河沙賢聖之所覆護，所在之處常得河沙天龍八部之所恭敬，河沙善神來護，永無障難，何處不得逍遙！」又問：「迦葉在佛邊聽，為聞不聞？」師曰：「不聞聞。」曰：「云何不聞聞？」師曰：「聞不聞。」曰：「如來有說不聞聞，無說不聞聞？」師曰：

「如來無說。」曰：「云何無說說？」師曰：「言滿天下無口過㊳。」

【注釋】❶知識　朋友的異名，即我所知所識之人。其人善，即稱善友、善知識。❷揚眉瞬目　即思考問題時的樣子。❸挃　刺。《廣雅‧釋詁》：「挃，刺也。」❹正徧知　也作「正徧智」、「正徧覺」，指真正遍知一切法。❺無始　即「無始曠劫」。謂生死無始，經往昔久遠之劫。❻先尼　故印度修習外道之人名。❼審　果然。❽目視雲漢　即眼空一切的樣子。❾了義　謂顯明說示究竟之實義，即「真實」的異名。❿宛是　全然是；完全是。⓫剎說　謂草木國土等的說法。⓬不合　不該；不宜。唐人杜荀鶴〈投鄭先輩〉詩：「匣中長劍未酬恩，不遇男兒不合論。」⓭二見　一有見，固執有實有物之見；二無見，固執於實無物之見。⓮結業　惑謂之結，由惑而起之善惡所作謂之業。⓯正報　二報之一，也稱正果，即有情之身心，為依過去業因而感得之果報正體，故稱正報。⓰計　即計度，謂以妄念而推度道理。⓱我我所　我謂自身。我所為身外之事物是為我所有，故名。《維摩經注》：「離我眾生空，離我所法空也。」⓲罪報　依罪業而所感之苦果。⓳依報　二報之一。謂此身心所依止之身外諸物，而得之正實果報，故名依報。如世界、國土、家屋、衣食等皆是。⓴遮那佛　又作舍那佛，即毗盧遮那佛之略。㉑便利　大小便。㉒罣　即「掛」，阻礙。㉓殼漏子　此指人的身體。殼謂蛋殼，漏謂洩漏汙穢之物，子謂物體。㉔冥諦　天竺外道數論師所立二十五諦之第一，因其為萬物之本源，冥漠無諦，故稱冥諦。《百論疏》：「舊云外道修禪得五神通，前後知八萬劫內事，自八萬劫外，不能了知，故云冥。」並言：「一切世間以此冥諦為其本性。」㉕須陀洹　聲聞四果中之初果之名，斷三界之惑，即得此果。㉖辟支佛　即辟支迦佛陀的略稱。辟支有獨覺、緣覺二義。㉗一如　不二不異，即真如之理。㉘中道　謂不二絕待之理。㉙斷常二見　五惡見中第二稱邊見。邊見有二，一為斷見，二為常見。㉚認賊為子　錯把盜賊當作兒子，以喻本末倒置。㉛雷同　此指隨聲附和。㉜陰入界　指五陰(五蘊)、十二入、十八界，合稱三科。㉝唯然　應諾的樣子。㉞能仁　謂釋迦牟尼。㉟體段　體態；身段。㊱獨脫　超脫貌。㊲一念　謂靈知之自性。《起信論》：「如菩薩地盡，滿足方便，一念相應，覺心初起，心無初相，遠離微細念，故得見心性，心即常住，名究竟覺。」即一念相應而使始覺與本覺冥然不二，而證得佛果。㊳口過　言語過失。

【語譯】南陽慧忠國師問一位禪客道：「從什麼地方而來？」那禪客回答：「從南方來。」慧忠國師問道：「南方有什麼知識？」那禪客回答：「知識很多。」慧忠國師便問道：「怎樣來指示人呢？」那禪客回答：

「南方的知識當下指示學僧：即心是佛。佛是覺悟之義。你們現今完全具備見、聞、覺、知之性。此性很能揚眉瞬目，來去運用，遍布於身中，觸頭頭就知道了，觸腳腳就知道了，所以稱之為正徧知。離開這個以外，再沒有別的所謂佛了。此身即有生滅之心性，從無始曠劫以來，從未曾生滅過。所謂身體的生滅，就如同是龍換骨，蛇脫皮，人離開舊居。即此身體是無常，其本性為常。南方的知識所說的大約如此。」慧忠國師便說道：「像這樣的觀點，與那先尼外道所說的沒有差別。他曾說：『我這身體中有一神性，此神性能知道痛癢。當身體毀壞之時，神就離開身體出去。這就如同房屋被火燒毀了，房屋的主人便出去了。那房屋就是無常，房屋的主人就是常啊。』果然如同此語所說的，則邪正不能分辨，哪個才是對的呢？我從前雲遊四方時，多看見此類角色，近來尤其盛行了。其聚集了三、五百個人，眼睛瞅著雲漢，說這即是南方禪宗的旨意，把那《壇經》的文字任意改換，添加雜糅進鄙陋的言談，以消滅掉聖人的意旨，來迷惑後學徒眾，豈能成為言教啊！苦啊，我禪宗就此淪喪了啊！如果認為見、聞、覺、知是佛性，那淨名居士就不會說『法離絕見、聞、覺、知』了。如果施行見、聞、覺、知是對的，那麼這見、聞、覺、知就不是求佛法的手段了。」那禪客又問道：「法華了義，以開佛的知見。這又是為了什麼呢？」慧忠國師回答：「他只說開佛的知見，尚且沒有說菩薩二乘。難道是因為眾生痴惑顛倒，就等同於佛的知見嗎？」那禪客又問道：「哪個是佛心？」慧忠國師回答：「牆壁瓦礫即是。」那僧人便問道：「這與經文所說的大相背離。《涅槃經》中稱：『離開牆壁等無情之物，所以稱作佛性。』現在和尚卻說這就是佛性，不知道心與性，還有沒有差別？」慧忠國師回答：「迷惑即有差別，徹悟就沒有差別。」那禪客問道：「經文中說佛性是常，心是無常。現在和尚說沒有差別，又為什麼呢？」慧忠國師回答：「你只是拘泥於經文之語句，而沒有明瞭經文之意旨。譬如在寒冬臘月，水凍結成冰，等到天氣暖和時，冰又融化為水。當眾生迷惑之時，性凝結而成為心。當眾生悟徹之時，心融化而出為性。如同是執著於無情即無佛性的人。經文不應說三界惟心，全然是你自己違背了經文，我卻沒有違背。」那禪客問道：「無情既然具有心性，可還知道說法嗎？」慧忠國師回答：「他永遠明確地在講說，沒有一點點消亡停頓之時。」那禪客問道：「我為什麼沒有聽到？」慧忠國師回答：「是你自己沒有聽到。」那禪客問道：「誰能聽到？」慧忠國師回答：「諸佛能聽到。」那禪客問道：「眾生就沒有份了嗎？」慧忠國師回答：「我為眾生說法，不為聖人說法。」那禪客便說道：「我耳聾眼瞎，不能聽到無情說法，和尚應當聽到。」慧忠國師說道：「我也沒有聽到。」那禪客問道：「和尚既然沒有聽到，怎麼知道無情懂得說法呢？」慧忠國師回答：「我如若能聽到，即與諸佛相等了，你就不能聽到我所說的佛法了。」那禪客問道：「眾生到底能聽到嗎？」慧忠國師回答：「眾生如果能聽到，即不是眾生了。」那禪客問道：「無情說法，有什麼出處根據嗎？」慧忠國師回答：「你沒看見《華嚴經》記載道：『剎說，眾生說，三世一切說。』眾生是有情嗎？」那禪客又問道：「和尚只是講說了無情有佛性，那有情又怎麼樣呢？」慧忠國師回答：「無情尚且是這樣的，何況是有情啊？」那禪客說道：「如果是這樣的，則前面所舉的南方知識說『見聞是佛性』，應不該判斷其同於外道了。」慧忠國師說道：「不是說他沒有佛性，外道難道沒有佛性啊？只是因為見解錯了，在一法中生出二見，所以不對了。」那禪客便說道：「誠如有情、無情都具有佛性，但殺死有情，即結業互為報應，損害無情，卻沒聽說過有報應。」慧忠國師解釋道：「有情是正報，計度我與我所，而懷有結集憤恨之心，故有罪報。無情是其依報，沒有結集憤恨之心，所以不說有報應。」那禪客問道：「教義中只看見有情成佛，沒有看見過無情接受預言。而且賢劫中的千佛，誰又是無情之佛啊？」慧忠國師回答：「就如同皇太子還沒有繼承皇位時，只是一身而已。等到他繼承了皇位之後，國土都屬於國王了。難道有國土另外繼承了皇位嗎？現今只是有情接受預言而成佛之時，十方國土都是遮那佛之身，哪裡還有無情接受預言之事啊？」那禪客問道：「一切眾生都居於佛身之上，大小便汙穢了佛身，穿鑿踐踏著佛身，難道沒有罪過嗎？」慧忠國師回答：「眾生的全體即是佛，還想成為誰的罪過呢？」那禪客問道：「經文上說：『佛身沒有阻礙。』現今把有為阻礙之物作為佛身，難道沒有違乖聖人的旨意嗎？」慧忠國師回答：「《大品經》說：『不可離開有為而說無為。』你相信色即空嗎？」那禪客回答：「佛的諄諄說教，我哪敢不相信？」慧忠國師說道：「色既然是空，難道還有阻礙嗎？」那禪客又問道：「眾生與佛之本性既然相同，那只要一佛修行，一切眾生就應該即刻解脫了。現今既然不是這樣的，那相同之義又在哪裡呢？」慧忠國師回答：「你沒看見《華嚴六相義》說過：

『同相中有異相，異相中有同相。成相、壞相、總相、別相，其類別事例都是一樣的。』眾生與佛雖然同為一性，但不妨各自自修自得，並沒有過看見他人吃東西而感到自己肚飽之事。」那禪客問道：「有位知識只是指示學僧道：只要自己認識本性完畢，無常時把殼漏子拋棄到一邊去，靈臺智慧之性便迥然而去，即名為解脫。這又是為什麼呢？」慧忠國師回答：「前面已經說過了，這還是二乘外道的器量。二乘厭惡、離絕生死，喜歡涅槃。外道也說過：我有大憂患，因為我有我的身體。於是趨向於冥諦。得須陀洹果之人需要八萬劫，得其他三果的人各需要六萬、四萬、二萬劫，辟支佛需要一萬劫，而住在禪定中。外道也要八萬劫，而住在非非想定中。二乘人待到劫難滿了，還能迴心向大外道，並遠卻輪迴。」那禪客問道：「佛性是一種還是有區別的？」慧忠國師回答：「不得一種。」那禪客問道：「為什麼呢？」慧忠國師回答：「有的完全沒有生滅，有的半生半滅、且一半沒有生滅。」那禪客問道：「為什麼作這樣的解釋？」慧忠國師回答：「我這裡佛性完全沒有生滅，你南方佛性半生半滅、且一半沒有生滅。」那禪客問道：「怎樣區別呢？」慧忠國師回答：「我這裡則身心一如，心外沒有其他東西了，所以說完全沒有生滅。你南方認為身是無常，神性是常，所以稱半生半滅、且一半沒有生滅。」那禪客問道：「和尚的色身，難道能同法身一樣沒有生滅嗎？」慧忠國師回答：「你怎麼進入外道邪說了？」那禪客問道：「學生什麼時候進入外道邪說了？」慧忠國師回答：「你沒看見《金剛經》中說過『用色來發見、用聲音來尋求，皆是在行外道邪說』。現今你所持的見解，不就是那樣的嗎？」那禪客說道：「我曾經閱讀過大乘、小乘的教義，也曾看到過有講說『不生不滅，即是中道正性』之處的，也有講說『此蘊滅，彼蘊生，身有代謝之變，而神性不滅』之文的，哪能都歸入等同於外道之斷常二見呢？」慧忠國師說道：「你是學出世間無上真正之大道，還是學世間生死斷常二見啊？你沒看見僧肇法師說過：『談論真法則違背了俗理，順從俗理則違背了真法。違背了真法所以使本性迷茫而不知道返歸本源，違背了俗理故言語淺淡而沒有味道。中等根機之人如存若亡，下等根機之人拍手而不觀看。』你現今想要學那些下等根機之人而被大道所嘲笑嗎？」那禪客說道：「和尚也是說即心是佛，南方的知識也是這樣說的，哪裡有什麼異同呢？和尚不應該自以為是而非議他人。」慧忠國師解釋道：「有的名稱相異而其本體相同，有的名稱相同而其本體相異，由此而濫了。只如那菩提、涅槃，真如、佛性，名稱雖相異而其本體實同。真心、妄心，佛智、世間之智，名稱雖相同而其本體實異。因為南方的知識錯把妄心說成是真心，錯認盜賊為兒子，又有人把世間之智當作佛智，就好像是用魚的眼珠來代替明珠，此事不可以隨聲附和，需要加以甄別。」那禪客問道：「怎樣才能避免這種過錯？」慧忠國師回答：「你只要仔細觀察五蘊、十二入、十八界之處，一一推究其至極處，可有一絲一毫能得到嗎？」那禪客回答：「經仔細觀察，沒看見一物可以得到。」慧忠國師問道：「你毀壞身心之相了嗎？」那禪客回答：「身心與性相分離，有什麼可毀壞的？」慧忠國師問道：「身心以外可還有一物嗎？」那禪客回答：「身心沒有外緣，哪還會有一物？」慧忠國師問道：「你毀壞世間相了嗎？」那禪客回答：「世間相即是無相，哪用得著再毀壞呢？」慧忠國師便說道：「如果是這樣的，就能避免那過錯了。」那禪客唯唯然接受了教誨。

常州（今屬江蘇）僧人靈覺問道：「我發信心出家，本為了求佛，不知道怎樣用心才能夠得到？」慧忠國師回答：「無心可運用，就能成佛。」靈覺問道：「無心可運用，誰能成佛呢？」慧忠國師回答：「無心自然成，因為佛也無心。」靈覺問道：「佛有大不可思議的神通，故能化度眾生，如果無心，那誰來化度眾生呢？」慧忠國師回答：「無心才是真正的化度。如果看見有眾生可化度者，那就是有心了，宛如有生滅一樣。」靈覺問道：「現今既然說是無心，那釋迦牟尼佛出世，講說了許多教義，難道都是空言嗎？」慧忠國師回答：「佛講說教義也是無心。」靈覺說道：「說法無心，應該不說。」慧忠國師解釋道：「說即是無，無即是說。」靈覺問道：「說法無心，造業可還有心嗎？」慧忠國師回答：「無心就無業。現今既已有業，心即有生滅，哪能無心呢？」靈覺問道：「無心即成佛，和尚今天成佛了嗎？」慧忠國師回答：「心況且沒有，誰說成佛呢？如果有佛可成，還是屬於有心。有心即有煩惱，什麼地方還能得無心呢？」靈覺問道：「既然沒有佛可成，和尚可還能得到佛之作用嗎？」慧忠國師回答：「心尚且沒有，從哪裡得到此作用呢？」靈覺問道：「一切茫然都沒有，莫非落入斷見了嗎？」慧忠國師回答：「本來都沒有見，誰說有斷呢？」靈覺問道：「本來沒有，莫非落入空見了嗎？」慧忠國師回答：「空既然是無，墮落之說從哪裡建立呢？」靈覺問道：「能所都消亡了，忽然有人拿著刀來取性命，那是有還是沒有呢？」慧忠國師回答：「是沒有。」靈覺問道：「痛嗎？」慧忠國師回答：「痛也沒有。」靈覺問道：「痛既然沒有，那死後再生是什麼道理呢？」慧忠國師回答：「無生無死也無道理。」靈覺問道：「既然是無物自在，那饑寒所逼迫之時，為什麼還要有所用心呢？」慧忠國師回答：「感到饑餓了就吃飯，感到寒冷了就穿衣。」靈覺說道：「知道饑餓與寒冷，就應該是有心了。」慧忠國師問道：「我問你，既然有心，那心作什麼體段？」靈覺回答：「心沒有體段。」慧忠國師說道：「你既然知道心沒有體段，即是本來無心了，為什麼還說有心呢？」靈覺問道：「山林中遇見虎狼，怎樣來用心呢？」慧忠國師回答：「遇見如同沒有遇見，來也如同沒來，他即是無心的，惡獸也不能加害他。」靈覺問道：「寂然無事，獨脫無心，那叫作什麼呢？」慧忠國師回答：「叫作金剛大士。」靈覺問道：「金剛大士有什麼體段呢？」慧忠國師回答：「本來就沒有形體身段。」靈覺問道：「本來就沒有形體身段，那把什麼叫作金剛大士呢？」慧忠國師回答：「就叫作無形體身段金剛大士。」靈覺問道：「金剛大士有什麼功德？」慧忠國師回答：「使一念與金剛相契應，便能消滅殑伽沙劫之生死重罪，得以見到殑伽沙諸佛。那金剛大士功德無法估量，不是嘴巴所能講說的，不是語意所能陳述的，假使在殑伽沙劫中住世者也不能說盡。」靈覺問道：「什麼是一念相契應？」慧忠國師回答：「記憶與智慧都忘記了，即是相契應。」靈覺問道：「記憶與智慧都忘記了，那誰見諸佛呢？」慧忠國師回答：「忘記即是無，無即是佛。」靈覺問道：「無就叫作無，為什麼可以叫作佛呢？」慧忠國師回答：「無也即是空，空也即是佛，所以說無即是佛，佛即是無。」靈覺問道：「既然沒有一絲一毫可得到，那又叫作什麼呢？」慧忠國師回答：「本來就沒有名字。」靈覺問道：「可還有相似的呢？」慧忠國師回答：「沒有相似的，世人就稱之為無比獨尊。你努力依照此修行，就沒有人能破壞的。你不必再參問，任意遊行，獨脫無畏，就常有繁多如恆河之沙粒的聖賢來保護守衛，所在之處常有繁多如恆河之沙粒的天龍八部來恭敬，繁多如恆河之沙粒的善神來守護，永遠沒有障礙劫難，還有什麼地方不能逍遙啊！」靈覺又問道：「迦葉尊者在佛身邊聽說法，是在聽還是沒在聽呢？」慧忠國師回答：「沒在聽。」靈覺問道：「什麼是沒在聽？」慧忠國師回答：「聽不聽。」靈覺問道：「是如來佛在說法而迦葉尊者不在聽，還是沒說而不在聽？」慧忠國師回答：「如來佛沒在說。」靈覺問道：「為什麼說他沒在說？」慧忠國師回答：「言語傳布天下卻沒有口過。」

洛京荷澤神會大師語

洛京荷澤神會大師示眾曰：「夫學者須達自源。四果❶三賢❷，皆名調伏❸。辟支、羅漢，未斷其疑。等妙二覺❹，了達分明。覺有淺深，教有頓漸。其漸也，歷僧祇劫猶處輪迴。其頓也，屈伸臂頃便登妙覺。若宿無道種❺，徒學多知。一切在心，邪正由己。不思一物，即是自心。非智所知，更無別行。悟入此者，真三摩提。法無去來，前後際斷❻。故知無念❼，為最上乘。曠徹清虛，頓開寶藏。心非生滅，性絕推遷。自淨則境慮不生，無作乃攀緣自息。吾於昔日轉不退輪❽，今得定慧雙修。如拳如手，見無念體。不逐物生，了如來常❾。更何所起？今此幻質❿，元是真常。自性如空，本來無相。既達此理，誰怖誰憂？天地不能變其體。心歸法界，萬象一如⓫。遠離思量，智同法性。千經萬論，只是明心。既不立心，即體真理都無所得。告諸學眾，無外馳求。若最上乘，應當無作。珍重！」

人問：「無念法有無否？」師曰：「不言有無。」曰：「恁麼時作麼生？」

師曰：「亦無恁麼時。猶如明鏡，若不對像，終不見像。若見無物，乃是真見。」

師於《大藏經》內有六處有疑，問於六祖。第一問戒定慧曰：「戒定慧如何？所用戒何物？定從何處修？慧因何處起？所見不通流。」六祖答曰：「定即定其心，將戒戒其行，性中常慧照，自見自知深。」第二問：「本無今有有何物？本有今無無何物？誦經不見有無義，真似騎驢更覓驢。」答曰：「前念惡業本無，後念善生今有。念念常行善行，後代人天不久。汝今正聽吾言，吾即本無今有。」第三問：「將生滅卻滅，將滅滅卻生。不了生滅義，所見似聾盲。」答曰：「將生滅卻滅，令人不執性。將滅滅卻生，令人心離境。未若離二邊，自除生滅病。」第四問：「先頓而後漸，先漸而後頓。不悟頓漸人，心裡常迷悶。」答曰：「聽法頓中漸，悟法漸中頓。修行頓中漸，證果[12]漸中頓。頓漸是常因，悟中不迷悶。」第五問：「先定後慧，先慧後定。定慧後初[13]，何生為正？」答：「常生清淨心，定中而有慧。於境上無心，慧中而有定。定慧等無先，雙修自心正。」第六問：「先佛而後法，先法而後佛。佛法本根源，起從何處出？」答曰：「說即先佛而後法，聽即先法而後佛。若論佛法本根源，一切眾生心裡出。」

【注　釋】❶四果　指聲聞乘之四種聖果，一須陀洹果，二斯陀含果，三阿那含果，四阿羅漢果。❷三賢　十住、十行、十迴向謂之三賢。❸調伏　調養降伏。❹等妙二覺　大乘階位五十二級中之第五十一位為等覺，第五十二位為妙覺，即佛果。

❺道種　處十迴向之位始修中道觀，故名為道；能生佛果，故名為種。❻前後際斷　謂有為法之前際與後際斷絕而不常住。其觀之似不斷絕，為其前後相續之緣故。❼無念　無妄念，即正念。❽不退輪　「不退轉法輪」之略。佛、菩薩之說法稱法輪。菩薩得此法輪，愈增愈進，而不退失，故稱不退轉。使眾生得不退轉，故稱不退轉法輪。❾如來常　即如來常住。《涅槃經》：「師子吼之名決定說，一切眾生悉有佛性，如來常住，無有變易。」❿幻質　同「幻身」。⓫萬象一如　意同「萬法一如」。謂萬法由因緣而生，為自然之法，而因緣所生之法沒有自性，沒有自性故空，而以空為性。萬法各有一空性，故稱一如。

⓬證果　謂正名無漏之正智。指小乘證得佛果、緣覺果及聲聞四果，大乘證得初地乃至等覺十一地菩薩之分果、佛之滿果。

⓭後初　謂禪門後學及初入叢林之僧人。

【語　譯】東京洛陽荷澤寺神會大師指示眾人道：「學法者必須曉達自己的本源。四果三賢，都稱之為調伏。辟支、羅漢，未能斷絕其疑惑。等覺、妙覺二覺，了然通達分明。覺有淺深之區分，教有頓漸之差別。其漸悟，歷盡阿僧祇劫還依然處於輪迴之中。其頓悟，在伸展彎曲手臂之間已經悟登妙覺了。如果宿世就沒有道種，便學得了許多知識也徒然。一切都在於自心，邪正又在於自己。不思量一物，即是自心。此不是智力所能知曉的，更沒有其他的修習方法。悟入這個的，即是真正的三摩提。佛法沒有去與來，前際與後際斷絕而不常住。所以知道無念，即是最上之宗乘。擴展澄澈清虛，頓時打開了寶藏。心不是生滅之物，性斷絕推移變化。自心清淨則外境思慮不產生，無所作為則攀緣自然止息。我在過去曾轉動不退轉法輪，現今得以定慧雙修。就如同觀看自己的拳頭與手一樣，觀看到無念之本體。不追逐外物而生心，就明瞭如來常住。再能從什麼地方而起心呢？現今這虛幻之身，原本是真常。自性如若是空，那本來即無相。既已曉達這道理，誰又能讓你恐怖、讓你擔憂呢？天地都不能改變其本體。本心歸於法界，萬象一如。遠遠離開思量測度，智慧即同於法性。千卷經文，萬篇論文，都只是為了明自心。既然不立心，即能體會真理，而完全無所得到。告訴諸位學法眾僧，不要向心外追逐尋求。如最上之宗乘，應當無所作為。各自珍重！」

有人問道：「無念之法有沒有啊？」神會大師回答：「不說有沒有。」那人問道：「當這樣的時候怎麼辦呢？」神會大師回答：「也沒有這樣的時候。猶如明鏡，如果不對著物體，終究不能看見物像。如若看見了無物，那即是真正之見。」

神會大師在《大藏經》中發現了六處疑點，就向六祖大師提問。第一個問題是問戒、定、慧：「戒、定、慧是什麼？所用之戒是什麼東西？定從什麼地方修習？慧由什麼地方產生？我所看見的都沒能通達。」六祖大師回答：「定就是要定其心，運用戒就是要戒其行，佛性中常用智慧映照，便自見自明得更深遠了。」第二個問題是：「本來沒有而現今有了，是有什麼東西呢？本來有的而現今沒有了，是沒有了什麼東西呢？誦讀經文而沒有看見有與無之義，真的就像是騎著驢子在找驢子。」六祖大師回答：「前念所作的惡業本來沒有，後念所生之善業現在有了。前念後念常行善行，後代不久就將輪迴轉入人天。你現在正在聽我講說，我即是本來沒有而現今有了。」第三個問題是：「將要生滅卻反而滅了，將要滅滅卻反而生了。不能明瞭這生與滅之義，所見所聞就像是聾子與盲人。」六祖大師回答：「將要生滅卻反而滅了，令人不要執著於性。將要滅滅卻反而生了，令人本心離開外境。沒有離開那二邊，自然驅除了生與滅之病。」第四個問題是：「是先頓悟而後漸修，還是先漸修而後再頓悟。沒有領會頓悟與漸修之人，心裡常常感到迷茫。」六祖大師回答：「聽講佛法是頓悟中的漸修，悟徹佛法是漸修中的頓悟。修行是頓悟中的漸修，證明正果是漸修中的頓悟。頓悟與漸修只是常因，領悟了就不再迷茫。」第五個問題是：「是先定而後慧，還是先慧而後定。對於此定、慧，初入禪林之後學，以什麼為正呢？」六祖大師回答：「常生清淨之心，即是定中而有慧。對於外境而無心，即是慧中而有定。定慧相等而沒有先後之分，定慧雙修自然就心正。」第六個問題是：「是先有佛而後有法，還是先有法而後有佛。佛、法本是同一根源，又是從什麼地方產生的？」六祖大師回答：「要論說則是先有佛而後有法，要論聽當是先有法而後有佛。如果說佛、法本是同一根源，一切眾生都從心裡產生。」

江西大寂道一禪師語

江西大寂道一禪師示眾云：「道不用修，但莫汙染。何為汙染？但有生死心、造作趣向，皆是汙染。若欲直會其道，平常心是道。謂平常心無造作，無是非，無取捨，無斷常，無凡無聖。經云：『非凡夫行，非賢聖行，是菩薩行。』只如今行住坐臥，應機接物，盡是道。道即是法界，乃至河沙妙用，不出法界。若不然者，云何言心地法門？云何言無盡燈❶？一切法皆是心法，一切名皆是心名。萬法皆從心生，心為萬法之根本。經云：『識心達本，故號沙門。』名等義等，一切諸法皆等，純一無雜。』若於教門中得隨時自在，建立法界，盡是法界，若立真如，盡是真如，若立理，一切法盡是理，若立事，一切法盡是事，舉一千從理事無別，盡是妙用。更無別理，皆由心之迴轉。譬如月影有若干，真月無若干，諸源水有若干，水性無若干，森羅萬象有若干，虛空無若干，說道理有若干，無礙慧無若干，種種成立，皆由一心也。建立亦得，掃蕩亦得，盡是妙用。妙用盡是自家，非離真而有，立處即真立處，盡是自家體。若不然者，更是何人？一切法皆是佛法，諸法即解脫。解脫者，即真如。諸法不出於如。行住坐臥，悉是不思議用，不待時節。經云：『在在處處❷，則為有佛。』佛是能仁，有智慧，善機情❸，能破一切眾生疑網，出離有無等縛。凡聖情盡，人法俱空。轉無等❹輪，超於數量，所作無礙，事理雙通。如天起雲，忽有還無，不留礙迹。猶如畫水成文。不生不滅，是大寂滅。在纏❺名如來藏，出纏名大法身。法身無窮，體無增減，能大能小，能方能圓，應物現形，如水中月。滔滔❻運用，不立根栽，不盡有為，不住無為。有為是無為家用，無為是有為家依。不住於依，故云如空❼，無所依。心，生滅義。心，真如義。心，真如者。譬如明鏡照像，鏡喻於心，像喻諸法。若心取法，即涉外因緣，即是生滅義。不取諸法，即是真如義。聲聞聞見佛性，菩薩眼見佛性，了達無二，名平等性。性無有異，用則不同。在迷為識，在悟為智，順理為悟，順事為迷。迷即迷自家本心，悟即悟自家本性。一悟永悟，不復更迷。如日出時，不合於冥。智慧日出，不與煩惱暗俱。了心及境界，妄想即不生。妄想既不生，即是無生法忍❽。本有今有，不假修道坐禪。不修不坐，即是如來清淨禪。如今若見此理，真正不造諸業，隨分過生，一衣一衲，坐起相隨，戒行增薰，積於淨業。但能如是，何慮不通？久立，諸人珍重！」

【注釋】❶無盡燈　佛門謂以一人之法輾轉開導百千人而至於無盡，譬如以一燈次序點燃百千盞燈，故稱之為無盡燈。❷在在處處　到處；處處。❸機情　人之根機性情。❹無等　佛之尊號。《大日經疏》：「如來智慧，于一切法中無可譬類，亦無過上，故名無等。」❺在纏　即「在纏真如」。謂真如法性之理隱在煩惱纏縛之中。反之即名之為「出纏」。❻滔滔　此謂不盡、無窮盡。❼如空　如為平等之義，平等真空謂之如空。❽無生法忍　信難信之理而不惑稱為忍。小乘之見道、信忍欲界苦諦之理謂之苦法忍，信忍道諦之理謂之道法忍，而大乘之菩薩於初地之見道、忍無生之理謂之無生法忍。

【語　譯】江西大寂道一禪師指示眾人說：「大道不用修行，只是不要被汙染了。什麼是汙染呢？只要有生死之心、造作之趣向，都屬於汙染。如果想要直接領會其道，那平常心即是道。這是說平常心沒有造作，不分是非，不分取捨，不分斷常，沒有凡人也沒有聖人。經文上說：『不是凡人之行，也不是聖賢之行，即是菩薩行。』只如今行、住、坐、臥，應機接物，全都是道。道即是法界，乃至於如恆河中之沙粒一樣繁多的妙用，也皆不出於法界。如果不是這樣的，那又為什麼要講說心地法門呢？為什麼要講說無盡燈呢？一切法都是心之法，一切名都是心之名。萬法都從心而生，心為萬法的根本。經文中說：『認識自性，通達本源，故稱之為沙門。』名字相等，意義相等，一切諸法都相等，純一而妙用混雜。如果在教門中得到隨時之自在，如若建立法界，就都是法界，如若建立真如，就都是真如，如若建立理，就都是理，如若建立事，就都是事。一切法都是事，舉出一千件東西，從事理上看都沒有分別，全都是妙用，再也沒有別的理，都是通過心而迴轉的。譬如月亮的影子有若干個，但真月亮並沒有若干個，各有其源頭的河流有若干條，但水之性並沒有若干條，森羅萬象有若干個，但虛空並沒有若干個，所說的道理有若干條，但沒有障礙的智慧並沒有若干條，那種種能成立者，都是由一心而產生的。建立也可以，掃蕩也可以，全都是妙用。妙用都是自家的，不是離開真實而建立的，其建立之處即是真正的建立之處，全都是自家之體。如若不是這樣的，那還有什麼人呢？一切法都是佛法，諸法即是解脫。所謂解脫，即是真如。諸法不出於真如。行、住、坐、臥，都是不可思議之妙用，並不需等待時節。經文中說：『在在處處，則為有佛。』佛是能仁，有智慧，善機情，能破除一切眾生的迷茫疑惑，超出離絕有、無等的束縛。凡人、聖人之情已完盡，人與法俱已空寂。轉動無等之法輪，超越了能計算之數量，所作的都沒有障礙，事理雙通。就如同天上起了雲，忽然出現卻轉眼不見了，並沒有留下痕跡。也猶如在水面寫畫文字一樣。不生不滅，即是大寂滅。在纏名之為如來藏，出纏名之為大法身。法身無窮，但其本體卻並沒有增減，能變大又能變小，能變方又能變圓，應物體之性而現形，就如同是水中之月。滔滔不盡之運用，不用立根栽培，不盡是有為，不住於無為。有為是無為自家之所用，無為是有為自家之所依，所以稱之為如空，故而無所依。心為生滅之義。心為真如之義。心即是真如。就譬如是用明鏡映照物像，以明鏡譬喻心，以物像譬喻諸法。如果心有所取法，即涉及外面之因緣，即是生滅之義。不取諸法，即是真如之義。聲聞聽見了佛性，菩薩看見了佛性，明瞭通達而惟一無二，故名之為平等之性。性沒有差異，運用卻各有不同。在迷惑者為知識，在覺悟者為智慧，順從理者為覺悟，順從事者為迷惑。迷惑者即迷惑了自家之本心，覺悟者即覺悟了自家之本性。一旦領悟了就永遠領悟了，不會再迷惑了。就如同是太陽出山時，不再合於黑暗。智慧每日增長，不與煩惱暗中相伴。了悟自心與境界，妄想就不再產生。妄想既然不再產生，即是無生法忍。本來即有，現今也有，並不借助修道坐禪。不修道，不坐禪，即是如來清淨禪。現今如若看見了此理，就真正不造作諸業，隨自己的本分度過此生，一衣一衲，坐下起身相隨，戒行增加，薰陶修養，積聚淨業。只要能夠這樣，什麼思慮不能通達？久立了，諸位珍重！」

澧州藥山惟儼和尚語

澧州藥山惟儼和尚上堂曰：「祖師只教保護，若貪瞋起來，切須防禦，莫教揨❶（直庚切。）觸。是你欲知枯木、石頭，卻須擔荷，實無枝葉可得。雖然如此，更宜自看，不得絕卻言語。我今為汝說遮箇語，顯無語底，他那箇本來無耳目等貌。」

時有僧問云：「何有六趣❷？」師曰：「我此要輪雖在其中，元來不染。」問：「不了身中煩惱時如何？」師曰：「煩惱作何相狀，我且要你考看。更有一般底，只向紙背上記持言語，多被經論惑。我不曾看經論策子。汝只為迷事，走失自家不定，所以便有生死心。未學得一言半句，一經一論，便說恁麼菩提涅槃、世攝不攝？若如是解，即是生死。若不被此得失繫縛，便無生死。汝見律師說什麼尼薩者❸、突吉羅❹最是生死本，雖然恁麼窮生死且不可得。上至諸佛，下至螻蟻❺，盡有此長短、好惡、大小不同。若也不從外來，何處有閑漢掘地獄待你？你欲識地獄道，只今鑊湯煎煮者是。欲識餓鬼道，即今多虛少實、不令人信者是。欲識畜生道，見今不識仁義、不辨親疏者是。豈須披毛戴角，斬割倒懸！欲識人天，即今洗淨威儀、持鉼挈鉢者是。保任免墮諸趣，第一不得棄遮箇。遮箇不是易得，須向高高山頂立，深深海底行。此處行不易，方有少相應。如今出頭來，盡是多事人，覓箇癡鈍人不可得。莫只記策子中言語，以為自己見知，見他不解者，便生輕慢。此輩盡是闡提❻外道，此心直不中❼。切須審悉，恁麼道猶是三界邊事。莫在衲衣下空過，到遮裡更微細在。莫將等閑，須知珍重！」

【注釋】❶揨 同「打」。撞擊。《廣韻・耕韻》：「揨，撞也，觸也。」❷六趣 即「六道」。❸尼薩者 為「尼薩者波逸提」之略，戒律之罪名。尼薩耆意為盡捨，波逸提意為墮。此為聚斂衣鉢等財物之罪，如以此財物捨於眾中而懺悔之，即謂之盡捨；若不懺悔，則結墮獄之罪，故名墮。此罪總共有三十種，稱為三十捨墮。《四分戒本定賓疏》：「謂犯此罪牽墮三惡，若犯此墮，要先捨財，後懺墮罪，故云捨墮。」❹突吉羅　戒律之罪名。《四分律》分之為身、口二業，即身業惡作與口業惡說。❺螻蟻　螻蛄與螞蟻，比喻細小的東西。❻闡提　「一闡提」之略，不成佛之義，有二種，其一即指斷善闡提，起大惡見而斷絕一切善根。❼不中　不能；不堪。

【語　譯】澧州藥山惟儼和尚上堂說法道：「祖師只教我們要保護自心，如果貪欲、忿恚起來，切須要防禦制止，不要讓它接觸發展。你想要知道枯木、石頭，就必須承擔重任，實在沒有什麼枝節可以得到的。雖然是這樣的，你們還應該自己觀察，不能斷絕語言。我現在為你們講說這個話語，顯然是沒有根據的，他那個本來沒有眼睛耳朵等器官。」當時有僧人問道：「為什麼有六趣呢？」惟儼和尚回答：「我此要輪雖然在其中，原來沒有汙染。」那僧人問道：「不能了結身中煩惱時怎麼辦呢？」惟儼和尚回答：「煩惱作什麼形狀，我且要你考慮一下。還有一般人，只向紙張背面上記憶言語，大多被經論所迷惑。我不曾看過經論卷子。你只因為被事所迷惑，迷失了自己而心神不定，所以便有了生死之心。沒有學得一語半句，一經一論，便說什麼菩提涅槃、世間攝受不攝受的？如果作這樣的見解，那就是生死之心。如果不被此得失所束縛，就沒有生死之心。你看那律師說什麼尼薩耆、突吉羅最是生死之根本，雖然他這樣地窮尋生死卻還是不能得到。上至諸佛，下至螻蛄螞蟻，都有其各自之長短、好惡、大小的不同。如果不從外面而來，哪兒會有閒漢挖好地獄來等你？你想要認識地獄道，只現在鍋中煮沸的熱水就是。你想要認識餓鬼道，即現今那多虛少實、不讓人信奉者就是。你想要認識畜生道，現在那不知道仁義、不能分辨親疏者即是。哪裡必須待到披毛長角、被斬首剖割倒掛之時才得知！你想要認識人、天道，現今洗淨威儀、持淨瓶托食鉢者就是。保護自己免於墮落諸趣，第一不得拋棄這個。這個不是容易得到的，必須向高高的山頂上站立，深深的海底中行走才行。此處行走不容易，方才有少許相應。如今出頭來，都是多事之人，尋覓一個痴鈍的人也不能得到。不要只是記住書卷中的言語，便作為自己的見知，看見他不能理解的，就心中生出輕慢之意。這樣的人都是闡提外道，其心簡直不堪論說。切須審視明白，這樣說還是三界邊事。不要在衲衣下空度時日，到這裡有更細微的事情在。不要等閒視之，須知要各自珍重！」

越州大珠慧海和尚語

越州大珠慧海和尚上堂曰：「諸人幸自好箇無事人，苦死造作，要擔枷落獄作麼？每日至夜奔波，道我參禪學，道解會佛法，如此轉無交涉也，只是逐聲色走，有何歇時？貧道聞江西和尚道：『汝自家寶藏一切具足，使用自在，不假外求。』我從此一時休去，自己財寶隨身受用，可謂快活。無一法可取，無一法可捨，不見一法生滅相，不見一法去來相，偏十方界無一微塵許不是自家財寶。但自子細觀察自心，一體三寶❶，常自現前，無可疑慮，莫尋思，莫求覓。心性本來清淨，故《華嚴經》云：『一切法不生，一切法不滅。』若能如是解，諸佛常現前。又《淨名經》云：『觀身實相，觀佛亦然。』若不隨聲色動念，不逐相貌生解，自然無事去。莫久立，珍重！」

此日大眾普集，久而不散，師曰：「諸人何故在此不去？貧道已對面相呈，還肯休麼？有何事可疑？莫錯用心，枉費氣力。若有疑情，一任諸人恣意早問。」

時有僧法淵問曰：「云何是佛？云何是法？云何是僧？云何是一體三寶？願師垂示。」師曰：「心是佛，不用將佛求佛。心是法，不用將法求法。佛法無二，和合為僧。即是一體三寶。經云：『心佛與眾生，是三無差別。』身口意清淨，名為佛出世。三業不清淨，名為佛滅度。』喻如嗔時無喜，喜時無嗔。唯是一心，實無二體。本智法爾❷，無漏現前。如蛇化為龍，不改其鱗。眾生迴心作佛，不改其面。性本清淨，不待修成。有證有修，即同增上慢❸者。真空無滯，應用無窮，無始無終，利根頓悟。用無等等，即是阿耨菩提❹。心無形相即是微妙色身，無相即是實相法身。性相❺體空即是虛空無邊身，萬行❻莊嚴即是功德法身。此法身者，乃是萬化之本，隨處立名。智用無盡，名無盡藏。能生萬法，名本法藏。具一切智，是智慧藏。萬法歸如，名如來藏。經云：『如來者，即諸法如義。』又云：『世間一切生滅法，無有一法不歸如也。』」

時有人問云：「弟子未知律師、法師、禪師，何者最勝？願和尚慈悲指示。」師曰：「夫律師者，啟毗尼之法藏，傳壽命❼之遺風。洞持犯❽而達開遮❾，秉威儀而行軌範。牒三番羯磨❿作四果初因。若非宿德白眉⓫，焉敢造次！夫法師者，踞師子之座，瀉懸河之辯。對稠人廣眾，啟鑿玄關⓬。開般若妙門，等三輪⓭空施。若非龍象蹴蹋⑭，安敢當斯！夫禪師者，撮其樞要，直了心源，出沒卷舒，縱橫應物，咸均事理，頓見如來。拔生死深根，獲見前三昧。若不安禪靜慮，到遮裡總須茫然。隨機授法，三學雖殊；得意忘言，一乘何異？故經云：『十方佛土中，唯有一乘法。無二亦無三，除佛方便說。但以假名字，引導於眾生。』」曰：「和尚深達佛旨，得無礙辯。」又問：「儒道釋三教同異如何？」師曰：「大量者用之即同，小機者執之即異。總從一性上起用，機見差別成三。迷悟由人，不在教之同異。」

講《唯識》道光座主問曰：「禪師用何心修道？」師曰：「老僧無心可用，無道可修。」曰：「既無心可用，無道可修，云何每日聚眾，勸人學禪修道？」師曰：「老僧尚無卓錐之地，什麼處聚眾來？老僧無舌，何曾勸人來？」曰：「禪師對面妄語。」師曰：「老僧尚無舌勸人，焉解妄語？」曰：「某甲卻不會禪師語論也。」師曰：「老僧自亦不會。」

講《華嚴》志座主問：「禪師何故不許『青青翠竹盡是法身，鬱鬱黃華無非般若』？」師曰：「法身無象，應翠竹以成形。般若無知，對黃華而顯相。非彼黃華、翠竹而有般若、法身故。經云：『佛真法身，猶若虛空，應物現形，如水中月。』黃華若是般若，般若即同無情。翠竹若是法身，翠竹還能應用。座主會麼？」曰：「不了此意。」師曰：「若見性人，道是亦得，道不是亦得，隨用而說，不滯是非。若不見性人，說翠竹著翠竹，說黃華著黃華，說法身滯法身，說般若不識般若，所以皆成爭論。」志禮謝而去。

人問：「將心修行，幾時得解脫？」師曰：「將心修行，喻如滑泥洗垢。般若玄妙，本自無生，大用現前，不論時節。」曰：「凡夫亦得如此否？」師曰：「見性者即非凡夫。頓悟上乘，超凡越聖。迷人論凡論聖，悟人超越生死涅槃。迷人說事說理，悟人大用無方。迷人求得求證，悟人無得無求。迷人期遠劫，悟人頓見。」

《維摩》座主問：「經云：『彼外道六師[15]等是汝之師，因其出家。彼師所墮，汝亦隨墮。其施汝者不名福田，供養汝者墮三惡道[16]。謗於佛，毀於法，不入眾數，終不得滅度。汝若如是，乃可取食。』今請禪師明為解說。」師曰：「迷徇六根者，號之為六師。心外求佛，名為外道。有物可施，不名福田。生心受供，墮三惡道。汝若能謗於佛者，是不著佛求。毀於法者，是不著法求。不入眾數者，是不著僧求。終不得滅度者，智用現前。若有如是解者，便得法喜禪悅[17]之食。」

有行者問：「有人問佛答，佛問法答。法喚作一字法門，不知是否？」師曰：「如鸚鵡學人語話，自語不得，為無智慧故。譬如將水洗水，將火燒火，都無義趣。」

人問：「言之與語，為同為異？」師曰：「夫一字曰言，成句名語。且如靈辯滔滔，譬大川之流水。峻機疊疊，如圓器之傾珠。所以郭象[18]號懸河，春鸚稱義海，此是語也。言者一字表心也，內著玄微，外現妙相，萬機撓而不亂，清濁渾而常分。齊王到此，猶慚欠大夫之辭。文殊到此，尚歎淨名之說。如今常人，云何能解？」

源律師問：「禪師常譚即心是佛，無有是處。且一地[19]菩薩分身百佛世界，二地增于十倍。禪師試現神通看。」師曰：「闍梨自己是凡是聖？」曰：「是凡。」師曰：「既是凡僧，能問如是境界。經云：『仁者心有高下，不依佛慧。』此之是也。」又問：「禪師每云：『若悟道現前，身便解脫。』無有是處。」師曰：「有人一生作善，忽然偷物入手，即身是賊否？」曰：「故知是也。」師曰：「如今了了見性，云何不得解脫？」曰：「如今必不可，須經三大阿僧祇劫始得。」師曰：「阿僧祇劫還有數否？」源抗聲曰：「將賊比解脫，道理得通否？」師曰：

「闍梨自不解道，不可障一切人解。自眼不開，瞋一切人見物。」源作色而去，云：「雖老，渾無道。」師曰：「即行去者是汝道。」

講《止觀》慧座主問：「禪師辨得魔否？」師曰：「起心是天魔[20]，不起心是陰魔[21]，或起不起是煩惱魔[22]。我正法中無如是事。」曰：「一心三觀，義又如何？」師曰：「過去心已過去，未來心未至，現在心無住於其中間，更用何心起觀？」曰：「禪師不解止觀。」師曰：「座主解否？」曰：「解。」師曰：「如智者大師說止破止，說觀破觀，住止沒生死，住觀心神亂。且為當將心止心，為復起心觀觀？若有心觀，是常見法。若無心觀，是斷見法。亦有亦無，成二見法。請座主子細說看。」曰：「若如是問，俱說不得也。」師曰：「何曾止觀！」

人問：「般若大否？」師曰：「大。」曰：「幾許大？」師曰：「無邊際。」曰：「般若小否？」師曰：「小。」曰：「幾許小？」師曰：「看不見。」曰：「何處是？」師曰：「何處不是？」

《維摩》座主問：「經云：『諸菩薩各入不二法門，維摩默然。』是究竟[23]否？」師曰：「未是究竟。聖意若盡，第三卷更說何事？」座主良久曰：「請禪師為說未究竟之意。」師曰：「如經第一卷，是引眾呵[24]十大弟子住心。第二諸菩薩各說入不二法門，以言顯於無言，文殊以無言顯於無言，維摩不以言，不以無言故，默然收前言語。故第三卷從默然起說，又顯神通作用。座主會麼？」曰：「奇怪如是。」師曰：「亦未如是。」曰：「何故未是？」師曰：「且破人執情作如此說。若據經意，只說色心空寂，令見本性，教捨偽行，入真行，莫向言語紙墨上討意度。但會『淨名』兩字，便得。淨者本體也，名者迹用[25]也。從本體起迹用，從迹用歸本體。體用不二，本迹非殊。所以古人道：本迹雖殊，不思議一也。一亦非一。若識『淨名』兩字假號，更說什麼究竟與不究竟？無前無後，非本非末，非淨非名，只示眾生本性不思議解脫。若不見性人，終身不見此理。」

僧問：「萬法盡空，識性亦爾。譬如水泡一散，更無再合。身死更不再生，即是空無，何處更有識性？」師曰：「泡因水有，泡散可即無水。身因性起，身死豈言性滅？」曰：「既言有性，將出來看。」師曰：「汝信有明朝否？」曰：「信。」師曰：「試將明朝來看。」曰：「明朝實是有，如今不可得。」師曰：「明朝不可得，不是無明朝。汝自不見性，不可是無性。今見著衣喫飯，行住坐臥，對面不識，可謂愚迷。汝欲見明朝，與今日不異。將性覓性，萬劫終不見。亦如盲人不見日，不是無日。」

講《青龍疏》[26]座主問：「經云：『無法可說，是名說法。』禪師如何體會？」

師曰：「為般若體畢竟清淨，無有一物可得，是名無法。即於般若空寂體中具河沙之用，即無事不知，是名說法。故云：『無法可說，是名說法。』」

講《華嚴》座主問：「禪師信無情是佛否？」師曰：「不信。若無情是佛者，活人應不如死人，死驢、死狗亦應勝於活人。經云：『佛身者，即法身也，從戒定慧生，從三明[27]六通生，從一切善法生。』若說無情是佛者，大德如今便死應作佛去。」

有法師問：「持《般若經》最多功德，師還信否？」師曰：「不信。」曰：「若爾《靈驗傳》十餘卷，皆不堪信也。」師曰：「生人[28]持孝，自有感應，非是白骨能有感應。經是文字紙墨，性空何處有靈驗？靈驗者，在持經用心，所以神通感物。試將一卷經安著案上，無人受持，自能有靈驗否？」

僧問：「未審一切名相及法相、語之與默如何通會，即得無前後？」師曰：「一念起時，本來無相無名，何得說有前後？不了名相本淨，妄計有前後。夫名相關鏁，非智鑰不能開。中道者病在中道，二邊者病在二邊，不知現用是無等等法身，迷悟得失，常人之法，自起生滅，埋沒正智，或斷煩惱，或求菩提，背卻般若波羅蜜。」

人問：「律師何故不信禪？」師曰：「理幽難顯，名相易持，不見性者所以不信。若見性者，號之為佛。識佛之人，方能信入。佛不遠人，而人遠佛。佛是心作。迷人向文字中求，悟人向心而覺。迷人修因待果，悟人了心無相。迷人執物守我為己，悟人般若應用見前。愚人執空執有生滯，智人見性了相靈通。乾慧[29]辨者口疲，大智體了心泰。菩薩觸物斯照，聲聞怕境昧心。悟者日用無生，迷人見前隔佛。」

人問：「如何得神通去？」師曰：「神性靈通，偏周沙界，山河石壁，去來無礙，剎那萬里，往返無蹤，火不能燒，水不能溺。愚人自無心智，欲得四大飛空。經云：『取相[30]凡夫，隨宜為說。心無形相，即是微妙。色身無相，即是實相。實相體空，喚作虛空。』無邊身萬行莊嚴，故云功德法身。即此法身是萬行之本，隨用立名，實而言之，只是清淨法身也。」

人問：「一心修道，過去業障得消滅否？」師曰：「不見性人未得消滅。若見性人，如日照霜雪。又見性人，猶如積草等須彌，只用一星之火。業障如草，智慧似火。」曰：「云何得知業障盡？」師曰：「見前心通前後生事，猶如對見前佛後佛，萬法同時。經云：『一念知一切法。』是道場成就一切智故。」

有行者問云：「何得住正法？」師曰：「求住正法者是邪。何以故？法無邪正故。」曰：「云何得作佛去？」師曰：「不用捨眾生心，但莫汙染自性。經云：『心佛及眾生，是三無差別。』」曰：「若如是解者，得解脫否？」師曰：「本自無縛，不用求解。法過語言文字，不用數句中求。法非過、現、未來，不可以因果中契。法過一切，不可比對。法身無象，應物現形，非離世間而求解脫。」

僧問：「何者是般若？」師曰：「汝疑不是者，試說看。」又問：「云何得見性？」師曰：「見即是性，無性不能見。」又問：「如何是修行？」師曰：「但莫汙染自性，即是修行。莫自欺誑，即是修行。大用現前，即是無等等法身。」又問：「性中有惡否？」師曰：「此中善亦不立。」曰：「善惡俱不立，將心何處用？」師曰：「將心用心，是大顛倒。」曰：「作麼生即是？」師曰：「無作麼生，亦無可是。」

人問：「有人乘船，船底刺殺螺蜆，為是人受罪，為復船當辜？」師曰：「人船兩無心，罪正在汝。譬如狂風折樹損命，無作者，無受者。世界之中，無非眾生受苦處。」

僧問：「未審託情勢、指境勢、語默勢，乃至揚眉動目[31]等勢，如何得通會於一念間？」師曰：「無有性外事。用妙者動寂俱妙，心真者語默總真，會道者行住坐臥是道。為迷自性，萬惑茲生。」又問：「如何是法有宗旨？」師曰：「隨其所立，即有眾義。文殊於無住本立一切法。」曰：「莫同太虛否？」師曰：「汝怕同太虛否？」曰：「怕。」師曰：「解怕者不同太虛。」又問：「言方不及處，如何得解？」師曰：「汝今正說時，疑何處不及？」

有宿德十餘人同問：「經云破滅佛法，未審佛法可破滅否？」師曰：「凡夫、外道謂佛法可破滅，二乘人謂不可破滅。我正法中無此二見。若論正法，非但凡夫、外道，未至佛地者二乘亦是惡人。」又問：「真法[32]、幻法[33]、空法[34]、非空法，各有種性[35]否？」師曰：「夫法雖無種性，應物俱現。心幻也，一切俱幻。若有一法不是幻者，幻即有定。心空也，一切皆空。若有一法不空，空義不立。迷時人逐法，悟時法由人。如森羅萬象，至空而極。百川眾流，至海而極。一切賢聖，至佛而極。十二分經[36]，五部毗尼[37]，五圍陀論[38]，至心而極。心者，是總持[39]之妙本，萬法之洪源，亦名大智慧藏、無住涅槃。百千萬名，盡心之異號耳。」又問：「如何是幻？」師曰：「幻無定相，如旋火輪[40]，如乾闥婆城[41]，如機關木人㊷，如陽焰㊸，如空華㊹，俱無實法。」又問：「何名大幻師㊺？」師曰：「心名大幻師，身為大幻城，名相為大幻衣食。河沙世界無有幻外事。凡夫不識幻處，處迷幻業。聲聞怕幻境昧心而入寂，菩薩識幻法，達體幻，不拘一切名相。佛是大幻師，轉大幻法輪成大幻涅槃，轉幻生滅得不生不滅，轉河沙穢土㊻成清淨法界。」

僧問：「何故不許誦經喚作客語？」師曰：「如鸚鵡只學人言，不得人意。經傳佛意，不得佛意。而但誦是學語，人所以不許。」曰：「不可離文字言語，別有意耶？」師曰：「汝如是說亦是學語。」曰：「同是語言，何偏不許？」師曰：「汝今諦聽。經有明文，我所說者義語非文，眾生說者文語非義。得意者越於浮言㊼，悟理者超於文字。法過語言文字，何向數句中求？是以發菩提者，得意而忘言，悟理而遺教。亦猶得魚忘筌，得兔忘蹄㊽也。」

有法師問：「念佛是有相大乘，禪師意如何？」師曰：「無相猶非大乘，何況有相！經云：『取相凡夫，隨宜為說。』」又問：「願生淨土，未審實有淨土否？」師曰：「經云：『欲得淨土，當淨其心。隨其心淨，即佛土淨。』若心清淨，所在之處，皆為淨土。譬如生國王家，決定紹王業，發心向佛道，是生淨佛國。其心若不淨，在所生處，皆是穢土。淨穢在心，不在國土。」又問：「每聞說道，未審何人能見？」師曰：「有慧眼者能見。」曰：「甚樂大乘，如何學得？」師曰：「悟即得，不悟不得。」曰：「如何得悟去？」師曰：「但諦觀。」曰：「似何物？」師曰：「無物似。」曰：「應是畢竟空。」師曰：「空無畢竟。」曰：「應是[49]有。」師曰：「有而無相。」曰：「不悟如何？」師曰：「大德自不悟，亦無人相障。」

人問：「佛法在於三際[50]否？」師曰：「見在無相，不在其外。應用無窮，不在於內。中間無住處，三際不可得。」曰：「此言大混。」師曰：「汝正說『混』之一字時在內外否？」曰：「弟子究檢內外無蹤迹。」師曰：「若無蹤迹，明知上來語不混。」曰：「如何得作佛？」師曰：「是心是佛，是心作佛。」曰：「眾生入地獄，佛性入否？」師曰：「如今正作惡時，更有善否？」曰：「無。」師曰：「眾生入地獄，佛性亦如是。」曰：「一切眾生皆有佛性如何？」師曰：「作佛用是佛性，作賊用是賊性，作眾生用是眾生性。性無形相，隨用立名。經云：

『一切賢聖，皆以無為法而有差別。』」

僧問：「何者是佛？」師曰：「離心之外，即無有佛。」曰：「何者是法身？」

師曰：「心是法身。謂能生萬法，故號法界之身。《起信論》云：所言法者，謂眾生心即依此心顯示摩訶衍[51]義。』」又問：「何名有大經卷[52]內[53]在一微塵？」師曰：「智慧是經卷。經云：『有大經卷，量等三千大千界，內在一微塵中。』一塵者，是一念心塵也。故云『一念塵中，演出河沙偈』。時人自不識。」又問：「何名大義[54]城？何名大義王？」師曰：「身為大義城，心為大義王。經云：『多聞者善於義，不善於言說。』言說生滅，義不生滅。義無形相，在言說之外。心為大經卷，心為大義王。若不了了識心者，不名善義，只是學語人也。」又問：「《般若經》云：『度九類眾生[55]，皆入無餘涅槃[56]。』又云：『實無眾生得滅度者。』此兩段經文，如何通會前後？人說皆云：實度眾生而不取眾生相。常疑未決，請師為說。」師曰：「九類眾生，一身具足，隨造隨成，是故無明為卵生，煩惱包裹為胎生，愛水浸潤為濕生，歘起煩惱為化生。悟即是佛，迷號眾生。菩薩只以念念心為眾生。若了念念心體空，名為度眾生也。智者於自本際[57]上度於未形。未形既空，即知實無眾生得滅度者。」

僧問：「言語是心否？」師曰：「言語是緣，不是心。」曰：「離緣何者是心？」師曰：「離言語無心。」曰：「離言語既無心，若為是心？」師曰：「心無形相，非離言語，非不離言語。心常湛然，應用自在。祖師云：『若了心非心，始解心心法。』」

僧問：「如何是定慧等學？」師曰：「定是體，慧是用。從定起慧，從慧歸定，如水與波一體，更無前後，名定慧等學。夫出家兒，莫尋言逐語，行住坐臥，並是汝性用，什麼處與道不相應？且自一時休歇去。若不隨外境，風心性水58，常自湛湛。無事，珍重！」

【注　釋】❶一體三寶　謂佛、法、僧三寶，其本體和合無二，故稱一體三寶。❷法爾　與「自爾」、「法然」、「天然」、「自然」等義同。❸增上慢　七慢之一。《俱舍論》：「于未證得殊勝德中，謂已證得，名增上慢。」❹阿耨菩提　「阿耨多羅三藐三菩提」之略，謂一切真理之無上正等智慧，即佛智。❺性相　性者為法之自體，在其內而不可改易；相者謂相貌，現示於外而可加分別。有為、無為相對而言，則無為之法為性，有為之法為相；而有為、無為皆有性相時，即自體稱性，可認識者稱相。❻萬行　一切之修行。❼壽命　《輔行論》：「一期為壽，連續曰命。一期連持，息風不斷，名為壽命。」❽持犯　保持戒律稱持，侵犯稱犯。❾開遮　戒律之名詞。允許施作稱開，禁止作為稱遮。❿三番羯磨　羯磨是舉行授戒懺悔等業事的一種宣告儀式。其事須經三迴羯磨始告完成。⓫白眉　三國漢之馬良有兄弟五人，而馬良之才名最盛，因其眉毛中有白毛，故後人以此稱譽兄弟中才能最為突出者。⓬玄關　謂入道之關門。⓭三輪　佛以身、口、意三業碾摧眾生之惑業，故稱三輪：一為神通輪，二為記心輪，三為教誡輪。⓮蹴蹋　踏步，引申指足跡，以喻指高僧大德。⓯六師　即天竺外道六師。一名富蘭那迦葉，謂一切法斷滅性空，而無君臣、父子忠孝之道；二名末伽梨拘賒梨，認為眾生之苦樂，非有因緣，惟為自然所至；三名刪闍夜毗羅胝，認為不必求道，只要經生死劫數次，自然窮盡苦際，宛如線團從山頂上滾下，待到線盡時自然停止滾動；四名阿耆多翅舍欽婆羅，其身穿破衣，五熱炙身，而以苦行聞名於世；五名迦羅鳩馱迦旃延，認為諸法有相、有無相，皆應物而起；六名尼犍陀若提子，主張苦樂罪福盡由前世而定，今世必當償還，非現在行道所能斷滅者。⓰三惡道　依惡業而往來的三個處所，名為三惡道：一為地獄道，成上品十惡業者往之；二為餓鬼道，成中品十惡業者往之；三為畜生道，成下品十惡業者往之。⑰法喜禪悅　聞佛法或體味佛法而生喜悅稱法喜，進入禪定而快樂心神稱禪悅。⑱郭象　西晉人，字子玄，官至黃門侍郎、太傅主簿。好老、莊之說，善清談，人稱其講話「如懸河瀉水，注而不竭」。其曾據向秀《莊子注》擴而述之，另成一書，以闡述老、莊思想。⑲一地　以地譬喻眾生之佛性。⑳天魔　「天子魔」之略，四魔之一，為第六天之魔王，名波旬，即釋迦牟尼佛出世時之魔王。㉑陰魔　四魔之一。五陰能損害眾生之佛性，故譬喻作魔。㉒煩惱魔　四魔之一。煩惱能惱亂身心，障礙菩提，故稱之為魔。㉓究竟　謂事理之至極。㉔呵　即「呵責」，為治罰比丘的七種法之一，即於眾僧面前宣告呵責並奪其三十五事之權利。㉕迹用　本體表現在外的痕跡與應用。㉖青龍疏　唐代青龍寺僧良賁奉敕撰造《新譯仁王經疏》三卷，稱《青龍疏》。又青龍寺僧道氤奉唐玄宗詔令撰造《金剛經疏》，也稱《青龍疏》。㉗三明　證智慧之境而顯了分明：一為宿命明，知自身、他身宿世之生死相；二為天眼明，知自身、他身未來世之生死相；三漏盡明，知現在之苦相，斷一切煩惱之智慧。此三明即為六神通之宿命、天眼、漏盡三通。㉘生人　活人。㉙乾慧　智慧乾燥而未淳熟，故稱乾慧。《大乘義章》：「雖有智慧，未得定水，故云乾慧。又此事觀未得理水，亦名乾慧。」㉚取相　取執事理之相而生妄想迷惑。《觀音玄義》：「見思取生死相，塵沙取涅槃相，無明取二邊相。」㉛揚眉動目　同「揚眉瞬目」。即思考問題時的樣子。㉜真法　真如實相之法。《華嚴經》：「正覺遠離數，此是佛真法。」㉝幻法　幻化之法門。㉞空法　觀我空、法空、空有為、空無為、空等、空理之法。《法華經・譬喻品》：「我悉除邪見，于空法得證。」㉟種性　種為種子，有發生之義。性為性分，有不改之義。㊱十二分經　即一切經分為十二種類，也稱「十二部經」。㊲五部毗尼　即「五部律」。謂佛滅度後一百年，付法藏第五祖優婆毱多有五弟子，同時於律藏中分為五部門派。㊳圍陀論　也作「韋陀論」、「吠陀論」等，為古印度最古之文獻，講論因明之學。㊴總持　梵語作「陀羅尼」，咒語之義。《維摩經注》：「總持，謂持善不失，持惡不生。無所漏忌謂之持。」㊵旋火輪　將火把旋轉而成圓輪之形，此輪形似有而非實有，用以譬喻一切事法之假相。㊶乾闥婆城　古印度稱樂伎人或魔法師為乾闥婆，其能用幻術幻化作城樓，讓人觀看，故名之為乾闥婆城，也稱幻城。㊷機關木人　設有機關而能活動的木偶。㊸陽焰　指太陽光照射下產生的光波。㊹空華　患眼病者於空中所看見的花。空中原無花，只是因眼病而有所見，以喻妄心所計之諸相並無實體。《圓覺經》：「妄認四大為自身，六塵緣影為自心相。譬如彼病目見空中華及第二月。」㊺幻師　魔法師。㊻穢土　意同「濁世」，相對淨土而言，即凡夫所居之娑婆世界。㊼浮言　謠言；空泛之語。㊽得兔忘蹄　意同「得魚忘筌」。蹄，打獵的用具。㊾應是　恐怕是；可能是。㊿三際　同「三世」。即過去、現在、未來三世。(51)摩訶衍　「摩訶衍那」之略，即大乘。52大經卷　指心。53內　同「納」。納入。54大義　大義為天竺國一童子之名。其欲拯救國人之貧窮，入海尋求寶藏，聽說海底有明珠，即欲舀盡海水以探求之。天帝為其精誠所感動，來幫助他。海神害怕，便獻出明珠。大義得明珠還，施給國人。大義即今世之釋迦牟尼佛。55九類眾生　《金剛經》：「所有一切眾生之類，若卵生，若胎生，若濕生，若化生，若有色，若無色，若有想，若無想，若非有想非無想，我皆令入無餘涅槃而滅度之。」56無餘涅槃　二涅槃之一，為身、智皆灰滅無餘之涅槃。57本際　謂至於窮處而始為修行。《圓覺經》：「平等本際，圓滿十方。」58風心性水　謂心如風一樣飄移不定，性如水波一樣起伏不寧。

【語　譯】越州大珠慧海和尚上堂說法道：「諸位幸好還是個無事之人，卻苦苦地還要作死造作，要擔負著枷鎖投入那牢獄之中作什麼呢？每天從早到夜奔波不息，說我在參問禪學，說我理會了佛法，這樣反而與禪義沒有關涉了，只是追逐著聲色奔走，又有什麼歇息的時候？貧道聽到江西道一和尚曾說過：『你自家寶藏一切具備完足，使用自在，不需向外追求。』我從此一起休歇去，將自家的寶藏隨身受用，可謂快樂啊。沒有一法可取，沒有一法可捨，沒有看見一法的生死之相，沒有看見一法的來去之相，整個十方世界沒有一粒微塵東西不是自家的寶藏。只要自己仔細觀察自心，一體三寶，便常自顯現在眼前，沒有什麼可疑慮的，不要去尋思，不要去追求。心性本來即是清淨的，所以《華嚴經》中說：『一切法不生，一切法不滅。』如果能作這樣理解的，諸佛便常顯現於眼前。又《淨名經》中也說：『觀察自身之實相，觀察佛也一樣。』如果不隨聲色而變易心念，不追逐相貌以生出解釋，就自然無事了。不用久立，各自珍重！」

當天大眾聚集於一堂，過了許久還沒散去，慧海和尚便說道：「諸位為什麼待在這裡不離去呢？貧道已經面對面相傳呈了，諸位可還許可嗎？還有什麼事可懷疑的嗎？不要錯用心了，枉自白費了力氣。如果有疑問，就任憑諸位隨己意快點提問。」當時有位叫作法淵的僧人問道：「把什麼叫作佛？把什麼叫作法？把什麼叫作僧？為什麼說是一體三寶？願和尚加以指示。」慧海和尚回答：「心即是佛，所以不用以佛求佛。心即是法，所以不用以法求法。佛、法無二，和合而為僧。這即是一體三寶。經文上說：『心、佛與眾生，雖是三事卻沒有差別。』身、口、意清淨，即稱作佛出世。三業未能清淨，就稱作佛滅度。譬如人發怒之時就不會開心，開心之時就沒有怒氣。這只是一心，確實沒有二體。本來即智法而已，無漏煩惱卻顯現於眼前。就如同是蛇化為龍，卻沒有把蛇鱗變化去。眾生迴心成佛，也不能改變其面貌。自性本來清淨，不必待修行後才成。有證明有修行，就與增上慢者相等同。真空中沒有滯留障礙，應用也無有窮盡，沒有開始也沒有結束，具有敏利之根機者頓時便悟徹。運用無等等，即是阿耨菩提。心沒有形就是微妙法身，沒有相就是實相法身。性相體空即是虛空無邊身，萬行莊嚴即是功德法身。此所謂法身，乃是萬千變化之本源，隨其所處之地而建立名稱。智慧運用沒有窮盡，就稱之為無盡藏。能產生萬法，就稱之為本法藏。具備一切智慧，即是智慧藏。萬法歸於真如，就稱之為如來藏。經文上說：『所謂如來，即是諸法如之義。』又說：『世間一切生滅之法，沒有一法不歸於真如。』」

當時有人問道：「弟子不知道律師、法師、禪師，誰最為優勝？願和尚慈悲指示。」慧海和尚回答：「所謂律師，開啟毗尼之法藏，傳授壽命不斷之遺風。洞悉持犯之戒而通達開遮之律，秉持威儀而施行規範。公開舉行三番羯磨，而成為四果之初因。如若不是高僧大德中的白眉，怎敢輕率自居此任！所謂法師，踞坐在獅子法座上，言語如同懸河一樣奔泄而出。面對稠人廣眾，開鑿出進入佛法之玄關。打開般若之微妙之玄門，等同於佛陀以三輪平空施法。如若不具有法中龍象之神通，怎敢擔當此任！所謂禪師，調撮集佛法的關鍵要旨，直接指達心源，出沒舒卷，縱橫於應接外物，全都均衡事理，頓時發見了如來。拔除生死之深根，獲得現求之三昧。如若不是安心於禪定而息慮靜修者，到這裡總將會迷惑茫然。依隨各人的根機以傳授佛法，戒、定、慧三學雖然有所區別；得意而忘言，惟一宗乘又有何不同的？所以經文中說：『十方佛土之中，惟有一乘之法。沒有二乘也沒有三乘，除去佛方便接引之說法。佛只是借助名字，以引導眾生悟入大道。』」那人便說道：「和尚深深地通達佛的要旨，獲得了無障礙之辯才。」接著那人又問道：「儒、道、佛三教有什麼相同與相異之處嗎？」慧海和尚回答：「如是具大器量之人應用時即相同，而小根機之人拘執時就相異。雖然都是從同一性之上起用，但因根機見解的差別而成為三家。迷惑與悟徹都由自己所決定，並不在於教的相同與不相同。」

講說《唯識論》的道光座主問道：「禪師用什麼心來修道？」慧海和尚回答：「老僧沒有心可施用，沒有道可修行。」道光問道：「既然沒有心可施用，沒有道可修行，那為什麼還要每天聚集徒眾，勸導人們學禪修道呢？」慧海和尚回答：「老僧自己尚且沒有立錐之地，什麼地方曾聚集徒眾了？老僧沒長著舌頭，什麼時候曾勸導過人呢？」道光便說道：「和尚當面說謊。」慧海和尚說道：「老僧尚且沒有舌頭來勸導人們，怎能夠說謊話呢？」道光說道：「我實在不能領會禪師的話語。」慧海和尚說道：「老僧的眼睛也不能領會。」

講論《華嚴經》的志座主問道：「禪師為什麼不同意『青青翠竹盡是法身，鬱鬱黃花無非般若』的說法呢？」慧海和尚回答：「法身沒有相，因為翠竹而成形。般若沒有知，對應黃花而顯示相。並不是黃花、翠竹具有著般若、法身。經文中說：『佛之真法身，猶如是虛空，應萬物而顯形，如同是水中之月。』黃花如若是般若，那般若即等同於無情了。翠竹如若是法身，那法身就能夠應用了。座主領會了嗎？」志座主說道：「沒有明瞭其中的意思。」慧海和尚便說道：「如果是明心見性之人，說是也可以，說不是也可以，隨其應用而講說，並不滯留於是非。如果不是明心見性之人，談論翠竹就執著於翠竹，論說黃花就執著於黃花，講說法身就滯阻於法身，講論般若卻不認識般若，所以都成為了爭論。」志座主聽完拜謝而離去。

有人問道：「帶著心來修行，幾時才能得到解脫？」慧海和尚回答：「帶著心來修行，就譬如是用泥水來洗滌汙垢一樣無效。般若十分玄妙，本自是無生，大用於現在，並不管時節變化。」那人又問道：「凡夫也能這樣嗎？」慧海和尚回答：「明心見性者就不是凡夫。頓時悟徹了最上之宗乘，即超越了凡夫與聖人。迷惑之人議論凡夫與聖人的區別，悟徹之人已超越了生死涅槃的界限。迷惑之人講說事與理的不同，悟徹之人的大運用並不限一定之法。迷惑之人期待於遠劫得度，悟徹之人頓時即明心見性了。」

講說《維摩經》的座主問道：「經文中說過：『那外道六師等是你們的老師，你們因為他們而出家。那六師所墮入之處，你們也隨之墮入。那施捨給你們的不叫作福田，供養你們的墮入三惡道。誹謗佛，詆毀法，不進入僧眾之中，終究得不到滅度。你們如若是這樣的，乃可以取食。』現在請禪師明白地給予解說。」慧海和尚回答：「被六根所迷惑的，就稱之為六師。於心外求道的，就稱之為外道。有東西可以施捨的，就不稱之為福田。生起心念來接受供養的，就墮入三惡道。你如果誹謗佛，就是不拘執於佛而求道。你如果詆毀法，就是不拘執於法而求道。如果不進入僧眾之中，就是不拘執於僧而求道。終究得不到滅度，就是智用顯形於眼前。如果有作這樣解說的，便能得到法喜禪悅之食。」

有一位行者問道：「有人提問佛回答，佛提問法回答。法就叫作一字法門，不知道是不是啊？」慧海和尚回答：「這就如同是鸚鵡只能學人說話，而不能自己說話，這是因為沒有智慧的緣故。譬如用水來洗水，用火來燒火，全都沒有義趣。」

有人問道：「言與語，是相同的還是不同的？」慧海和尚回答：「一個字稱作言，組成句子就稱作語。況且機靈的辯論滔滔不絕，就如同是大江的流水。峻峭的詞鋒層層疊疊，就如同是向圓形的器具中傾倒珍珠。所以郭象被號稱是懸河，春鸚被號稱為義海，這就是語。所謂言是用一個字來表達心意，在內顯示出奧秘微細之義，在外呈現出玄妙之相，萬機雖然紛雜卻不紊亂，清濁雖然相混雜而常分明。齊王到了這裡，還應該為大夫的言詞而慚愧。文殊菩薩到了這裡，尚且為淨名居士的言詞而歎賞。現在的平常之人，怎麼能分辨清楚啊？」

源律師說道：「禪師常常論說即心是佛，實在沒有這樣的道理。況且一地上的菩薩分身為一百個佛世界，在二地之上就增加了十倍。禪師就試著顯示一下神通。」慧海和尚便問道：「闍梨自己是凡人還是聖人呢？」源律師回答：「是凡人。」慧海和尚說道：「你既然是凡人，卻能詢問這樣的境界。經文中說：『仁者之心有高下之分，不依據佛之智慧。』說的就是這個。」源律師又問道：「禪師每每說道：『如若領悟大道就在眼前，此身就能解脫了。』有沒有這樣的道理？」慧海和尚問道：「有一個人一生都做善事，忽然有一次偷盜東西得手了，此身便是盜賊嗎？」源律師回答：「事先知道的就是盜賊。」慧海和尚問道：「現今能明瞭地明心見性，為什麼不能解脫呢？」源律師回答：「現今一定不能夠，必須經歷三大阿僧祇劫才行。」慧海和尚問道：「阿僧祇劫可還能計數嗎？」源律師高聲反駁道：「把盜賊比擬解脫，這道理能解釋得通嗎？」慧海和尚回答：「闍梨自己不能懂得大道，不可以障礙一切人去明瞭。自己不開道眼，不能憤恨一切看見東西。」源律師怒形於色地離去，並說道：「雖然年歲老大了，卻完全不具道行。」慧海和尚便說道：「那離去的即是你的道行。」

講說《止觀》的慧座主問道：「禪師能辨別出魔王嗎？」慧海和尚回答：「起心即是天魔，不起心即是陰魔，或起心或不起心即是煩惱魔。我正法中沒有像這樣的事。」慧座主問道：「一心三觀，其意思又怎麼樣呢？」慧海和尚回答：「過去心已經過去，未來心還沒有到來，現在心不住在其中間，還可用什麼心來起觀？」慧座主說道：「禪師不理解止觀。」慧海和尚問道：「座主理解了嗎？」慧座主回答：「理解。」慧海和尚問道：「如智者大師說止來破止，說觀來破觀，住於止中而沉沒於生死輪迴，住於觀中而心神散亂。而且是應當用心來止心，還是起心觀察觀呢？如果是有心之觀，即是常見之法。如果是無心之觀，即是斷見之法。也有心也無心，即是二見之法。還請座主仔細說一說。」慧座主說道：「如果是這樣提問的，就都不能說了。」慧海和尚說道：「何止是止觀！」

有人問道：「般若大嗎？」慧海和尚回答：「大。」那人問道：「多少大？」慧海和尚回答：「沒有邊際。」那人又問道：「般若小嗎？」慧海和尚回答：「小。」那人問道：「多少小？」慧海和尚回答：「看不見。」那人問道：「什麼地方是？」慧海和尚反問：「什麼地方不是？」

講說《維摩經》的座主問道：「經文中說過：『諸位菩薩各自進入了不二法門，維摩詰居士卻默然無語。』此即是究竟嗎？」慧海和尚回答：「不是究竟。聖人的意思如果已說盡了，那第三卷又在說什麼事呢？」那座主沉默了許久後說道：「請和尚為我講說不是究竟之意。」慧海和尚說道：「如《維摩經》第一卷，是佛在眾人面前呵責十大弟子，使其住心。第二卷是諸位菩薩各自講說了進入不二法門之法，用言語顯示無言，而文殊菩薩是用無言來顯示無言，維摩詰居士因為不用言語，也不用無言，所以以沉默來收拾前面的言語。因此第三卷就從默然說起，又顯示神通之作用。座主領會了嗎？」那座主說道：「竟然這樣的奇怪。」慧海和尚說道：「也不是這樣的。」那座主問道：「為什麼不是呢？」慧海和尚回答：「這只是姑且為破除人的拘執之情所作的說法。如果依據經文的意思，只是說色心空寂，令人明見本性，讓人捨棄造作的行為，進入真行，不要到言語、紙墨文字中尋找意旨。只要能領會『淨名』兩個字即行了。淨是本體，名是跡用。從本體產生跡用，從跡用回歸本體。體、用不二，本、跡也沒有區別。所以古人說過：本、跡雖然有區別，但不可思議之玄妙卻是一致的。一也就是非一。如果能認識到『淨名』兩個字只是假借的名稱，那還要說什麼究竟與不是究竟之類的話嗎？沒有前也沒有後，不是本也不是末，不是淨也不是名，只是指示了眾生本性中所具有的不可思議之解脫。如若不是明心見性之人，終身不能發見這道理。」

有僧人問道：「萬法皆空，識性也是這樣的。譬如水泡一散，就不會再聚合。身死以後就不會再生，即是空無了，什麼地方再有識性呢？」慧海和尚回答：「水泡因為有水才會有，水泡散了即沒水了。身因為有性而產生，身死豈能說是性滅了？」那僧人說道：「既然說有性，就拿出來看看。」慧海和尚問道：「你相信有明天嗎？」那僧人回答：「相信。」慧海和尚問道：「你試著把明天拿來看看。」那僧人回答：「明天確實有，但現在不能得到。」慧海和尚說道：「明天不能得到，不是沒有明天。你自己看不見性，並不是沒有性。現在看見穿衣吃飯，行、住、坐、臥，卻對面不相識性，可說是愚蠢迷惑。你想要見的明天，就同今天沒有差別。拿著性去尋找性，歷盡一萬劫也永遠看不見。也就如同盲人自己看不見太陽，而不是沒有太陽。」

講說《青龍疏》的座主問道：「經文上說：『無法可說，所以稱作說法。』禪師怎樣來體會呢？」慧海和尚回答：「因為般若本體畢竟清淨，沒有一物可以得到，所以稱作無法。即在般若空寂本體中具有如恆河之沙粒一樣繁多的運用，即沒有事不知道，所以稱作說法。因此說：『無法可說，所以稱作說法。』」

講說《華嚴經》的座主問道：「禪師相信無情是佛嗎？」慧海和尚回答：「不相信。如果無情是佛，活人應該不如死人，死驢、死狗也應該勝過活人了。經文上說：『所謂佛身，即是法身，從戒、定、慧中產生，從三明六通中產生，從一切善法中產生。』如果說無情即是佛，大德現今就應該死了作佛去。」

有法師問道：「修持《般若經》的功德為最多，和尚可還相信嗎？」慧海和尚回答：「不相信。」那座主便說道：「如果是那樣的，則《靈驗傳》十多卷所載的事跡，都不可相信了。」慧海和尚說道：「活人持守孝心，自然會有所感應，但並不是白骨能有感應。佛經是文字紙墨，性空於什麼地方會有靈驗呢？所謂靈驗者，在於修持經文之人有所用心，所以神通感動事物。你試著把一卷佛經放置在案桌上，沒有人加以修持，其自己能有所靈驗嗎？」

有僧人問道：「不知道一切名相與法相、說話與沉默時，怎樣來通達領會，才能沒有前後的差別？」慧海和尚回答：「一念產生之時，本來即無相無名，怎樣能說有前有後呢？不明瞭名相本來清淨，妄想計算而產生了前後。那名相之門鎖，不用智慧這把鑰匙就不能打開。在中道的人，其疾病就生於中道，在兩邊的人，其疾病就生於兩邊，而不知道現在所運用的是無等等法身，迷惑領悟與得到失去，都屬常人之法，自己產生了生滅，埋沒了正智，有時斷絕煩惱，有時尋求菩提，反而違背了般若波羅蜜。」

有人問道：「律師為什麼不相信禪呢？」慧海和尚回答：「禪理幽奧而難以顯現，而名相容易修持，沒有明心見性的人所以不相信。如果是明心見性者，就稱之為佛。認識佛的人，方才能信心進入。佛並不遠離世人，是世人自己遠離了佛。佛是由心而成。迷惑之人到文字中去尋求，悟徹之人向自心中去覺悟。迷惑之人修習因而等待證果，悟徹之人明瞭心並沒有相。迷惑之人拘泥於物、執著於我以為自己，悟徹之人即見般若應用就在眼前。愚蠢之人執著於空、執著於有而產生滯阻，有智慧之人明心見性、明瞭其相而得靈通。用乾慧來辯論者口舌疲勞，用大智慧來體會者心情舒泰。菩薩接觸事物即能映照，聲聞人卻怕外境蒙昧了其自心。悟徹之人日用即是無生，迷惑之人面對著佛也會被阻隔而看不見。」

有人問道：「怎樣才能得到神通？」慧海和尚回答：「神通之性靈通，遍及世界，雖有山河石壁，都來去自如而沒有障礙，剎那間遠去萬里之外，而往來沒有蹤跡，火不能燒他，水不能浸他。愚蠢之人自己沒有心智，卻想要得到四大而飛行於虛空。經文中說：『取相凡夫，隨著各人之根機而為其解說。心沒有形相，即是微妙。色身沒有相，即是實相。實相之體寂空，叫作虛空。』無邊之身萬行莊嚴，所以說功德法身。即此法身是萬行的根本，隨其應用而建立名稱，從其實質而言之，只是清淨法身而已。」

有人問道：「一心修道，過去的業障能夠消除嗎？」慧海和尚回答：「沒有明心見性之人不能消除。如果是明心見性之人，就如同是太陽照耀在霜雪上一樣。另外明心見性之人，猶如把乾草堆積得像須彌山一樣高，卻只需用一點火星就能燒毀。業障就像是乾草，智慧就像是火星。」那人問道：「怎樣才能得知業障已被消除盡了？」慧海和尚回答：「當前之心通達前世後生之事，就好像是對面看見了前佛與後佛，萬法都同一時。經文上說：『一念知一切法。』這是因為道場成就一切智慧的緣故。」

有一個行者問道：「怎樣才能住於正法？」慧海和尚回答：「尋求住於正法者都是邪人。為什麼呢？因為法沒有邪與正的差別。」那行者問道：「怎樣才能成佛？」慧海和尚回答：「不用捨棄眾生之心，只要不汙染自性即行。經文上說：『心、佛與眾生，雖是三個卻沒有差別。』」那行者問道：「如果作這樣的解釋，還能夠解脫嗎？」慧海和尚回答：「本來就沒有束縛，不用求得解脫。法超過語言文字，所以不用在語句中去尋求。法不是過去、現在、未來，所以不可以在因果中契合。法超越一切，而不可以比擬。法身沒有相，應萬物而現形，所以不能離開世間而求得解脫。」

有僧人問道：「什麼是般若？」慧海和尚說道：「你懷疑不是的，試著舉出來看看。」那僧人又問道：「怎樣才能見性？」慧海和尚回答：「見即是性，沒有性就不能見。」那僧人又問道：「什麼是修行？」慧海和尚回答：「只要不汙染自性，就是修行。只要不自我欺騙，就是修行。如此則大用出現在眼前，即是無等等法身。」那僧人又問道：「性中有惡嗎？」慧海和尚回答：「這當中善也不能建立。」那僧人便問道：「善與惡都不能建立，那心又怎樣應用呢？」慧海和尚回答：「拿著心來用心，是大顛倒。」那僧人問道：「怎樣做才對？」慧海和尚回答：「不用怎樣做，也沒有對的。」

有人問道：「有人乘船，船底碰死了螺螄、蜆子，是人得報應受罪過，還是船應當承擔罪責？」慧海和尚回答：「人與船都是無心的，罪過正落在你身上。譬如狂風吹折了樹枝，砸死了人命，沒有作業的人，也沒有受業的人。世界之中，沒有不是眾生受苦之處。」

有僧人問道：「不知道依託心情的姿勢、指示景象的姿勢、說話與沉默的姿勢，以及揚眉動目等的姿勢，怎樣才能通達、領會這一念間？」慧海和尚回答：「沒有性外的事。應用微妙者其行動、寂靜都微妙，心性真實者其說話、沉默都真實，領會大道者其行、住、坐、臥都是道。因為迷失了自性，所以萬種迷惑都產生了。」那僧人又問道：「什麼是法有之宗旨？」慧海和尚回答：「隨著其所建立的，即有眾多的意義。文殊菩薩在無住之本中建立了一切法。」那僧人便問道：「莫非與太虛相同嗎？」慧海和尚反問：「你擔心與太虛相同嗎？」那僧人回答：「擔心。」慧海和尚說道：「知道擔心的人就不與太虛相同。」那僧人又問道：「言語正好不能涉及的地方，怎樣才能解釋？」慧海和尚回答：「你現在正好說話之時，懷疑什麼地方不能涉及？」

有十多位老僧大德同來問道：「經文中說破滅佛法，不知道佛法能不能被破滅？」慧海和尚回答：「凡夫、外道稱佛法能被破滅，二乘人稱不能被破滅。我正法中沒有此二類見解。如果要說正法，不但是凡夫、外道，就是沒有抵達佛地的二乘人也是惡人。」那些僧人又問道：「真法、幻法、空法、非空法，各自具有種性嗎？」慧海和尚回答：「法雖然沒有種性，但能應隨萬物而現形。心如若是幻，那一切皆幻。如果有一法不是幻的，那幻即是定。心如若是空，那一切皆空。如果有一法不是空的，那空之義就不能成立。迷惑的時候人追逐法，悟徹的時候法聽從人。就如同是森羅萬象，抵達於空而至其極處。如同是百川眾流，抵達於大海而至其極處。一切聖賢，到成佛而至其極處。十二分經，五部毗尼，五圍陀論，抵達心而至其極處。所謂心，即是總持的玄妙之根本，萬法的大本源，也稱作大智慧藏、無住涅槃等。百千萬種名稱，都是心的別名而已。」那些僧人又問道：「什麼是幻？」慧海和尚回答：「幻沒有確定之相，就如同旋轉的火輪，就如同是乾闥婆城，就如同是設有機關的木偶，就如同是陽焰，就如同是天空中的花，都沒有真實之相。」那些僧人又問道：「什麼叫作大幻師？」慧海和尚回答：「心即稱大幻師，身即是大幻城，名相即是大幻衣食。如恆河中的沙粒一樣繁多的世界裡沒有幻化外的事。凡夫不能識別幻化之處，而居處於迷幻之業中。聲聞人畏懼幻境蒙蔽自心而進入了寂滅，菩薩識別了幻法，通達了幻體，所以不拘泥一切名相。佛即是大幻師，轉動大幻法輪而成大幻涅槃，轉動幻生滅而得到不生不滅，轉動如恆河中沙粒一樣繁多的穢土而成清淨法界。」

有僧人問道：「為什麼不同意把誦經叫做作客之語？」慧海和尚回答：「如同鸚鵡只會學人說話，並不懂得人的話意。經文只能傳達佛的意旨，卻不能得到佛的意旨。所以這樣的只是個學說話的人，所以不許可。」

那僧人問道：「不可離開文字語言，還有另外的意思嗎？」慧海和尚回答：「你這樣說話，也只是學人說話。」那僧人問道：「同樣是言語，為什麼偏偏不許可？」慧海和尚回答：「你現在仔細聽好了。經中有明文，我所說的是表達意義之語而不是文字，眾生所說的是表示文字之語而不是意義。得到意義的便超越了浮言，悟徹道理的便超越了文字。法超過了語言文字，為什麼還要到語句中去尋求呢？所以發見菩提的，得到其意義而忘記了言辭，悟徹了道理而遺忘了教義。也就如同是得魚而忘筌，得兔而忘蹄啊。」

有一位法師問道：「念佛是有相之大乘，禪師的意思怎麼樣？」慧海和尚回答：「無相還不是大乘，何況是有相！經文中說：『取相凡夫，隨著其根機而為他講說。』」那法師又問道：「心願往生淨土，不知道可真的有淨土嗎？」慧海和尚回答：「經文上說：『想要得到淨土，就應當清淨其心。隨著其心清淨，即是佛土清淨。』如果心清淨，那所在之處，皆成為淨土。譬如出生在國王的家中，肯定要繼承王業，但發信心皈向佛道，即是生活在清淨佛國。其心如果不清淨，其所在之處，就全都是穢土。清淨與汙穢都決定於其心，不在於國土。」那法師又問道：「每每聽到講說佛道，不知道什麼人能看見？」慧海和尚回答：「長有慧眼的人能看見。」那法師問道：「非常喜歡大乘佛法，怎樣才能學得？」慧海和尚回答：「省悟了就能得到，沒有省悟就不能得到。」那法師問道：「怎樣才能省悟呢？」慧海和尚回答：「只要仔細觀聽即行。」那法師問道：「與什麼東西相似？」慧海和尚回答：「沒有相似的東西。」那法師便說道：「那應該是畢竟空了。」慧海和尚說道：「空沒有畢竟。」那法師說道：「恐怕是有的。」慧海和尚說道：「有而無相。」那法師問道：「沒有省悟時怎麼樣？」慧海和尚說道：「大德自己沒有領悟，並沒有別人相障礙。」

有人問道：「佛法在三際嗎？」慧海和尚回答：「現在沒有相，即不在其外。應用無窮無盡，所以不在其內。中間也沒有住所，因而三際不可得到。」那人說道：「這話太混亂。」慧海和尚問道：「你正在說『混』這一個字時，是在內還是在外啊？」那人回答：「弟子查遍了內外卻沒見蹤跡。」慧海和尚說道：「如果沒有蹤跡，就明白地知道先前所說的話不混亂。」那人問道：「怎樣才能成佛呢？」慧海和尚回答：「是心是佛，是心成佛。」那人問道：「眾生墮入地獄，佛性還墮入嗎？」慧海和尚反問：「現在正作惡之時，可還有善嗎？」那人回答：「沒有。」慧海和尚便說道：「眾生墮入地獄，佛性也一樣。」那人問道：「一切眾生都有佛性的時候怎麼樣？」慧海和尚回答：「作佛用的時候是佛性，作賊用的時候是賊性，作眾生用的時候是眾生性。性沒有形相，隨著其應用而建立名稱。經文上說：『一切聖賢，都以無為法而各有差別。』」

有僧人問道：「什麼是佛？」慧海和尚回答：「離開心以外，即沒有佛。」那僧人問道：「什麼是法身？」慧海和尚回答：「心即是法身。因為其能產生萬法，所以稱作法界之身。《起信論》說：『所謂法，便是說眾生之心即依據此心顯示出摩訶衍那的意義。』」那僧人又問道：「什麼叫作有大經卷納入於一粒微塵之中？」慧海和尚回答：「智慧即是經卷。經文上說：『有大經卷，其大小等同於三千大千世界，納入於一粒微塵之中。』一粒微塵，即是一念之心塵。所以說『一念之微塵中，演繹出如恆河之沙粒一樣繁多的偈頌』。是當世之人自己不認識。」那僧人又問道：「什麼叫作大義之城？什麼叫作大義之王？」慧海和尚回答：「身即是大義之城，心即是大義之王。經文上說：『多聽的人擅長於理會經義，而不擅長於言說。』言說有生滅，經義不會生滅。經義沒有形相，並在言說之外。心為大經卷，心為大義之王。如果不能明白地識別心，就不能稱作善長之義，只是一個學說話的人。」那僧人又問道：「《般若經》中說：『化度九類眾生，都令進入無餘涅槃。』又說：『實在沒有眾生得到滅度的。』這兩段經文，怎樣理解才能會通前後呢？人們的解釋都說：實是在化度眾生，但沒有取眾生之相。我常常懷疑而不能判決，請和尚為我作一解說。」慧海和尚說道：「九類眾生，一身自己具足，隨時造就隨時成功，所以無明為卵生，煩惱包裹為胎生，愛欲之水浸潤為濕生，忽然而起煩惱為化生。悟徹了即是佛，迷失了即是眾生。菩薩只是以念念之心為眾生，如若明瞭念念之心的本體為空，就叫作化度眾生。智者從本際上化度於未形成之時。未形成之時既然為空，就可知道實在沒有眾生可得到滅度的了。」

有僧人問道：「言語是心嗎？」慧海和尚回答：「言語是緣，不是心。」那僧人問道：「離開緣，什麼是心呢？」慧海和尚回答：「離開言語即是無心。」那僧人問道：「離開言語既然是無心，那什麼是心呢？」慧海和尚回答：「心沒有形相，不離開言語，也不是不離開言語。心永遠清淨澄澈，應用自在。祖師說過：

『如若明瞭心不是心，方才能理會心心之法。』」

有僧人問道：「什麼是定慧等學？」慧海和尚回答：「定是本體，慧是應用。從定產生慧，從慧歸於定，如同水與波為一體，更沒有前後的區分，所以叫作定慧等學。出家人，不要去尋覓言詞、追逐語句，行、住、坐、臥，都是你們的佛性應用，有什麼地方與佛道不相應的？姑且一齊自己休息去吧。如若不追隨外境，不心風性水，其心自然永遠清淨澄澈。沒有事了，各自珍重！」

汾州大達無業國師語

汾州大達無業國師上堂，有僧問曰：「十二分教流于此土，得道果者非止一、二，云何祖師東化，別唱玄宗，直指人心，見性成佛？豈得世尊說法有所未盡？只如上代諸德高僧，並學貫九流❶，洞明三藏，生、肇、融、叡❷，盡是神異間生❸，豈得不知佛法遠近？某甲庸昧，願師指示。」師曰：「諸佛不曾出世，亦無一法與人，但隨病施方，遂有十二分教。如將蜜果換苦葫蘆，淘汝諸人業根，都無實事。神通變化及百千三昧門，化彼天魔外道，福智二嚴❹為破執有滯空之見。若不會道及祖師來意，論什麼生、肇、融、叡？如今天下解禪解道如河沙數，說佛說心有百千萬億。纖塵不去，未免輪迴。思念不亡，盡須沉墜。如斯之類，尚不能自識業果，妄言自利利他，自謂上流❺。並他先德但言觸目無非佛事，舉足皆是道場。原其所習，不如一箇五戒十善❻。凡夫觀其發言，嫌他二乘十地菩薩。且醍醐上味為世珍奇，遇斯等人翻成毒藥。南山尚自不許呼為大乘，學語之流爭鋒脣舌之間，鼓論不形之事，並他先德，誠實苦哉！只如野逸高士，尚解枕石溲流❼，棄其利祿，亦有安國理民之謀，徵而不赴。況我禪宗途路且別！看他古德道人得意之後，茅茨❽石室，向折腳鐺子裡煮飯喫，過三十、二十年，名利不干懷，財寶不為念，大忘人世，隱迹巖叢，君王命而不來，諸侯請而不赴，豈同我輩貪名愛利，汩沒❾世途❿，如短販人⓫有少希求而忘大果。十地諸賢豈不通佛理，可不如一箇博地凡夫⓬？實無此理。他說法如雲如雨，猶被佛呵，云見性如隔羅縠，只為情存聖量⓭，見在果因未能逾越聖情，過諸影迹。先賢古德，碩學高人，博達古今，洞明教網⓮。蓋為識學詮文，水乳難辨，不明自理，念靜求真。嗟乎！得人身者如爪甲上土，失人身者如大地土，良可傷哉！設有悟理之者，有一知一解，不知是悟中之則，入理之門，便謂永出世利，巡山傍澗⓯，輕忽上流，致使心漏不盡，理地不明，空到老死無成，虛延歲月。且聰明不能敵業，乾慧未免苦輪。假使才並馬鳴，解齊龍樹，只是一生兩生不失人身。根思宿淨，聞之即解，如彼生公⓰，何足為羨！與道全遠。共兄弟論實不論虛，只遮口食身衣，盡是欺賢罔聖求得，將來他心慧眼觀之，如喫膿血一般，總須償他始得。阿那箇有道果？自然招得他信施⑰來，不受者學般若菩薩不得自謾，如冰凌⑱上行，似劍刃上走。臨終之時，一毫凡聖情量不盡，纖塵思念未忘，隨念受生⑲輕重⑳五陰，向驢胎馬腹裡託質㉑，泥犁㉒鑊湯裡煮煠㉓一遍了，從前記持憶想見解、智慧都盧㉔一時失卻，依前再為螻蟻，從頭又作蚊虻㉕。雖是善因，而遭惡果，且圖什麼？兄弟，只為貪欲成性，二十五有㉖向脚跟下繫著，無成辦㉗之期。祖師觀此土眾生有大乘根性，唯傳心印，指示迷情。得之者即不揀凡之與聖，愚之與智，且多虛不如少實。大丈夫兒如今直下便休歇去，頓息萬緣，越生死流，迥出常格，靈光獨照，物累不拘，巍巍堂堂，三界獨步，何必身長丈六，紫磨金㉘輝，項佩圓光，廣長舌相㉙！若以色見我，是行邪道。設有眷屬莊嚴，不求自得。山河大地，不礙眼光。得大總持，一聞千悟，都不希求一飡㉚之直。汝等諸人儻不如是，祖師來至此土非常有損有益。有益者，百千人中撈漉㉛一箇半箇，堪為法器。有損者，如前已明從他，依三乘教法修行，不妨卻得四果三賢，有進修之分。所以先德云：『了即業障本來空，未了還須償宿債。』

【注釋】❶九流　春秋戰國時，學術發達，各成一家，有儒、道、陰陽、法、名、墨、縱橫、雜、農等，後世稱作九流。此指各種學派。❷生肇融叡　生指南朝宋時高僧竺道生。竺道生曾於廬山從西域沙門僧伽提婆學一切有部義，後又至關中向西域高僧鳩摩羅什叩問，再歸江南，宋文帝十分敬重。其涉獵既廣，潛思日久，創為頓悟成佛之說，聳動一時。肇指東晉時高僧僧肇。融指東晉時高僧道融，其學博通內外典，從鳩摩羅什遊，每代為講經。後住持彭城寺，學眾千人，不期而至。叡指南朝宋時高僧慧叡，曾至南天竺，通梵文，歸棲廬山，從高僧慧遠遊，後復至關中就鳩摩羅什修學，歸止金陵烏衣寺說法，著《十四音訓敘》，條例梵漢字義字音，使經文昭然有據。❸間生　更迭出現。❹福智二嚴　謂福德莊嚴與智慧莊嚴。菩薩自初發心修六度萬行，具足所有福德，能顯現法身，謂之福德莊嚴。修習正知見，除盡無明，而能顯現法身，謂之智慧莊嚴。福德屬於利他，智慧屬於自利。❺上流　「上流般涅槃」之略，也名「上流不還果」，為聲聞四果之一，即阿那含果。得此果者，斷盡欲界九品之修惑，不再還生於欲界之聖者之位。❻十善　不犯十惡之罪，即名十善。❼枕石溲流　通作「枕石漱流」或「枕流漱石」。《世說新語・排調》：「孫子楚年少時，欲隱，語王武子『當枕石漱流』，誤曰『枕流漱石』。王曰：『流可漱，石可漱乎？』孫曰：『所以枕流，欲洗其耳；所以漱石，欲礪其齒。』」「枕流漱石」本是錯言，但經孫子楚詭辯後，後世遂得沿用。❽茨　用茅草蓋屋。此指草屋。❾汨沒　消滅；淹沒。❿世途　此指俗世利祿之途。⓫短販人　從事短途販賣以博取小利的小商販。⓬博地凡夫　指遍地皆是的普通平常之人。⓭聖量　即「聖教量」，因明三量之一，也稱「正教量」。⓮教網　佛教以眾生喻魚，以佛之教喻魚網。《華嚴經》：「張佛教網，亘法界海，漉人天魚，置涅槃岸。」⓯巡山傍澗　此指僧人行腳雲遊與掛錫住寺。⓰生公　即東晉末、南朝宋初之高僧竺道生，嘗在蘇州虎丘山說法，聚石為徒，石皆點頭。後世遂有「生公說法，頑石點頭」之語。⓱信施　謂信仰者所施捨之物。⓲冰淩　冰塊；冰面。⓳隨念受生　隨念指追念過去之境。受生謂轉世為生。⓴輕重　謂調節、決定。㉑託質　即「托胎」、「投胎」。㉒泥犁　梵語，意為「地獄」。㉓煠　即「炸」。㉔都盧　統統；全部。唐人張文成〈遊仙窟〉詩：「遮三不得一，覓二都盧失。」㉕虻　蠅一類的飛蟲，長約五、六分，如牛虻。㉖二十五有　三界為二十五有：欲界為十四有，即四惡趣、四洲、六欲天；色界為七有，即四禪天加上初禪天之大梵天、第四禪之淨居天與無想天；無色界為四有，即四空處。通三界而有二十五果報，稱二十五有。㉗成辦　完成；結束。㉘紫磨金　又稱「紫磨黃金」，為金之成色最精者。東漢人孔融〈聖人優劣論〉：「金之精者名為紫磨，猶人之有聖也。」㉙廣長舌相　佛陀三十二相之一。謂舌長而闊，柔軟紅潤，伸出來能覆蓋面孔，直至髮際。㉚湌　同「餐」。㉛澇漉　浸沒；浸濕。

【語　譯】汾州大達無業國師有一次上堂，有僧人問道：「十二分教在此國土上傳布，證地道果的人不止一、二個人，為什麼又說達磨祖師東來化度，另外舉唱玄妙的宗乘，直指人心，見性成佛呢？難道說世尊所說的道法還有所未盡嗎？只如上代諸位大德高僧，都是學問貫通九流，洞曉經、律、論三藏，如高僧竺道生、僧肇、道融、慧叡，都是神異間生，難道還會不知道佛法之遠近嗎？我資性平庸愚昧，還望和尚加以指示。」無業國師說道：「諸佛不曾出世過，也沒有一法傳給世人，只是根據各人所患的病痛給予相應的藥方，於是有了十二分教。如同拿甜蜜的果實去換澀苦的葫蘆，陶鑄你們諸人的業根，都是沒有的實事。神通變化與千百種三昧法門，用來化度那天魔外道，福德與智慧二莊嚴為你們破除執著於有、滯阻於空的見解。如若不能領會佛道及祖師西來的意旨，還議論什麼竺道生、僧肇、道融、慧叡呢？現今天下詮解禪法、詮解佛道之人的數量多如恆河中的沙粒，論說佛、論說心的人也有百千萬億個。纖細的微塵沒有去除，就不能避免於輪迴。思維心念不能完全消失，都得沉溺墮落。像上述這些東西，尚且不能自己識別業果，卻在妄言自利利他，自稱是上流。但那古代大德只是說觸目無非佛事，舉足都是道場。推原其所修習的，還不如一個五戒十善。凡夫觀察他所發的言論，嫌棄那二乘十地菩薩。況且醍醐之類上等美味雖然被世人當作珍奇之物，遇到這等人反而變成了毒藥。南山和尚尚且不允許人們稱呼為大乘，那些學人說話之輩，在脣舌之間爭鬥，鼓揚沒有形相之事，並且論及那些古代大德，確實痛苦啊！只如那些隱居林泉、言行飄逸的高士，尚且懂得枕石漱流，拋棄那名利仕祿，也有安國治民的謀略，但帝王有徵召而不前往。何況我禪宗的道路有所區別！且看他古代大德的人得意以後，住在草屋石室之中，在折斷一腳的鍋鐺裡煮飯吃，就這樣度過了二十、三十年，名利不干擾胸懷，財寶不進入心念，完全忘記了人世，隱跡於山崖叢林之中，君王有召命而不去，諸侯有邀請而不赴，哪裡會與我輩相同！我輩貪名愛利，淹沒於俗世利祿之途，就像是短販人一樣有一點點小追求而忘記了大果。十地諸聖賢難道會不通達佛理，反而不如一個博地凡夫嗎？實在沒有這樣的道理。他們說法的場面盛大，如雲如雨，但還是遭到佛的呵責，說見性就像是隔著羅紗看東西一樣模糊不清，只是因為情存在於聖量中，現在之因果沒能逾越聖人之情，越過各種形跡。古代的聖賢大德、碩學之士，隱逸高人，博識通達古今，貫通教網。這是因為識別學問、詮釋文字，如水與乳汁一樣難以識別，不明白要自我領會，才能念靜以求真旨。嗚呼！獲得人之身體者就如同是手指甲中的土，失去人的身體者就如同是大地上的土，確實可悲傷啊！假使有悟徹道理的人，具有了一知半解，卻不知道此只是領悟過程中的法則，進入佛理之門徑，就說永遠出離世間利祿之誘惑，巡山傍澗，輕視上流，致使心地煩惱不能盡斷，理地不能明白，白白地活到老死而一無所成，虛度了歲月。而且聰明不能勝過宿業，乾慧不能避免墮入苦輪。假使具有了馬鳴大士一樣的才學，解釋與龍樹菩薩一樣通達，也只是一生兩生不失去人身而已。六根之思慮與宿習清淨，一聽即能理解，如同那生公，又有什麼值得羨慕的！與佛道完全相離。我同眾兄弟談論實的，不談論虛的，只是這個口中所吃的、身上所穿的，都是欺蒙他聖賢才得到的，拿來他心慧眼觀看，就如同在吃膿血一樣，終究要賠償他才行。哪一個具備有道眼呢？自然能招引他信施來，不接受者要學般若菩薩而不許自我欺蒙，那就如在冰凌上行走，如在劍刃上行走一樣危險。臨終之時，一絲一毫的凡人、聖人之情量都不能斷盡，纖微塵埃一般的思念都不能忘懷，隨念而受生，為五陰所輕重左右，而到驢胎、馬腹中去托胎，到地獄、湯鍋裡烹煮、油炸一遍了，那從前所記憶、修持、思考的見解、智慧統統都一齊忘掉了，依舊再去做螻蛄、螞蟻，從頭又成為蚊子、蝇虻。雖然是善因，卻遭受了惡果，還要貪圖什麼呢？兄弟，這只是因為貪欲成性，二十五有在你的腳跟下繫著，沒有完結的期限。達磨祖師看到此東土眾生具有大乘根性，就只傳授心印，指示迷惑之情。所得到的人即不挑揀凡夫與聖人，愚人與智者，而且許多虛的東西也不如一點點實的。大丈夫如今當下便休歇去了，頓悟止息萬緣，超越了生死之河，迥然超出了平常之格調，靈光獨自照耀，而不拘泥事物，巍巍堂堂，在三界中獨步而行，又何必要身長一丈六尺，身上紫磨黃金散發出光輝，頭頂上戴著圓光，有著廣長舌相啊！如果以色相來看待我，就是施行邪道。假使有眷屬莊嚴，不必追求自然就得到了。山河大地，並不能障礙眼光。得到了大總持，聽到了一個就能領悟一千個，都不希求一餐之價值。你們諸人倘若不是這樣做的，那祖師來到此國土上就有著非常嚴重的損害與利益。其所利益的，是千百個人中間浸沒了一個半個，可以成為法器的。其所損害的，是如前已經明白依從他的，依據三乘教法修行，不妨得到個四果三賢，而具有了進修之緣分。

所以古代大德說道：『了卻了業障即本來空，沒有了卻就必須償還宿債。』

池州南泉普願和尚語

池州南泉普願和尚上堂曰：「諸子，老僧十八上❶解作活計，有解作活計者出來，共你商量，是住山人始得。」良久，顧視大眾合掌曰：「珍重！無事，各自修行。」大眾不去，師曰：「如聖果大可畏，勿量大人❷尚不奈何，我且不是渠，渠且不是我，渠爭奈我何！他經論家說法身為極則，喚作理盡三昧、義盡三昧。似老僧向前被人教返本還源去，幾恁麼會禍事。兄弟，近日禪師太多，覓箇癡鈍人不可得，不道全無，於中還少。若有，出來共你商量。如空劫時，有修行人否？有無作麼？不道阿你尋常巧唇薄舌❸，及乎問著，總皆不道。何不出來？莫論佛出世時事。兄弟，今時人擔佛著肩上行，聞老僧言『心不是佛，智不是道』，便聚頭擬推，老僧無你推處。你若東得虛空作棒，打得老僧著，一任推。」

時有僧問：「從上祖師至江西大師，皆云『即心是佛』、『平常心是道』。今和尚云：『心不是佛，智不是道。』學人悉生疑惑，請和尚慈悲指示。」師乃抗聲答曰：「你若是佛，休更涉疑，卻問老僧。何處有恁麼傍家疑佛來？老僧且不是佛，亦不曾見祖師。你恁麼道，自覓祖師去！」曰：「和尚恁麼道，教學人如何扶持得？」師曰：「你急，手托虛空著。」曰：「虛空無動相，云何托？」師曰：「你言動相，早是動也。虛空何解道我無動相，此皆是你情見❹。」曰：「虛空無動相尚是情見，前遣某甲托何物？」師曰：「你既知不應言托，擬何處扶持他？」曰：「即心是佛既不得，是心作佛否？」師曰：「是心是佛，是心作佛，情計所有，斯皆想成。佛是智人心，是采集主，皆對物時，他便妙用。大德莫認心認佛。設認得是境，被他喚作所知愚。故江西大師云：『不是心，不是佛，不是物。』且教你後人恁麼行履。今時學人披箇衣服，傍家疑恁麼閑事還得否？」曰：「既『不是心，不是佛，不是物』，和尚今卻云『心不是佛，智不是道』，未審若何？」師曰：「你不認『心不是佛，智不是道』，老僧勿得心來，復何處著？」曰：「總既不得，何異太虛？」師曰：「既不是物，比什麼太虛？又教誰異不異？」曰：「不可無他『不是心，不是佛，不是物』。」師曰：「你若認遮箇，還成心佛去也。」曰：「請和尚說。」師曰：「老僧自不知。」曰：「何故不知？」師曰：「教我作麼生說？」曰：「可不許學人會道。」師曰：「會什麼道？又作麼生會？」曰：「某甲不知。」師曰：「不知卻好。若取老僧語喚作依通❺人，設見彌勒出世，還被他燖❻卻頭尾。」曰：「使後人如何？」師曰：「你且自看，莫憂他後人。」曰：「前不許某甲會道，今復令某甲自看，未審如何？」師曰：「冥會妙會許你，你作麼生會？」曰：「如何是妙會？」師曰：「還欲學老僧語，縱說是老僧說，大德如何？」曰：「某甲若自會，即不煩和尚，乞慈悲指示。」師曰：「不可指東指西賺人。你當哆哆和和時，作麼不來問老僧？今時巧黠，始道我不會，圖什麼？你若此生出頭來道我出家作禪師，如未出家時曾作什麼來？且說看，共你商量。」曰：「恁麼時某甲不知。」師曰：「既不知，即今認得可是耶？」曰：「認得既不是，不認是否？」師曰：「認不認是什麼語話？」曰：「到遮裡某甲轉不會也。」師曰：「你若不會，我更不會。」曰：「某甲是學人即不會，和尚是善知識合會。」師曰：「遮漢，向你道不會，誰論善知識？莫巧黠，看他江西老宿在日，有一學士問：『如水無筋骨，能勝萬斛舟。此理如何？』老宿云：『遮裡無水亦無舟，論什麼筋骨？』兄弟，他學士便休去，可不省力。所以數數向道佛不會，道我自修行，用知作麼？」曰：「如何修行？」師曰：「不可思量得，向人道恁麼修、恁麼行大難。」曰：「還許學人修行否？」師曰：「老僧不可障得你。」曰：「某甲如何修行？」師曰：「要行即行，不可專尋他背。」

曰：「若不因善知識指示，無以得會。如和尚每言修行，須解始得。若不解，即落他因果，無自由分。未審如何修行，即免落他因果？」師曰：「更不要商量。若論修行，何處不去得？」曰：「如何去得？」師曰：「你不可逐背尋得。」曰：「和尚未說，教某甲作麼生尋？」師曰：「縱說何處覓去，且如你從旦至夜忽東行西行，你尚不商量道去得不得，別人不可知得你。」曰：「當東行西行，總不思量是否？」師曰：「恁麼時誰道是不是？」曰：「和尚每言『我於一切處而無所行，他拘我不得，喚作偏行三昧，普現色身』，莫是此理否？」師曰：「若論修行，何處不去？不說拘與不拘，亦不說三昧。」曰：「何異有法，得菩提道？」師曰：「不論異不異。」曰：「和尚所說修行，迢然❼與大乘別，未審如何？」師曰：「不管他別不別，兼不曾學來。若論看教，自有經論。座主，他教家實大可畏，你且不如聽去好。」曰：「究竟今學人作麼生會？」師曰：「如汝所問，元只在因緣邊，看你且不奈何。緣是認得六門❽頭事。你但會佛那邊卻來，我與你商量。兄弟，莫恁麼尋逐不住，恁麼不取古人語。行菩薩行，唯一人行。天魔波旬領諸眷屬，常隨菩薩後，覓心行起處，便擬撲倒。如是經無量劫，覓一念異處不得，方與眷屬禮辭，讚歎供養。猶是進修位中下之人，便不奈何，況絕功用處如文殊、普賢，更不話他。兄弟，作麼生道行？是無覓一日行底人不可得。今時傍家從年至歲，只是覓究竟，作麼生空弄脣舌生解？」曰：「當恁麼時，無佛名，無衆生名，使某甲作麼圖度？」師曰：「你言無佛名，無衆生名，早是圖度了也，亦是記他言語。」曰：「若如是悉屬佛出世時事，了不可不言。」師曰：「你作麼生言？」曰：「設使言，言亦不及。」師曰：「若道言不及，是及語。你虛恁麼尋逐，誰與你為境？」曰：「既無為境者，誰是那邊人？」師曰：「你若不引教來，即何處論佛？既不論佛，老僧與誰論遮邊那邊？」曰：「果雖不住道，而道能為因如何？」師曰：「是他古人，如今不可不奉戒。我不是渠，渠不是我，作得伊如狸奴❾、白牯行履卻快活。你若一念異，即難為修行。」曰：「云何一念異，難為修行？」師曰：「才一念異，便有勝劣二根，不是情見，隨他因果，更有什麼自由分？」曰：「每聞和尚說報化非真佛，亦非說法者，未審如何？」師曰：「緣生故非。」曰：「報化既非真佛，法身是真佛否？」師曰：「早是應身也。」曰：「若恁麼即法身亦非真佛。」師曰：「法身是真非真，老僧無舌不解道，你教我道即得。」曰：「離三身外，何法是真佛？」師曰：「遮漢共八、九十老人相罵❿。向你道了也，更問什麼離不離，擬把楔釘他虛空！」曰：「伏承《華嚴經》是法身，佛說如何？」師曰：「你適來道什麼語？」其僧重問，師顧視歎曰：「若是法身說，你向什麼處聽？」曰：「某甲不會。」師曰：「大難！大難！好去，珍重！」

【注釋】❶上　時間副詞，指某一時刻。❷勿量大人　此謂佛。勿量，無法計量。❸巧脣薄舌　比喻很善於說話、言辯。❹情見　妄情之所見。❺依通　依憑藥力、咒術等顯示神通之作用，即稱依通。❻燂　烤熟。《集韻・侵韻》：「燂，火熟物，或作燖。」❼迢然　顯然。❽六門　指修行禪定而得世出世之果的六種方法：一為求脫之願心，二為積集勝行之資糧，三使心善住於一處，四為資師圓滿，五為所緣圓滿，六為作意圓滿。❾狸奴　貓的別稱。❿相罵　吵架；嘔氣。

【語譯】池州南泉普願和尚上堂說法道：「諸位弟子，老僧十八歲時就懂得作活計了，現在有懂得作活計的人出頭來，老僧同你商量商量，不過要住在山寺之人才行。」沉默了片刻，他回頭向四周看了眾人之後，雙手合十又說道：「珍重！沒有事了，各自修行去吧。」但眾人並沒有散去，普願和尚便說道：「如此聖果太可畏懼了，無法計量其大的人尚且不能奈何，我又不是你，你也不是我，你又能把我怎麼樣啊！那些講說經、論的高僧說法身是至極的準則，叫作理盡三昧、義盡三昧。像老僧從前被人教誨要返本還源去，就這樣碰到了禍事。兄弟，近來禪師太多了，要尋覓個痴呆愚鈍的人也得不到，也不是說完全沒有，只是當中很少。如果有，就站出來，老僧同你商量一下。如在空劫時，可還有修行的人嗎？還有沒有作為的嗎？不用說你平常巧言善辯，可等到被問著了，卻總是說不到點子上。為什麼不出頭來呢？不要論說佛出世時的事。兄弟，現在的人把佛扛在肩上到處走，聽到老僧說『心不是佛，智不是道』，就把頭聚在一起打算推求，老僧這裡沒有你們推求之處。你們如若能收束虛空成一根棍棒，打得著老僧，就任憑你們推求。」

當時有一位僧人問道：「從古代的祖師直至江西馬祖大師，都說『即心是佛』、『平常心是道』。現在和尚說『心不是佛，智不是道』。學生完全被迷惑了，請和尚發慈悲給予指示。」普願和尚就高聲說道：「你如果是佛，就不會再涉及疑惑，反而來問老僧了。什麼地方有這樣的傍家挨戶行腳而懷疑佛的？老僧況且不是佛，也不曾見過祖師。你既然這樣說，就自己去尋找祖師去吧！」那僧人問道：「和尚這樣說，教學生怎麼扶持呢？」普願和尚回答：「你如若發急，就用手托著虛空吧。」那僧人問道：「虛空沒有動相，為什麼要說托著？」普願和尚回答：「你說到動相，早已經動了。虛空哪裡懂得你說的沒有動相，這都是你的情見。」那僧人便問道：「虛空沒有動相尚且是情見，剛才和尚讓我托什麼東西呢？」普願和尚回答：「你既然知道不應該說托，那你打算在什麼地方扶持呢？」那僧人問道：「即心即佛既然不對，那麼是心作佛嗎？」普願和尚回答：「是心是佛，是心作佛，都是妄情計度，而作這樣的思想。佛是智人之心，是採集之主，都在對物之時，他就產生了妙用。大德不要認心認佛。假設能認識是外境，就被他叫作所知愚。所以江西大師說：『不是心，不是佛，不是物。』即讓你們後人就這樣行動。現今的學僧披上個衣服，傍家挨戶地行腳，卻懷疑這樣的閒事還行嗎？」那僧人問道：「既然『不是心，不是佛，不是物』，和尚現在卻說『心不是佛，智不是道』，不知道是為了什麼？」普願和尚回答：「你既然不明白『心不是佛，智不是道』，老僧拿得心來，又放置在哪裡呢？」那僧人問道：「既然總得不到，那又與太虛有什麼差異呢？」普願和尚回答：「既然不是物，又與太虛比什麼？又教誰說有沒有差異？」那僧人說道：「不可以沒有那個『不是心，不是佛，不是物』。」普願和尚說道：「你如若認識了這個，就能成佛去了。」那僧人說道：「便請和尚講說。」普願和尚說道：「老僧自己也不知道。」那僧人問道：「為什麼不知道？」普願和尚回答：「教我怎麼說呢？」那僧人說道：「可是不許學生領會大道。」普願和尚問道：「領會了什麼大道？又怎樣領會的？」那僧人回答：「我不知道。」普願和尚說道：「不知道正好。如果取來老僧的話語便稱作依通之人，假設遇到彌勒佛出世，就要被他烤熟了頭尾。」那僧人問道：「讓後人怎麼辦呢？」普願和尚回答：「你就觀察你自己，不要騷擾他後人。」那僧人問道：「剛才不許我領會大道，現在又讓我自己觀看，不知道為了什麼？」普願和尚便問道：「暗中契合、玄妙的領會都許可你，你又怎麼來領會呢？」那僧人問道：「什麼是玄妙的領會？」普願和尚回答：「如果想學老僧的說話，縱然會說了，那還是老僧的話語，大德的又怎麼樣呢？」那僧人回答：「我如果自己領會了，就不麻煩和尚了，還請和尚大發慈悲加以指示。」普願和尚說道：「不可以指東指西地欺騙別人。你正嘮嘮叨叨的時候，為什麼不來問老僧呢？現在卻變乖巧了，才說我沒有領會，又打算做什麼呢？你如果這一生出頭來說我已出家做了禪師，那沒有出家的時候又曾做什麼？你姑且說說看，老僧同你一起商量。」那僧人說道：「這樣的時候我不知道。」普願和尚問道：「既然不知道，現今認得的可還對嗎？」那僧人問道：「認得既然不對，那不認得可對嗎？」普願和尚問道：「認不認得是什麼話語？」那僧人回答：「到了這裡我反而不懂了。」普願和尚說道：「你如若不懂，我就更不明白了。」那僧人問道：「我是學生所以不懂，和尚是善知識，應該懂得。」普願和尚說道：「這傢伙，對你說不懂，誰在說善知識啊？不要投機取巧，且看他江西和尚在世之時，有一位學士問道：『如水沒有筋骨，卻能載起萬斛重的船。這是什麼道理？』江西和尚回答：『這裡沒有水也沒有船，說什麼筋骨？』兄弟，那學士就作罷了，可不省力啊。所以屢屢向佛說沒有領會，說我自己修行，那還要知道什麼呢？」那僧人問道：「怎樣修行呢？」普願和尚回答：「不可思量，向別人介紹怎樣修、怎樣行之事可是十分困難的。」那僧人問道：「可還許可學生修行嗎？」普願和尚回答：「老僧不可以障礙你。」那僧人問道：「我怎樣修行呢？」普願和尚回答：「要修行就修行，不可以專門尋找他的背面。」那僧人問道：「如果沒有善知識的指示，我就不能領會。如和尚每次說到的修行，必須領會了才行。如果沒有領會，就墮入那因果中去了，沒有自由之份。不知道怎樣修行，才能避免墮入那因果中？」普願和尚回答：「更不要商量。如果說到修行，什麼地方不能去呢？」那僧人問道：「怎樣去呢？」普願和尚回答：「你不可以追逐他的背面才尋到。」那僧人問道：「和尚沒有說，教我怎麼去尋找？」普願和尚回答：「縱然解釋了到什麼地方去尋找，而且讓你從早到晚、忽然向東忽然向西地尋找，你尚且不能判斷出能去還是不能去，別人更不能知道你了。」那僧人問道：「當東走西走之時，是不是總不思量呢？」普願和尚回答：「這樣的時候，誰說是不是呢？」那僧人問道：「和尚每每說『我在一切地方都無所行，他拘束我不得，就叫作偏行三昧，普遍顯現法身』，莫非就是這個道理嗎？」普願和尚回答：「如果說到修行，什麼地方不能去？不用說到拘束與不拘束，也不用說三昧。」那僧人問道：「這與有法有什麼差異，而得到了菩薩道？」普願和尚回答：「不說差異不差異。」那僧人便問道：「和尚所說的修行，顯然與大乘教義相違背，不知道為了什麼？」普願和尚回答：「我不管他違背不違背的，而且也不曾學過。如果說到看教義，自然有經、論在。座主，那些教家確實十分可畏懼的，你還不如去聽聽為好。」那僧人問道：「究竟要學生怎樣領會呢？」普願和尚回答：「就如同你所提問的，原來只是在因緣裡邊，看來你也沒辦法。因此而認得了六門頭事。你只要領會佛那邊事回來，我就與你商量。兄弟，不要這樣追尋個不停，這樣不取古人的話語。施行菩薩之行，只有一個人施行。天魔波旬率領眾多眷屬，長久地跟隨在菩薩後面，尋覓心行產生之處，就準備把他撲倒。像這樣經歷了無數的大劫，卻不能尋覓到一個心念差異之處，方才與眾眷屬禮拜辭別，讚歎供養。這還是進修位中下之人，就無可奈何了，何況斷絕功用之處如同文殊菩薩、普賢菩薩的，就更不要說他了。兄弟，為什麼要說行呢？是因為想尋找一個有一天沒行動的人也找不到。現今人們都傍家挨戶行腳，從年初到歲末，只是尋找一個究竟，為什麼還要徒勞鼓弄嘴唇舌頭作解釋呢？」那僧人問道：「正當這樣的時候，沒有佛之名，也沒有眾生之名，教我怎樣進行化度呢？」普願和尚回答：「你說沒有佛之名，沒有眾生之名時，早已是進行化度了，也還記得了他的言語。」那僧人說道：「如果像這樣的都是屬於佛出世時的事，當然不可以不說。」普願和尚問道：「你怎樣說呢？」那僧人回答：「假使有言語，言語也及不上。」普願和尚問道：「如果說言語也及不上，就是及得上之語了。你徒勞地這樣的追尋，誰給你為境象呢？」那僧人問道：「既然沒有人為境象，誰是那一邊的人呢？」普願和尚問道：「你如果不引出教義來，卻在什麼地方論說佛呢？既然不論說佛，老僧又跟誰論說這一邊那一邊呢？」那僧人問道：「果雖然不住在道中，但道卻能成為因的時候怎麼樣？」普願和尚回答：「這是那古人做的，現在的人卻不可以不奉行戒律。我不是你，你也不是我，能做出他如狸奴、白牯牛一樣的行為倒也快活。你如果有一念相異，就難以修行了。」那僧人問道：「為什麼說有一念相異，就難以修行了？」普願和尚回答：「剛有一念相異，就有勝、劣二根出現，不是情見，隨著那因果而去，還有什麼自由之份？」那僧人問道：「我每每聽和尚說報身、化身不是真佛，也不是說法者，不知道為什麼？」普願和尚回答：「因為有生，所以不是。」那僧人問道：「報身、化身既然不是真佛，那法身是真佛嗎？」普願和尚回答：「早已是應身了。」那僧人便說道：「如若是這樣的，即法身也不是真佛了。」普願和尚說道：「法身是不是真佛，老僧沒有舌頭不能解說，你教我說就行了。」那僧人問道：「除去那三身外，什麼法是真佛？」普願和尚喝道：「這傢伙同八、九十歲老人相罵。已經對你說了，卻問什麼除去不除去的，還打算用木橛去釘那虛空啊！」那僧人問道：「承蒙說《華嚴經》是法身，那佛說什麼呢？」普願和尚反問：「你剛才說什麼話？」那僧人再問了一遍，普願和尚看著他歎息道：「如果是法身在說，你到什麼地方去聽呢？」那僧人說道：「我沒有領會。」普願和尚說道：「太難了！太難了！好好去吧，珍重！」

趙州從諗和尚語

趙州從諗和尚上堂云：「金佛不度鑪，木佛不度火，泥佛不度水，真佛內裡坐。菩提涅槃，真如佛性，盡是貼體衣服，亦名煩惱。不問即無煩惱。且實際理地什麼處著得？一心不生，萬法無咎。汝但究理，坐看三、二十年。若不會道，截取老僧頭去。夢幻空華，何勞把捉！心若不異，萬法一如。既不從外得，更拘執作什麼？如羊相似，亂拾物安向口裡。老僧見藥山和尚道：『有人問著者，便教合卻口。』老僧亦教合卻口。取我是垢，不取我是淨，一似獵狗專欲喫物。佛法在什麼處？遮裡一千人盡是覓作佛漢子。於中覓一箇道人，無若與空王❶為弟子。莫教心病最難醫。未有世間時，早有此性。世界壞時，此性不壞。從一見老僧後，更不是別人，只是一箇主人公。遮箇更用向外覓物作什麼？正恁麼時，莫轉頭換腦❷。若轉頭換腦，即失卻去也。」時有僧問：「承師有言：『世界壞時，此性不壞。』如何是此性？」師曰：「四大五陰。」僧曰：「此猶是壞底，如何是此性？」師曰：「四大五陰。」法眼云：「是一箇兩箇？是壞不壞？且作麼生會？試斷看。」

【注釋】❶空王　佛的異名。法為空法，佛為空王。《圓覺經》：「佛為萬法之王，又曰空王。」❷轉頭換腦　指不斷轉換想法。

【語譯】趙州從諗和尚上堂說法道：「金做的佛過不了煉鐵爐，木做的佛過不了火焰，土做的佛過不了水，真佛就在這裡坐著。菩提涅槃，真如佛性，全都是貼著身體穿的衣服，也稱作煩惱。不提問就沒有煩惱。而且實際理地什麼地方才能放置著？一心不產生，萬法都沒有過錯。你們只要推究道理，坐著觀看三、二十年。如果還不能領會道理，就斬取老僧的頭去。夢幻與空中花朵，又何勞去捕捉！心如若沒有差異，即萬法一如。既然不是從外得到的，那再拘泥執著作什麼呢？就如同羊一樣，亂拾一些東西往嘴裡塞。老僧聽到藥山和尚說過：『有人來尋問，就教他閉上嘴。』老僧也教他閉上嘴。取我是汙垢，不取我是清淨，完全像那獵狗專去找吃的東西。佛法在什麼地方？這裡一千人都是尋覓做佛的漢子。要在他們中間找一個道人，那還不如給空王作弟子。不要讓心得了病，心病最難醫治。還沒有世間時，早就有此性了。世界毀壞時，此性也不毀壞。自從一見老僧後，就再也不是別人，只是一個主人公。這個還要向外面尋找個什麼呢？正這樣的時候，不要轉頭換腦。如果轉頭換腦，就會失去了。」當時有僧人問道：「承蒙和尚有言：『世界毀壞時，此性不毀壞。』什麼是此性？」從諗和尚回答：「四大五陰。」那僧人便說道：「這還是毀壞的，什麼是此性？」從諗和尚回答：「四大五陰。」法眼和尚說道：「是一個還是兩個？是毀壞還是不毀壞？應該作怎樣的理會？試著判斷一下。」

鎮府臨濟義玄和尚語

鎮府❶臨濟義玄和尚示眾曰：「今時學人，且要明取自己真正見解。若得自己見解，即不被生死染，去住自由，不要求他，殊勝自備。如今道流❷，且要不滯於惑，要用便用。如今不得，病在何處？病在不自信處。自信不及，即便忙忙徇一切境。脫❸大德若能歇得念念馳求心，便與祖師不別。汝欲識祖師麼？即汝目前聽法底是。學人信不及，便向外馳求，得者只是文字學，與他祖師大遠在。莫錯大德，此時不遇，萬劫千生，輪迴三界，徇好惡境，向驢牛肚裡去也。如今諸人與古聖何別？汝且欠少什麼？六道神光❹，未曾間歇。若能如此見，是一生無事人。一念淨光，是汝屋裡法身佛。一念無分別光，是汝報身佛。一念無差別光，是汝化身佛。此三身即是今日目前聽法底人。為不向外求，有此三種功用。據教三種名為極則約，山僧道三種是名言，故云身依義而立土，據體而論法。性身法性土，明知是光影。大德且要識取弄光影人是諸佛本源，是一切道流歸舍處。大德，四大身不解說法聽法，虛空不解說法聽法，是汝目前歷歷孤明勿形段者解說法聽法，所以山僧向汝道：五蘊身田內有無位真人❺，堂堂顯露，無絲髮許間隔。何不識取？心法無形，通貫十方，在眼曰見，在耳曰聞，在手執捉，在足運奔，心若不在，隨處解脫。山僧見處，坐斷❻報化。佛頂十地滿心猶如客作兒❼，等妙二覺如擔枷帶鎖，羅漢辟支猶如糞土，菩提涅槃繫驢馬橛。何以如斯？蓋為不達三祇劫，空有此障隔。若是真道流，盡不如此。如今略為諸人大約話破，自看遠近。時光可惜，各自努力，珍重！」

【注　釋】❶鎮府　即唐代鎮州，因為成德軍節度使之所在，故也稱鎮府。❷道流　同「道人」。此指僧人。❸脫　儻若；或許。❹神光　諸佛之光明，神變不可預測，離絕分別之相。〈贊阿彌陀佛偈〉：「神光離相不可名，故佛又號無稱光。」❺無位真人　指不在諸佛之位的真佛，即人所本具之佛性。❻坐斷　占住；占盡。❼客作兒　同「客作漢」。唐、宋時對出賣勞力者的稱呼。唐代僧人拾得詩：「博錢沽酒吃，翻成客作兒。」

【語　譯】鎮府臨濟義玄和尚指示眾人道：「現在的學法僧，可要明白地取得自己真正的見解。如若獲得了自己的見解，就不會被生死所汙染，離去或居住都自由，而不要求他人，頗為超過自己具備的。現在的道人，可不要被疑惑所滯留，要應用就能應用。但現在卻不能得到，毛病在什麼地方呢？毛病就在不自信之處。自信尚不充足，就已匆匆忙忙地詢問一切境界。倘若大德能夠休歇那念念馳求之心，就與祖師沒有差別了。你想要認識祖師嗎？即你眼前聽說法的就是。學僧自己還沒充足，就向外馳求，所求得的只是一些文字學問，與祖師相隔得太遙遠了。不要領會錯了，大德，如果這時不能遇到，萬劫千世，都要在三界中輪迴，遍歷好惡之境，到驢子、牯牛的肚子裡去了。現在諸位與古代聖人有什麼差別呢？你們還欠缺了什麼？六道神光，未曾有間隙的休歇。如果能有這樣的見解，那就是一生無事之人。一念淨光，即是你們屋裡的法身佛。一念無分別光，即是你們的報身佛。一念無差別光，即是你們的化身佛。這三身即是今天眼前聽佛法的人。因為不向外追求，所以有這三種功用。根據教義，這三種名稱是至極的法則規約，但山僧說這三種身只是名字而已，所以說此身依憑法義而置立國土，根據本體而議論佛法。法身所據為法性土，明白知曉即如同是光明與影子。大德還要認識到舞弄光明與影子的人即是諸佛的本源，是一切道人回歸家舍之處。大德，四大合成之身不懂得說法與聽法，虛空不懂得說法與聽法，因為你們眼前歷歷分明的孤獨自明而沒有形體者懂得說法與聽法，所以山僧對你們說道：五蘊身田內有一位無位真人，堂堂正正地顯露，沒有一絲一毫的間隔。為什麼不去認識呢？心法沒有形狀，曉達貫通十方世界，在眼睛中稱見，在耳朵裡稱聽，在手中稱抓住，在腳下稱運動奔走，心如果不存在，就到處都可解脫了。山僧所見之處，占盡了報身、化身。佛頂十地滿心猶如客作漢，等覺二妙猶如所擔著的木枷、鐵鎖，羅漢、辟支佛猶如糞土，菩提、涅槃猶如絹繫驢馬的木橛。為什麼是這樣的？因為沒有通達三僧祇劫，徒然有這樣的障礙阻隔。如果是真正的道人，就完全不是這樣的。現今稍微為諸位大概說破，由你們自己去觀看遠近。光陰可惜，還要各自努力，珍重！」

玄沙宗一師備大師語

玄沙宗一師備大師上堂曰：「太虛日輪，是一切人成立。太虛見在，諸人作麼生滿目覷不見，滿耳聽不聞。此兩處不省得，便是瞌睡漢。若明徹得坐卻凡聖，坐卻三界。夢幻身心，無一物如針鋒許，為緣為對，直饒諸佛出來，作無限神通變現。設如許多教網，未曾措著一分豪，唯助初學誠信之門，還會麼？水鳥樹林，卻解提綱他甚端的，自是少人聽，非是小事。天魔外道，是孤恩負義。天人六趣，是自欺自誑。如今沙門不薦此事，翻成弄影漢，生死海裡浮沉，幾時休息去？自家幸有此廣大門風，不能紹繼得，更向五蘊身田裡作主宰，還夢見麼？如許多田地，教誰作主宰？大地載不起，虛空包不盡，豈是小事！若要徹，即今遮裡便明徹去，不教仁者取一法如微塵大，不教仁者捨一法如毫髮許，還會麼？」

時有僧問：「從上宗旨如何？」師默然。僧再問，師乃叱之。僧問：「從何方便門，令學人得入？」師曰：「入是方便。」僧問：「初心人來，師如何指示？」師曰：「什麼處得初心來？」

僧問：「學人創❶入叢林，乞師提接。」師以杖指之，僧曰：「學人不會。」師曰：「我恁麼為汝，卻成抑屈於人。如今若的自肯當人分上，不論❷初學入叢林，可謂諸人久踐，與過去諸佛無所乏少。如大海水，一切魚龍，初生至老，吞吐受用，悉皆平等。所以道初發心者，與古佛齊肩。奈何汝無始積劫，動諸妄情，結成煩惱，如重病人，心狂熱悶，顛倒亂見，都無實事。如今所覩一切境界，皆亦如是，對汝諸根，盡成顛倒。古人以無窮妙藥醫療對治，直至十地，未得惺惺❸，將知大不容易。古人思惟如喪考妣，如今兄弟見似等閑。何處別有人為汝了得？可惜時光虛度，何妨密密地自究，子細觀尋，至無著力處，自息諸緣去，縱未發萌，種子猶在。若總取我傍家打鼓、弄粥飯氣力，將此造次排遣❹生死，賺汝一生，有何所益？應須如實知取好。無事，珍重！」

【注釋】❶創　開始；初次。❷不論　不分；不管。❸惺惺　聰明；明白。❹排遣　排除；消遣。

【語譯】玄沙宗一師備大師上堂說法道：「太虛與日輪，是一切人所得以成立的。太虛現今正在這裡，你們諸人為什麼滿眼卻看不見，滿耳卻聽不到呢？這兩個地方都不能領悟，真是一個瞌睡漢。如果能明白徹悟，就消去了凡人與聖人的差別，消去了三界的差別，夢幻一般的身心。沒有一物如針尖一樣，為緣起，為對治，直待諸佛出世來，作出無限的神通變化。假使這許多的教網，未曾有一絲一毫的措施，只是幫助初學者增添誠心之門，你們可還領會嗎？水鳥、樹林，卻懂得提示他很明確，自然就很少有人聽了，這可不是件小事。天魔外道，是辜負恩義之語。天人六趣，是自我欺蒙之語。現今沙門沒有領會這事，反而成了舞弄光影漢，在生死海裡沉浮，幾時才能得到休息啊？自家幸虧有這樣廣大的門風，卻不能承繼得，再要向五蘊身田裡作主宰，可還夢見嗎？這許多天地，讓誰來作主宰呢？大地不能承載起，虛空不能覆蓋盡，難道會是小事！如果要明白悟徹，就現今在這裡便明白悟徹去，不教仁者取得如微塵大的一法，不教仁者捨棄如絲毫小的一法，可還領會了嗎？」

當時有一位僧人問道：「從上至極玄妙的宗旨怎麼樣呢？」師備大師沉默不語。那僧人再次提問，師備大師就呵斥他。那僧人又問道：「從什麼方便法門，可讓學生得以進入？」師備大師回答：「進入即是方便法門。」那僧人問道：「初心人來參拜，和尚怎樣指示呢？」師備大師反問：「什麼地方得到初心來？」

又有僧人說道：「學生初入叢林，乞請和尚提示接引。」師備大師就用拄杖指著他，那僧人說道：「學生沒有領會。」師備大師說道：「我這樣地接引你，反而遭人抑屈了。現今如果確實許可本人的分上事，不管是初學始入叢林的，還是諸位久踐叢林的，與過去諸佛相比都沒有缺少的。就如同是大海中的水，所有的魚龍，從初生到老死，所吞吐受用的，都是平等一般的。所以說初發心之人，與古佛相齊肩。怎奈你們從無始積劫就產生了諸種妄情，結成煩惱，就如同是重病人，心中狂亂，高燒悶倒，產生了顛倒妄見，卻都不是實有之事。如今所看見的一切境界，也都是這樣的，面對著你們的諸根性，都成了顛倒妄見。古人用無窮妙藥來醫療對治，直至十地，卻未能惺惺，就知道太不容易了。古人思量此事就如同是喪失了父母親一樣悲哀，可如今的兄弟看見了卻似等閒。什麼地方另外有人為你們了結了？何必吝惜時光虛度，何必隱秘地自我探究，仔細觀察尋覓，直至無從著力之處，自然就止息了諸緣，縱然沒有發芽，但種子依然存在。如果總是取我傍家挨戶打鼓集眾、弄粥飯氣力，並想以此消遣生死，只能騙了你一生，又有什麼益處啊？應該如實知道所取為好。無事了，各自珍重！」

漳州羅漢桂琛和尚語

漳州羅漢桂琛和尚上堂，大眾立久，師曰：「諸上座不用低頭思量，思量不及，便道不要揀擇，委得下口處麼？汝向什麼處下口，試道看。還有一法近得汝，還有一法遠得汝麼？同得汝，異得汝麼？既然如是，為什麼卻特地艱難去？蓋為不丈夫男子，儱儱侗侗❶，無些子威光，慼慼地❷遮護箇意根，恐怕人問著。我常道汝若有達悟處，但去卻人我，披露將來，與汝驗過，直下作麼不肯？莫把牛迹❸裡水以為大海。佛法徧周沙界，莫錯向肉團心❹上妄立知見，以為疆界。此見聞、覺知、識想、情緣然非不是，若向遮裡點頭，道我真實即不得。只如古人道此事唯我能知，是何境界，還識得麼？莫是汝見我，我見汝，便是麼？莫錯會。若是遮箇我，我隨生滅，身有即有，身無即無。所以古佛為汝今日人說，異法有故異法出生，異法無故異法滅盡。莫將為等閑。生死事大，此一團子消殺❺不到，在處乖張❻不少，聲色若不破，受想行識亦然，役得汝骨出在。莫道五陰本來空，也不由汝口便解空去。所以道須得親徹，須真實。也不是今日老師始解恁麼道，他古聖告報汝喚作金剛秘密不思議光明藏，覆陰乾坤，生凡育聖，亘古亘今，誰人無分？既若如此，更籍何人！所以諸佛慈悲，見汝不奈何，開方便門，示真實相。我今方便也，汝還會麼？若不會，莫向意根下揑怪❼。」

僧問：「從上宗門，乞師方便。」師曰：「方便即不無，汝喚什麼作宗門？」曰：「恁麼即學人虛施此問。」師曰：「汝有什麼罪過？」

問：「佛法還受雕琢也無？」師曰：「作麼不受？」曰：「如何雕琢？」師曰：「佛法。」

問：「諸行無常，是生滅法。如何是不生不滅法？」師曰：「用不生不滅作麼？」

問：「才擬是過，不擬時如何？」師曰：「擬有什麼過？」曰：「恁麼即便自無瘡也。」師曰：「合取口！」

問：「諸境中以何為主？」師曰：「那箇是諸境？」曰：「莫是疑處是麼？」

師曰：「把將疑處來。」

問：「正恁麼時是什麼？」師曰：「不恁麼時是什麼？」曰：「學人道不得。」

師曰：「口裡是什麼塞卻？」

師又曰：「諸人朝晡❽恁麼上來下去，也只是被些子聲色惑亂身心不安。若是聲色名字，不是佛法，又疑伊什麼？若是佛法，不是聲色名字，汝又作麼生擬把身心湊泊❾伊？若是聲色名字，總是聲色名字，若是佛法，總是佛法，會麼？異聲無聲，異色無色，離字無名，離名無字。試把舌頭點看，有多少聲色名字，自何而色，以何為名？三界如是崢嶸，尚覓出頭不得，因什麼卻特地難為去？只為諸人自生顛倒，以常為斷，悟假迷真，妄外馳求，強揑異見。終日共人商量，便有佛法。不與人商量，便是世間閑人話。到遮裡才舉著佛法，便道擬心即差，動念即乖，尋常諸處，元無口似紡車，總便不差去。佛法事不是隔日瘧❿，皆由汝狂識凡情作差與不差解。忽然見我拈箇槌子搥背，便作意度顧覽。不然見我把箇箒子掃東掃西，便各照管。是汝尋常打柴，何不顧覽招呼便悟去？上座，佛法莫向意根下、皮袋裡作則度。汝成自賺，我不敢網絆初心，籠罩後學。各自究去，無事，珍重！」

【注　釋】❶儱儱侗侗　昏庸嘮叨的樣子。❷慼慼地　小心翼翼的樣子。❸牛迹　指牛在泥土上行走時留下的蹄跡。❹肉團心　即人之心臟，古人認為此為義根之所託。❺消殺　消滅。❻乖張　脾氣或行為惡劣。❼揑怪　作怪；行為怪異不端。❽朝晡　早晨、下午。晡，下午三時至五時。❾湊泊　湊近；停留。❿隔日瘧　由瘧蚊傳染的寒熱病，每天或隔一兩天按時發作。此隔天發作的即稱隔日瘧。

【語　譯】漳州羅漢桂琛和尚上堂，大眾站立了很久，桂琛和尚才說道：「諸位上堂不用低頭思量，思量不能達到，就說不要選擇，這樣就有下口之處嗎？你們向什麼地方下口，試著說說看。可有一法能接近你們，可有一法能遠離你們嗎？可有一法能與你們相同，或相異嗎？既然是這樣的，為什麼卻更加艱難了呢？這是因為不似大丈夫的男子，昏庸嘮叨，沒有一點點威光，慼慼地遮護著這個意根，恐怕被人問著。我常常說你們如果要有悟達之處，只要除去人我之見，展現將來，給你們驗證過，為什麼不當即同意呢？不要把牛的蹄跡中的一點點水當作了大海。佛法遍及了沙界，不要向肉團心上妄立知見，而作為疆界。這見聞、覺知、識想、情緣並非不是，但如果向這裡點頭，說我是真實的卻是不行的。只如古人說這事只有我能知道，那是什麼境界啊，你們可還能認識嗎？莫非是你們看見了我，我看見了你們，就是那事嗎？不要領會錯了。如果是這個我，我即隨著生滅，身有即有，身無即無。所以古佛為你們今天之人說道，異法有所以異法產生，異法無所以異法滅盡。不要等閒視之。生死之事重大，這一團子不能加以消滅，到處會留下不少乖張，聲色也不能被破除，受想行識也一樣，使你們忙碌得骨頭也突了出去。不要說五蘊本來即空，也不是因為你們說說就能懂得空的。所以說必須親自悟徹，必須真實。也不是今天老師才開始懂得這樣說的，那些古代聖人就曾告訴你們，這就叫作金剛秘密不可思議之光明藏，能覆蓋乾坤，誕生凡人，養育聖人，貫通古今，哪一個人沒有份啊？既然是這樣的，還要依靠什麼人啊！所以諸佛大發慈悲，看見你們沒有辦法，就大開方便法門，指示真實之相。我今天即方便接引了，你們可還領會了嗎？如果沒有領會，就不要在意根下作怪。」

有僧人請道：「從上至極玄妙的宗門，乞請和尚方便接引。」桂琛和尚問道：「方便倒也不是沒有，只是你把什麼叫作宗門？」那僧人說道：「這樣則學生虛提了這個問題。」桂琛和尚問道：「你有什麼罪過？」

有僧人問道：「佛法可還接受離琢嗎？」桂琛和尚回答：「為什麼不接受？」那僧人問道：「怎樣離琢呢？」桂琛和尚回答：「佛法。」

有僧人問道：「諸行無常，是生滅之法。什麼是不生不滅之法？」桂琛和尚反問：「用不生不滅之法做什麼？」

有僧人問道：「才有打算即是過失，沒有打算的時候怎麼樣呢？」桂琛和尚回答：「打算有什麼過失？」那僧人便說道：「這樣說來則自然沒有瘡疤了。」桂琛和尚喝道：「閉上嘴！」

有僧人問道：「諸境界之中以什麼為主人？」桂琛和尚反問：「哪一個是諸境界？」那僧人問道：「莫非是有疑惑之處便是嗎？」桂琛和尚說道：「把那個疑惑之處拿來。」

有僧人問道：「正這樣的時候怎麼樣？」桂琛和尚反問：「不是這樣的時候怎麼樣呢？」那僧人說道：「學生說不得。」桂琛和尚問道：「嘴巴裡是什麼東西塞住了？」

桂琛和尚又說道：「諸位早晨、下午就這樣上來下去，也只是被一些聲色惑亂得身心不安寧。如果聲色名字不是佛法，你們又疑惑它作什麼呢？如果是佛法，而不是聲色名字，你們又為什麼準備把身心去湊近它？如果是聲色名字，總歸是聲色名字，如果是佛法，終歸是佛法，可領會了嗎？與聲相異就沒有聲，與色相異即沒有色，離開字即沒有名，離開名即沒有字。試著用舌頭點點看，有多少聲色名字，從什麼地方而起為色，用什麼作為名？三界是這樣的崢嶸，尚且不能尋覓個出頭處，因為什麼而更加難為了？只因為諸位自己產生了顛倒知見，把常當作斷，把假的當作省悟，而迷失了真實，妄自從外馳求，強自作成異見。整天同別人商量，便有佛法了。不同人商量，就是世間閒人的話語。到這裡才舉到佛法，就說一起心即有差錯，一動念即違背了，而平常的諸處，原來卻沒有口而像是紡車，總沒有差錯了。佛法之事不是隔日瘧，都是由你們的狂亂認識、凡世情見而作出有差錯或沒有差錯的解釋。忽然看見我拿起了一柄小槌子搥背，就專心致志地觀看。不然看見我拿著一把掃帚在掃東掃西，就各自照管。你們平常打柴，為什麼不觀看招呼而省悟呢？上座，佛法不要向意根下、皮袋裡作測度。你們自己騙了自己，我卻不敢網照、繫絆初心之人，籠罩後學。各自推究去吧，無事了，珍重！」

大法眼文益禪師語

大法眼文益禪師上堂曰：「諸上座，時寒何用上來！且道上來好，不上來好？或有上座道不上來卻好，什麼處不是，更用上來作什麼？更有上座道是伊也不得，一向又須到和尚處始得。諸上座，且道遮兩箇人於佛法中還有進趣也未？上座，實是不得，並無少許進趣。古人喚作無孔鐵鎚，生盲生聾[1]無異。若更有上座出來道彼二人總不得。為什麼如此？為伊執著，所以不得。諸上座，總似恁麼行腳，總似恁麼商量，且圖什麼？為復[2]只要弄脣嘴，為復別有所圖？恐伊執著，且執著什麼？為復執著理，執著事，執著色，執著空？若是理，理且作麼生執？若是事，事且作麼生執？著色著空亦然。山僧所以尋常向諸上座道十方諸佛、十方善知識時常垂手，諸上座時常接手。十方諸佛垂手時有也，什麼處是諸上座時常接手處？還有會處，會取好。若未會得，莫道總是都來圓取。諸上座，傍家行腳，也須審諦，著些精彩，莫只藉少智慧，過卻時光。山僧在眾，見此多矣。更有一般上座，自己東西猶未知，向遮邊那邊東聽西聽，說得少許，以為胸襟，仍為他人注解，將為自己眼目。上座，總似遮箇行腳自賺，亦乃賺他。奉勸諸上座且明取道眼好，些子粥飯智慧❸不足可恃。若是世間造作種種非違之事，入地獄猶有劫數，且有出期。若是錯與他人開眼目，陷在地獄，冥冥長夜，無有出期，莫將為等閑。奉勸且依古聖慈悲門好。他古聖所見諸境，唯見自心，祖師道：『不是風動幡動，仁者心動。』但且恁麼會好，別無親於親處也。」

師良久又云：「諸上座，貶也得，剝也得。」時僧問：「學人不為別事，請師直道。」師曰：「汝是不為別事。」

問：「如何是不生不滅底心？」師曰：「那箇是生滅底心？」僧曰：「爭奈學人不見？」師曰：「汝若不見，不生不滅底也不是。」

問：「如何是佛法大意？」師曰：「便會取。」

問：「古人才見人恁麼來，便叫失也，古人意如何？」師曰：「汝不信，但問別人。」

問：「維摩與文殊對談何事？」師曰：「汝不妨聰明。」

問：「法同法性，入諸法故。古意如何？」師曰：「汝是行腳僧。」

問：「如何是解修行底人？」師曰：「汝是什麼人？」曰：「恁麼即不落因果也。」師曰：「莫作野干鳴。」

問：「識本還源時如何？」師曰：「謾語。」

問：「明暗不分時如何？」師曰：「道什麼？」

問：「如何是對境數起底心？」師曰：「恰道著。」

問：「如何是學人本分事？」師曰：「謝指示。」

問：「決擇之次，如履輕冰。如何決擇？」師曰：「待汝疑即道。」曰：「學人即今疑。」師曰：「嚇阿誰？」

問：「從上宗乘，如何履踐？」師曰：「雷聲甚大，雨點全無。」

問：「如何是末後句？」師曰：「苦。」

問：「如何是玄言妙旨？」師曰：「用玄言妙旨作什麼？」

問：「如何是直道？」師曰：「恐難副此問。」

問：「承教有言：佛真法身，猶若虛空，應物現形，如水中月。如何得恁麼？」

師曰：「如何得恁麼。」問：「教云：佛以一音演說法，眾生隨類各得解。學人如何解？」師曰：「汝甚解。」師又曰：「此問已是不會古人語也，因什麼卻向伊道？汝甚解，何處是伊解處？莫是於伊分中，便點與伊麼？莫是為伊不會問，卻反射伊麼？且素非此理，慎莫錯會。除此兩會，別又如何商量？諸上座，若會得此語，也即會得諸聖總持門。且作麼生會？若也會得一音演說，不會隨類各解，恁麼道莫是有過無過說麼？莫錯會好。既不恁麼會，作麼生說一音演說、隨類得解？有箇去處始得。每日空上來下去，又不當得人事。且究道眼始得。他古人道：『一切聲是佛聲，一切色是佛色。』何不且恁麼會取？」

僧問：「遠遠尋聲，請師一接。」師曰：「汝尋底是什麼聲？是僧聲，是俗聲，是凡聲，是聖聲？還有會處麼？若也實不會，上座吵吵是聲，吵吵是色，聲色不奈何，莫將為等閑。上座，若會得即是真實，若不會即是幻化。若也會得，即是幻化。若也不會，即是真實。他古人亦向上座道唯我能知，除此外別無作計校處。上座，成不成從何而出？是不是從何而出？理無事而不顯，事無理而不消。事理不二，不事不理，不理不事。恁麼注解與上座，若更不會，不如且依古語好。他古人見上座百般不得，所以垂慈向汝道：將聞持佛佛，何不自聞聞？無事，珍重！」

【注釋】❶生盲生聾　謂一出生即為盲人、聾子，即先天性的。❷為復　用於選擇句的連詞，可單用，也可多次重複使用。❸粥飯智慧　只知謀取粥飯以度生的小智慧。

【語譯】大法眼文益禪師上堂說法道：「諸位上座，天氣寒冷，何必上堂來！你們姑且說說是上堂來好，還是不上堂來好？或者有的上座說不上堂來好，那什麼地方不是啊，再用上堂來做什麼？還有的上座說其他地方不行，一向又要到和尚這裡才行。諸位上座，就說說這兩個人在佛法中可還有進入之趨向嗎？上座，實在說是不行，並沒有半點進入之趨向。古人就把這叫作沒有孔眼的鐵鎚，與天生的盲人、聾子沒有差別。如果還有上座出來說他們兩人都沒有得到。那為什麼會這樣的呢？因為他們執著，所以不能得到。諸位上座，總是這樣的行腳，總是這樣的商量，可還能希圖個什麼呢？是只要鼓弄一下嘴脣呢，還是別有所圖謀？恐怕他執著，那是執著什麼呢？是執著理，還是執著事，執著色，執著空？如果是理，理怎樣來執著呢？如果是事，事怎樣來執著呢？執著色、執著空也是同樣的。山僧所以平常對諸位上座說十方諸佛、十方善知識時常垂下雙手，諸位上座要時常接手。十方諸佛垂下雙手之事時常發生，那什麼地方是諸位上座時常接手之處？如有領會之處，還是領會了好。如果沒能領會，不要說總是都來圓通取得。諸位上座，傍家挨戶去行腳，也應該仔細，放一些精彩，而不要只憑藉著一點點智慧，而虛度了時光。山僧在眾人中，看見這樣的人多了。還有一種上座，自己的東西還不知道，就向這邊那邊東聽西聽，說得著一點點，就以為是自己的胸襟，還是把他人的注解，拿來當作自己的眼目。上座，總是這樣的行腳，既是欺騙自己，也是欺騙他人。奉勸諸位上座明白地悟取道眼為好，一點點粥飯智慧不足以憑持。如果世間造作種種非法、違背之事，墮入地獄還有劫數可盡，而且還有出地獄之期限。如果是為他人開錯眼目，就陷入在地獄，冥冥長夜，再也沒有出頭之期，可不要等閒視之。奉勸諸位還是依附古代聖人的慈悲法門為好。他古代聖人所看見的諸境界中，只看見了自心。

祖師說：『不是風在動、旗幡在動，而是仁者的心在動。』還是這樣地領會為好，別的就無法接近那親近之處了。」

文益禪師過了片刻又說道：「諸位上座，貶責也行，反駁也行。」當時有一位僧人請道：「學生不為了其他的事，請和尚直截講說。」文益禪師說道：「你不是為了其他的事。」

有僧人問道：「什麼是不生不滅的心？」文益禪師反問：「哪個是生滅的心？」那僧人問道：「怎奈學生沒有看見？」文益禪師回答：「你如果看不見，那不生不滅的也不是。」

有僧人問道：「什麼是佛法大意？」文益禪師回答：「便領會去。」

有僧人問道：「古人才看見有人這樣來，就叫作錯失了，古人的意思是什麼？」文益禪師回答：「你不相信，就去問別人。」

有僧人問道：「維摩詰居士與文殊菩薩對面談論什麼事？」文益禪師回答：「你相當聰明。」

有僧人問道：「法與法性相同，是進入諸法的緣故。古人的意思是什麼？」文益禪師回答：「你是行腳僧。」

有僧人問道：「什麼是懂得修行的人？」文益禪師反問：「你是什麼人？」那僧人說道：「這樣說來就不墮入因果了。」文益禪師說道：「不要作野狐狸叫。」

有僧人問道：「識本還源時怎麼樣？」文益禪師回答：「鬼話。」

有僧人問道：「明暗不分時怎麼樣？」文益禪師反問：「說什麼？」

有僧人問道：「什麼是對境數起的心？」文益禪師回答：「恰好問著。」

有僧人問道：「什麼是學生的本分事？」文益禪師回答：「謝謝你的指示。」

有僧人問道：「抉擇的時候，就如同在薄冰上行走一樣危險。什麼是抉擇？」文益禪師回答：「等到你有疑惑時就說。」那僧人說道：「學生現在就有疑惑。」文益禪師說道：「恐嚇誰？」

有僧人問道：「從上至極玄妙的宗乘，怎樣來踐履呢？」文益禪師回答：「雷聲很大，雨點卻完全沒有。」

有僧人問道：「什麼是最後的一句話？」文益禪師回答：「苦。」

有僧人問道：「什麼是玄言妙旨？」文益禪師反問：「用玄言妙旨做什麼？」

有僧人問道：「什麼是直道？」文益禪師回答：「恐怕難以符合這問題。」

有僧人問道：「承蒙教義上說過：佛真法身，猶如是虛空，隨萬物而現形，如同是水中之月。如何能這樣？」文益禪師回答：「如何能這樣。」那僧人又問道：「教義上說：『佛用一音演講教法，眾生隨其類而各自得到解釋。』學生怎樣來理解呢？」文益禪師回答：「你很能理解了。」文益禪師接著又說道：「這提問已是不領會古人的話語了，因為什麼而對他講說？你很能理解了，什麼地方是他理解之處？莫非在他的分內，就點明給他嗎？莫非是因為他不懂得提問，就反擊他嗎？況且平常也沒有這樣的道理，小心不要領會錯了。除去這兩種領會，另外又怎樣來商量呢？諸位上座，如果能領會這話，也就能領會諸聖人的總持法門了。應該作怎樣的領會呢？如果能領會一音演說，而沒有領會隨其類而各自得到解釋，這樣說莫非就是有過錯沒有過錯之說嗎？不要領會錯了為好。既然不是這樣領會的，那為什麼還要說一音演說、隨其類而各自得到解釋呢？有一個去處才行。每天徒然地上堂來、下堂去，又不能當作人事。還要推究道眼才行。他古人說過：『一切聲是佛聲，一切色是佛色。』為什麼不這樣去領會呢？」

有僧人請道：「從遠方來尋覓聲音，請和尚接引一下。」文益禪師說道：「你尋覓的是什麼聲音？是僧人之聲，還是俗人之聲，是凡夫之聲，還是聖人之聲？可還能領會嗎？如果實在不能領會，那上座吵鬧即是聲，吵鬧即是色，聲色且不能奈何，不要認為是等閒之事。上座，如果能領會即是真實之相，如果沒有領會即是幻化之相。如果能領會，即是幻化之相。如果沒有領會，即是真實之相。他古人也向上座說只有我能夠知道，除此以外沒有其他的計較之處。上座，成不成從哪裡出去？是不是從哪裡出去？理無事就不顯明，事無理即不能消除。事理不二，沒有事即沒有理，沒有理即沒有事。這樣的注解給上座，如果還不能領會，不如就依據古人的話語為好。他古人看見上座百般不能領會，所以大發慈悲對你講說：將聞持佛佛，為什麼不自己聞聽？無事了，各自珍重！」

卷二九

讚頌偈詩

【題解】是卷與下卷所載錄者，為歷代高僧大德及居士所撰述的悟道偈頌、詩文、記銘等，其作者之言語、事跡參見本書前述之相關各卷各章所載。

大乘讚十首

梁寶誌和尚

大道常在目前，雖在目前難覩。若欲悟道真體，莫除色聲言語。言語即是大道，不假斷除煩惱。煩惱本來空寂，妄情遞相纏繞。一切如影如響，不知何惡何好？有心取相為實，定知見性不了。若欲作業求佛，業是生死大兆。生死業常隨身，黑闇❶獄中未曉。悟理本來無異，覺後誰晚誰早？法界量同太虛，眾生智心自小。但能不起吾我，涅槃法食❷常飽。

【注釋】❶黑闇　沒有智慧之光。《止觀》：「此黑闇人，豈可論道？」❷法食　佛法之食物有法制，依其法制之食，即稱法食。

【語譯】大道永遠在眼前，雖然眼前難以看見。如若想要悟徹大道之真體，就不要除去聲色與言語。言語即是大道，並不要借助斷除煩惱。煩惱本來即空寂，妄情不斷地相纏繞。一切都如同影子與回聲，不知道什麼為惡、什麼為好？有心認取物相為真實，肯定知曉其見性沒有了然。如若欲作業以求佛，那業即是生死之大預兆。生死之業永遠伴隨其身，黑暗地獄之中也未能曉達。悟徹道理本來沒有差異，覺悟之後又是誰早誰晚呢？法界之量同於太虛，眾生智慧之心自是太小。只要能不起我之心，那涅槃的法食即能永遠飽食。

妄身臨鏡照影，影與妄身不殊。但欲去影留身，不知身本同虛。身本與影不異，不得一有一無。若欲存一捨一，永與真理相疏。更若愛聖憎凡，生死海裡沉浮。煩惱因心有故，無心煩惱何居？不勞分別取相，自然得道須臾。夢時夢中造作，覺時覺境都無。翻思覺時與夢，顛倒二見不殊。改迷取覺求利，何異販賣商徒！動靜兩亡常寂，自然契合真如。若言眾生異佛，迢迢與佛常疏。佛與眾生不二，自然究竟無餘❶。

【注釋】❶無餘　謂事理之至極而無餘蘊，如無餘涅槃、無餘修等。

【語譯】妄身臨鏡子以映照身影，影子與妄身沒有差別。只想要除去影子而留身，卻不知道此身本來就與虛空相同。身本就與影子沒有差異，不能一個稱有、一個稱無。如果想要保存一個、捨棄一個，就永遠與真理相疏遠。如果還要起愛慕聖人憎恨凡夫之心，即會在生死海中沉浮。煩惱因心而產生，無心則煩惱居住在哪裡？不用煩勞分別取相，自然即刻獲得大道。做夢時在夢中造作，醒來時覺悟之境全都沒有了。反過來思量醒來時與夢中時，顛倒二見並沒有區別。改變迷惑獲取覺悟以求得利益，又與倒賣貨物的商人有什麼相異！動與靜兩個都忘懷則常寂寂，自然契合了真如。如果說眾生與佛相異，那就與佛相隔得十分遙遠了。佛與眾生是一不二，自然便究竟無餘了。

法性本來常寂，蕩蕩無有邊畔。安心取捨之間，被他二境迴換❶。斂容❷入定坐禪，攝境安心覺觀❸。機關木人修道，何時得達彼岸？諸法本空無著，境似浮雲會散。忽悟本性元空，恰似熱病❹得汗。無智人前莫說，打你色身星散❺。

【注　釋】❶迴換　改換；調換。❷斂容　同「正容」。表示肅靜。唐人白居易〈琵琶行〉詩：「沉吟放撥插弦中，整頓衣裳起斂容。」❸覺觀　粗思稱覺，細思稱觀。二者皆為妨礙定心者。因而以覺觀之有無，而判定心之淺深。❹熱病　謂發高燒等疾病，一般於發汗後即得痊癒。❺星散　彷彿星星散布在天空中一樣，以形容四面散開。

【語　譯】法性本來常寂靜，浩浩蕩蕩沒有邊際。安心於取捨之間，而被他二境所改換。正容坐禪而入定，攝提境界以安心覺觀。設置有機關的木偶正在修道，什麼時候才能抵達彼岸？諸法本來即空而無從安定，境象恰似浮雲正好散去。忽然悟徹本性本來即空，恰似熱病得以發汗而痊癒。在沒有智慧的人面前不要講說，將打得你那色身如星星散布。

報你眾生直道，非有即是非無。非有非無不二，何須對有論虛？有無妄心立號，一破一箇不居。兩名由爾情作，無情即本真如。若欲存情覓佛，將網山上羅魚。徒費功夫無益，幾許枉用功夫！不解即心即佛，真似騎驢覓驢。一切不憎不愛，遮箇煩惱須除。除之則須除身，除身無佛無因。無佛無因可得，自然無法無人。

【語譯】告訴你眾生之直道，非有即是非無。非有非無是一不二，又何須對著有論說無呢？有、無只是妄心所立之名稱，一個破除了另一個就不能成立。此兩個名稱都是由你的情所造作，無情即是本來真如。如果想要存著情來尋覓佛，就如同拿著網到山頂上去捕魚。徒然費去了功夫而沒有益處，枉費了多少功夫！不明白即心即佛，真的好像是騎著驢子在找驢。一切都不憎恨不愛憐，這個煩惱就全部消除了。消除它則必須先消除此身，消除了此身則沒有了佛、沒有了因。沒有了佛、沒有了因可以得到，自然就沒有了法、沒有了人。

大道不由行得，說行權為凡愚。得理返觀於行，始知枉用功夫。未悟圓通大理，要須言行相扶。不得執他知解，迴光返本全無。有誰解會此說，教君向己推求。自見昔時罪過，除卻五欲❶瘡疣❷。解脫逍遙自在，隨方賤賣風流❸。誰是發心買者？亦得似我無憂。

【注釋】❶五欲　色、聲、香、味、觸五境，為起人之欲心者，故名五欲，也名五塵。❷疣　一種皮膚病。❸風流　榮耀。唐人張說〈奉和初入秦川路寒食應制〉詩：「路上天心重豫遊，御前恩賜特風流。」

【語譯】大道不由修行而得到，講說修行是權且為了接引凡夫愚人。在修行中得到理以返觀，這才知道枉費了功夫。未能悟徹圓通之大道理，關鍵在於言行相互扶持。不能執著那知見解說，迴光以返照本源卻全然沒有。有誰能領會這個道理，讓你向自己推求。自己發見了從前的罪過，而除去了五欲之類瘡疣小疾。解脫後便逍遙自在，隨處賤賣風流。誰是發心要買者？也得似我沒有憂慮。

內見外見總惡，佛道魔道俱錯。被此二大波旬，便即厭苦求樂。生死悟本體空，佛魔何處安著？只由妄情分別，前身後身孤薄❶。輪迴六道不停，結業不能除卻。所以流浪生死，皆由橫生❷經略。身本虛無不實，返本是誰斟酌❸？有無我自能為，不勞妄心卜度。眾生身同太虛，煩惱何處安著？但無一切希求，煩惱自然消落。

【注釋】❶孤薄　即「孤獨」。❷橫身　從中插身進去。❸斟酌　料想；估計。唐人杜甫〈月〉詩：「斟酌姮娥寡，天寒耐九秋。」

【語譯】內見外見總是惡，佛道魔道俱是錯。遭受此兩大天魔波旬，便即厭惡痛苦而尋求快樂。由生死而悟徹本體是空，佛與魔又安放在哪裡？只是由妄情加以分別，前身、後身都孤獨。輪迴六道不停留，結業也不能除去。所以流浪於生死之界，都因其橫身所經營。此身本來虛無不實，返迴本源又由誰來斟酌？有無我都自己能做，不勞煩妄心來預測猜度。眾生之身如同太虛，煩惱在什麼地方安放呢？只要沒有了一切希求，煩惱自然就消除。

可笑眾生蠢蠢❶，各執一般異見。但欲傍鏊❷求餅，不解返本觀麵。麵是正邪之本，由人造作百變。所須任意縱橫，不假偏耽❸愛戀。無著❹即是解脫，有求又遭羅罥❺。慈心❻一切平等，真如菩提自現。若懷彼我二心，對面不見佛面。

【注　釋】❶蠢蠢　蟲爬行的樣子。❷鏊　烙餅的平底鍋。❸偏耽　偏愛、嗜好。❹無著　不執著於事物之念。❺罥　捕取鳥獸的網。❻慈心　給人以快樂之心。

【語　譯】可笑眾生蠢蠢而動，各自執著一般異見。只是想依傍平底鍋中尋求大餅，卻不懂得返迴本源去觀察麵粉。麵粉是正、邪的本源，因人為造作而有百般變化。所必需的任意縱橫，並不用假借偏耽愛戀。無執著即是解脫，有追求又遭受羅網。慈心一切平等，真如菩提自然顯現。如果懷著彼、我之二心，便對面也不能看見佛面。

世間幾許癡人，將道復欲求道。廣尋諸義紛紜，自救己身不了。專尋他文亂說，自稱至理妙好。徒勞一生虛過，永劫沉淪生老。濁愛纏心不捨，清淨智心自惱。真如法界叢林，返作荊棘荒草。但執黃葉為金，不悟棄金求寶。所以失念❶狂走，強力裝持相好❷。口內誦經誦論，心裡尋常枯槁。一朝覺本心空，具足真如不少。

【注　釋】❶失念　同「失心」。指狂亂失智。❷相好　謂一切佛身諸相現示。《觀無量壽佛經》：「見眉間白毫相者，八萬四千相好，自然當現。」

【語　譯】世間有多少癡人，守著道卻還在求道。廣泛尋求諸種教義而紛紛不定，自救己身卻不能了結。專門尋找其他的文字與混亂的說法，卻自稱是至理妙言。徒勞地一生虛度，永劫而沉淪生老。獨自愛憐纏繞心中而不能捨棄，清淨的智心自然煩惱。使真如法界之叢林，反而成為荊棘荒草之地。只是手持黃葉當黃金，卻沒有領悟棄去黃金尋求寶物。所以失心而狂亂地奔走，勉強用力裝飾扶持相好。口內誦念經論，心裡卻尋常枯槁。一朝覺悟本心空寂，具足真如實不少。

聲聞心心斷惑，能斷之心是賊。賊賊遞相除遣，何時了本語默？口內誦經千卷，體上問經不識。不解佛法圓通，徒勞尋行數黑❶。頭陀阿練若行❷，希望後身功德。希望即是隔聖，大道何由可得？譬如夢裡度河，船師度過河北。忽覺牀上安眠，失卻度船軌則。船師及彼度人，兩箇本不相識。眾生迷倒羈絆，往來三界疲極。覺悟生死如夢，一切求心自息。

【注　釋】❶尋行數黑　行謂身、口、意之造作；黑指黑白，即善惡之異名。❷阿練若行　指比丘居住於寺院內，而不居住於寺外，為十二頭陀行之一。阿練若，又作「阿蘭若」，為寺院之總名。

【語　譯】聲聞之心心斷絕了疑惑，能斷絕之心即是賊。眾賊相繼被遣除了，什麼時候才能明瞭話語與沉默之本義？口內誦念了千卷經文，體上問經卻不能識別。沒理解佛法本自圓通，徒勞地尋行數黑。頭陀修習阿練若行，希望能獲得後身的功德。有所希望即已與聖人相阻隔，大道怎樣才能得到？譬如在睡夢中渡河，船家已撐船渡過了河北。忽然醒來發覺仍在牀上安眠，而失去了渡船過河的境象。船家與所渡的人，兩個本來都不相識。眾生迷惑顛倒而生羈絆，往來三界極其疲憊。覺悟生死宛如夢，一切求心便自然止息。

悟解即是菩提，了本無有堦梯❶。堪歎凡夫傴僂❷，八十不能跛蹄❸。徒勞一生虛過，不覺日月遷移。向上看他師口，恰似失妳❹孩兒。道俗崢嶸聚集，終日聽他死語❺。不觀己身無常，心行貪如狼虎。堪嗟二乘狹劣，要須摧伏六府❻。不食酒肉五辛❼，邪❽眼看他飲咀。更有邪行猖狂，修氣❾不食鹽醋❿。若悟上乘至真，不假分別男女。

【注　釋】❶了本無有堦梯　即主張頓悟佛心，而否認有漸修之階梯。❷傴僂　彎腰曲背的樣子。❸跛蹄　用腳踏踢。❹妳　同「你」。指女性。❺死語　同「死句」。禪林中把意路不通而無意味之句稱作活句，把有意味而通意路之句稱作死句。❻六府　中醫學名詞，指膽、胃、小腸、大腸、三焦、膀胱六個體內與消化、吸收、排泄有關的臟器。「府」一般作「腑」。❼五辛　指蔥、薤、韭、蒜、興蕖等五種具辛味之菜。❽邪　通「斜」。❾修氣　氣功修煉之一種。❿鹽醋　此以鹽與醋泛指日常飲食。

【語　譯】領悟了即是菩提，明瞭根本而沒有階梯。可歎那凡夫傴僂著身軀，已經八十歲了卻還不能跛蹄。徒勞一生虛度，不知不覺中日月已遷移。向上觀看他老師的嘴巴，恰似丟失了你的孩兒。道人俗士崢嶸來聚集，整天聽他講說死語。沒有看到自己之身即是無常，其心行卻似虎狼一樣貪婪。可歎那二乘人意境狹劣，還須摧服六腑。不吃酒肉與五辛，側著眼睛看他飲食咀嚼。還有邪惡之行更為猖狂，因修氣而不吃鹽與醋。如果悟徹了最上乘至極玄妙之真旨，就不須再分別男與女。

【說　明】大乘指大乘佛法。此詩讚中闡述了包括無為、平常、明心見性等一系列成熟之禪理。

十二時頌十二首

寶誌和尚

平旦❶寅，狂機❷內有道人身。窮苦已經無量劫，不信常擎如意珍❸。若捉物，入迷津，但有纖豪即是塵。不住舊時無相貌❹，外求知識也非真。

【注　釋】❶平旦　天始亮的時候，為寅時，即清晨三時至五時。❷狂機　狂迷者；未悟的學人。❸如意珍　喻指自身具備的真如佛性。❹不住舊時無相貌　佛法認為世間一切事物皆不能久住不變，都處於生滅成壞之中，故也就沒有固定之相貌。

【語　譯】平旦為寅時，狂迷根機之人身中也有悟道之人之真如佛性。窮苦已經歷了無數劫難，仍不相信永遠擎舉著如意珍寶。如果去追逐外物，就進入了迷津，只要有一絲一毫即是塵。不住於過去故而沒有固定之相貌，向外所求得的知識也不是真實的。

日出卯，用處❶不須生善巧❷。縱使神光照有無，起意便遭魔事撓。若施功❸，終不了，日夜被他人我❹拗❺。不用安排❻只麼從，何曾心地生煩惱？

【注　釋】❶用處　此指禪法的日常運用。❷善巧　善良巧妙之方便。❸施功　此指有意識地下功夫去修煉。❹人我　即我執。佛教認為「人」原無真性實體，而世人不知此理，執著於「我」，稱「我執」，成為煩惱的根源。❺拗　侵擾。❻安排　此指特意計劃、安排。

【語　譯】太陽出山為卯時，用處不須產生善巧。縱然使神光照耀有與無，一起動意念便將遭到天魔的阻撓。如若有意施加功夫，終究不能了結，日夜遭受人我所侵擾。不用刻意安排就這樣隨從自然，哪裡會在心地上生出煩惱？

食時辰，無明本是釋迦身❶。坐臥不知元是道，只麼忙忙受苦辛。認聲色，覓疏親❷，只是他家❸染汙人。若擬將心求佛道，問取虛空始出塵。

【注　釋】❶無明本是釋迦身　無明為煩惱的異名。釋迦身即佛身。此句體現了禪家的無分別心和人人具有佛性的思想。❷疏親　遠離佛道稱作疏，契合道法稱作親。❸他家　他；別人。

【語　譯】吃早飯之時為辰時，無明原本就是釋迦佛身。坐臥不知原來即是道，只這樣忙忙碌碌而遭受辛苦。識別聲色，尋覓親疏，這只是他在汙染人。如若打算用心去求佛道，問到虛空方才出離世塵。

禺中❶巳，未了之人教不至。假使通達祖師言，莫向心頭安了義❷。只守玄，沒文字，認著依前還不是。暫時自肯不追尋，曠劫不遭魔境使。

【注　釋】❶禺中　太陽將近中午時分，約上午九時至十一時。《遼史・食貨志下》：「東平郡城中置看樓，分南北市，禺中交易市北，午漏下交易市南。」❷了義　佛教稱究竟法（根本法）作了義。

【語　譯】禺中為巳時，未能了悟之人教旨也不能通達。假使通達了祖師的言語，就不要向心頭安放了義。只要守護著玄旨，不再需要文字，執著依舊還是不對。暫時自為首肯而不去追尋文句之意義，經歷曠劫也不會遭受魔境役使。

日南❶午，四大身中無價寶❷。陽焰空華不肯拋，作意❸修行轉辛苦。不曾迷，莫求悟，任你朝陽幾迴暮。有相身❹中無相身，無明路上無生路。

【注　釋】❶日南　古人認為太陽運行至南方昆吾山時，是謂正中，故以「日南」指正午時分。❷無價寶　此指具有的真如本心。❸作意　特意；刻意。❹有相身　即色身、形質之身，以區別於無相身，即無形質的佛性、本心。

【語　譯】太陽至正南為午時，地、水、火、風四大組合而成的人身中具有無價之寶。陽焰與空中之花影不肯拋棄，刻意修行反而更加辛苦。從來不曾迷失過，也不要追求省悟，任憑你朝陽幾迴轉換成暮日。此即是有相身中的無相身，無明之路上的無生之路。

日昳❶未，心地何曾安了義？他家文字沒親疏，莫起功夫求的意。任縱橫，
絕忌諱，長在人間不居止❷。運用不離聲色中，歷劫何曾暫拋棄？

【注　釋】❶昳　過了正午的太陽。❷長在人間不居止　「在人間」與「不居止」反義相成，謂不離絕聲色而能超脫於人世。

【語　譯】太陽過了正午為未時，心地哪裡曾安放過了義？他的文字沒有親疏之分，不必化費功夫來尋求確切的意思。任隨你縱橫馳行，斷絕了忌諱之語，長久在人間卻能不居止。運用不能離開聲色之中，歷盡劫難又何曾暫時相拋棄？

晡❶時申，學道先須不厭貧。有相本來權積聚❷，無形何用要安❸真。作淨潔，
卻勞神，莫認愚癡作近鄰。言下不求無處所，暫時❹喚作出家人。

【注　釋】❶晡　指午後三時至五時這段時間。❷權積聚　謂暫且積聚成相。❸安　安排；坐實。❹暫時　當時；立刻。

【語　譯】晡時為申時，參學大道首先要不厭惡貧窮。有相本來只是暫且積聚，無形又何用要坐實是真體呢？有意去做清淨之善業，卻徒勞地花費了精神，不要招認愚癡作近鄰。言語之意義並不加以追求而玄妙的道法卻不局限於某處，即刻就叫作出家人。

日入酉，虛幻聲音終不久。禪悅珍羞❶尚不飧，誰能更飲無明酒？沒可拋，無物守，蕩蕩❷逍遙不曾有。縱你多聞達古今，也是癡狂外邊走❸。

【注　釋】❶珍羞　珍貴精美的食物。❷蕩蕩　空闊無礙、往來自由的樣子。❸外邊走　謂不明自心是佛，而盲目地向外求佛。

【語　譯】太陽入山為酉時，虛幻的聲音終究不能長久。禪悅如同珍羞尚且不貪吃，誰又能再去飲那無明之酒？沒有可拋棄的東西，也沒有可守護的寶物，蕩蕩之逍遙從來不曾有過。縱然你因博聞而通達古今，也只是癡狂地在外邊行走。

黃昏戌，狂子❶與功投暗室❷。假使心通無量時❸，歷劫❹何曾異今日？擬商量，卻啾唧❺，轉使心頭黑如漆。晝夜舒光❻照有無，癡人喚作波羅蜜。

【注　釋】❶狂子　謂執迷不悟者。❷暗室　指密室、幽靜之室。❸無量時　此指無限長的時間，即亙古至今。❹歷劫　此特指從前的極為長久之時間。❺啾唧　蟲鳥細雜的鳴叫聲，此喻吵鬧、喧嚷。❻舒光　展放光芒，比喻參禪悟道。

【語　譯】黃昏為戌時，狂妄之人下功夫在密室中修持。假使心已通達無量之時，歷劫又何曾與今天相異？想要商討禪法，卻啾唧喧嚷，反而使得心頭如漆一樣黑。晝夜展放出光芒照亮了有無，癡人就把它叫作波羅蜜。

人定❶亥，勇猛精進成懈怠。不起纖毫修學心，無相光❷中常自在。超釋迦，越祖代，心有微塵還窒閡❸。廓然無事頓清閑，他家自有通人愛。

【注　釋】❶人定　指夜深人靜之時。❷無相光　即佛性之光。❸閡　阻隔不通。

【語　譯】夜靜人定為亥時，勇猛精進變成了懈怠。不興起絲毫的修學之心，便於無相光中常得自在。超過了釋迦牟尼，越過了歷代祖師，心頭如有微塵仍舊是阻隔不通。廓然無事便頓時得到清閒，他也自然有通達禪法之人愛憐。

夜半子，心住無生即生死❶。生死何曾屬有無？用時便用沒文字。祖師言，外邊事，識取起時❷還不是。作意搜求實沒蹤，生死魔來任相試。

【注　釋】❶心住無生即生死　無生即無死，此本是省悟者之認識，倘若執著於此，則於俗家生死觀念沒有差異了。❷起時　此指對祖師言句產生理解、領悟的一瞬間。

【語　譯】夜半為子時，心若執著於無生即生死之俗念。生死又何曾屬於有與無？要運用時就運用而不可用言語文字來表述。祖師的話語，還是佛教外邊的事，領悟之心興起之時還是不對。刻意搜求卻實無蹤跡，生死之魔鬼來時任憑其驗試。

雞鳴丑，一顆圓珠❶明已久。內外推尋覓總無，境上施為❷渾❸大有。不見頭，又無手，世界壞時終不朽。未了之人聽一言，只遮❹如今誰動口？

【注釋】❶圓珠　心中寶珠，喻指佛性。❷境上施為　此指人的日常行為、運用。施為，舉動、作為之義。❸渾　真；甚。唐人鄭谷〈兵部盧郎中〉詩：「葉公好尚渾疏闊，忽見真龍幾喪明。」❹只遮　只此。

【語譯】公雞開始鳴叫之時為丑時，一顆圓珠明亮已很久了。內外推尋卻全然找不到，境上施為卻真得有很多。沒有看見頭，又沒有手，世界毀壞之時它終究不朽敗。未能了悟之人聽我說一言，只有這個如今誰又動口？

【說明】「十二時頌」為當時一種俗曲之名，每曲分十二則歌詞，每則歌詞按序以一天十二個時辰之名為起頭，如平旦寅、日出卯等等。此類俗曲體裁因為世人，尤其是下層百姓所喜聞樂見，故常為僧人用來講說佛法教義，以便於向下層民眾傳教布道。

十四科頌

寶誌和尚

菩提煩惱不二

眾生不解修道，便欲斷除煩惱。煩惱本來空寂，將道更欲覓道。一念之心即是，何須別處尋討？大道曉在目前，迷倒愚人不了。佛性天真自然，亦無因緣修造。不識三毒❶虛假，妄執浮沉生老❷。昔時迷日為晚，今日始覺非早。

【注　釋】❶三毒　即貪毒、瞋毒、痴毒。又稱三根。《智度論》：「有利益我者生貪欲，違逆我者生瞋恚，此結使不從智生、從狂惑生，故是名為痴。三毒為一切煩惱根本。」❷生老　即「生死」。

【語　譯】眾生還沒悟解修道之義，便想要把煩惱斷除。煩惱本即是空寂，卻還依靠佛道來尋覓佛道。一念之心即是，又何必到其他地方去尋找？大道明白地顯現在眼前，迷惑顛倒的愚人自不能明瞭。佛性天真而自然，也沒有因緣可加修造。不能識別三毒之虛假，妄心執著而浮沉於生死輪迴。悔悟從前迷惑之日已為晚了，而今天方才覺悟也不為早。

持犯不二

丈夫運用無礙，不為戒律所制。持犯本自無生，愚人被他禁繫。智者造作皆空，聲聞觸途為滯。大士肉眼圓通，二乘天眼❶有翳。空中妄執有無，不達色心無礙。菩薩與俗同居，清淨曾無染世。愚人貪著涅槃，智者生死實際❷。法性空無言說，緣起略無此子。百歲無智小兒，小兒有智百歲。

【注　釋】❶天眼　五眼之一。《智度論》：「于眼得色界四大造清淨色，是名天眼。天眼所見，自地及下地六道中眾生諸物，若近若遠，若粗若細，諸色莫不能照。」❷生死實際　即「生死際」，相對於「涅槃際」而言。即生死、涅槃之二際，無二又無別。

【語　譯】大丈夫日常運用而沒有阻礙，並不為戒律所抑制。持與犯本即來自無生，愚人卻被它所禁止、縮繫。智者所造作的皆為空，聲聞所接觸之途徑便成為窒礙。菩薩大士的肉眼自然圓通，而二乘人的天眼卻被薄翳所障蔽。於空中妄自執著有無，不能毫無障礙地通達色心。菩薩與俗人同居，清淨之心卻從未曾被世俗所汙染。愚人貪心執著於涅槃，智者明瞭生死實際。法性空寂而無法言說，緣起也沒有一點點。百歲老人如若沒有智慧就等同於小孩，小孩有智慧就勝過了百歲老人。

佛與眾生不二

眾生與佛無殊，大智不異於愚。何須向外求寶，身田自有明珠。正道邪道不
二，了知凡聖同途。迷悟本無差別，涅槃生死一如❶。究竟攀緣空寂，惟求意想
清虛。無有一法可得，翛然❷自入無餘。

【注釋】❶一如　不二不異之義，即真如。❷翛然　無拘束、超脫之貌。《莊子・大宗師》：「翛然而往，翛然而來矣。」

【語譯】眾生與佛沒有區別，大智也與愚蠢沒有差異。何須要向外面尋求寶物，身田之中自有明珠。正道、邪道是一不二，明白地知曉凡夫與聖人畢竟同途而行。迷茫與省悟本來就沒有差別，涅槃與生死自然不二不異。究竟攀緣於空寂，只是求得意想清虛。沒有一法可以得到，翛然自入於無餘涅槃。

事理不二

心王自在翛然，法性本無十纏❶。一切無非佛事，何須攝念坐禪？妄想本來
空寂，不用斷除攀緣。智者無心可得，自然無爭無喧。不識無為大道，何時得證
幽玄？佛與眾生一種，眾生即是世尊。凡夫妄生分別，無中執有迷奔。了達貪嗔
空寂，何處不是真門！

【注　釋】❶十纏　有十種妄惑纏繞眾生，不使出離生死、證得涅槃，故名十纏：一無慚、二無愧、三嫉、四慳（吝嗇）、五悔、六睡眠、七掉舉（心不安靜）、八昏沉、九瞋忿、十覆。

【語　譯】心王自在而倏然，法性本就沒有十纏。一切無非是佛事，又何須攝住心念以坐禪呢？妄想本來即空寂，不用斷絕、除去攀緣。智者無心可得到，自然就沒有爭吵與喧嘩。不能認識無為之大道，什麼時候才能證得幽奧玄妙之真旨？佛與眾生本為一種，眾生即是世尊。凡夫妄心加以分別，從無之中執著於有從而迷惑、奔馳不息。明瞭通達貪欲、瞋忿本來即空寂，何處不是悟入真理之法門！

靜亂不二

聲聞厭喧求靜，猶如棄麵求餅❶。餅即從來是麵，造作隨人百變。煩惱即是
菩提❷，無心即是無境。生死不異涅槃，貪嗔如焰如影❸。智者無心求佛，愚人
執邪執正。徒勞空過一生，不見如來妙頂❹。了達婬慾性空，鑊湯鑪炭自冷❺。

【注　釋】❶棄麵求餅　不用麵粉而要做麵餅，比喻不可能。❷煩惱即是菩提　此為禪家常語，體現了對萬事萬物不加區分的「萬法一如」思想，是南禪頓悟學說的理論根據。❸如焰如影　比喻虛妄不實。❹妙頂　如來佛的頭頂上有肉髻，一切人天均不能見，故名無見頂相，也稱妙頂。❺鑊湯鑪炭自冷　此以鍋中熱水與爐中炭火比喻世俗愛欲等煩惱，如寂然無心自會冷。

【語　譯】聲聞人厭惡喧鬧而追求靜謐，猶如是不用麵粉而想要做麵餅。麵餅即是以前的麵粉，隨著人的製作而有了百般變化。煩惱即是菩提，無心即是無境。生死與涅槃沒有差異，貪欲、瞋恚還如同火焰和影子一樣相隨。智者無心追求成佛，愚人執著於邪道與正道。徒勞地虛度了一生，而沒有發見如來之妙頂。了然通達淫欲與性空，鍋中之熱湯與爐中的燒炭便都自行冷卻了。

善惡不二

我自身心快樂，翛然無善無惡。法身自在無方❶，觸目無非正覺。六塵本來空寂，凡夫妄生執著。涅槃生死太平，四海阿誰厚薄？無為大道自然，不用將心畫度。菩薩散誕❷靈通，所作常含妙覺。聲聞執法坐禪，如蠶吐絲自縛。法性本來圓明，病愈何須執藥！了知諸法平等，翛然清虛快樂。

【注釋】❶無方　方謂方所、方法。佛之設化自在，而沒有一定之方所與方法。《三論玄義》：「適化無方，陶誘非一。」

❷散誕　閒悠；逍遙自在。義通「散淡」。

【語譯】我自身心快樂，翛然沒有善也沒有惡。法身自在而無方，觸目無非都是正覺。六塵本來自空寂，凡夫妄生於執著。涅槃、生死自太平，四海誰又有厚薄之分？無為大道本自然，不須用心來籌劃猜度。菩薩逍遙自在而又靈通，所作所為常常含有妙覺。聲聞執著於佛法而坐禪，如同春蠶吐絲以自縛。法性本來圓明，病癒之後又何須再執著於方藥！了然知曉諸法皆平等，便翛然清虛而快樂。

色空不二

法性本無青黃，眾生謾造文章。吾我說他止觀，自意擾擾顛狂。不識圓通妙理，何時得會真常？自疾不能治療，卻教他人藥方。外看將為❶是善，心內猶若豺狼。愚人畏其地獄，智者不異天堂。對境心常不起，舉足皆是道場。佛與眾生不二，眾生自作分張❷。若欲除卻三毒，迢迢不離❸災殃。智者知心是佛，愚人樂往西方。

【注釋】❶將為　以為；認為。唐人聶夷中〈雜興〉詩：「理身不知道，將為天地聾。」❷分張　分離；分辨。❸離　通「罹」。遭受。

【語譯】法性本來沒有青黃之分，眾生虛妄而造作文章。我已論說他的止觀，自己產生騷擾、顛倒之意。不認識圓通之妙理，什麼時候才能領會真常之妙道？自己有疾病還不能治療，反而已為他人開出藥方。從外面看時認為是善業，內心卻還如同是豺狼兇險。愚人畏懼那地獄，智者認為與天堂沒有差異。對境此心常不起動，舉步到處都是道場。佛與眾生是一不二，眾生自己強作分張。如若想要除去三毒，遠遠地不遭受災禍。智者知道此心是佛，愚人卻以往生西方為快樂。

生死不二

世間諸法如幻，生死猶若雷電。法身自在圓通，出入山河無間。顛倒妄想本空，般若無迷無亂。三毒本自解脫，何須攝念禪觀！只為愚人不了，從他戒律決斷。不識寂滅真如，何時得登彼岸？智者無惡可斷，運用隨心合散。法性本來空寂，不為生死所絆。若欲斷除煩惱，此是無明癡漢。煩惱即是菩提，何用別求禪觀？實際無佛無魔，心體無形無段。

【語　譯】世間諸法都如同夢幻，生死猶如雷電一樣迅疾出現、消失。法師自在而圓通，出入山河並沒有間隔。顛倒妄想本來空，般若既沒有迷茫也不散亂。三毒本自解脫，又何須攝住心念以觀禪！只因為愚人不能了悟，所以依從那戒律來決斷。不認識寂滅與真如，什麼時候才能登上彼岸？智者沒有惡可決斷，運用隨心而聚合、離散。法性本來空寂，並不為生死所絆繫。如若想要斷除煩惱，那就是無明之癡漢。煩惱即是菩提，又何須另外尋求禪觀？實際並沒有佛與魔，心之體也並沒有形與段。

斷除不二

丈夫運用堂堂，逍遙自在無妨。一切不能為害，堅固猶若金剛。不著二邊中道，翛然非斷非常。五欲貪嗔是佛，地獄不異天堂。愚人妄生分別，流浪生死猖狂❶。智者達色無礙，聲聞無不恛❷惶。法性本無瑕翳，眾生妄執青黃。如來引接迷愚，或說地獄天堂。彌勒身中自有，何須別處思量！棄卻真如佛像，此人即是顛狂。聲聞心中不了，唯只趁逐言章。言章本非真道，轉加鬥爭剛強❸。心裡蚖❹蛇蝮蝎，螫❺著便即遭傷。不解文中取義，何時得會真常？死入無間地獄，神識枉受災殃。

【注　釋】❶猖狂　通「張狂」。忙亂、慌張的意思。❷恛　昏亂貌。《集韻・灰韻》：「恛，昏亂貌。」❸剛強　勉強。❹蚖　毒蛇。❺螫　毒蟲或毒蛇刺咬稱螫。

【語　譯】大丈夫運用道法堂堂正正，逍遙自在而沒有妨礙。一切都不能為害，堅固得如同是金剛。不執著於二邊與中道，悠悠然既不是斷也不是常。五欲貪嗔即是佛，地獄也與天堂沒有差異。愚人妄想而生出分別，慌張地流浪於生死輪迴。智者通達色相而沒有障礙，聲聞之人卻沒有不昏亂惶恐的。法性本來是沒有瑕翳的，眾生妄想執著而分出青黃不同。如來佛為了接引迷惑愚痴之人，有時講說了地獄與天堂。彌勒菩薩身中自擁有，何須向別的地方去思量！棄去真如佛像，此人即是顛倒狂妄。聲聞之人心中不能了然，只能追逐言語辭章。言語辭章本來不是真正的大道，轉而增加了爭鬥勉強。心裡的蚖蛇蝮蠍，蟠著即遭到傷害。不懂得從文字中悟取旨意，什麼時候才能領會真常之道？死去後進入無間地獄，神識枉自遭受災殃。

真俗不二

法師說法極好，心中不離煩惱。口談文字化他，轉更增他生老。真妄本來不二，凡夫棄妄覓道。四眾雲集聽講，高座❶論義浩浩。南座北座相爭，四眾為❷言為好。雖然口談甘露，心裡尋常枯燥。自己元無一錢，日夜數他珍寶。恰似無智愚人，棄卻真金擔草。心中三毒不捨，未審何時得道？

【注釋】❶高座　為講法之導師所登之法座。又法華大會上，其左右置有講師之高座。❷為　「會」字同音假借，懂得的意思。

【語譯】法師所說之法極好，心中卻不離煩惱。口內談論文字以化度他人，反而增添了他的生死之業。真與妄本來是一不二，凡夫棄去妄見來尋覓大道。四眾雲集聽他講說，高座上講論教義浩蕩不絕。其南座與北座互相爭議，四眾懂得其言語為好。雖然他口中談論甘露，心裡卻經常枯燥。自己原本沒有一文錢，卻日夜在數著他人的珍寶。恰似那沒有智慧的愚人，棄去真金卻挑回了一擔雜草。心中三毒未能捨去，實在不知道什麼時候才能證得大道？

解縛不二

律師持律自縛，自縛亦能縛他。外作威儀恬靜，心內恰似洪波。不駕生死船筏，如何度得愛河❶？不解真宗正理，邪見言辭繁多。有二比丘犯律，便卻往問優波❷。優波依律說罪，轉增比丘網羅。方丈室中居士，維摩便即來呵。優波默然無對，淨名說法無過。而彼戒性如空，不在內外娑婆。勸除生滅不肯，忽悟還同釋迦。

【注釋】❶愛河　愛欲溺人，故譬之為河。《華嚴經》：「隨生死流，入大愛河。」❷優波　即優波離，也作優婆離等，羅漢名，為佛弟子中持律第一之比丘。

【語譯】律師持守戒律反而自我束縛，自我束縛故也能束縛他人。外表大作威儀而面容恬靜，但內心恰如洪水奔騰。不駕馭生死之船筏，怎麼能渡越愛河？沒有悟解真宗正理，就會產生繁多的邪見言辭。有兩個比丘犯了戒律，就一同前去詢問優波離。優波離依據戒律講說罪過，轉而給比丘增添了網羅。方丈室中的維摩詰居士，便即刻過來呵責。優波離默然無言以對，維摩詰講說佛法沒有過失。但他的戒性如虛空，不在內外娑婆世界。勸導除去生滅還不肯，忽然領悟了就同釋迦牟尼相等了。

境照不二

禪師體離無明，煩惱從何處生？地獄天堂一相，涅槃生死空名。亦無貪瞋可斷，亦無佛道可成。眾生與佛平等，自然聖智惺惺。不為六塵所染，句句獨契無生。正覺一念玄解，三世坦然皆平。非法非律自制，翛然真入圓成❶。絕此四句百非，如空無作無依。

【注　釋】❶圓成　成就圓滿。《楞嚴經》：「發意圓成一切眾生無量功德。」

【語　譯】禪師之體已離絕無明，煩惱再從什麼地方產生呢？地獄與天堂同為一相，涅槃與生死同為空之名號。也沒有貪瞋可以斷絕，也沒有佛道可以成就。眾生與佛陀平等，自然聖人之智聰慧明白。不被六塵所汙染，每一句話都契合無生。正覺一念之玄妙悟解，三世全都坦然平直。不用法不用律以自制，悠悠然真得進入了圓成境界。斷絕那四句與百非，即如同虛空一樣沒有造作、沒有依託。

運用無礙

我今滔滔❶自在，不羨公王卿宰。四時猶若金剛，昔樂今常不改。法寶喻於須彌，智慧廣於江海。不為八風❷所牽，亦無精進懈怠。任性浮沉若顛，散誕縱橫自在。遮莫❸刀劍臨頭，我自安然不采。

【注　釋】❶滔滔　水盛大貌，此喻佛法運用沒有阻礙。❷八風　也稱八法。世有八法，為世間所愛憎，能搧動人心，故名八風：一利、二衰、三毀、四譽、五稱、六譏、七苦、八樂。❸遮莫　儘管；縱然。唐人李白〈少年行〉詩：「遮莫親姻連帝城，不如當身自簪纓。」

【語　譯】我現今正滔滔自在，不羨慕王侯公卿與宰相。四時猶如金剛一樣剛強，從前的快樂現今仍然沒有改變。用法寶來比喻須彌山，智慧比那江海還要寬廣。不被八風所牽動，也沒有精進、懈怠的差別。任憑此性浮沉若癲狂，散淡人天、縱橫八方而自在。縱然刀劍架在了頭頂上，我自安然不理睬。

迷悟不二

迷時以空為色，悟即以色為空。迷悟本無差別，色空究竟還同。愚人喚南作北，智者達無西東。欲覓如來妙理，常在一念之中。陽焰本非其水，渴鹿狂趁忩忩。自身虛假不實，將空更欲覓空。世人迷倒至甚，如犬吠雷叿叿❶。

【注　釋】❶叿叿　同「轟轟」或「哄哄」。大聲；聲音噪雜。

【語　譯】迷惑時錯把空當成了色，悟徹時即把色視作空。迷惑與悟徹本來就沒有差別，色與空畢竟還相同。愚人把南叫作北，智者曉悟並沒有東西之區別。想要尋覓的如來佛玄妙道理，即常在一念之中。陽焰本來就不是水波，飢渴的小鹿匆匆忙忙地狂奔著趕去。自身虛假而不真實，卻想用空來尋覓空。世人迷惑顛倒得十分嚴重了，如同群狗的汪汪吠叫聲和著轟轟的雷聲。

【說　明】寶誌和尚的偈頌之大旨多出於《維摩經》，如煩惱即菩提，生死即涅槃，眾生與佛不二，迷悟不二，心即佛，觸目是道，色空一如，心境平等，真妄一如之類即是；其排斥持律、坐禪、往生西方等觀點，與六祖慧能大師之說並無大異。而如「不解即心即佛，真似騎驢覓驢」等語，卻為慧能大師以後南宗禪師之常用套語，可見於寶誌和尚的偈頌中，至少有部分內容出自後人之依託。

頌一首

歸宗智常至真禪師

歸宗事理絕，日輪正當午。自在如師子，不與物依怙❶。獨步四山❷頂，優游三大❸路。欠去飛禽墜，嚬❹呻眾邪怖。機❺豎箭易及，影沒手難覆。施張❻若工伎，裁剪如尺度。巧鏤萬般名，歸宗還似土。語默音聲絕，旨妙情難措。棄箇眼還聾，取箇耳還瞽。一鏃破三關❼，分明箭後路。可憐❽大丈夫，先天為心祖。

【注　釋】❶依怙　依靠；憑持。❷四山　生、老、病、死四相。《涅槃經》：「有四大山從四方來，欲害人民。四大山者，即生老病死也。」❸三大　《起信論》以眾生心為大乘之法體，名之為大乘之義理，分為三種之大義：一體大，指真如之體性；二相大，指真如之德相；三用大，指真如之作用。❹嚬　通「顰」。皺眉頭。❺機　此指箭靶。❻施張　發揮能力。❼一鏃破三關　「鏃」一般作「箭」。禪家稱機鋒問答中的緊要處為玄關，而玄關往往湊成三句，即所謂「三關」，如著名的「黃龍三關」。「破三關」是學僧參禪的切實工夫，而「一箭破三關」喻指機鋒迅疾。❽可憐　可羨；可貴。唐人白居易〈長恨歌〉詩：「姊妹弟兄皆列土，可憐光彩生門戶。」

【語　譯】歸宗和尚斷絕了事理，日輪恰好是正午。自由自在如同是獅子，不與萬物相互憑持、牽連。獨自步行在四山之絕頂，悠游在三大之路上。欠缺了飛鳥也會墜落，皺眉、吟誦而使眾邪惡恐怖。靶子豎立後箭就容易射中，影子沒了手也難以覆蓋。如同工匠一樣施展技藝，如用尺度進行裁剪。巧妙地鏤刻出萬種名稱，歸宗和尚還似那泥土。說話沉默時聲音就斷絕了，宗旨微妙得性情難以措置。拋棄了這個眼睛以後便聾了，獲取了這個耳朵以後便瞎了。一箭破去了三關，分明是箭射過後的道路。可羨那大丈夫，先天即為心之祖。

【說　明】智常法號至真禪師，為馬祖道一大師的弟子，住持廬山歸宗寺。

頌一十九首

香嚴智閑襲燈大師

授指

古人骨❶，多靈異。賢子孫，密安置❷。此一門，成孝義。人未達，莫差池❸。須志固，遣狐疑。得安靜，不傾危。向即遠，求即離。取即急，失即遲。無計校，忘覺知。濁流識，今古偽。一剎那，通變異。嵯峨❹山，石火❺氣。內裡發，焚巔㠥❻，無遮攔❼，燒海底。法網❽疏，靈焰❾細。六月臥，去衣被。蓋不得，無假偽。達道人，唱祖意。我師宗，古來諱。唯此人，善安置。足法財❿，具慚愧。不虛施，用處諦。有人問，少呵氣⓫。更審⓬來，說米貴。

【注釋】❶古人骨　喻指歷代祖師傳下的禪法要旨。❷安置　安放；擱置。❸差池　錯訛；不齊整。❹嵯峨　山勢高峻貌。❺石火　用火石擊打出的火花，譬喻起滅之迅疾。❻㠥　同「嵔」。山高不平貌。❼遮欄　也作「遮攔」，遮擋保護、庇蔭的意思。❽法網　也作「梵網」，謂外道種種邪見。❾靈焰　通「靈光」。指人人固有的佛性。❿法財　佛法能利益眾生如錢財，故名。《維摩經・佛國品》：「常以法財施一切。」⓫呵氣　即「呵責」。⓬審　即「不審」之略，問候語。

【語譯】古人之遺骨，確實多靈驗。賢良的徒子徒孫，要仔細地加以安置。這一個門派，成為孝義之淵源。如人沒有通達，就不要差錯了。必須使意志堅固，遣除狐疑不決之心念。從而得以安靜，沒有傾側之危險。面向它則愈加遙遠，尋找它便分離了。取得很急促，失去頗遲緩。不用加以計較，也忘記了覺悟知識。濁水與清流之見識，亙古至今皆為偽。在一剎那間，通達與變化已相異。嵯峨之高山，石火之氣息。從裡面發出，焚毀了峰巔。沒有遮擋保護，一直燒到了海底。法網稀疏，靈焰細微。六月中睡覺，去掉了衣服被子。不能覆蓋，也不用假借。通達大道之人，正在舉唱祖師的意旨。我所師從的宗乘，自古以來就有人諱言。惟有這個人，善於作安置。法財十分充足，而具反省慚愧。不虛作施行，日常用處自慎密。有人來詢問，少作呵責。更有人來問候，就說米價很貴。

最後語

有一語，全規矩。休思惟，不自許。路逢達道人，揚眉❶省來處。踏不著，多疑慮。卻思看，帶伴侶。一生參學事無成，殷勤❷抱得旃檀樹❸。

【注　釋】❶揚眉　思考問題的樣子。❷殷勤　辛勤；頻繁。唐人柳宗元〈零陵早春〉詩：「憑寄還鄉夢，殷勤入故園。」❸旃檀樹　產於古印度摩羅那山的香木名。釋迦牟尼佛涅槃時，即以旃檀木火化。此以喻佛法真諦。

【語　譯】有一句話，完全符合規矩。不用思量，也不自我許可。路上遇到通達大道之人，揚眉猜測他的來歷之處。踩踏不到，有很多疑惑。反過來再思量著，卻正帶著伴侶。一生都在參學卻一事無成，只是辛勤抱得了旃檀樹。

暢玄❶與崔大夫

達人多隱顯❷，不定❸露形儀。語下不遺迹，密密潛護持。動容揚古路，明妙乃方知。應物但施設，莫道不思議！

【注　釋】❶暢玄　舒暢；痛快。此用作動詞。❷隱顯　此為隱居之義。❸不定　不同。

【語　譯】通達之人大多已隱居，不定露出形體。言語之下不留遺跡，秘密地加以護持。神色飛動以發揚古人所指示的大路，明白其中的奧妙這才知曉。隨機應物只管施設接引，而不用說不可思議！

達❶道場與城陰行者

理奧絕思量，根尋徑路長。因茲知隔闊，無那❷被封疆❸。人生須特達，起坐覺馨香。清淨如來子，安然坐道場。

【注　釋】❶達　到達。❷無那　即「無奈」。❸封疆　疆界。此謂被封疆所局限。

【語　譯】道理奧妙而斷絕了思慮，從根上尋起的道路很悠長。因為這個而知道了阻隔、疏闊，無奈卻被封疆所局限。人生必須特地通達，起身坐下都感覺到了馨香。清淨的如來佛之徒子徒孫，安然地坐在道場中。

與薛判官❶

一滴滴水，一焰焰火。飲水人醉，向火人老。不飲不向，無復安臥。失卻弓箭，蹋卻射垛❷。若人要知，先去鉤錐。人須問我，我是阿誰？快道！快道！

【注　釋】❶判官　官名。唐代特派擔任臨時職務之大臣，皆得自選中級官員奏請充任判官，以資佐理。中唐以後，節度使、觀察使等地方長官也可選任判官，以備差遣。❷射垛　練習射箭的靶子。

【語　譯】一滴滴水，一堆堆火。飲水的人醉了，烤火的人老了。不飲水不烤火，便不再安然躺臥。拋棄了弓箭，踏倒了箭垛。如若有人想知道，就先除去鉤子與錐子。人必須要問自己，我是誰？快說！快說！

與臨濡縣行者

丈夫咄哉❶，久被塵埋。我因今日，得入山來。揚眉示我，因茲眼開。老僧手風❷，書處龍鐘❸。語下有意，的出煩籠。

【注　釋】❶咄哉　呵斥、驚歎聲。❷手風　手下生風，形容書寫迅疾。❸龍鐘　形容書法精妙靈動而端莊。

【語　譯】大丈夫「咄哉」呵歎，早就被塵埃所掩埋。我因為今天，才得以進入山中來。揚起眉毛來指示我，我因此而得以張開法眼。老僧手下生風，筆到之處如飛龍如洪鐘。言語之下如有意思，便確實出離了煩惱的牢籠。

題旨

思遠神儀奧，精虛履踐通。見聞離影像，密際語前蹤。得意塵中妙，投機露道容。藏明❶照驚覺，肯可❷達真宗。

【注　釋】❶藏明　藏指佛經中所蘊涵的文義，明即智慧的別名。❷肯可　謂禪師對學僧參禪所得見解之肯定、許可。

【語　譯】思慮深遠則神采儀表幽奧，精神沖虛則踐履行為通達。見聞離開了影像，嚴密參禪之際講說從前的蹤跡。獲得玄意則塵埃中具有妙義，投合機緣則顯露出大道的真容。藏明映照而驚發覺悟，加以肯可而通達了真宗之玄旨。

三句❶後意

書出語多虛，虛中帶有無。卻向書前會，放卻意中珠。

【注　釋】❶三句　《大日經》：「佛言：菩提心為因，大悲為根，方便為究竟。」《大日經》一部以此三句為大宗旨。

【語　譯】經書中所說出的話語多為虛妄，虛妄中又帶著有、無之見。還向經書之前領會，放去了意中之寶珠。

答鄭郎中問二首

語中埋迹，聲前露容。即時妙會，古人同風。響應機宜，無自他宗。呵起駭蟒，奮迅❶成龍。

【注　釋】❶奮迅　奮起迅疾之勢。

【語　譯】言語之中掩埋了痕跡，聲音之前顯露了真容。當下即刻巧妙地領會，古人也同此風采。如響聲之回應地隨各人根機以施設接引，此並不從其他宗門中傳來。呵斥聲起驚駭住了大蟒蛇，奮起迅疾而成了矯龍。

語裡埋筋骨，音聲染道容。即時才妙會，拍手趁乖龍。

【語　譯】言語裡掩埋了筋骨，聲音中沾染了真容。當下之時才算是巧妙領會，拍手追趕那乖巧的天龍。

譚道

的的無兼帶❶，獨運何依賴？路逢達道人，莫將語默對。

【注　釋】❶兼帶　即「兼但對帶」之略，為天台宗所提出的，於五時中的前四時所說之相。第一華嚴時，圓教兼別教而說，故稱兼；第二阿含時，但說藏教，故稱但；第三方等時，藏、通、別、圓四教彼此對望而說，故稱對；第四般若時，圓教挾對藏、通、別三教而說，故稱帶。

【語　譯】確切的意旨沒有兼帶之語，獨自運用什麼可依賴的？路上遇到通達大道之人，不要用言語和沉默來對待。

與學人玄機

妙旨迅速，言說來遲。才隨語會，迷卻神機。揚眉當問，對面熙怡❶。是何境界？同道方知。

【注　釋】❶熙怡　和樂愉悅。

【語　譯】玄妙的旨意十分迅疾，言語說來已經遲了。剛剛隨著言語而領會了，卻已經迷失了神機。揚起眉毛直對提問，當面承接了禪機而精神和悅。這是什麼境界？同道之人方能知道。

明道

思思似有蹤，明明不知處。借問示宗賓，徐徐暗迴顧。

【語　譯】思慮中似有蹤跡，顯明地卻不知其處所。詢問以指示宗門之賓客，徐徐地暗中回頭張望。

玄旨

去去無標的❶，來來只麼來。有人相借問，不語笑咳咳❷。

【注釋】❶標的　目標；目的。❷咳咳　歡笑貌。咳，嬰兒之笑聲。

【語譯】去去沒有目的，來來就這樣來。有人來相問，不說話而笑咳咳。

與鄧州行者

林下覺身愚，緣不帶心珠❶。開口無言說，筆頭無可書。人問香嚴旨，莫道在山居。

【注釋】❶心珠　因眾生之心性為本來清淨之佛性，故譬喻為明珠。

【語譯】林泉之下覺察到此身愚痴，緣起也不帶著心珠。開口卻沒有話可說，筆頭也沒有可書寫的。有人問起香嚴的宗旨，不要說在山居中。

三跳後

三門前合掌，兩廊下行道。中庭❶上作舞❷，後門外搖頭。

【注釋】❶中庭　此指寺院正中的庭院。❷作舞　謂起伏禮拜如同在舞蹈。

【語譯】在山門前合掌施禮，在兩廊下行道燒香。在中庭上虔誠禮拜，在後門外搖頭擺手。

上根

咄哉莫錯，頓爾無覺。空處❶發言，龍驚一著。小語呼召，妙絕名邈。巍巍道流，無可披剝。

【注釋】❶空處　無色界總無形色，故稱空處。

【語譯】咄哉並沒有錯，頓時也未覺悟。在空處發出一言，便使龍驚嚇一下。輕聲來招呼，便玄妙離絕了名稱遼遠。巍巍的道人，沒有可披上脫下的。

破法身見❶

向上無父孃，向下無男女❷。獨自一箇身，切須了卻去。聞我有此言，人人競來取。對他一句子，不話無言語。

【注釋】❶破法身見　以邪見破斥如來之正法稱破法，於身執著實我之邪見稱身見。❷男女　謂兒女。

【語譯】向上沒有爹娘，往下沒有兒女。獨自一個身軀，一定要了卻了去。聽到我有這話，人人都競相來獲取。回答他一句話，不說沒有言語。

獨腳

子啐❶母啄❷，子覺無殼❸。母子俱亡，應緣不錯。同道唱和，妙云獨腳。

【注釋】❶啐　唾。❷啄　指鳥用嘴啄碎食物而食的動作。❸轂　牲畜的後腳。《集韻・屋韻》：「轂，牲後足。」

【語譯】兒子唾出的母親來啄食，兒子覺悟了而沒有後腳。母子都亡失了，應緣並沒錯。同道之人來唱和，微妙地稱作獨腳。

【說明】智閑禪師為溈山靈祐禪師的弟子，得法後住持鄧州香巖山，諡襲燈禪師，有偈頌二百餘首盛行於諸方。

無心合道頌一首

筠州洞山良价和尚

道無心合人，人無心合道。欲識箇中意，一老一不老。

【語譯】道無心而契合人，人無心而契合道。想要認識其中的意旨，一個會老另一個卻不會老。

頌十八首

潭州龍牙居遁和尚

龍牙山裡龍，形非世間色。世上畫龍人，巧巧描不得。唯有識龍人，一見便心息❶。

【注釋】❶心息　指領悟道法。

【語譯】龍牙山裡的一條龍，其形狀並不是人世間之色身。世上畫龍的人，手靈心巧也畫不出來。只有認識龍的人，一見便心思止息。

唯念門前樹，能容鳥泊飛。來者無心喚，騰身不慕歸。若人心似樹，與道不相違。

【語　譯】只思量門前的大樹，能讓鳥停泊與飛去。來的無心呼喚，騰身而去便不再羨慕歸來。如若人心似此樹，就與大道不相背離了。

一得無心便道情，六門休歇不勞形。有緣不是余朋友，無用雙眉卻弟兄。

【語　譯】一得到無心便道情，在修習禪定的六門中休歇並不煩勞形神。有緣並不是我的朋友，無用之雙眉卻是我的弟兄。

悟了還同未悟人，無心勝負自安神。從前古德稱貧道，向此門中有幾人？

【語　譯】領悟了卻還與未領悟的人相同，無心爭勝負自然心神安寧。從前的古德都自稱貧道，到這門中的又有幾人？

學道先須有悟由，還如曾鬥快龍舟❶。雖然舊閣於空地，一度贏來方始休。

【注　釋】❶快龍舟　春秋戰國時楚國大夫屈原於端午日投汨羅江而死，後人便於此日在江上賽龍舟以為紀念。此後賽龍舟成為南方許多地方的端午節之風俗。

【語譯】學道先要有領悟之由頭，就像是曾經進行過的龍舟比賽。雖然龍舟平日裡擱置在空地上，一朝勝出才罷休。

心空不及道空安，道與心空狀一般。參玄不是道空士，一乍❶相逢不易看。

【注釋】❶一乍　猛然間；一下子。

【語譯】心空不及道空來得安寧，道空與心空的形狀本一樣。參問玄旨的不是道空之士，猛然間相逢自不容易看出。

自小從師學祖宗，閑華猶似纏人蜂。僧真不假居雲外❶，得後知無色自空。

【注釋】❶居雲外　謂隱居於山林僻靜之處。

【語譯】從小就跟從老師學習祖師之法，閒花卻還像那纏繞人的蜜蜂。真僧並不需要居住在雲霞外，得道之後知道世界虛無則色自空。

學道無端❶學畫龍，元來未得筆頭蹤。一朝體得真龍後，方覺從前枉用功。

【注釋】❶無端　指無計營生。唐人杜荀鶴〈山居寄同志〉詩：「不是無端過時日，擬從窗下躡雲梯。」

【語譯】無計修學道法而去學習畫龍，原來還是沒得到筆頭下的蹤跡。一朝體會得真龍以後，方才覺悟從前枉自用錯功。

成佛人希❶念佛多，念來歲久卻成魔。君今欲得自成佛，無念之人不較多。

【注釋】❶希 通「稀」。

【語譯】成佛的人稀少而念佛的人多，念佛的歲月久了反而變成了魔。君現今想要自己成佛，不念佛的人還差不多。

在夢那知夢是虛，覺來方覺夢中無。迷時恰是夢中事，悟後還同睡起夫。

【語譯】在夢裡豈能知道夢是虛妄的，醒來才會知覺夢中實虛無。迷茫之時恰好如夢中之事，省悟之後還如同從睡夢中醒來之人。

學道蒙師指卻閑，無中有路隱人間。饒君講得千經論，一句臨機下口難。

【語譯】修習道法而承蒙老師指示閒暇，無中有路隱居在人間。假使你能講說千卷經論，面臨機鋒卻是一句話也難以開口。

菩薩聲聞未盡空，人天來往訪真宗。爭如佛是無疑士，端坐無心只麼通。

【語譯】菩薩乘、聲聞乘都沒能完全空寂，人天間往來以訪問真宗。怎奈佛是沒有疑惑之人，端坐無心就這樣地通悟。

此生不息息何時？息在今生共要知。心息只緣無妄想，妄除心息是休時。

【語譯】此生不止息則止息在什麼時候？止息在今生全都要知曉。心念止息只是因為沒有妄想，妄想除去、心念止息便是休歇之時。

迷人未了勸盲聾，土上加泥❶更一重。悟人有意同迷意，只在迷中迷不逢。

【注釋】❶土上加泥　比喻更加不明禪機而糾纏不清。

【語譯】迷茫之人未能了悟大道卻在勸導盲人、聾子，如同土上加泥其迷茫更增添一分。悟道之人如果有意即與迷惑之意相同，只在迷茫之中而不相逢。

夫❶人學道莫貪求，萬事無心道合頭❷。無心始體無心道，體得無心道亦休。

【注釋】❶夫　發語詞，無義。❷合頭　契合。

【語譯】人們學道可不要貪求，萬事都無心執著即與道相契合。無心才能體會那無心之道，能體會無心那道也就沒有了。

眉間豪相❶焰光身❷，事見爭如理見親。事有只因於理有，理權方便化天人。

一朝大悟俱消卻，方得名為無事人。

【注　釋】❶眉間豪相　即「眉間白毫相」，為佛的三十二相之一。❷焰光身　為光焰所圍繞的佛身。

【語　譯】眉間白毫相放出的光焰圍繞著其身，由事而見怎如以理而見更為親近。事有只是因為其理有，理權方便以度化天人。一朝大悟大徹便都消除，方才能稱之為無事之人。

人情濃厚道情微，道用人情世豈知？空有人情無道用，人情能得幾多時？

【語　譯】人情濃厚則道情微薄，道用人情世人豈能知曉？空有人情而沒有道用，那人情又能延續多少時候呢？

尋牛須訪跡，學道訪無心。跡在牛還在，無心道易尋。

【語　譯】尋找牛必須先尋訪牠留下的足跡，學習佛道要先尋訪無心。足跡存在則牛還存在，無心則佛道容易尋到。

【說　明】居遁禪師為洞山良价禪師的弟子，住持湖南潭州龍牙山妙濟禪院。居遁認為「學道」之關鍵在於「無心」，因禪家常用「牧牛」、「尋牛」來開示學人見性證悟，故其也以循跡尋牛來比喻通過「無心」來契合佛道。而其主張「自成佛」以反對念佛修行之方法，更體現出禪宗的自主創新精神。

頌三首　玄沙師備宗一大師

玄沙游逕別❶，時人切須知。三冬陽氣盛❷，六月降霜時。有語非關舌，無言切要辭。會我最後句，出世少人知。

【注釋】❶別 非同一般。❷三冬陽氣盛 三冬時陽氣全無，但自禪悟者眼中，袪除了一切情想知見，故所有矛盾皆泯滅，而展示一片奇特之境界。下句之義相同。

【語譯】玄沙和尚行走的路徑非同一般，世人切切要知曉。三冬陽氣大盛，六月正是降霜之時。有語卻與舌頭不相關，無言切記要說話。領悟了我的最後之句，便超脫了塵世而很少有人知道。

奇哉一靈叟❶，那頓❷許❸吺吺❹。風起引箜篌❺，迷子爭頭❻湊。設使❼總不是，蝦蟇大張口❽。開口不開口，終是犯靈叟。欲識箇中意，南星❾真北斗。

【注釋】❶靈叟 作者自稱。靈指靈智，暗指領悟微妙禪法。❷那頓 那一次；那一回。❸許 如此；這樣。❹吺吺 音兜。多言多語貌。❺箜篌 古代一種弦樂器。此以箜篌聲比喻作者自己的話語。❻爭頭 紛紛；爭相。❼設使 縱然。❽大張口 譏諷迷子話語囉嗦。❾南星 南極星。

【語譯】真奇特啊這一位靈叟，那一次這樣地多言多語。風起引動了箜篌聲，沉迷不悟者爭相來湊近。縱然全都不是，蝦蟆還是張開了大口。開口的與沒有開口的，終究都已觸犯了靈叟。想要認識此中的真意，南極星真的就是北斗星。

萬里神光頂後相，沒頂之時何處望？事已成，意亦休，此箇從來觸處❶周。

智者聊❷聞猛提取❸，莫待須臾失卻頭。

【注　釋】❶觸處　到處；處處。❷聊　依託。❸提取　此指領悟禪法。

【語　譯】萬里神光為頭頂後之相，沒有頭頂之時到什麼地方來張望呢？事已成就，意義也已休歇，這個從來就處處周備。智者依託聽聞而猛然領悟，不要等到片刻後失去了頭。

【說　明】師備禪師為雪峰義存禪師的弟子，住持福建玄沙山，法號宗一大師。

頌二首

招慶省僜真覺大師

示執❶坐禪者

大道分明絕點塵❷，何須長坐始相親？遇緣儻解無非是❸，處憒❹那能有故新？散誕肯齊支遁❺侶，逍遙曷❻與慧休❼鄰？或遊泉石或闤闠❽，可謂煙霞物外人❾。

【注　釋】❶執　執著於。❷點塵　即「微塵」。❸非是　即「是非」。因詩律之原因而倒置。下文「故新」為「新故」之倒置，原因同此。❹憒　昏亂。《廣韻・隊韻》：「憒，心亂。」❺支遁　東晉名僧，字道林，俗姓關，隱居浙江餘杭山，年二十五出家，精通《莊子》與《維摩經》等。世稱支公。❻曷　何。❼慧休　初唐時名僧，俗姓樂，河北瀛州人，戒行清苦，住相州慈潤寺。❽闤闠　指市肆、城鎮。❾煙霞物外人　指眠煙宿霞、超脫物外之仙人。

【語譯】大道分明隔絕了微塵，又何須長坐才得以親近？遇到因緣倘能理解沒有是與非，處於昏亂之中豈能區別新與舊？散誕怎肯成為支遁的伴侶，逍遙為什麼要與慧休為鄰居？有時遊覽林泉山巖之間，有時行走在市肆之中，可稱得上是眠煙宿霞、超脫物外之人。

示坐禪方便

四威儀內坐為先，澄濾身心漸坦然。瞥爾有緣隨濁界，當須莫續是天年❶。

修持只話從功路，至理寧論在那邊！一切時中常管帶，因緣相湊豁通玄。

【注釋】❶天年　謂人的自然之年壽。

【語譯】四威儀中以坐為先，使身心澄濾而漸趨坦然安寧。看你有緣卻隨從濁世境界，當下承接卻不續接的是天年。修持只說依從用功之路徑，至極玄妙之理難道講論在那一邊！一切時中常常管領攜帶，因緣相湊合便豁然通達玄妙之道法。

【說明】省僜禪師為玄沙師備禪師的弟子，住持泉州招慶院，號真覺大師，有詩名，偈頌傳誦於禪林。

明道頌一首

漳州羅漢桂琛和尚

至道淵曠，勿以言宣。言宣非指❶，孰云有是。觸處皆渠，豈喻真虛？真虛設辨，如鏡中現。有無雖彰，在處無傷。無傷無在，何拘何閡？不假功成，將何法爾？法爾不爾，俱為脣齒。若以斯陳，埋沒宗旨。宗非意陳，無以見聞。見聞不脫，如水中月。於此不明，翻為剩法。一法有形，翳汝眼睛。眼睛不明，世界崢嶸。我宗奇特，當陽❷顯赫。佛及眾生，皆承恩力。不在低頭，思量難得。搊❸破面門，覆蓋乾坤。快須薦取，脫卻根塵。其如不曉，謾❹說而今。

【注　釋】❶指　通「旨」。❷當陽　也作「當揚」，明白、顯露的意思。❸搊　逼迫；壓迫。❹謾　空；徒然。

【語　譯】至極的大道淵源廣大，不能用言語來宣說。言語宣說的並不是佛旨，誰又說有那個呢？處處皆有那個，難道能明白其真實與虛偽？真實與虛偽假設能分辨，就如同鏡中顯現之物。有與無雖然已顯明，到處都沒有傷缺。沒有傷缺也不存在，有什麼可拘泥，又有什麼隔閡的？不憑藉功夫而成就，將要依從什麼法？依從與不依從法，都為脣舌與牙齒的事。如若以這個來陳述，就埋沒了玄妙的宗旨。宗旨不是用意識所能陳述的，也不能用見聞來覺知。見聞不能解脫，就如同是水中之明月。至此如果還不能領悟，就反而成了剩餘之法。如若有一法具有形狀，就障礙了你的眼睛。眼睛不明亮，則世界崢嶸不平。我禪宗很奇特，十分明白顯赫。佛陀與眾生，都承蒙它的恩力。並不在於低頭思慮，思慮也難以得到。搊破了面門，覆蓋了乾坤。快點領會吧，而從根塵之中解脫自己。他如若還不知曉，便徒然說到而今。

【說　明】桂琛禪師為玄沙師備禪師的弟子，住持漳州羅漢院。

覺地頌一首

南嶽般舟道場惟勁禪師

略明覺地名同異，起復初終互換生。性海首建增名號，妙覺❶還依性覺❷明。
體覺俱含於明❸妙，明覺妙覺並雙行。妙覺覺妙元明體，全成無漏一真精。明覺覺明明所了，或因了相失元明。明妙二覺宗體覺[4]，體覺性覺二同明。湛覺圓圓[5]無增減，此中無佛與眾生。不覺始終非了了[6]，不聞迷悟豈惺惺[7]？是稱心地如來藏，亦無覺照及無生。非生非滅真如海[8]，湛然常住[9]名無名。太虛未覺生霞點，豈聞微塵有漏聲！空漚匪離於覺海[10]，動寂元是一真明。覺明體爾含靈焰，覺明逐焰致虧盈。差[11]之不返名無覺，會之復本始覺[12]生。本覺[13]由因始覺生，正覺[14]還依含覺明。由地二種成差互，遂令渾作賴耶[15]名。具[16]含染淨雙歧路，覺明含處異途萌。性起[17]無生不動智，不離覺體本圓成。性起轉覺翻生所，遂令有漏墮迷盲。無明因愛相滋潤，名色根本漸次生。七識[18]轉處蒙圓鏡[19]，五六生時蔽覺明。觸受有取[20]相依起，生老病死繼續行。業識[21]茫茫沒苦海，徇流浩浩逐飄零。大聖慈悲與救濟，一聲用處出三聲。智身[22]由從法身起，行[23]身還約[24]智身生。智行二身融無二，還歸一體本來平。萬有齊含真海印[25]，一心普現惣[26]圓明。湛光焰焰[27]何依止？空性蕩蕩無所停。處處示生無生相，處處示滅無滅形。珠鏡頓印無來往，浮雲聚散勿常程。出沒任真同水月，應緣如響化群情。眾生性地元無染，只緣浮妄翳真精。不了五陰如空聚，豈知四大若乾城[28]？我慢[29]癡山[30]高屹屹[31]，無明欲海杳溟溟[32]。每逐旃陀[33]憍[34]誑友，常隨猛獸作悲鳴。自性轉識[35]翻為幻，自心幻境自心驚。了此幻性同陽焰，空花識浪㊱復圓成。太虛忽覺浮雲散，始覺虛空本自清。今古湛然常皎瑩，不得古今凡聖名。

【注釋】❶妙覺　即佛果上之無上正覺。❷性覺　真如之體不由於他體自覺、自明，故稱性覺。《楞嚴經》：「性覺妙明。」❸明　智慧。❹體覺　體達真如之覺。❺圓圓　圓滿；圓成。❻了了　清楚；明白。唐人李白〈秋浦歌〉：「桃波一席地，了了語聲聞。」❼惺惺　聰明。❽真如海　真如法性具無量之功德，故稱海。《起信論・歸敬頌》：「法性真如海，無量功德藏。」❾常住　法無生滅變遷稱常住。❿覺海　佛以覺悟為宗旨，故以海譬喻其教義之深廣。⓫差　區別。⓬始覺　由本覺之內薰與教義之外緣，而始起厭求之心，順本覺而漸漸生覺悟之智，便稱之為始覺。《起信論》：「始覺義者，依本覺故，而有不覺。依不覺故，說有始覺。」⓭本覺　一切眾生本性之自性清淨心，離一切妄相，昭昭靈靈，有覺知之德，故稱作本覺，即如來之法身。⓮正覺　如來之實智稱正覺，梵語稱「三菩提」。⓯賴耶　「阿賴耶」之略。心識名，為八識中之第八識，為有情根本之心識，執持其人可受用一切事物而不沒失。⓰具　即「性具」，謂本覺之性具菩薩界以下九界惡法及佛界善法，即總具十界善惡諸法。⓱性起　相對於緣起而言。緣起謂真妄和合而起之諸法，故有汙染、清淨之差別，為因位之如來藏。性起則惟真如法性自起而為諸法，故惟有清淨之法，為果海之法身。⓲七識　眼、耳、鼻、舌、身、意之六識加末那識、阿賴耶識合稱八識。七識即末那識，為意識之梵語之名。⓳圓鏡　即大圓鏡智。凡夫之第八識至於如來，為大圓鏡智。其智體清淨，離有漏雜染之法，自眾生善惡之業報顯現萬德之境界，如同大圓鏡映照萬物一樣，故名大圓鏡智。⓴觸受有取　觸謂身根所接觸之境之心所法，受謂領受所觸之境之心所法，有謂執著有色界、無色界之定而以為解脫，取謂取著所對之境界。㉑業識　謂有情流轉之根本識。㉒智身　謂以圓明智慧為佛身者。㉓行　身、口、意之造作稱行。㉔約　依據；依憑。㉕海印　又名「海印定」，為佛所得之三昧之名。如同於大海中印現一切事物，湛然的佛之智海也印現一切之法，故名。㉖惚　即「總」之訛字。㉗焰焰　同「炎炎」。光明貌。㉘乾城　即「乾闥婆城」之略。㉙我慢　自高自大而輕慢他人。㉚癡山　癡即無明、煩惱，此以高山形容無明、煩惱之極重。㉛屹屹　高聳不動貌。㉜杳溟溟　沉寂渺茫貌。㉝旃陀　謂古天竺國之賤民，在四種姓之外，以屠宰為業，男曰旃陀羅，女曰旃陀利。天竺人視旃陀羅為惡人，其居於城外，如入城，則擊木以自我區別，人們由此而相避，不相接觸。㉞憍　放縱。《廣韻・宵韻》：「憍，恣也。」㉟轉識　業識之根本無明，一轉而為能見之識，謂之轉識。㊱識浪　以心體之真如譬之為海，以諸識之緣動譬之為波浪。

【語　譯】略微明白覺地之名的同與異，由起信、復俗、初心、終教之名互相轉換而產生。性海首先建立而增添了名號，妙覺還要依從性覺而顯明。體、覺都蘊涵有明覺、妙覺，明覺、妙覺成雙而行。妙覺覺悟了玄妙即明瞭本體，全部成就而無遺漏即真實精妙。明覺覺悟了明即為明所顯了的，有時因為顯了之相而失去了原有之明。明覺、妙覺都以體覺為宗旨，體覺、性覺兩者同歸於明。清澄之覺悟圓滿而沒有增減，這當中沒有佛也沒有眾生。不覺悟始終之義即不能了了，不聽聞迷悟之區別難道能惺惺？因此所稱說的心地如來藏，也沒有覺照也沒有無生。不是生不是滅即是真如海，湛然常住而無從命名。太虛未覺悟時生出了雲霞斑點，難道聽到了微塵有漏之聲！空水泡不能離開覺海，行動、寂靜原本是一真明。覺、明之體都蘊涵有靈光，覺、明追逐靈光而致使有虧盈。有所區別而不返迴就叫作無覺，會合而還復本源才生出始覺。本覺成為因所以始覺產生，正覺還依據、契合著覺與明。因為二種地而有了差別，於是便都作為阿賴耶之名。性具含有汙染、清淨兩條不同之路徑，覺、明蘊含之處則歧義萌發。性起無生即為不動之智，不離開覺體本來即圓成。性起轉為覺反而產生所作，於是讓有漏墮落於迷茫中。無明因為愛欲而相滋潤，名、色、根本依次逐漸產生。第七識遷轉之處蒙蔽了大圓鏡智，第五、第六兩識產生時蒙蔽了覺、明。觸、受、有、取相依而興起，生、老、病、死順次而進行。業識茫茫淹沒於苦海，順著浩浩蕩蕩的生死之河流以追逐飄零。大聖人慈悲為懷而發起救濟，一聲之運用處發出了三聲。智身依憑著法身而興起，行身還依據著智身而產生。智、行兩身融合不二，還歸於一體本來即平等。萬物全都含有真實之海印，一心普遍顯現總圓明。清湛的光芒炎炎何所依止？空性蕩蕩而無所停留。到處顯示生之義卻沒有生之相，到處顯示滅之義卻沒有滅之形。寶珠、明鏡頓時印現而沒有來往，浮雲的聚散並沒有長久的程式。出沒任隨自然而如同水中之月，接引眾緣如同迴響來化度眾有情。眾生之性地本來沒有汙染，只因為浮念妄想而障礙了真實精華。不明瞭五蘊如同虛空會聚，豈能知道四大如同虛幻的乾闥婆城？我慢之癡山如大山高聳不動，無明之欲海自是沉寂而渺茫。每每追逐旃陀羅之類放縱、欺騙之朋友，常常跟隨猛獸發出悲哀的鳴叫聲。自性轉識反而成為幻境，自性之幻境自心驚駭。明瞭此幻性如同陽焰，虛空之花影與識浪又重歸於圓成。太虛忽然覺悟浮雲便散去，方才覺悟虛空原本自清淨。亙古至今湛然而永遠皎潔晶瑩，而沒有得到古今凡夫、聖人之命名。

【說　明】惟勁禪師為雪峰義存禪師的弟子，住持南嶽般舟道場，著述甚多，其七言〈覺地頌〉用以闡明諸教之緣起。

入道淺深頌五首

郢州臨溪敬脫和尚

露柱聲聲喚，猢猻繩子絆。中下莫知由，上士方堪看❶。

【注　釋】❶看　參究。

【語　譯】露柱一聲聲呼喚，猿猴被繩索所絆束。中下根機之人不知道來由，上等根機之士方才可以參究。

露柱不聲喚，猢猻繩子斷。上士笑呵呵，中流❶若為見？

【注　釋】❶中流　中等根器者。

【語　譯】露柱不再出聲呼喚，絆束猿猴的繩索斷了。上等根機之士笑呵呵，中等根器者怎樣參見？

猢猻與露柱，未免東西步。任唱太平歌，徒話超佛祖。

【語譯】猿猴與露柱，終究不免東西別離去。任隨你唱頌太平歌，徒勞地講說超越佛祖的話。

我見匠者誇，語默玄妙句。不善本根源，巧布祇園❶事。

【注釋】❶祇園　「祇樹給孤獨園」之略，在天竺舍衛城外，釋迦牟尼曾於此說法。

【語譯】我看見大匠誇言，說話、沉默都是玄妙之句子。不善本是根源，巧妙地布置祇園之事。

少室❶與摩竭❷，第代❸稱揚許。我今問汝徒，誰作將來主？

【注釋】❶少室　即少室山，北魏孝文帝於此建少林寺，初祖菩提達磨曾住此寺，面壁坐禪，因而著稱於世。此代指達磨祖師。❷摩竭　即古印度摩竭陀國。釋迦牟尼出家前為摩竭陀國之太子。此代指釋迦牟尼。❸第代　即「遞代」，歷代之義。

【語譯】少室山與摩竭陀國，歷代都加稱揚讚許。我現在來問你們，誰將成為將來的主人？

【說明】敬脫（一作竟脫）禪師，雲門文偃禪師的弟子，住郢州臨溪（一作林溪）。

頌十四首　大法眼文益禪師

三界唯心

三界唯心❶，萬法唯識❷。唯識唯心，眼聲耳色。色不到耳，聲何觸眼？眼色耳聲，萬法成辦❸。萬法匪❹緣，豈觀如幻？大地山河，誰堅誰變？

【注　釋】❶三界唯心　謂欲界、色界、無色界的一切皆由心造，心為萬物之本體。《華嚴經·十地品》：「三界所有，唯是一心。」❷萬法唯識　《成唯識論》：「外境隨情而施設故非有如識，內識必依因緣生故非無如境。」謂諸法隨人之情識設置而非有，識依因緣而生故非無，所緣之境，唯識所現，萬法皆不離心。❸成辦　完全；辦到。❹匪　通「非」。

【語　譯】三界唯心，萬法唯識。唯心與唯識，即眼中之色、耳中之聲。色不到耳中，聲哪會被眼所接觸？眼中之色與耳中之聲，萬法都辦到了。萬法並不關緣起，豈能如觀察幻境？大地與山河，誰堅固不動而誰又變遷呢？

華嚴六相義

華嚴六相❶義，同中還有異。異若異於同，全非諸佛意。諸佛意物別，何曾有同異？男子身中入定時，女子身中不留意。不留意，絕名字，萬象明明無理事。

【注　釋】❶華嚴六相　指華嚴宗所提出的總、別、同、異、成、壞六相。

【語　譯】華嚴六相的意義，同當中還有異。異如果與同相異，就完全不是佛的旨意。諸佛的意旨有總有別，哪裡有同與異的差別？男子身中進入禪定之時，女子身中一點也不曾留意。不曾留意，離絕了名字，萬象顯明而沒有理與事。

瞻須菩提

須菩提，貌古奇。說空法❶，法不離。信不及，又懷疑。信得及，復何之？

倚筇杖❷，視東西。

【注釋】❶空法　觀我空、法空、有為空、無為空等空理之法。❷筇杖　產於四川西部一帶的筇竹可製作手杖，稱筇杖。

【語譯】須菩提居士，相貌古拙又奇特。說空法，而法不離。信心不及，又產生懷疑。信心能及，又到哪裡去？倚靠著筇杖，環視著四周。

街鼓鳴

鼓鼕鼕，運大功。滿朝人，道路通。道路通，何所至？達者莫言登寶地❶。

【注釋】❶寶地　謂佛地。

【語譯】鼓聲咚咚作響，運用著大功夫。滿朝之人，道路通達。道路通達，要抵達哪裡？通達的人不要說登上了寶地。

示捨棄慕道

東堂不折桂❶，南華❷不學仙。卻來乾竺寺，披衣效坐禪。禪若效坐得，非想❸亦何偏？經劫守閑，不出生死。為報參禪者，須悟道中玄。如何道中玄？真規自宛然。

【注釋】❶東堂不折桂　西晉郤詵博學多才，曾舉賢良對策為上第，當遷雍州刺史時，晉武帝於東堂會送，問：「卿自以為何如？」郤詵答：「臣舉賢良對策為天下第一，猶桂林之一枝，崑山之片玉。」後世以「東堂桂」形容文士才華廣博出眾。❷南華　唐玄宗封先秦道家思想家莊周為南華真人，尊其所撰之《莊子》為《南華真經》，成為後世道教之重要典籍。❸非想　無色天之第四天之定心，至極靜妙，不像下界之粗想，故曰非想。

【語　譯】不學儒士在東堂折桂，不學道士閱讀《南華真經》以求成仙。卻來到天竺寺，披上衲衣效仿坐禪。禪如果效仿長坐即能得到，非想又有什麼偏頗？歷經曠劫守持此等閒之物，而不能出離繩索輪迴。為此告訴參禪者，必須覺悟大道中的玄旨。什麼是大道中的玄旨？真實之規則自是宛然顯現。

金剛經為人輕賤章 詮❶云：持經者證佛地❷也。

寶劍不失，虛舟不刻。不失不刻，彼子為得。倚待不堪，孤然仍則。鳥迹虛空，有無彌忒❸。思之。

【注　釋】❶詮　詮釋經文的文字。❷佛地　為通教十地之第十位。謂第九地之菩薩最後頓斷煩惱、所知二障之習氣而成道之位。❸忒　疑惑。《玉篇・心部》：「忒，疑也。」

【語　譯】寶劍沒有丟失，就不會在空船上刻劃。沒有丟失則不刻劃，那人即有所得。倚靠、等待皆不可，孤獨地仍作為準則。鳥飛過虛空中的蹤跡，有、無都更為疑惑。思慮之。

僧問隨色摩尼珠

摩尼❶不隨色，色裡勿摩尼。摩尼與眾色，不合不分離。

【注　釋】❶摩尼　梵語稱寶珠。摩尼寶珠沒有顏色，隨所對之物色而顯現色相。

【語　譯】摩尼寶珠不隨所對之物而顯現色相，色相之中即沒有摩尼寶珠。摩尼寶珠與眾色相，不融合也不分離。

牛頭庵❶

國城❷南，祖師庵。庵舊址，依雲嵐。獸馴淑❸，人相參。忽有心，終不堪。

【注　釋】❶牛頭庵　隋、唐之際牛頭法融禪師所住之佛庵，在江蘇南京城外牛頭山上。法融禪師為牛頭宗的創始人。❷國城　此指五代南唐國都金陵。❸馴淑　馴服、溫和。

【語　譯】京城之南，祖師之庵寺。庵寺的遺址，依傍著白雲、山嵐。野獸馴服、溫和，人們互相參禮。忽然起了心，終究不能堪。

乾闥婆城

乾闥婆城，法法皆爾。法爾不爾，名相真軌❶。日煖月涼，海深山起。乾闥婆城，是非亡矣。

【注　釋】❶軌　即規範，謂以法為規範，而使人起領悟之心。

【語　譯】虛妄的乾闥婆城，諸法皆是這樣的。以這為法或不以這為法，名相即為真正的規範。太陽暖和、月亮清涼，海洋深光、高山聳起。乾闥婆城，是與非都亡失了。

因僧看經

今人看古教，不免心中鬧。欲免心中鬧，但知看古教。

【語　譯】今天的人來看古代聖人的教義，不免心中喧鬧。想要避免心中的喧鬧，只有去看那古代聖人的教義。

問僧云會麼對不會

會與不會，與汝面對。若也面對，真箇不會。

【語　譯】領會與沒有領會，都與你面對面。如果正面對面，那是真的沒有領會。

庭柏盆蓮

一朵菡萏蓮，兩株青瘦柏。長向僧家庭，何勞問高格！

【語　譯】一朵含苞欲放的蓮花，兩株青翠而清瘦的柏樹。長在僧人的庭院中，何須勞煩人們來問其高雅的風格！

正月偶示

正月春，順時節。情有無，皆含悅。君要知，得誰力？更問誰？教誰決？

【語　譯】正月春天到，自順應了時節。有情與無情，都蘊含著歡悅。你要知道，得到了誰幫助？再要參問誰？讓誰來決斷？

寄鍾陵❶光僧正

西山巍巍兮聳碧，漳水澄澄❷兮練❸色，對現分明有何極？

【注釋】❶鍾陵　縣名，初置於晉代，後廢置不一，唐代復置，不久又廢，歸於南昌。故城在今江西進賢西北。❷澄澄　河水澄清貌。❸練　白絹。

【語譯】西山巍巍啊聳立著青碧之色，漳水澄清啊如白練之色，對現分明啊有什麼極致？

八漸偈并序

白居易

唐貞元十九年秋八月，有大師曰凝公，遷化于東都聖善寺鉢塔院。越明年春二月，有東來客白居易作〈八漸偈〉，偈六句，句四言讚之。初，居易嘗求心要於師，師賜我言焉：曰觀，曰覺，曰定，曰慧，曰明，曰通，曰濟，曰捨。繇是入於耳，貫於心。嗚呼！今師之報身則化，師之八言不化。至哉！八言實無生忍❶觀之漸門❷也。故自「觀」至「捨」，次而讚之，廣一言為一偈，謂之〈八漸偈〉。蓋欲以發揮師之心教，且明居易不敢失墜也。既而升于堂，禮于牀，跪而唱，泣而去。偈曰：

【注　釋】❶無生忍　即「無生法忍」。遠離生滅之真如實相理體稱無生法，而真智安住於此理而不動，稱之為無生法忍，即於初地或七、八、九地所得之悟。《智度論》：「無生忍者，乃至微細法不可得，何況大？是名無生。得此無生法，不作不起諸業行，是名得無生法忍。」❷漸門　漸悟之教門。

【語　譯】唐代貞元十九年（八〇三年）秋八月，有一位大師名叫凝公，在東都洛陽聖善寺鉢塔院中圓寂。到了明年春二月，有一個從東方來的客人叫白居易者撰有〈八漸偈〉，每偈六句，每句四字，以讚頌他。當初，居易曾經向凝公大師求問心要，凝公大師賜予了八字要言，為：觀、覺、定、慧、明、通、濟、捨。由此進入居易的耳朵內，貫穿於心中。嗚呼！現今大師的報身已經遷化了，大師所說的八個字卻沒有化滅。此真是至極玄妙啊！這八個字實在是無生法忍觀之漸門。所以從「觀」至「捨」，依次而加以讚頌，擴充一字為一偈，稱之為〈八漸偈〉。這是想以此來發揮凝公大師的心教，而且表明居易不敢丟失此教誨。隨即登上了大師的禪堂，向禪牀禮拜，跪拜而唱頌，悲泣著離去。八偈曰：

觀

以心中眼，觀心外相。從何而有？從何而喪？觀之又觀，則辨真妄。

【語　譯】用心中的眼睛，來觀察心外之相。從什麼地方而產生？又從什麼地方而喪失？觀察了又觀察，就能分辨真與妄。

覺

惟真常❶在，為妄所蒙。真妄苟辨，覺生其中。不離妄有，而得真空。

【注釋】❶真常　謂如來所得之法真實常在。

【語譯】惟有真常存在，卻被妄念所蒙蔽。真妄如能被分辨，正覺就產生在當中。不離開妄、有之境，而得到了真空。

定

真若不滅，妄即不起。六根之源，湛如止水。是為禪定，乃脫生死。

【語譯】真實如若不滅絕，妄念就不會興起。六根之淵源，就如同止水一樣清澈。這就是禪定，即脫離了生死輪迴。

慧

專之以定，定猶有繫。濟之以慧，慧則無滯。如珠在盤，盤定珠慧。

【語譯】專心以禪定，那定就如同是絆繫的繩索。用慧來相拯濟，慧則沒有滯阻。如明珠在玉盤中，以盤譬之為定，以珠譬之為慧。

明

定慧相合，合而後明。照彼萬物，物無遁形。如大圓鏡，有應無情。

【語譯】定與慧相和合，和合之後即為明。映照那萬物，萬物都無處遁形。就如同是大圓鏡，有回應而無情。

通

慧至乃明，明則不昧。明至乃通，通則無礙。無礙者何？變化自在。

【語譯】慧至隨即為明，明則不會被蒙蔽。明至隨即為通，通則沒有障礙。沒有障礙者是什麼？即千變萬化而逍遙自在。

濟

通力不常，應念而變。變相非有，隨求而見。是大慈悲，以一濟萬。

【語譯】通之力不常在，隨應其心念而變化。變化之相不是有，隨應需求而顯現。這即是大慈大悲，用一言來拯濟萬人。

捨

眾苦既濟，大悲亦捨。苦既非真，悲亦是假。是故眾生，實無度者。

【語譯】眾多之苦既已得到了拯濟，大慈大悲也就可以捨棄了。苦既然不是真實的，大慈大悲也同樣是假的。所以那眾生，實在並沒有被度化者。

【說明】白居易為唐代著名詩人，《舊唐書》本傳稱其於「儒學之外，尤通釋典」，並「常以忘懷處順為事，都不以遷謫介意」。師從馬祖道一大師的門人如滿禪師參問心要，晚年究心於念佛，祈得往生西方淨土世界。

詩八首

同安常察禪師

心印

問君心印❶作何顏？心印誰人敢授傳？歷劫坦然無異色，呼為心印早虛言。

須知本自靈空性，將喻紅鑪焰裡蓮❷。莫以無心便是道，無心猶隔一重關。

【注　釋】❶心印　指通過心心相印之法傳承的微妙禪法。❷紅鑪焰裡蓮　也作「火裡紅蓮」，禪家奇特之語。謂真如佛性，因通常語言無法表述，故以此類矛盾語來警發學僧。

【語　譯】問你心印作什麼顏色？心印誰又敢作傳授？歷盡劫數沒有其他顏色，稱呼作心印早即是虛言了。必須知道本來就是虛空之性，用來譬喻紅爐火焰裡生長的蓮花。不要以為無心即是道，無心猶自相隔著一重關隘。

玄機

迢迢空劫勿能收，豈為塵機作繫留？妙體本來無處所，通身何更問縱由❶？

靈然一句超群象，迥出三乘不假修。撒手那邊諸聖外，迴程堪作火中牛。

【注　釋】❶縱由　緣由；根由。

【語　譯】遙遠的空劫也不能收留，難道能被塵世根機所絆繫、停留？玄妙之體本來就沒有處所，通達之身更向何處詢問根由？靈驗的一句話超越眾景象，遠出三界並不憑藉修行。撒手離開那一邊諸聖人之外，回程真可作火中之牛。

塵異

濁者自濁清者清，菩提煩惱等空平。誰言卞璧❶無人鑑？我道驪珠❷到處晶。

萬法泯時全體現，三乘分處假安名。丈夫皆有衝天志，不向如來行處行。

【注　釋】❶卞璧　即「卞氏璧」。❷驪珠　傳說為海中驪龍頷下的寶珠。

【語　譯】渾濁之人自渾濁而清淨之人自清淨，菩提、煩惱都是空虛而平等。誰說卞氏璧沒有人能鑑賞？我說驪珠到處放光彩。萬法泯滅之時全體顯現，三乘分別之處要憑藉所立的名稱。大丈夫都具有衝天之志，不到如來佛行走之處去行走。

佛教

三時❶次第演金言❷，三世如來亦共宣。初說有空人盡執，後非空有眾皆緣。

龍宮❸滿藏醫方義❹，鶴樹❺終談理未玄。真淨界中才一念，閻浮❻早已八千年。

【注　釋】❶三時　即「三時教」，第一時教是佛成道最初為破外道、凡夫之實我執，而說四大、五蘊等諸法，以明人我之為空無，即為小乘經；第二時教是佛為破小乘眾之實法執，而說一切諸法皆空之理，即諸部《般若經》；第三時教是佛為破菩薩之空執與小乘之有執，而說心內之法非空、心外之法非有，而明非空非有之中道，即《法華經》等。前二時教為佛說之方便，第三時教為佛說之真實。❷金言　如真金一樣寶貴的言語，此指佛於三時所演說之時教。❸龍宮　佛經中謂海龍王在靈鷲山聞佛說法，信心歡喜，便請佛至龍宮供養，佛許之。龍王即入大海化龍宮，無量珠寶，種種莊嚴。佛與諸比丘、菩薩共至龍宮受諸龍王供養，為說大法。❹醫方義　此喻指可醫治世人痴執之佛經。❺鶴樹　同「鶴林」。釋迦牟尼於娑羅雙樹間涅槃時，樹花齊放，使林色變白，如白鶴群居，故稱鶴林。❻閻浮　即南贍部洲，四大部洲之一，在須彌山之南。

【語　譯】三時依次而演說金言，三世如來也共同宣揚。起初講說有、空之理而世人都加以執著，此後呵斥空、有之義而眾生都由此緣起。龍宮滿載著醫方義，鶴林中結束講論而其理並非玄奧。真清淨世界中方才產生一個念頭，南贍部洲已經過去了八千年。

還鄉❶曲

勿於中路❷事空王❸，策杖咸須歸本鄉❹。雲水隔時君莫住，雪山深處我非忙。

尋思去日顏如玉❺，嗟歎迴來鬢似霜。撒手到家❻人不識，更無一物獻尊堂❼。

【注　釋】❶還鄉　禪家常以還歸家鄉喻回歸本心，認識自己所具之佛性。❷中路　半路。❸空王　佛之稱號之一。❹本鄉　此喻指本心。❺顏如玉　容顏滋潤如玉，喻少年之時。❻撒手到家　喻指擺脫塵俗掛礙而達本性。❼尊堂　意同「高堂」，即父母雙親。

【語　譯】不要在半路上侍奉空王，拄著禪杖者都必須還歸各自家鄉。雲水相隔絕之時你不要居住，雪山深處我並沒有忙碌。思量去的時候容顏滋潤如玉，感歎回轉家鄉時鬢髮斑白如霜雪。撒手回到家中鄉人卻都不相識，更沒有一件禮物來獻給高堂。

破❶還鄉曲

返本還源事亦差，本來無住❷不名家。萬年松徑雪深覆，一帶峰巒雲更遮。

賓主默時純是妄，君臣道合正中邪。〈還鄉曲〉調如何物？明月堂前枯木華。

【注　釋】❶破　破除。❷無住　法無自性，故無所住著，隨緣而起，故稱無住。無住為萬有之本。

【語　譯】返回本源之事也已差錯了，本來無住就不稱為家。萬年松樹下的小路被寒雪深深地覆蓋，那一帶的峰巒更被濃雲所遮掩。賓主沉默之時都是妄執，君臣之道契合時正好中了邪見。〈還鄉曲〉的曲調是什麼？即明月堂前枯木之上的花朵。

轉位❶歸

涅槃城❷裡尚猶危，陌路相逢沒了期。權掛垢衣云是佛，卻裝珍御復名誰？

木人夜半穿靴去，石女天明戴帽歸。萬古❸碧潭空界❹月，再三撈漉始應知。

【注　釋】❶轉位　轉於正位。正位謂小乘之涅槃。《維摩經・問疾品》：「雖觀諸法不生，而不入正位。」慧遠疏曰：「聲聞見證無為涅槃為入正位。」❷涅槃城　涅槃為證得佛道之聖者所居，故譬之為宮城。《智度論》：「諸法實相是涅槃城，城有三門：空、無相、無作。」❸萬古　意同「千古」，謂極其悠久的年代。❹空界　六界之一，謂無邊之虛空。

【語　譯】涅槃城裡尚且有危險，陌路相逢沒有一個了結之期。權且掛起汙垢之衲衣稱作佛，卻裝飾著珍寶又稱之為誰呢？木頭人半夜穿著靴子離去，石頭女天亮時分戴著帽子歸來。萬古之碧潭中的空界之明月，再三打撈始應該知曉。

正位前❶

枯木巖前差路❷多，行人到此盡蹉跎❸。鷺鷥立雪非同色，明月蘆華不似他。

了了了時無所了，玄玄玄處亦須呵。殷勤為唱玄中曲，空裡蟾❹光撮得麼？

【注釋】❶正位前　謂小乘涅槃之前的參修。❷差路　通「岔路」。❸蹉跎　虛度光陰，而一事無成。❹蟾　指月亮。

【語譯】枯木巖前的岔路眾多，行人到這裡全都蹉跎了。鷺鷥站立在雪地上但其顏色並不相同，明月與蘆花的顏色也不相似。明白地欲加了結之時卻沒能了結，至極玄妙的玄妙之處也必須要加以呵護。殷勤為你舉唱旨意玄妙之曲，虛空裡的月光可還能捉住嗎？

【說　明】同安常察禪師為九峰道虔禪師的弟子，住持江西洪州鳳棲山同安院，故名同安和尚。平日常用詩句示機，頗具文采。於北宋建隆二年（九六一年）寂滅，終年九十餘歲。

詩十首

雲頂山僧德敷

語默難測

閑坐冥然❶聖莫知，縱言無物比方❷伊。石人把板❸雲中拍，木女含笙水底吹。

若道不聞渠未曉，欲尋其響你還疑。教君唱和仍須和，休問宮商❹竹與絲❺。

【注　釋】❶冥然　此謂沉默不語貌。❷比方　比；比較。❸板　拍板，古代一種打節拍的樂器。❹宮商　五音之二，此泛指五音。❺竹與絲　即絲竹，弦樂、管樂的統稱。

【語　譯】閒坐冥然聖人也不能測知其心思，縱然說話而無物也能與他相比方。石頭人手拿拍板在雲中打拍，木頭女人口含竹笙在水底吹奏。如若說沒有聽到是他未能知曉，想要尋找其樂聲卻是你還有疑惑。讓你唱和那就去唱和，而不要再問那是宮音、商音還是弦樂、管樂。

祖教迴異

祖意迴然傳一句，教中廣布引三乘。淨名倒嶽雷聲吼，鶖子❶孤潭月影澄。
鄽市賣魚忘進趣❷，巖林飼虎望超升。雖知同體❸權方便，也似炎天日裡燈。

【注　釋】❶鶖子　即「鶖鷺子」，也作「鶖露子」、「秋露子」，舍利弗的譯名。其本為外道，後皈依佛，為智慧第一。❷進趣　精進趣向。❸同體　即「同體之惑」，謂根本無明，而為真如自體所迷惑，故名。

【語　譯】祖師的意旨只悠遠地傳授了一句，教門之中卻廣泛傳播教義以接引三乘人。淨名居士之沉默似山嶽推倒一般聲如響雷，鶖鷺子之智慧如孤潭中的月影一樣澄清。鬧市中賣魚而忘記了精進趣向，巖林上飼養猛虎而期望得到超升。雖然知曉同體之惑而權行方便法門，但也像大太陽底下點燃著的燈火無濟於事。

學雖得妙

棲心學道數如塵，認得曹溪❶有幾人？若使聖凡無罣礙，便應塼瓦是修真❷。
瞥然一念邪思起，已屬多生放逸因。不遇祖師親指的，臨機開口卒難陳。

【注　釋】❶曹溪　指六祖慧能大師，此謂禪宗真旨。❷修真　通「修道」。

【語　譯】棲心學道的人數多如微塵，能認得曹溪的又有幾個人？如若使聖人、凡夫都沒有阻礙，那磚瓦相應的都是在修道了。瞥然之際一念產生了邪思，已成為許多世都放曠逸散的原因。沒有遇到祖師親自指示確切的意旨，面臨機緣開口也終究難以陳述。

問來祇對❶不得

莫誇祇對句分明，執句尋言❷誤殺卿。只合文殊便是道，虧他居士杳無聲❸。
見人須棄敲門物，知路仍忘堠子❹名。儻若不疑言會盡，何妨默默過浮生？

【注　釋】❶祇對　應對；對答。❷執句尋言　謂執著於語句以追究文詞意義。禪家強調「不立文字」，而認為「執句尋言」之修持法，反而有礙悟覺本性。❸杳無聲　此以文殊向維摩詰居士問法，維摩詰沉默不語，文殊稱讚「善哉」之典故，來譬喻微妙佛法難以言傳。❹堠子　路標。此與「敲門物」同用來譬喻取得領悟之手段，即得意須忘言。

【語　譯】不要自誇對答的語句很分明，執著於語句以追究文詞意義終究誤煞了你。只有文殊菩薩才是言說，幸虧他維摩詰居士沉默無聲。見到了人就必須拋棄掉敲門的東西，知曉路途後自當忘記堠子的名稱。倘若不懷疑言語與理會之法都已用盡，又何妨默默地度過浮生？

無指的

不居南北與東西，上下虛空豈可齊？現小毛頭猶道廣，變長天外尚嫌低。頓
乾四海紅塵起，能竭三塗❶黑業❷迷。如此萬般皆屬壞，更須前進問曹溪。

【注　釋】❶三塗　一火途，地獄道猛火所燒之處；二血途，畜生道互相噬食之處；三刀途，餓鬼道用刀劍相逼迫之處。❷黑

業　即惡業。《智度論》：「黑業者，是不善業果報地獄等受苦惱處，是中眾生以大苦惱悶極，故名黑業。」

【語　譯】不居住在南北與東西方向，上下虛空難道能相等？顯現微小則毫毛的尖端還稱廣大，變化長大則雲天之外還嫌低矮。頓時弄乾了四海而紅塵掀起，能斷竭三途黑業之迷失。像這樣的萬物都毀壞後，還必須向前詢問曹溪大師。

自樂僻執❶

雖然僻執不風流❷，懶出松門數十秋。合掌有時慵❸問佛，折腰❹誰肯見王侯？電光❺夢世非堅久，欲火蒼生早晚休。自蘊本來靈覺性，不能暫使掛心頭。

【注　釋】❶僻執　偏僻而執著。❷風流　榮耀。❸慵　懶散。❹折腰　東晉詩人陶淵明任彭澤縣令時，有上司來，要其整好衣裳去拜見，陶淵明便歎息道：「吾不能為五斗米折腰。」掛印而去。後以「折腰」比喻卑躬屈膝。❺電光　閃電之光，形容時間極其短暫。

【語　譯】雖然偏僻執著而不風流，懶得走出松木板門已有數十年了。合十施禮有時卻懶參問佛，誰又肯折腰去拜見王侯？如同電光一樣短暫的夢幻世界並不堅固久遠，充滿利欲之火的蒼生早晚已休歇。自蘊本來即是靈覺之性，不能暫時使它懸掛在心頭。

問答須知起倒❶

問答須教知起倒，龍頭蛇尾❷自欺謾。如王秉劍猶王意，似鏡當臺待鏡觀。眨眼參差千里莽，低頭思慮萬重灘。各於此道爭深見，何啻❸前程作野干！

【注　釋】❶起倒　起來與睡下，泛指一切行動。❷龍頭蛇尾　同「虎頭蛇尾」。❸何啻　不但；不僅。

【語　譯】問答必須要讓人知道起倒，龍頭蛇尾只是自我欺騙。如同國王手持寶劍那只是國王的意思，好像明鏡當臺還須等待明鏡來觀察。眨眼之際其參差已是千里遙遠，低頭思慮之時已過了萬重險灘。各自在這道路上爭得深奧之見解，就不僅是在前途中發出鳴叫的野狐狸！

言行相扶

言語行時不易行，如烏如兔❶兩光明。寧關晝夜精勤得？非是貪嗔懈怠生。

菩薩尚猶難說到，聲聞焉敢擬論評！然無地位長閑坐，誰料龍神❷來捧迎？

【注　釋】❶如烏如兔　烏兔即金烏、玉兔，指太陽、月亮。❷龍神　即龍王。

【語　譯】言語欲實行之時並不容易實行，如同太陽如同月亮兩大光明。難道是因為晝夜精進勤奮而得到？不是由於貪欲嗔怒而生出了懈怠。菩薩尚且難以說到做到，聲聞之人怎敢橫加議論評說！但是因為沒有地位而長久地閒坐，誰能料到龍王會來捧迎？

一句子

一句子玄不可盡，䬃然❶會了奈渠何？非干世事成無事，祖教心魔❷是佛魔。

貧子喻❸中明此理，獻珠偈❹裡顯張羅❺。空門❻有路平兼廣，痛切相招誰肯過？

【注　釋】❶䬃然　䬃，同「颯」。颯然，清風爽然吹過，引申為忽然、頓然之意。戰國時楚人宋玉〈風賦〉：「楚襄王遊于蘭臺之官，宋玉、景差侍，有風颯然而至。」❷心魔　十魔之四。謂我慢之心障蔽正道，而傷害慧命，故名。❸貧子喻　《涅槃經》：「我又說眾生佛性，猶如貧女宅中寶藏，力士額上金剛寶珠，轉輪聖王甘露之泉。」即以貧女家宅中所隱藏之寶藏，來譬喻一切凡夫都具有之佛性。貧子，即貧女。❹獻珠偈　《法華經・提婆品》載：龍女向佛前誦念深達罪福相等之三行半之偈，然後再獻上寶珠，以寶珠顯示偈頌中所表述的自己已證得圓果之意。❺張羅　喻指籌劃生計。❻空門　為佛教的總名。

【語　譯】一句話中之玄妙不能說盡，颯然領會了又能對你怎麼樣？與世事不相關涉反而沒有事，祖師教說心魔即是佛魔。在貧女的譬喻中明白了這一道理，於獻珠之偈頌裡顯示了張羅之意。空門中有路平坦而且廣闊，痛切地相招喚誰又肯來行走？

古今大意

古今以拂示東南，大意幽微肯易參？動指掩頭元是一，斜眸拊掌固非三。道吾舞笏❶同人會，石鞏彎弓❷作者諳。此理若無師印授，欲將何見語玄談？

【注　釋】❶道吾舞笏　笏，為古代官吏朝見時拿著的手板，上面可記事。唐代圓智禪師，為藥山和尚之弟子，住持長沙道吾山。有人問法，其便舞笏作答。❷石鞏彎弓　唐代慧藏禪師原為獵戶，後為馬祖道一和尚的弟子，後住石鞏山，人稱石鞏和尚。凡有參問者，其即以弓箭對之，卻罕有契合機緣者。

【語　譯】且用拂塵來指示東南佛子，古今大意幽秘而微妙又怎能容易參得？舉動手指、護住頭顱本是一個意思，斜轉目光、拍手而笑當然沒有三種含義。道吾和尚舞動笏板之意同道之人都能領會，石鞏和尚挽起弓箭之禪機行家自然能深知。這個道理如若沒有老師來印證傳授，又想用什麼見解來談論玄妙之禪機？

【說　明】德敷禪師為隨州護國寺知遠禪師的弟子，屬青原行思禪師的第八世法嗣，五代時住持河北懷安雲頂寺，稱雲頂山僧。

詩三首

僧潤

因覽寶林傳❶

祖月禪風集《寶林》，二千餘載道堪尋。雖分西國❷與東國，不隔人心到佛心。迦葉最初傳去盛，慧能末後得來深。覽期頓悟超凡眾，嗟彼常迷古與今。

【注釋】❶寶林傳　書名，唐德宗貞元年末，建康僧慧炬與天竺三藏勝持編撰禪宗諸祖師傳法之讖記及諸宗師之機緣，名作《寶林傳》。❷西國　指天竺，因位於中國之西而得名。故由此而以東國指稱中華。

【語譯】祖師之月、禪門之風被撰集成《寶林傳》，二千餘年的禪道由此可加尋訪。雖然分成西國與東國，但卻不隔離人心向佛心。迦葉尊者起初所傳的日趨盛大，慧能大師最後所得到的極為深遠。閱覽之時頓時徹悟而超越了凡夫眾生，感歎他們亙古至今卻常迷惑不明。

贈道者

一語真空出世間，可憐迷者蟻循環。此生勝坐❶三禪❷樂，好句長吟萬事閑。秋月圓來看盡夜，野雲散去落何山？到頭自了方為了，休執他經扣祖關。

【注釋】❶勝坐　此指禪坐。❷三禪　謂色界第三禪天，此天名定生喜樂地，由深妙之禪定而生身心之快樂。三界九地之中，以此地為樂受之限，而此上之天處惟有捨受，故此地之樂受為三界中之第一。《悲華經》：「身心快樂，無有疲極，譬如比丘入第三禪。」

【語　譯】一說真空便出離世間，可憐迷茫的人卻如同螞蟻在圓球上循環走個不停。此生禪坐而得第三禪天之快樂，好句常常吟哦而萬事悠閒。秋月十分圓滿所以整夜賞看，平野之行雲散去以後又落向哪個山峰？到頭來只有自己了悟方才算是了結，更不要手持那經文去叩問祖師之關門。

贈禪客

了妄歸真萬慮空，河沙凡聖體通同。迷來盡似蛾投焰，悟去皆如鶴出籠。片月影分千澗水，孤松聲任四時風。直須❶密契心心地，休苦勞生睡夢中。

【注　釋】❶直須　必須；應當。

【語　譯】蕩除妄情、還歸真實而萬慮皆空，如同恆河中之沙粒一樣繁多的凡夫、聖人之本體都相通相同。迷茫之時都好像是飛蛾自投入火焰裡，領悟後全都如仙鶴離開了牢籠。一輪月影分別映現在千條澗水中，孤松隨四時之風吹而發出松濤聲。必須秘密地契合心心地，而不要勞苦此生於睡夢中。

【說　明】僧潤禪師的事跡不詳。

卷三〇

銘記箴歌

心王銘

傅大士

觀心❶空王，玄妙難測。無形無相，有大神力。能滅千災，成就萬德。體性雖空，能施法則。觀之無形，呼之有聲。為大法將❷，心戒❸傳經。水中鹽味，色裡膠清。決定是有，不見其形。心王亦爾，身內居停❹，面門出入，應物隨情。自在無礙，所作皆成。了本識心，識心見佛。是心是佛，是佛是心。念念❺佛心，佛心念佛。欲得早成，戒心自律。淨律❻淨心❼，心即是佛。除此心王，更無別佛。欲求成佛，莫染一物。心性雖空，貪嗔體實。入此法門，端坐成佛。到彼岸已，得波羅蜜。慕道真士，自觀自心。知佛在內，不向外尋。即心即佛，即佛即心。心明識佛，曉了識心。離心非佛，離佛非心。非佛莫測，無所堪任。執空滯寂，於此漂沉。諸佛菩薩，非此安心。明心大士，悟此玄音。身心性妙，用無更改。是故智者，放心自在。莫言心王，空無體性。能使色身，作邪作正。非有非無，隱顯不定。心性離空，能凡能聖。是故相勸，好自防慎。剎那造作，還復漂沉。清淨心智❽，如世黃金。般若法藏，並在身心。無為法寶，非淺非深。諸佛菩薩，了此本心。有緣遇者，非去來今❾。

【注　釋】❶觀心　心為萬法之主，無一事於心外，故觀察心即觀察一切，而凡究事觀理者即稱為觀心。❷法將　以軍中大將以譬喻護持佛法之高僧大德。❸心戒　指制止心念邪非之戒，為大乘戒之通義。❹居停　居住。「停」也作「亭」。❺念念　即「剎那」。❻淨律　清淨之戒律。❼淨心　謂人本來即具有自性清淨之心。❽心智　心為體，智為用，體用並舉而稱心智。❾去來今　謂過去、現在、未來。《圓覺經》：「無起無滅去來今。」

【語　譯】觀心之空王，玄妙難以測知。無形又無相，具有巨大之神力。能除滅千種災禍，能成就萬般福德。體性雖為虛空，卻能施行法則。觀看雖然沒有形質，呼喚卻有聲響。作為大法將，心戒傳承經文。就如水中的鹽味，顏料中的清膠水。雖然肯定是有的，卻不能看見其形狀。心王也是這樣的，在身體內居住，在面門上出入，隨應物與情而顯現。其自在而沒有障礙，所作的都能成功。明瞭其本而識心，識心即見佛。是心即是佛，是佛即是心。念念即佛心，佛心也念佛。如想要早成佛，戒心及自律。淨律又淨心，此心即是佛。除此心王之外，再沒有其他佛。想要求成佛，不要被一物所汙染。心性雖是虛空，貪欲、嗔怒之體卻是實的。進入此法門內，端坐自成佛。到達彼岸之後，即獲得波羅蜜。仰慕佛道之真士，自當觀察自己之心。知道佛在心內，所以不向外尋求。即心即是佛，即佛即是心。心明即能識佛，明白了悟才能識心。離開心即不是佛，離開佛也不是心。不是佛即不能測知，無事能勝任。執著於虛空而滯留於寂滅，到此處而飄浮沉淪。諸佛與菩薩，非此才得安心。明心之大士，能領悟此玄妙聲音。身心之性微妙，運用則不必更改。因此那智者，放心而自得大自在。不要說心王，虛空而沒有體性。能夠使色身，作邪又作正。不是有也不是無，隱秘、顯現不定。心性離絕了虛空，就能成為凡夫、也能成為聖人。所以我才來相勸，要好好地自我小心防護。剎那間的造作，就會再飄浮沉淪。清淨的心智，就如世間的黃金一樣寶貴。般若之法藏，並在此身心中。無為之法寶，不是淺也不是深。諸佛與菩薩，了悟此本心。有緣相遇者，不是過去、現在與未來。

【說　明】傅大士即傅翕，與寶誌並稱為南朝梁之二大士。此〈心王銘〉闡述了「即心即佛，即佛即心」與「知佛在內，不向外求」之思想，從而對後世禪宗之發展產生了相當之影響。

信心銘

三祖僧璨大師

至道無難，唯嫌揀擇。但莫憎愛，洞然明白。豪釐❶有差，天地懸隔。欲得現前，莫存順逆。違順相爭，是為心病。不識玄旨，徒勞念靜❷。圓同太虛，無欠無餘。良由取捨，所以不如。莫逐有緣，勿住空忍❸。一種❹平懷，泯然自盡。止動歸止，止更彌動。唯滯兩邊，寧知一種！一種不通，兩處失功。遣有沒有，從空背空。多言多慮，轉不相應。絕言絕慮，無處不通。歸根得旨，隨照失宗。須臾返照，勝卻前空。前空轉變，皆由妄見。不用求真，唯須息見。二見不住，慎莫追尋。才有是非，紛然失心。二由一有，一亦莫守。一心不生，萬法無咎。

無咎無法，不生不心。能❺隨境滅，境逐能沉。境由能境，能由境能。欲知兩段，元是一空。一空同兩，齊含萬象。不見精麤，寧有偏黨❻？大道體寬，無易無難。小見狐疑，轉急轉遲。執之失度，必入邪路。放之自然，體無去住。任性合道，逍遙絕惱。繫念乖真，昏沉不好。不好勞神，何用疏親？欲取一乘❼，勿惡六塵。六塵不惡，還同正覺。智者無為，愚人自縛。法無異法，妄自愛著。將心用心，豈非大錯！迷生寂亂，悟無好惡。一切二邊，浪❽自斟酌。夢幻虛華，何勞把捉？得失是非，一時放卻。眼若不睡，諸夢自除。心若不異，萬法一如。一如體玄，兀爾❾忘緣。萬法齊觀，歸復自然。泯其所以，不可方比。止動無動，動止無止。兩既不成，一何有爾？究竟窮極，不存軌則。契心平等，所作俱息。狐疑盡淨，正信❿調直⓫。一切不留，無可記憶。虛明自照，不勞心力。非思量處，識情難測。真如法界，無他無自。要急相應，唯言不二。不二皆同，無不包容。十方智者，皆入此宗。宗非促延⓬，一念萬年。無在不在，十方目前。極小同大，忘絕境界。極大同小，不見邊表。有即是無，無即是有。若不如此，必不須守。一即一切，一切即一。但能如是，何慮不畢？信心不二，不二信心。言語道斷，非去來今。

【注　釋】❶豪氂　即「毫釐」，「釐」通「厘」，為極小的數目名，十毫為一厘。❷念靜　指人禪定以息心。❸空忍　十忍之六。謂觀三界之苦果無實體、因生死之苦諦性本空寂而得空忍。❹一種　一樣；同樣。唐人劉長卿〈喜晴〉詩：「湖天一種色，林鳥百般聲。」❺能　相對於境而言，自動者稱能。❻偏黨　結成黨派而有所偏袒。❼一乘　成佛唯一之教。《法華經・方便品》：「十方佛土中，唯有一乘法。無二亦無三，除佛方便說。」❽浪　空；徒然。唐人王維〈疑夢〉詩：「莫驚寵辱空憂喜，莫計恩仇浪苦辛。」❾兀爾　渾然貌。❿正信　信正法之心，相對於邪信而言。⓫調直　即「調直定」，即「三昧」之異譯，謂調心之暴、直心之曲、定心之散。⓬促延　短暫與長久。

【語　譯】至極之道並不艱難，只是嫌棄揀擇。只要沒有憎惡與愛，便洞然明白。如若有毫釐的差別，就會像天地一樣相隔遙遠。想要顯現在眼前，就不要存順逆之心。違逆與順從相爭，即成為心病。不認識玄妙的意旨，徒勞念靜坐禪。圓成如同太虛，沒有欠少與多餘的。只是因為有取捨之心，所以就不如了。不去追逐有緣，也不持守空忍。一種平靜的胸懷，默默地度盡了天年。制止動而歸於止，止以後又再動。只是滯留在兩邊，寧可知道這一種！這一種都不能通達，那兩處一定不會成功。如要有即沒有，順從空即違背了空。多說話多思慮，反而不相應。斷絕了言語與思慮，無處不通達。返歸根本而獲得宗旨，隨照而失去宗旨。一時的返照根本，也要勝過此前的虛空。此前的虛空之轉變，都是由於妄見造成。不用尋求其真，只須要止息妄見。有無二見不執著，而且不要去追尋。一有是非之心，便紛紛然而失去了本心。二由一而產生，一也不能執守。一心不產生，萬法都沒有過失。沒有過失也沒有法，便不是生也不是心。能隨著境而寂滅，境追逐能而沉淪。境因為能而成為境，能因為境而成為能。要知道這兩個，原本是一空。一空實同於兩，一齊包含有萬象。並沒有看見精與粗，難道會有所偏黨？大道之體寬廣，不容易也不艱難。小見識多狐疑，反而急促和遲緩。執守它而失去了限度，必定墮入邪路。放心歸入自然，本體即沒有離去與居留。順從本性而契合大道，自是逍遙而斷絕煩惱。動念而違背真義，昏昏沉沉自然不好。不好而煩勞心神，那親疏又有什麼用呢？想要得到一乘之法，就不要厭惡六塵。不厭惡六塵，就等同於正覺。智者無所作為，愚人自我束縛。法並沒有不同之法，妄想自愛執著。持心來運用心，難道不是大錯！迷惑產生寂靜與混亂，徹悟沒有好惡之分。一切二邊之見，徒然自我斟酌。夢幻之境與空中之花影，何須煩勞去抓握？得失與是非，一齊都拋棄。如若睜著眼睛不睡覺，各種夢境自然消除了。如若心底沒有別的思慮，萬法便一如。一如之體玄妙，渾然忘記了因緣。萬法一齊觀想，又回歸於自然。泯滅其所以這樣的原因，便沒有可用作比擬的。止住動即不動，活動止即不止。兩端既然不能成立，一端又有什麼呢？歸根到底而言，並不存在法軌。心契合於平等，所造作的都得以平息。狐疑都被消除盡，正信調直定。一切都無所留，也沒有可記憶的。虛明而自我映照，便不須煩勞心力。不可思量之處，識情難以測知。真如法界之中，沒有他也沒有自己。要急切地相契應，只有講說不二之真義。不二之義都相同，沒有不被包容的。十方世界中的智者，都歸入此禪宗。此宗旨沒有短暫與長久，一念即是一萬年。也沒有在與不在的分別，十方世界就在眼前。極小的等同於極大，便忘記了境界。極大的也等同於極小，並沒看見其邊際。有即是無，無即是有。如果不是這樣的，一定不須持守。一即是一切，一切即是一。只要能這樣，還擔心什麼不能窮盡呢？信法之心不二，即是不二之信心。言語之路已斷絕，不是過去、現在與未來。

【說　明】三祖僧璨大師〈信心銘〉認為：佛道洞然明白，不容一點擬議，其在佛而無餘，在眾生而無缺。故蕩盡一切二見，則萬法一如、真妄無別，而一即一切，一切即一，大小圓融，古今泯絕。並指出如此妙境非言語思量之所及。

心銘

牛頭山初祖法融禪師

心性不生，何須知見？本無一法，誰論薰鍊❶？往返無端，追尋不見。一切莫作，明寂自現。前際❷如空，知處迷宗。分明照境，隨照冥蒙。一心有滯，諸法不通。去來自爾，胡假推窮？生無生相❸，生照一同。欲得心淨，無心用功。

縱橫無照，最為微妙。知法無知❹，無知知要。將心守靜，猶未離病。生死忘懷，即是本性。至理無詮，非解非纏❺。靈通應物，常在目前。目前無物，無物宛然。不勞智鑑，體自虛玄。念起念滅，前後無別。後念不生，前念自絕。三世無物，無心無佛。眾生無心，依無心出。分別凡聖，煩惱轉盛。計校❻乖常，求真背正。雙泯❼對治❽，湛然明淨。不須功巧，守嬰兒行❾。惺惺了知，見網轉彌。寂寂無見，暗室不移。惺惺無妄，寂寂明亮。萬象常真，森羅一相。去來坐立，一切莫執。決定❿無方⓫，誰為出入？無合無散，不遲不疾。明寂自然，不可言及。心無異心，不斷貪淫。性空自離，任運浮沉。非清非濁，非淺非深。本來非古，見在非今。見在無住，見在本心。本來不存，本來即今。菩提本有，不須用守。煩惱本無，不須用除。靈知自照，萬法歸如。無歸無受，絕觀忘守。四德⓬不生，三身本有。六根對境，分別非識。一心無妄，萬緣調直。心性本齊，同居⓭不攜。無生順物，隨處幽棲。覺由不覺，即覺無覺。得失兩邊，誰論好惡？一切有為，本無造作。知心不心，無病無藥。迷時捨事，悟罷非異。本無可取，今何用棄？謂有魔興，言空象備。莫滅凡情，唯教息意。意無心滅，心無行絕。不用證空，自然明徹。滅盡⓮生死，冥心⓯入理。開目見相，心隨境起。心處無境，境處無心。將心滅境，彼此由侵。心寂境如，不遣不拘。境隨心滅，心隨境無。兩處不生，寂靜虛明。菩提影現，心水⑯常清。德性如愚，不立親疏。寵辱不變，不擇所居。諸緣頓息，一切不憶。永日如夜，永夜如日。外似頑嚚⑰，內心虛真。對境不動，有力大人。無人無見，無見常現。通達一切，未嘗不徧。思惟轉昏，汩亂⑱精魂⑲。將心止動，轉⑳止轉奔。萬法無所，唯有一門。不入不出，非靜非喧。聲聞緣覺，智不能論。實無一物，妙智㉑獨存。本際虛沖，非心所窮。正覺無覺，真空不空。三世諸佛，皆乘此宗。此宗豪末，沙界含容。一切莫顧，安心無處。無處安心，虛明自露。寂靜不生，放曠縱橫。所作無滯，去住皆平。慧日㉒寂寂，定光㉓明明㉔。照無相苑，朗㉕涅槃城。諸緣忘畢，詮神定質。不起法座，安眠虛室。樂道恬然，優遊㉖真實。無為無得，依無自出。四等㉗六度，同一乘路。心若不生，法無差互。知生無生，現前常住。智者方知，非言詮悟。

【注　釋】 ❶薰鍊　通「薰修」。薰為薰習，如給衣裳薰香；修為修行，以德薰身修行。❷前際　指過去世。❸生相　四相之一。謂使未起之有為法產生現在之法。❹無知　真智寂靜而不動，斷絕一切分別，謂之無知。❺纏　煩惱的別名，以煩惱能纏縛人心，故以名。《大乘義章》：「能纏行人，目之為纏。又能纏心，亦名為纏。」❻計校　計算；謀劃。❼泥　此指「泥權歸實」，謂泥滅方便之教而使歸入真實之教。❽對治　謂斷絕煩惱。❾嬰兒行　《涅槃經》所說五行之一。《大乘義章》：「嬰兒行有二種，一者自利，二者利他。若論自利，從喻為名，行離分別，如彼嬰兒無所辨了，名嬰兒行。若論利他，從所化為名，如經中說，凡夫二乘始行菩薩如似嬰兒，化此嬰兒，名嬰兒行。」❿決定　謂事定而無動。《無量壽經》：「決定必成無上正覺。」⓫無方　佛之化度自在，沒有一定之方所，也沒有一定之方法，故稱無方。⓬四德　大乘大般涅槃所具之德，一為常德，二為樂德，三為我德，四為淨德。⓭同居　即「凡聖同居土」之略，四土之一。⓮滅盡　即「滅盡定」，又名「滅盡三昧」，為滅盡六識心、心所而不使興起之禪定。不還果以上之聖者，為假入涅槃之想而入於此禪定。⓯冥心　隱幽不顯之心。⓰心水　心之影現或動搖萬象，又有汙染、清淨，譬之於水，故稱心水。《華嚴經》：「菩薩心水現其影。」⓱頑嚚　頑冥嚚張。⓲汩亂　淹沒、淆亂。⓳精魂　即心。⓴轉　愈加；更加；益。唐人白居易〈贈皇甫賓客〉詩：「始信淡交宜久遠，與君轉老轉相親。」㉑妙智　稱不可思議之佛智。㉒慧日　佛智能照世人之盲冥，故比之為日。㉓定光　即定光佛，也稱燃燈佛。㉔明明　分明；顯明。㉕朗　照亮。㉖優遊　即「悠遊」。㉗四等　一為字等，即三世諸佛同等稱作佛；二為語等，即三世諸佛同等以六十四種梵音演說；三為法等，即三世諸佛同等得到三十七菩提分法；四為身等，即三世諸佛同等具有法、報、化之三身。以此四等顯示佛佛之道等同。

【語　譯】心性沒有產生，何須還要知見？本來沒有一法，誰又論說薰修？往返沒有一定，追尋卻不能看見。一切都不作為，明、寂自然顯現。前際一如虛空，知處迷失宗旨。明白地去照鏡子，隨著映照而昏暗不明。一心有所滯留，諸法便不通達。來去自是這樣的，又何必依賴探究呢？生沒有生相，生與照即完全相同。想要獲得心清淨，無明正用功。縱橫不加映照，即為最微妙之處。知法即稱為無知，無知而知道真要。將心持守寂靜，還是沒有遠離病症。生死都已忘懷，即是本來之性。至極玄妙之理無法詮釋，不是解開也不是纏縛。靈通隨應萬物而顯現，常常在眼前。眼前沒有物，沒有物卻宛然存在。不用煩勞智慧鑑別，其本體自然空虛玄妙。一念興起一念寂滅，前後並沒有區別。後念沒有產生，前念自已絕滅。三世之中沒有物，也沒有心沒有佛。眾生沒有心，憑依無心而出世。如果分別凡夫與聖人，煩惱反而更嚴重。有所計劃而違背了常理，追求真要而背棄了正法。兩邊都泯權歸實而對治，便湛然澄明清淨。不須施用功用機巧，而要護持嬰兒行。惺惺了然知曉，遇見羅網反而被束縛得更緊。寂寂而無見解，暗室也不能移動。惺惺反而是無妄，寂寂卻是明亮。萬象永遠真實，森羅惟有一相。去來與坐立，一切都不要執著。決定而無方，誰又為出入呢？沒有聚合也沒有散去，不遲緩也不疾速。明、寂自然顯現，不是言語所能企及的。心底沒有差異之心，就不能斷絕貪、淫。性空自然離絕，一任運命沉浮。不是清也不是濁，不是淺也不是深。本來即不是過去，現在也不是今天。現在既無住，現在即是本心。本來不存在，本來即是今天。菩提本來具有，不須加以持守。煩惱本來沒有，不須加以消除。靈知自我映照，萬法歸於真如。沒有歸向也沒有接受，斷絕了觀想而忘記了持守。四德沒有產生，三身本來具有。六根以對外境，分別並非心識。一心如若無妄，萬緣即進入調直定。心性本來相等，同居而不攜帶。無生順從萬物，隨處而幽幽棲息。覺悟由不覺悟而來，那覺悟即是不覺悟。得與失之兩邊，誰來議論好惡呢？一切有為法，本來就沒有造作。知道心不是心，沒有病也沒有藥。迷惑時捨棄事，覺悟後就沒有不同。本來沒有可取的，現今為什麼要拋棄呢？稱說有魔王興起，稱說空象已具備。不要寂滅凡夫之情，只是教人止息心意。意無心即寂滅，心無行即斷絕。不用證明空，自然得以明悟。滅盡三昧滅盡了生死，冥隱之心契入禪理。開眼即看見相，心便隨著境而興起。心之處沒有境，境之處沒有心。用心來滅境，彼此既相依憑又相侵犯。心寂滅則境也如此，既不遣散也不拘執。境隨著心而寂滅，心隨著境而消失。兩處都不產生，便寂靜又虛明。菩提之影顯現，心水常得清淨。德性好似愚昧，沒有親疏之分。寵辱不能改變，也不抉擇所居之地。諸緣頓時止息，一切都不記憶。長晝如同黑夜，長夜如同白晝。外表似乎頑冥囂張，內心卻虛明真實。面對境象而不動心，即是有力量之大人。沒有人沒有看見，沒有看見便長久顯現。通達一切法，未曾不周遍的。思慮反而昏惑，埋沒、淆亂了內心。用心來制止動，愈制止愈動搖。萬法都無居所，惟有一座大門。不進入也不出去，不靜謐也不喧嘩。聲聞與緣覺二乘，其智慧不能議論。實在並沒有一物，妙智獨自存在。本際虛明沖淡，不是心所能窮盡的。正覺即沒有覺，真空則不空。三世之諸佛，皆屬此宗乘。此宗乘之毫末，河沙世界加以含容。一切都不顧，安心卻沒有處所。沒有處所安心，虛明即自己顯露。寂靜不產生，便縱橫放曠。所作沒有滯留，離去、留住都一樣。慧日自寂寂，定光也明明。照耀著無相苑，照亮了涅槃城。諸緣都忘記了，詮釋心神以定形質。不從法座起身，安眠在虛室。恬然地以大道為快樂，於真實中悠遊。無所作為即無所得，依止於無即自出世。四等與六度，同為一乘之路。心如若不產生，法便沒有差別。

知道生即是無生，眼前就得以常住。智者方才知道，不是用言語、詮釋所能領悟的。

【說　明】法融禪師之禪法，建立於般若空觀思想即中道觀之上。其於《心銘》中指出：「菩提本有，不須用守。煩惱本無，不須用除。靈知自照，萬法歸如。無歸無受，絕觀忘守。」將本有與無覺、空與不空等概念在中道觀之基礎上得以統一，從而在四祖門下別開一宗，獨樹一幟，創立了禪宗中的重要派別牛頭宗。

息心銘

僧亡名

法界有如意寶❶人焉，九緘❷其身，銘其膺❸，曰：

古之攝心❹人也，戒之哉！戒之哉！無多慮，無多知。多知多事，不如息意。多慮多失，不如守一。慮多志散，知多心亂。心亂生惱，志散妨道。勿謂何傷，其苦攸長。勿言何畏，其禍鼎沸。滴水不停，四海將盈。纖塵不拂，五嶽將成。防末在本，雖小不輕。關爾七竅❺，閉爾六情。莫視於色，莫聽於聲。聞聲者聾，見色者盲。一文一藝❻，空中小蚋❼。一伎一能，日下孤燈。英賢才藝，是為愚蔽。捨棄淳朴，耽溺淫麗。識馬❽易奔，心猿難制。神既勞役，形必損斃。邪行❾終迷，修途永泥。莫貴才能，日益惛瞢。誇拙羨巧，其德不弘。名厚行薄，其高速崩。內懷憍伐❿，外致怨憎。或談於口，或書於手。邀人令譽，亦孔之醜。凡謂之吉，聖謂之咎。賞翫暫時，悲哀長久。畏影畏迹，逾遠逾極。端坐樹陰，迹滅影沉。厭生患老，隨思隨造。心想若滅，生死長絕。不死不生，無相無名。一道虛寂，萬物齊平。何貴何賤？何辱何榮？何勝何劣？何重何輕？澄天愧淨，皎日慚明。安夫岱嶺⓫，同彼金城⓬。敬貽賢哲，斯道利貞。

【注釋】❶如意寶　即如意珠，有所求皆如意，故名。出自龍王或摩竭魚之腦中，或為佛舍利所變成。❷九緘　形容收藏極嚴密。❸膺　胸部。❹攝心　攝聚散亂之心歸於一處。❺七竅　人之上有眼、鼻、耳、嘴，共七個孔，總稱七竅。❻一文一藝　文藝指學問與技藝。❼蚋　蟲名，色黑，形略如蜂，叮吸哺乳動物之血。❽識馬　心識動亂如奔馬，故名。也作「心馬」。下文「心猿」之義同。❾邪行　六十九種外道的統稱。❿伐　自誇。⓫岱嶺　此指泰山。⓬金城　堅固的城牆。東漢班固〈西都賦〉：「建金城而萬雉。」

【語譯】法界有用如意寶做成的人像，將它嚴密收藏，並在它的胸部刻著銘文，道：

這是古代攝心之人，可要戒鑑啊！可要戒鑑啊！不要多思慮，不要多知識。多知識便多事，不如止息心意為好。多思慮則多過失，不如持守一心為好。思慮多則其志散失，知識多則其心紊亂。其心紊亂則產生煩惱，其志散失則妨礙行道。不要說有什麼可傷害的，其苦痛悠悠綿長。不要說有什麼可畏懼的，其災禍鼎沸不止。滴水不停止，四海都將盈溢。纖細的灰塵不拂去，就將堆成五嶽高山。預防其末是為了其根本，雖然微小卻不能輕視。關閉你的七竅，封閉你的六情。不要去觀色，不要去聽聲。聽聲的人耳聾，觀色的人眼盲。一文與一藝，都如天空中的小蚋一樣渺小。一技與一能，都如太陽底下的孤燈一樣無足道。精英賢人的才幹技藝，反而成為愚昧、障礙。捨棄了淳樸，沉溺於淫侈奢麗。識馬容易奔馳，心猿難以制止。神既然被勞役，形必定有所損害頹斃。邪行終究將迷失，修行之途將永遠拘執。不要以才能為寶貴，那將會日益昏庸。誇耀拙樸而羨慕機巧，其德不能弘揚。名號貴顯而行為淺薄，其名越高則崩潰越迅速。內懷傲慢自誇，外面就將招致怨怒憎恨。有人用口談說，有人用手書寫。邀求人們給予良好稱譽，也是一件大醜事。凡夫稱之為吉利，聖人卻稱之為過錯。賞玩只是暫時的，悲哀卻是長久的。畏懼影子並畏懼足跡，奔走得愈遙遠則愈明顯。端坐在樹蔭底下，沒有了足跡也消失了影子。厭惡新生而擔憂老死之想法，隨著思量而產生。心想如若寂滅，生死即永遠離絕。沒有死即沒有生，無相也即沒有名稱。一道空虛寂靜，萬物便相同平等。以什麼為貴重、又以什麼為卑賤呢？以什麼為恥辱、又以什麼為榮耀呢？以什麼為優勝、又以什麼為低劣呢？以什麼為重、又以什麼為輕呢？面對澄明之天而慚愧清淨，面對皎潔之月而慚愧明亮。如同泰山一樣安穩，如同金城一樣堅固。恭敬地贈送給賢士哲人，此大道利益眾生而堅貞不變。

【說明】亡名禪師為南朝梁人，家世清貴，事從梁元帝，以能文著名。梁亡後為僧，投兌禪師剃度受戒，後入北周長安，與士大夫遊，均驚其才華。常行遊於終南山諸寺，後不知所終。

菩提達磨略辯大乘入道四行

弟子曇琳序

法師者，西域南天竺國，是大婆羅門國王第三之子也。神慧疏朗❶，聞皆曉悟。志存摩訶衍❷道，故捨素從緇，紹隆聖種❸。冥心虛寂，通鑑世事，內外俱明，德超世表。悲悔邊隅❹正教❺陵替❻，遂能遠涉山海，遊化漢魏❼。忘心之士莫不歸信，存見之流乃生譏謗。于時唯有道育、慧可此二沙門，年雖後生，俊志高遠，幸逢法師，事之數載，虔恭諮啟，善蒙師意。法師感其精誠，誨以真道，令如是安心，如是發行，如是順物，如是方便，此是大乘安心之法，令無錯謬。

如是安心者壁觀❽，如是發行者四行❾，如是順物者防護譏嫌，如是方便者遣其不著。此略序所由云爾。

夫入道多途，要而言之，不出二種。一是理入，二是行入。理入者，謂藉教悟宗❿，深信含生同一真性，但為客塵⓫妄想所覆，不能顯了。若也捨妄歸真，凝住壁觀，無自無他，凡聖等一，堅住不移，更不隨於文教，此即與理冥符，無有分別，寂然無為，名之理入。行入者，謂四行，其餘諸行悉入此中。

何等四耶？一報冤行，二隨緣行，三無所求行，四稱法之行。

云何報冤行？謂修道行人，若受苦時，當自念言，我從往昔無數劫中，棄本從末，流浪諸有⓬，多起冤憎，違害無限，今雖無犯，是我宿殃，惡業果熟，非天非人所能見與，甘心忍受，都無冤訴。經云：「逢苦不憂。」何以故？識達故。此心生時，與理相應，體冤進道，故說言報冤行。

二隨緣行者，眾生無我，並緣業所轉，苦樂齊受，皆從緣生。若得勝報榮譽等事，是我過去宿因所感，今方得之，緣盡還無，何喜之有！得失從緣，心無增減，喜風不動，冥順於道，是故說言隨緣行也。

三無所求行者，世人長迷，處處貪著，名之為求。智者悟真，理將俗反，安心無為，形隨運轉，萬有斯空，無所願樂，功德黑暗常相隨逐，三界久居猶如火宅⓭，有身皆苦，誰得而安？了達此處，故捨諸有，息想無求。經云：「有求皆苦，無求乃樂。」判知無求，真為道行，故言無所求行也。

四稱法行，性淨之理，目之無法。此理眾相斯空，無染無著，無此無彼。經云：「法無眾生，離眾生垢故。法無有我，離我垢故。」智者若能信解此理，應當稱法而行。法體⓮無慳⓯於身命財，行檀捨施，心無悋惜，達解三空⓰，不倚不著，但為去垢，稱化眾生而不取相。此為自行，復能利他，亦能莊嚴菩提之道。檀施既爾，餘五亦然，為除妄想，修行六度而無所行，是為稱法行。

【注　釋】❶疏朗　灑脫明朗。❷摩訶衍　即大乘。❸聖種　聖人之種性，謂入道而修三學者為三寶中之僧寶，能行諸聖人之行法，故名聖種。❹邊隅　邊遠地區。此相對於天竺國而言，而以中華為邊隅。❺正教　指大乘佛法。❻陵替　謂綱紀不能維持，上下不思振作。《梁書・武帝紀中》：「晉氏陵替，虛誕為風。」❼漢魏　中國古代兩個朝代名，此以代指中國。❽壁觀　達磨祖師抵達嵩山少林寺，面壁而坐，終日默然，人稱壁觀婆羅門。故後世便謂禪門之觀法為壁觀。❾四行　即報冤、隨緣、無所求、稱法之四行。❿藉教悟宗　謂假借教義以領悟禪旨。⓫客塵　用以形容煩惱。因煩惱不是心性固有之物，為迷於理而起者，故稱之為客；因為其汙染心性，故名之為塵。《維摩經・問疾品》：「菩薩斷除客塵煩惱。」⓬諸有　眾生之因果，有因有果，故稱之為有，有三有、四有、七有、九有、二十五有等分別，故通稱為諸有。⓭火宅　失火的房屋，佛教用以譬喻充滿眾苦之三界。⓮法體　有為、無為諸法之體性。⓯慳　吝嗇。⓰三空　謂布施行，稱受施者、布施者、布施物之三相皆空，故名。

【語　譯】菩提達磨法師是西域南天竺國人，為大婆羅門國王的第三個兒子。他幼年聰慧，神采灑脫明朗，一聽即能曉悟。他志向大乘之道，所以捨棄俗世而皈依僧法，承繼發揚聖種。其冥心空寂虛靈，通達明鑑世事，內心外緣都明悟，德行超越了世人。因為悲哀邊遠地方正教陵替，於是他遠涉高山大海，行遊中國教化。忘記心識之士沒有不皈依信慕的，存有見解之輩卻生出了譏諷誹謗之言。當時只有道育、慧可這兩個沙門，雖然還是後生青年，卻志向高遠，慶幸自己遇到了達磨法師，侍奉了數年，虔誠恭敬地諮詢參請，善於承奉老師的意旨。達磨法師為他們的精誠所感動，就把真道教誨給他們，讓他們如此安心，如此啟發心行，如此順應萬物，如此方便接引，這即是大乘安心之法，而不要有所錯謬。如此安心的便是壁觀，如此啟發心行的便是四行，如此順應萬物的便是防護譏諷嫌忌，如此方便接引的便是讓他們不執著。這即是對四行略加序說之原因。

入道有很多途徑，簡要地說來，不出於如下兩種。一是理入，二是行入。所謂理入，是說藉教悟宗，深信含生都具有同一真性，只是因為被客塵妄想所覆蓋，所以不能顯明了斷。如果捨棄妄想而歸於真性，凝住壁觀，沒有自己也沒有他人，凡夫與聖人等同齊一，堅決住持而不移動，更不隨從文字教義，那就與理冥然相符，沒有分別，寂然無為，便稱之為理入。所謂行入是說四行，而其餘諸行都歸入了這當中。

四行指什麼？一為報冤行，二為隨緣行，三為無所求行，四為稱法之行。

什麼叫作報冤行？謂修習道行的人，如果受苦之時，應當自己思量，我從往昔無數曠劫中來，捨棄根本而追尋末節，在諸有之中漂泊，產生了很多冤屈憎恨，造成了無數違戾危害，現在雖然沒有違犯，但還是因為我的前世罪過，惡業之果報已成熟，不是天也不是人所能給予的，所以甘心忍受，完全沒有怨恨哭訴。經文中說：「遇到苦難而沒有憂愁。」為什麼呢？這是心識通達的緣故。此心產生之時，與理相契應，體驗冤屈而進入大道，所以稱之為報冤行。

二為隨緣行，眾生無我，都為緣業所轉動，苦樂一齊承受，都從緣而產生。如果得到勝報榮譽等事，都是我過去宿因所感應的，現在方才獲得，緣盡而消失，又有什麼可欣喜的！得失都因為緣，心並沒有增減，喜風吹不動，冥然順應大道。所以稱之為隨緣行。

三為無所求行，因為世人長久迷惑，到處貪圖執著，而稱之為求法。智者省悟真性，以理來反俗，安心於無為，形隨著運命而轉動，萬有由此為空，無所願樂，功德與黑暗常相隨追逐，久居三界就如同是火宅，有身都苦，誰又得以安寧?了悟這道理，所以捨棄諸有，止息觀想而無所求。經文中說：「有所求都是痛苦，無所求才快樂。」顯示判別知識而無所求，才真正為道行，所以稱之為無所求行。

四為稱法之行，心性清淨之理，就稱之為無法。此理眾多之相皆為空，沒有汙染也不執著，沒有此也沒有彼。經文中說：「法沒有眾生，是離絕眾生汙垢之緣故。法沒有有我，是離絕我之緣故。」智者如果能信心理解這一道理，就應當稱法而行。法體對身命財從不吝嗇，而大行檀施捨，心中沒有吝嗇，而悟達通解三空，不倚靠也不執著，只是為了去除汙垢、稱佛名度化眾生而不取相。此為自己所行，又能利他，也能莊嚴菩提之道。檀施既然這樣，其餘五個也相同，為了去除妄想、修行六度而無所行，所以叫作稱法之行。

【說　明】曇琳之事跡不詳。據《續高僧傳》卷一稱，北朝東魏元象元年至興和末（五三八～五四二年），有沙門曇琳於河北鄴都幫助天竺僧人般若流支翻譯佛經。可推知曇琳當是於北地向達磨祖師問法，故稱弟子。

顯宗記

荷澤神會大師

無念❶為宗，無作❷為本，真空為體，妙有為用❸。夫真如無念，非想念而能知；實相無生，豈色心而能見？無念念者即念真如，無生生者即生實相。無住而住，常住涅槃。無行❹而行，即超彼岸。如如不動，動用無窮。念念無求，求本無念。菩提無得，淨五眼❺而了三身。般若無知，運六通而弘四智❻。是知即定無定，即慧無慧，即行無行。性等虛空，體同法界。六度自茲圓滿，道品❼於是無虧。是知我法❽體空，有無雙泯，心本無作，道常無念。無念無思，無求無得，不彼不此，不去不來。體悟三明❾，心通八解❿，功成十力⓫，富有七珍⓬。入不二門，獲一乘理。妙中之妙，即妙法身。天中之天，乃金剛慧⓭。湛然常寂，應用無方。用而常空，空而常用。用而不有，即是真空。空而不無，便成妙有。妙有即摩訶般若，真空即清淨涅槃。般若是涅槃之因，涅槃是般若之果。般若無見，能見涅槃。涅槃無生，能生般若。涅槃般若，名異體同，隨義立名，故云法無定相。涅槃能生般若，即名真佛法身。般若能建涅槃，故號如來知見。知即知心空寂，見即見性無生。知見分明，不一不異，故能動寂常妙，理事皆如。如即處處能通達，即理事無礙。六根不染，即定慧之功。六識不生，即如如之力。心如境謝，境滅心空。心境雙亡，體用不異。真如性淨，慧鑑無窮。如水分千月，能見聞覺知。見聞覺知而常空寂。空即無相，寂即無生，不被善惡所拘，不被靜亂所攝，不厭生死，不樂涅槃，無不能無，有不能有，行住坐臥，心不動搖，一切時中，獲無所得。三世諸佛，教旨如斯，即菩薩慈悲，遞相傳受。自世尊滅後，西天二十八祖，共傳無住之心，同說如來知見，至於達磨，屆此為初，遞代相承，於今不絕。所傳秘教，要藉得人，如王髻珠，終不妄與。福德、智慧，二種莊嚴，行解⑭相應，方能建立。衣為法信，法是衣宗。唯指衣法相傳，更無別法。內傳心印，印契本心。外傳袈裟，將表宗旨。非衣不傳於法，非法不受於衣。衣是法信之衣，法是無生之法。無生即無虛妄，乃是空寂之心。知空寂而了法身，了法身而真解脫。

【注　釋】❶無念　無妄念，即「正念」之異名。《傳心法要》：「一念不起，即十八界空，即身便是菩提華果，即心便是靈智，亦云靈臺。又曰：且如瞥起一念便是境，若無一念，便是境忘心自滅，無復可追尋。」❷無作　無因緣之造作，即心無造作物之念。❸真空為體妙有為用　對於非有之有而稱妙有，而謂非空之空為真空，為大乘至極之真空。《濟緣記》：「妙有則一毫不立，真空乃因果歷然。」❹無行　即「無行般」，為五種不還之一。有一種不還果，生於色界，不加功力，經久自然斷絕上地之惑而入涅槃。❺五眼　一肉眼，為肉身所有之眼；二天眼，為色界天人所有之眼；三慧眼，謂二乘之人照見真空無相之理之智慧；四法眼，謂菩薩為度引眾生照見一切法門之智慧；五即為佛眼。❻四智　一為道慧，知一道之智；二為道種慧，一一通達無量種之道之智；三為一切智，知一切法寂滅一相之空智；四為一切種智，知一切法一相寂滅，並識一切種種行類差別，有空雙照之實智。❼道品　道法之品類，有三十七道品。其為至涅槃之道法，故稱道；其品類有所差異，故稱品。❽我法　對同道者而稱呼佛法。《楞嚴經》：「佛告阿難，當初發心，于我法中見何勝相。」❾三明　在佛稱三達，在羅漢稱三明：一為宿命明，知自身、他身宿世之生死相；二為天眼明，知自身、他身未來世之生死相；三為漏盡明，知現世之苦相，而斷絕一切煩惱之智。❿八解　即「八解脫」：一為內有色想觀外解脫，二為內無色想觀外解脫，三為淨解脫身作證具足住，四為空無邊處解脫，五為識無邊處解脫，六為無所有處解脫，七為非想非非想處解脫，八為滅受想定身作證具足。⓫十力　即佛之十力：一為知覺處非處智力，即知事物理與非理之智力；二為知三世業報智力，即知一切眾生三世因果業報之智力；三為知諸禪解脫三昧智力，即知諸禪定及八解脫、三三昧之智力；四為知眾生上下根智力，即知一切眾生能力與性質之智力；五為知種種解智力，即知一切眾生種種知解之智力；六為知種種界智力，即知一切眾生素質與境界之智力；七為知一切至處道智力，即知轉生人天及達到涅槃諸因果之智力；八為知天眼無礙智力，即以天眼見知眾生之生死及善惡業緣之智力；九為知宿命無漏智力，即知眾生宿命與無漏涅槃之智力；十為知永斷習氣智力，即知永斷煩惱惑業不再流轉生死之智力。⓬七珍　即「七寶」。⓭金剛慧　達實相之理而破諸相之智，即稱為金剛慧。⓮行解　即修行與知解。

【語　譯】以無念作為宗旨，以無作作為根本，以真空作為本體，以妙有作為運用。真如即無念，不是想、念所能知曉的；實相即無生，難道是色、心所能看見的？無念之念者即是念真如，無生之生者便是生實相。無住而住者，即是常住於涅槃。無行而行者，便超達了彼岸。真如不動，動則運用無窮。念念無所求，求則其本無念。菩提無所得，以清淨五眼而了達三身。般若無所知，以運用六神通而弘揚四智。因此知道即定便是無定，即慧便是無慧，即行便是無行。性與虛空相等，體與法界相同。六度從此得以圓滿，道品於是無所虧欠。因此知道我法之本體空虛，有、無雙雙泯滅，心中原本無作，大道常久無念。無念而無思，無所求而無所得，不是彼也不是此，沒有去也沒有來。本體了悟三明，其心通達八解脫，圓成十力之功德，擁有七寶之財富。進入不二之法門，獲得了一乘之妙理。妙中之妙，便是妙法身。天中之天，即是金剛慧。湛然常得寂靜，應用沒有方式限制。應用而常空，空而常得應用。應用而不具有，即是真空。空而不是無，便成為妙有。妙有即是摩訶般若，真空即為清淨涅槃。般若是涅槃之因，涅槃是般若之果。般若無見，故能見涅槃。涅槃無生，故能生般若。涅槃與般若，其名稱雖然相異，但其本體實同，隨其理義而建立名稱，所以說法沒有一定之相。涅槃能生般若，即稱之為真佛法身。般若能建立涅槃，所以稱之為如來知見。知即是知道本心之空寂，見即是識見本性之無生。知與見皆分明，不為同一也非異別，所以能行動與寂靜常玄妙，理與事都如一。如一即處處都能通達，即理事沒有障礙。六根不被汙染，即是定慧之功德。六識不產生，即是真如之功力。心如同境消謝，境滅即心空。心與境雙雙泯滅，體與用沒有差異。真如之性清淨，智慧之鑑別沒有窮盡。且如眾河水分映千輪明月，而都能見、聞、覺、知。見、聞、覺、知而常得空寂。空即無相，寂即無生，不被善惡所拘束，不被寂靜、散亂所攝取，不厭惡生死，不喜愛涅槃，無不能成為無，有不能成為有，行、住、坐、臥，心都不會有所動搖，一切時間中，心都無所獲得。三世諸佛的教義宗旨皆是這樣的，即菩薩之大慈大悲，世代承繼相傳授。自從世尊寂滅之後，西天二十八祖師共同傳授無住之心，共同演說如來知見，傳至於達磨祖師，來到東土成為中華初祖，世代相傳授，至於現今而不斷絕。佛祖所傳授的秘密教義，關鍵在於所傳得人，如同國王髮髻上面的寶珠，終究不可妄為傳予。福德與智慧兩種莊嚴，修行與知解相契應，方才能夠建立。袈裟作為傳法之憑信，法作為袈裟之宗旨。只有指著袈裟、法相傳授，再沒有其他之法。內傳心印，以印契合本心。外傳袈裟，用來表述宗旨。沒有此袈裟便不傳授法，沒有法便不接受袈裟。此袈裟即是證明傳法憑信之法衣，法即是無生之法。無生即沒有虛妄，乃是空寂之心。知道空寂之義而了斷法身，了斷法身而為真解脫。

【說　明】荷澤神會大師的〈顯宗記〉，二十世紀初於敦煌石窟中所發現者題作〈頓悟無生般若頌〉。神會大師於〈顯宗記〉之中詳細地敘述其禪法宗旨，且以暗示六祖慧能大師之南宗為佛祖世代相傳承之正宗嫡傳。

參同契

南嶽石頭希遷大師

竺土大仙❶心，東西❷密相付。人根有利鈍，道無南北祖❸。靈源❹明皎絜，
枝派❺暗流注。執事元是迷❻，契理亦非悟。門門一切境，迴互❼不迴互。迴而更
相涉，不爾依位住❽。色本殊質象❾，聲元異樂苦。暗合上中言，明明清濁句。
四大性自復，如子得其母❿：火熱風動搖，水濕地堅固。眼色耳音聲，鼻香舌鹹
醋，然依一一法，依根葉⓫分布。本末須歸宗，尊卑⓬用其語：當明中有暗，勿

以暗相遇；當暗中有明，勿以明相覩。明暗各相對，比如前後步。萬物自有功，當言用及處。事存函蓋合，理應箭鋒拄。承言須會宗，勿自立規矩。觸目不會道，運足焉知路？進步非近遠，迷隔山河固。謹白參玄⓭人，光陰莫虛度。

【注釋】❶竺土大仙　此謂釋迦牟尼佛。❷東西　泛指西土與東土。❸南北祖　此稱主張頓悟之南宗大師慧能與主張漸悟之北宗大師神秀。❹靈源　此喻禪宗所傳之「心」本體。❺枝派　指由心本體派生之萬事萬物。❻執事元是迷　事物之共性稱理，若就事而論，不見其理即為迷，若只契合其理，而不識事相差別，也不名「悟」。❼迴互　萬事萬物由理之同一性所體現之相互聯繫稱「迴互」，而不迴互即表現為個性之自住於己性。❽依位住　為小乘說一切有部術語，謂「有」於特定位次上之實現而成為現實之具體事物。譬如麥種於一定水土溫度下生成為一麥粒，即是麥種之「依位住」。❾質象　此指赤黃青白黑等具體物象。❿如子得其母　子母　此以母譬喻四大之性，以子譬喻火、風、水、地，謂性理派生事相而為事相隱奧不露之本質。⓫根葉　以根譬喻性理，以葉譬喻事相。⓬尊卑　義同「輕重」。⓭參玄　即參禪。

【語譯】天竺國大仙之心印，西土、東土都秘密相傳付。人的根器有利鈍之分，佛道卻沒有南祖、北祖之別。靈源明白而皎潔，枝派卻暗中相流注。執著於事原本是迷惑，只契合於理卻也不是悟徹。每一門派之一切境界，是迴互又不是迴互。迴互則更加相關涉，不迴互便依位住。作為一種抽象之色原本區分於具體物象，作為一種抽象之聲也本於具體之樂苦相差別。其語義隱奧不顯而契合上中根器之人之言語，其語義通達而顯明清濁之語句。四大之性自會迴復，就如同因其子女而得到其母：火性為熱而風性動搖，水性為深而地性堅固。眼中之色彩與耳中之聲音，鼻中之香氣與舌上之鹹酸之味，也可依據一一之法而作如是觀，而根據根、葉之原則而羅列分布。以心為本、以物為末而都必須迴歸自家宗旨，運用語句有輕重得當：應當講明白的還要含有深義，而不要把深義說得更加晦暗；應當將蘊有深義的講說得明白，而不要把明白的講說得更加明白。明白之語與深義各自相對而運用，就如同走路有前步、後步一樣不可偏廢。萬物各有其自身功用，言說也應當視其效用與處所而定。事情存在則如函盒之蓋子而與道理相合，道理就像是疾飛之箭鋒一樣通過事而相續不斷。承受語句必須領會宗旨，而不要自我建立規矩。觸目而不能領會大道，移動腳步怎麼能知道路徑？進步不分遠近，因山河的存在而迷茫隔絕。謹告參問玄法之人，光陰不要虛度了。

【說　明】《五燈會元》卷五載有南嶽石頭希遷大師撰作〈參同契〉之緣起：希遷因觀僧肇《肇論》，至「會萬物為己者，其唯聖人乎」一句而有所得，便撰此〈參同契〉。〈參同契〉之名借用東漢道教徒魏伯陽所撰者《周易參同契》。《周易參同契》主要為調和儒、道之對立而作，而希遷大師的〈參同契〉主要為調和禪宗內部南頓、北漸之對立，並由此集中表述其禪學思想：以靈知之「心」為世界萬有之本原，而遍徹於一切現象，成為萬有共同之「性」、「理」、「道」，並由此陳述「理」、「事」之關係。即理為一般，事為個別，一般存在於個別之中，個別以一般為本質，故事理既有差別又相互關聯。如不明於此，便不能領悟宗旨。可見其說滲透著華嚴宗「理事圓融」的思想。

五臺山鎮國大師澄觀答皇太子問心要

至道本乎其心，心法本乎無住。無住心體，靈知不昧，性相❶寂然，包含德用，該攝內外，能深能廣，非有非空，不生不滅，無終無始，求之而不得，棄之而不離，迷現量❷則惑苦紛然，悟真性則空明廓徹。雖即心即佛，唯證者方知。然有證有知，則慧日沉沒於有地。若無照無悟，則昏雲❸掩蔽於空門。若一念不生，則前後際斷，照體獨立，物我皆如。直造心源，無智無得，不取不捨，無對無修。然迷悟更依，真妄相待。若求真去妄，猶棄影勞形。若體妄即真，似處陰影滅。若無心忘照，則萬慮都捐。若任運❹寂知，則眾行❺爰❻起。放曠任其去住，靜鑑覺其源流。語默不失玄微，動靜未離法界。言止則雙亡知寂，論觀則雙照寂知。語證則不可示人，說理則非證不了。是以悟寂無寂，真知無知，以知寂不二之一心，契空有雙融之中道，無住無著❼，莫攝莫收，是非兩亡，能所雙絕。斯絕亦寂，則般若現前。般若非心外新生，智性乃本來具足。然本寂不能自現，實由般若之功。般若之與智性，翻覆相成。本智之與始修，實無兩體。亡正入❽則妙覺圓明，始末該融❾則因果交徹。心心作佛，無一心而非佛心。處處成道，無一塵而非佛國。故真妄物我，舉一全收。心佛眾生，渾然齊致。是知迷則人隨於法，法法萬差而人不同；悟則法隨於人，人人一智而融萬境。言窮慮絕，何果何因？體本寂寥，孰同孰異？唯忘懷虛朗，消息沖融，其猶透水月華，虛而可見，無心鑑象，照而常空矣。

【注　釋】❶性相　法之自體，在內不可改易者稱性，現於外而可加分別者稱相。❷現量　心識三三量之一，謂向色等諸法，現實量知其自相，而毫無分別推求之念者。❸昏雲　此喻煩惱、妄想。❹任運　同「自然」。任隨法自己運動而不加人為之造作。❺行　指身、口、意之造作。《俱舍論》：「行名造作。」❻爰　於是；因此。❼無著　不執著於事物之念。❽正入悟徹佛法真理稱正人。❾該融　詳備融合。

【語　譯】至極之道以心為根本，心法以無住為根本。無住之心體，靈知不昏昧，性相寂然不動，包含著德與運用，總括攝取內外，能深遠又能廣泛，不是有也不是空，不生也不滅，沒有終結也沒有開始，欲尋求而不能得到，要拋棄也不能離絕，迷失於現量之中則疑惑、苦楚紛然而至，悟徹真性則空明澄澈。雖然說是即心即佛，卻只有證悟者才能知道。但是有證明有知識，則慧日沉沒在「有」地。如果沒有映照也沒有省悟，則昏雲掩蔽了空門。如果一念不產生，則前後際斷，映照之體獨立，物我都一如。直達本心，沒有智慧也沒有得到的，沒有攝取也沒有捨棄的，沒有對治也沒有修行。但是迷惑與徹悟相互依存，真實與虛妄相互映照。如果追求真實而去除虛妄，就如同是為了捨棄影子而快速地奔跑一樣徒勞無用。如果體會到虛妄即是真實，即如同待在陰暗之處其影子自然就消失。如果無心於忘機與映照，則萬般思慮都除去了。如果任運於寂定與知識，則眾行於是興起。放曠而任隨其離去、留住，靜靜地鑑別而察覺其源流。言語與沉默都不迷失玄微之機，動與靜都沒有離開法界。言語止息則知識與寂定雙雙泯滅，議論觀想則寂定與知識雙雙映照。言語證明則不可以示人，講說道理則非證明不能了達。所以領悟寂定不是寂定，真知不是知識，並以知識、寂定不二之一心，來契合空、有雙融之中道，不要攝取也不要收拾，是與非兩消亡，能與所雙斷絕。此斷絕亦已寂滅，則般若顯現於前。般若不是由心外新產生的，智性卻是本來就具足的。但是本具之智性寂滅而不能自己顯現，故其顯現實是因為般若的功力。因此般若相對於智性，翻覆而相成。本具之智性相對於始初之修行，其實並沒有兩體。沒有正人則妙覺圓滿清明，始末詳備融合則因果交互滲透。心心皆作佛，則沒有一心而不是佛心。處處都成道，則沒有一塵而不是佛國。所以真與妄、物與我，舉出一個便全部收攝了。心、佛與眾生，便渾然一齊來到。因此知道迷惑則人隨法而轉移，萬法皆有差異而人人不同；悟徹則法隨人而映現，人人均具一智而融合了萬般境象。言語窮盡、思慮斷絕，什麼是果什麼是因？性體本來寂寥，誰相同誰又相異？只有忘懷虛明清朗，消息沖淡融合，猶如是穿透水波的月影，雖然是虛像卻可看見，就如是明鏡中無心之影像，雖然能映照而常是空虛。

【說　明】澄觀大師為唐代山陰人，俗姓夏侯，年十一歲時於寶林寺出家，既長，學無常師，遍參南北耆宿，律、禪、三論、法華諸宗無不深入堂奧，並兼通因明咒儀、子史經傳之學，後又入天竺山向詵法師學華嚴宗旨，隨登五臺山而撰作《華嚴隨疏演義》四十卷，於貞元四年（七八八年）講說於大華嚴寺，七年再講說於河東太原崇福寺，於是名震京師。八年，唐德宗徵入長安。元和五年（八一〇年）任為僧統，號國師。唐順宗為太子時，曾遣人向其問法，澄觀述〈心要〉作答。其寂化之歲月不詳，壽約七十餘，著述甚多。

坐禪箴

杭州五雲志逢和尚

坐不拘身，禪非涉境。拘必乃疲，涉則非靜。不涉不拘，真光迥孤。六門❶齊應，萬行同敷❷。嗟爾初機，未達玄微。處沉隨掉❸，能所支離。不有權巧，胡為對治？驅策抑按，均調惛亂❹。息慮忘緣，乍同死漢。隨宜合開，靡專壁觀。

達磨大師正付法眼外，委示初機修心之要，啟四門四行❺，匪專一也。

馳想頗多，安那鉢那❻。

或掉舉猛利❼及惛住等，宜易觀修於數息，或出或入，不得交互。

沿流劍閣，無滯木鵝。如火得水，如病得醫。病瘳❽醫罷，火滅水傾。一念清淨，體寂常靈。是靈是寂，非靈非寂。是非迭生，犯過無極。前滅後興，還如步走。患乎不知，知則無咎。日由背夜，鏡奚照後？此則不然，圓明通透。照而不緣，寂而誰守？萬象瀛❾滙，太虛閃電。摧壞魔宮，衝倒佛殿。跛者得履，瞽者發見。法界塵寰⑩，齊輪頓現。曠蕩郊廓，或坐或眠。既明方便，乃號金仙⑪。吾雖強說，爰符聖言。聖言何也？要假重宣。不動不禪，是無生禪。

又云：若學諸三昧，是動非坐禪。心隨境界流，云何名為定？故知歷代祖，唯傳此一心。祖光既遠大，吾子⑫幸堪任。聊述無言旨，乃曰〈坐禪箴〉。

【注　釋】❶六門　一曰求解脫之願心，二曰積集勝行之資糧，三曰使心善住於一處，四曰資師圓滿，五曰所緣圓滿，六曰作意圓滿。此六門習修禪定而得世出世之果。❷敷　敷設；敷陳。❸掉　也作「掉舉」，即令心高舉而不安靜，為煩惱之異名。❹惛亂　使心昏沉散亂。❺四門四行　四門：一有門，二空門，三亦有亦空門，四非有非空門。依據此四者而得入真性實相之地，故稱為門。四行即指菩提、福德、智慧與羯磨之四行。❻安那鉢那　也稱「阿那波那」、「安那般那」等，即數息觀，數出息入息以鎮心之觀法名。❼猛利　即「猛利煩惱」，二煩惱之一，如因果撥無之邪見，即上品之煩惱。❽瘳　疾病痊癒。❾瀛　大海。❿塵寰　即塵世。⓫金仙　佛家稱外道仙人修行堅固者為金仙。⓬吾子　對人相親愛的稱呼。

【語　譯】坐禪並不拘束身體，禪定也不關涉境象。拘束必定會疲倦，關涉則不能寂靜。不關涉又不拘束，真性之光迴然獨照。六門一齊響應，萬行同時敷陳。嗟歎你們初機後學者，未能通達玄微之旨意。入處沉沒而隨之掉舉，能所支離散分。沒有權巧方便，怎能對治修習？驅策抑止按息，均衡調理昏沉散亂。止息思慮、忘記塵緣，忽然如同死人一樣。隨宜而開合，並不專意於壁觀。達磨大師於正付法眼之外，還傳示初機後學者修心之要旨，啟發四門四行，並不專一於壁觀。馳奔之想很多，故行數息觀法。或者掉舉猛利煩惱及昏沉、執著等，應該把觀修改作數息，或者出或者入，不可交叉參雜。沿河流於劍閣，而沒有滯留木鵝。就如同火得到了水，如同疾病得到了醫治。疾病痊癒則醫治結束，火熄滅則水被傾倒。一念得以清淨，即本體寂靜而常靈動。此即是靈動是寂靜，而不是靈動不是寂靜。是與非迭相轉生，侵犯、過失沒有窮極。前面寂滅而後面興起，就如同是步行有前、後步一樣。因為不知而產生憂患，知道則沒有過錯了。白晝是因為背離了黑夜，鏡子又怎樣映照身後呢？這裡卻不是這樣的，圓滿明澄而通達透徹。映照而不緣起，寂靜而誰來持守？萬象如大海中的浮漚，如同太虛中的閃電。摧毀了魔宮，衝倒了佛殿。瘸子得以行走，瞎子能看到東西。法界與塵世，齊輪頓時顯現。空曠的郊野與市集，有時打坐有時睡眠。既然明悟了方便法門，就號稱為金仙。我雖然強為解說，卻也符合聖人之言。聖人之言是什麼？還要假借反覆宣講。不搖動又不禪定，就是無生之禪。

又說道：如果修學諸三昧，即是動搖而不是坐禪。心隨著境界而流淌，把什麼稱為禪定？所以知道歷代祖師，只傳授此一心。祖師之光既然遠大，吾子幸可擔負此重任。聊為敘述無言說之旨意，乃稱之為〈坐禪箴〉。

【說　明】志逢禪師為德韶國師之法嗣，北宋初住持杭州五雲山華嚴院，故人稱五雲和尚。當唐末五代之時，因法眼文益禪師的大力舉揚，使一貫呵祖罵佛、輕視經教之禪風大為轉變，禪林由此對研習「古教」及坐禪等修行之法大為關注。志逢禪師的〈坐禪箴〉正因為此而撰作。

證道歌

永嘉玄覺真覺大師

君不見，絕學無為閑道人，不除妄想不求真。無明實性❶即佛性，幻化空身即法身。法身覺了無一物，本源自性❷天真佛❸。五陰浮雲空去來，三毒❹水泡虛出沒。證實相，無人法❺，剎那滅卻阿鼻❻業。若將妄語誑眾生，自招拔舌❼塵沙劫❽。頓覺了，如來禪，六度萬行體中圓。夢裡明明有六趣，覺後空空無大千。無罪福，無損益，寂滅性中莫問覓。比來❾塵鏡未曾磨，今日分明須剖析。誰無念？誰無生？若實無生無不生。喚取機關木人問，求佛施功早晚⑩成？放四大，莫把捉，寂滅性中隨飲啄⑪。諸行無常一切空，即是如來大圓覺⑫。決定說，表真乘⑬，有人不許任情徵⑭。直截根源⑮佛所印，摘葉尋枝⑯我不能。摩尼珠，人不識，如來藏裡親收得。六般神用⑰空不空，一顆圓光色非色⑱。淨五眼，得五力⑲，唯證乃知難可測。鏡裡看形見不難，水中捉月爭拈得？常獨行⑳，常獨步，達者同遊涅槃路。調古神清風自高，貌悴㉑骨剛人不顧。窮㉒釋子，口稱貧，實是身貧道不貧。貧則身常披縷褐㉓，道即心藏無價珍。無價珍，用無盡，利物應時終不吝。三身四智㉔體中圓，八解六通心地印。上士㉕一決一切了，中下多聞多不信。但自懷中解垢衣，誰能向外誇精進？從他謗，任他非，把火燒天徒自疲。我聞恰似飲甘露，銷融頓入不思議。觀惡言，是功德，此則成吾善知識。不因訕謗㉖起怨親，何表無生慈忍㉗力？宗亦通，說亦通，定慧圓明不滯空。非但我今獨達了，河沙諸佛體皆同。師子吼，無畏㉘說，百獸聞之皆腦裂㉙，香象奔波失卻威，天龍寂聽生欣悅。遊江海，涉山川，尋師訪道為參禪。自從認得曹溪路，了知生死不相干。行亦禪，坐亦禪，語默動靜體安然。縱遇鋒刀常坦坦，假饒毒藥也閑閑。我師得見然燈佛，多劫曾為忍辱仙㉚。幾迴生，幾迴死，生死悠悠無定止。自從頓悟了無生，於諸榮辱何憂喜？入深山，住蘭若，岑崟[31]幽邃長松下。優遊靜坐野僧家，闃寂[32]安居實蕭灑。覺即了，不施功，一切有為法不同。住相[33]布施生天[34]福，猶如仰箭射虛空。勢力盡，箭還墜，招得來生不如意。爭似無為實相門，一超直入如來地[35]。但得本，莫愁末，如淨瑠璃[36]含寶月[37]。既能解此如意珠[38]，自利利他終不竭。江月照，松風吹，永夜清宵何所為？佛性戒珠[39]心地印，霧露雲霞體上衣。降龍鉢[40]，解虎錫[41]，兩股金鐶[42]鳴歷歷[43]。不是摽[44]形虛事持，如來寶仗親蹤迹。不求真，不斷妄，了知二法空無相。無相無空無不空，即是如來真實相。心鏡[45]明，鑑無礙[46]，廓然瑩徹[47]周沙界。萬象森羅影現中，一顆圓明非內外。豁達空，撥[48]因果，漭漭蕩蕩[49]招殃禍。棄有著空病亦然，還如避溺而投火。捨妄心，取真理，取捨之心成巧偽。學人不了用修行，真成認賊將為子[50]。損法財[51]，滅功德，莫不由斯心意識[52]。是以禪門了卻心，頓入無生知見力。大丈夫，秉慧劍[53]，般若鋒兮金剛焰，非但能摧外道心，早曾落卻天魔膽。振法雷[54]，擊法鼓[55]，布慈雲[56]兮灑甘露，龍象蹴蹋潤無邊，三乘五性[57]皆惺悟。雪山肥膩[58]更無雜，純出醍醐我常納。一性圓通一切性[59]，一法徧含一切法。一月普現一切水，一切水月一月攝[60]。諸佛法身入我性，我性還共如來合。一地[61]

具足一切地[62]，非色非心非行業。彈指圓成八萬門[63]，剎那滅卻阿鼻業。一切數句[64]非數句，與吾靈覺何交涉？不可毀，不可讚，體若虛空勿涯岸。不離當處[65]常湛然，覓則知君不可見。取不得，捨不得，不可得中只麼得。默時說，說時默，大施門開無壅塞。有人問我解何宗？報道摩訶般若力。或是或非人不識，逆行順行[66]天莫測。吾早曾經多劫修，不是等閑相誑惑。建法幢[67]，立宗旨，明明佛敕曹溪是。第一迦葉首傳燈，二十八代西天記。入此土，菩提達磨為初祖。六代傳衣天下聞，後人得道何窮數！真不立，妄本空，有無俱遣不空空。二十空門元不著，一性如來體自同。心是根，法是塵，兩種猶如鏡上痕。痕垢盡除光始現，心法雙亡性即真。嗟末法[68]，惡時世，眾生福薄難調制。去聖遠兮邪見深，魔強法弱多怨害，聞說如來頓教門，恨不滅除令瓦碎。作在心，殃在身，不須怨訴更尤[69]人。欲得不招無間業，莫謗如來正法輪。旃檀林，無雜樹，鬱密深沉師子住。境靜林間獨自遊，走獸飛禽皆遠去。師子兒，眾隨後，三歲即能大哮吼。若是野干逐法王，百年妖怪虛開口。圓頓教[70]，勿人情，有疑不決直須爭。不是山僧逞人我[71]，修行恐落斷常[72]坑。非不非，是不是，差之毫釐失千里。是即龍女頓成佛，非即善星[73]生陷墜。吾早年來積學問，亦曾討疏尋經論，分別名相不知休，入海算沙徒自困。卻被如來苦訶責，數他珍寶有何益？從來蹭蹬[74]覺虛行，多年枉作風塵客[75]。種性邪，錯知解，不達如來圓頓制。二乘精進勿道心，外道聰明無智慧。亦愚癡，亦小騃[76]，空拳指上生實解，執指為月枉施功，根境[77]法中虛捏怪[78]。不見一法即如來，方得名為觀自在。了即業障本來空，未了還須償宿債。飢逢王饍不能飡，病遇醫王[79]爭得差？在欲行禪知見力，火裡生蓮[80]終不壞。勇施犯重[81]悟無生，早時成佛于今在。師子吼，無畏說，深嗟懵懂頑皮靼[82]。（音折。）只知犯重障菩提，不見如來開秘訣[83]。有二比丘犯婬殺，波離[84]螢光增罪結[85]。維摩大士頓除疑，還同赫日[86]銷霜雪。不思議，解脫力，此即成吾善知識。四事[87]供養敢辭勞，萬兩黃金亦銷得。粉骨碎身未足酬，一句了然超百億。法中王，最高勝，河沙如來同共證。我今解此如意珠，信受之者皆相應。了了見，無一物，亦無人，亦無佛。大千世界海中漚，一切聖賢如電拂。假使鐵輪頂上旋，定慧圓明終不失。日可冷，月可熱，眾魔不能壞真說[88]。象駕[89]崢嶸漫進途，誰見螗蜋[90]能拒轍[91]？大象不遊於兔徑，大悟不拘於小節。莫將管見[92]謗蒼蒼[93]，未了吾今為君決。

【注釋】❶實性　真如之異名。《仁王經》：「諸法實性，清淨平等，非有非無。」❷自性　諸法各自有不變不改之性，即名自性。❸天真佛　法身佛之異名，指眾生本具之理性天真獨明者。《宗鏡錄》：「祖佛同指此心而成于佛，亦名天真佛、法身佛、佛性如如佛。」❹三毒　一為貪毒，二為瞋毒，三為痴毒。亦稱三根，為一切煩惱之根本。❺人法　人即是接受佛教之眾生，法即是佛之教法。❻阿鼻　受苦無間之義，指無間地獄，為八大地獄之最苦者，極惡之人墮於其中。❼拔舌　即「拔舌地獄」之略，為作口業者所墮入之地獄。❽塵沙劫　即「塵點劫」，譬喻極久長之時間。❾比來　往昔；先前。❿早晚　何時；何日。多問將來之事。唐人白居易〈種柳三詠〉詩：「白頭種松桂，早晚見成林？不及栽楊柳，明年便有陰。」⓫飲啄　此喻指安然之生活。⓬大圓覺　廣大圓滿之覺，即佛智。《圓覺經》：「一切眾生欲泛如來大圓覺海，先當發願勤修二障。」⓭真乘　即真實之教法。⓮徵　證明。《廣韻·釋詁》：「徵，明也。」⓯直截根源　即單刀直入、直了自心之義，為主張頓悟的六祖慧能禪師一系禪宗的主要特徵。⓰摘葉尋枝　其義與「直截根源」相反，謂只知於經文中尋章摘句，而不能直了自心。⓱六般神用　傳說摩尼珠有種種神異，其五色輝耀，能夜明，能濁水澄清，能不假柴火而煮熟飯菜，能映照一切寶物等等。佛經中多用摩尼珠比喻人人具足之清淨佛性，即佛性不可作「有」、「無」見，而妙用無窮。⓲一顆圓光色非色　摩尼珠本無固定之色，隨方而現諸色。宋僧寶臣《注楞伽經》：「如摩尼珠，不作心而隨色變，以譬如來不作意，能隨眾生善根心水大小而變。」⓳五力　一為信力，使信根增長而破諸邪信；二為精進力，使精進根增長而破除身之懈怠；三為念力，使念根增長而破除諸邪念；四為定力，使定根增長而破除諸亂想；五為慧力，使慧根增長而破除三界諸惑。⓴行　行走。《釋名·釋姿容》：「兩足進曰行。」相對於「行」，「步」有徐行、緩行之義。《釋名·釋姿容》：「徐行曰步。」㉑悴　憔悴；面黃肌瘦、衰弱不振的樣子。㉒窮　貧困。《荀子·大略》：「多有之者富，少有之者貧，至無有者窮。」㉓縷褐　僧人所穿之衲衣由黑褐色之布條縫製而成，故也稱縷褐。㉔三身四智　《頓悟入道要門論》：「問：東四智成三身者，幾個智共成一身，幾個智獨成一身？答：大圓鏡智獨成法身，平等性智獨成報身，妙觀察智與成所作智共成化身。此三身亦假立名字分別，只令未解者看。若了此理，亦無三身應用。何以故？為體性無相，從無本而立，亦無無住。」㉕上士　具上等根器之人，即上文所言的「絕學無為閑道人」。㉖訕謗　說人壞話。㉗慈忍　慈悲與忍辱，為三軌之二。㉘無畏　也作「無所畏」，謂佛於大眾中說法，具泰然無所畏懼之德。㉙腦裂　義同「心膽俱裂」。㉚忍辱仙　釋迦牟尼於因位為忍辱仙，修忍辱之行，而其身為歌利王所支解。㉛岑崟　山石高峻奇特貌。西漢人司馬相如〈子虛賦〉：「岑崟參差，日月蔽虧。」㉜闃寂　寂靜；杳無人聲。㉝住相　四相之一。謂使法體於現在暫時安居而各行自果。自果指三乘各自之聖果。㉞生天　四種天之一。如四天王直至非想天，為眾生可生之天處，故稱生天。㉟如來地　即佛之位。㊱淨瑠璃　即「淨琉璃世界」，為東方藥師琉璃光如來所居之淨土。㊲寶月　即「寶月智嚴音自在王如來」之略稱，為東方七佛藥師之一，曾發八大願。㊳如意珠　即摩尼寶珠，能使人所求皆如意，故名。㊴戒珠　戒律清潔，能莊嚴人身，故譬喻為珠玉。㊵降龍鉢　如來降伏毒龍，收入鉢中。事見《佛本行集經・迦葉三兄弟品》。㊶解虎錫　《續高僧傳・僧稠傳》載：僧稠曾於王屋山見兩虎交鬥，便以錫杖從中分解。㊷金鐶　指錫杖上的金屬圓環，振動錫杖時能發出聲響。㊸歷歷　聲音清晰貌。㊹摽　高舉。㊺心鏡　心如明鏡，能照萬像，故稱心鏡。㊻無礙　自在通達而無礙，也作「無閡」。㊼瑩徹　明潔透徹貌。㊽撥　絕；除。㊾漭漭蕩蕩　廣遠、浩淼的樣子。㊿認賊將為子　將盜賊錯認作兒子，比喻本末倒置。(51)法財　佛法能如財物利益眾生，故稱法財。《維摩經・佛國品》：「常以法財施一切。」(52)心意識　《六波羅蜜經》：「集起說為心，思量性名意，了別義為識，是故說唯心。」(53)慧劍　智慧能斷煩惱，故名慧劍。(54)法雷　佛說法之法音雄猛，能發動無明之識，如震雷駭動眾物之情，故名。《無量壽經》：「震法雷，曜法電。」(55)法鼓　古代作戰時以鼓聲誡示軍兵進擊，故以此譬喻佛之說法為誡眾生進善。《法華經・序品》：「吹大法螺，擊大法鼓。」(56)慈雲　慈心廣大，覆蓋一切，故譬之為雲。(57)五性　法相宗認為一切眾生之機分為五性，以此定其能否成佛：一為定性聲聞，有可開阿羅漢果之無漏種子者；二為定性緣覺，有可開辟支佛果之無漏種子者；三為定性菩薩，有可開佛果之無漏種子者；四為不定性，有兩種或三種無漏種子者；五為無性，無三乘之無漏種子，而有可開人天果之有漏種子者。(58)肥膩　此以肉膘白肥細膩來形容雪山之雪白潔淨。(59)一切性　通善、惡、無記三性稱一切性。(60)一月普現一切水二句　此語形象揭示了佛教「一即一切、一切即一」之思想。此圓通一切、遍含一切之思想，是佛教中最為究極根本之說，因為一切法在真如法界中雖顯現種種差別之相，但其本體中並無絲毫差異。《傳心法要》：「諸佛圓通，更無增減，流入六道，處處皆圓。萬類之中，個個是佛。譬如一團水銀，分散諸處，顆顆皆圓，若不分時，只是一塊。此一即一切，一切即一。」(61)一地　以大地譬喻眾生之佛性。謂一切草木種子皆因大地而生，一切善根功德皆依一佛性而生，故以名。(62)一切地　通有尋有伺地、無尋唯伺地、無尋無伺地稱一切地。有尋有伺為三三昧之一，即有尋之心所、有伺之心所；無尋唯伺為色界之中間禪，即無尋之心所、唯有伺之心所；無尋無伺為色界二禪已上，即無尋之心所、無伺之心所。(63)八萬門　「八萬四千法門」之略。佛經中稱收有教義之法藏與解釋教義之法門各有八萬四千之數。(64)一切數句　「數」為「智」之異名，「句」為住處之義。故「一切數句」即「一切智句」，指佛之住處。(65)當處　本處；當下。(66)逆行順行　違逆真理謂之逆行，隨順真理謂之順行。(67)法幢　古代戰將當戰勝敵人後，便建立旗幢以示意。因佛菩薩所說法玄妙高聳，能降伏魔軍而得勝，故譬喻為法幢。(68)末法　因離佛寂滅之時長短而分作正法、像法、末法三時。即正法五百年，像法一千年，末法一萬年。(69)尤　怨恨。(70)圓頓教　即天台宗所稱之「圓教」。(71)逞人我　意同「爭人我」，即有勝負心，要與人分出高低。(72)斷常　五惡見之第二謂邊見。邊見有二，一為斷見，二為常見。73善星　為釋迦牟尼為太子時所生之子，出家誦十二部經而能斷欲界煩惱，發得第四禪定，自謂已得真涅槃，但因親近惡友而喪失所得之解脫，便認為無涅槃之法，起因果撥無之邪見，且向佛起惡心，而生墮無間地獄。74蹭蹬　遭遇挫折；不順利。此指坎坷經歷。75風塵客　此喻僧人四處行腳參學，而不明自心所具足之佛性。76騃　愚痴。77根境　也名「根塵」。即色之所依而能取境者稱根，根之所取者稱境。78捏怪　作怪；行為怪異不端。79醫王　醫生中之王，用以譬喻佛陀。80火裡生蓮　比喻從世間之煩惱中獲得清淨解脫，猶如從火中生出蓮花一樣稀見。《維摩經・佛道品》：「火中生蓮華，是可謂希有；在欲而行禪，希有亦如是。」「火」喻世間種種煩惱。81犯重　謂犯小乘戒之四重罪與大乘戒之十重罪。82頑皮靼　頑皮，即厚皮。靼，帶嚼口的馬籠頭。83秘訣　秘密之口訣。84波離　即「烏波提」之略，為小乘、外道之涅槃。85結　煩惱的異名。謂為煩惱因而結集於生死，故稱之為結；又指束縛眾生不使解脫，故稱作結。86赫日　紅日。87四事　調衣服、飲食、臥具、湯藥。88真說　此指如來所說之真法。89象駕　譬喻佛法東傳，為象馱經卷而來。《華嚴玄談》：「鷲岩西峙，象駕東驅。」90螗蜋　即「螳螂」。91轍　車轍，此代指車輪。92管見　很小的見解，自謙之辭。93蒼蒼　即「蒼生」。

【語　譯】君不見，絕學無為的閒道人，不除妄想也不求真實。無明之實性即是佛性，幻化之空身便是法身。法身覺悟了即沒有一物，本源自性即是天真佛。五陰如浮雲白白地來來往往，三毒如水泡徒然地產生消失。印證實相，沒有人法，剎那間滅掉了阿鼻之惡業。如果用妄語誑騙眾生，而自己招致於塵沙劫中墮入拔舌地獄之罪惡。頓時覺悟了，即是如來禪法，六度萬行於本體中圓滿。睡夢裡明明有六趣，醒來後卻空空如也而消失了大千世界。沒有罪惡與福德，沒有損失與增益，寂滅性中不要去訪問、尋覓。從前明鏡被塵埃所蒙蔽而未曾拂拭，今天分明要加以剖析。誰無念？誰又無生？如果確實是無生即無不生。呼喚內設機關的木偶人來詢問，懇求佛施行功力何時才得以成功？放棄四大，不要把捉，寂滅性中任隨你飲啄。諸行無常一切皆空，即是如來的大圓覺。決斷講說，以表述真乘，有人不許可便任其情證明。直截根源為佛所印證，摘葉尋枝我卻不能夠。摩尼寶珠，世人皆不認識，如來藏裡卻親自收得。使五眼得以清淨，即獲得了五力，只有證明了才能知道其難以預測。鏡子裡觀看形像則要見也不難，水中撈月又怎麼能撈上呢？常獨自而行，常獨自緩緩而步，達悟者同登涅槃之路。曲調古拙、神情晴朗故其風致自高雅，容貌憔悴、骨氣剛毅而不迴視世人。窮釋子，口中自稱貧道，實是身上貧困而道並不貧困。貧困則身上常披著衲衣，懷道則心中深藏著無價珍寶。無價之珍寶，應用沒有窮盡，利益萬物、迴應時機而終究不吝惜。三身、四智於本體中圓成，八解脫、六神通於心地上印證。上士一旦覺悟便一切了斷，中下根器之人雖然多聞見卻多不崇信。只是從懷中解去汙垢之衣，誰又能向外誇耀精進不已？聽從他誹謗，任隨他非議，拿火去燒天徒然使自己疲勞。我聽聞後恰似飲下了甘露，消融疑滯、頓時悟徹而進入了不可思議之境。觀聽惡言，即是功德，此便成為我的善知識。不因為訕謗而興起怨懟、親近之情，怎麼表現無生慈悲忍辱之力？宗乘也通達，講說也通達，定慧圓明而不滯留於空。不但我現今獨自通達了悟，如恆河之沙粒一樣繁多的諸佛之體也相同。獅子吼，無畏說法，百獸聽到後都心膽俱裂，香象四處奔波而失去了威儀，天龍靜靜地聽聞而生出欣喜之情。遊歷江海，跋涉山川，尋師訪道是為了參禪。自從認得了曹溪之路，了然知道生與死原不相干。行也是禪，坐也是禪，言語與沉默、行動與寂靜其心體都安然如一。縱然遇到刀鋒相逼也常懷坦然，即使是毒藥也等閒視之。我師看見了燃燈佛，眾劫中曾為忍辱仙。幾回生，又幾回死，生死悠悠沒有定止。自從頓悟而了達無生之旨，在此諸榮辱中又有什麼憂患與喜悅呢？進入深山，居住在蘭若內，就在那山石岑崟、枝葉幽邃的古松之下。悠遊靜坐於山野僧家，闃寂地安居確實瀟灑。覺悟即了斷，不用施用功力，一切有為之法皆不相同。住相布施而欲得生天之福，就像是仰面向虛空射箭。等到力道已盡，此箭還得墜落，並招得來生之不如意。怎麼能比那無為實相法門，一旦超越即徑直進入如來地。只要獲得其根本，就不要憂愁其末節，就如淨琉璃世界所含之寶月如來。既然能明白此如意珠，自利、利他終究不會竭盡。江月映照，松風吹拂，長夜清宵想要做什麼？佛性戒珠心地上印證，霧露雲霞為身上之衣裳。降龍之鉢，解除雙虎爭鬥之錫杖，兩股金環歷歷鳴響。並不是高舉錫杖空作出奉持的樣子，實是如來寶杖親自留下的蹤跡。不追求真實，不斷絕虛妄，了然知道二法空無相。無相無空而無不空，即是如來的真實之相。心鏡澄明，鑑別無礙，廓然明潔透徹而周遍了無窮世界。萬象森羅皆影現於其中，一顆圓明之心不分內外。豁達空無，撥除因果，漭漭蕩蕩招致了災禍。捨棄有、執著空之病也一樣，還如同是為了躲避溺水而投身入火中。捨棄妄心，攝取真理，因取捨之心而形成了巧偽。學人不能了悟而去修行，真得成了認賊作子者。損滅法財，滅除功德，沒有不依從這心、意、識的。所以禪門了卻了心，頓時悟入無生知見力。大丈夫秉持著慧劍，以般若為劍鋒啊以金剛為光焰，不但能摧破外道之心，而且早就震落了天魔之膽。震動法雷，擊打法鼓，布起了慈雲啊灑下了甘露，龍、象踩踏而滋潤了無邊世界，三乘五性都得以省悟。雪山潔白澄淨更沒有雜物，清純流出的醍醐我常收納。一性圓通一切性，一法遍含一切法。一月普遍顯現於一切水中，一切水中之月由一月所統攝。諸佛之法身進入我之性中，我之性還與如來相契合。一地具足一切地，不是色不是心也不是行業。彈指之際圓成了八萬四千法門，剎那間除滅了阿鼻惡業。一切數句不是數句，與我靈覺又有什麼交涉？不可毀壞，不可讚美，本體如同虛空而沒有際岸。不離當處而常湛然清淨，尋覓則知道君不可看見。攝取不得，捨棄不得，不能獲得中就這樣獲得。沉默時講說，講說時沉默，大施捨之門敞開而沒有壅塞。有人問我懂得什麼宗旨？告訴他說是摩訶般若之力。或者是、或者非而人們都不認識，逆行與順行連天都不能測知。我從前曾經多劫修行，並不是等閒來誑騙惑眾。建起了法幢，樹立了宗旨，曹溪大師顯明所說的即是佛旨。第一世迦葉尊者首先傳法燈，西天二十八代祖師相繼傳承。傳入此中土，菩提達磨成為了初祖。六世承傳衣鉢為天下所傳聞，後代得道之人無窮數！真實不用建立，虛妄本來即空，有與無皆遣去即為不空之空。二十空門原本不執著，一性如來其本體自相同。心即是根，法即是塵，此兩種猶如是明鏡上的汙痕。垢痕全都除去則光明始顯現，心、法雙亡而性即真實。感歎末法，厭惡時世，眾生福德淺薄而難以調伏制御。離開聖人久遠了啊邪見日深，魔強法弱而產生了很多怨懟危害，聽說有如來頓教法門，恨不得如同粉碎瓦片一樣將它滅除。作業在心，禍害在身，不須恨恨地訴說而怨怒別人。想要不招致無間惡業，就不要誹謗如來之正法輪。旃檀林，沒有雜樹，鬱鬱密密而深沉的為獅子之住處。於境象靜謐的林間獨自漫遊，走獸飛禽都遠離去。獅子兒，眾獸追隨其後，三歲就能作大聲哮吼。如若是狐狸追逐法王，百歲妖怪就白白地張開了口。圓頓教，沒人情，有疑問不能決斷必須爭論。不是山僧在爭人我，是因為擔心修行落入了斷常之陷坑中。非不是非，是不是是，差之毫釐即相去千里。是即是龍女頓時成佛，非即是善星生墮入無間地獄。我早年也曾積累過學問，也曾研討過疏義、講尋過經論，為分別名相而不知道休歇，如同跳入大海計算沙粒一樣徒然自困。反而被如來痛加呵責，計算他家珍寶有什麼益處？從前的坎坷經歷現今覺得都是虛勞苦行，多年來枉自作了風塵客。種性已邪，錯作知解，未能通達如來的圓頓教旨。二乘精進並不是道心，外道聰明也不是智慧。也愚痴，也小騃，空拳指上生出真實的解釋，執著地以手指為月而枉自用功，根境法中徒勞作怪。沒發見一法即是如來，方才能稱作觀自在。了悟則業障本來空，未了悟則還必須償還宿債。饑餓時遇到國王的膳食卻不能吃，生病時遇見了醫王又怎能痊癒？在欲中而施行禪定知見之力，火焰裡生出的蓮花終究不會敗壞。勇猛施行而犯重戒因此悟徹了無生，從前成佛至今仍存在。獅子吼，無畏講說，深深感歎懵懂如同頑皮靼。只知道犯重戒障礙菩提，而不看見如來正在開示秘訣。有兩位比丘犯了淫戒、殺戒，烏波提涅槃只是螢火之光反而增添了罪結。維摩詰大士頓時除去了疑惑，還如同紅日消融了霜雪一樣。不可思議的解脫之力，此即成為我的善知識。四事供養怎敢以辛勞推辭，萬兩黃金也作為施捨。粉身碎骨也不足以報恩，一句頓悟便超越了百億眾。法中之王，最為高勝，如恆河中沙粒一樣繁多的如來也一同來證明。我現今領會此如意寶珠，信受之人都相迴應。了了知見，沒有一物，也沒有人，也沒有佛。大千世界如同大海中的浮漚，一切聖賢如同電光閃過。假使在鐵輪山頂上盤旋，定慧圓明也終究不會失去。太陽可以冷卻，月亮可以發熱，眾魔卻不能毀壞真法。漫論象駕前進在崢嶸的長途中，誰見過螳臂能擋車？大象不會從兔子出沒的小路上來往，大徹悟便不再拘泥小節。不要用管見誑騙蒼生，還未能了悟則我來為君作決斷。

【說　明】永嘉玄覺禪師為六祖慧能大師的弟子，謚真覺大師。玄覺禪師生前主要在江、浙地區傳法，「三吳碩學，輻輳禪階」，其弟子「為時所推」，但其禪法卻遠傳至西北的河西等地及海外的高麗、新羅等國。玄覺禪師傳世之著作有〈證道歌〉與《永嘉集》，但兩者表達了兩種不甚相同的禪觀。《永嘉集》編集得極有順序，為早期禪論中所罕見，且內容矛盾之處頗多，時有抨擊荷澤、保唐等主張的言論；〈證道歌〉自稱宗旨曹溪，且提及「六代傳衣」與西天二十八祖之說，這些都不是玄覺禪師在世時可能涉及的論題。因此可斷定，此兩部著作大都經過後人的增刪修飾。〈證道歌〉以「摩訶般若」為指導原則，以「無生」為般若的核心範疇，以「悟無生」為成佛的根本標誌。為此，〈證道歌〉重視把握「本」，即「但得本，莫愁末」。「本」為處於「無生」狀態下的至極智慧，即「靈覺」、「靈知」，「末」即是修行。故一旦成就靈覺，一通百通，萬事自了，而一切現象為靈覺所知，便都成了佛性之表現。這種「一月普現一切水，一切水月一月攝」的圓通一切、遍含一切之思想，在此後宋代理學的氛圍中，更易引起迴響，從而產生了巨大的影響。〈證道歌〉曾於遠離江、浙地區的西北敦煌石窟中發現；另據《大慧普覺禪師普說》載，〈證道歌〉還曾流傳至印度，被當地僧人翻譯成梵文以作研習，可證其影響之廣泛。

了元歌

騰騰和尚

修道道無可修，問法法無可問。迷人不了色空，悟者本無逆順。八萬四千法門，至理不離方寸❶。識取自家城郭❷，莫謾尋他鄉郡❸。不用廣學多聞，不要辯才聰俊。不知月之大小，不管歲之餘閏❹。煩惱即是菩提，淨華生於泥糞。人來問我若為？不能共伊談論。寅朝❺用粥充饑，齋時更飡一頓。今日任運騰騰❻，明日騰騰任運。心中了了總知，且作佯癡縛鈍❼。

【注釋】❶方寸　指心。❷自家城郭　此喻自身本性，也即佛性。❸尋他鄉郡　此喻向外尋求成佛之法。❹餘閏　即閏年。❺寅朝　凌晨三時至五時。❻任運騰騰　聽其自然、隨性任意、不加拘束即稱任運。「騰騰」與「任運」之義相同。❼佯癡縛鈍　假裝痴呆愚鈍的樣子。

【語　譯】修道則道不可修習，問法則法不可參問。迷惑之人不能明瞭色與空，悟徹者本來就沒有逆與順。八萬四千法門，至極之理不離開方寸之地。要認識自家之城郭，不要徒勞地尋求他人的鄉郡。不用廣學多聞，不要辯才聰穎俊秀。不知道月亮的大小，不用管那年歲的餘閏。煩惱即是菩提，清淨的花卉生長於糞土之中。有人來問我怎麼樣？不能同他一起談論。凌晨用薄粥來充饑，中午齋飯時再吃一頓。今天是任運騰騰，明日即騰騰任運。心中了了都已知曉，姑且作出痴呆愚鈍的樣子。

【說　明】仁儉禪師為嵩山慧安禪師的弟子，因其放曠郊野，故人稱騰騰和尚。〈了元歌〉為騰騰和尚唯一現存的詩歌，當時曾廣為傳布，題目一作〈樂道歌〉，字句略有出入。

南嶽懶瓚和尚歌

兀然❶無事無改換，無事何須論一段？直心❷無散亂，他事不須斷。過去已過去，未來猶莫算。兀然無事坐，何曾有人喚？向外覓功夫，總是癡頑漢。糧不畜❸一粒，逢飯但知嚙❹。陟立切。世間多事人，相趁渾不及。我不樂生天，亦不愛福田。饑來喫飯，困來即眠。愚人笑我，智乃知焉。不是癡鈍，本體如然。要去即去，要住即住。身披一破納，腳著孃生袴❺。多言復多語，由來❻反相誤。若欲度眾生，無過❼且自度。莫謾求真佛，真佛不可見。妙性❽及靈臺❾，何曾受薰鍊？心是無事心❿，面是孃生面⓫。劫石⓬可移動，箇中⓭無改變。無事本無事，何須讀文字？削除人我本⑭，冥合箇中意。種種勞筋骨，不如林下睡兀兀⑮。舉頭見日高，乞飯從頭⑯⿰扌聿⑰。將功用功，展轉⑱冥蒙⑲。取即不得，不取自通。吾有一言，絕慮亡緣。巧說不得，只用心傳。更有一語，無過直與。細如豪末，大無方所⑳。本自圓成，不勞機杼㉑。世事悠悠，不如㉒山丘。青松蔽日，碧澗長流。山雲當幕，夜月為鉤。臥藤蘿下，塊石枕頭。不朝天子，豈羨王侯！生死無慮，更復何憂？水月無形，我常只寧㉓。萬法皆爾，本自無生。兀然無事坐，春來草自青。

【注　釋】❶兀然　渾沌無知的樣子。❷直心　正直而無諂媚之心。《維摩經・佛國品》：「直心是菩薩淨土。」❸畜　通「蓄」。❹噇　吃。❺孃生袴　生下就穿著的褲子。❻由來　算來。❼無過　比不上；不如。❽妙性　即佛性。❾靈臺　本指心，此指本心，即佛性。❿無事心　此指清淨無染之本心。⓫孃生面　生來即有的面孔，即本來面目。⓬劫石　即「磐石劫」。傳說有周長達四十里之石山，有長壽人每百歲一來，用衣袖拂拭此磐石，石盡而劫未盡。佛教以此喻示劫時之長久。⓭箇中　此中；這當中。此指本心。⓮人我本　即「人我執」，佛教所要破除的一種妄念。⓯兀兀　同「兀然」。⓰從頭　此指挨家挨戶。⓱⿰扌聿　捋。此指徑直地去做。⓲展轉　反而。⓳冥蒙　糊塗。⓴方所　此指範圍、形狀。㉑機杼　織布機，此喻運用智識機巧。㉒不如　即「如」，「不」字無義。㉓只寧　如此；這樣。

【語　譯】兀然無事也不用改換，無事何須再論上一段？直心沒有散亂，其他事也不須斷絕。過去世已經過去，未來世也不要測算。兀然無事打坐，何曾有人呼喚？向外尋覓功夫，總是痴頑漢子。糧食不曾貯蓄一粒，遇到飯只知吃。世間多事之人，相互追趕卻渾然不及他。我不喜歡升上生天，也不貪愛福田。饑餓了就吃飯，困倦了就睡覺。愚人嘲笑我，智者才知我心。這不是痴愚魯鈍，本體即是如此。要離去就離去，要住下就住下。身上披著一件破衲衣，腿上穿著孃生褲。多言又多語，算來反而自誤。如要度化眾生，還不如姑且自度。不要徒然尋求真佛，真佛並不能見到。妙性與靈臺，何曾受到過薰陶、修煉？心是無事之心，面孔是孃生之面孔。劫石可被移動，此中卻沒有改變。無事本自無事，何須誦讀文字？消除了人我執，暗中契合此中真意。種種煩勞筋骨的修行，還不如於樹林下兀然大睡。舉頭看見太陽已高升，便挨家挨戶徑直去乞討飯吃。拿功去用功，反而更糊塗了。索取即不能得到，不索取卻自然通達。我有一句話，即絕思慮、忘因緣。不能機巧方便地解說，只能用心傳授。還有一句話，比不上直截傳授。細小如同毫末，廣大而無方所。本來自是圓成，不用煩勞機杼。世事本自悠悠，恰如此山丘長在。青松遮蔽了驕陽，青碧的溪水長流。把山頂的雲霞當作幕帳，把一彎夜月當作掛鉤。躺臥在藤蘿之下，頭部枕在塊石上。不去朝拜天子，難道會羨慕王侯！生死都不思慮，還會有什麼憂愁？水中之月沒有形狀，我便常如此。萬法皆是這樣的，本來自無生。兀然無事獨坐，春天來了草色自青翠。

【說明】懶瓚和尚本名明瓚，為嵩山普寂禪師的弟子，因其行為舉止脫拔不拘，故人稱懶瓚，也稱懶殘，居南嶽衡山為僧眾執役。此歌為懶瓚和尚的傳世之作，據《祖堂集》題〈樂道歌〉。

草庵歌

石頭希遷大師

吾結❶草庵無寶貝，飯了從容圖睡快。成時初見茅草新，破後還將茅草蓋。
住庵人，鎮常❷在，不屬中間與內外❸。世人住處我不住，世人愛處我不愛。庵
雖小，含法界，方丈老人❹相體解。上乘❺菩薩信無疑，中下聞之必生怪。問此

庵，壞不壞？壞與不壞主元在。不居南北與東西，基上堅牢以為最。青松下，明窗內，玉殿朱樓未為對。納帔❻幪❼頭萬事休，此時山僧都不會。住此庵，休作解，誰誇鋪席圖人買？迴光返照❽便歸來，廓達❾靈根❿非向背。遇祖師，親訓誨，結草為庵莫生退。百年拋卻任縱橫，擺手便行⓫且無罪。千種言，萬般解，只要交君長不昧。欲識庵中不死人⓬，豈離而今遮皮袋⓭！

【注　釋】❶結　搭建；構建。❷鎮常　永遠；久長。也作「鎮長」。❸不屬中間與內外　此指法身並無固定處所，也寓含「不落是非」、「不居兩邊與中間」之禪理。❹方丈老人　此指住庵者。❺上乘　即「大乘」之異名。❻納帔　即「衲被」，補綴過的被子。❼幪　同「蒙」。❽迴光返照　此謂收回向外尋找的目光，而觀照自身本心。❾廓達　通透豁達。❿靈根　靈慧的根性，即智慧心。⓫擺手便行　猶言「掉臂而行」，即甩動手臂行走，為一種自在灑脫的姿態。⓬不死人　此指省悟者。⓭皮袋　喻指身體、肉身。

【語　譯】我搭建草庵也沒有寶貝，希圖吃飯了能從容睡覺快活。剛建成時初次看見那茅草很新，殘破後還是用茅草來修補遮蓋。住庵之人，永遠都在，不屬於中間與內外。世人的住處我不居住，世人的喜愛之處我不喜愛。草庵雖然狹小，卻蘊含著法界，方丈老人自己能領會。上乘之菩薩信心沒有疑惑，中下根器之人聽到後必定會生出驚疑。詢問此草庵，會不會毀壞？毀壞與不毀壞那庵主原本都存在。也不居住在南北與東西，基礎堅牢以這裡為最。青松之下，明窗之內，玉殿朱樓都不能與它相比對。衲被蒙著頭睡覺則萬事都作休，此時山僧全都不加理會。居住在此草庵，休要作知解，誰在誇耀鋪著的草席而希望別人來買？迴光返照便回歸自我本心，通透豁達的靈根並沒有向背之區別。遇到祖師，親自作訓誨，結草為庵不要產生退悔之心。百年拋卻任意縱橫，擺手便行卻沒有罪過。千種言語，萬般解釋，只是要你永遠不要愚昧。想要認識此草庵中的不死人，豈能離開現在這皮袋！

【說　明】唐代禪林風規，得法僧人常選擇合適地點搭建草庵，一則用以參禪修道，二則接引四方雲遊僧人。石頭希遷和尚於南嶽石上築建草庵，即用此意。

樂道歌

道吾和尚

樂道山僧縱性多，天迴地轉任從他。閑臥孤峰無伴侶，獨唱無生一曲歌。無生歌，出世樂，堪笑時人和不著。暢情樂道過殘生，張三李四渾忘卻。大丈夫，須氣概，莫順人情莫妨礙。汝言順❶即是菩提，我謂從來自相背。有時憨❷，有時癡，非我途中爭得知？特達❸一生常任運，野客無鄉可得歸？今日山僧只遮是，元本山僧更若為？探祖機❹，空王子❺，體似浮雲勿隈倚。自古長披一衲衣，曾經幾度遭寒暑。不是真，不是偽，打鼓❻樂神施拜跪❼。明明一道漢江雲❽，青山淥水不相似。稟性成，無揩改❾，結角羅紋❿不相礙。或運慈悲喜捨心，或即逢人以棒闓⓫。慈悲恩愛落牽纏，棒打交伊破恩愛。報乎月下旅中人，若有恩情吾為改。

【注　釋】❶順　此指迷信崇拜。❷憨　痴呆。❸特達　奇特放曠。❹祖機　祖師之機緣，即禪機。❺空王子　即僧人。空王為佛的稱號之一。❻打鼓　道吾和尚經常擊鼓宣示徒眾。❼拜跪　極恭敬地施禮。❽漢江雲　道吾和尚自喻。因其住襄州（今湖北襄樊）關南寺，地近漢江，故有此喻。❾揩改　消除；更改。❿結角羅紋　唐、宋時口語，意為處處、到處。⓫闓開；啟。此指開悟。

【語　譯】樂道的山僧多放縱任性，天迴地轉全都任從他。閒臥孤峰而沒有伴侶，獨自吟唱一曲無生之歌。無生之歌，得出世之快樂，堪笑時人都唱和不了。順暢心情樂道以度過殘生，張三李四全都忘記了。大丈夫，須有氣概，不要依順人情也不要有妨礙。你說順從佛旨即是菩提，我謂從來就是相違背。有時候憨，有時候痴，不與我同道怎麼能知道？奇特放曠的一生常任運，野客沒有家鄉可還能歸去嗎？今日山僧只是這樣了，原本的山僧還要怎樣呢？探尋祖師的禪機，空王之子，其體如浮雲而沒有依偎。自古長披一件衲衣，曾經幾度遭受了寒暑的變化。不是真實，也不是虛偽，擊鼓娛樂神靈而施行拜跪之禮。明明一道漢江雲，青山綠水都不相似。稟性已成，不能更改，結角羅紋都不相妨礙。有時運用慈悲歡喜施捨之心，有時則逢人就用棍棒來開悟。慈悲則因恩愛而陷於牽繞糾纏，棒打就讓他破除世俗恩愛。告訴那在月光下行旅途中之人，如果有恩情則我來為你糾正。

【說　明】道吾和尚為關南道常禪師的法嗣，又曾因遊德山宣鑒和尚的門下而法味彌著。關南道常慣用棒喝打趁接引學人，德山宣鑒則以痛罵釋迦牟尼佛為「乾屎橛」而聞名禪林。道吾和尚頗以此二師為楷模，常曰「打動關南鼓，唱起德山歌」，平日上堂示徒，戴蓮花笠，披襴舞劍，擊鼓吹笛，口稱「魯三郎」，行為特怪異。

一鉢歌

道吾和尚

渴刺刺❶，鬧聒聒❷，總是悠悠造抹撻❸。如饑喫鹽加得渴，枉卻一生頭栟栟❹。

究竟不能知始末，拋卻死屍何處脫？勸君努力求解脫，閑事到頭須結撮❺。火落身上當須撥，莫待臨時叫菩薩。丈夫語話須豁豁❻，莫學癡人受摩捋❼。趁時❽結裹❾學擺撥❿，也學柔和也麤獷。也剃頭，也披褐⓫，也學凡夫作生活。直語向君君未達，更作長歌歌一鉢。〈一鉢歌〉，多中一，一中多。莫笑野人歌一鉢，曾將一鉢度娑婆。青天寥寥⓬月初上，此時影空含萬象。幾處浮生自是非，一源清淨無來往。更莫將心造水泡，百毛流血是誰教？不如靜坐真如地，頂上從他鵲作巢。萬代金輪聖王⓭子，只遮真如靈覺是。菩提樹下度眾生，度盡眾生不生死。不生不死真丈夫，無形無相大毗盧。塵勞滅盡真如在，一顆圓明無價珠。眼不見，耳不聞，不見不聞真見聞。從來一句無言說，今日千言強為分。強為分，須諦聽，人人盡有真如性。恰似黃金在鑛中，鍊去鍊來金體淨。真是妄，妄是真，若除真妄更無人。真心莫謾生煩惱，衣食隨時養色身。好也著⓮，弱⓯也著，一切無心無染著。亦無惡，亦無好，二際⓰坦然平等道。麤也餐，細也餐，莫學凡夫相上觀。也無麤，也無細，上方⓱香積⓲無根蔕⓳。坐亦行，行亦坐，生死樹下菩提果。亦無坐，亦無行，無生何用覓無生？生亦得，死亦得，處處當來⓴見彌勒。亦無生，亦無死，三世如來總如此。離則著，著則離，幻化門㉑中無實義。無可離，無可著，何處更求無病藥？語時默，默時語，語默縱橫無處所。亦無語，亦無默，莫喚東西作南北。嗔即喜，喜即嗔，我自降魔轉法輪。亦無嗔，亦無喜，水不離波波即水。慳時捨，捨時慳，不離內外及中間。亦無慳，亦無捨，寂寂寥寥無可把。苦時樂，樂時苦，只遮修行斷門戶。亦無苦，亦無樂，本來自在無繩索。垢即淨，淨即垢，兩邊畢竟無前後。亦無垢，亦無淨，大千同一真如性。藥是病，病是藥，到頭兩事須拈卻。亦無藥，亦無病，正是真如靈覺性。魔作佛，佛作魔，鏡裡尋形水上波。亦無魔，亦無佛，三世本來無一物。凡即聖，聖即凡，色裡膠清水裡鹹。亦無凡，亦無聖，萬行總持㉒無一行。真中假，假中真，自是凡夫起妄塵㉓。亦無真，亦無假，若不喚時何應喏？本來無姓亦無名，只麼騰騰信脚行。有時鄽市并屠肆，一朵紅蓮火上生。也曾策杖遊京洛，身似浮雲無定著。幻化由來似寄居，他家觸處更清虛。若覓戒，三毒瘡痍幾時差？若覓禪，我自縱橫汩碖眠㉔。大可憐，不是顛，世間出世天中天。時人不會此中意，打著南邊動北邊。若覓法，雞足山中問迦葉。大士持衣在此中，本來不用求專甲㉕。若覓經，法性真源無可聽。若覓律，窮子不須教走出。若覓修，八萬浮圖㉖何處求？只知黃葉止啼哭㉗，不覺黑雲遮日頭㉘。莫怪狂言無次第㉙，篩羅㉚漸入麤中細。只遮麤中細也無，即是圓明真實諦。真實諦，本非真，但是名聞即是塵。若向塵中解真實，便是堂堂出世人。出世人，莫造作，獨行獨步空索索㉛。無生無死無涅槃，本來生死不相干。無是非，無動靜，莫謾將身入空井。無善惡，無去來，亦無明鏡掛高臺。山僧見解只如此，不信從他造劫灰㉜。

【注　釋】❶遏刺刺　象聲詞，狀物體轉動聲。❷聒聒　象聲詞，形容聲音雜亂喧噪。❸抹撻　怠慢；懶散。也作「抹搭」、「抹刺」、「沒答」等。❹枅枅　此喻梗直不彎曲的樣子。枅，樹木砍伐後留下的木樁子。❺結撮　了結；收拾。❻豁豁　豁達；胸懷磊落。也作「豁落」。❼摩捋　擺布；支使。❽趁時　此指追逐時尚。❾結裹　穿著；打扮。❿擺撥　搖擺；擺動。引申為不受拘束、瀟灑。⓫褐　此指褐色的僧衣。⓬寥寥　遼闊。⓭金輪聖王　感得金輪寶之轉輪聖王，即金輪王。⓮著　即「染著」，謂愛欲之心於外物浸染執著而不離絕。⓯弱　不好；壞。⓰二際　一為涅槃際，二為生死際。視生死與涅槃為有別之際界者是小乘，大乘則認為生死即涅槃，本無際界。⓱上方　稱山寺。⓲香積　眾香世界之佛名。《維摩經‧香積佛品》載，維摩詰居士曾自香積佛世界以香飯供齋一法會之大眾。故寺院中之食廚或食物也稱香積，即取香積世界香飯之意。⓳根蔕　指事物的本源。⓴當來　應來之世，即來世。㉑幻化門　幻化之法門，即菩薩現種種幻力變化以度化眾生，斷煩惱而入寂滅。㉒總持　《註維摩經》：「肇曰：總持，謂持善不失，持惡不生。無所漏忌謂之持。」㉓妄塵　謂一切世間之事物，體性虛妄，且汙染聖道，猶如塵埃，故稱妄塵。妄為虛妄，塵為塵埃。㉔汩碖眠　即「囫圇睡」，指睡得很舒服。㉕專甲　專，全部、全都之義。甲，某人，此為個別之義。㉖八萬浮圖　即「八萬四千塔」之略數。《法華經‧藥王品》：「火滅已後，收拾舍利，作八萬四千寶瓶，以起八萬四千塔。」浮圖，即佛塔。㉗黃葉止啼哭　《涅槃經‧嬰兒行品》：「又嬰兒行者，如彼嬰兒啼哭之時，父母即以楊樹黃葉而語之言：『莫啼！莫啼！我與汝金。』嬰兒見已，生真金想，便止不啼。然此楊葉實非金也。」此以喻眾生如嬰兒無知，以嬰兒啼哭比喻眾生作惡受苦。故黃葉止啼哭，謂佛以方便權宜之法，勸令眾生莫造惡業，漸漸誘導眾生歸向佛法。㉘黑雲遮日頭　比喻學僧心頭一團漆黑，自具之清淨佛性被蒙蔽了。日頭，太陽，喻指佛性。㉙次第　次序；條例。㉚篩羅　一種濾分東西粗細的有孔竹器。㉛索索　孤單貌。㉜劫灰　劫火時形成的灰燼。

【語　譯】遏刺刺，鬧聒聒，總是悠悠到抹撻。如同饑餓時吃鹽反而加上了口渴，枉自一生頭頸枅枅。究竟不能知道其始末，拋卻了死屍什麼地方才能解脫？勸君努力求得解脫，閒事到頭來終須了結。火星落到了身上就應當撣去，不要等到火發之時大叫菩薩救命。大丈夫說話必須豁達，不要學那痴漢受人擺布。趁時打扮學瀟灑，也學柔和也學粗糙。也剃頭髮，也披褐衣，也學凡夫過生活。直截向君講說君卻沒有領會，就再作長歌一首以歌唱那一鉢。〈一鉢歌〉，多中有一，一中有多。不要笑話郊野之人在歌唱那一鉢，他曾經用一鉢度化娑婆世界。青天寥寥月亮初升，此時照耀長空蘊含著萬象。幾處浮生自有是與非，一源之清淨之心更沒有來與往。再也不要用心去造作水泡，百根毛端流血又是誰教的？不如靜坐在真如之地，頭頂上任從牝鳥鵲作巢窠。萬世金輪聖王子，只這個真如靈覺即是。菩提樹下度化眾生，度化盡眾生而不生不死。不生不死真是大丈夫，無形無相就是大毗盧法身佛。塵世勞辛消盡而真如仍存在，即那一顆圓明無價之寶珠。眼睛看不見，耳朵聽不到，不看見、不聽到就是真正的見聞。從古傳下的一句話並沒有講說過，今天卻用千言強為分別。強為分別，必須仔細傾聽，人人都具有真如佛性。恰似黃金在礦石中，煉來煉去那金體才得以純淨。真實即是虛妄，虛妄即是真實，如果除去真實、虛妄就再也沒有人了。真心不要徒然生出煩惱，衣食隨應時節供養色身。好的也被染著，壞的也被染著，一切無心即沒有被染著。也沒有惡，也沒有好，二際坦然即是平等之道。粗糙的也吃，精細的也吃，不要學凡夫只於相上觀想。也沒有粗糙的，也沒有精細的，上方香積也沒有根蒂。坐也是行，行也是坐，生死樹下得到了菩提果。也沒有坐，也沒有行，沒有生何必再去尋覓無生？生也可以，死也可以，處處當來之世皆看見了彌勒菩薩。也沒有生，也沒有死，三世如來都是這樣的。離絕即是依著，依著即是離絕，幻化法門中沒有真實之義。沒有可離絕的，沒有可依著的，什麼地方再尋求無病之藥？說話時沉默，沉默時說話，說話、沉默縱橫而沒有處所。也不說話，也不沉默，不要把東西叫作南北。嗔怒即是歡喜，歡喜即是嗔怒，我自降伏魔王而轉動大法輪。也沒有嗔怒，也沒有歡喜，水離不開波浪而波浪即是水。吝嗇時施捨，施捨時吝嗇，不離開內外與中間。也不吝嗇，也不施捨，寂寂寥寥無可把持。痛苦時快樂，快樂時痛苦，只這樣修行而斷絕了門戶之見。也沒有痛苦，也沒有快樂，本來即自在而沒有繩索束縛。汙垢即是清淨，清淨即是汙垢，左右兩邊畢竟沒有前後。也沒有汙垢，也沒有清淨，大千世界具有同一的真如之性。藥即是病，病即是藥，到頭來這兩件事都要除去。也沒有藥，也沒有病，正是真如靈覺之性。魔成為佛，佛成為魔，鏡中尋覓形狀就如同是水面上的波浪。也沒有魔，也沒有佛，三世本來即沒一物。凡夫即是聖人，聖人即是凡夫，就如同是顏色中的清膠水與水裡的鹽分。也沒有凡夫，也沒有聖人，萬行總持就沒有一行。真實中有虛假，虛假中有真實，此都是凡夫所起的妄塵。也沒有真實的，也沒有虛假的，如果不招呼時為什麼要應諾呢？本來沒有姓也沒有名，就這樣騰騰地任腳行走。有時候在集市與屠宰場內，一朵紅蓮花在火焰上生長。也曾拄著禪杖行遊京城，身如浮雲沒有固定的處所。幻化世界原來就像是寄寓為客，他人家中到處更為清虛。如果要尋找戒，三毒造成的瘡痍什麼時候才能痊癒？如果要尋覓禪，我自縱橫囫圇睡眠。大可憐愛，不是顛狂，世間出世如天中之天。世人不能領會此中意旨，打著南邊卻搖動了北邊。如果要尋覓法，就去雞足山中參問迦葉大士。大士拿著法衣在那山裡，本來就不用訪求專甲。如果要尋覓經，法性真正之本源沒有可聞聽的。如果要尋覓律，窮漢不必讓他們走出來。如果要尋覓修行，八萬四千浮圖到什麼地方去尋求？只知道黃葉能止小兒啼哭，沒有感覺到黑雲已遮住了日頭。不要驚怪狂言沒有次第，篩羅漸漸篩下粗中還有細。只此粗中也沒有細，便是圓明真實之聖諦。本來就不是真實的，只要有名字傳聞即是塵埃。如果要向塵埃中解說真實，即是堂堂的出世人。出世人，沒有造作，獨行獨步空索索。沒有生沒有死也沒有涅槃，本來生死就不相干。沒有是非，沒有動靜，不要徒然地把身體落入空井。沒有善惡，沒有來去，也沒有明鏡懸掛在高臺。山僧的見解只是如此，不崇信就任隨他直到劫灰。

【說　明】衲衣、一鉢皆為僧人日常生活之最低必備物品。道吾和尚以「一鉢」以闡發佛法禪理，與上文之〈樂道歌〉相同，也以「無生」思想為主旨，而縱性孤遊於山水間，雖「獨行獨步空索索」，卻絕無「造作」之心。

浮漚歌

樂普和尚

雲天雨落庭中水，水上漂漂❶見漚起。前者已滅後者生，前後相續無窮已。本因雨滴水成漚，還緣風激漚歸水。不知漚水性無殊，隨他轉變將為異。外明瑩，內含虛，內外玲瓏若寶珠。正在澄波看似有，及乎動著又如無。有無動靜事難明，無相之中有相形。只知漚向水中出，豈知水亦從漚生！權將漚水類余身，五蘊虛攢❷假立人。解達蘊空漚不實，方能明見本來真❸。

【注釋】❶漂漂　飄搖不定的樣子。❷虛攢　虛假聚合。❸本來真　諸法常住不變之真實相，即真如實相。

【語譯】雲天之雨落在了庭院的積水中，水面上漂漂看見了浮漚出現。前者才滅後者又已產生，前後相續繼而沒有窮盡。本來是因為雨點滴在水面上而成為浮漚，還由於被風吹蕩而使浮漚破碎復歸於水。不知道浮漚與水之性本無區別，隨著它轉變而以為有差異。外面明亮晶瑩，內部卻含虛，內外玲瓏如同是寶珠。正在清澄的波紋上看上去似乎存有，等到它搖動時好像又沒有了。有無、動靜其事難以明白，無相之中存在著有相之形。只知道浮漚是從水中化出，哪裡知道水也從浮漚產生！權且將浮漚、水之關係比類我之身體，五蘊虛假聚合而成了人。解悟了五蘊虛假而浮漚也不是真實的，方才能明白發見本來之真實相。

【說明】樂普元安和尚為夾山善會禪師的法嗣。樂普，《五燈會元》卷六作「洛浦」。佛家常以「浮漚」喻說人生之有限，生死之無常。此〈浮漚歌〉即從禪宗之角度，生動地喻示了「有相」與「無相」之關係，以顯示其慧眼。

牧護歌

蘇溪和尚（即五洩小師也）

聽說衲僧牧護❶，任運逍遙無住。一條百衲缾盂，便是生涯❷調度❸。為求至理參尋，不憚寒暑辛苦。還曾四海周游，山水風雲滿肚。內除戒律精嚴，不學威儀行步。三乘❹笑我無能，我笑三乘謾做。智人權立階梯❺，大道本無迷悟。達者不假修治，不在能言能語。披麻❻目視雲霄，遮莫❼王侯不顧。道人本體如然，不是知佛去處。生也猶如著衫，死也還同脫袴。生也無喜無憂，八風❽豈能驚怖？外相猶似癡人，肚裡非常峭措❾。活計❿雖無一錢，敢與君王鬥富。愚人擺手憎嫌，智者點頭相許。那知傀儡⓫牽抽⓬，歌舞盡由行主⓭。一言為報諸人，打破畫缾歸去⓮。

【注釋】❶牧護　對自性之保持、維護。意同「保護」。❷生涯　生活。❸調度　安排。❹三乘　此指遵循佛教教義和階位而修行者。❺階梯　謂修行中之不同階位與程度。❻麻　麻衣，此指粗陋的布衣。❼遮莫　縱然；儘管。❽八風　即利、衰、毀、譽、稱、譏、苦、樂等八種世間愛憎，能搧動人心，故稱八風。❾峭措　聰慧；風流。與上文「癡」相對。也作「俏倬」等。❿活計　財產；家私。⓫傀儡　木偶戲中的木偶人。⓬牽抽　謂木偶表演由絲線牽動。⓭行主　此指傀儡戲的操縱者。⓮打破畫缾歸去　畫缾，指雕刻有圖畫的精美之瓶。佛家常以盛放汙穢的畫瓶比喻人身。打破畫瓶，謂認識到色身並非真實相。歸去，指領悟禪法。

【語譯】聽說衲僧牧護自性，任運逍遙而無住。一條百衲僧衣加水瓶、鉢盂，便是其生涯之安排。為求得至極禪理而參問尋訪，不懼怕寒暑與辛苦。還曾經周遊四海，滿肚子都是山水風雲。內裡除去精嚴的戒律，也不學行事之四威儀。三乘人嘲笑我無能，我嘲笑三乘人徒勞地修行。智者權宜建立階梯，大道本來就不分迷與悟。通達者不憑藉修行對治，也不在於能言善語。身披著麻衣而眼望雲霄，縱然是王侯也不回顧。道人之本體就是這樣的，並不是知道了佛的去處。生就如同是穿上了衣衫，死也如同是脫去了褲子。生也沒有喜樂沒有憂愁，八風又豈能使人驚恐？外相猶如是一個痴人，肚子裡卻非常聰慧。活計雖然沒有一錢，卻敢與君王鬥富。愚蠢之人擺手憎惡，智者卻點頭相稱許。哪裡知道傀儡被人牽抽，唱歌跳舞全都聽從行主指揮。有一句話要告訴眾人，打破了畫瓶便歸去。

【說　明】蘇溪和尚為五洩靈默禪師的法嗣，故人稱五洩小師。

古鏡歌三首

法燈禪師泰欽

盡道古鏡不曾見，借你時人看一遍。目前不覩一纖豪，湛湛❶冷光凝一片。

凝一片，勿背面，嫫母❷臨粧不稱情❸，潘生❹迴首頻嘉歎。何欣欣？何戚戚❺？好醜由來❻那箇是？只遮是，轉沉醉，演若❼晨窺怖走時，子細思量還有以。我問顛狂不暫迴？淚流向予聲哀哀。哽咽未能申吐得，你頭與影悠悠哉！悠悠哉！爾許多時那裡來？迷雲開，行行❽攜手上高臺。

【注　釋】❶湛湛　清澄明淨貌。❷嫫母　古代傳說中相貌極為醜陋的婦人名。❸不稱情　不如意；不合意願。❹潘生　指西晉人潘岳。潘岳身材頎長，面容俊秀，為公認之美男子。❺戚戚　憂傷；悲哀。❻由來　算來。❼演若　《楞嚴經》載：室羅城有個愚人名演若達多，某晨臨照鏡子，見到鏡子中自己面目的映影十分高興，但放下鏡子後卻怎麼也看不見自己面目，便以為有鬼魅作怪而狂奔亂跑。此即「認影迷頭」之故事。佛家以「頭」喻人之本來真性，「影」喻虛妄不實之相。認影迷頭，謂執迷之人不識本性，而認假為真。❽行行　不停地行走。

【語　譯】都說古鏡不曾看見過，那就借給你們世人看一遍。眼前沒有看見一絲一毫，清冷之光湛湛然凝聚成一片。凝聚成一片，不分鏡背與鏡面，嫫母面臨妝鏡而不合意願，潘生頻頻回首發出了讚歎。為什麼歡欣？為什麼憂傷？面容姣好、醜陋算來哪個又是真實的？這個就是，轉而沉醉不醒，當演若達多早晨窺照鏡子而驚恐奔走之時，仔細思量卻還是有原因的。我問狂亂迷惑者為什麼不暫時歸回？卻向我淚流滿面聲音十分悲哀。哽咽不能明白講出，你的頭與影子正悠悠啊！正悠悠啊！這麼多時候到哪裡去了回來？迷雲散開，不停地走著攜手登上了高臺。

其二

誰云古鏡無樣度❶，古今出入何門戶❷？門戶君看不見時，即此為君全顯露。全顯露，與汝一生終保護。若遇知音請益來，逢人不得輕分付。但任作見面，不須生怕怖。看取當時演若多，直至如今成錯誤。如今不省影分明，還是當時同一顧。同一顧，苦，苦，苦！

【注　釋】❶樣度　模型；樣式。❷何門戶　即「何由門戶」，意不由門戶。此暗喻禪法創新出奇，並不因循。

【語　譯】誰說古鏡沒有樣式，古今出入都不由門戶？君看不見門戶之時，即此古鏡為君全部顯露。全部顯露，讓你一生終加保持維護。如果遇到知音來請教，逢人也不能輕易傳付。只是任你作見面之用，卻不必產生驚恐。且看當時演若達多，直到如今成為錯誤。如果現今還不能辨別頭與影子，還將與當時演若達多臨照鏡子一樣。與演若達多臨照鏡子一樣，苦，苦，苦！

其三

古鏡精明皎皎❶，皎皎徧照河沙。到處安名題字，除儂❷更有誰家？過去未來現在，諸佛鏡上纖瑕。纖瑕垢盡無物，此真火裡蓮華。蓮華千朵萬朵，朵朵端然❸釋迦。誰云俱尸❹入滅？誰云穿膝蘆牙？不信鏡中看取，羊車鹿車牛車❺。時人不識古鏡，盡道本來清淨。只看清淨是假，照得形容不正。或圓或短或長，若有纖毫俱病。勸君不如打破，鏡去瑕消可瑩。亦見杜口毗耶❻，亦知圓通少剩❼。

【注　釋】❶皎皎　明亮貌。❷儂　我，第一人稱代詞。❸端然　安然不動貌。❹俱尸　為「俱尸那」之略，即拘尸那城，為釋迦牟尼入滅之處。❺羊車鹿車牛車　佛教以羊、鹿、牛三車比喻三乘，即以羊車比喻聲聞乘，以鹿車比喻緣覺乘，以牛車比喻菩薩乘。❻杜口毗耶　僧肇《無名論》：「釋迦掩室于摩竭，淨名杜口于毗耶。」杜口，謂佛法之玄妙不可言說，杜其口而止。毗耶，「毗耶離城」之略，即淨名居士之居所。❼剩　多餘。

【語　譯】古鏡精明又皎皎，皎皎遍照如恆河中沙粒一樣繁多的世界。到處都稱名題字，除了我還有誰呢？過去、未來、現在三世，諸佛如明鏡上的纖細瑕疵。纖細瑕疵汙垢除盡之後即無物，此真是火裡的蓮花。蓮花有千朵萬朵，朵朵都是端莊安然的釋迦牟尼佛。誰說在拘尸那城入滅？誰說是穿膝之蘆牙？不信從鏡中觀看，即見羊車、鹿車、牛車。世人不認識此古鏡，全都說本來即清淨。要看那清淨只為假借，映照出形容不端正。有的圓、有的短、有的長，如果有一絲一毫的便是病症。勸君不如把它打破了，鏡子沒了、瑕疵消除了則自可明瑩。也曾看見杜口於毗耶，也知道圓通稍有些多餘。

【說　明】泰欽禪師法號法燈，為法眼文益和尚的法嗣。此〈古鏡歌〉以古鏡喻指使人明心見性的禪法。

徧參三昧歌

潭州龍會道尋

天涯海角參知識，徧咨惠我全提❶力。師乃呵余退步追，省躬❷廓爾❸從茲息。覩諸方，垂帶直❹，善財得處難藏匿。棒頭喝下露幽奇，縱去奪來看殊特。趙州關❺，雪嶺陟❻，築盧❼峰前驗虛實。據證靈由鬬萬機，橫揮祖刃❽開三域❾。卷舒重重孰可委？休呈識意謾猜揣。衲子攢眉❿碧眼⓫咦⓬，黃河倒逆崑崙嘴。溈山牛⓭，道吾唱，馬師⓮奮迅⓯呈圓相。執水投針⓰作後規，把鏡持幡看先匠。廣陵訶⓱，誰繼唱？擬續宮商⓲調難況。石人慍色⓳下鞭撾，木馬奔嘶梵天上。麗水金⓴，藍田玉㉑，祝融峰㉒攢湘浪蹙。滿月澄溪松韻清，雲縱龍騰好觀矚。

【注　釋】❶全提　「全提正令」之略，指禪宗特有的心印傳授方法。❷省躬　自我反省。❸廓爾　指人的豁達大度。❹垂帶直　帶，衣帶。衣帶垂直不飄動，謂站立不走動，即未四出行腳。❺趙州關　趙州從諗禪師之禪風峻烈，為對機接引之方便，多用難以正常思維推斷、或無義之語應答學僧，以消除妄想分別，從而使其「玄言布于天下」，被時人稱作趙州關。❻雪嶺陟　《涅槃經》：釋迦牟尼於過去世在雪嶺苦行，名雪山大士或雪山童子。帝釋為試探其心，化為羅剎誦說過去佛所說半偈：「諸行無常，是生滅法。」大士聽後大喜說：「若能說餘半偈，吾終身為汝弟子。」羅剎說自己饑渴難擋，不能言說。大士便說：「但汝說之，我當以身奉。」羅剎便說後半偈：「生滅滅已，寂滅為樂。」大士聽後，把偈語寫於崖壁、樹枝上，隨即爬上高樹，「投身于地」，羅剎恢復帝釋之形，接住大士，按下而去，「依此功德，超越十二劫」。雪嶺即喜馬拉雅山。❼盧　山旁洞穴。❽祖刃　此喻指祖師代代相傳授的直截心源之禪旨。❾三域　即「三界」。❿攢眉　把眉頭蹙起，不快樂的樣子。⓫碧眼　指初祖菩提達磨。《祖庭事苑》：「初祖達磨大師眼有相青色，故稱祖曰碧眼。」⓬咦　驚怪的聲音。⓭溈山牛溈山靈祐禪師於圓寂前問其門徒道：「老僧死後山下作一水牯牛，脅上書云：『溈山僧某甲。』與麼時喚作水牯牛，喚作溈山僧某甲？」⑭馬師　指馬祖道一大師。⑮奮迅　振奮貌；奮起貌。唐人白居易《新樂府・西涼伎》詩：「奮迅毛衣擺雙耳，如從流沙來萬里。」⑯執水投針　為禪宗西天第十五祖迦那提婆尊者的故事。提婆來參拜龍樹大士，龍樹先令侍者先用鉢盛滿水放在門口。提婆見狀，便默然投針於水中。龍樹讚道：「智人也。滿鉢之水，譬我智之周，彼投針遂極其底，是非常人。」事見《西域記》。⑰廣陵謌　當指《廣陵散》曲。三國名士嵇康因遭誣陷而被殺，死前彈奏《廣陵散》一曲，曲罷而歎道：「昔孝尼嘗請學此散，吾靳固（吝惜固守之義）不與。《廣陵散》于今絕矣！」事見《世說新語・雅量》。「謌」即「歌」字。⑱宮商　五音之二，此代指曲調。⑲慍色　怨恨的臉色。⑳麗水金　麗水指雲南之金沙江。古人所稱之「金生麗水」即指此。㉑藍田玉　藍田指陝西藍田縣東南之藍田山。《漢書・地理志》：「藍田山出美玉。」㉒祝融峰　南嶽衡山之主峰。

【語　譯】到天涯海角去參問善知識，到處諮詢而惠濟我全提之力。老師於是呵責我退步去追趕，自我反省豁達而從此止息。觀看諸方，衣帶垂直不飄動，善財童子悟法之處終難藏匿。棒頭大喝之下露出了幽奇，縱去奪來看得特殊。趙州關，雪嶺登樹，築洞於山峰前以驗證虛實。依據證明之靈驗事由而開闢了萬機，縱橫揮動祖師的利刃劈開了三界。捲起舒展重重誰可以委信？休要呈現識意而徒勞地猜度揣測。衲僧蹙起眉頭、碧眼祖師發出了「咦」聲，黃河倒流上了崑崙山嘴。溈山和尚之牛，道吾和尚的歌唱，馬祖振奮呈現出圓相。執水投針成為後世之規則，拿著鏡子、舉著旗幡觀看從前大師的風采。廣陵之歌，誰還能繼續演唱？雖打算依據宮商但曲調已難以比況。石頭人怨恨地抽下了馬鞭，木頭馬嘶鳴著奔上了梵天。麗水生金，藍田產玉，祝融峰攢起了峰巒而湘江蹙起了波浪。滿月映照澄溪松濤聲韻正清越，飛雲縱橫天龍翻騰正好觀看。

【說　明】道尋禪師之生平事跡未詳，約為唐代晚期僧人，居潭州龍會寺。〈徧參三昧歌〉通過宣示古今四方高僧宿德之禪機、禪風以指出雲遊參禪之益。

翫珠吟二首

丹霞和尚

般若靈珠妙難測，法性海中親認得。隱顯常遊五蘊中，內外光明大神力❶。

此珠非大亦非小，晝夜光明皆悉照。覓時無物又無蹤，起坐相隨常了了。黃帝曾遊於赤水❷，爭聽爭求都不遂。罔象❸無心卻得珠，能見能聞是虛偽。吾師權指喻摩尼，采人❹無數溺春池❺。爭拈瓦礫將為寶，智者安然而得之。森羅萬象光中現，體用如如❻轉非轉。萬機消遣❼寸心中，一切時中巧方便。燒六賊❽，爍❾眾魔，能摧我山❿竭愛河⓫。龍女靈山親獻佛，貧兒衣下⓬幾蹉跎⓭。亦名性，亦名心，非性非心超古今。全體明時明不得，權時題作〈弄珠吟〉。

【注釋】❶神力　也稱神通力，謂神通不測之妙力變化融通自在。《法華經·序品》：「諸佛神力，智慧希有。」❷赤水　神話中的地名。《莊子·天地》載：黃帝遊巡赤水之北，歸來途中遺失了玄珠，即命智慧善辯的知、離朱、吃詬等人去找，卻都未找到，最終還是無思無慮、渾渾沌沌的罔象將玄珠找到了。《莊子》以玄珠比喻道。❸罔象　又作象罔，意為無象、無形跡。禪家用以指與知解相對立者。❹采人　下水採集珍珠之人。❺春池　春水。❻如如　萬事萬物之真實相平等無二，稱為如如。❼消遣　暫為停留休息。❽六賊　色、聲、香、味、觸、法等六塵與眼、耳、鼻、舌、身、意六根相接，產生種種嗜欲煩惱，故稱六賊。❾爍　熔化金屬。❿我山　喻指我執、我見。⓫愛河　喻指俗世愛戀之性。⓬衣下　佛性又稱「衣中寶」，喻指眾生本身具有。⓭蹉跎　虛有；錯過。

【語譯】般若靈珠微妙而難以測知，法性海中親眼認得。或隱或顯常遊於五蘊之中，即內外光明之大神力。此靈珠不大也不小，晝夜都能放射出光明。尋覓時無物又無蹤跡，起坐相隨常明白了悟。黃帝曾經到赤水巡遊，怎樣打聽怎樣尋求都沒能如意。罔象無心卻得到了玄珠，能觀看能聽聞反是虛偽。我師權宜指示以譬喻摩尼珠，無數採珠之人卻溺死在春水中。爭相持拿瓦礫作為寶珠，智者安然卻得到了它。森羅萬象在其光芒中顯現，本體、運用如如轉即非轉。萬機消遣於寸心之中，一切時中巧為方便法門。燒去六賊，爍熔眾魔，能摧毀我執之山、枯竭愛戀之河。龍女在靈鷲山上親自把此寶珠獻給佛陀，貧兒衣下卻幾乎錯過。也稱作性，也稱作心，不是性不是心即超越了古今。全體都明白顯露之時卻不能表明，姑且題名作〈弄珠吟〉。

其二

識得衣中寶，無明醉自醒。百骸❶雖潰散，一物❷鎮長靈。知境❸渾非體，神珠不定形。悟則三身佛，迷疑萬卷經。在心心可測，歷耳耳難聽。罔象先天地，玄泉出杳冥❹。本剛非鍛鍊，元淨莫澄渟❺。盤泊❻輪❼朝日，玲瓏映曉星。瑞光流不滅，真氣觸還生。鑑照崆洞❽寂，羅籠❾法界明。挫凡功不滅，超聖果非盈。龍女心親獻，闍王❿口自呈。護鵝⓫人卻活，黃雀意猶輕。解語非關古，能言不是聲。絕邊⓬彌⓭汗漫⓮，無際等空平⓯。演教非為說，聞名勿認名。兩邊俱莫立，中道不須行。見月休觀指⓰，還家⓱罷問程。識心心則佛，何佛更堪成？

【注釋】❶百骸　指肉身。❷一物　喻指佛性。❸知境　智境。即超然物我之悟境。❹杳冥　深邃難測、渺遠幽暗之處。❺澄渟　聚蓄不動，使之清澄。❻盤泊　迴旋環繞。❼輪　轉動。❽崆洞　空寂無邊之境界。古人認為北斗星居天之中，斗極之下即為崆洞。❾羅籠　籠罩；包括。❿闍王　即阿闍世王，為佛陀在世時之摩竭陀國王舍城統治者。其初罪惡極大，後向佛懺悔，皈依佛門。⓫護鵝　《大莊嚴經》載：昔有僧人乞食至穿珠者家，珠師正為國王穿摩尼珠，有天鵝飛來吞食了寶珠，主人誤以為僧人偷去，而僧人為保護天鵝而自承其罪，遭主人痛打。天鵝下啄其血，也被打死，剖其腹而得寶珠。此故事寓意在於戒殺生，而善有善報。⓬絕邊　沒有邊際。⓭彌　更加。⓮汗漫　浩瀚渾茫的樣子。⓯空平　虛空。⓰見月休觀指　比喻參禪以明悟心性為目的，不可拘泥於言語文字。禪家常以「月」喻指心珠、佛性，以「指」喻稱言句義理。順手之所指而見月，但月卻非手指。⑰還家　禪家喻回歸本心以悟道。

【語　譯】能認識衣中寶，無明之醉也會自己醒來。百骸雖然潰散了，一物卻永久靈驗。知境渾然不是本體，神珠沒有固定之形狀。悟徹者即是三身佛，迷惑時還懷疑萬卷經文。在心中則心可測知，經過耳邊耳卻難以聽聞。罔象先於天地存在，幽深的泉水從杳冥之處流出。本來即剛硬並不是因為鍛鍊，原來即清淨也不是因為澄渟。迴旋環繞轉動著朝陽，玲瓏映現出曉星。瑞光流轉不消失，真氣觸動還產生。映照崆洞空寂，籠罩法界顯明。挫折凡夫之功不會消滅，超越聖人之果沒有贏餘。龍女用心親手呈獻，阿闍世王以口自呈寶珠。護鵝之人反而活了，黃雀之意猶自輕視。領會言語並不與古人相關，善於言說也沒有聲音。絕無邊際而更加浩瀚渾茫，無邊無際與虛空相等。演說教義不是在講說，聽聞名字而不認識其名。兩邊都不站立，中道也不須施行。看見了月亮就不要再看指點月亮的手指，回到了家裡就不再詢問路程。識心則心即是佛，還有什麼佛能成就的？

【說　明】天然禪師為石頭希遷和尚的弟子，後住鄧州丹霞山，故人稱丹霞和尚。〈翫珠吟〉將可把玩的寶珠喻指無形無狀、人人皆有之佛心、佛性，形象生動，說理深刻。

獲珠吟

關南長老

三界兮如幻，六道兮如夢，聖賢出世兮如電。國土猶如水上泡，無常無生滅遷變。唯有摩訶般若❶堅，猶若金剛不可鑽。軟似兜羅❷大等空，小極微塵不可見。擁之令聚而不聚，撥之令散而不散。側耳欲聞而不聞，瞪目觀之而不見。訶復訶，盤陀石上笑呵呵。笑復笑，青松影下高聲叫。自從獲得此心珠，帝釋輪王俱不要。不是山僧獨施為❸，自古先賢作此調。不坐禪，不修道，任運逍遙只麼了。但能萬法不干❹懷，無始❺何曾有生老？

【注　釋】❶摩訶般若　意為大智慧，此謂心珠，即自心佛性。❷兜羅　梵語音譯，意指柳絮、棉、蠶絲等纖柔細軟之物。❸施為　作為。❹干　侵擾。❺無始　亙古。

【語　譯】三界啊如幻，六道啊如夢，聖人出世啊如閃電。國土如同是水面上的水泡，無常又無生死變遷。唯有摩訶般若堅固，猶如金剛而不能被鑽磨。柔軟如同兜羅而與虛空一樣廣大，小到極點的微塵不能被看見。環擁著讓它聚集而沒有聚集，撥動著讓它離散卻不離散。側耳想聽而沒有聽見，睜開眼睛來觀看卻沒有看見。歌唱又歌唱，盤陀石上笑呵呵。笑了又笑，青松樹影之下高聲叫。自從獲得了這顆心珠，帝釋與轉輪王全都不要了。不是山僧獨自施為，自古先賢已作了此曲調。不坐禪，不修道，自在任運逍遙就這樣了。只要萬法都不侵擾胸懷，亙古以來哪裡曾有生與死？

【說　明】道常禪師為杭州海鹽海昌院齊雲禪師法嗣，道吾和尚之師，因其住持襄陽關南寺，人稱關南長老。其以拳杖棒喝接引學僧而著名禪林。

香巖智閑和尚詩二首

勵覺吟

滿口語，無處說，明明向人道不決。急著力❶，勤咬齧❷，無常到來救不徹❸。

日裡語，暗瑳切❹，快磨古錐❺淨挑揭❻。理盡覺，自護持，此生事❼，終不說。

玄學❽求他古老吟❾，禪學須窮心影絕。

【注釋】❶著力　下功夫。❷咬嚙　指參拜禪師以研習禪理。❸不徹　不及。❹瑳切　即「切磋」。❺古錐　喻指禪機鋒芒。❻挑揭　謂從公案機鋒中揭示禪旨。❼此生事　此指參悟禪旨之事。❽玄學　此指禪學之外的佛門宗派。❾古老吟　前人的教說與經典。

【語譯】滿嘴的話語，沒有地方講說，明明向人卻說不透徹。急急地著力，勤勉地參拜，無常到來時拯救也來不及。白天聽的話，夜裡加以切磋，磨快古錐乾脆地挑揭。禪理全已覺悟，還需自加護持，此生之事，終究不能用言語表說。玄學還求他古老之吟唱，禪學必須要窮盡心影。

【說明】智閑禪師為溈山靈祐禪師的法嗣，得法後住持鄧州香巖山，人稱香巖和尚。勵覺，為鼓勵覺悟的意思。

歸寂吟贈同住

同住❶道人七十餘，共辭城郭樂山居。身如寒木❷心牙❸絕，不話唐言❹休梵書。心期❺盡處身雖喪，如來弟子沙門樣。深信共崇鉢塔成，巍巍置在青山掌❻。觀夫參道不虛然，晚去形骸甚高上❼。從來不說今朝事，暗裡埋頭隱玄暢。不留蹤迹異人間，深妙神光飽明亮。

【注釋】❶同住　同住一寺修行者。❷寒木　枯木。❸牙　同「芽」。❹唐言　謂中國話，與梵語相對。❺心期　心意；

心願。❻掌　此指深處。❼高上　同「高尚」。

【語　譯】同住的道人七十餘歲，一同離開了城市而喜愛居住在山林。身體如同枯木故而心芽斷絕，不說唐言也不要用梵文書寫。心期盡處身體雖然喪失，卻正晏如來弟子沙門之樣子。深深信仰、共同崇敬而建成了鉢塔，巍巍建置在青山深處。觀看參道並不虛妄，晚年解脫去形骸甚是高尚。從來不說今朝之事，暗底裡埋頭而隱秘的玄旨暢達。不留下蹤跡而與世人相異，湛深微妙的神光充滿著光明。

心珠歌

韶山和尚

山僧自達空門久，淬鍊❶心珠功已構❷。珠迴玲瓏主客❸分，往往聲如師子吼。

師子吼，非常義，皆明佛性真如理。有時往往自思唯，豁然大意心歡喜。或造經，

或造論，或說漸兮或說頓。若在諸佛運神通，或在凡夫與鄙悋❹。此心珠，如水

月，地角天涯無殊別。只因迷悟有參差，所以如來多種說。地獄趣，餓鬼趣，六

道輪迴無暫住。此非諸佛不慈悲，豈是閻王配交做❺？勸時流❻，深體悉，見在

心珠勿浪❼失。五蘊身全尚不知，百骸散後❽何處覓？

【注　釋】❶淬鍊　淬即淬火。將燒紅的鋼鐵浸入水或油中，使其具有一定硬度和彈性，便稱淬火。鍊即鍛鍊。❷構　成；完成。❸主客　主指接引學僧之宗匠或明悟禪理者，客指學僧或未明禪理者。❹鄙悋　鄙陋的見解。悋，同「吝」。❺配交做　此謂支配、決定凡夫的生死輪迴。❻時流　時人；世人。❼浪　隨便。❽百骸散後　指死後。

【語　譯】山僧自從悟達空門以來已經久遠，淬鍊心珠之功已經完成。此寶珠特別玲瓏而分為主與客，往往聲音如同獅子吼。獅子吼，為非常之義，全都明瞭佛性真如理。有時往往自己思維，豁然徹悟大意而心生歡喜。有人修造經義，有人修造論義，有人講說漸修啊有人講說頓悟。如果在諸佛則運用神通，如若在凡夫則產生了鄙陋的見解。此心珠，就如同水中之月，地角天涯都沒有差別。只是因為有迷悟而產生了參差不齊，所以如來佛有多種解說。地獄趣，惡鬼趣，六道輪迴沒有暫時止息。這不是諸佛不慈悲，難道是閻羅王支配著凡夫的生死輪迴？勸世人，深深加以體會，現成的心珠不要隨便丟失。五蘊之身全在尚且不知道，百骸潰散後什麼地方才能尋找到？

【說　明】寰普禪師為夾山善會禪師的法嗣，法號韶山。

魏府華嚴長老示眾

佛法事在日用處，在你行住臥處，喫茶喫飯處，言語相問處。所作所為，舉心動念，又卻不是也。會麼？若會得，即今無礙自在真人。若也未會，則是箇擔枷帶鎖重罪之人。何故如此？佛法不遠隔塵沙劫，你一念中見得，在你眉毛鼻子上；你若不見得，如接竹點月❶。在處切莫思惟，不可言語。你時中承何力？若知得，你須有箇歡喜處。古人道「常寂寂，常歷歷，諸佛不求覓，眾生斷消息」。你會得麼？一切諸法本無情，一切諸佛本自靈，混然同太虛，無欠亦無餘。會麼？若不會，直是❷箇觸途成滯❸，不知箇身落地處，茫茫劫劫❹，只是箇戀物著境，認色為實，不捨恩愛，痴迷財寶，立我爭人❺，一團子意氣，些子箇違情，面青面赤，說強道弱，我不受人欺瞞，我是大丈夫兒，養妻養子。你豈知在業海❻之中，罪坑之內，喫肉如似餓鬼吞屍，喠❼酒如餓狗飲水，愛色如渴蠅咂血，不知此身是大禍患，恣縱無明，愚養意氣，不久敗壞，浪死虛生，枉經千劫，徒然出沒。何不識取金剛堅固之體、長生不滅之道？在世頭枅枅地❽，口子吧吧地❾，眼子眨眨地❿，無常殺鬼⓫到來，向牀上猶似使心用行，戀財戀境，驀然驅去見閻老子⓬，一詞不措，鐵爐火炭，銅柱刀山，盡為戲玩⓭。恁時⓮追悔，大段⓯難為免離。你如今病未來尋身，何不于十二時中求一毫善利，辦⓰取津梁，幻化色身。憑何為實？諸佛過去留經造論一切善法，與你初學底人懺罪滅障，漸漸增長利益。求善知識開示解脫法門，向無明性中認取箇真實主人，于萬劫中得箇人身，也不容易。你還知箇身本性與佛同時，本無欠少，有一大事在你尿囊裡，糞堆頭，光爍爍地⓱，圓陀陀地⓲。還信得及麼？若信不及，也從你深坑罪海永墮沉淪。你若迴光返照于一剎那中，即心念息時中，迷惑、煩惱、痴暗、狂情頓自消滅，諸緣境界轉為甘霖醍醐、安樂國土，豈不是好否？聖人道「萬法從心生，萬法從心滅」，皆由你心，善惡也只由你心，地獄天堂也只由你心。只今相應與佛合智，即是佛也，更無相誑，直下信奉無疑。心即正覺，又何必歷僧祇大劫？此身今生甚大難遇，莫道我是凡夫，自家退屈。千經萬論，只為眾生迷亂，不識本性。你暫時間那[19]取些子貪物底工夫看經書上義理，只言眾生被一切境攝著欲之故。山僧苦口，實為忉忉，你還肯麼？你還信麼？尋常著寒著熱，些子違情，喫辛受苦不得，卻于日用時中自不醒悟整頓。取心好，為取身好？百年如箭，富貴如夢，恩情也只不久。百年無多日，頭白是病來，病是業債來，業債是死來，死是地獄來。你莫道我為人平生好心吉善[20]，只依本分，不作惡事，我無罪過，別教你有箇好生處。我即今朝未信，你在何故，你平等在甚處，你還知否？不依佛法，一切法皆是邪法外道見解，更莫說擔人擔我，貪色愛財，餐魚啖肉，妄言綺語[21]，日費上事，罪業極深。你莫道我捨財造塔起殿，設僧轉經，便為長久功德，以此為實，未可託倚，眾中老和尚也為你不得，你還知麼？你有千般萬種無明罪業，佛亦為你不得。須是你自家著力，前程自辦。你若作一切有為功德，只是造業，增長頑福，不生箇清淨知見。山僧雖然求得供養，日夜不安，為慮未是在，還知麼？一任你說向諸方耆宿笑我，也嫌山僧不得。欲問你施主得錢處，想你應不濟潤于人，不救拔貧苦者。了得了取喫休，了取著休，早修行休，度此身休，悔取心休，悔取心休。伏惟珍重！

【注　釋】❶接竹點月　比喻不可能達到的事情。❷直是　簡直是。❸觸途成滯　處處是障礙，借指不得要領。❹茫茫劫劫　急急忙忙地。也作「忙劫劫」、「忙忙劫劫」、「劫劫忙忙」。❺立我爭人　即「爭人我」，指有勝負心。❻業海　謂種種惡因，如同大海。「罪坑」意同，謂種種罪過，如同深坑。❼噇　吃。《玉篇·口部》：「噇，吃貌。」❽頭枅枅地　執拗的樣子。❾口子吧吧地　張口結舌的樣子。❿眼子眨眨地　茫然無知的樣子。⓫殺鬼　有生者必有死，是由於無常之理而然。故譬喻無常之理為殺鬼。⓬閻老子　即閻王老子，民間對執掌地獄之閻羅的俗稱。⓭戲玩　此為經歷、遭受的意思。⓮恁時　那時候。⓯大段　表示程度很深，意同極大、重要、非常等。⓰辦　成；辦到。唐人張籍〈寄梅處士〉詩：「君今獨得居山樂，應喜多時未辦歸。」⓱光爍爍地　亮光閃動的樣子。⓲圓陀陀地　圓圓的樣子。⓳那　通「挪」。⓴吉善　當作「積善」。㉑綺語　指閨閣兒女情話。

【語　譯】佛法之事就在你的日用之處，就在你的行、住、臥之處，就在你的吃茶、吃飯之處，就在你的言語相尋問之處。你有所作為，舉心動念之時，卻又不是佛法了。你領會了麼？如若能領會，即是今天的無礙自在真人。如若沒有領會，那就是一個擔枷帶鎖、身負重罪之人。為什麼是這樣的？因為佛法並不遠隔著塵沙大劫，你一念之中就能看見，就在你眉毛、鼻子上面；你如果不能看見，就如同是把竹竿連接起來以便點到月亮一樣不可能。處處都切記不要思慮，不可以講說。你當時承受著什麼力量？如果能知道，你就有了一個歡喜之處。古人道「永遠寂寂，永遠歷歷分明，諸佛不必去求覓，眾生自然斷滅消息」。你可領會了嗎？一切諸法本來即無情，一切諸佛本自靈驗，渾渾然如同太虛，沒有欠缺也沒有多餘的。你領會了嗎？如果沒有領會，簡直是一個觸途成滯，不知道這個身子墮落的地方，急急忙忙地，只是一個依戀外物、執著境象，認色相為真實，不能割捨恩愛之情，痴迷於財寶，爭立人我之見解，一團兒意氣，一些些違背人情，臉色一會兒青一會兒紅，爭說強盛與弱小，說我不會被人所欺瞞，說我是一個大丈夫，要養妻育子。你哪裡知道在業海之中，罪坑之內，吃肉就好似餓鬼吞食死屍，喝酒如同是餓狗在飲水，愛戀色相如同是乾渴的蒼蠅在咂吸鮮血，卻不知道此身體本是一個大禍患，恣意放縱無明知見，愚蠢地養護意氣，不久此身體敗壞腐朽，白白地死去，虛度了一生，枉自經歷了一千劫，而徒然出沒於三界。為什麼不識別獲取金剛堅固之體、長生不滅之道呢？在世上頭栫栫地，口子吧吧地，眼子眨眨地，無常殺鬼到來時，還向牀上猶如在使用心行，留戀財寶、境象，卻被突然驅去見閻王老子，一個字也不用說，鐵爐火炭，銅柱刀山，這些痛楚全都經歷遭受了。到那時才追悔，就非常難以避免了。你現今病痛還沒有來到身上，為什麼不在十二個時辰中求得一絲一毫的善利，作為津渡橋梁，以幻化色身，憑藉什麼作為真實呢？諸佛於過去世留下經論和一切善法，讓你們初學的人懺悔罪業、滅除障礙，逐漸增長利益。請求善知識開示解脫方便法門，到無明之性中認取一個真實的主人，在萬劫之中獲得一個人身，也大不容易。你可要知道這個身體中的本性與佛同時，原本就沒有欠缺減少，有一大事在你尿囊裡面，糞堆上頭，光爍爍地，圓陀陀地。你可還能相信麼？如果不能相信，也便任從你在深坑罪海中永遠墮入沉淪了。你如果迴光返照在一剎那中，即心念止息的當時，迷惑、煩惱、痴迷、狂亂之情便頓時自己消失了，諸緣境界反轉為甘露、霖雨、醍醐與安樂國土，難道不好嗎？聖人說「萬法皆從心而生，萬法皆從心而滅」，即生死皆由你的心而區別，善惡也只是因你的心而區別，地獄、天堂也只是因你的心而區別。只如今相應地與佛的智慧契合，心即是佛，再也沒有相誑騙的，當下便信奉無疑。心即是正覺，又何必要經歷僧祇大劫呢？此身子今生十分難以遭遇，不要說我只是個凡夫，自己退縮屈服。千卷經文，萬篇論義，只是因為眾生迷惑混亂，不能識別本性。你只是暫時挪取一些貪圖物欲的工夫去看經書上義理，只是說眾生被一切境象攝著欲望的緣故。山僧苦口婆心，實在是嘮嘮叨叨，你可還能認可麼？你可還能信奉麼？平常遇到點寒冷與炎熱，一點點違逆之情，就不能承受辛苦，卻在日用時中自己不省悟整頓。是取心為好，還是取身為好？一百年時間如飛箭一般迅疾，繁榮富貴如同春夢一樣短暫，恩情也不能長久保持。一百年也沒有多少日子，頭髮斑白是病症來到，病症是業債來到，業債是死亡來到，死亡是地獄來到。你不要說我平生為人好心積善，只依據本分行事，從來不作惡事，我沒有罪過，這裡另外讓你有一個好的轉生處。我即是今天不相信，你在何故，你往昔在什麼地方，你可還知道嗎？不依據佛法，一切法都是邪法外道見解，更不要說承擔著人我之見，貪色愛財，吃魚吃肉，口說妄言與情話，每天都做著以上之事，那罪業極其深重。你不要說我施捨財物建造佛塔、建造佛殿，延請僧人轉大法輪，便以為是永久的功德，以此為真實，實在不可以付託倚靠，大眾中的老和尚也不能接引你，你可還知道麼？你有著千般萬種無明之罪業，連佛也不能接引你。必須是你自己努力，前程也靠自己成就。你如若在做一切有為的功德，那只是在造業，增長愚頑之福，不能產生一個清淨知見。山僧雖然尋求得供養，卻日夜不能安寧，因為思慮到有不對的地方在，你可還知道嗎？任憑你說向諸方耆舊老宿笑話我，也不能責怪山僧。如要問你施主獲得錢財之處，料想你當是不接濟別人，不救拔貧苦者。懂得了卻吃即可罷休，了卻執著即可罷休，早修行即可罷休，度此身即可罷休，悔取心即可罷休，悔取心即可罷休。伏惟各位自己珍重！

【說　明】此「魏府華嚴長老示眾」語，《四部叢刊》本原無，此據元延祐本補錄。華嚴長老之事跡不詳。魏府即魏州，今河北大名。

附錄一

景德傳燈錄序

翰林學士朝散大夫行左司諫知制誥同修國史判史館事柱國南陽郡國開國侯食邑一千一百戶賜紫金魚袋臣楊億撰。

昔釋迦文以受然燈之夙記，當賢劫之次補，降神演化，四十九年，開權實頓漸之門，垂半滿偏圓之教。隨機悟理，爰有三乘之差，按物利生，乃度無邊之眾。其悲濟廣大矣，其軌式備具矣。而雙林入滅，獨顧於飲光；屈眴相傳，首從於達磨。不立文字，直指心源。不踐階梯，徑登佛地。逮五葉而始盛，分千燈而益繁。達寶所者蓋多，轉法輪者非一。蓋大雄付囑之旨，正眼流通之道，教外別行，不可思議者也。

聖宋運人靈幽贊，太祖以神武戡亂而崇淨剎、闢度門，太宗以欽明御辯而述秘詮、暢真諦，皇上以睿文繼志而序聖教、繹宗風。煥雲章於義天，振金聲於覺苑。蓮藏之言密契，竺乾之緒克昌。殖眾善者滋多，傳了義者間出。圓頓之化，流於區域。有東吳僧道原者，冥心禪悅，索隱空宗，披奕世之祖圖，采諸方之語錄，次序其源派，錯綜其辭句，由七佛以至大法眼之嗣，凡五十二世，一千七百一人，成三十卷，目之曰《景德傳燈錄》，詣闕奉進，冀於流布。皇上為佛法之外護，嘉釋子之勤業，載懷重慎，思致遠久，乃詔翰林學士左司諫知制誥臣楊億、兵部員外郎知制誥臣李維、太常丞臣王曙等同加刊削，俾之裁定。臣等昧三學之旨，迷五性之方，乏臨川翻譯之能，懵毗邪語默之要，恭承嚴命，不敢牢讓。竊用探索，匪遑寧居。考其論譔之意，蓋以真空為本，將以述曩聖入道之因，標昔人契理之說。機緣交激，若拄於箭鋒，智藏發光，旁資於鞭影。

誘導後學，敷暢玄猷。而捃摭之來，徵引所出，糟粕多在，油素可尋。其有大士示徒，以一音而開演；含靈聳聽，乃千聖之證明。屬概舉之，是資取少分而斯可；若乃別加潤色，失其指歸，既非華竺之殊言，頗近錯雕之傷寶。如此之類，悉仍其舊。況又事資紀實，必由於善敘；言以行遠，非可以無文。其有標錄事緣，縷詳軌迹，或辭條之紛糾，或言筌之猥俗，並從刊削，俾之綸貫。至有儒臣居士之問答，爵位姓氏之著明，校歲歷以愆殊，約史籍而差謬，咸用刪去，以資傳信。自非啟投針之玄趣，馳激電之迅機，開示妙明之真心，祖述苦空之深理，即何以契傳燈之喻，施刮膜之功！若乃但述感應之徵符，專敘參遊之轍迹，此已標於僧史，亦奚取於禪詮？聊存世系之名，庶紀師承之自。然而舊錄所載，或掇粗而遺精；別集具存，當尋文而補闕。率加采擷，爰從附益。逮於序論之作，或非古德之文，間廁編聯，徒增楦釀，亦用簡別，多所屏去。汔茲周歲，方遂終篇。

臣等性識媿於冥煩，學問慚於涉獵，天機素淺，文力無餘。妙道在人，雖刳心而斯久；玄言絕俗，固牆面以居多。濫膺推擇之私，靡著發揮之效，已克終於紬繹，將仰奉於清閒，莫副宸襟，空塵睿覽。謹上。

西來年表

	南齊 太祖高皇帝 姓蕭諱道成 受宋禪即位都金陵	後魏 高祖孝文皇帝諱宏姓拓跋氏第六帝即位改元延興當宋明帝泰始七年辛亥歲至太和十八年遷都洛陽二十年改姓元氏
己未	建元元年	太和三年
庚申	二年	四年
辛酉	三年	五年
壬戌	四年　帝崩	六年
	世祖武帝 諱賾即位	
癸亥	永明元年	七年
甲子	二年	八
乙丑	三	九
丙寅	四	十
丁卯	五	十一
戊辰	六	十二
己巳	七	十三
庚午	八	十四
辛未	九	十五
壬申	十　豫章王嶷薨	十六
癸酉	十一年　正月文惠太子薨	十七
	七月帝崩	
	鬱林王 諱昭業即位	
甲戌	隆昌元年　七月帝廢	十八　遷都洛陽
	海陵王 諱昭文即位 改元	
	延興元年　十一月帝廢	
	高宗明帝 諱鸞 十月即位	
	建武元年　改元	
乙亥	二年	十九
丙子	三	二十　改姓元氏
丁丑	四　傅大士生	二十一
戊寅	永泰元年　帝崩	二十二

	東昏侯 諱寶卷即位	
己卯	永元元年	二十三年　帝崩
		世宗宣武皇帝 諱恪即位 改元
庚辰	二年	景明元年
辛巳	三年　帝廢	二年
	和帝 諱寶融即位 改元	
	中興元年	
壬午	二年　禪位于梁	三年
	右南齊蕭氏七主合二十四年禪梁	
	梁 都金陵	
	高祖武皇帝 諱衍	
	姓蕭受禪于齊	
	建元天監	
	天監元年	
癸未	二	四年
甲申	三	正始元年
乙酉	四	二
丙戌	五	三
丁亥	六	四
戊子	七	永平元年
己丑	八	二
庚寅	九	三
辛卯	十	四
壬辰	十一　傅大士納妻	延昌元年
癸巳	十二	二
甲午	十三　誌公示滅	三
乙未	十四	四　帝崩
		肅宗孝明皇帝 諱翊即位 改元
丙申	十五	熙平元年

年表 三

丁酉	十六年	二年
戊戌	十七	神龜元年
己亥	十八	二年
庚子	普通元年　達磨至	正光元年　正宗記依梁僧寶唱續法記云此年達
	傳大士逢嵩頭陀	磨至梁而入魏於理可取
辛丑	二　傳大士唱賣妻子	二
壬寅	三	三
癸卯	四	四
甲辰	五	五
乙巳	六　詔迎傳大士	孝昌元年
丙午	七	二
丁未	大通元年三月改元舊本傳	三　傳燈舊云十月二十三日達磨屆于洛陽誤也
	燈云十月日達磨至金陵誤也	
戊申	二	武泰元年　二月帝崩立幼主釗四月崩立莊帝　正宗記引寶
		唱續法記云達磨此年示滅於理可取
		敬宗孝莊皇帝　諱子攸四月即位　改元建義
		建義元年　九月又改元永安
		永安元年
己酉	中大通元年	二
庚戌	二	三　十二月帝崩　若依寶唱續法傳即魏使歸洛奏遇達
		磨西歸當在此年蓋明帝已崩而孝莊尚在位故也
辛亥	三　太子統薨	前廢帝　諱恭　二月即位　改元普泰
		普泰元年
壬子	四	二　二月帝廢
		後廢帝　諱朗　普泰元年六月高懽立帝於信都　改元中興元年至二年四月廢之
		出帝　諱脩廣普泰二年四月即位　改元太昌
		太昌元年　十二月又改永熙
		永熙元年
癸丑	五	二
甲寅	六	三年　七月帝迫於其相高懽出居關中權立清河王世子
		善見爲主都鄴是爲東魏於是魏分爲東西
		十二月帝遇鴆崩

年表 四

		右後魏十二主合一百四十九年分爲東西魏	
		西魏　都長安	東魏　都鄴
		文皇帝　諱寶炬京兆王愉之子	孝靜帝　諱善見高懽奉帝即位改
		宇文泰奉帝即位	元永熙三年爲天平
			天平元年
乙卯	大同元年	大統元年	二年
丙辰	二年	二年	三年　舊本傳燈云十月五日
			達磨卒十二月葬洛陽熊耳
			山時洛陽屬東魏誤
丁巳	三年	三年	四年
戊午	四年	四年	元象元年
己未	五年	五年	興和元年　舊傳燈云奉使
			自西域回奏啓達磨壙見
			空棺隻履誤
庚申	六年	六年	二年
辛酉	七年	七年	三年
壬戌	八年	八年	四年
癸亥	九年	九年	武定元年
甲子	十年	十年	二年
乙丑	十一年	十一年	三年
丙寅	中大同元年	十二年	四年
丁卯	太清元年	十三年	五年
戊辰	二年　侯景反	十四年	六年
己巳	三年　五月帝崩	十五年	七年
	簡文帝　諱綱即位改元		
庚午	大寶元年	十六年	八年　五月禪于北齊
			右東魏一主十七年
			北齊　都鄴
			文宣帝　諱洋姓高懽之第二子五月受禪
			建元天保
			天保元年

辛未二年 侯景廢帝而立豫
章王棟尋弑帝十月
景又廢棟自立僭号
元帝討而斬之
孝元帝 諱繹十月
即位於江陵
壬申 承聖元年
癸酉 二年
甲戌 三年 十一月帝爲魏軍所
執尋弑之
敬帝 諱方智元帝既
被執蕭詧自立
爲後梁都江陵王
僧辯陳覇先奉帝
爲梁主承聖四年九月
即位
乙亥 紹泰元年
丙子 大平元年
丁丑 二年 十月進丞相陳覇先
爵爲陳王帝遜位于
陳
右梁四主合五十
六年
陳 都金陵
高祖武帝 諱覇先
姓陳氏
受禪于梁即位建
元永定

十七年
廢帝 諱欽文帝長子
即位不改号
元年
二年
三年 正月宇文泰廢帝
而立齊王廓
恭帝 諱廓文帝子宇文
泰立之不改号止稱
元年
元年
二年
三年 十二月帝遜位于周
右西魏三主合二十三年
後周 都長安
閔帝 諱覺姓宇文文帝
泰之子受禪于西魏
即位止稱元年
元年 南史以次年爲元年
二年 九月宇文護貶帝爲
略陽公尋弑之
明帝 諱毓文帝泰之長
子宇文護立之即位
改元武定
武定元年 南史云亦稱元
年不改号

二年 三祖見二祖
三年
四年
五年 思大止大蘇山
六年
七年
八年

永定元年
戊寅 二年 智者進具
己卯 三年 六月帝崩
文帝 諱蒨始興王長子
即位
庚辰 天嘉元年
智者謁思大於大蘇山
辛巳 二年
壬午 三年
癸未 四年
甲申 五年
乙酉 六年
丙戌 天康元年 四月帝崩
廢帝 諱伯宗文帝
長子
丁亥 光大元年 思大遷南嶽
戊子 二年 帝廢
宣帝 諱項昭烈王之子
以太后命即位
己丑 太建元年 傳大士卒
智者往金陵
庚寅 二年
辛卯 三年
壬辰 四年
癸巳 五年
甲午 六年
乙未 七年 智者隱天台

二年
武成元年 陳紀云方建年
号
二年
武帝 諱邕文帝第四
子以遺詔即位
保定元年
後梁宣帝崩子巋立
是爲明帝改元天保
二年
三年
四年
五年
天和元年
二年
三年
四年
五年
六年
建德元年
二年
三年 廢釋道二教
四年

九年
十年 十月帝崩
廢帝 諱殷文宣帝
長子
乾明元年 太后令廢帝
昭帝 諱演懽之第六子
八月即位改元皇建
皇建元年
二年 帝崩
武成帝 諱湛懽之第九
子即位改元太寧
太寧元年
清河元年
二年
三年
四年 帝禪位于太子自稱
太上皇
後主 諱緯受禪即位
改元天統
天統元年
二年
三年
四年
五年
武平元年
二年
三年
四年
五年
六年

丙申 八年　五年
七年 十二月為周武所敗改元隆化
隆化元年 德安王延宗即位
於晉陽改元德昌尋為
周所虜
幼主 名恒後主以望氣者
言有革易故傳位幼
主自稱太上皇
丁酉 九年 思大卒　六年　承光元年 正月幼主即位在位
十八日與後主並為周所虜國滅
右北齊六主合二十八年為周所滅
戊戌 十年　宣政元年 帝總戎北伐六月崩于乘輿
宣帝 諱斌武帝
長子即位
己亥 十一年　大成元年 正月立魯王衍為皇太子二月傳位太子自稱天元皇帝
靜帝 諱衍後改名闡宣帝長子宣帝
於鄴宮傳位改元大象
大象元年
庚子 十二年　二年 宣帝崩復釋道二教以大丞相楊堅為相國進爵

年表 七

為王備九錫
辛丑 十三年　大定元年 正月改元二月遜位于隋
右後周五主合二十六年禪于隋
隋 都長安
高祖文皇帝 諱堅姓楊氏大定元年二月受禪于周即
位建元開皇
開皇元年
壬寅 十四年 正月帝崩　二年
後主 諱叔寶宣帝
長子即位
癸卯 至德元年　三年
甲辰 二年　四年
乙巳 三年　五年 後梁蕭琮立
丙午 四年　六年 後梁改元廣運
丁未 禎明元年　七年 後梁三主合三十三年是歲隋廢之
戊申 二年　八年

己酉 三年 正月隋將韓擒入建　九年 平陳天下一統
業虜後主國亡
右陳五主合三十三年隋滅之
庚戌　十年
辛亥　十一年
壬子　十二年 四祖見三祖
癸丑　十三年 二祖卒
甲寅　十四年
乙卯　十五年
丙辰　十六年
丁巳　十七年 智者卒
戊午　十八年
己未　十九年
庚申　二十年
辛酉　仁壽元年
壬戌　二年
癸亥　三年
甲子　四年 七月帝崩

年表 八

煬帝 諱廣高祖第二子
即位
乙丑　大業元年
丙寅　二年 三祖卒
丁卯　三年
戊辰　四年
己巳 庚午 辛未 壬申 癸酉　五年 六年 七年 八年 九年
甲戌 乙亥 丙子　十年 十一年 十二年
丁丑　十三年 帝幸江都遙尊為太上皇
恭帝 諱侑煬帝之孫元德太子昭之子十一月唐公
入京立帝改元義寧
義寧元年
戊寅　二年 二月煬帝崩五月帝遜位于唐
右隋三主合三十八年禪于唐
達磨至中國今取正宗記為定蓋依梁僧寶唱續法記昔那連耶舍與萬天
懿譯七佛至二十八祖傳法事梁簡文帝因使目劉懸運往北齊取其書
詔寶唱編入續法記也

附錄三

有關道原禪師史料及景德傳燈錄序跋等

（宋）普濟《五燈會元》卷一〇〈永安道原禪師〉：

蘇州承天永安道原禪師。僧問：「如何是佛？」師曰：「咄！這旃陀羅。」曰：「學人初機，乞師方便。」師曰：「汝問甚麼？」曰：「問佛。」師曰：「咄！這旃陀羅。」

（宋）龔明之《中吳紀聞》卷二：

永安禪院僧道元，纂佛祖迄近世名僧禪語，為《傳燈錄》三十卷以獻。祥符中，詔翰林學士楊億、知制誥李維、太常丞王曙刊定，刻板宣布。

（宋）晁公武《郡齋讀書志》卷一六《釋書類》：

《景德傳燈錄》三十卷。右皇朝僧道原編。其書披奕世祖圖，采諸方語錄，由七佛以至法眼之嗣，凡五十二世，一千七百一人。獻于朝，詔楊億、李維、王曙同加裁定。億等潤色其文，是正差繆，遂盛行于世，為禪學之源。夫禪學自達磨入中原，世傳一人，凡五傳至慧能，通謂之祖。慧能傳行思、懷讓。行思之後，有良价，號于「洞下宗」；又有文偃，號「雲門宗」；又有文益，號「法眼宗」。懷讓之後有靈祐、慧寂，號「溈仰宗」；又有義玄，號「臨濟宗」。五宗學徒徧于海內，迄今數百年。「臨濟」、「雲門」、「洞下」，日愈益盛。嘗考其世，皆出唐末五代兵戈極亂之際，意者亂世聰明賢豪之士，無所施其能，故憤世嫉邪，長往不返，而其名言至行，譬猶聯珠疊璧，雖山淵之高深，終不能掩覆其光彩，而必輝潤于外也。故人得而著之竹帛，罔有遺軼焉。

（宋）晁公武《郡齋讀書志》卷一六《釋書類》：

《玉英集》十五卷。右皇朝王隨撰。先是楊億編次《傳燈錄》三十卷，隨刪去其繁大半。上之。

《宋史》卷二〇五《藝文志四》：

僧道原《景德傳燈錄》三十卷。

（宋）鄭昂〈景德傳燈錄跋〉：

右《景德傳燈錄》，本住湖州鐵觀音院僧拱辰所撰。書成，將遊京師投進，途中與一僧同行，因出示之。一夕，其僧負之而走。及至都，則道原者已進而被賞矣。此事與郭象竊向秀《莊子注》同。拱辰謂：「吾之意欲明佛祖之道耳，夫既已矣，在彼在此同，吾其為名利乎！」絕不復言。拱辰之用心如何，與吾孔子「人亡弓，人得之」之意同。其取之必無容私，又得楊文公具擇法眼，以為之刪定，此其書所以可信。與夫《續燈錄》遣僧採事，而受金廁名以亂真者有間矣。或者猶疑佛祖傳法偈無傳譯之人，此夏蟲不知春秋也。佛祖雖曰傳無傳，至付授之因豈容不知？又達磨具正徧知，華、竺之言，蓋悉通曉，觀其答問，安有傳譯哉！此入世愚人，謂教外別傳，不立文字，便疑《楞伽經》宋已有之，非達磨攜至，豈不悖哉！福州大中寺知藏僧正自以寢亂而來，文籍道厄，募緣再刊此書，以便道俗賁覽。扣余為序，因書其後。紹興壬子初冬十月，長樂鄭昂題。

（宋）劉棐左朝奉大夫充右文殿修撰權發遣台州軍州事〈景德傳燈錄後序〉：

《傳燈錄》鏤行舊矣，兵興以來，其板灰飛，慕心宗者患失其書。僧思鑒，婺人也，草屩訪道三十年矣，亦欲人圓悟涅槃妙心，而思有以資發之也，廣募淨信，復鏤其板，緇素贊歎而助成焉。或曰：「自心之法無形，不從人得。初祖釋迦而降，無一祖師非嘿契而自證者。故達磨直指，不立文字，少林九年，面壁而已。雖二祖立雪斷臂，一字亦不為說，但遮其知見之非。二祖因是得正知見，豁然大省。則二祖亦不從達磨言句中入，乃自證也。且百丈捲席，雪峰輥毬，魯祖面壁，石鞏駕前，道吾舞笏，烏窠吹布毛，俱胝舉一指，古德如此示人甚多，不在言句之間故也。言句且爾，況文字乎！心宗要當自參，祖師言句于我何與焉。」余曰：「不然。心法雖曰無形，然徧一切處，翠竹真如也，黃花般若也，蛙蚓發機，管弦傳心，乃至牆壁瓦礫，無非說法。故靈雲見桃花悟道，玄沙調語燕深談實相。然則大地皆是悟門，孰非此道，況明心宗言句乎！若二者于心宗果無與耶，荐福古何為閱雲門錄而省，黃龍心何為讀多福語而悟？蓋言詞相寂，文字相空，亦此道耳。若即文句文字而見性相之空寂，是乃一超世真人也。」吾故知是書之流布，發明心地者眾矣。且鑒之募緣也，台之寧海邑民周氏歎曰：「吾地有大梨木，閱二世矣。比歲我家之人各嘗夢其上有橫閣行廡，而無數僧往來于其間，每疑之，乃今方悟當刊此錄耶？」遂捨以捐版，且邀鑒即其家僦工而刻之。既刻，周氏夢六僧求已刻者觀焉。周問鑒曰：「此何僧耶？」鑒曰：「此六代傳衣祖師，特來證明此事也。」嗚呼！是書用為一大事，則宜有感發之詳，以發寤人心。余故并列之，庶觀者知非小緣而堅其信心云。紹興四年上元日，等慈庵善男子睢陽劉棐仲忱序。

（元）僧希渭〈重刊景德傳燈錄狀〉：

湖州路道場山護聖萬歲禪寺者舊僧希渭係慶元路昌國州人氏，俗姓董，自幼投禮本路在城觀音禪寺絕照和尚為師，訓到法名，投禮慈溪縣開壽普光禪寺龍源和尚薙髮為僧，仍禮五臺律寺雪涯和尚受具戒，挾策西遊，放包靈隱。後值先師龍源和尚遷住茲山，隨師參請，迨今有年。每念師恩未由報效。伏睹從上佛祖，《景德傳燈錄》三十卷，七佛至法眼之嗣，凡五十二世。景德至延祐丙辰凡三百一十七年，舊板銷朽無存，後學慕之罔及，為此發心重刊，忽得本路天聖禪寺松廬和尚所藏廬山穩庵古冊最為善本，良愜素志，遂于丙辰年正月初十日將衣鉢估唱，得統金一萬二千餘緡。是日命工刊行于世，至當年臘月一日畢工。隨即印捨三百部于兩浙，安眾名山方丈蒙堂眾寮各一部，以便湖海辦道禪衲參究。集茲善利用報四恩，并資三有者。大元延祐三年臘月一日耆舊僧希渭狀。

張元濟〈景德傳燈錄跋〉：

右書《四庫》未收。卷首楊億序：東吳僧道原冥心禪悅，索隱空宗，搜弈世之祖圖，采諸方之語錄，次序其源派，錯綜其辭句，由七佛以至大法眼之嗣，凡五十二世，一千七百一人，成三十卷，詣闕奉進，冀於流布云云。而紹興長樂鄭昂跋，則謂本住湖州鐵觀音院僧拱辰所撰，將遊京師投進，途中與一僧同舟，因出示之。一夕，其僧負之而走。及至都，則道原者已進而被賞。拱辰謂：吾意欲明佛祖之道，既已行矣，在彼在此同。遂絕不復言。然則著此書者名道原而實拱辰也。楊億、李維、王曙輩奉詔裁定，多所損益，具見敘言。最初鏤版毀於靖康之亂。是尚為宋代舊刊，合三本而成。其一半葉十三行，每行二十一至二十三字，板心有刻工，無字數。凡二十五卷有餘，有二卷抄配，行款同。宋諱避玄、弘、朗、殷、匡、敬、警、擎、驚、鏡、竟、戍等字。其一行數同，每行二十三至二十六字，板心有字數，無刻工，僅有殘葉，見於卷第十八、第十九中。其一半葉十五行，每行二十八至三十字，板心有刻工，存卷十至十二，宋諱避玄、弘、朗、貞、偵、徵、署、豎、戍、樹等字。此二本均不避桓、構二字及其嫌名。然察其刀法筆意，實已具南宋風格，不能以其不避諱字而遽疑之也。貴池劉氏覆刻元延祐本。其元本所據又有兩宋刻：一台州寧海思鑒刊本，見紹興四年劉棐序。一廬山穩菴古冊，即湖州道場禪幽菴覆刻之祖本，見延祐三年希渭狀。是可想見當時傳刻之盛。劉氏謂延祐本與瞿氏所藏宋本正同，然取以對校，同者衹卷一之十餘葉，其他各卷雖行數相同，而款式絕異。劉氏後序謂永樂梵夾本、徑山藏本、雍正釋藏本讎校未精，脫文譌字所在多有，誇元刊為鴻寶。而是本足以正其訛誤者尤非少數。然則所謂一字百縑者，舍是更奚屬耶！乙亥季夏，海鹽張元濟識於牯嶺山居。

國家圖書館出版品預行編目資料

新譯景德傳燈錄／顧宏義注譯.——初版四刷.——臺北市：三民，2024
冊；　公分.——(古籍今注新譯叢書)

ISBN 978-957-14-3795-8（全套：平裝）
1. 禪宗—傳記

226.69　　93010960

古籍今注新譯叢書

新譯景德傳燈錄（下）

注譯者	顧宏義
創辦人	劉振強
發行人	劉仲傑
出版者	三民書局股份有限公司（成立於1953年）

三民網路書店
https://www.sanmin.com.tw

地址	臺北市復興北路386號　（復北門市）　(02)2500-6600 臺北市重慶南路一段61號（重南門市）　(02)2361-7511
出版日期	初版一刷 2005年5月 ⋮ 初版四刷 2024年9月
書籍編號	S032300
ISBN	978-957-14-3795-8